「反抗者」の肖像
――イギリス・インド・日本の近代化言説形成＝編成――

伊勢 芳夫

マムヌール・ラハマン（研究協力・執筆）

Portraits of "Rebels"
"Modernization" and Its Discursive Formations in Britain, India, and Japan

渓水社

扉地図出典：Edgar Sanderson, *The British Empire in the Nineteenth Century*
（『19 世紀の大英帝国』(1898 年)）

目 次

序　論
　0.1　本書のテーマとその背景について ……………………………… 3
　0.2　研究の方法について ……………………………………………… 5
　0.3　本書の構成 ………………………………………………………… 6
　0.4　付記 ……………………………………… マムヌール・ラハマン … 10

第1章　「東洋」の知識化の理論的考察
　1.1　ミッシェル・フーコー再考と敷衍——文化研究の方法について … 11
　1.2　言説形成＝編成について ………………………………………… 14
　1.3　近代化の歴史 ……………………………………………………… 17
　1.4　メタ言語、もしくは方法論 ……………………………………… 18
　1.5　複数の言説形成＝編成について ………………………………… 31
　1.6　認識の問題について ……………………………………………… 56
　1.7　「反抗者の肖像」——言説形成＝編成の単位について ………… 67
　1.8　第1章のまとめ …………………………………………………… 79

第2章　「東洋」の知識化の歴史的考察（1）
　2.1　イギリスの「近代化」言説形成＝編成とインド植民地化 … 87
　　2.1.1　インド植民地化の大義　87
　　2.1.2　アングリシストとオリエンタリストの系譜　91
　　2.1.3　被支配者の視点から見た植民地インドの歴史と発展
　　　　　——19世紀以前の英領インド　98
　　2.1.4　被支配者の視点から見た植民地インドの歴史と発展
　　　　　——19世紀の英領インド　101
　2.2　19世紀のインド表象と「近代化」言説形成＝編成 ……… 121
　　2.2.1　キリスト教と近代科学の勢力争い　122

i

        2.2.2　アングロ・インディアン小説　134
        2.2.3　W・D・アーノルドとF・A・スティールの英領インド　141
        2.2.4　ラドヤード・キプリング　147
        2.2.5　『キム』：「他者」の認識と主体の位置　147
        2.2.6　キプリングにおけるモダニズム性　166
        2.2.7　キプリングの東洋理解——『キム』とチベット仏教について　183
        2.2.8　「反抗者」キムの文化越境　205
    2.3　西欧から見た日本——流通する「日本」表象 …………………… 221
        2.3.1　「日本の近代化」表象——キプリングとハーンの視点から　227

第3章　「東洋」の知識化の歴史的考察（2）
    3.1　近代化言説形成＝編成の不協和音 …………………………………… 266
        3.1.1　新しき「インド人反抗者」の登場　267
        3.1.2　日本における「東」と「西」　272
        3.1.3　暴走する「国体」と二つの「反抗者」　275
        3.1.4　「近代の超克」の逆行性——遅れた近代化の悲劇　283
        3.1.5　日本語による東アジアのマッピング——（大）アジア主義　291
        3.1.6　F機関とINA——大東亜共栄圏　306
    3.2　マレー作戦——「西」と「東」の逆転 …………………………… 321
        3.2.1　日本による英領の読み替え　328
        3.2.2　インパール作戦——インド人の第2の反乱　350
    3.3　日本の植民地主義言説形成＝編成の総括 ……………………………… 370
        3.3.1　日本文学における認識の境界　375
    3.4　大英帝国の終焉 ………………………………………………………… 391
    3.5　英領インドの内と外の「反抗者」たち ……………………………… 392

第4章　揺らぐ語り
    4.1　小説技巧における過剰・過小コード化 ……………………………… 412
    4.2　転換期の作家——キプリング、ジョイス、コンラッド ………… 427

4.3　全知から個人の視点へ——ヴァージニア・ウルフ ………… 442

第5章　多層化する小説構造
5.1　フォード・マドックス・フォード ……………………………… 452
　　5.1.1　小説における印象主義　452
　　5.1.2　複数の視点と価値　464
5.2　ジョゼフ・コンラッド ………………………………………… 474
　　5.2.1　『ロード・ジム』の語りの断層　475
　　5.2.2　言語空間の向こうに（beyond）──ジムとクルツ　491

第6章　新近代化言説形成＝編成の時代に
6.1　旧植民地言説の解体 …………………………………………… 513
　　6.1.1　英領インドの解体──独立までのインド（1900-1947）　514
6.2　サルマン・ラシュディ──「インド」の解体 ………………… 519
6.3　『パキスタンへの列車』──「インド・インド人」の
　　　脱神話化 ……………………………………………………… 524
6.4　植民地政策の残像 ……………………………………………… 536
　　6.4.1　アメリカを中心とする新近代化言説形成＝編成　537

第7章　結　論 …………………………………………………… 547

あとがき …………………………………………………………… 553
使用文献 …………………………………………………………… 555
参考文献 …………………………………………………………… 564
索引 ………………………………………………………………… 568

iii

「反抗者」の肖像

―― イギリス、インド、日本の近代化言説形成＝編成 ――

序論

0.1 本書のテーマとその背景について

　本書のテーマは、一言でいうと、われわれ人類の歴史を動かす推進力の一つを明らかにすることであり、扱う時代と地域は、19世紀から20世紀にかけてのイギリス、インド、そして日本である。

　今日、19世紀の帝国主義による植民地化の時代以降、世界を席巻し、覆いつくした西欧白人社会の「自己表象」と「他者表象」の見直しが、非西欧地域の人間にとって重要な研究テーマになっている。そのような研究では、西欧白人の歴史家、文学者、文化人類学者、社会学者、そして、生物学者等の著作の読み直しや書き換えが盛んに行われている。一方、「実際に」変わっていった、あるいは、変えられた非西欧地域のインフラや様々な社会制度に関しては、それほど重視されているとは思われない。言及されるとしても、「確かに鉄道や橋は植民地化の過程で建設されたが」というような譲歩つきで、そのような非西欧地域の近代化は非西欧からの自然・人的資源の搾取や、西欧に圧倒的に有利な経済・金融システムの確立が目的で行われたと断罪する。しかしながら、「確かに西欧諸国が行った非西欧地域の近代化政策が人的・物質的搾取の一環として行われた」としても、その間に、非西欧地域の社会構造だけではなく、世界観や価値観が大きく変容していったこともまぎれもない事実なのである。その両面をバランスよくみない限り、19世紀以降の世界を忠実に再現することはできないと考える。

　本書は、19世紀から20世紀にかけて、イギリスの帝国主義的拡張政策に伴う英語によるインド以東のアジア表象の発展過程、及び、そのアジア

表象がインドと日本の近代化に及ぼした影響を、歴史的・理論的に考察するものである。調査対象は、おもにインド以東のアジアを扱ったイギリス小説とイギリス人による旅行記を取り上げるが、それ以外にも、アジア表象やインドと日本の近代化に関わる英語、および、日本語資料を多数使用し、様々な角度から本テーマを分析し考察することを試みる。

　もとより世界の数多ある言語の中で、英語の占める特異な位置とは、「大英帝国」イギリスのインドをはじめとする領土拡張の18世紀末から20世紀にかけての時期に、商業・貿易圏の拡張、軍事的影響力の拡大、植民地経営の強化に伴い、世界の広範囲にわたって地理・生態系・言語・民族学的調査を通して、非西欧地域の社会や風俗を知識化し、言語化し、そしてそれらの情報を世界中に流通させたことにある。また、単に非西欧地域を知識化し、英語の言説に取り込んでいくだけではなく、イギリス植民地を中心にイギリスの諸制度を移植することにより、非西欧地域の近代化に多大な影響を与え、今日の世界システムの礎を作ったといっても過言ではないであろう。そのような流れは、イギリスの世界的な影響力が弱体化した後も、同じ英語を母語とするアメリカ合衆国によって引き継がれることによりますます強化されていったのである。

　世界の隅々まで調査し、知識化していったのは、もちろんイギリスのみでなされたことではなく、フランスやドイツなど他の欧米諸国によってもなされていったのであるが、しかしながら、この知識化・情報の流通化の過程で、非白人がかかわることはほとんどなかったことは確かなことであった。つまり、知識を生み出す「西洋」と、知識化される「東洋」という図式が成り立つ。眼差しを向け、語る「西洋」と、眼差しを向けられ、語られる「東洋」である。しかしそのような歴史的事実にもかかわらず、20世紀後半になっても、知識は主観性を排した客観的なものであるという「信仰」が広く行き渡っており、「知識化するもの」と「知識化されるもの」、「見るもの」と「見られるもの」との関係や、「知識」に浸透するイデオロギーの存在を問題にされることはほとんどなかった。1978年になって、この点について指摘したのは、エドワード・W・サイード（Edward

序論

W. Said)の『オリエンタリズム』(*Orientalism*)であった[1]。サイードは、この著書において、オリエンタリズム（東洋研究）の中に潜む、白人中心主義、植民地主義イデオロギー、「西洋」の鏡像・欲望の投影としての「東洋」を前景化し、体系的に論を展開していったのである。

0.2　研究の方法について

　本書は、上記のサイードの『オリエンタリズム』に触発されたものであり、英語の言説における「西洋と東洋」、「アジア表象」を分析し、その特質を明らかにしようとするものである。しかしながら、本書は、『オリエンタリズム』で展開されている研究を単純に繰り返すものではない。

　第一に、『オリエンタリズム』においては、インド以西の東洋研究を取り扱っているのに対して、本書では、インド、及び日本を中心にインド以東を扱う。このことは、単に研究領域の地理的違いのみを意味するのではない。イギリスの植民地政策の下で近代化をしていったインドと、強力に介入する西欧の言説の中にあって主権を奪われることなく近代化を達成した日本の、それら二つの「近代化」を比較研究することによって、言説レベルでの「西洋」の影響力をより明確に浮き彫りにできると思われる。この言説レベルでの「西洋の介入」こそ、18世紀以前の植民地化とは大いに違うところであり、本書の扱う中心テーマである。

　第二に、『オリエンタリズム』、及びその後に発表されたポストコロニアル研究においては、帝国主義・植民地主義批判が基調であり、被植民地においていかに人や社会が「西洋」に都合よく書き換えられていったかが専ら論じられる。しかし本書においては、西欧中心主義の裏返しのイデオロギーでもって、帝国主義の時代の西欧の言説を批判的に研究することを回避する。なぜなら、西欧中心主義が非西欧地域の知識化・表象化に偏向を生み出したのと同様なことが、「反」西欧中心主義による研究においても起こっていると思われるからである。したがって、本書では、「脱」西欧中心・「脱」反西欧中心的立場から分析を試みる。（この点についてのより理論的な説明は、本書の第1章4節「メタ言語、もしくは方法論」で詳述する。）

5

上記の点を踏まえ、本書では、イギリス人、インド人、そして日本人の「声」と「視点」を順繰りに前景化することにより、一方的で固定化された「中心と周縁」の関係性が生まれないように、いわば関係性の絶えざる脱構築に心掛ける。それから、英語、及び日本語の言語空間における複数の「声」をほぐし出すことによって、イギリス社会、日本社会、そして、インド社会が静的で等質な構造体ではなく、内部に対立する要素を含み、それらが拮抗することにより社会を内から変容させていったことを明らかにする。その際、本書の筆者（伊勢）はインドの現地語を理解できないために、バングラデシュのイスラム大学教授マムヌール・ラハマン（Mamunur Rahman）に研究協力者になってもらった。ベンガルというイギリス東インド会社の主要拠点で生まれ、教育と研究に携わる彼の視点から、植民地時代のインド社会内部の複雑な変容の過程を語ってもらう。

0.3　本書の構成

　本書の構成は、「序論」、「第 1 章：「東洋」の知識化の理論的考察」、「第 2 章：「東洋」の知識化の歴史的考察 (1)」、「第 3 章：「東洋」の知識化の歴史的考察 (2)」、「第 4 章：揺らぐ語り」、「第 5 章：多層化する小説構造」、「第 6 章：新近代化言説形成＝編成の時代に」、そして、「第 7 章：結論」の 8 つの章からなる。

　序論では、本書の研究のテーマと研究の方法、及び、構成を記述する。

　第 1 章では、英語＝近代化言説とそのインドと日本への影響を歴史的に記述するにあたり、歴史的記述の方法論や概念、そしてそれらの理論的根拠を明らかにする。具体的には、まず、本書で使用する「言説形成＝編成」[2]や「文化コード」等の概念規定を行うとともに、イデオロギーの偏りをいかに回避するかについての理論的方法の説明を行う。それから、イギリスの帝国主義的拡張が進行するなかで、英語による言語化、つまり表象化によって、言語化・表象化された社会や人々がいかに「他者化」されるか、そして、二項対立的認識によって周縁化されるかを説明する。一方、他者化・周縁化を行うその同じ言説においても、「他者化・周縁化」を中和し、

場合によっては新たな言説形成＝編成を開始させるような力——本書でいうところの言説的「反抗者」——が生まれる現象も記述する。

　第2章では、第1章で説明した方法論や概念を使い、19世紀中葉までの期間において、世界でいち早く近代化を達成したイギリスの変容、および、19世紀における帝国的拡張と、その過程において、インドの植民地化とインド社会の変化、そして日本の受けた西欧近代の影響を再現する。ただしその過程は決して単一方向に進行したのではなく、その間に、複雑化、精緻化、多様化が起こり、時には、対立的要素間で弁証法的発展（止揚）や、「反抗者」を生み出す場合があり、本書ではそのような過程を複層的に論述する。

　第3章では、第2章に引き続き20世紀前半までを扱い、イギリスの近代化政策が与えたインド社会の変容と、日本に対する影響を検証する。

　その影響を簡単に述べると、イギリス（西欧）の影響下で両地域において近代化が進行するとともに、インドでは、被植民地住民の間でナショナリズムの意識が目覚め、高まるとともに、独立の要求が強まっていく。また日本に関しては、非西欧諸国の中でいち早く近代化を達成したものの、西欧中心の世界にあって、日本の置かれた人種的序列の位置がさほど変わらないことに対して、焦燥感を募らせていき、「近代の超克」や「アジア主義」といった言説的「反抗者」を生み出し、日本独自の言説形成＝編成を開始させる。そしてこの期間の最後に、そのようにして生まれた日本の言説的「反抗者」が、イギリスと日本との軍事衝突を引き起こす。その際、イギリス軍に従うインド兵と、暴力によってインドを解放しようとするインド人が日本軍に協力することになる。

　第2章と第3章では、小説や旅行記等を使ってイギリス人から見た「インド」と「日本」を再現するとともに、日本の資料やインドの資料から別の視点で検証することで、多層的な視点から、イギリス、インド、日本の近代化とそれによる社会・文化変容を再現する。つまり、インドや日本に言及する小説や旅行記等において、「白人と非白人」、「西洋と東洋」、「アジアの近代化」についての表象方法の歴史的推移を記述し、その背後にあっ

てそれらの表象を生み出す英語言説の特質や変遷を分析するとともに、イギリス人以外の英語、および、日本語資料を用いて、非西欧圏において、英語言説の受容、反抗、そして自らの言説形成＝編成を始める試みを検証する。具体的には、英語によるインド表象に関して、インドの植民地政策にかかわったT・B・マコーリー（T. B. Macaulay）の「覚書」（教育についての覚書）("Minute on Education") や[3]、アングロ・インディアン（Anglo-Indian）作家（インドに在住、もしくは滞在経験のあるイギリス人作家）の小説作品等を使い、インド・インド人表象のあり様やその変化を抽出するとともに、それらがいかに植民地政策やインド人に影響を与えたかを考察する。また、アングロ・インディアン作家の代表的な一人であるラドヤード・キプリング（Rudyard Kipling）の小説の分析では、支配地域の多様な文化を取り込めるように英語言説を成熟させようとする試みを検証する。一方、日本に関しては、初期の日本研究の大家であったバジル・ホール・チェンバレン（Basil Hall Chamberlain）、日本に帰化したラフカディオ・ハーン（Lafcadio Hearn）、2度来日したキプリング等のイギリス人による「近代日本」表象を比較検討するとともに、福沢諭吉、三宅雪嶺、新渡戸稲造、横光利一、近代の超克座談会の参加者、北一輝、大川周明等の日本の知識人や作家の著作の中で、「西洋」の影響とそれへの反応がどのように表されているかを分析し、それらの分析から、英語の言説における「日本」と、日本語の言説における「日本」の特質を明らかにする。

　さらに、日本とインドに生まれた西欧の言説支配への「反抗者」について、上記の著述以外に、旧日本兵や旧植民地住民の回顧録等を用いて、「反抗」の特質と浸透の過程を究明する。

　第4章においては、第3章で指摘した、英語言説に世界の多様な文化を取り込んでいくという新しい流れについて、具体的に英語小説をテクスト分析することによって、他者化・周縁化を行うその同じ言説においても、「他者化・周縁化」を中和するような力が生まれていった現象を記述する。そして、19世紀末から20世紀初頭のイギリス文学の中で、異文化から閉ざされたヴィクトリア朝の英語の言語空間に風穴をあける小説技法の革新

や、豊富な東洋研究の知識を駆使し、異文化社会を正確に表現しようとする小説作品の登場を、文化記号論や物語理論を使って明らかにする。

第5章では、第4章に引き続き、フォード・マドックス・フォード（Ford Madox Ford）とジョゼフ・コンラッド（Joseph Conrad）の代表作に対して、綿密なテクスト分析を行うことにより、膨張する英語言説の最前衛にあった作品の特徴を明らかにする。すなわち、フォードは、全知の語り手の視点から決別し、複数の価値を作品に導入しようとし、コンラッドは、英語の言説で周縁におかれた「他者」を彼の作品で前景化しようとしたことを論証する。

第6章では、第2次世界大戦後の大英帝国の終焉と、英領インドの分離独立、そして日本の敗戦後の状況を再現する。そして、大英帝国に替わり、世界の言説形成の中心の座を占めたアメリカの下で、日本がいかに表象されているかを概説する。

第7章では、本書の研究成果と今後の課題を述べる。

また、第2章では、19世紀以前のインドと19世紀のインドを、そして、第6章では、20世紀のインドをラハマンが語る。以下に、ラハマンの序を掲げる。ちなみに、ラハマンの原稿は英語で書かれており、日本語訳は筆者（伊勢）によるものである。また、本文に掲げる引用は、原文が英文の場合、翻訳者名が記されていないものに関しては、すべて筆者による日本語訳である。

註
（1）Edward W. Said, *Orientalism* (New York: Vintage Books, 1979). 以下の『オリエンタリズム』からの引用は、この版の頁数を本文に記入。
（2）これは英語でいえば "discursive formation" にあたる概念であるが、本書で「言説形成＝編成」というように表記するのは、刻々と形成され、それがクモの巣のように編成していくダイナミズムを表したいからである。
（3）T. B. Macaulay, "Minute of the 2nd of February, 1835" in *Speeches by Lord Macaulay, with his Minute on Indian Education* (London: Oxford University Press, 1935). 以下の『演説』からの「覚書」の引用は、この版の頁数を本文に記入。

0.4 付記

　私の担当箇所は、イギリスによる植民地時代のインド亜大陸に焦点を当てている。東インド会社による支配は商業とその実利の追求によって推し進められたものであったが、インド社会にいくつかの急進的な変革をもたらした。それは主に東インド会社の経営が円滑に進むように変革しようとしたのであったが、文明化の使命のためでもあった。1858年以降、イギリス政府がインドを直接統治する形を取ることによって、それらの変革はかなりシステマティックに行われるようになった。イギリスはインドに、英語による教育制度、鉄道、運河、郵便事業、そして英国式の行政と司法制度を導入した。イギリスの植民地政策により、インドの社会改革における尖兵隊となる中産階層が創出された。これらの大掛かりな社会改革はイギリス統治の間に行われ、その結果徐々に近代化が進行した。しかしながら、100年間の植民地支配によってインド社会は変化したといっても、近代化への推進はかなり複雑なプロセスを辿ったのであり、インドの社会背景（文脈）から見るとき、近代化は本質的な意味において西洋化ということにはならない。インド人は西欧の思想を取り入れ自分たちの伝統的な思想と統合したのである。この意味において、インド社会は伝統との絆を緩めることなしに近代化したのであった。

マムヌール・ラハマン

担当箇所

　第2章
　　2.1.3　被支配者の視点から見た植民地インドの歴史と発展——19世紀以前の英領インド
　　2.1.4　被支配者の視点から見た植民地インドの歴史と発展——19世紀の英領インド
　第6章
　　6.1.1　英領インドの解体——独立までのインド（1900-1947）

第1章　「東洋」の知識化の理論的考察

1.1　ミッシェル・フーコー再考と敷衍──文化研究の方法について

　極東国際軍事裁判（東京裁判）で、英領インドのインド人パル判事（Justice Radha Binod Pal）が、裁判官の中でただ一人被告全員に対して無罪を主張したことはよく知られている。パル判事の主張の根拠は、裁判自体の正当性に問題があるということである。判決が事後法によってなされたという非合理性と、アメリカによる日本への原爆投下等、連合国によってなされた非人道的行為を棚上げにする不公正さがあるというのだ。

　確かに「近代的」な刑法の下では、法の裁きにおいて、階層、人種、家柄のような被告の意思の及ばない社会的要因によってその判断が影響を受けることは許されない。判決は犯罪の内容や個人の特性によってのみ決定されるべきことは自明になっている。したがって、上記のパル判事の主張は、日本軍の戦時下における残虐な行為の犯罪性を否定することが本意ではなく、東京裁判で日本を一方的に断罪することによって、欧米列強の植民地政策の犯罪性を隠蔽する可能性を危惧してのことであろう。もし第2次世界大戦の犯罪性についていわゆる「近代的」な国際法のもとで公正な裁判をするならば、東京裁判での日本やニュールンベルク裁判でのドイツだけではなく、当然イギリスやフランスの植民地政策やアメリカの原爆投下や日系アメリカ人に対する非人道的な隔離政策等も裁かれるべきであっただろう。しかしながら、戦勝国が進んで自ら被告席に立って裁かれるなどということは考えられない。実際のところ、国家や民族によってなされた犯罪においては、今なおアンシャン・レジームの時代の判断基準から脱し得ていないのが現状であろう。

ただ、ここで問題になるのは、上記のことを「勝てば官軍」式の説明で片づけることができるだろうかということである。なぜなら、戦勝国の欺瞞についての申し立ては、パル判事だけではなくその後のポストコロニアル研究をはじめ、数多くなされてきたにもかかわらず、日本の敗戦に対しては「是」とする評価はみじんも揺るぎなく継続している。つまり、第2次世界大戦で日本が「悪玉」であることは否定すべきでない「事実」なのである。一方、日清戦争や日露戦争では、日本を「悪玉」とする評価はほとんど聞かれない。この違いは、第2次世界大戦では日本軍による捕虜の虐待や「南京大虐殺」が行われたという証言によって生じる客観的な歴史評価なのであろうか。しかしながら、戦争において虐殺は常に起こりうることであり、日清戦争でも、「旅順虐殺事件」があったという証言がある。

　むしろこの評価の違いは、アメリカやイギリス、つまり西欧での評価の反映ではないか。つまり、まだまだ欧米の言説、特に英語圏の言説が世界を支配していることが原因であるのだ。これが故に、イラク戦争におけるアメリカの欺瞞が当時あれほど非難されたのに、年月とともに忘れ去られてきたように感じられることなどはその一例であろう。このような英語の言説の支配する世界については、サイードが『イスラム報道（*Covering Islam*）』でアメリカのイスラム報道の偏りを必死に訴えたが[1]、彼はその際、報道する側の権益とのつながりや中東情勢に通じているとされるジャーナリストや学者の偏向や無知を暴きたてるだけで、英語言説の優位性については掘り下げようとしない。同様に、これまでのポストコロニアル研究において、特定の集団や個人を超えた、この英語言説の世界支配について真正面から議論されてきたかは、はなはだ疑問である[2]。

　確かに、20世紀中ごろまで、非西欧地域のほとんどが西欧列強の植民地であり、脱植民地＝脱西欧という図式が無理なく適用されてきた。しかしながら前述の日本の戦争に対する評価の問題、ベトナム戦争以降のアメリカの仕掛けた戦争に対する評価、原理主義者のテロリズムの問題、さらにチベットや新疆ウイグル地区に対する中国の覇権主義の問題、欧米の植民地から独立した国家の独裁と人権抑圧の問題など、今日ますます先鋭

化してきた諸問題を考える際、英語言説の世界認識、そしてそれをもとにした評価や判断に対して、それらとは別の認識や評価を提示し、比較・検討することが必要であろう。しかしそのことは、たとえば日本語によって英語言説を読み直すというような単純な作業を意味しているのではない。閉鎖的な日本語言説のなかに英語言説を取り込む試みは、明治以来日本の欧化主義の知識人によって試みられてきたことであるが、それは絶大な力をもつ英語言説に対するドン・キホーテ的な試みであるばかりではなく、ポストコロニアル状況の世界にあってほとんど意義のない作業である。そうではなく、現在絶対的優位性をもつ英語言説を相対化することにより、他の言説が入り込む空間を生み出す作業が必要なのである。そのためには、必然的に日本語言説も相対化されなければならない。つまり、「主体」と「他者」の位置の連続した切り替えを行うのである。いわば、アインシュタイン的相対化だ。

　そのような作業によってみえてくるのは、単なる西洋対東洋という図式ではない。もちろん、繰り返しになるが、現在でも西欧の影響力は大きく、その言説は非西欧地域の政治、社会制度、文化、そしてその根底にある世界観や価値基準に対する支配力を保持している。しかしながら、重要なのは、どのような要因が、ある者を中心の位置につけ、また別の者を周縁に追いやるのかを見極めることである。そのためには、中心 X ⊃ 周縁 Y というようにそれぞれの項を変数に置き換えることから出発する必要がある。

　サイードは、西洋 ⊃ 東洋という固定的な図式で世界史・文学史を読み直し、それまでの西欧中心的な歴史観では隠蔽されている部分を明らかにした点で大きな功績があったのだが、西欧諸国が他の地域を圧倒する経済、軍事、外交、そして言説の優位性を獲得していった原動力を逆に隠蔽してしまった。しかしながらサイードが理論的に依拠した一人であるミッシェル・フーコー（Michel Foucault）は、彼の「知の考古学」的方法論において、諸要因間の固定化した関係性をもとに論を展開してはいない。いや、むしろ固定的な関係性を常にずらすことによって、考古学的な読み直しに成功

しているのだといえる。本書では、フーコーに立ち返って、分析の方法論を再考し、さらにポストコロニアル研究のために敷衍する必要があると考える[3]。

1.2 言説形成＝編成について

　本書においては、フーコーの個々の概念——権力やイデオロギー等——を問題にするのではなく、彼の知の考古学的研究の手法に焦点を置きたい。なぜなら、権力やイデオロギーにしても、知の地層から生まれてくるものであり、ある社会・ある時代の知の地層を再現することが重要であり、その再現の過程で内在する諸要因の質と強度がみえてくると思えるからだ。

　フーコーは、『狂気の歴史』（1972）において、「狂気」に関する知——あるいは、共通認識——の変遷を、フランスを中心としたヨーロッパの論文、文学作品、記録文書、書簡、日記、帳簿、絵画等からそれに関わる記録を数多く収集し、通時的、及び共時的な影響関係を調査している。それによってみえてくる「狂気」に関する言説形成＝編成は、過去の言説の継続、衰微、あるいは復活の過程と、同時代のいくつかの領域の言説の影響、対立、もしくは併存関係により、大きな「狂気」言説の形成＝編成が推移し、個々の現れ（言表行為）——つまり、パロール——を生み出していく。その現れとは、文字として著作や書簡等の中に現れる場合もあるし、絵画の中や、「狂気」の認定方法、「狂人」に対する処置の在り方、臨床医の治療方法、学問的研究の中身に現れるのである。そこでみえてくるのは、時間軸に沿って狂気に対する偏見が紆余曲折を経て是正されていくような楽観主義的進化論ではなく、キリスト教における「狂気」の位置、倫理的な善悪の境界の線引き、したがって「狂人」への待遇の在り方、哲学的な理性と非理性の問題、自由との折り合い、臨床的な治療方法、狂気の無罪性の再発見、学問的な「狂気」の定義の内容に動揺を与え、変化を促すか、あるいは反動的な態度を生み出す。それは単に既成の言説にのみ影響を与えるのではなく、「狂気」の学問的な認識の変容が、新たな言説——心理

学や精神分析——を生み出していくのである。

　フーコーは、その言説形成＝編成を再現する作業に際して、大きな言説を構成する下位の言説のいずれに対しても等距離に記述しようと努める。そのことによって、それぞれの下位の言説の影響・反発・乖離の関係がみえてくるのである。一方、サイードの『オリエンタリズム』においては、下位の言説の共犯関係をことさら強調するので、反発や乖離の側面がみえてこない。そのために「西洋」の白人優位主義が際立って現れてくるのであるが、固定的な図式になってしまっている面は否めない。つまり、『オリエンタリズム』そのものが政治的に偏りのある研究ともいえるのである[4]。

　つまり西欧（あるいは、英語）が19世紀以降の世界の言説形成＝編成を独占していったのであるが、必ずしも一枚岩的に、一丸として非西欧を飲み込んでいったのではなく、西欧の言説においても、相対立する下位の言説が、大きな言説形成＝編成の動きの中で反発や乖離を繰り返していった。もちろん、ホミー・バーバ（Homi K. Bhabha）のいうような優勢な西欧の言説形成に非西欧の文化の介在・交渉が存在するとしても[5]、ハイブリッド的変容が単に辺境地域だけでなく、大きな西欧の言説形成＝編成の中にも反発や乖離の要因を生み出していった。そうして、これらの複合的な動きが総合して、世界的な言説形成＝編成を生み出していったと思われる。

　ここで「言説」という概念の使用に関して簡単な説明をする必要があるであろう。なぜならこの「言説」ほど、これまで様々な意味合いで使われている用語はほかにないからである。

　日本において、1990年代から、"discourse"（フランス語では、"discours"）の訳語として「言説」、あるいは「ディスコース（ディスクール）」という用語を使って、文学・文化を論じる論文や研究書が書かれるようになった。その場合、「言説」という概念が、誰それ、またはある集団から発せられる言葉に含まれる「イデオロギー」、あるいは「真意」という意味で使われる場合が多い。このような「言説」をある個人や集団がもつイデオ

ロギーと等質の概念として用いる場合では、社会というものが個や集団の雑然とした集まりとして構成されており、その中で、権力をもった個人、あるいは等質なイデオロギーをもつ集団が、それ以外の個人や集団を「暴力」といった強制力をもつ装置で抑圧するとともに、自らの「欲望」を正当化するイデオロギーを押しつけようとするという考え方がその前提にある。確かにそのような側面は否定できないであろう。しかしながら、いかなる社会においても、その構成員がその社会で使用される言語の語彙と文法を駆使して自分の考えを自由に発話することを抑制するのは、上記のような暴力装置だけではない。たとえ剣やピストルで脅かされる心配がない場合でも、人は「言わされる」、あるいは、「言えない」というような状態に常に置かれているのである。これは、社会に警察や軍隊というような暴力装置が機能しているだけではなく、家庭や学校やマスコミといった社会的制度によって刷り込まれる、いわばアントニオ・グラムシ（Antonio Gramsci）のいう「文化的ヘゲモニー」の支配下におかれ[6]、言語という媒体を通して個人がコントロールされているからである。もしある人が完全に「文化的ヘゲモニー」によってコントロールされている場合には、「言わされる」、あるいは、「言えない」という意識が喪失し、あたかもそれが自分の意志でそうしているかのような錯覚に陥ることになる[7]。

　もともとこの「文化的ヘゲモニー」は、社会的優位者によって形成され、社会のすべての構成員に刷り込まれていくのであるが、時の経過とともに、「刷り込む者」と「刷り込まれる者」が混然一体となり、切り分けることが出来なくなる。なぜなら、「社会的優位者・集団」も、言語習得の過程で「文化的ヘゲモニー」に組み込まれていくからである。

　上述ような意味で、本書における「言説」は、言語を媒体として社会構成員のすべてを「文化的ヘゲモニー」の支配下に置く言語のもつ発話規制機能、あるいは、「文化的ヘゲモニー」の規制のもとで発話された言語、言語から生み出される価値体系、認識世界、思想、あるいは、その全体を意味する概念として使用する。

　ところで、フーコーの言説形成＝編成の考古学的方法論では個々の言表

行為（パロール）——言語、行動、判断等——を発する場としてのエージェント（個人）を特に問題にしていないが、人はその言動が時間軸によってのみ支配されるのではなく、同じ時間に生きる複数の人間は、その時代の複数の言説支配のどこに位置するかによって、その言動に差異が生じる。例えば、ある人間が独裁国家の中枢にいる場合と、反体制側にいる場合、そして彼が第三国にいる場合とでは、彼の言動がまったく同じであるとは考えられないのである。

この個人の立ち位置は、ポストコロニアル研究においてはさらに重要な意味を持ってくる。それは単に支配者・被支配者のいずれの位置にいるかというだけではなく、それぞれの中でどこに立ち位置を求めるかによって、様々なヴァリエーションのある言動が生まれてくるのである。

1.3　近代化の歴史

19世紀から20世紀中葉にかけての欧米列強による植民地政策、そして、その政策を生み出し、方向付けを行う前提としての「オリエント」像を描かせた言説、及びその形成＝編成過程を再現するにあたって、最も重要な言説は何であろうか。植民地化を推し進めるにあたり、港湾を整備し、地政学的調査を行い、先住民の習慣を調査し、橋を架け、鉄道を敷設し、西欧の法律をはじめ様々な社会制度を移入し、学校を作り先住民を教育する政策を植民地支配者に実施させたのは、いったいどのような言説であったのだろうか。人種的優越感であろうか、それとも経済的貪欲さからであろうか。もちろんそのような言説を否定することはできないのだが、しかしそれだけでは、イギリスによるインドの植民地政策を説明することはできないであろう。先住民を見下し、彼らから人的資源や天然資源を略奪する衝動以外の、別の力が働いていると考えられるのである。その別の要因がはっきりみえてくるのが、英仏を見習って、台湾のインフラを整え、台北を近代都市にし、教育制度や社会制度を移植した日本の植民地政策かもしれない。台湾が日本に編入された後、日本は台湾の植民地化に多くの精力を傾注したのであった。それは、まさに日本が近代的な国家になったこと

を西欧諸国に示すためである。いわば、西欧列強の仲間入りをするための資格試験であったのだ。このことが示すように、19世紀の植民地政策において、その方向性を生み出していったのが「近代化」の言説形成＝編成であった。少なくとも重要な言説の一つであったことは間違いない。このように、「近代化」という化学反応が西欧で最初に発火し、18世紀から19世紀にかけて爆発的に燃焼し、その炎が瞬く間に世界を飲み込む中で、日本という極東の国に引火すると、新たな化学反応を誘発した。それは短期間で爆発的な化学反応を起こした。その後20世紀の後半からは、それまで不活性な地域からも、第3、第4、第5の反応が起こっていったのである。

　「近代化」の言説形成＝編成こそ、文明の光をもたらす使命をヨーロッパの人間に自負せしめ、人種的ヒエラルキーを客観的事実として信じこませ、植民地獲得に血眼にさせ、植民地政策を推し進め、西欧の言語や学問を卓越したものとして植民地住民に教えさせる主たる原動力だったといえる。つまり、近代化の歴史、あるいは近代化という現象において生じた言説形成＝編成を考古学的に研究してゆくとき、19世紀から20世紀中葉にかけての欧米列強や日本の植民地主義の歴史を、そしてその後のポストコロニアル状況を知（認識）の地層として再現できるのではないかと考える。

1.4　メタ言語、もしくは方法論[8]

　文学・文化研究において、政治性・イデオロギー性を放置することが、対象の固定化・図式化につながることはすでに言及した。しかしながら、一方向的な政治性・イデオロギー性批判は、新たな言説形成＝編成に取り込まれる危険性もある。そのために、フーコー流の言説形成＝編成を考古学的に知識化していく方法が有益であることを述べた。しかしながら、フーコーの実践においては、ヨーロッパの社会での言説形成＝編成を再現することであった。一方、19世紀、20世紀の西欧列強による非西欧地域の植民地化（近代化）の言説形成＝編成にあっては、まったく異なった言説形成＝編成の歴史を持つ社会の取り込みが起こったのであり、フーコーの方法をさらに敷衍する必要があるだろう。

そもそも伝統的な文学・文化研究においては「単数の文化（Culture）」観が信奉されており、色々な言語で書かれていようとも、（西洋）文化に内在する価値観は普遍的であるというのが前提とされていた。しかしながら、「複数の文化（cultures）」観に基づく文化研究においては、言語と価値観の結び付きが重要になると考えられる。しかしながら、根本的で最も重要な問題でありながら、極めて対応が厄介なことから、通常は不問に付される、あるいは中途半端な対応しかなされてこなかった問題は、「価値（善悪）の源泉」とでも表現できる文化の中核にあるメカニズムの研究である。ある社会において、何が「善（是）」と判定され、何が「悪（非）」と判定されるかというメカニズムそのものの研究である[9]。もちろん、ある特定の時代のある特定の社会で、何が善で何が悪とされてきたかの文化的な研究は、枚挙にいとまがないほど生産されてきている。しかしながら、その善悪を生み出すメカニズム自体の研究については、意識的にも、無意識的にも、ほとんどすべての研究者が回避してきたように思われるのだ。

もう少し具体的に説明しよう。社会のなかでの男女の力関係として、「男性優位社会」、「男女平等社会」、「女性優位社会」の3通りのありようが可能である。もちろん実際の社会では、これらの関係がある種の混在状態になっていて、たとえば、19世紀の英領インドでは、同じ社会階層の男女であれば男性優位であっても、白人の女性とインド人の男性との関係でいえば、女性優位が当然のこととされていた。ここで問題にしたいのは、ある時代、ある社会においては「男性優位」が良しとされ、当然のこととされているのに対して、別の時代、別の社会においては、「男女平等」が良しとされ、当然のこととされるメカニズムである。現代の「先進国」と呼ばれている国々においては、前者を「後進国」や「因習的社会」というキーワードで片付けるのだろうが、果たしてそれほど単純なことであろうか。その様な判断は、結局は、ある時代、ある社会の価値体系を、研究者自体、あるいは研究者が所属する社会の支配的価値体系をもとにして、批判、あるいは他者化しているにすぎないのではないだろうか。フェミニズムの研究者が、ある小説作品を取り上げ、この作品にいかに「男性優位」のイデ

オロギーが横溢しているかを立証するといっても、それは畢竟、自己の「男女平等」、あるいは、「女性優位」のイデオロギーによって、その作品を周縁化している作業にすぎないと思われる。筆者がここでいわんとしているのは、その作品にこめられた、あるいは発信しようとする男性優位の社会を是とする源泉、すなわち、そのイデオロギーを生み出す文化のメカニズムの分析である。したがって、それは同様に、「男女平等」、あるいは、「女性優位」のイデオロギーを生み出す源泉についても、同じスタンスで行う研究である。

　ポストコロニアル研究においても同様のことがいえる。「西洋」と「東洋」、「白人」と「非白人」とを分ける限りにおいて、その両者の力関係は、「白人優位」、「対等」、あるいは、「非白人優位」の3通りの関係性がありえる。そして、周知のごとく、19世紀は「白人優位」のイデオロギーが世界中に浸透し、ほとんど完璧なまでのヘゲモニーが確立されたのであった。ただこれにしても、人類の長い歴史のなかで眺めるとき、それはごく短期間の現象でしかない。たとえば、唐の時代の中国人で、「白人」が自分たちよりも優れた人種などと考えた者などあったとは到底考えられないであろう。当の白人にしても、18世紀初頭までと、19世紀とでは、「非白人」に対する見方には相当の隔たりがあったことは、残された資料を比較すれば明白である。ではなぜ19世紀から20世紀中葉まであれほどの「白人優位」のイデオロギーが世界を席巻したのであろうか。また、20世紀になって、どうして、その対抗勢力としての民族主義的なイデオロギーが力を増し、「白人優位」の言説を弱めていくことになったのであろうか。人種差別が「悪」であるというイデオロギーが、「非白人」だけではなく、「白人」のなかにも広まっていった原因は何なのだろうか。それに対して、ほとんどすべての人は、「それは、人種差別は本質的に悪であるからだ」と当然のごとくいうであろう。しかし、それが「悪」であると決めたのは何かというと、社会（人）に他ならない。そして、かつての強烈な「白人優位」を容認・支持していたのも、社会（人）である。そして、社会（人）が善悪、是非を決定する以上、それらはあくまでも恣意的なものでしかない。ある

社会に通用する善悪の基準が、別の社会では逆転することもあり得るのである。まさにそれこそが、ここで問題にしている「価値の源泉」として文化の中核にあると思われるメカニズムなのである。

それでは、そもそも複数の文化を扱う文化研究において、その「価値の源泉」である文化の核にあるメカニズムをみつけ出し、分析し、記述することは可能であるのだろうか。その前提として、まず、研究者自体が、ある特定のイデオロギーに汚染されておらず、先入観のない「目」でもって対象を観察し、そして、なんら特定の価値判断を生み出さない言語（メタ言語）を使用して対象を記述する必要があるだろう。しかしながら、サイードも『オリエンタリズム』の序論で強調するように[10]、研究者はいかに客観的であろうとしても、その研究が何らかの意味で政治的であることから逃れることはできない。また、いかなる言語といえども、文化の一部であり、その媒体であるわけだから、無色透明であることはなく、何らかのイデオロギー性を帯びているのである。しかし、自身の政治性を完全に払拭しえないまでも、それが研究に影響を与えないまでに弱めることは不可能ではないであろう。それはちょうど、太陽が核融合反応である以上この自然界に微量の放射線が存在するわけだが、その自然界の放射線を日々浴びているといっても、原子爆弾や核施設の事故で被曝する場合のように、ことさら問題にすることがないのは、自然に存在する放射線量などわれわれの健康にはなんら影響がないからである。まさにこのような具合に、文学・文化研究、そして文学作品や文化現象を記述するメタ言語から政治性を無視できるまでに希薄にすることはできないであろうか。しかしながら、そのような政治性の希薄なメタ言語を使用するだけでは不十分である。さらに、研究者の「視線」から政治性を薄めることも同時に必要になってくる。それらの2つを獲得して初めて、文学作品や文化現象を研究する研究者は、ある価値体系を別の価値体系によって糾弾する、あるいは置き換えるというそれ自体が政治活動の一部を行うのではなく、ある文学作品や文化現象から、ある社会のなかの善悪の生成・拡散の仕組みを記述し、分析することが可能になると思われる。

物質界において、ある条件のもとに物質をおけば、その物質が正、もしくは負の電荷を帯びるように、文化事象は、社会（言説編成）のなかで「善」の価値を帯びたり、「悪」の価値を帯びたりする。しかし、それがいずれの価値を帯びるか、そしてどの程度の強さで価値づけされるかは時代や、社会によって様々である。たとえば、喫煙というのは、今日ますます「悪」の電荷を増しており、その勢いはとまらない。そして世界のグローバル化は、喫煙を悪としない社会までが「後進的」だとして非難されるまでになっている。一方、近代日本において、「愛国心」のたどった歴史も非常に興味深いものがある。明治時代、政府や知識人は「愛国心」を国民に植え付けるため、それを称賛した。そして、戦前・戦中においては、「愛国心」があらゆる一切のものに優先される最高の美徳のように扱われたのであった。しかしながら、太平洋戦争の敗戦とともに、一転して「愛国心」は、「悪徳の権化」のようにみなされるようになった。

　このように、われわれは無意識的に「善悪」のネットワークのなかで行動し、価値判断を行っているのである。それでは、文学・文化研究を政治活動の手段としてではなく、そのメカニズムを分析するために、このようなネットワークから距離を置いて、文学作品や文化現象を非政治的に観察し、記述できるのであろうか。善悪から逃れる方法を考えるとき、ひょっとすると、フリードリヒ・ニーチェ（Friedrich Nietzsche）の著作の日本語訳のタイトルにもなっている——『善悪の彼岸（*Jenseits von Gut und Böse*）』、及び、『権力への意志（*Der Wille zur Macht*）』——2つの概念が重要なヒントをわれわれに提供してくれるかもしれない。

　ニーチェは、キリスト教、及び西欧民主主義の支配するヨーロッパの脆弱性・偽善性を暴きだし、人々をその網のなかに絡め取り、拘束する装置としての「道徳」を粉砕するものとして、「権力への意志」という起爆剤を提唱した。そしてその思想は、その後の西洋思想、現代思想に強大で、不気味な影響を及ぼしたといえるであろう。確かに、19世紀のヨーロッパで絶大な権威を誇る宗教・思想・科学が大量に繁殖させていった「善悪」を殲滅しようとするドン・キホーテ的であり、孤独な戦いは、当時の道徳

第1章　「東洋」の知識化の理論的考察

の心臓部に切り込む哲学的戦いであったといえるかもしれない。そして、そういう意味で、ニーチェは、善悪のネットワークを打ち破ろうとする強烈な哲学者であったといえるだろう。だが、果たしてニーチェの試みは、「善悪の彼岸」へ達したといえるのであろうか。「価値の源泉」に迫るものであったのであろうか。

　そもそも、貴族政治へのジャン＝ジャック・ルソー（Jean-Jacques Rousseau）の攻撃、「男性社会」に対するフェミニズムの挑戦、西欧への影響の下に幕藩体制を転覆させた江戸時代末期の尊王倒幕の志士たち、そしてキリスト教会の絶対的な権威に対する近代科学の戦いというのは、確立された価値体系を打破し、新たな価値体系を確立する試みである。それでは、なぜ、それまでの価値体系を壊さなければならないのかというと、彼らの価値判断では、それまでの価値体系は「旧弊」で「悪」であるからである。なぜ新たな価値体系を構築しなければいけないかというと、それが「新しく（進歩）」、「正しい（善）」ということであるからだ。それではなぜ、取って替えようとする価値体系が「正（善）」であり、「進歩」したものであり、それ以前の価値体系が「悪」で「旧弊」なのであろうか。すでにそれに対しては、筆者は、社会（人）が生み出したものであるから、恣意的なものであると述べた。その根拠としては、「普遍的な真理」の発見が新たなる価値体系を生み出す契機になっているとすれば、古今東西の様々な社会で生み出され、今後とも生み出されていく価値体系のヴァリエーションのうち、本当に正しいのは1つであり、人類はその「正しい価値体系」に向かって試行錯誤をしているということになる。そして、その過程こそがまさに「歴史」であり、人類はやがては「理想的価値体系」に到達し、その時点で「歴史」は終焉する。それ以後は、その「理想状態」の世界（ユートピア）で人類は幸福に生きていくことになるのである。ここで筆者が問題にしたいのは、「理想的」ということであって、「価値体系」そのものが虚構であるといっているのではない。価値体系自体の是非はともかく、人間社会にとって何らかの価値体系は必要であり、それなくして社会はあり得ないのである。

新たな価値体系を打ち立てようとするとき、人は「過去」を否定し、罪人扱いするといったが、それに関しては、明治以降の歴史がそのことを証明している。戦後、日本社会は、戦前・戦中の日本は「誤りを犯した」といい続けており、そのような言説が蔓延している。実際、左翼系の新聞・雑誌はそのことをまくし立て、歴史の教科書でそれに反することを記述すれば激しい非難が起こる。また、「日の丸」・「君が代」は軍国主義のシンボルとされ、一方、日本政府は何度も外国に対して謝罪を繰り返す。他方、その批判されている軍国主義に邁進した軍部は、それ自身、それ以前の金権腐敗政治を批判し、不発に終わったが歴史の重要な転換の１つである二・二六事件を青年将校たちが起こしたのは、彼らなりの革命、「昭和維新」を目指したからであった。さらに遡って、明治維新当時は、江戸時代は旧弊で、誤った政治が行われていたといっていた。このように、常に歴史は「過去」を否定して進んできたのであるが、しかしながら、われわれの「過去」への怨念は、時代を遡れば遡るほど増大するかというと、必ずしもそうではない。むしろ、実際は弱まっていくのである。戦前を誤った社会と断罪する人々で、まさに弱肉強食の時代であった戦国時代の日本や、貴族政治が行われ、庶民が貧困にあえいでいた平安時代の日本を誤った、旧弊の社会であったと強く批判する人は少ない。これは自明のことすぎていうだけの価値がないだけなのであろうか。いや、そうともいえないであろう。なぜなら、たとえば、今日戦国時代の武将であった織田信長に対する人気は衰えるどころかますます高まっており、その人気は現在の政治家をはるかに凌駕しているのに対して、織田信長よりも「穏健」思想を持っていた東条英機は、現代でも痛烈な批判の対象となっている。もし武力を行使し、人々を苦しめることが悪であるのなら、それを常套手段としていた織田信長のほうが「悪」の度合いは強いと思われるが、日本社会はそのことを追及しない。「500年前の戦国時代であったから」という弁明はさほど説得力があるとは思われない。もしそのような弁明が成立するのであれば、東条に対しても、「70年前の帝国主義の時代であったから」という弁明が成り立つはずだが、そのような釈明は受け入れられること

はないであろう。つまり、われわれがその前の社会やその価値体系を批判（否定）するのは、「普遍的な真理」に基づいた評価ではなく、まさに政治的意味合いからいっているのである。つまり、自分（あるいは、自分の属する集団）にとって、政治的に「正統性」を保証する担保（敵役）として利用しているといえるのである。

したがって、筆者はここで、この既存の社会に存在する「善悪」を粉砕し、新たな「善悪」の判断基準を打ちたてようとする衝動を、「権力への意志」と名付けようと思う。既成の価値体系に反発し、自らを中心とする価値体系を打ち立てようとする激しい衝動をさす言葉として使おうというのであり、ニーチェの思想とは直接関係しない。

上記のような意味で「権力への意志」という概念を使うなら、「善悪の彼岸」に立ち、「善悪」を客観的に眺めるためには、この「権力への意志」をいかに弱めるかが問題になってくる。そういう意味では、ニーチェとはまったく正反対の方向性を問題にしているのである。そして筆者は、結局のところニーチェは、「善悪の彼岸」に到達したのではなく、彼はまさに「善悪」のカオスのなかにもがいていたと考えるのである。

それでは、そもそも「権力への意志」を弱めることは可能であるのだろうか。逃れることができないとしても、われわれに内在する政治性を弱めることが実際にできるのであろうか。そのことに関しては、この時点で断言する自信はないが、少なくとも「権力への意志」は、対象とする時代が心理的に近接すればより強く働き、離れればそれほど働かないのであるから、意図的に対象から距離を置くことに成功すれば、ある程度は実現可能であろう。ただ、そのような立場に立つことは、「政治的」人間から、「日和見」「傍観」という誹りを受けることになるが——もっとも、筆者の考えている研究者の態度とは、そのような誹りからも距離をおくわけであるから、結局のところ重要な問題ではないであろう。

文学・文化研究から政治性を排除する方法として、上記の「研究者の視線」の脱政治化とともに、その分析結果を記述する言語からも、政治性を中和することが必要である。そのための言語、つまり、メタ言語をみつけ

出さなければいけないのだが、言語自体は、ある集団（社会）のなかで歴史的に生み出されてきたものである以上、中立（透明）である言語など存在しない。また、人工的に作り出すといっても、そもそも言語というものは、複数の人間の間で使われる道具である以上、そこに何らかの政治性が発生しないことはありえないのである。そこで、「無色透明の言語」を探し出すというよりは、言語（言説）のイデオロギー性を「ディコンストラクション（脱構築）」するといった、すでに文学・文化研究において定着した方法を使う以外に、今のところ方法はないであろう。ただ「脱構築的」方法を使うといっても、その理論的側面は別として、具体的な適用は研究者によってばらつきがあるように思われる。筆者は、次の方法論を念頭においている。あるテクストに内在するイデオロギーを焙り出すために、ここでいうところの「権力への意志」を暴き出すために、そのイデオロギーを別のイデオロギー（「権力への意志」）でもって「他者（対象）化」する。つまり、周縁化するのである。しかしそのようなプロセスにおいて、その研究におけるテクストの記述そのものが第2のイデオロギー（「権力への意志」）によって汚染されてしまう。たとえば、フェミニズム研究にみられるように、「男性優位」のテクストを脱中心化する研究自体が、「女性優位」のイデオロギーを濃厚に内在させる傾向にある。また、このような「権力への意志」のいわば下克上とでもいうべき現象が発生するだけではなく、テクストには往々にして複数のイデオロギーが複雑に絡まっているにもかかわらず、研究者の恣意的な扱いから、重要な要素を見逃してしまうことが起こりうるのである。したがって、第3の想定しうる「権力への意志」——これは必ずしも研究者自身の自発的な「権力への意志」である必要はない——によって、第2の「権力への意志」が脱中心化したテクスト（の記述）を、脱中心化する必要がある。しかし、その結果生まれる分析は、第3の「権力への意志」によって汚染されるので、さらに、そのプロセスを繰り返さなければいけない。そして最終的に、いかなる想定しうる「権力への意志」も生まれえなくなったとき、その分析は完成されたといえるだろう。いわばテクスト、及びその分析の「政治性のロンダリング」の完

了である。

　上記の分析方法の1例として、以下に、ナチズムの人種主義に思想的根拠を与えたといわれているアルテュール・ド・ゴビノー（Arthur de Gobineau）の『人種不平等論（*Essai sur l'Inegalite des Races Humaines*）』（1853-1855）を取り上げる。この著作を選んだ理由は、このテクストのイデオロギー（第1の「権力への意志」）が、今日のポストコロニアル状況においてみれば、あまりにも「明白すぎる」からである。それでは、まず、この「明白な」テクストのイデオロギー（「権力への意志」）に対して、「反人種主義」、「平等主義」の立場から、このテクストを脱中心化、他者化してみよう。

　　血においてわれわれ［白人］に最も近い者たちが、最も美に近い。すなわち、アーリア人ながら退化したインド人やペルシャ人、そして黒人種と接触しながら最も悪影響を蒙らなかったセム族がそれにあたる。白人種から遠ざかるにつれ、それら人種の容貌や肢体の形が不正確になる。つまり、体の均衡に不具合が増え、しまいには、われわれ白人種と全く血がつながっていない人種になると、極端な醜さを生むことになるのだ[11]。

　　黒人種は最下位であり、人間の進化の階梯の一番下にいる。骨盤の形態から明らかであるが、ニグロ（黒人）には生まれながらに動物的特徴が刻印されていて、その運命を予兆する。その知性は常に非常に狭い範囲の中を動くのみである。（『人種不平等論』、205）

　第2の「権力への意志」、つまり、「反人種主義」者の視線は、上掲のような箇所をテクストから捥ぎ取り、『人種不平等論』を「人種主義」、「白人優位主義」のイデオロギーが横溢していると断罪するであろう。確かに、上の二つの引用から、そのような判断をすること自体は、当然の帰結のように思われる。そしてこのような評価から、ロバート・ノックス（Robert Knox）、ヒューストン・スチュワート・チェンバレン（Houston

Stewart Chamberlain) と並んで、ゴビノーは、極端な人種論者として、そして後のナチズムに多大な影響を与えたとして悪名高い。だが果たして、この『人種不平等論』のテクスト全体が極度の「人種主義」に感染し、そしてその病原菌を世界中にばら撒くようなものであったのであろうか。ここで、ある意味で逆説的であるのだが、このテクストに横溢しているように思える第1の「権力への意志」の変異体――「人種主義」、「白人優位主義」として否定的に前景化されてしまったイデオロギー――をあえて肯定的に受け入れることによって、われわれは、ゴビノーがどのような既成の価値体系を仮想敵にし、彼の「白人優位」の価値体系を打ち立てようとしたのかをさぐってみよう。いわば、この著作に熱狂した出版当時の読者の気持ちを疑似体験しようというのだ。それが第3の「権力への意志」である。

　第3の「権力への意志」で『人種不平等論』のテクストを読み直すことによってみえてくるのは、彼が敵視、あるいは、彼の価値観で置き換えようとしているのは、当時、ヨーロッパでなお絶対的権威の座にあったキリスト教、そして『聖書』の「創世記」にみられる人類の単一起源説、及び人種の違いが単一起源から進化した結果だとする進化論が生み出す価値体系、世界観であることがわかる。ゴビノーは、その既存で権威を享受するイデオロギーを覆すために、常識的、歴史的、美学的、博物学的、科学的、そして骨相学や遺伝学を中心とする医学的知識から論駁していく。それは、簡単にまとめると次のようになる。

　「常識的」知識から、近代科学、及びそれを応用した技術のすべてが、白人によって発見され、発展されたものであり、まさにそのことによって、白人の優位性は自明であるとする。確かに、そのような基準から人種の優劣が決定されるのなら、まさにその通りである。

　「美学的」観点からは、人種の肉体的な美しさは、黒人や黄色人種に比べて、白人が最も美しいと断言する。なぜなら、美の基準であるギリシャ彫刻に白人が最も近い姿であるがゆえに、そのことが証明できるとする。これも、ギリシャ彫刻を美の基準とする限り間違いとはいえないであろう。そのことは、骨相学的な見方にも通じる。19世紀に隆盛をみた骨相

学の基準からいえば、白人が最も知的であることになるであろう。

　歴史、博物学、医学についても、当時の最先端の知識からみるとき、白人の優位を証明するのである。特に歴史に関しては、エジプト、インド、そして中国に至る古代文明は、現代の「有色人種」によって築かれたものではなく、古代の白人、ないしは白人の「血」の混じった人々によって建設されたものであるという。しかし、白人の「血」が薄れていくにしたがって、あるいはそもそもそれを持たない人々が、それらの高度の文明を衰退させてしまったという。

　一方、ゴビノーは「人種差別」を肯定しているわけではない。少なくとも、「根拠」のない「人種差別」を否定している。彼にとっては、「白人優位」は差別ではなく、人種に関する厳正な科学的評価なのである。

　確かに彼が前提としたことを100パーセント認めるとき、ゴビノーの主張は必ずしも「極度の人種主義」とはいえないのである。ただ、そのような根拠に対して、筆者にはその根拠の正当性を攻撃したい欲求が生まれてくる。それは上記の記述にも現れていて、第3の「権力への意志」でもってゴビノーのテクストを読み直している際に、無意識のうちに第4の「権力への意志」によって彼の議論の正当性を制限しようとしている。

　確かに、彼の議論の正当性に対する留保条件をすべて外せば、彼の主張は極めて恣意的なものにみえてくる。しかしながら、このことによって、即、第2の「権力への意志」が暴きだした彼の「人種差別主義」が無傷のままでカムバックするわけではない。

　まず何よりも、ゴビノーの敵は『聖書』の「創世記」が提示する人類誕生の神話であり、それと結託した進化論である。決して、最初からいわゆる「人種主義」ありきではない。つまり、彼の「権力への意志」は「科学信奉」に根ざしていて、「科学」の擁護者であるという自負である。ゴビノーは、ロバート・ノックスと同様、「科学」を錦の御旗のように自分の論拠としている。しかしながら、今日、彼の「科学」をいかがわしいと感じない人間は、まさに「極端な人種主義者」であろう。ただし、これはあくまでも「今日」という条件をつければの話であって、果たして当時の科学知

識から判断して、彼をそのような人種主義者と考えられるであろうか。むしろ科学信奉の持つ いかがわしさの方が前景化されてくるのではないか。

このように論じてくると、ここに第5の「権力への意志」が働いていることが分かる。それは、19世紀の科学知識を批判する筆者の第4の「権力への意志」への批判、つまり過去の知識の限界と歪みを暴こうとする現代人の眼差しの欺瞞性を批判する第5の「権力への意志」である。

ここで提案する文学・文化研究のアプローチを使ってゴビノーの『人種不平等論』を分析していくとき、当初、彼のテクストに横溢していることが明白であると思われた「白人優位」のイデオロギーの、その「明確さ」はますますあいまいなものになっていき、一方、それ以外の当時力を持っていたイデオロギーや、急速に増殖していった「科学信奉」がその姿を現してくる。確かに、ゴビノーのテクストと「白人優位主義」との影響関係は濃密であるが、しかし西欧社会であたかも1つの意志が働いているかのように、ゴビノーはじめ、当時のあらゆるジャンルの西欧知識人が「共犯関係」のもとに、世界を覆い尽くす「白人優位」のイデオロギーの言説のネットワークを形成していったとはいえないであろう。いや、むしろゴビノーの「白人優位」の論調は、かなりの程度まで論理的に不可避的なものであるものの、しかしそうであっても、暫定的なものであり、流動的なものである。様々な社会的ファクターのなかで、彼が論理的に行き着いた複数の「権力への意志」の中の1つの結果なのである。

本節においては、「明白な」イデオロギーに染まったテクストと考えられているゴビノーの『人種不平等論』を、不完全ながら解剖していった。分析の緻密さにおいても、また分析の記述から政治性を払拭することにおいても極めて「不完全」であるので、冒頭で述べた「価値の源泉」にいきついたとは到底いえない。ただ、ここで行った分析の目的は、ゴビノー、及びゴビノーを取り巻く当時の社会の「価値の源泉」にたどりつくことではなく、むしろ、文化の中核にはそうやすやすとは辿りつけないことを示すことであった。すなわち、強力なイデオロギーが働いていると考えられている「単純」なテクストであろうとも、そのような単一のイデオロギー

によって善悪が決められていくわけではないということである。善悪が決定されるプロセス、そしてその源泉ははるかに複雑で流動的なものであるだけでなく、それを分析し評価する側の「権力への意志」がたやすくその過程で入り込み、ややもすると「でっち上げた」対象を批判しているにすぎないということになる。本書においては、文学作品や文化現象を分析する際には、安易な「共犯性」を見つけようとするのではなく、作品同士や文化現象における敵対関係をも視野に入れ、またそれらを見る「眼差し」も複層的であることを心がける。

1.5　複数の言説形成＝編成について [12]

　前節で詳述した方法論が、本書で扱うイギリス、インド、そして、日本の近代化を歴史的に考察するために特に重要であるのは、それぞれの地域が異質なる文化空間の変容の歴史をもつからである。

　「世界」は物質的な広がりではなく、言語と、そして非言語的な、しかし記号化されたイメージのネットワークであるとするのなら、その境界は、われわれの認識が及ぶ範囲となるであろう。したがって、物理的空間と認識された空間とは別のものであるが、日本の江戸時代のような社会においては、通常、その2つの空間が乖離せず、矛盾せず共存している。そしてそのような社会にあっては、クリフォード・ギアツ（Clifford Geertz）のいうように、その文化コードは社会に網の目のようにはりめぐらされ、それがコード体系、つまり日常的な文化空間を形成していた [13]。そして死や、人間の起源といった非日常的な事柄に対しては、宗教がその領域をイメージやシンボルで埋めてきたのである。しかも、江戸時代の厳格な鎖国政策の日本やダライ・ラマが実権をもっていたころのチベットの海抜3,700メートルにあるラサのような社会においては、共同体の外に「視線」をやることができず、それに慣れてしまった人間にとって、その人為的な境界は、眼にみえないものになってしまっていたのである。そしてそもそも、交通・情報技術が未成熟な社会において、その構成員である人間の持つ認識的広がりが、自然発生的に形成される社会の文化的広がりを凌駕す

るなどということは、極めて考えにくいことである。したがって、その完結した日常的・非日常的文化空間のなかで、「閉ざされた」社会の人々は安定した生活を営んでいたのであった。

　しかし、たとえ江戸時代の日本のように強固に閉ざされた文化空間であっても、物質的世界や、他の文化世界からの介入が全然ないわけではなかった。そしてその介入を契機にして、安定した文化空間に生きていた人々が、その境界内であろうと、境界外であろうと、介入によって生じた空隙や不可解を直観するとき、不安が生じ何とかそれを説明しようと努力するのである[14]。社会というものは、自然や異文化からの介入があれば、言語化し、意味を与え、説明することで異物を文化空間に取り込むことによって、社会の構成員の間に広がる不安を解消するか、忍耐可能なまでに弱めたのである。もっともその文化的説明は、その本質的特性と関係があるかどうかはまったく問題ではない。旱魃が続けば、それを「神の怒り」として説明し、怒りを和らげる儀式が執り行われる。また周辺地域に脅威を与える異文化社会が存在すれば、その住民を「夷狄」や「野蛮人」や「異教徒」として他者化する。そのように、文化コードは宇宙全体に普遍的に適用できるものではなく、1つの社会の文化空間、あるいは共同体にのみ通用し、意味を生み出すものである。したがって、外的介入が急激で大規模なため対処不可能な場合は、その社会は激しく動揺をきたすか、混沌の状態に陥ってしまう。時には再編成を余儀なくされるか、大きな波に飲み込まれてしまうか、そのまま瓦解してしまうことになる。ヨーロッパの近代化の以前には、世界には多くの独立した文化共同体が存在していた。それらの文化空間の壁を突き崩したのは、近代帝国主義という一種の「グローバリゼーション」であった。それは、周縁の文化圏を根底から解体しながら飲み込むことによって、一部の国々を膨張させた。もちろん膨張していったのは欧米列強であり、飲み込まれていったのは「その他」、つまりサイードのいうところの「オリエント」であった。

　周辺地域を飲み込む過程で、植民地開拓者は、ロビンソン・クルーソーがやったように、獲得した物理的空間を、認識された空間に変換しなくて

はならない。さもなければ、その空間は何ら意味を産み出さない「文化的荒地」にしか過ぎないのである。そして、もし植民地化した空間に先住民が存在する場合は——ほとんどの場合はそうなのだが——、彼らとの力関係及び彼らの有用性によって、ある場合には、彼らを排除し、そこに植民者と自分たちの社会制度を嵌め込むことで完全に乗っ取ってしまうこともあるだろうし、また、もし乗っ取ることができないほどその場所の先住民と文化が広く深く根を張っているのであれば、彼らの文化空間を自分たちの言語で読み解き、そして読み取ったものをそこに投射することによって隠蔽したり無化することになるだろう。自分たちの言語でもって異文化空間を再言語化するのである。その際、その仕事を請け負うオリエンタリストが善意の人であるか悪意の人であるかは、重要なことではあるものの、二義的なことに過ぎない。また、植民者・被植民者が、白人・黒人・黄色人種といった、特定の人種であるかどうかも二義的なことである。最も重要で、本質的なことは、西欧列強によりもたらされた「近代化」という大きな言説形成＝編成の大渦のなかで、「前近代社会」の文化の知識化、言語化が進行し、常に、植民者・被植民者＝主体・客体（他者）の等式に収束されてしまうことである。そしてその等式を担保する必要条件は、経済力と軍事力なのである。

　しかしながら、経済と軍事による支配、無制限の権力の行使は、国家の膨張の目的なのであろうか、それとも手段なのであろうか。マルクス主義者は目的と考えているようであるが、しかし権力者が権力の中枢にとどまりつづけたいのなら、むしろ江戸時代の日本や、神権政治を行っていたかつてのチベット、そして現在の北朝鮮（朝鮮民主主義人民共和国）のような閉ざされた文化空間のほうが好都合である。なぜなら、すでに述べたように、文化空間を囲う堅固な壁は異文化の干渉を排除し、それによって、権力を支える「神話」が動揺を蒙ることが少ないからである。内部における強力な「神話」が確立されておれば、いかに人民が貧困や圧政に苦しめられていても、社会体制の転覆を企てようとはしないのである。したがって、膨張の目的は政治・軍事的支配だけが要因ではない。おそらく、最大

の権力の快楽とは、周辺地域を言語化し・他者化したり隠蔽することではないだろうか[15]。

　本節においては、19世紀から20世紀にかけてイギリス人が非西欧地域を言語化していったその論理と戦略を概観してから、明治期の日本における近代化の過程において、欧米列強の近代帝国主義イデオロギーがいかに日本の文化空間に浸透していったかを、当時の知識人の著作を通して考察することにする。

　西欧近代における植民地政策は、アーニャ・ルーンバ（Ania Loomba）も指摘するように、それ以前の周辺地域を征服・吸収することとは大きく隔たっているのである。その違いを、『コロニアリズム／ポストコロニアリズム（Colonialism/Postcolonialism）』においてルーンバは次のように説明する。

> 近代植民地主義は、単に征服した地域から貢物、物資、そして富を搾り取るだけではなかった——後者［征服した地域］の経済体制を再構築し、自国の経済体制との複雑な関係に組み込むことによって、植民地と宗主国との間に人的・天然資源の流れを作り出したのだ。その流れは両方向に機能した——原材料とともに奴隷・年季奉公労働は、メトロポリスにおいて製品を製造するために輸送され、他の場所ではメトロポリスでの消費に向けられた。一方、植民地はまたヨーロッパの商品のための従属的なマーケットを提供した。このように、奴隷はアフリカからアメリカ大陸に輸送され、西インド諸島のプランテーションでは奴隷によって生産された砂糖はヨーロッパで消費され、原材料としての綿花はインドからイングランドに輸送され綿布に加工されてから、インドで売られることによって、結果としてインドの繊維産業は打撃を受けた。どちらの方向にヒトとモノが運ばれようと、利益は常にいわゆる「マザー・カントリー（宗主国）」へと流れていた[16]。

　このマルクス主義に沿って主に経済面からなされたルーンバの説明は、おそらく不十分であろう。植民地宗主国が被植民地を地球規模で包括的に

その経済体制に組み入れていくことが、それ以前の植民地政策と大きく異なることは間違いない。しかしそれだけではなく、たとえ日本のように経済的には植民地化を免れた非西欧諸国をも巻き込んだ地球レベルの文化的・言説的植民地化が進行したことも紛れもない事実なのである。これはそれまでにないまったく新しい現象であった。確かに、近代以前の征服においても、単に略奪や奴隷化だけでなく、先住民社会の文化・社会・宗教を否定し、征服者のそれを強要したケースは決して少なくはなかった。たとえば、仏教寺院を完膚なきまでに破壊して、イスラム教を強いた場合のようにである。しかしながら、そのような征服と近代化以降の植民地政策の決定的な相違は、認識空間と文化空間との関係である。つまり、近代化以前においては、常に認識空間＝文化空間の関係であったのが、近代化以降は、認識空間が個々の文化空間を飲み込むように世界を覆ったのである。

　本書において、それぞれの文化がどのような形相を取るかは歴史的偶然の産物と考える。「日本人」・「日本文化」、「アメリカ人」・「アメリカ文化」というのは、歴史的偶然によって生み出されたのである。日本列島が大陸から分離するのが、新生代の新第3紀の後であっても先であっても、現在の「日本人」とはまったく異なった「日本人」になっていたことは容易に想像がつくであろう。だから、ある民族の文化空間にはコアがあり、いかなる自然・社会変動にも変質せずに脈々と続いていくというのは「神話」なのである。逆にいえば、まさにこの「神話」こそ、そのようなコア、つまり民族の不変的・本質的なアイデンティティ幻想を生みだす装置なのだ[17]。肝心なことは、誰が文化空間のなかでそのような不変的・本質的なアイデンティティ幻想を生みだす装置を保持する主体者たりえるかである。したがって、近代以前の征服においては、たとえ被征服者が自らの文化を剥奪され、奴隷として社会の下位に組み入れられ主体的歴史が中断されたとしても、征服者が没落すれば、その立場から抜け出せるであろうし、自らを主体者とする歴史を復活させることができるのである。一方、近代化以降の植民地政策において、被植民者の主体を排除して言語化された「知識」は、飛躍的に発展した交通・情報技術によって世界中に流通し、消費

される。したがって、たとえ被植民地が政治的に独立を勝ち得ても、欧米を主体者として書かれた「権威ある歴史」のなかに「他者」として言語化されたかつての被植民地諸国は、欧米のなかだけでなく、自分たちのなかの文化空間に存在する制度、つまり新聞や学校において、自分たちを他者とする「知識」を消費し、刷り込まれることを余儀なくされる[18]。今日でも、いや、今日ますます、欧米の言語、特に英語の言説に組み入れられた「知識」が、直接に、あるいは翻訳されて世界中に浸透しているのである。たとえば、日本人はかつて自分たちを「黄色い」と感じたことはなかったのであるが、世界中で「日本人は黄色い」という「知識」が流通し消費されている[19]。これこそがポストコロニアル的状況における深刻な問題なのだ。

　この節では、英語による英領植民地の表象化の問題に関して、具体的な事象を扱うのでなく、地球上に存在する様々な人間が階層的にいかに英語の言説形成＝編成の中でマッピングされていったかを概略的に考察する。そのようなマッピングこそが、植民地主義イデオロギーの中核にあると思われるからだ。

　今日の価値観から過去を評価するとき、植民地政策が人類に対する犯罪であることは疑問の余地はない。現代においても、社会には平気で、あるいはそうとしか思われない風に、窃盗や殺人を犯す人間が存在するものであるが、帝国主義の時代には、そのような人間が権力の座にいて様々な非道な政策を周辺地域に及ぼしていったと考えるのは無理もないことかもしれない。しかし19世紀のイギリスの政策立案者たちは、自国において、植民地におけるような個人の自由や人権を侵すような公的政策を実施することを抑制するようになっていた。また、そのようなことをあえてすれば、自国民から激しく抵抗されるのである。しかし、イギリスが植民地政策を実行する際に、自国民に対しては決して許されないような行為を長期間、自国民の中から反対の声もあがらずやり続けられたのは、それは、自国民には犯罪となるが、他民族、特にアジア・アフリカ人には犯罪とならない「説明」を文化コードとして取り入れていたからである[20]。そしてその文化

コードをマジョリティが信じたのだ。しかもその際、ギアツが宗教に関していうのと同じように、その文化コードを生み出した権力階層自身がその最初の——そして最大の——信奉者であったことは想像に難くない[21]。それでは、自国民には犯罪となるが、他民族、特にアジア・アフリカ人に対して行われた場合には犯罪とならないことの「説明」とはどのようなものであろうか。いうまでもなく、その「説明」を可能ならしめる必要条件は、白人とアジア・アフリカ人の間に人種的差異を設定することである。さもなければ、犯罪者や謀反人を除いたすべての人間に対して虐待や略奪を禁止するようになった社会において、合理的な「説明」など構築しようがないからである。そういう意味において、人間そのものの定義が重要な意味を持ってくるのは当然のことだ。実際、イギリスが植民地政策を遂行するにあたって、人間、あるいは人種の問題に関して、文化的なものから、生物学的なものにわたる広範囲な領域での議論が巻き起こったのであった。ロバート・J・C・ヤング（Robert J. C. Young）の指摘によれば、18世紀において、人間はすべて動物学的に同じ種に属するかどうかという生物学的問題が提出された。

　20世紀後半と同様、19世紀においても、文化的議論にとって、雑種性というのは重要な問題であった。重要な問題になった理由はそれぞれ異なるが、全く類似点がないというわけでもない。そのことが最初に問題にされたのは、存在の大いなる連鎖の階層的位置づけによって、動物界の一部として様々な人種が分類された18世紀末のことであった。予想される通り、アフリカ人はヒト科の一番下で類人猿に隣接するところに置かれた。それだけではなく、アフリカ人を類人猿か人間かのいずれに属する種として分類するかについての議論すらあった。当時の主流の見解としては、人間は異なる種からなり従って起源を別にするという考えは『聖書』の説明と相いれないというものであり、さらに、奴隷制反対の運動は、すべての人間は一つの生物学的科に属するということを強調する流れを作っていた[22]。

ロバート・ヤングが説明するように、人間が、このような起源を異にする多様な種からなる集合体であり、人から類人猿（ape）に及ぶスペクトルに配置されているという説の意味は、当然のことながら、それが植民地主義の正当性の論理として機能したということである[23]。なぜなら、インドのジャイナ教や現代の極端な動物保護団体は別にして、ほとんどすべての社会が人間のために動物を利用することを原則的に容認してきたし、また現在でも容認している。そのことをヤングは、当時の、人類が複数の異種からなる集合体であるという考えに批判的であった知識人の一人である、テオドール・ヴァイツ（Theodor Waitz）というドイツ人の文化人類学者の口から語らせている。すなわち、人類が様々な種から構成されているとするのなら、当然、そこには生まれながらにして支配的で貴族的な種もあり、またそれに従属する下位の種も存在することになるに違いないというのである。もちろん、支配的で貴族的な種は白人（コーカソイド）である。それ以外の人種は下位に置かれ、白人種の役に立つように訓練されるのであるが、しかし、もしそれに値しないほど下等な種があるとすれば、見捨てられる運命にある。そして、白人によるそのような種を絶滅させる戦いは、許されるだけではなく、正当なものであるというのである[24]。この植民地主義の論理の明確な分節化は、反対の立場の文化人類学者からなされているわけであるから、もちろん批判的な前景化、偽善性の暴露であることはいうまでもないことであろう。
　もし地球上に存在する人種が動物学的に異なった種であるとすれば、家畜の品種改良に関する経験的知識、すなわち、たとえ交配が成功しても、その子供は不妊である——たとえば、馬とロバの交配から生まれるラバのように生殖機能のない子供が生まれる——ということからの類推として、人間の場合も、混血の子供は不妊、ないしは繁殖力が弱いと考えられたのであった。しかし実際には、人間が生物学的に多様な種の集まりであるという仮説に対する何ら実証的根拠がないので、当然ながら科学的定説とはなりえなかったのである。しかしながら、たとえ人類は同じ種であると

考える人々であっても、そこには文明の進度に差があるという進歩思想を信奉していないということではなかった。そしてこの文明の段階をヒエラルキーとしてとらえる見方の根底には、人間を異種の集合とするイデオロギーが潜んでいたことは大いに考えられる。その考え方の最たるものが、社会ダウィニズムであろう。

　社会が進化する、あるいは進歩するという考え方は、生物の進化の類推から社会の発展を説明したハーバート・スペンサー（Herbert Spencer）の社会進化論のみならず、「大文字の文明」を信じる欧米人の間に深く浸透していたのである。ただ、これを人間のしばしば陥る独善主義に起因するものであるとして片付けられる問題ではない。そもそも能力の優劣や発展段階の違いにより人間を区別するというのは古今東西、常になされてきたことであり、能力が劣った者・未発達な者を向上させようとすることが教育である。そして西欧諸国において逸早く教育制度が整い、したがって、国民の平均的な学力が向上したことは否定できない。しかしながら、そのような制度上の整備・改善を、19世紀のヨーロッパにおいては、人種間、民族間の本質的な序列として、生物学、医学、文化人類学、社会学といった学問が正当化し、政治・軍事・経済と協調して植民地主義の大義として認知させたことが問題であるのだ。確かに「近代化」という面において西欧は世界に先んじたわけであるが、それにとどまらず、異文化社会に対して、文化的隔たりに呼応する形で評価が行われ、隔たりの大きなものに対しては、それだけ文明の度合いが低く、また「歪んだ」ないしは「停滞した」社会と考えるようになる。したがって、「文明の進んだ社会」、すなわち欧米諸国が、そのような周辺地域の文明の停滞や歪みを正さなくてはならない、「啓蒙」しないといけないと考えたのも自然なことであった。そしてそのような使命感が、植民地主義の論理として利用されたのである。

　このように、19世紀から20世紀に書かれた英語のテクストのなかに植民地主義のイデオロギーが侵入し、充満していったことは否定できないであろう。したがって、たとえばコンラッドの小説『闇の奥（*Heart of Darkness*）』の語り手であるマーロウ船長は植民地獲得を批判するような考

えを表明しているにもかかわらず[25]、コンラッドの作品に植民地主義的イデオロギーを嗅ぎ取る読者も少なくない[26]。しかしながら、作品に横溢する植民地主義イデオロギーとは異質な要素を、そのことによって見失ってはいけない。

　重要なことは、当時、英語で書くこと自体が、英語の言説に流れる植民地主義イデオロギーの発露をもたらしたのであり、そのような歴史的状況においては、そのイデオロギーを前景化し、異化すること自体が作家の最大限になしえたことであった。たとえば、『闇の奥』のいわば言説的主人公クルツ（Kurtz）の軌跡を辿ることによって、マーロウ船長はヨーロッパ人によるアフリカ人に対する啓蒙に潜む植民地主義イデオロギーを分節化し、相対化しているのである。他方、多くの無意識のイギリス人作家はそのイデオロギーそのものを放置したまま、気づくこともなかった。

　20世紀後半以降、植民地主義イデオロギーがかなり弱体化されたことは確かであろう。その言説の変容をもたらした契機が何であったか、あるいはどのように変容したかは第2章以降で具体的に扱うが、この段階でいえることは、コンラッドやキプリングやオーウェル（George Orwell）といったイギリス人作家や、さらにまたポストコロニアルの作家がいかに植民地主義イデオロギーを前景化していったかということが、20世紀前半まで横溢していた植民地主義イデオロギーを英語言説から洗浄していった重要な要因であったことは間違いないであろう。

　一方、日本には、江戸時代まで植民地主義イデオロギーは存在していなかったと考えられる。確かに、倭国が任那に日本府を置いていたとされ、豊臣秀吉が朝鮮半島に大軍を2度出兵したのであるから、日本にも前近代的な征服の歴史的事実は存在する。しかしながら、秀吉という不世出の戦術家自身はスペイン人やポルトガル人から直感的に植民地主義イデオロギーを嗅ぎ取っていたのかもしれないが、少なくともそれ以外の日本人は「朝鮮出兵」を秀吉の途方もない領土的野心としか考えていなかったために、秀吉が死ぬや、すぐに撤退してしまった。すでにイギリスの場合でみたように、植民地主義イデオロギーというのは個人の気まぐれの産物で

第 1 章　「東洋」の知識化の理論的考察

はない。その社会の文化空間全体に浸透しているものなのである(27)。学問から大衆娯楽まで、どこを切っても、それが滲み出してくるのである。国民に広く受け入れられている歌舞伎の演目の『忠臣蔵』は極めて保守的であり、内向的である。近松門左衛門の『国姓爺合戦』は、植民地主義イデオロギーを内包しえる題材なのかもしれないが、しかしこの人形浄瑠璃を観て海外での植民地獲得の野心を掻き立てられる観客などいないであろう。実際には周知のとおり、日本は、江戸時代初期にヨーロッパからの文化介入を恐れて国を閉じてしまった。当時の日本は、海外に向かって膨張するどころか、外国の文化的介入から自分たちの文化空間を防禦するための、神学に基づく理論武装や、確立された国家的アイデンティティを持ち合わせていなかったのである。

　国家的アイデンティティの萌芽は、国学者本居宣長の「敷島の大和心を人間はば朝日に匂ふ山桜花」にみられるであろう。これは「国風文化」の単なる継承ではなく、彼は日本の国家的アイデンティティを中国との対比、つまり「和漢」という二項対立的に捉えなおそうとしたのである。そしてそれが平田篤胤に引き継がれていくわけであるが、これは日本にとって画期的なことであった。ここではじめて、日本を主体として強く意識して外国（中国）を「文化相対的」にみる視点が、日本人の中に生まれたといえる。しかしながら、江戸末期における、急激で大規模な欧米列強による軍事・政治・文化介入は、そのような情緒的な「大和魂」では日本の文化空間を防禦できるものではなかった(28)。

　日本が、近代化した西欧に接することによって受けた衝撃は、今日からは想像ができないほど大きいものであったのに違いない。世界の中心であった中国が、イギリスという西の辺境の国家によって惨敗させられたことが、日本人の世界観を激しく揺るがしたことは想像に難くない。さらに遣欧使節がヨーロッパの都市を実際に見ることによって、「西欧近代」というもののすごさを肌で感じたことであろう。ただこれだけでは、日本が他の非西欧諸国に先駆けて近代化に着手し成功したことの説明としては不十分であろう。インドでも、中国でも状況は同じであったからである。む

しろインドなどでは、明治維新のときにはすでに、英語による高等教育の制度が始まって30年経つのであり、英語の読み書き能力を持つインド人知識階層が誕生していたのであった[29]。平川祐弘は、夏目漱石の「維新前の日本人は只管支那を模倣して喜びたり、維新後の日本人は又専一に西欧を模倣せんとするなり」という言葉を敷衍して、日本が長い年月中国文明の積極的な受容者であったことが、西欧文明の受容者としての基礎を作り上げていったという考えを示しているが[30]、しかしながら、日本のように先進文明を長期にわたり受容していたアジアの国は他にも多くある。日本が逸早く近代化を達成したことについては、それ以外にも日本の宗教、天皇制等から色々な説明が可能であろうが、その理由はともかく、日本社会が江戸時代を通して、「西欧近代」をある程度理解し、評価し、羨望を感じうる精神構造を形成していたということは確かなことである。

　欧米列強による江戸末期の急激で大規模な軍事・政治・文化介入の結果、日本は「世界」——近代化言説形成＝編成——のなかに引きずり込まれ、その階層的なマッピングの作用を否応なしに受けることになった。西欧が「東洋」をオリエンタリストの介在によって「一連の表象断片（a series of representative fragments）」から作り上げていったとサイードが述べているが[31]、近代化言説形成＝編成の波に飲み込まれた明治日本においては、西欧の言説を丸呑みにし「世界（＝西欧）」と「東洋」を日本語の言説に取り込むことで精一杯であった。そのようにして作られた世界のマッピングによると、日本の位置は、世界の周縁の「オリエント」の位置であった。日本は文明において遅れた国として、そして風変わりな国として、関税自主権を剥奪され、治外法権を強要されていく。一方、1863年の薩英戦争のような西欧人や西欧文明への敵対的な行為に対しては、イギリス人が無知で野蛮な有色人種に行う「制裁」——まさにキプリングの小説のイギリス人のセリフ「それは、戦争ではなくて罰だ。」[32]というような教育的制裁であったのだろう——を幾度か受けた。そして、善意と悪意の両方から、日本は「極東のオリエントの国」にされたのである。ただ、それ以上のことにはならなかった。たとえば、ガラス玉で土地を奪われたり、アヘンの

第 1 章 「東洋」の知識化の理論的考察

輸入を拒絶して攻め込まれることはなかったのである。これは、欧米列強の植民地主義イデオロギーが日本に対して「略奪」のような荒っぽい手段をとるには「文明」が進んでいると判断したのか。はたまた、列強同士の力のはざまで日本を強引に植民地化しようとする国がなかったからか。存外、そこに「国」を感じたのかもしれない。しかし、その答えをだすには、アジアで植民地化されなかったもう一つの国であるタイ国が参考になるかもしれない[33]。

たとえ欧米の言説の中で世界の周縁に置かれ、「他者」として扱われても、日本は明治維新を断行することによって、自らの文化空間が崩壊する危機から逃れたのである。ただ、それまで日本の文化空間を堅く守ってきた壁が開国によって崩れたので、そのままでは、欧米を主体とする認識空間に徐々に侵食されていくことは間違いないであろう。それはとりもなおさず、日本人が「日本」とその文化空間を「他者」として認識せざるを得なくなることである。したがって、日本自らが主体として世界を解読する作業が急務であった。それは実際いかなる性質のものであったのだろうか。次に、その解読作業を、明治期の代表的な知識人である福沢諭吉、新渡戸稲造、そして三宅雪嶺の著作を中心にみていこう。彼らは3種類の異なった解読作業を行ったのである。

福沢諭吉が『文明論之概略』で最初に行った作業は、すべての事柄を相対化することの意義を論証することであった。そして次に福沢は、欧米人による人種のマッピングを反復してみせたのであった。彼は文明の進歩の程度を次の3つに分類する。

　　前章に事物の軽重是非は相対したる語なりといえり。されば文明開化の字もまた相対したるものなり。今、世界の文明を論ずるに、欧羅巴諸国並に亜米利加の合衆国を以て最上の文明国と為し、土耳古［トルコ］、支那、日本等、亜細亜の諸国を以て半開の国と称し、阿非利加［アフリカ］及び墺太利亜［オーストラリア］等を目して野蛮の国といい、この名称を以て世界の通論となし、西欧諸国に人民独り自から

43

文明を誇るのみならず、彼の半開・野蛮の人民も、自からこの名称の
誣［し］いざるに服し、自から半開野蛮の名に安んじて、敢て自国の
有様を誇り西洋諸国の右に出ると思う者なし。ただにこれを思わざる
のみならず、やや事物の理を知る者は、その理を知ることいよいよ深
きに従い、いよいよ自国の有様を明にし、いよいよこれを明にするに
従い、いよいよ西洋諸国の及ぶべからざるを悟り、これを憂いこれを
悲み、あるいは彼に学てこれに倣わんとし、あるいは自から勉めてこ
れに対立せんとし、亜細亜諸国に於て、識者終身の憂はただこの一事
にあるが如し。（頑陋なる支那人も近来は伝習生徒を西洋に遣りたり。そ
の憂国の情以て見るべし。）

　然ば則ち彼の文明、半開、野蛮の名称は、世界の通論にして世界人
民の許す所なり。そのこれを許す所以は何ぞや。明にその事実ありて
欺くべからざるの確証を見ればなり。左にその趣を示さん。<u>即ちこれ
人類の当に経過すべき階級なり。あるいはこれを文明の齢というも可
なり</u>。（下線は筆者による。）(34)

　福沢はこのように、欧米の作り出した人種の階層的マッピングを「世界
の通論」として反復している。世界をみるパラダイムとして、この近代植
民地主義イデオロギーの充満した人種の地図の模写を呈示することで、日
本人の「他者」としての位置を読者に指し示しているのである。福沢は、
日本人に対して、西欧人の目を通して世界をみることを勧めている。つま
り、日本人に西欧列強に従属することを甘受させようとしているのであ
る。この点からいえば、彼は西欧近代植民地主義の手先、リエゾンとして
の役割を果たしているかのようにみえるであろう。もちろん、福沢にはそ
のつもりは少しもないのである。彼はこの植民地主義の論理を利用して、
しかしながら、その論理が内包している大前提、すなわち白人（コーカソ
イド）の絶対的優位性・優秀性を無視して、文字通り相対的な位置関係と
して捉え、国家・国民的努力によって日本人を「最上の文明国」へと、野蛮・
半開・文明の進歩の階梯を昇っていくことを説くのである。つまり、福沢

はこの現在の人種のマッピングが固定されたものではない——当然のことながら、欧米においては、固定されていることはいうまでもない——、現時点の世界の状況であることを再三強調する[35]。そして福沢は、この状況を打破する手段、つまり、日本が現状の位置から抜け出し文明の段階に至る方法を教授するのである。その方策は、個人のレベルにおいては、彼が実学と呼ぶところの功利的な学問を奨励することであり、また国家全体としては、報国心（愛国心）の発揚であった。福沢はこれまでの日本には、報国心が浸透していなかったという。

> 譬えば古来日本に戦争あり。あるいは甲越の合戦といい、あるいは上国と関東との取合といい、その名を聞けば、両国互に敵対して戦うが如くなれども、その実は決して然らず。この戦はただ両国の武士と武士との争にして、人民はかつてこれに関することなし。<u>元来敵国とは、全国の人民一般の心を以て相敵することにて</u>、たとい躬［みず］から武器を携え戦場に赴かざるも、我国の勝利を願い、敵国の不幸を祈り、事々物々、些末のことに至るまでも、敵味方の趣意を忘れざるこそ、真の敵対の両国というべけれ。人民の報国心はこの辺にあるものなり。然るに我国の戦争に於ては、古来いまだその例を見ず。戦争は武士と武士との戦にして、人民と人民との戦にあらず。家と家との争にして、国と国との争にあらず。両家の武士、兵端を開くときは、人民、これを傍観して、敵にても味方にても、ただ強きものを恐るるのみ。（『文明論之概略』、219-20）（下線は筆者による。）

このように日本の文化空間に「報国心」を充満させようとしているのは、福沢の天才的な洞察力が欧米人の科学・思想の著作のなかに西欧近代のナショナリズムを看破した結果にほかならないであろう。このように、西欧列強に対抗して独立を保つためには、日本をベネディクト・アンダーソン（Benedict Anderson）が定義したような求心力のある「想像の共同体（an imagined community）」としての近代国民国家にしなければならないと考え

たのである[36]。そのためには、従来のような階層間に結束力の欠ける集合体としての日本社会を否定し、日本の文化空間に強力な求心力を生むイデオロギーを充満させる共同体になることを説くのである。福沢は「報国心」を次のように定義する。

　　自国の権義を伸ばし、自国の民を富まし、自国の智徳を脩め、自国の名誉を燿かさんとして勉強する者を、報国の民と称し、その心を名けて報国心という。その眼目は、他国に対して自他の差別を作り、たとい他を害するの意なきも、自ら厚くして他を薄くし、自国は自国にて自から独立せんとすることなり。故に報国心は一人の身に私するにはあらざれども、一国に私するの心なり。即ちこの地球を幾個に区分して、その区内に党与を結び、その党与の便利を謀て自から私する偏頗の心なり。故に報国心と偏頗心とは、名を異にして実を同うするものといわざるを得ず。(『文明論之概略』、274-5)

このような報国心に対して、彼はこれの障害になる要素を「古風習慣」というが、この「古風習慣」とはまさに「オリエント」的と呼べるものであり、彼はそれを他者化した上で排除し、その代わりに進歩思想（＝世界の階層的マッピングの充満した西洋的なるもの）を日本に導入しようとしたのである。まさに「脱亜入欧」である[37]。そのような意味で、明治期において日本が主体的に近代化——つまり文化的植民地化——を実行した最大の領域が、江戸時代までに確立された日本の文化空間であった。

　以上のように、『文明論之概略』において福沢が試みたことは、江戸時代の安定した文化空間を突き崩し、世界的認識空間における階層的秩序のなかの日本の「オリエント」としての位置を前景化し、そしてそれから日本の文化空間をその位置から押し上げる推進力を持つ強固なものに変容させるために、進歩思想＝世界の階層的マッピングを反復したイデオロギーで充満させることであった。そのシナリオは福沢にとっては、実現可能なものであった。なぜなら、日本にとって——あるいは日本にとっての

み——欧米列強の作り上げた世界の階層的マッピングは、生物的な・人種的な・絶対的な位置関係ではなく、あくまでも相対的であり、交換可能な序列であったからである。そして、このような欧米的世界秩序のなかで日本を「進歩」させる福沢の理論武装は、日本の文化空間のなかに浸透していったのであった。

しかしながら、福沢をはじめ江戸末期から明治にかけて社会進化論の影響を受けた自由主義的知識人は、自らが東洋人——あるいは「オリエント」——に属することから、進歩思想を取り入れるにしても、人種的な区別を強調することはできなかったのであるが、それにもかかわらず、他のアジア、特に南方の人々をみる眼差しに関しては、欧米人のそれを反復したのである。つまり、日本それ自体に対しては文字通りの相対化の論理を適用する反面、他の「オリエント」の地域には固定化された関係を適用した。その人種観は、『文明論之概略』以外の文明論のなかにも発現している。

中村正直は『西国立志編』に付した文章のなかで、次のように記している。

> 試みに輿地図を掲げて之れを観るに、自主の国幾何ぞ。半主の国幾何ぞ。覇属［きぞく］の国幾何ぞ。印度の如きは古え自主の国たれども、今は則ち尽く英に統べらる。安南は古え自主の国たれども、今は則ち半ば法［仏］に属す。南洋中諸国の如きは、西国の属たらざる者莫し。人或いは謂わん、西国には英明の主有り、故に勢威遠方に加わる、と。殊に知らず、西国の民は勤勉忍耐、自主の志行有りて、暴君汚吏の覇制を受けず、故に邦国の景象、駸駸［しんしん］として日に上るを。蓋し然るを期せずして然る者有り。且つ独り此れのみならず、西国の君は、大いに其の智を用うれば、即ち其の国大いに乱れ、少しく其の智を用うれば、則ち其の国小しく乱れる。載せて史冊に在り、歴歴として徴す可し。方今西国の君は、己意を以て輙［たやす］く一令を出すことを得ず。己命を以て輙く一人を繋ぐことを得ず。財賦の数は、民に由りて之を定む(38)。

また西周の「人生三宝説」のなかには、次のような記述がある。

　然ルニ如此ク社交ノ盛大ニ至ル者ハ固ヨリ政教其道ヲ得人文開明ナルノ致ス所ナリト雖ドモ其本源ヲ論ズレバ内ニシテハ人ノ心性ニ根ザシ外ニシテハ人ノ形体ノ性即チ自然ノ理勢ニ本ヅキタル者ニテ猿ヲ離レタル以上人ト生レタル以来ハ社交ノ生ハ必ズ離ル可ザルノ道ナリ。故ニ亜弗利加漠中ノ黒人ニテモ亜墨利加山中ノ赤種ニテモ漠北游牧ノ民ニテモ蝦夷ニテモ台湾ノ島夷ニテモ大小ノ差コソアレ為群ノ性ニ因テ一村落一部落ノ交通ハ縦［たと］ヒ鄙粗言フニ足ラザルモ必ズ無キ能ハザルナリ。唯如此キ野蕃ノ俗ハ数里外ノ部落ヲ仇視シ攻撃相継ギ虜ヲ売リ頭顱ヲ飾ル等ノ陋習アリト雖ドモ（十余年前ヲ回顧スレバ本邦猶黒船ヲ打ツノ制アリ）皆知識ノ偏小ヨリ為群ノ性ヲ拡充シテ社交ノ生ノ全キニ至ルコト能ハザル者ノミ。今之ヲ西洲文明諸国ノ賢哲直チニ地球上ヲ以テ一社交トナサント欲スルノ勢アルニ比スレバ<u>天地ノ如ク懸隔スト雖ドモ其本源ヲ論ズレバ千仞ノ松樹ト二葉ノ萌芽トノ差ニシテ形質ノ異ニ非ズ度量ノ差タル耳</u>［のみ］。如此ク人間社交ノ体ハ人生ニ離ル可ラザル要道ニシテ人文愈々闢クレバ社交ノ体愈々広ク愈々堅キニ至ル亦疑フ可ラズ。（『近代日本思想体系　30』、50-1）（下線は筆者による。）

　上記の2つの引用では、西欧における個人の意識や社会のあり方に重点が置かれていて、なるほど非西欧人の西欧人に比して人種的・生物学的劣位を示唆する直接的な表現はない。より人種主義的である西周の文章においても「天地ノ如ク懸隔スト雖ドモ其本源ヲ論ズレバ千仞ノ松樹ト二葉ノ萌芽トノ差ニシテ形質ノ異ニ非ズ度量ノ差」と断っているように、社会発展の大いなる懸隔は人種の本質にかかわるものではなく、西欧社会が松の大木に生長したのに対して、「野蕃ノ俗」は同じ松でもまだ芽を出したばかりの双葉の段階であるという。しかし、アメリカや台湾の先住民等の非西欧人を見る眼差しには、同じ非西欧人のそれではなく、まるで欧米人の

視線を髣髴させるものが窺いえるのである。そして、非西欧諸国の「後れた文明」の記述のなかに「進歩」を生み出す潜在能力についての言及がまったくなされていないところに、彼ら——もちろん日本人は除外されている——に対する明治期の欧化主義知識人の暗黙の評価が読み取れる。

　しかしながら、福沢の理論の弱点は明治の20年代に入るころには多くの知識人の目に明らかになってくるのである。その弱点とは、それはすでに指摘したように、福沢の「相対化」の論理を日本人が勝手に自国の文化空間に取り入れているだけで、世界、つまり欧米中心の世界ではほとんど受け入れられないものであった。彼らにとっては、世界の人種の階層的マッピングは固定された、絶対的なものなのである。外見がまさに東洋的な日本人が、いかに西欧を模倣して風俗・習慣から政治・軍事にいたるまで欧米化を行っても、所詮猿真似にしかみられなかったのである。

　この欧米中心の世界のマッピングを完全に覆そうとする試みが、昭和になって日米決戦という形で噴出するのであるが[39]、それ以前に、2種類の、理想的、あるいは夢想的な試みがなされている。1つは、欧米的な価値基準を使って欧米に向かって「日本」を解説することであり、2つ目は、進歩思想ではなく、民族主義でもって日本を主体として世界のなかに位置付けようとする新しいマッピングの試みであった。その両者とも、方法論や用いた言語（英語と日本語）は異なるが、目的は同じく自己表現・表象を試みたものである。一方が新渡戸稲造で、他方が三宅雪嶺であった[40]。

　新渡戸稲造は、英語の言説においてオリエントという他者の位置に置かれた日本を読み替えることによって救い出そうとした。新渡戸が『武士道（*Bushido*）』において採った戦術とは、福沢のように日本のなかのアジア的なるものを他者化した上で排除し、欧米的なものを接木するのではなく、他者・エキゾチックなものとして言語化された日本の伝統的な精神文化のなかに西欧とのアナロジーをみつけ出し、欧米の精神文化と日本のそれとは実は兄弟の関係にあるという論理を展開し、欧米の側に日本を引き入れようとするものであった。

イタリアと同様日本においても、「中世の粗野な作法」が人を素晴らしい動物にしたのである、つまり「完全に攻撃的に、全く屈しなく」させたのだ。そしてこのような理由から、16世紀に日本民族の主たる特質が最高度に示されたのである。つまり、気質と共に精神（エスプリ）の間で見られる大いなる多様性である。インド、及び中国においてさえ、人の多様性は精力、または知性においてのみ現れるのであるが、日本においては、それのみではなく、<u>性格の独自性によっても多様性が生まれている</u>。いまや、個性は優れた民族、すでに開化した文明をもっている印である。若しニーチェが好んだ表現を使うなら、<u>アジアにおいて、人々のことを語ることはその平地について語ることであり、それに対してヨーロッパと同様日本の人々について語ることは何よりも山々によって表現できるといえるだろう</u>。（下線は筆者による。）[41]

　上記の引用には、新渡戸の戦術が典型的に現れている。欧米の言説で西欧と非西欧を分け隔てるキーワードの1つである「個性（individuality）」が、すでに16世紀の日本で主要な特質となっていたといい、その点でインドや中国のような他のアジアの国々とはまったく異なっていると彼は主張する。このような日本と西欧とのアナロジーを、新渡戸は繰り返し『聖書』やシェークスピアの劇等のなかに紡ぎだす。同時に、切腹や身内を卑下するといった日本人の伝統習慣を、福沢は陋習として一蹴したが、彼の場合は、一見すると欧米人には奇異であり、不合理にみえるものであっても、それは単に方法論が異なるだけであり、その根底にある原理は、欧米人に理解できる合理的なものであることを、詳しく解説することで証明しようとする。

　そして、ラフカディオ・ハーンのような日本に好意的なジャパノロジストを味方につけて、新渡戸の説明が「現実の」日本であることを証言させる。あるいは、傍証として採用するのである。たとえば、『武士道』の「序論」で、W・E・グリフィス（W. E. Griffis）は、「幾つかの点で、倫理と礼

節の規定が日本と西欧は違っているが、その違いの程度は星食や月食・日食というのではなく、むしろ点や接線ぐらいである。」(『武士道』、xvi) というように、新渡戸の主張を支持する。

　一方、伝統的な日本文化を論じるとき、当然、江戸時代まで日本に強く文化的影響を与え続けた中国を無視できないが、新渡戸は、古代ギリシャ文化におけるギリシャ人やキリスト教におけるユダヤ人に対して西欧が行ったように、生身の中国人を捨象し、抽象化した存在として取り扱う。あるいは、次の引用のように、中国からの影響を希薄化するような説明をする。

　　　厳密に倫理的教義に関しては、孔子の教えから武士道の多くの部分が生み出された。君臣（治める者と治められる者）の義、父子の親、夫婦の別、長幼の序、朋友の信の五教に関する孔子の発言は、孔子の書物が中国から紹介される前に日本民族が本能的に認識していたことの確認にしか過ぎなかった。孔子の政治倫理の教えのもつ冷静で有益で世故にたけた特質は侍にことにうまく適合し、支配層を作り上げたのだ。(下線は筆者による。)(『武士道』、15-6)

　新渡戸が『武士道』の最後で「独立した倫理規定としての武士道は消えゆくかもしれないが、その力はこの地上からなくなることはないであろう。」(『武士道』、192) と書いているところからもわかるように、この著作は封建時代の日本人の美徳に対する一種の挽歌・郷愁の書であるが、しかし、その目的とするところは、日本が欧米にとっての「他者」であるとか、猿真似国家であるとか、歴史において断絶した国家であるとかいうのではなく、たとえ生活習慣は東洋的伝統を捨て欧米化しても、その底流には欧米のそれに匹敵し、それゆえ「西洋」の一員たる資格のある精神文化が古代から一貫して流れているという自己表出を英語言説の場で行っているのである。あるいは、新渡戸自身が「序文」で自分を「原告個人 (a personal defendant)」と呼び、またハーンらを「弁護士と弁護代理人 (solicitors and attorneys）」と呼んでいることからもわかるように、（『武士道』、xiii）「オリエント」への流刑の罪から必死に逃れようと、裁判官——あるいは裁判員——である欧米人の読者を前にして、自己弁明を試みている。しかし、結局のところ、新渡戸の努力は英語言説における「オリエント」の位置づけを放置したまま日本人だけを例外扱いしてほしいというだけの話で、20世紀後半に通じるような「東」と「西」の二項対立を突き崩す革新的な試みではなかった。

　国粋主義の立場から、欧米の圧力に抗しようとした人物がいる。政教社に属し、雑誌『日本人』を主宰した三宅雪嶺である。それまでにも——そしてそれ以降においても——民族主義・国粋主義の立場から欧米中心の世界のマッピングを日本の言説から排除しようとした者は数多くいたが、三宅が他の民族主義者と異なる点は、日本人の視点から世界を相対的に読み直そうとした点にある。『真善美日本人』において、まず彼は、日本・日本人がいかなるものかを定義する。

　　　年暦の詳らかにすべからざる、神秘の『古事記』が現実に活劇せる数千年の昔より、生殖し、孳息［じそく］（ふえる）し、分合し、拡大し来たって、かくのごとき無慮四千万の親愛なる昆弟を致し、歳月の久しき、境遇の千種万様なる、陶してこれを冶し、醸してこれを成し、もってようやくにしてかくのごとき日本の国家を形づくりしなり。かくのごとき国家、すなわち望んですなわち造り、日を期し挙手投足して弁ずること、主意書を広布して会社を組織するがごとく然るにあらざるなり。かくのごとき歴史ある日本の国家に分子たるの人、ここにこれを名づけて日本人というなり[42]。

　三宅はこのように日本・日本人を定義するが、彼はここで終わらなかった。さらに、この日本人を包含するさらに大きなカテゴリーに言及する。

　　　日本人はいわゆる蒙古人種なり。言語の系統を察するに、満州韃靼

［だったん］（蒙古）とその類を同じくす。支那とはまったく異なれり
と説き来たりしも、語原の相類似せること近日に至りて証跡しばしば
挙げらるるに至る。要するにその蒙古種中に入るべきは疑いなきなり。
すでに蒙古種たり。日本人が蒙古種中にありて占むるの地位は如何。
その多く他に下らず。たといただちに最高の地に居るを得ざるも、第
二流より下る者にあらざるはまた疑いなきなり。すなわち諸々他の蒙
古種民族が成就し得たる功業は、日本人も力よくこれをなすに堪うと
いうも不可なけん。蒙古種属の発達、これをアリアン種に比するに、
いずれのところにかその劣れるを見る。（『真善美日本人』、296）

　三宅は、福沢のように東アジアを排除するのではなく、また新渡戸のよ
うに東アジアを「オリエント」という西欧の「他者」の領域に留め置くの
でもなく、東アジアの国々を「蒙古種」という１つの人種のカテゴリーと
して捉える。そして、それをインド文明やヨーロッパ文明と遜色がないも
のとして、優れた文化・軍事・技術革新——そのすべてが中国が起源であ
るが——を列挙する。また、世界史を様々な文明の興亡として捉え、近代
において欧米が優れた文明を築くことができたのも、その過程で他の文明
に負うところが多いという。

　欧州今日の開化はアラビアの人、すなわちいわゆるセミチク種（セム
族）に採るところ多し。アラビアのアルケミイ（化学）は支那の仙術
と関係あり。けだし支那の方士仙人と称する者は、みな技術に長じ、
しかして漢時、張騫［ちょうけん］の西域に至るに先だちて早くより
これと交通し、もって支那開化の西漸を致せるなり。アラビアの開化、
加うるにインド・エジプトの開化をもってし、渾融して一となす。欧
州の開化が完全に発達してきわめて勢力あるは、まずこの三つのもの
に学ぶがためなり。（『真善美日本人』、297）

　彼はこのようにして、世界を欧米を主体としたマッピングではない、自

らのマッピングを行うのである。そこから、いわば当然の帰結として、「日本の使命」は、アジアを欧米人でなく、日本人が日本語でもって言語化していくことであると主張する。

　　アジア大陸はわが一衣帯水を隔てて相接するところなり。その史蹟、文化の発達はこれを彼に取りて研究するの容易なる、しかも局外に立て、掣肘せらるるところなく、公平にこれを判断するの利あり。インド、支那、およびこれを続れる諸邦の事情、これを探求し、究明するは難きにあらず。加うるに新たに輸入せる泰西の理論を挙げて対照討究の資に供し、もって公明の断定を下さば、理義究明の事において、むしろ居然として東洋のアレキサンドリヤたるの望みあらん。(『真善美日本人』、302)

　そして三宅は具体的な方策として、最初、「東洋の事跡を研究するがごときも、また政府の助けをこれに与えざるべからざるものあり。博物館のごときその一なり。」というように「主として東洋の材料を蒐集し、もって東洋博物館を完成」(『真善美日本人』、303)することを挙げ、次に図書館を「拡張」し、「とくに東洋の典籍を網羅する」ことを日本人の「義務」と説く。さらに、三宅は日本人がなすべきこととして、「アジア大陸に学術探征隊を派遣」することを挙げている。なぜなら、「たとい研究の材料を蒐集し、書籍を積貯するも、百聞あるいは一見に若かず、深くその実境を踏み、親しくその実情を探討せざれば、隔靴掻痒、理義を弁明する」(『真善美日本人』、304)ことはできないという。そして、実際に政教社のメンバーであった志賀重昂が、明治19年に学術調査で南洋を訪れているのである。
　しかしながら、このような三宅の主張を読むとき、サイードの『オリエンタリズム』に記述されている英仏の学術調査を髣髴しないわけにはいかないだろう。果たして三宅がいうように、東洋を日本語のなかに知識として取り込むとき、「公平」にして、「公明の断定」をすることなど可能なのであろうか。彼の文章を詳細に読むとき、疑義の念を挟まずにはいられな

い。たとえば、彼はまったく理由も述べず、日本人を「すでに蒙古種中の優等者」(『真善美日本人』、298)と位置付けているし、また、知力と身体的特徴を一致させることに対する反証として、「アリアン種族の頭蓋廓大にして、前額の秀出せるは、もってその容るるところの脳量の大を示すべく、さらにもってその智力の強大を証すべしというか。かの鷹の眼光深々として、凹陥せるを見ずや、北海道土人が前額の秀出せるを見ずや。(中略)北海道土人の智、また日本人に過ぐというべきか。」(『真善美日本人』、294)といっているところなどは、彼の人種観の傾向を物語っているだろう。

こうして『真善美日本人』において、三宅は、日本を主体として捉えることにより、日本人の視点からアジアを言語化することを提唱した。しかし、すでにみたように、その言語化の論理には他のアジアの諸国を「オリエント」化することの欲望を垣間みることができるのであり、それが彼の限界であっただろう。そのように、三宅をはじめ政教社の論客たちがその限界を乗り越えることができないまま、後述するように、その後の北一輝や大川周明といった国粋主義者やアジア主義者が、一方ではアジアの解放をうたいながら、植民地主義イデオロギーの充満した日本語言説で他のアジア諸国を覆うことに専念することになるのである。

明治期の日本は、西欧を中心とする進歩思想＝世界の階層的マッピングの充満した言説形成＝編成の中で、方向性の相反する２種類の眼差しで、日本、西欧、そして、アジアを見ることになった。そしてそのいずれの側も、西欧を中心とする進歩思想＝世界の階層的マッピングから逃れようともがいたのだ。一方は、文字通りの相対的な進歩論を適用し、名誉白人のような特別な位置に這い上がろうとし、他方は、日本を中心とするアジアのマッピングを行おうとした。しかしながら、いずれの立場においても、他のアジアの国々に対しては、近代化（＝植民地主義言説形成＝編成）の２種類の異種を作り上げ、その中で自ら植民地政策の遂行に協力したのであった。結局は、欧米中心の世界にあって、いずれの論理も立ち行かなくなり、その矛盾が中国政策やアメリカとの交渉に行き詰まらせ、それら２種類の亜種は共闘・統合していく。そしてその統合により、日本に新たな言

説形成＝編成が始まり、軍事的に圧倒的優勢なアメリカとの戦争へと突き進ませていくことになる。その時のスローガンは、「大東亜共栄圏」であったが、もちろんその根底には日本近代＝植民地主義イデオロギーの言説形成＝編成があった。つまり、東アジアを近代化＝植民地主義イデオロギーで充満した日本語の言説、あるいは日本を中心とする新たなマッピングのなかに取り込もうとしたのである。では、別の道がありえたのであろうか。すなわち、真の非西欧世界のリーダーとして、非西欧世界全体を「オリエント」の呪縛から解放することはできなかったのであろうか。孫文やタゴールやガンディー (Mahatma Gandhi) を失望させない日本のとるべき道があったのであろうか。しかしその場合は、近代化＝植民地主義イデオロギーという強力な推進力を放棄することになるので、短期間に軍事強国になり得なかったろうし、当時の欧米中心の世界にあって、日本の発言力は低いままであったに違いない[43]。いずれにせよ、太平洋戦争の敗戦によって日本の野望は潰えたのである。そしてその後は、旧植民地の相次ぐ独立とともに、ソ連（現ロシア）が欧米中心の世界と対抗する勢力を作り上げたが、80年代末になって失速する。次にはサミュエル・P・ハンティントン (Samuel P. Huntington) が予想するように中国がその役割を果たすのであろうか[44]。しかしながら、それが中国であろうと、はたまたイスラム勢力であろうと、残念ながら平和的な勢力が世界を支配することがないことだけは確かであると思われる。なぜなら、平和的な勢力——これは単に暴力を使わないという意味ではなく、他に政治的・経済的・文化的干渉を行わないということをも含める——が世界を支配するという命題は、明らかに自家撞着であるからだ。

1.6　認識の問題について[45]

　これまで述べてきたように、19世紀末から20世紀にかけて、欧米に流布する言説においても、日本に流布する言説においても、「西」と「東」の意識は前景化され、先鋭化されてきた。ところで、「西」と「東」といっても、それらの言葉が指し示す地域は、それらが使われる時代、社会といっ

たコンテクストによって様々であるが、本書においては、西欧帝国主義の時代からポストコロニアルの時代に至る期間を問題にする関係上、「西欧」と「非西欧」を指す場合に限定している。このような使われ方をいつ、どのような人々が始めたかを特定することは困難なことであるが、人間が世界規模で移動するようになった「大航海時代」以降であることは間違いないであろうし、またそのような「東」と「西」という区分が世界的に非常に意味を持つことになったのが、ヨーロッパ人による「オリエント」の研究が本格的に行われるようになった時代からだろう[46]。

このような意味での、西欧人の意識における「西」と「東」の分析の試みについては、サイード以来、多くの研究者によってなされてきたところである。サイードは『オリエンタリズム』で次のように規定する。

> オリエントは自然に存在する不活性な事実ではないという想定でもって始めた。オクシデント自体がまさにそうであるように、オリエントは単にそこに存在するというのではない。われわれはヴィーコの優れた観察を真剣に考える必要がある。彼は言う、人間は自分自身の歴史を作るのであり、知ることができることは自分で作り上げたものである。そしてそれを地理にまで敷衍すると、ヴィーコはみる。すなわち、地理的そして文化的存在として——歴史的存在は不問に付しても——「オリエント」と「オクシデント」という場所、地域、地理的区画というのは、人が作り出したものなのだ。したがって、西洋自体と同様、オリエントは、西欧において、西欧のために、オリエントに現実性と存在性を付与する歴史、思想伝統、イマジャリー、そして語彙を含むアイデア（観念体系）なのである。そのようにオリエントとオクシデントという地理的存在は相互に支えあい、ある程度相手を反映するのである。（『オリエンタリズム』、4-5）

西欧において、「東」は、西欧の自己イメージに合うような「歴史、思想伝統、イマジャリー、そして語彙」を与えられた存在なのである。しか

しながら、上にあげた引用に引き続いて、サイードはいくつかの条件をつけている。西欧における「東」は、本質的に現実と何の関係もない「観念（idea）」、あるいは「創造（creation）」と結論付けるのは間違いであろうという。そして彼が問題にするのは、「『本物の』オリエントとのいかなる対応、もしくは対応の欠如にもかかわらず、ないしはそれらを超えて、オリエンタリズムとオリエントに関する観念に内在する一貫性」であるという。彼のいわんとする「内在する一貫性」というのは、西欧諸国と非西欧諸地域の力関係に根ざしたものである。つまりそれらの関係は、「権力、支配、様々な程度の複雑なヘゲモニーの関係」であるという。そして、優位に立つ西欧人が、語らない、自己表象しない非西欧人に代わって語り、代弁表象するのである。また、「オリエンタリズムの構造（the structure of Orientalism）」は、真実が語られれば吹き飛んでしまうような「嘘や神話の構造物」ではなく、持続性のあるものであるという。その際、サイードはアントニオ・グラムシのヘゲモニー論を引き合いに出して、西欧社会において機能する文化的ヘゲモニーこそが、オリエンタリズムに持続性と力を与えるのであるという。それはまた、優れた「我ら西欧人」と退行的な「彼ら非西欧人」という二項対立の集団意識をつくり出しているという。

　確かにサイードのいうように、圧倒的な軍事・経済システムを持つようになった西欧諸国の文化的ヘゲモニーの下で、非西欧諸地域が周縁化されたのは事実であるが、圧倒的優位に立つ国や民族が世界を「中心」と「周縁」に分ける認識的試みや、優位に立つ民族が、語らない、自己表象しない他民族に代わって語り、代弁表象することは、決して西欧の独創ではない。伝統的な中国の「中華思想」においても、中国以外の地域を周縁化し、地政学的位置関係を文化のヒエラルキーに投影して、「文明」と「野蛮」というスペクトルに配置するという世界認識は存在した。したがって、「中心」と「周縁」という意識は、人間にとって「普遍」的に存在するといえるが、一方、「近代化」という言説形成＝編成においては、その「他者」認識の方法は他の時代・地域でのそれとは異なる要素が存在することも見過ごすことはできない。したがって、最初にこの「中心」と「周縁」

という二項対立的世界観の「普遍」的側面を踏まえてから、「近代化」の言説形成＝編成における特殊性を考察することが必要である。

　人は、事象を把握するのに、生得的な認識手段である、諸要素の位置関係によって類別するパターン認識以外に、認識対象を可能な限り細かく分解する分析による認識か、あるいは、認識対象に対して対立項を立てて、その対比によって意味付けする二項対立的認識を行うと考えられる。分析的認識は、科学における中心的な認識手段であるが、これは特に19世紀になって強く意識されることになった。その1つの例として、フランスの病理学者、ザビエル・ビシャー（Xavier Bichat）の言葉（1801年）を挙げる。

　　［身体の］機能を研究する際、その機能を行う複雑な器官を一つのまとまりとして考察しなければならない。しかしもしわれわれがその器官の属性や生態を学んでいるのなら、必ずその器官を構成要素に分解しなければいけない。それで、同様に、もし解剖学において大まかな考えに満足するのなら、それぞれの器官をまとまったものとして調べなければならないが、もしそれらの緻密な構造を詳細に分析しようとするのなら組織を一つ一つ切り分けていくことがぜひとも必要になる[47]。

　これは人体を認識する方法を説いた箇所であるが、このなかには基本認識として、人体のような複雑で捉えがたいものであっても、それぞれの器官の大まかな働きを理解するだけにとどまらず、構成要素に分解することによってより深い理解に達することができるという考え方がみてとれる。このように、19世紀になると、分析（科学）的認識方法によって世界は解明できるという信念が西欧に広がっていくのである。そしてこの分析的認識を突き詰めていけば、物質を可能な限り分解していき、最小の粒子を突き止め、その結果として、この世界に存在するものはすべて基本単位から構成される様々な集積体とみる。しかしこの認識方法だと、「ヒト」と「サル」の差は、カラダを構成するいくつかの原子の成分比まで集約されて

しまう。また、昨今、その発展が目覚ましい遺伝子学においても、両者の遺伝情報の違いは極めて小さいことが分かってきている。しかし現実には、いかなる人間の社会においても、「ヒト」と「サル」の差は、単なる肉体の形状の違いをはるかに超えて歴然と判別されている。これはまさに、人間の一般的で伝統的な認識方法、つまり、二項対立的認識方法によって差異が拡大されるからである。二項対立的認識方法では、たとえ99パーセントが類似していても、それらは無視され、1パーセントの差異が問題にされる。いや、それどころか、極めて主観的な要素が付加され、それが「本質的な」差異として登録されてしまうのだ。したがって、差異は無限に増殖されていく。分析的認識によれば、「ヒト」は、生物学的にはむしろ個体間の差異は捨象され、共通項に収束されていくのであるが、二項対立的認識においては、様々に細分化されていくのである。そのなかでも、人種間、ジェンダー間、そして社会階層間の差異ほど、人類の歴史を通じて増殖されてきたものはないであろう。生物学的見地からすれば、肌の色の差異など極めて微細なものでしかないが、前述したように、それがあたかも種の違いにまで拡大されるに至った時代もある。さらに、識別不可能な階層間や人種間においてさえ、二項対立的認識によって、その差異は容赦なく増殖される。その典型的な例は、ユダヤ人に対する差別や、同和問題であろう。

　フランツ・ファノン（Frantz Fanon）は、ある時期までたまたま被差別者であることを自覚しなかったユダヤ人と黒人では、被差別者であることを自覚することになる契機にはっきりと違いのあることを指摘する。黒人の場合は、初めて白人に遭遇することによって、白人が黒人の肌の「黒さの持つ目いっぱいの重さ」でもってその黒人を押し潰すのであるという。一方、ユダヤ人の場合は、「時に周りの人間の笑いや、時にはうわさや侮辱」で真実を知るようになるという、ジャン＝ポール・サルトル（Jean-Paul Sartre）の言葉を引用している[48]。この後者の例は、肉眼的に識別可能な差異がないにもかかわらず、歴史的・文化的に生み出された人種間の差異であり、社会の構成員によって保持され反復されることを示している。

第1章 「東洋」の知識化の理論的考察

　他方、同和問題については、島崎藤村の『破戒』のなかで、主人公瀬川丑松が同和地区出身者であることを知った彼の勤める小学校の校長が、「『見給へ、彼の容貌を。皮膚といひ、骨格といひ、別に其様な賤民らしいところが有るとも思はれないぢやないか。』」[49]という言葉のなかに、歴史的に生み出された階層間の差異が、生理的な差異に転化された場合を示している。

　このように、そもそも主観的な差異が、生理的・生物学的な差異に転化され、パターン化され、知覚されうるものとみなされる。ましてや、肌の色などに特徴的な違いが存在する場合は、その差異は確固たるものと認識される。一方、本来、科学的認識は感覚的差異や根拠のない差異を縮小し解体するものであるが、人間の認識にあっては、パターン認識と二項対立的認識が下部構造を構成し、分析的認識は上部構造をなしているので、しばしば分析的認識は下部構造に影響されたり、従属したりする。その結果、科学（疑似科学）は二項対立的認識が作り出した虚構の差異を補強したり、増幅して、共犯者となることがあるのである。その1つの例が、19世紀中葉に現れた人種学で、それは、ヨーロッパ人の文化的な幻想としての人種の差異に科学のお墨付きを与えるということで、人種的偏見を推し進める推進力になったほどである。著名な解剖学者であったロバート・ノックスは、現代では悪名高い人種学者とされているが、彼がしきりに科学を強調するのは興味深いところであろう。

　　地球は人間のために作られた。そして、人間は地球のために作られた。最初の命題は、二つ目の命題と全く同様に明瞭である。しかしながら、解剖学的研究と偽りでない科学のおかげで、我々は今や、「地球は人間のために作られた」という命題が必ずしも人を納得させるものであるわけではないことを知っている。人間の存在のための必要条件が［地球ができてから］常に存在していたわけではなく、宗教的にもっとも正統であり良く伝えられてきた教義によって教えられている人間の地球に対する借地期間は、実際にはそれよりも短かったのである。

61

これですべてを言いおおせたというのではなくて、何よりも、真実と科学によって進むことができる限界まで未知なる過去にさかのぼることによって、現在の姿になった人間を考察することを私は約束したのだ[50]。

このロバート・ノックスの言葉の中にも、前述したゴビノー同様、人種主義のイデオロギー以前に、『聖書』の権威に立ち向かおうとする「権力への意志」を読み取ることは容易であろう。

これまで二項対立的認識を批判的に述べたが、しかしながら、二項対立的認識を廃し分析的認識をもってすれば「理想」的な世界認識を可能ならしめるとは必ずしもいえない。二項対立的認識作用はわれわれの実存に深く関わっていて、文化を創造し、多様化する源泉であることは否定できないのである。「美しさ」と「醜さ」、「洗練」と「粗野」、「男らしさ」と「女らしさ」といったものを解体し無化するとき、現存するいかなる文化体系も消滅してしまうだろう。「生」と「死」は単なる生理現象、あるいは物理・化学反応に還元されてしまう。そもそもわれわれ人間は、上記の3種類の認識方法から構築された世界観にしたがって、考え、行動し、創造するのである。つまり、これらの認識によって生み出された認識世界こそが、それぞれの社会の文化空間の根底にあり、文化を規定し特徴付けるものであり、そして、もし二項対立的認識がその中核にあるとすれば、無限に増殖する差異から世界観が形成されているといえるからである。そしてその増殖が、もし主観的・恣意的であるとするのなら、それぞれの社会の文化は歴史的偶然によって形成されてきたものであり、複数の異質なる文化体系が共存しているといえるであろう。一方、西欧世界で発達し、洗練されることになった分析的認識は、二項対立的認識作用によって生まれた多様で伝統的な文化空間を補完し、あるいはそれと対立し、ときには攪乱させ、これまでとは異質な言説形成＝編成を開始させることで、社会を過去においても、また他の地域においても存在しえなかった状態へ、つまり「西欧近代」へと変質させていったのである。ここで注目すべき点は、

第 1 章　「東洋」の知識化の理論的考察

　二項対立的認識のもつ拡散性と分析（科学）的認識のもつ収束性との関係は、後者が前者を制御しその増殖を抑制するというよりは、変容させていく働きとして機能することである。その両者の弁証法的対立が、絶えず変容する「近代化」というベクトルを生み出していくのである。そしてこの弁証法的対立こそが、「近代化」の言説形成＝編成の特殊性なのである。しかも、それはヨーロッパ社会の文化現象にとどまることはなく、この新たな言説形成＝編成は、『聖書』をコアとするヨーロッパの伝統的文化を飲み込んだように、産業革命によって強力な軍事力や経済力を持つに至ったヨーロッパ人を操って、伝統的な宗教・権威をコアとする世界の様々な地域の文化をことごとく飲み込み始めたのである。

　われわれはここで、文化に対する見方に関して、相反するアプローチの存在することに注意する必要があるだろう。すなわち、地球上の様々な伝統文化は、交通・通信手段の目覚ましい発達による広範囲の異文化接触に際して、自然淘汰によるにせよ、異種混交によるにせよ、ある1つの文化形態へと収束していくものなのであるという考え方と、文化の生成発展の方向性は、歴史的要因や環境因子によって決定されるものであり、決して収束されるものではないという考え方である。

　これらの2つの文化認識は、2種類のタイプの人々と呼応している。一方は、普遍主義者であり、他方は文化相対主義者である。ここで誤解してはいけないのは、一方が科学的認識の勝った人々であり、他方が二項対立的認識の勝った人々であるとは必ずしもいえない。そうではなく、同じ分析能力の人であっても、その関心が社会間、あるいは社会内の文化の差異の継続性に向けられているか、あるいはその差異が文化統合・受容で解消する方向に向けられているかといった、着眼点の違いから生じるものである。したがって、その両極端には、ある特定の文化事象を普遍的なものと理解して、無理やり異文化に押し付けようとする普遍主義者——白人優位主義者はその典型だが——もいれば、文化間の差異を絶対的・本質的なものと信じる原理主義者もいる。

　直線的に文化は進歩する——その最先端にヨーロッパ文化、あるいは文

明がある——という考え方に対して、「複数の文化 (cultures)」観の考え方をドイツの哲学者のヨハン・ゴットフリート・ヘルダー (Johann Gottfried von Herder) が『人間史論 (*Ideen zur Philosophie der Geschichte der Menschheit*)』で提案したが、それについてレイモンド・ウィリアムズ (Raymond Williams) が『キーワード辞典 (*Keywords*)』で以下のように紹介している。

 未完の『人間史論』（1784-91）において、彼［ヨハン・ゴットフリート・フォン・ヘルダー］は文化について、この言葉ほど漠然とした言葉はなく、あらゆる民族、あらゆる時代に、その言葉を当てはめるほど欺瞞に満ちたことはないと書いている。「大文字で単数の文明」、もしくは「単数の文化」——人類の歴史的自己発展——は、18世紀末のヨーロッパ文化の高度で支配的な段階に至る、短直線の過程と今われわれが呼ぶところの普遍的歴史についての想定を、ヘルダーは攻撃したのだ。実際、ヨーロッパによる地球の4分3の地域の従属と支配、とヘルダーが呼ぶところのものを批判して、次のように書いた。

  これまでの長い歴史において生きて死んだ地球上のすべての人間を差し置いて、歴史の終わりにあなたの子孫がヨーロッパ文化によって幸福になるように、この世界にその灰でもって文化の肥しを与えるために生きたのは、ヨーロッパ人であるあなただけではないのだ。ヨーロッパ文化が抜きんでているというまさにその考えは、自然の荘厳さに対する厚かましい侮辱である。

 そういう考えから、極めて革新的に、「文化」を複数形で語ることの必要性を主張したのだ。様々な民族や時代は独自の多様な文化を持っているだけではなく、一つの民族の中でも、それぞれの社会・経済グループはそれ独自の多様な文化を持っているというのだ[51]。

 ウィリアムズは「文化」について歴史的・総括的に考察した初期の学者

だといえるが、しかしながら、彼は認識論的側面には深く立ち入って論じてはいない。それに対してサイードは、「オリエンタリスト（Orientalist）」と「ノン・オリエンタリスト（non-Orientalist）」——これらはここで問題にしている「文化相対主義者」と「普遍主義者」とに完全に対応している概念とはいえないが——について、『オリエンタリズム』において深い洞察を示している。サイードはオリエンタリストの一人であるフランス人コーサン・ド・ペルスヴァル（Caussin de Perceval）のモハメッド（Mohammed）研究が、モハメッドを冷ややかに眺め、彼の「絶大な宗教的力や、西欧人を脅かすようないかなる残存するパワー」を取り去り、矮小化していると述べた後で、次のように「オリエンタリスト」と「ノン・オリエンタリスト」との関係を語っている。

　　言い換えれば、コーサンもカーライルも、オリエントがなし得たことはヨーロッパに比べて取るに足らないので、心配するに当たらないとわれわれに示している。この点で、オリエンタリストとノン・オリエンタリストは一致する。19世紀初期の文献学の革命によってオリエンタリズムが成りえた比較研究の分野においても、その学問の外の、一般のステレオタイプにしても、カーライルのような哲学者によって作られたオリエントについての姿においても、マコーリーが表したようなステレオタイプにおいても、オリエント自体は西洋に知的に従属したのである。学問や思索の材料として、オリエントは固有の弱点を表すあらゆる徴表を付与されたのであった。オリエントは、それを解説しようとする種々雑多な理論の気まぐれの餌食になったのである。（『オリエンタリズム』、152-3）

このように、サイードは、西欧における文化的ヘゲモニーを鋭いメスでもって分析していて、「オリエンタリスト」と「ノン・オリエンタリスト」の言説に一貫して流れる「弱く、劣った東」という共通認識の存在を主張している。確かに彼らの共犯的関係を指摘したサイードの分析は、欧米人

の世界認識を研究する上で画期的なことであった。また、19世紀から20世紀にかけて科学がオリエンタリズムと協同して、これまでとは質的変化を遂げたオリエンタリズムを指摘した。しかしながら、その負の側面を強調しすぎて、それまでには考えられなかったほど文化許容性のある言説形成＝編成が生まれてきたこと、つまり、西欧近代において分析的認識が発展し、洗練され、異文化に対する認識のゆがみや誇張が矯正されていった過程を軽視している。実際は、単に西欧の強大な軍事、強固な経済システムを背景にして、「オリエンタリスト」であろうと「ノン・オリエンタリスト」であろうと、西欧の言説において「東」を意のままに紡ぎ上げていっただけではなく、彼らが論争し、ぶつかり合うことによって、西欧の言説のなかに変化という血を絶えず注入していったのではないか。すでにみたようにサイードの最大の敵であるゴビノーやロバート・ノックス——実際には、「敵」とすらサイードは扱っていないが——は、白人優位の西欧中心の原理主義者ではなく、「科学」という武器によって伝統的な『聖書』をコアとする言説形成＝編成に挑んだ反抗者であった。また、ホミー・バーバのいう植民・被植民の境界における「ハイブリッド性」も、西欧の言説形成＝編成が先行して変質していかなければあり得なかったであろう。そしてさらに、そのような西欧の言説に接した非西欧人に深刻な影響をもたらし、彼らの偏狭な世界観を押し広げていった面もある。つまり、単に硬直した、二項対立的な「加害者」と「被害者」の枠組みではこのいわゆる「近代社会」を捉えることができないのだ。そのことは、西欧に接した日本人の知的地平の拡大とその深化をみれば明らかであろう。したがって、西欧社会の言説において、「一貫性」だけではなく対立・変化のファクターを、そして非西欧社会に対する西欧の抑圧とともに、変化の起爆剤としての側面を同時に観察する必要があると思われる。

　次節においては、この西欧社会の言説における対立・変化のファクターを「反抗者」と表現して、その存在や役割を検証する。

1.7 「反抗者の肖像」——言説形成＝編成の単位について(52)

　社会というものがベネディクト・アンダーソンのいう意味で「想像の共同体」であるとしても、共同体意識が客観的事実として形成されていなければ、ある地理的な空間に生物学的に誕生したヒトの群れが集団として団結するほどの同質のアイデンティティを共有することはあり得ないであろう。ある社会において言説形成＝編成が進行し、それが社会の構成員によって共有されるためには、流通可能な「単位」の存在が不可欠になる。そのような「単位」なくしては、社会全体に拡散し伝承されることはない。そしてその基本単位はコード化された記号である。そもそも、人間が認識し、表象し、伝達できるためにはコード化が必要になる。コード化されていないということは、存在しないということと等価である。紫外線や放射線のことを考えてみればそのことは明白であろう。それらは宇宙の誕生以来「常に」存在しているのであるが、ヒトにとっては、それらがコード化されるようになって初めて「存在」したのである。それと同様に、ヒトが、社会、文化を読み解くためには、それに先立ってコード化がなされる必要がある。さもなければ、ヒトにとって「無」であるのだ。

　社会という水槽に、コードが沈殿し、それらは複雑に絡み合い、様々な結晶を生み出していく。そして人間は、長い歴史の間に生成し、変化し、細分化してきた文化のコード体系をもった社会に生まれ、幼少期から、家庭や、学校、生活・政治共同体、宗教施設のなかで、コード化された記号を媒体としてその社会が承認した認識や価値観が刷り込まれていく。もちろん同一社会といえども、内部に様々なヴァリエーションを内包しており、地域や、世代、社会階層で必ずしも同じコードが用いられるとは限らない。しかしながら、それらの内部における差異や変化は重要であるものの、さらに重要なことは、社会を構成する成員の一人一人はその文化コード体系の複雑な網目にがんじがらめに縛られており、コードに対して疑義を感じる余地が極めて少ないということである。あたかも、それらは自明、真実のものであり、それを疑うことを許しがたい誤り・冒涜のように感じる精神構造が作り出されていることだ。だから、たとえば、キリスト教の

教義にどっぷり浸かった16世紀のイタリアにおいて、天が地の周りを回るのではなく、地が天の周りを回ると主張する人間に対しては、火炙りにするのが当然であるという感情を生じせしめるのである。

このように、コードが人間の頭脳に刷り込まれ、世界観や価値観が構築され、あるいは模写され、そこから発言内容や行動指針、意見や思想、想像やヴィジョンが紡ぎだされてくる。このようにコードによって統御され、紡ぎだされる反復的過程と結果を合わせて、すでに1.2節において説明した、人を「言わされる」、「言えない」、あるいは「言いたくなる」状態に常に置く「言説」機能を可能にするメカニズムが成立すると考える[53]。このようなコードにより統御されて形成される言説は、相互に連携し、交渉・牽制しあうことで、より広範囲なコード体系を構築し、言説編成が進行する。そしてそのような言説形成＝編成が進行する社会のなかで、その社会にどっぷり浸かった人間が、その社会に張り巡らされた文化コードで自己や社会のアイデンティティを読み解くとき、その読み解かれた意味は「真実の」という修飾語が冠され、その社会で古来変わることのない固有の特質のようにみなされることになる。

しかしながら、このような独立したプロセスを経てコード体系が規定され、言説編成の進行する場としての「想像の共同体」が自然発生的に誕生したのではないことは、世界の歴史を見れば一目瞭然であろう。多くの場合は、外から侵入してくる「異質なものに対する脅威」を社会の多くの構成員が自覚したとき、身体的特徴や、言語、習俗の違いを触媒として、彼我（them/us）の自意識が生まれ、侵入する異質なコードをはじき出すか、変質させてコード体系に取り込む。つまり、侵入してくる脅威としての「他者」に対抗できるような自己や社会のアイデンティティを形成する。そして近代において、そのような「異質なものに対する脅威」を跳ね返すためには、強い国家が必要とされるようになったのである。

非西欧のほとんどの地域は、西欧列強という「異質なもの」に対抗できる近代国家という想像の共同体を構築できる前に、植民地化の波に次々と呑み込まれていったことは周知の事実である。このように侵入する他者に

征服される場合には、他者によって「アイデンティティ」が付与されることになる。そのような外部から記号化され、表象化されたことに対して、被植民地住民は、政治的に偏向された、ステレオタイプ化されたと感じるのである。しかしながら実際のところ、その社会の先住民によって構築された「真実のナショナル・アイデンティティ」の方も、同様に政治的に偏向した、ステレオタイプ化した記号、表象に過ぎない。それが明確に現れるのが、戦争についての解釈であろう。同一の歴史上の戦争についても、それを始めた民族を、外部からは「残虐非道な民族」と断罪されるものが、その当事者からは「ジハード（聖戦）に命を奉げる崇高な民族」として正当化されるのである。

　ただ外部から「表象されたナショナル・アイデンティティ」と内部から生まれた「真実のアイデンティティ」がまったく同質のものといっているわけではない。明らかに違う点が1つある。それは主体の位置である。そしてこれこそは、まさに政治的なものである。表象の分析をするときに非常に重要なことであり、しかしながら多くの表象研究で黙殺されていることは、「主体」の位置を奪い合う陣取り合戦に働く政治力学と、表象行為そのものに働く政治力学は必ずしも等価でないということだ。たとえば、植民地化によって決定された「主体」と「他者」の位置関係を表象する場合、その表象行為に働いている支配原理は、必ずしも植民地主義イデオロギーのみであるとは断定できないのである。

　西欧列強が帝国主義のもと、植民地拡張政策を推し進めていった18世紀から20世紀初頭にかけての時期は、同時に近代科学の発展の時期とも重なっている。しかし、科学というのは、単に西欧に帝国主義的拡張をもたらした工業技術と軍事技術を開発するための基礎知識を発見するためだけにあるのではなく、本来、認識の方法のことである。分析し、類別し、そして体系化する認識のプロセスのことである。しかしながら、本書においては、上で述べたように、「認識」というのは「コード化」と同義であると考える。そして、ヒトは細分化され、張り巡らされたコード体系のなかに生きていて、そのコード自体に対して疑義を感じることは極めて困難

である。もっともそれは必ずしも不自由で、苦痛に満ちた牢獄のような世界に生きているということではない。むしろ磐石な世界に生きている充実感すら感じるのである。日常生活において、死後の世界において、自分が読み解く意味が「真実」であり、目に見えるもの、耳に聞こえるもの、手に触れるものはすべて「真実の実態」であり、死後の世界は厳然と存在し、徳は報われ、悪は懲らしめられる。そのように確立され、権威をもつ文化コードはその社会の構成員に確固たる世界観、価値観を提供するのである。まして、直感的・習慣的に作られてきた文化コードに対して、極めて厳密な方法論によって生み出されてきた「科学」というコード体系が社会に浸透するにつれて、より「真なるもの」と感じるようになるのは自然なことであろう。実際、19世紀、及び20世紀の西欧諸国においては、そのような科学の体系化がそれまで宗教の提供してきた世界観、価値観を揺るがし、周縁化した時代なのである。世界の創造と成り立ち、人間の誕生と進化に関して、科学は宗教に対して異議申し立てをし、ついには優位に立つ。

　しかしながら、科学的認識の過程においては、特に初期の段階においては、非常に粗雑で、乱暴なコード化が行われ、それがたとえば白人優位のイデオロギーの充満した人種学を生み出したことは1.5節で詳しく述べた。もっとも、これにしても、ロバート・ノックスが主張するように、それ以前の支配的な文化コード体系、つまり『聖書』が提供する人類創造の教義に対抗し、それに取って代わる科学的認識を発展させようという意図で研究を展開したのであった。ヨーロッパにおいて、コペルニクスから始まる多くの「異端者」、あるいは「異端的」科学者たちは、『聖書』を核としてキリスト教社会が築き上げてきた「真実なる世界」の言説形成＝編成に挑戦し、それを書き換えようとしたのであった。その過程で彼らは、「真（聖）なるもの」に反抗する冒涜者として迫害され、断罪されるのであるが、徐々に科学が産み出すコードとキリスト教のコードの入れ替えが進行し、ヨーロッパ社会において科学的なコードが優勢になると、科学による認識のほうが「真なるもの」とみなされるようになる。つまり、新旧のコード体系

第 1 章 「東洋」の知識化の理論的考察

の主客の逆転である。

　このヨーロッパで起こった、宗教によって築かれたコード体系が科学によって生み出されたコード体系によって主流（中心）の位置を奪われるという事態は、「主体」の移動がほとんど問題にならない。少なくとも、主流になるか、あるいは異端として反抗者になるかどうかは、優勢なコード体系に従順かそうでないかであって、コード自体が個人の特性でもって構成員を選別するのではないからだ。しかしながら、ある社会に別の強力な「外部者」が侵入し、「主体」の位置を剥奪したとき、その「外部者＝主体者」が新たなコード体系を作り出し、それを自らのコードとするのみならず、そのコードを被支配者に押し付けてくる場合——その典型的な例は、植民地化されるということであるが——には、支配のイデオロギー（植民地主義イデオロギー）がコード形成に介入し、支配・被支配を正当化し当然のこととするようなコード体系が築かれていくのである。そしてこのようなコードの入れ替えが英領インドでも起こり、コードの選択権が先住民のインド人から支配者のイギリス人へと移行した。

　植民地化において西欧近代化言説形成＝編成がコード形成に介入する過程を記述するためには、まず、ヨーロッパ人——特にイギリス人——のインド・インド人を表象するメカニズムを考察する必要があるであろう。17世紀の初頭から、イギリス、オランダ、フランスがアジアに商業の拠点を置くようになったとき、すでにインドには、当然のことながら、長い歴史の間に築き上げられたインド人のコード体系が存在していた。当時のヨーロッパ人にとって、その文化コードはほとんど理解のできない、つまり解読（decode）のできない体系であったことは間違いないであろう。しかしながら、東インド会社の商業活動の拡大とともにサンスクリット語やアラビア語の研究や周辺地域の調査が進み、おぼろげな姿が見えてきただろう。そして、その後のインドの植民地化の歴史を通して、いわゆるオリエンタリストの研究によって、たとえば仏教遺跡を発掘するなど、インド人以上にインドの歴史を解読できるまで、インドのコード体系の理解が進むのである。したがって、後述するキプリングの小説『キム（*Kim*）』の中で、

チベットから英領インドにやってきたラマ僧が、ラホール博物館の館長の仏教に関する博識ぶりに驚嘆する描写は、必ずしも作者の白人としての矜持を示しているだけとはいえない。実際、分析・分類という科学的認識方法で教育を受けたオリエンタリストは、インドの伝統的コード体系をまず解体し、細分化し、彼らの解釈を付加しながら再構築していき、その文化伝統に生きる人間よりもはるかに緻密な体系を持つ知識を保有するようになるのだ。それは単に知識としてではなく、解体・細分化の過程で、シバ神の像も、ブッダの像も、細密画も同じように、「インド」を表す換喩として博物館に陳列される。一方、コード化され主体者の二項対立的認識世界に組み込まれる瞬間、何らかの価値観がその知識に負荷される。したがって、オリエンタリストの紡ぎだした「インド」には、「聖なる」とか、「美しい」とかいったインドの伝統的コード体系においてコード化されている意味合いは剥ぎ取られ、その代わりに「インド的」とか、「エキゾチック」といった意味合いが新たにコード化される。このようなオリエンタリスト的「インド・インド人」の再構築、伝統的コードの書き換えにおいては、その文化コードが流通する文化社会の先住者である構成員の絶対的な裁量権の喪失という意味で、もともとの文化コードとは似て非なるものに変質させられる。それはとりもなおさず、文化固有の「主体者（当事者）」の排除なのである。確かにそういう意味において、インド（オリエント）研究が、「真のインド」研究ではなく、「西欧のインド」研究である。一方、インド人による研究が真のインド研究かといえば、それは先住者の「真のインド」研究であり、何人といえども、括弧を取り去ることはできない。その両者の違いは、すでに述べたように「主体者」の位置によって発生するのである。その意味で、「西欧のインド」研究と「先住者のインド」研究の間には、永遠に埋められない溝が存在する[54]。

　繰返しになるが、分析・類別という科学的認識方法によって「インド」という対象を読み解くという方法は、すでにそこに存在する伝統的文化コードを軽視・無化し、ヨーロッパ人の研究者が考え出した「西洋モデル」によって類型化・修正化することによって対象を読み解こうとする。した

がって、最初からインド・インド人を客体・他者として、コード化していくのである。

　もっとも、このような科学的な認識方法の問題は、認識対象の「主体性」を排除することにあるのではなく、観察者・研究者のほうの「主体」を介入させ、西欧化することにあるのだ。このことはオリエンタリズムに限らず、対象から発せられたメッセージを、観察者の主観において歪曲したり、新たな何かを付け加えているにもかかわらず、そのようにして解読された意味をさながらオリジナルのメッセージから客観的に読み取られたように宣伝することによって、対象の歪曲、あるいは変質が隠蔽されるのである。

　すでに述べたように、ヨーロッパで19世紀に流行した人種学や骨相学は、身体的特徴を個人や人種の本質的な能力、進化の度合いにまで敷衍することによって、今日からみればグロテスクなまでに歪な類型化を行ったのであった。その最たるものは、白人、特にサクソン系はもっとも進化した人種であり、一方、黒人は類人猿に近い存在であると類型化したことであった。

　その過程のなかで、「科学」の御旗のもとに新たなコード体系の設計者たちは、帝国主義や植民地主義の正当性に与したのである。そして科学的認識を信奉する人々は、その人種観を信じ、進んで「遅れた・退化した」アジア・アフリカ人の啓蒙、あるいは隷属化に荷担したのであった。また、権力者も大いにそれを活用したのである。そういう意味において、まさに「科学」は帝国主義、植民地主義の共犯者になった。しかしながら、絶えざるコードの改訂作業によって、既存の認識を修正し、緻密化するのが科学的認識のもつ特性であるので、やがては植民地主義イデオロギーからの離反が生じたこともまた事実である。まさに、ヨーロッパ内において、神話的世界観を科学が突き崩していったように。

　これまでみてきたことを英領インドに当てはめると、イギリスがインドにおいて政治的実権を握る、つまりインド人の主体性を剥奪する植民地化の過程を通して、2種類のコード入れ替えによってインド・インド人が認

識され、表象されていったのであった。一方が、インド人が築いたコード体系を読み換えて西欧の価値観を負荷する方法と、他方は科学的分析によるものである。前者は、伝統的なインドのコード体系を西欧式に読み替えることによって西欧のための「インド・インド人」を再構築し、後者は、インド・インド人を分析（解体）し、類型化することによって記号の体系へと作り上げていったのである。そして両者とも、それらのプロセスにおいて植民地主義イデオロギーが介入し、正当化する共犯者として使われたのであった。しかしながら、両者ともそのコード化のプロセスを通してコードが細分化されていき、より精緻化されることによって、一方は、伝統的コード体系を生み出した「インド人＝主体者」の存在を浮かび上がらせ、他方は、支配者側（イギリス人）の「主体性」を突き崩し、被支配者（インド人）との関係を相対化・客観化するという作用を帯びていったのである。

　つまり、東洋研究が深まり発展するとともに、西欧化以前の「東洋」の生み出した社会や文化の複雑さや広がりが認識されていき、また現前に存在する「東洋人」が単なる「木偶の坊」でないことに気づくとき、それまで植民地政策を正当化するような「インド・インド人」表象を突き崩していくような新たな表象、「反抗者」の兆しが、英語の言説のなかに芽生えてきたのである。ちょうどイギリス社会の近代化の過程で、『聖書』の正当性をコアとする伝統的な言説形成＝編成が「科学」という反抗者を生み出したように、近代植民地主義イデオロギーの正当性をコアとする言説形成＝編成が新たな反抗者を生み出していったのである。もっとも、「反抗者」が「支配者」になるのは20世紀の半ば以降であろうし、現在に至っても完全制覇したといえるかは疑問であるが。

　それはともかく、英領インドにおいて、イギリス人が主体者としてインド・インド人認識・表象を作り出し、あるいは、イギリス人が中心となって築き上げたコード体系をインド人に押し付け、教育していったのであるが、そもそも、なにゆえインド人は「外部者」のそのような横暴を許したのであろうか。あるいは、そのような結果を招く植民地化を阻止できなかっ

第 1 章　「東洋」の知識化の理論的考察

たのであろうか。もちろん軍事力の差が大きく影響したことは間違いないが、実際には、その差は決定的な要因ではないであろう。ジョゼフ・コンラッドの『闇の奥』のクルツがアフリカのコンゴ川流域の黒人に対して感じた神のような優位性をイギリス人が常にもっていたわけではない。インドは、中国と並んで大国であったし、旧式ではあっても、彼らは銃をもっていた。何よりも、イギリス兵とは桁違いに多くのインド人兵士がいたのである。少数のイギリス人によって植民地政策が可能であった要因として考えられることは、第一に、イギリスの侵略戦争に、ほぼすべての場合インド人の兵士を傭兵として雇うことが可能であった。逆にいうと、イギリスがインドを植民地化するときには、ムガール帝国というものが存在していたにもかかわらず、その領土全土に及ぶ「インド」を防禦するコード体系が築かれていなかったということが推測されるのである。つまり、インド人にとって、「異質なるものに対する脅威」を自覚させるためのナショナリズムがそれまで存在しなかったということである[55]。そうであるとすれば、具体的に何かが奪われる状況にならない限り、イギリスやフランスに対する警戒心も敵愾心も生まれることはなかったであろう。その意識の欠落、あるいは未発達を見抜いたフランスとイギリスは、少数の軍隊で圧倒的多数のインド人を支配できることを知ったのである。そのような意味において、インド人がイギリス人によって「インド・インド人表象」を押し付けられた百年以上に及ぶイギリス支配の間に、インド人自身にナショナリズムが生まれ、彼ら自身の「インド・インド人表象」を共有し、それに敵対するものとしてのイギリス人が作り出した「インド・インド人表象」に反抗し、打ち破る対象とみなすようになったのである[56]。もちろん、これは極めてアイロニカルな「表象」の機能である。一方、すでに述べたように、19 世紀から 20 世紀にかけての世紀の転換期には、イギリス人がインド人に押し付けた「インド・インド人表象」自体にも、言説レベルにおいて「反抗者」を生み出しつつあったのである。あるいは、「反抗者」を許容する余地を準備していたのであった。

　このようなことが表面化し始めたのはインド国民会議（派）が結成され

75

た1885年ころであっただろうが、継承された伝統的なインドの文化コードと、イギリスによって押し付けられた新たな文化コードが爆発寸前の臨界点に達していることを、主体者たらんとするインド人はもちろんのこと、そのようなインド人を「客体」として観察するイギリス人も痛切に気付き始めたのは第1次世界大戦直後からであろう。この点に関して、極めて示唆的な小説2作品を使って検証する。

　1作目は、1912年に出版されたエドマンド・カンドラー（Edmund Candler）の『シリ・ラム——革命家』（Siri Ram—Revolutionist）という作品で[57]、インド人の大学生シリ・ラムはイギリス人の教師からジョン・キーツ（John Keats）などの英文学を教授されているのであるが、ガンデシュワール・カレッジでの勉強に不満を感じているところに、名の知れ渡ったヒンドゥー教の宗教指導者（スワミ）であり、インド人の青年に民族主義を鼓舞する扇動家としてイギリス人から警戒されている人物の講演を聞き、感化されるのである。そして彼自身、数人の学生仲間とイギリスのインド統治に反対する演説をするのであるが、そのことがもとでシリ・ラムは大学を追われることになる。その後シリ・ラムは、宗教指導者や彼の仲間から感化（洗脳？）され、民族主義者・革命家へと変貌していくのであるが、彼の仲間から、別のインド人が出版した扇動的な文章を彼自身のものということにして当局に逮捕され、革命家として有名になることを勧められる。それでシリ・ラムは2年間の懲役刑に服すことになる。釈放後、シリ・ラムは、またもや仲間から、彼に2年間の懲役刑を宣告したイギリス人の地区行政長官を暗殺すればそれを契機にインド全土で革命が起こると説得（唆）される。暗殺は成功したものの、彼は逮捕され、死刑を宣告されるが、期待していた革命は起こらず、失意のうちに刑務所で服毒自殺を遂げるのである。

　この小説では、イギリス人教師によるインド人学生に向けての英文学の講義が、インド人学生の視点から描かれている。その際、非常に注目すべきことは、教師から英詩を読み解くことを課せられるのであるが、しかしながら、その詩が表象するイギリスの田園風景、植物や小鳥、そしてそれ

第 1 章　「東洋」の知識化の理論的考察

らに含意される意味をインド人の学生はイギリス人（主体者）のように解読することができない。さながら、イギリス人のオリエンタリストがインドの芸術や宗教を形骸化したものとして読み解くように、彼らは英詩がイギリス人に読み解かれるように読み解くことができないのである。だからといって、イギリス人のオリエンタリストと英文学を強制されているインド人学生が同じ境遇であるといっているのではない。前者が、主体者＝優位者として、インドの文化コードを自らの言説に取り込むのに対して、主体を奪われた者＝従属者は、むしろその支配者のコードを受け入れようとする行為によって、自己の「主体」の不在を痛切に認識させられるのである。マコーリーに代表される「啓蒙家」たちは、「劣った」インド人をイギリス人の地位に引き上げるためにイギリスの歴史や文学を教えようとした。しかし「他者」であると意識するインド人にとっては、イギリス人が自らの属する社会に浸透したコード体系のなかで居心地よく感じるのに対して、主体を奪われた人間として、イギリス人のコード体系はまさに牢獄としか感じられなくなるのである。

　2つ目は、ポール・スコット（Paul Scott）の『ラジ4部作（*The Raj Quartet*）』で、この4部作は第2次世界大戦後に書かれた作品であるが、スコット自身のインド独立直前の英領インドでの体験や、イギリスがインドで築き上げたコード体系のイギリス人自身への影響をみる上で、興味深い作品である。この小説の登場人物の一人であるインド人青年ハリ・クマールは、裕福な父親をもち、イギリスに移住し、イギリス人のように育つのであるが、突然父親が破産し、睡眠薬によって自殺したためにインドにいる親戚の許に引き取られる。彼はイギリスの文化コードを刷り込まれ、自己のアイデンティティをイギリス人のそれだと信じており、そのためインド人のコミュニティにどうしても溶け込めない。さらにクマールを打ちのめすのが、仲間と思っていたインドのイギリス人たちから、非常に冷淡に、他のインド人に向けるのと同じ眼差しを向けられることであった。彼はそのような状況に激しい不満を感じ、反抗的な態度をとっていく。さらに、彼に好意を寄せるイギリス人女性が数人のインド人に強姦されたと

77

き、クマールはイギリス人の警官によってその主犯に仕立てあげられ、逮捕・投獄されてしまうのである。実はそのイギリス人の警官自身、彼女に恋心を抱いていたのであった。この作品の注目すべきところは、人種的にインド人であっても、イギリス社会に育ち、イギリスのパブリック・スクールで教育を受け、そのコード体系を受け入れた人間は、イギリス人のアイデンティティが形成されるというように人物造形がなされていることである——まさに、シリ・ラムと正反対である。しかしそのようなイギリス本国において「主体者」としてのアイデンティティを形成したとしても、インドという支配構造のなかに置かれれば、否応なしに「主体性」が奪われ、他者として扱われる。つまり、主体者であるかどうかはその人間の本質にかかわるのではなく、極めて政治的に決定されるということを示しているのである。つまり、英語の言説において流通する「イギリス・イギリス人」表象と「インド・インド人」表象は、個人や集団の意思とは関係なく、人種を基にして——人種自体も極めて恣意的な概念であるが——政治的に振り分けられることがクマールの置かれた状況によって見事に示されている。それは、近代化を推し進めるなかで、日本人が西欧の一員であろうとして自らの「日本・日本人」表象を世界に発信しようとしたにもかかわらず、世界では西欧の作り上げた「日本・日本人」表象が依然として流通していたのと同じである。

　ただし、本書で注目したいのは、西洋＝支配者・東洋＝被支配者、表象する側・表象される側という西欧帝国主義の時代の構図が依然として存在していた状況で、20世紀にはいるとイギリス人によって書かれた作品にそのような構図が意図的に前景化されて暴かれていくという事実である。つまり、被植民地住民による「声」・「反抗者」の存在を19世紀においては黙殺したり無化することによって、西欧の言説から排除し、その代りに、西欧人の欲望を投影した「被支配民」表象でその隙間を埋め尽くすような言説形成＝編成がなされてきたものが、被支配民の声を掬い上げようとする新たなムーブメントが生まれてきたのである。それまでの西洋中心的な言説のなかに、それを突き崩そうとする新たなファクター（反抗者）が生

まれてきたのだ。そしてそのファクター（反抗者）は、言説形成＝編成の最前線にある文学において、19世紀末から20世紀にかけての前衛的な作家の作品に敏感に投影されていくのである。

1.8　第1章のまとめ

　19世紀から20世紀の中葉にかけての帝国主義の時代において、「近代化」の言説形成＝編成が、欧米列強が植民地支配をするなかで、軍事行動、政策、情報、認識、価値観、そして学問の様々な分野で、その個々の現れを生み出していき、また、非西欧の人びとにとっては、その「近代化」の言説形成＝編成の大渦の中に自らの社会が取り込まれていくとともに、非西欧社会固有の言説形成＝編成がその過程で大きく変貌させられていった。そして、第1章において、その絡み合う複数の言説形成＝編成を理論的に検討し、その考古学的再現の方法の説明を試みた。もちろん、この方法の正当性を実証するためには、ミシェル・フーコーの実践のように、個々の現れとしての歴史資料を収集し、言説形成＝編成を実際に再現する必要がある。第2章においては、主として1次資料を調査し、イギリス、インド、そして日本の近代化の言説形成＝編成の再現を試みる。

註
（1） Edward W. Said, *Covering Islam* (London: Vintage Books, 1997) を参照。
（2） この「英語言説の優位性」というのは、イギリスやアメリカの経済的・軍事的優位によってのみ担保されているのではなく、認識や社会の諸制度が英語なくしては成立しないほどに独占されてしまっているからである。このことは、ものの寸法を表す場合、メートル法が世界的に優位を占め、それ以外の単位はある特殊な分野か、限られた地域にしか使用されないのと同様であろう。もっとも、メートル法は英語言説の一部でないが。
（3） 本書では、ミシェル・フーコーの『知の考古学』（中村雄二郎訳、河出書房新社）、『狂気の歴史』（田村俶訳、新潮社）、『監獄の誕生』（田村俶訳、新潮社）、『言葉と物』（渡辺一民・佐々木明訳、新潮社）に依拠している。
（4） サイードのフーコー批判に、「フーコーの信じるのは、一般的に個々のテクストや著書はほとんど重要ではないということであるが、経験的に、オリ

エンタリズムの場合（そしておそらくそれ以外のどこでも）、そのことは事実ではないと思う。したがって、私の分析ではテクストを精読することによって、個々のテクストや著者と、テクストが寄与する複雑な集合的編成との間の弁証法を明らかにすることを目的とする。」（『オリエンタリズム』、p. 23-4）とある。「テクストを精読」することの重要性はその通りだと思うが、特定の「個」に過大の意味を与えてしまうと、「編成」の全体像を見誤る可能性はないであろうか。

（5）Homi K. Bhabha, *The Location of Culture* (London and New York: Routledge, 1994) を参照。

（6）文化的ヘゲモニーに関しては、サイードの『オリエンタリズム』の 6-7 頁を参照。

（7）本書第 1 章 7 節を参照。

（8）拙論「文化研究のメタ言語——脱政治的記述の可能性——」（『ポストコロニアル・フォーメーションズ II』、言語文化研究科、2007）から一部抜粋している。

（9）本書で「善」と「悪」として指し示す意味内容は、狭義の宗教的・道徳的なものだけに限定されるのではなく、ある社会で、是認されるものと否認されるものすべてを含んでいる。

（10）『オリエンタリズム』の 9-15 頁を参照。

（11）Arthur de Gobineau, *The Inequality of Human Races translated by Adrian Collins* (New York: Howard Fertig, 1999), p. 151. 本書掲載の引用は、この版からの筆者による重訳である。また、以下の『人間不平等論』からの引用は、この版の頁数を本文に記入。

（12）拙論「言語による「他者化」——英語と日本語の言語空間における植民地主義イデオロギー——」（『言語文化研究』28 号、大阪大学、2002）から一部抜粋している。

（13）クリフォード・ギアツは、『文化の解釈学（*The Interpretation of Cultures*）』の 111 頁において、日常生活的世界を、「『動かしようのない事実』という世代から世代へと引き継がれてきた象徴的概念の中に組み込まれているという意味で、当然のことながら、それ自体文化的産物である日常的な世界は、我々が行為を行う確立された場であり、所与の対象である。」と説明する。Clifford Geertz, *The Interpretation of Cultures* (Basic Books, A Member of the Perseus Books Group, 1973), p. 111.

（14）ギアツは、『文化の解釈学』の 100 頁において、「経験世界をマッピングするために我々が持っている受け入れられた文化パターンの複合体（常識、科学、哲学的思考、神話）、つまり物事を解釈するための道具が慢性的に機能

第1章 「東洋」の知識化の理論的考察

しなくなることによって、深刻な動揺に陥る傾向がある。——宗教的信仰のもつ疑似科学的見解が全く当然のことながら退けられてしまうことから、しばしば想像されるよりもかなり広範囲であり、引き起こされる動揺はかなり深刻である。」と記している。
(15) そういう意味において、近代化を先駆けて達成した西欧諸国、特にイギリス、及びアメリカは、認識空間を広げていこうとする欲望が極めて強い。その1つの現れとして、冒険小説や海洋小説、そして、『スタートレック（Star Trek)』といったテレビドラマに至るまで、言説的膨張のイデオロギーを少年に刷り込む大衆芸術活動が現在にいたるまで脈々と続いてきている。一方、日本では、歴史的に、権力者は茶室や日本庭園といった極限まで圧縮した閉鎖空間を好むという文化傾向をもっていた。
(16) Ania Loomba, *Colonialism/Postcolonialism* (London and New York: Routledge, 1998), pp. 3-4.
(17) 日本でいえば、記紀の編纂（神話の創造）こそ、それ以降の日本のナショナル・アイデンティティのコアを形成させたのである。
(18) 同じ近代化以降の植民地政策において、日本による植民地化の場合では、被植民地の独立によって日本語そのものが排除されたことにより、その後の影響力にイギリスとは大きく差が出たことはこのことの証左になるであろう。
(19) たとえば、サルマン・ラシュディ（Salman Rushdie）の『真夜中の子供たち（*Midnight's Children*）の67頁に、「世界がそれまで決してみたことのないような兵器が日本の黄色い人々（yellow people）の上に落とされようとしていた」という箇所がある。Salman Rushdie, *Midnight's Children* (New York: AVON BOOKS, 1982), p. 67. 以下の『真夜中の子供たち』からの引用は、この版の頁数を本文に記入。
(20) イギリスで、逸早く自由や女性の権利を標榜したジョン・スチュアート・ミル（John Stuart Mill）の『自由論（*On Liberty*)』（1859）の中で、「その目的が野蛮人を改善することであり、その手段が改善の目的に実際に適っているのであれば、専制政治は野蛮人を統治する正当な統治方法である。」と述べていることは、このことの証左になるであろう。John Stuart Mill, *On Liberty* (London: Longmans, Green, and Co., 1921), p. 6b.
(21) ギアツは、『文化の解釈学』の110頁で、「『宗教的視座』とおそらく我々が呼びうるものの根底にある基本原理は、いたるところ同じものである。すなわち、知ろうとする者は、まず信じなければならない。」と記している。
(22) Robert J. C. Young, *Colonial Desire: Hybridity in Theory, Culture and Race* (London and New York: Routledge, 1995), pp. 6-7. 以下の『植民地願望：理論、

文化、そして人種における雑種性（*Colonial Desire: Hybridity in Theory, Culture and Race*）』からの引用は、この版の頁数を本文に記入。

(23) また、ジョン・マクブラトニー（John McBratney）は、「19世紀の終わりごろ、一群のイギリスの科学者は、人類は単一であるというキリスト教のヒューマニスト的信念と決別して、その代わりに、人種というのは起源の異なる別々の種から成ると主張した。白人種のヨーロッパ人とアフリカと西インド諸島の黒人種の肉体的・文化的違いに影響されて、法学者のケイムズ卿、医師のチャールズ・ホワイト、そして奴隷所有者のエドワード・ロングは、ポリジェニズム（人間が複数の起源を持つという教義）には、白人（コーカサス）と黒人（ニグロ）の間には、埋められない違いだけではなく、前者の後者に対する優位性が伴うのだと主張した。」と記している。John McBratney, *Imperial Subjects, Imperial Space: Rudyard Kipling's Fiction of the Native-Born* (Columbus: The Ohio State University Press, 2002), p. 14. 以下の『インペリアル・サブジェクト、インペリアル・スペース（*Imperial Subjects, Imperial Space*）』からの引用は、この版の頁数を引用の後に記入。

(24) 『植民地願望：理論、文化、そして人種における雑種性』の7頁を参照。

(25) コンラッドの『闇の奥』の7頁で、マーロウ船長は次のように述べる。「この世界で行われる征服というもののほとんどは、肌の色が違うとか、少しわれわれより鼻が平べったいとかする人々から土地を奪ってしまうということだから、いやというほどそれを目にしたら気分のいいものではないのだ。」Joseph Conrad, *Heart of Darkness* (revised) ed. Robert Kimbrough (New York: W. W. Norton & Compnay, Inc., 1971), p. 7. 以下の『闇の奥』からの引用は、この版の頁数を本文に記入。

(26) ナイジェリアの作家チヌア・アチェベ（Chinua Achebe）は、コンラッドを「ひどい人種主義者」と断罪した。それに対して、イアン・ワット（Ian Watt）は反論している。Ian Watt, *Essays on Conrad* (Cambridge: Cambridge University Press, 2000), pp. 85-95 を参照。他にも、ポストコロニアル批評においてコンラッドの作品を――それ以上にキプリングの作品を――植民地主義イデオロギーが充満したサンプルとして容赦なく断罪する研究者がいるが、作品を一面的にしかみていないのではないか。テクストの本質的構造を無視して、彼らの作品の背後にある時代の限界のみをみていることになるのだと思われる。このことについては、本書の第2章と第5章で詳しく論じる。

(27) 『現代日本思想体系　9　アジア主義』の竹内好による解説の中で、黒竜会出版の『東亜先覚志士紀伝』上巻（1933）から次のような言葉が引用されている。「神功皇后や豊臣秀吉や、あるいは加藤清正の虎退治など、勇武なる物語として民間に語り伝えられている限り、眼に一丁字なき百姓町人や、頑

是なき児童等に至るまで、そぞろに対外活躍の心を誘い起される」とあるが、イギリスの冒険小説の歴史と比較するとき、この黒竜会の説には説得力があるとはいえない。『現代日本思想体系　9　アジア主義』、(筑摩書房、1963)、20頁。以下の『現代日本思想体系　9　アジア主義』からの引用は、この版の頁数を本文に記入。

(28) もっとも、ここでは、本居宣長や平田篤胤が、情緒的と片付けられない程度に西欧の宗教や思想を理解していたかどうかを問題にしているのではなく、「西欧」に対抗できる思想を生み出せたかどうかを問題にしているのである。

(29) 本書・第2章のマムヌール・ラハマン担当箇所を参照。

(30) 『和魂洋才の系譜——内と外からの明治日本』、(河出書房新社、1987) の48頁で、平川は次のように記している。「このように長期的展望にたって眺め、対外文明への一国民の心理の型が継続するものであると仮定すると、日本では『和魂漢才』の心理的先蹤があったからこそ『和魂洋才』の公式もたやすく生まれ、それが日本の近代化に際して有利に作用したのであろう、ということが考えられる。」

(31) 『オリエンタリズム』、p. 128.

(32) Rudyard Kipling, *Kim* (New York: Charles Scribner's Sons, 1905), p. 63. 以下の『キム』からの引用は、この版の頁数を本文に記入。

(33) 大川周明は、東南アジアを両端から植民地化していった英仏にとって「暫く緩衝地帯の存在を必要」としたことを、タイが植民地化されなかった大きな理由としているが、それだけではなく、タイの財政改革、鉄道の施設、教育改革、そして、まだ「欠陥」はあるものの産業育成をあげ、「要するに第二十世紀に於けるシャム [タイ] は、一切の外来の圧迫に拘らず、着々秩序ある発達を遂げて来た。この点に於てわがシャムは、東洋国民に自治の能力なしと云う、ヨーロッパ常套の侵略征服のための口実を明白に裏切って居る。」と記している。さらに大川は、「吾等 [日本] は不義の『強者』倒れ、正義の『弱者』興る日の近づきつつあるを知るが故に、希望と同情とを以て白象王国 [タイ] の将来を見る。」と、唯一独立を維持しているアジアの二国、日本とタイとの対比を試みている。大川周明、『復興亜細亜の諸問題』、(中央公論社、1993)、pp. 67-80 を参照。以下の『復興亜細亜の諸問題』からの引用は、この版の頁数を本文に記入。

(34) 福沢諭吉、『文明論之概略』、(岩波書店、1995)、pp. 25-6。以下の『文明論之概略』からの引用は、この版の頁数を本文に記入。

(35) 竹内好は、前出『現代日本思想体系　9　アジア主義』の「解説」の38頁で、福沢諭吉の「脱亜論」に触れ、福沢の1885年の文章を引用している。

その引用の中に、「文明はなお麻疹の流行のごとし。目下東京の麻疹は西国長崎の地方より東漸して、春暖と共に次第に蔓延するもののごとし。この時に当りこの流行病の害を悪みてこれを防がんとするも、はたしてその手段あるべきや。我輩断じてその術なきを証す。有害一偏の流行病にてもなおかつその勢には激すべからず。いわんや利害相伴うて常に利益多き文明においてをや。ただにこれを防がざるのみならず、つとめてその蔓延を助け、国民をして早くその気風に浴せしむるは智者の事なるべし。」というように、文明に「麻疹」というメタファーを用いて表現している。これは、ある意味、西欧文明の拡散を捉えた卓越したイメージ表象であると思われる。

(36) Benedict Anderson, *Imagined Communities* (London: Verso, 1983, revised edition, 1991), pp. 5-7 を参照。

(37) 明治18年3月18日の『時事新報』の社説の「脱亜論」が福沢の筆によるものとされているが、「脱亜入欧」というスローガンを福沢が提唱したというわけではないようである。しかしながら、本書で考察するように、福沢の世界認識が「脱亜入欧」のイデオロギーを生み出すことに寄与したことは間違いない。

(38) 松本三之介編、『近代日本思想体系　30——明治思想集　I』、(筑摩書房、1976)、pp. 36-7。以下の『近代日本思想体系　30——明治思想集　I』からの引用は、この版の頁数を本文に記入。

(39) 1942年、雑誌『文学界』の九月号、十月号に掲載された「近代の超克」座談会についての竹内好の評論の中で、日清・日露両戦争と太平洋戦争との間の方法論的大転換は、日清、日露、そして太平洋戦争の開戦の詔勅に見事に表わされているという。竹内によれば、前の2回の戦争と太平洋戦争を大きく隔てている点は、第1に、国民全員が「『億兆一心』となって戦う「総力戦の性格規定がなされたこと」。第2に、「開戦の意志主体が元首でも国家でもなく、じつに『皇祖皇宗の神霊』であり、『祖宗の偉業を恢弘』するための戦争だと説明されたことである」。第3に、「国際法規の順守が条件として示されていない。」また、「『一切の障礙を破砕する』その『障礙』には既存の法秩序もふくまれていると解することもできる。」第4に、「戦争の究極目標は『東亜永遠の平和を確立』することであって、平和一般ではない。」という点にあるという。河上徹太郎・竹内好等、『近代の超克——冨山房百科文庫23——』、(冨山房、1979)、p. 313 を参照。以下の『近代の超克』からの引用は、この版の頁数を本文に記入。

(40) もちろん、この2人以外に「日本・日本人」の自己表現・表象を試みた者がいなかったというのではない。岡倉天心の『東洋の理想 (*The Ideals of the East, with Special Reference to the Art of Japan*)』(1903) などはその代表的著作

第1章　「東洋」の知識化の理論的考察

である。Kakuzo Okakura, *The Ideals of the East, with Special Reference to the Art of Japan* (London: John Murray, 1903, rpt., Bibliobazaar) を参照。以下の『東洋の理想』からの引用は、この版の頁数を本文に記入。

(41) Inazo Nitobe, *Bushido: The Soul of Japan* (Boston: Tuttle Publishing, 1969), pp. 21-2. 以下の『武士道』からの引用は、この版の頁数を本文に記入。

(42) 三宅雪嶺、『日本の名著　37——陸羯南　三宅雪嶺』、(中央公論社、1971)、p. 289。以下の『日本の名著　37——陸羯南　三宅雪嶺』からの引用は、この版の頁数を本文に記入。

(43) 竹内好はこの問題に関して、『現代日本思想体系　9　アジア主義』の55頁で以下のよう述べている。「[岡倉] 天心によれば、本来この [西洋] 文明なり、[西洋] 文明観なりを裁くのがアジア主義のはずであった。そのアジア主義がついにその立場を確立することなしに、侵略主義のチャネルに流れ込んでゆく分れは、たぶんこの辺にあるだろう。チャンスがなかったとはいえない。チャンスを生かさなかったことにおいては幸徳秋水も同罪である。内田 [良平] と幸徳とが、ひとたび分かれて相会うことがなかったのは、日本人にとってばかりでなく、アジアにとっても不幸なことであった。」ここで竹内は、帝国主義批判の幸徳の思想と、「民族的現実の中での革命を考えていた」内田の思想がぶつかって、止揚していたら、日本に全く違った「アジア主義」が生まれていただろうという思いを述べている。その点について、筆者もある程度は賛成なのだが、しかしながら竹内の「アジア主義」論では、圧倒的影響力のあった西欧の言説支配を意図的に隠蔽している。おそらくは、アジア主義の帝国主義的側面の弁護と思われることを懼れたのであろうが、しかし、日本が西欧の言説の支配下にあったことは厳然たる歴史的事実であるのであるから、その点を考慮して、果たして「チャンスを生」かせたかどうかを判断する必要があると思われる。

(44) Samuel P. Huntington, *The Clash of Civilizations and the Remaking of World Order* (London: Touchstone Books, 1998) を参照。

(45) 拙論「「東」と「西」——文化相対主義と普遍主義 (1)」(『カルチュラル・スタディーズの理論と実践III——帝国の文化とポストコロニアル文学——』、言語文化研究科、2003) から一部抜粋している。

(46) サイードは、『オリエンタリズム』の54頁から58頁にかけて、古代ギリシャ時代から「ヨーロッパ」と「オリエント」の境界を引くことが行われており、「ヨーロッパは強く明瞭であり、アジアは敗北し遠くおぼろである。」という意味づけがされてきたと論じているが、古今東西のどのような社会でも行われたきたそのような彼我の色づけと、18・19・20世紀における「東と西」の色付けの決定的違いは、東アジアを視野に入れると浮かび上がってくるで

85

あろう。

(47) *Literature and Science in the Nineteenth Century: An Anthology* ed. Laura Otis (Oxford University Press, 2002), p. 152.
(48) Frantz Fanon, *Black Skin, White Masks* translated by Charles Lam Markmann (London: Pluto Press, 1986), p. 150.
(49) 島崎藤村、『現代文学大系 8　島崎藤村集（一）』、（筑摩書房、1963）、p. 111。
(50) Robert Knox, *The Races of Men: A Fragment* (London: Henry Renshaw, 1850), pp. 106-7. 以下の『ヒトの種：断章（*The Races of Men: A Fragment*)』からの引用は、この版の頁数を本文に記入。
(51) Raymond Williams, *Keywords: A Vocabulary of Culture and Society* (New York: Oxford University Press, 1985), p. 89. 以下の『キーワード辞典』からの引用は、この版の頁数を本文に記入。
(52) 拙論「「反抗者」の肖像──表象のメカニズムの理論的スケッチ」(『ポストコロニアル・フォーメーションズ』、言語文化研究科、2006) から一部抜粋している
(53) 「言説」概念は、研究分野によって様々な解釈がなされている。本書での「言説」概念はミシェル・フーコーやエドワード・サイードの言説概念に触発されたものではあるが、しかし本書の提示する内容に適合するようにそのメカニズムを明確に定義しなおしたものであり、これによって新たに「言説」概念を提案するものである。
(54) もちろん、理論的には、「非西欧の西欧」研究と「西欧の西欧」研究の間にも同じ関係が存在するはずである。しかしながら、「西欧の西欧」研究の圧倒的優位から、その溝がこれまで顕在することはない。
(55) そのことは、19世紀のイギリスの歴史家のJ・R・シーリー (J. R. Seeley) が『英国膨張史（*The Expansion of England*)』で指摘している。J. R. Seeley, *The Expansion of England* (London: Macmillan & Co., 1883, rpt., 1921), pp. 254-9 を参照。以下の『英国膨張史』からの引用は、この版の頁数を本文に記入。
(56) この過程については、第2章でマムヌール・ラハマンが、バングラデシュ人の視点から詳述することになる。
(57) Edmund Candler, *Siri Ram—Revolutionist*, in *A Raji Collection* (New Delhi: Oxford University Press, 2005).

第2章 「東洋」の知識化の歴史的考察（1）

2.1 イギリスの「近代化」言説形成＝編成とインド植民地化

　第2章においては、19世紀以前を見据えながら、イギリスの「近代化」言説形成＝編成の特質を探るとともに、支配者としてのイギリス人のインドを見る眼差し、支配者の「インド」認識、そしてそこから生まれた「インド」表象、及び、ラドヤード・キプリングとラフカディオ・ハーンの「日本・日本人」表象を、資料を基に考察し、再現していく。

2.1.1 インド植民地化の大義

　今日、「先住民族」「先住権」という考え方が優勢になっているが、そもそも人類の歴史を通してそのような意識はあまり強くなかったように思われる。少なくとも「勝者の論理」からは無視されていたことは確かであろう。軍事・立法・行政に関して支配権を掌握した者が、正当な主権者と考えられたといえる。
　1757年にロバート・クライブ（Robert Clive）がプラッシーの戦いでベンガル軍を破り軍事的優位を確立し、初代インド総督のウォーレン・ヘイスティングズ（Warren Hastings）が法整備をすることで始まったインドの植民地化経営であるが[1]、それ以来、イギリス人が、インド、あるいはその一部に対する「主権者」としての意識は、人や時代によって、かなりの幅があったと考えられる。ただ一般的に、インド在住のイギリス人（Anglo-Indian）とイギリス本国にいるイギリス人では、アングロ・インディアンのほうがインドの主権者意識は強く、本国にいてインドを見る場合は保護領という意識が強かった傾向がある。

このような主権者意識をイギリス人が持っていたとしたら、よく問題にされるのが、イギリス本国において発展してきた「民主主義」と植民地政策との乖離である。イギリスは、英領インドにおいて独自の文明をもつ民族を軍事的・政治的に支配していることに対する正当性（大義）をどのように考えたのであろうか。

　英領インドに在住して「主権者」という意識を持つ者にとっては、インドに入ってくる他国の軍隊は「侵略者」であり、それを阻止することは正当な防衛であった。それに加えて、周辺国との条約において、それに違反する行為をすれば、制裁を加える正当な権利が発生すると考える。

　それに対して、「遅れた社会」を改革し、その先住民に素晴らしい「文明の光」をもたらす使命を帯びて統治すると自認する立場からは、極めて理念的な事柄が大義として唱道される。その主要なものは、因習と迷信に取りつかれ、停滞、もしくは後退した人々を啓蒙し、キリスト教と自由と民主主義を教え広めるということである。即ち、啓蒙主義が錦の御旗になる。

　このように、イギリスの主権を守るということと、野蛮なる社会（インド人の社会）を民主化するという2つの大義が、個人差はあるだろうが、適宜使い分けされていたのである。

　そのような大義のもとでイギリスは、インドにおける勢力を拡張するために戦争を遂行するとともに、支配地域のインド人の不満を軍事的に抑圧していく。その代表的な戦争には、第1次アフガン戦争や2回のシーク戦争、1856年のオード（Oude）の併合、あるいはムガール帝国を終焉に導くインドの大反乱の鎮圧があった。そしてまた、日常的な軍事力の誇示や諜報活動（グレート・ゲーム[2]）など力によるインド支配があった。その一方、初代インド総督ウォーレン・ヘイスティングズの行った徴税制度の確立や、マコーリーが推進した教育改革、法制度の確立なども、インドの植民地化の拡大を図る政策と考えてもいいであろう。社会制度や教育改革などは、アントニオ・グラムシのいう「文化的ヘゲモニー」の部類に入るのであろうが、社会の構成員の合意、「総意」を取り付けるまでの過程と

して、軍隊や警察の「暴力」という担保なくしては、ほとんど実効性を持たないのが現実である。学校や教会は自然発生的に誕生したものではない。

このように、イギリス人は、インドの主権者であり、社会改革者として、18世紀末から20世紀初頭にかけてインドの植民地政策を展開していったのであったが、それによってインド社会・インド人、そして英語の言説における「インド」表象はどのように変貌していったのであろうか。

そもそも、イギリスによりインドが植民地化される以前に「インド」という国家が存在していたのであろうか。もちろんムガール帝国は存在し、イギリスの東インド会社設立当時はその絶頂期にあり、ムガール皇帝の加護なくしては東インド会社の活動はあり得なかった。しかしながら、ムガール帝国自体、アフガニスタンを通ってやってきた中央アジアのティムール族のバブール（Zahir-ud-din Muhammad Babur）によって樹立された帝国であり、バブールの孫にあたるアクバル（Jalāl al-Din Muhammad Akbar）は宗教的に寛容な政策をとっていたとしても、先住民のインド人から見れば北からきた異教徒による征服国家であったばかりではなく、インド亜大陸を完全に掌握した中央集権国家でもなかった。また使用言語についても、宮廷のペルシャ語に対して、バラモンのサンスクリット語、そして一般民衆の間では現地語がつかわれていたことを当時のイギリス人が報告している。

このように、イギリスによる植民地化までのインドは、いわゆる近代的な意味での「国家」ではなく、ムガール帝国と藩王国の集合体であり、想像の共同体としての「インド」は地図の上でのインド亜大陸には存在しているとはいえなかった。したがって、インド人にナショナリズムは欠如し、その点がすでに近代国家へと社会を変貌しつつあったヨーロッパ、特にフランスとイギリスが少数の人数でもって圧倒的多数のインド人の住むインドを植民地化しえた要因である——ロバート・クライブの伝記を書いたロバート・ハーヴィ（Robert Harvey）によると、インド人のナショナリズムの欠如に最初に気づいたのはフランス人のジョセフ-フランシス・デュプレックス（Joseph-François Dupleix）であったが、それをうまく利用しえたのはイギリス人のロバート・クライブであった[3]。

クライブ以降、イギリスがベンガルを中心にその支配領域を拡大していくにつれて、単に軍事的支配のもとに経済的利益を吸収するだけではなく、イギリスの諸制度を導入することによってインド社会を経済・政治システムに取り込んでいくとともに、インドを英語の言説のなかに取り込んでいったのである[4]。

　19世紀にみられる西欧の東洋への眼差しは、ポストコロニアル研究で自明のごとく主張するようには、古典古代からずっと一貫して持ち合わせていたものではない。もちろん、人間には先験的に持っていると思われる他者に対する恐怖心、異なった生活習慣や信仰に対する拒絶反応がある。ただ、これはヨーロッパ人に特有のものではなく、人類が共通に持っている傾向であろう。また、周辺地域を文明の進み方で序列化したのは、中国のほうが先輩である。18世紀から19世紀にかけてのヨーロッパの人種的偏見の特殊性は、軍事・経済的優位のなかで、文化領域との共犯関係のもとで構築されていったことにその特徴がある。「東と西」の関係性が学問的に自明なものとされたことにあるのだ。

　インド、及び、その周辺地域の研究調査は、イギリス東インド会社を中心に盛んに行われていった。その成果は膨大なものにわたり、地政学的データや、動植物、特産品、風俗・宗教や、言語に至るあらゆることが調査され、ヨーロッパの言語で記録され、報告されることによって、博物学的に体系化されていったのである。そのことによって、まさに「アジア」はヨーロッパの言説のなかに取り込まれていったのであった。取り込まれるということは、同時に評価づけられるということでもある。

　インドの歴史はイギリスによって書き換えられ、インドの習俗は文化人類学的に解体され、見世物にされる。たとえば、サティーやカーストなどがその例であろう。また、言語はヨーロッパの言語学でもって分析され、体系化される。そのプロセスのなか、ヨーロッパ人の評価が加わるばかりではなく、彼らが理解しやすいように変形させられ、また理解できないものに対しては不合理・非科学的であるというレッテルが張られる。

　そのようにしてムガール帝国は専制的・後進的帝国にされ、ヨーロッパ

人によって啓蒙し、文明化する必要が唱えられ、「まじめなイギリス人」は、それを使命と感じたのである。

1.5 節に引用したロバート・J・C・ヤングがいうように、1850 年から 60 年代にかけては、生物学、医学、人類学のような科学が、ヨーロッパ人の人種観形成に特別な役割を果たしたときである。人種の特性が記述され、体系づけられていくのである。そして有色人種が白人に従属すべきものとされたのであるが、その従属の程度は様々である。啓蒙する対象であると考える者から、利用する対象、そして根絶させてもかまわないと考える者までいる。

現実には、インド人に対するイギリス人の立場は、啓蒙しながら利用するというスタンスが優勢であった。啓蒙し、彼らの迷妄を正し、社会を進歩させるという態度は、マコーリーの「覚書」に顕著に出ている。それは、「白人の責務」につながっていく。これはなにもキプリングの発明ではなく、19 世紀のかなり早い段階から意識されていくのである。そしてその「責務」の対価として、イギリス人のインドでの特権が保証されると「生真面目」ではない多くのイギリス人は考えるのだが、これは人間誰しもそういう傲慢さを持ち合わせているのである。

2.1.2　アングリシストとオリエンタリストの系譜

19 世紀におけるインドに関する言説形成＝編成の流れが大きく変わった時期であるにもかかわらず、ポストコロニアル研究者にあっても、また、保守的な研究者においてもほとんど顧みられなかった時期がある。それは、ウォーレン・ヘイスティングズのインドやその周辺の異文化への対応と、インドの植民地化に対するヘイスティングズとエドマンド・バーク（Edmund Burk）の確執から始まり、ヘイスティングズの総督失脚、そしてインド総督ウィリアム・ベンティンク（William Bentinck）と T・B・マコーリーによる英語による教育の推進までの時期である。多くのポストコロニアル研究では、ロバート・クライブ率いるイギリス軍の勝利から、ウィリアム・ベンティンクと T・B・マコーリーによるインドの植民地政策の転

換までをあまり重視していない。この時期に関して筆者は現時点で必ずしもすべてをカバーしきれてはいないのであるが、極めて重要であると考えるので、以下に解説を試みる。

インド統治の拠点であったベンガル政府は、初代総督ウォーレン・ヘイスティングズから[5]、オリエント研究を促進するといったオリエンタリストの立場をとっていた[6]。これは、インド統治をやりやすくするという意図は明らかであるものの、異文化に対する態度として、インドやその周辺地域の伝統的宗教や学問を尊重するという立場であった。そしてその立場から、アラビア語、および、サンスクリット語による教育や、英語からその両言語への翻訳に資金を提供し、それらを学ぶインド人学生に対して奨学金を与えていた。

ところで、インドやその周辺地域についての知識も豊富で、その地域の言語を数ヶ国語話し、インド統治の礎を築いたヘイスティングズには、イギリス本国に敵が多かった。そのなかでも、痛烈な批判者で最大の敵であるエドマンド・バークは、インド社会に金銭的腐敗を持ち込み、インド人を不当に扱い、東インド会社を私物化したといった、つまり、誇りあるイギリスを辱めるような政策を行ったとして、ヘイスティングズを失脚に追い込むとともに、イギリス議会での弾劾裁判の場に彼を立たせた。有罪の場合は死刑判決を受けるような重罪である。しかしながら結果的には、ヘイスティングズは無罪を勝ち取った。

なぜ、バークは徹底的にヘイスティングズを否定しようとしたのか。歴史家のJ・R・シーリーは、ヘイスティングズのオリエンタリスト的政策が、現地のイギリス人の堕落、つまり、彼らの「インド化」を促すことを恐れたのではないかと推測している[7]。その理由の真偽はともあれ、エドマンド・バークは、ヘイスティングズに対して抑圧者としてのイメージを作り上げていったが、しかしながらバークは、インドの植民地化自体を否定していたわけではなかった。これは一見矛盾しているように思えるが、インド人に正義をもたらし、彼らを啓蒙するという大義によって植民地化は正当化されるのであろう。実際バークは、独立前、アメリカがイギリスの植

第 2 章 「東洋」の知識化の歴史的考察（1）

民地であることを容認しながら、税に関してイギリスは介入すべきでないという。つまりバークにとっては、宗主国の利益を追求することは悪い植民地政策であり、イギリスの品位を下げることであると考えていたのであろう。そのことから推測すると、ヘイスティングズの極めて現実的な統治政策がバークの憤激を買ったとも考えられる。ちなみにバークは、インド人の文化には寛容であったといわれている。

このようなバークの理念（建前）は、オリエンタリストと 12 年間にもわたり論争することになるアングリシストたちにもみられる。ただインド統治の経済的側面からみれば、オリエンタリストのほうは、英語が出来る現地人と現地語が出来るイギリス人のリエゾン機能を使って統治しようとしたのであり、アングリシストは、統治機構そのものを英語を媒体として行えるように、インド人の一部に英国式の教育を行おうとしたのであろう。もしそうだとしたら、植民地統治を磐石化するためには前者から後者への移行は必要不可欠であった。

『エドマンド・バーク（*Edmund Burke*）』の中でデニス・オキーフ（Dennis O'Keeffe）が述べているように[8]、18 世紀末から 19 世紀にかけて明確に反植民地主義を訴えるイギリス人は見当たらず、アングリシストもオリエンタリストもインドの植民地化を推進する立場であることは変わりない。問題は、植民地化政策についての本質的な考えの違いということだ。それがインドの植民地政策、特に教育政策に亀裂を生むことになった。

しかしながら、アングリシストとオリエンタリストの論争は、ヘイスティングズの 1785 年の失脚から 49 年後に大勢が決する。

英領インドの統治を委託するに際してイギリス議会から東インド会社に与えられる憲章（チャーター）の有効期間は 20 年間であり、1834 年 4 月 10 日にそれまで 20 年続いた憲章の失効に伴い、新たに発効する憲章の条文を改訂するかどうかについて、イギリス国内で激しい論争が巻き起こった。下院に憲章の改定案を提出したチャールズ・グラント（Charles Grant）は、議会での演説のなかでいくつかの決議を求めた。そのなかでインド人の教育政策に関するものに、インドにおけるイギリス領の統治を東インド

93

会社に委託する条件として、「この国の商業を拡張し、よき統治を確実なものとし、インドの民衆の宗教的・道徳的向上をはかる」[9]目的を掲げている。そして、それらの議案は議会で採択され、1833年の8月28日に国王の承認を得るところとなった。その決議のなかでその後のインド人の教育政策を決定付けるのは、以下のものであろう。「この領地で生まれたいかなる者、陛下の臣民であるどのような出生の者、そこに居住するいかなる者であっても、宗教・出生地・家系・肌の色、あるいはそのいずれかの理由だけで、東インド会社の下での地位、役職、そして雇用を得られないようなことがあってはならない」(『インドに於ける英語教育の歴史』、49)。そしてこの政策転換を受け、イギリスはインド人を啓蒙し就職の機会を与えるべく、教育改革にのりだすことになったのである。この東インド会社憲章の一新の推進者の一人であったトマス・バビントン・マコーリーは、インド総督ウィリアム・ベンティンクの最高諮問機関の法執行官に任命され、「馬鹿げた」宗教と学問に囚われたインド人を啓蒙し、インドを近代化するという大義を担って、1834年6月10日に颯爽とインドに赴いたのであった。

　まさにその頃、インドの公教育委員会ではインド人の教育について激しい議論が、オリエンタリストとアングリシストの間で起こっていたのである。それは、インド人への教育をサンスクリット語・アラビア語で行なうのか、または英語で行なうのかというものであった。論争は両陣営の激しい応酬で、ほぼ12年間、膠着状態になっていた。マコーリーは赴任早々公教育委員会の議長に任命されたが、しばらくの間は彼自身の意見を表明しなかった。しかし、その決着を最高諮問機関で決することになり、1835年の2月2日のあの有名な演説において、英語教育を支持する主張を行なったのである。その趣旨は上記に引用した理念を追求するためには英語による教育が不可欠であり、英語で教育することによって、「血と肌の色はインド人でありながら、趣味や意見や道徳や知性においてはイギリス人」を作り出すということである。しかし演説の「覚書」に述べられたインドの文化・学問について言及している箇所を挙げると、サンスクリット語・ア

ラビア語で書かれた「馬鹿げた歴史、形而上学、物理学、神学」を出版することは、「印刷されていないままの紙よりも価値のない本を印刷すること」(「覚書」、360)であるとか、「ヨーロッパの優れた図書館の1つの棚にある本だけで」その両言語で書かれた全著作に相当する(「覚書」、349)というものであった。したがってそのようなものに「奨励金」を与えることは、「偽りの趣味や哲学に金を浪費する」(「覚書」、355)ことになるというのである。このマコーリーの演説を契機として、インド人の公共高等教育は、一部を除いて英語で行なわれることになるのである。

　このように、ポストコロニアル研究では敵役になっているマコーリーだが、しかしながら一切のサンスクリット語・アラビア語の教育を否定したのではなく、ベナレスではサンスクリット語、そしてデリーではアラビア語による教育を認めたのである。そもそもギリシャ語とラテン語の古典文学の研究者であるマコーリーは、インドの古典自体を否定したわけでも、その教育を否定したわけでもない。また、インドの行政官を養成する学校ヘイリーベリー・カレッジ (Haileybury College) の受験者の選抜方法改革への要望書のなかで、入学試験にサンスクリット語とアラビア語の試験を含めることを支持している[10]。上記の2月2日の演説は、あくまでもインド人教育に関するもので、インドの古典文学研究に向けられたものではないだろう。インド人を教育するという目的のためには、サンスクリット語やアラビア語は英語より劣った言語であるということと、すでに一般のインド人には使用されていないということが、それらの2言語を軽視する彼の根拠であった。一方ヒンディー語などの現地語に関しては、将来使用する可能性を否定はしていないが、現時点では、教育に使用するのには言語として十分に発達していないという。

　一方、オリエンタリストたちの主張はどのようなものであったのであろうか。1835年の段階ではオリエンタリストは敗北したのであり、シード・マムードも彼らの主張を書いてくれてはいない。

　しかしながら、マコーリーの演説から35年後の1871年に、元軍人でイスラム学者(オリエンタリスト)であったW・ナッソゥ・リーズ (W.

Nassau Lees)はマコーリーの「覚書」を批判する文章を出版した[11]。もっとも、そのなかでは、かつてのオリエンタリストの考えもオリエント研究にだけ固執した硬直した考え方だと非難している。

リーズは、「いかなる民族においても、"現在"を作り出すためには、"過去"が必要なのだ。故プリンス・コンソート（the Prince consort）［ヴィクトリア女王の夫アルバート］のイギリス協会での演説の言葉をお借りすれば、現在は過去の両肩で担われている。もしそうだとすれば、われわれはいかなる過去の両肩に、現在のインドを築くことになるのか」（『インド人ムスリム』、46）と述べている。また西欧文明にも大きく寄与したインドの過去を「混じりけのない悪（unmixed evil）」と考えるのは馬鹿げたことであり、その子孫が彼らの過去を知る権利があるのだと訴えている。

しかしながらリーズの議論のなかには、インド人の文化的主体性は主張されているが、政治的主体性には一切言及されていない。彼が読者に力説する点は、「インドにおけるイギリス支配の安定の礎は、インド人の幸福と満足の上に」（『インド人ムスリム』、75）築かなければならないがゆえに、インド人の民族性や伝統を尊重した教育政策を行なうことが必要なのだ、ということだ。これはもちろん、19世紀のオリエンタリストが植民地政策に反抗ではなく推進する立場である以上、大英帝国そのものの存在を否定しえない彼の置かれた立ち位置からの発言である。

ここで注意すべきことは、アングリシストとオリエンタリストの論争がマコーリーの時代から始まったということではなく、マコーリー以降、明確に政治的になったのである。つまり、イギリスの統治政策によって、インドの文化編成の方向性が決定されるようになったのだ。

そのことを、言説形成＝編成という本書のキー概念を使って説明すると、ロバート・クライヴやウォーレン・ヘイスティングズから始まった、インドにおける英語の言説形成＝編成の進行は、インドの伝統的な言説形成＝編成を条件つきながら取り入れようとするオリエンタリストの運動であるのに対して、エドマンド・バークはその流れを回避させ、そしてベンティンクやマコーリーなどのアングリシストによって徹底的に押さえこま

第 2 章 「東洋」の知識化の歴史的考察（1）

れるようになったのだ。これは、イギリス本国において 18 世紀末の啓蒙主義が言説形成＝編成に大きな力を持つようになっていったのと呼応するのである。すなわち、インドの植民地主義イデオロギーを核とする言説形成＝編成は、イギリス本国での近代化言説形成＝編成と別個のものではなく、前者を包含する形で進行していったのであった。そのような意味で、インドにおいても、近代化言説形成＝編成がその後の植民地政策を決定していくことになる。

もっとも、イギリスにおいて近代化が『聖書』をコアとする伝統的世界観を一掃したのではないのと同様に、インドにおいてもオリエンタリスト的ファクターがなくなったわけではない。19 世紀を通してアングリシストの勢いが勝っており、それを中心に近代化言説形成＝編成が進行していったものの、局所的には、オリエンタリストからアングリシストへ、また逆への揺り戻しと、その振り子は左右に揺れながら、様々な言説の「反抗者」を生み出していった。

このオリエンタリストとアングリシストのせめぎ合いは、本国と植民地との関係においても、また植民者たちの間でも、また個人のなかにもあるのだが、特にインドを舞台にした小説作品のなかに、この 2 つのベクトルは比重こそ違え顕著に現れていて、その 2 つのベクトルは、小説にダイナミズムをもたらし、英語の言説のなかに「インド」を拡大再生産させていったのである。

第 2 章 1.3 節と 1.4 節においては、本節で 19 世紀英領インドを考察した日本人研究者（伊勢）とは違う視点から、バングラデシュ人のマムヌール・ラハマンに支配者イギリスの植民地政策とその影響について語ってもらう。（原文英語、日本語訳伊勢）ラハマンは、マコーリーの英語教育の拠点であったカルカッタ（コルカタ）を中心都市とするベンガル地方の東部（東ベンガル→東パキスタン→バングラデシュ）で生活をし、教鞭をとる人間であり、英領インドの非主体者であったインド人の歴史を、「主体者」として書き換えを行う。もっとも本書の目的は、インド植民地支配者の英語言説を批判的に読み直すだけではなく、第 3 者である日本人の視点と、植民

97

地の歴史の延長線上に生きるバングラデシュ人の視点から複眼的に検証することにより、より実態に近い形で読み直すことである。したがって、伊勢とラハマンの記述で内容が重複する箇所については、それぞれの視点の違いを読み取っていただきたい。

2.1.3 被支配者の視点から見た植民地インドの歴史と発展
　　　——19世紀以前の英領インド

　大まかに言えば、東インド会社がベンガルに政治的な力を行使できるようになった1757年から、イギリスによるインドの植民地化が始まったのだ。東インド会社の支配の初期においては、東インド会社で働く大半の者が金を儲け、富を築くことに腐心しており、インドの総督直轄都市では非効率で腐敗した支配が形作られた。したがって、インド社会に急進的な変革はほとんど起こらなかった。しかしながら、東インド会社の貿易と商業活動を通して、インドの社会構造が徐々に崩れだし、その結果「中産階層」という新たな階層の人々が生まれることとなった。

　中産階層は、様々な場合に様々な呼び名で呼ばれてきた。「エリート」、知識人、小ブルジョア、あるいは、「バドロロック（the bhadralok）」として表される。インド人の中産階層の誕生は、インド亜大陸のイギリスの事業に負っている。外国からやってきた支配者によって商業と産業が導入されるとともに、旧階層とカースト制、農業に基盤を置く経済体制は弱体化し、新たな社会階層を生み出した。この階層は、主に豊かさや金銭に対する彼らの関心によって形成されたこれまでにない社会に対する考え方という点において、それ以前の封建的地主階層とも、また一般大衆とも異なっていた。

　英領インドの時代にベンガルで中産階層が誕生した背景には、いくつかの要因が働いていた。中産階層の登場の第1期は、東インド会社が事業を開始した直後に始まった。東インド会社の事業はいくつかの都市に拠点が置かれ、その中でもカルカッタは最も重要な位置を占めていた。外国の地で事業が円滑に運営されるために、イギリスの商人は仲介者（middlemen）

を任命した。これら仲介者は、請負人、代理人、両替屋、助手、そして召使という立場で従事し、初期の段階で中産階層の核を形成していた。東インド会社が政治的支配権を獲得する以前においてさえ、インド人の仲介者たちはかなり多くの仕事を引き受け、豊かな富を蓄積していった[12]。この新しい階層には他に、技術者、通訳、ブローカー、地代徴収人、そして東インド会社の現地人代表者が含まれていた。パーシヴァル・スペアー（Percival Spear）は中産階層の特質について、次のように記している。「これは、ベンガルにおいてイギリス人とインドの人々の仲介人（go-betweens）の集団であった。彼らは商売人であったが、彼らの多くは由緒ある家系の出自であり、文化的に洗練されていた。」[13] この新たな階層に属する人々は、ヨーロッパ人のライフスタイルに大いに影響を受けていた。彼らはイギリス人と親密に関わり、ヨーロッパ調の屋敷やガーデンハウスで生活した。彼らは富を誇示し、短期間でたやすくお金を稼いだのであった。

　中産階層の登場の第2期は、プラッシーの戦いの後に始まった。このプラッシーの戦いの勝利によって、イギリス人植民者たちは、ムガール帝国の支配者や貴族階級からすべての権力の中核を奪い取ったのであった。この動きによって、上流階級の人々は力を失い、代わって、新興の商業に従事する階層が社会の核を形成した。少数派ではあったが、彼らの影響力は非常に大きかった。植民者から重宝がられ、中産階層は利益を享受したが、植民者の搾取的な経済政策によって全体として民衆の経済状態は悪化した。

　インドの政治的支配権を確保した後、植民者たちは急激に農業生産形態を一変させた。すなわち、植民地化以前の農業を資本主義的農業に変えることを目論んで、植民者たちは半封建的構造をもつ農業形態を確立したのだ。ビパン・チャンドラ（Bipan Chandra）が明らかにしたように、その結果として、植民地体制、世界的資本主義市場、地主、商人、そして金貸しに支配される半封建的、半植民地的農業となったのである[14]。

　植民者たちは、土地保有権と土地収益を管理する新しいシステムを導入

し、その結果として、土地を所有する中産階層が勃興した。支配者であるイギリス人は、耕作用地を一般競売で売り始めたのだ。貴族階級であるゼミンダール（zemindars）と呼ばれる旧地主たちは、付け値で土地を確保することが出来なかったのに対して、徴税を行う部署の書記や会計士のような新興の富裕層が旧地主の地所を購入した。東インド会社の要求を満たした上で、最大限に利益を得ようと、これら新興地主は農民たちを搾取し始めた。1772年に、インドの最初の総督であるウォーレン・ヘイスティングズ卿が5年間の借地制度を導入すると、カルカッタの都市富裕層が借地人として名乗りを上げた。さらに、1793年にコーンウォリス（Charles Cornwallis）が土地からあがる収入額を固定して税金を定めるパーマネント・セツルメントを採用した際、彼らはこの機会を逃さず土地を購入した。外国による支配の搾取的性格により、伝統的な国内産業は衰退し、大規模な事業は外国人の手に移った。これはしばしば産業空洞化のプロセスと呼ばれるものだ。東インド会社の従業員は、国内の商売をも独占したが、植民者たちは商売や事業を行う際には地元の人間に依存した。

　このようにインドで中産階層が台頭してくる歴史において、1757年から1785年の時期は、成長と衰退が同時進行で起こった事例の一つとして挙げられる。旧グループの一部は世襲的に占有していたものを失い、経済的規模において下降線を辿り、旧グループのそれ以外の者がチャンスをつかみ、社会的・経済的階梯をかけ上がっていったのだ。このようにして、多くの中産階層の人々が生まれ、時の経過とともに彼らは富裕層になり、そして影響力を持つにいたった。1813年までに、インドでは、一方でイギリス人、他方ではインドの民衆が生活し、これら二つの階層の間には、新たに登場した中産階層の人々が登場したのである。

　新興中産階層に属する多くの人々は都市部に集まり、彼らのイギリス人雇用主のそばで生活をした。このようにイギリス人と交流し、西欧の制度・西欧の流儀に触れることによって、彼らの中に新たな精神構造（メンタリティ）が形成された。カルカッタは、西欧の影響がインド中の民衆に広まる発信基地として、最も重要な都市であった。この都市は、植民地経済

の中枢（hub）がある場所——原材料がイギリスに向けて輸出される中心地——であった。カルカッタが17世紀以降事業と商業の重要な拠点として発展したことが、中産階層の台頭にとって好条件であったのだ。

19世紀以前の時期においてインドに大きな変革をもたらさなかったとしても、東インド会社、そして、1857年の反乱以後のイギリス政府の直接統治の両方の下で19世紀に起こったインド社会の著しい変化を生み出す基礎を、19世以前の東インド会社の支配が築いていたのであった。というのも、東インド会社の活動によって、社会階層の組み換えがもたらされ、長い間イギリス帝国主義に忠誠心を持ち続ける階層が生み出された。また、東インド会社の事業に好都合なように鉄道、運河、そして郵便事業を展開していったことで、これらすべてはインド社会の近代化への道を切り開いたのであった。

おそらく東インド会社の支配のあいだに起こった最も重要な出来事は、何を教えるか、そして何語で教えるかについての論争であった。長年にわたって植民地行政官はその論争に巻き込まれ、そしてその論争によってインドにおける教育制度の運命が決せられたのであった。当初、東インド会社はインド文化を擁護し、インドの知識を発展させ、そしてその知識を統治に活用する政策を行ったようだ。その目的に合致するように、1781年にカルカッタにマドラサ・アリヤ（Madrasa Aliya）、1784年にはアジア協会、そして1791年にベナレス・サンスクリット・カレッジが創設された。

2.1.4 被支配者の視点から見た植民地インドの歴史と発展
——19世紀の英領インド

インドにおいて、19世紀は社会の変革と改良の時代であり、インド社会の近代化のプロセスは急ピッチに進行していった。もっとも19世紀初頭は、18世紀末と本質的な違いはなかった。最初の頃、近代化の試みは散発的にしか行われなかったが、本国政府が直接統治をするようになってからは、近代化への歩みは着実に且つ永続的になった。

18世紀末までに、インド在住のイギリス人が、行政の高い地位につい

ていたインド人に取って代わり始めた。植民者たちは、インド行政のために近代的な官僚制度を確立し、そのことによって、1806年以降、イギリス人がインド行政に携わることにおいてインド人に引けをとらなくなったのだ。それに加えて、支配者は、サティー、嬰児殺し、寡婦の再婚のタブー、女性差別、カースト制に依拠する差別等の悪しき習慣を社会から一掃する法律や規制を発令することで、社会組織に変革をもたらそうとしたのだった。

　実際、19世紀において、インド文明とインドの住人に対する植民者の様々な見方によって、植民地インドでの政策や行動が決定された。大半のイギリス人行政官のインド文化に対する見方は、好意的というのでは到底なかった。ベンティンク、チャールズ・メトカフェ卿、そして、マコーリーはベンサム主義者で、彼らはインドを迷信、悪徳、野蛮、無知、専制政治、そして残酷な習慣の国とみなした。マコーリーは、インドの人々を「三千年の専制政治と偽善売教のもとで堕落し、隷属と迷信に沈んだ」民族と考えたのだ。(『インドの解放運動の歴史 巻2』、235)

　リベラル派はインド文化や社会・政治システムを蔑視していたのであろう、西洋式の教育を通して悪しき習慣や迷信からインド社会を解放しようと試みた。チャールズ・トレヴェリアン卿（Sir Charles Trevelyan）の言葉を借りれば、西洋式の教育は、「ヒンドゥー教（Hinduism）とイスラム教（Mohammedanism）を根底から揺さぶって、インドにわれわれの言語と学問、そして終にはわれわれの宗教を堅固に打ち立てる」ことになるのだ。(『インドの解放運動の歴史 巻2』、235) 初代エレンボロー伯爵（1st Earl of Ellenborough）と第10代ダルフージー伯爵（10th Earl of Dalhousie）は、見た目は穏健であったが、インドの人々の感情をほとんど顧慮しなかった。リベラルな哲学者もまたほぼ同じ見解を共有していた。ジェームズ・ミルとジョン・スチュアート・ミル親子は西欧の優位性を信じ、植民地インドの統治システムとして高度な文明を持つ国による帝国主義（enlightened imperialism）を支持した。リベラル派の大半は本国では急進派であり、またインド人やインドの過去には魅せられたのであるが、インドの独裁的支

第2章 「東洋」の知識化の歴史的考察（1）

配を支持した。

　おそらく宣教師がインド人に対して最も好意的ではない見方をしていただろう。たとえば、チャールズ・グラントは実際インド人を憎んでいた。彼の考えでは、インド人は不正直であり不誠実であった。ウィリアム・ウィルバーフォース（William Wilberforce）も同じ見解を共有していた。宣教師はヒンドゥー教、儀式、信仰、そして女性の扱いを非難した。ダフ（Alexander Duff）は、彼の著作『インドとインドのミッション（India and Indian Mission）』において、ヒンドゥー教は堕落した人間の邪な創意によって発明された偽りの宗教であるという考えを述べている。トリプティ・チョードーリー（Tripti Chaudhury）が明らかにしたように、宣教師はイギリス議会での「福音主義者の」ロビー活動の助けを借りてイギリスの世論に影響を与え、インドでの社会改革計画を実施する上で重要な役割を演じた[15]。

　確かに、イギリス人の中にはインドの哲学や文学を称賛した者もいた。イギリスの政治思想家のエドマンド・バークや、チャールズ・ウィルキンズ（Charles Wilkins）やウィリアム・ジョーンズ卿（Sir William Jones）のようなオリエンタリストは特にそうであった。一方、ベンティンクと第10代ダルフージー伯爵は、近代化と社会改良にいたる遠大な政策を実施した。宣教師の中には、ハーバー司教のようにインド社会を非常に好意的に評価する者もいた[16]。

　このような幅広い見方の結果、インドにおける西欧の影響は複雑な様相を呈した。しかしながら、一般的には、インド社会を近代化するためにはイギリス式の教育を授けることが必要だという理解に至る傾向があった。

　植民地化の初期には、植民地政策立案者は、伝統的学問と教育に対してなんら敵意を示さなかった。1813年の憲章では、「文学を復興し奨励すること、及び、インドの学識ある先住民を鼓舞し、英国領の住民のあいだに実証的で体系化された学問（sciences）を振興するために」、総額10万ルピーを下らないお金を毎年割り当てることが規定されていた。しかしながら、ガウリ・ヴィシュワナータン（Gauri Viswanathan）が記しているように、ど

の文学を奨励するかについて上記のくだりには意図的な曖昧さが含まれていた[17]。後にマコーリーは、それがさすものは明らかに西欧文学であると解釈した。

　時が経過するとともに、伝統的なインドの学問の有益性が根本的に疑問視されてきた。教育の内容を決めるために1823年に立ち上げられた公教育（一般）委員会のメンバーにおいて、このことは明らかに見られた。メンバーはそれぞれの意見において二分されたのだが、それはオリエンタリスト―アングリシスト論争として一般に知られている。チャールズ・グラント、トーマス・マコーリー、そして、チャールズ・トレヴェリアン卿は、インドで教育を施すツールとして英語を支持した。グラントは、インドの誤った社会・宗教制度を正すことのできる数多の新しい考えを教えることにとって、英語は重要な鍵であると説いた。インド総督のベンティンクに提出した有名な「覚書」において、マコーリーは西洋式の知識を導入することを支持する強力な論理を提示した。彼は英語の優位性を強く主張した。マコーリーによると、英語は「道徳教育と政治教育」にとって相応しい媒体であり、その言語を習得すれば「膨大な知的財産のすべて」を簡単に利用できるのであった。インドにおける英語の役割は、ルネッサンス期のヨーロッパにおけるギリシャ語の役割に相当すると、彼は示唆した。マコーリーは、現地語には文学と科学の知識の蓄積が欠如していると考えた。また、サンスクリット語とアラビア語についての彼のコメントは、「ヨーロッパの優れた図書館の1つの棚にある本だけで、インドとアラビアのすべての現地人の著作に相当する」というものであった。

　マコーリーのほかにも、東インド会社を運営するイギリス人のなかで、影響力のある多くのメンバーが英語教育を強く支持した。また、英語教育によって友好的な雰囲気が生まれ、インド人から感謝の念を引き出せるのではないかと期待された。エルフィンストーン（Mountstuart Elphinstone）は、理性に基づいた教育を被植民者に施すなら彼らの偏見が取り除かれ、そのようにして、インドでのイギリス人の生活がより安全なものになるであろうと主張した。言い換えれば、英語教育によって、植民者と被植民者の間

の溝を埋めることになるというのだろう。概して、理性的であるということが西欧の優位性を受け入れることであると定義されていた状況において、植民者は、英語教育によって人々がより理性的になるという意見を持っていたのである。

　このように、上記の主張に後押しされ、マコーリーの「覚書」にある主たる提案は、当時のインド総督のウィリアム・ベンティンクによって1835年に承認された。

　インドに英語教育を導入することを支持するためにどのような理由が提唱されたとしても、喫緊の理由は実利であった。すなわち、「行政官の便宜」であり、「東インド会社を運営するための雇用の確保」ということであった（『インドの解放運動の歴史 巻2』、196）。たとえば、インド人を教育することのマコーリーの真の動機は［イギリスに］依存する人々の集団を作り出すのに役立てようとしたということだと、研究者や歴史家によって繰り返し繰り返し指摘されてきた。このような目的はマコーリーの次の言葉から明らかだ。

　　われわれが限られた資力でもってインド人全体を教育しようとするのは不可能なことだ。目下のところ、われわれと、われわれが統治する何百万とのあいだの通訳になる階層を形成するためにわれわれは最善を尽くさなければならない。その階層は、血と肌の色はインド人でありながら、趣味や意見や道徳や知性においてはイギリス人であるだろう。（『ポストコロニアル・スタディーズ・リーダー』、430）

　限られた資力でもって、統治者がすべてのインドの子供に英語教育を施すのは不可能であった。したがって、政府は中等教育と高等教育に格別の注意を払ったのであり、そこでは英語が教育のツールになった。新たな教育は、すべての人々ではなく、中産階層に向けられたものであった。そしてその教育制度は「下方浸透（downward filtration）」（『ポストコロニアル・スタディーズ・リーダー』、29）として知られている。いったん中産階層が教

育されれば、その階層が他の階層を教育するであろうことが期待されたのだ。

統治者によって採られた上記の方策により、英語教育は急速に普及し、教育施設や学生の数が大いに増加した。その後、「インドにおける英語教育のマグナ・カルタ」と記述される[18]、チャールズ・ウッドの1854年の公文書により、ヨーロッパの科学、哲学、そして文学が教科として固定され、3つの大学の創設への足がかりとなった。そのとき以来、英語で教育を受けた人々は「一定の英語力の強みでもって」[19]公務員（高等文官）のポストを得ることが出来たのであった。

19世紀後半、英語教育においてかなりの進展があった。それは主に、英語の知識が公務員（高等文官）にとって不可欠なものになったからである。植民者は、植民地インドでの英語の優位を、政治的にも植民地運営上においても不可避のものとした。教育や文化を完全に制御できなければ植民地に対する支配は失敗するであろうことを植民者は理解していたようだ。エドワード・サイードは、そのような支配を、領土に対するのと同様に、意味を付与することに対する権威の基礎と呼んだ。グラムシなら同意（consent）による支配とそのことを呼んだであろう。アシュクロフト、グリフィス、そして、ティフィンは次のように説明する：

> 同意による支配は、被植民者に教育される教科内容、教育方法、そして教育を終えた臣民を途絶えることなく帝国の装置の一部として据えることを通して達成されるのだ。たとえば、公務員（高等文官）や法律関係に職を得ようとするためには英文学の知識が要求された。教育はこのようにして別の種類の領土の征服となり、植民者の権力の基盤となり、そして、立法や行政の装置によってこの権力を強化するのだ。（『ポストコロニアル・スタディーズ・リーダー』、425）

「同意による支配」の最初の兆しは、インド人自身が積極的に英語教育を広めようとしたときに現れた。実際、1835年よりずっと以前に同意に

第 2 章 「東洋」の知識化の歴史的考察（1）

よる支配は顕在化していたのであった。19 世紀の前半、イギリス人の役人や彼らの施設に個人的に接触を持って英語教育を受けたヒンドゥーやムスリムの学者は多くいた。彼らの多くは、社会改革を強く主張するだけではなく、英語教育と、それからイギリス人による支配までも熱心に唱道したのだ。たとえば、ラム・モハン・ロイ（Ram Mohan Roy）は英語教育を積極的に支持した。同様に、19 世紀前半には、イギリス人の役人と付き合うことで英語とイギリス文化を学んだムスリムの知識人がいくらか存在した。イギリス式実践の多くに魅了された彼らも、英語教育の唱道者になった。これら初期の学者の中には、ミルザ・アブー・タリブ（Mirza Abu Talib）、アブドゥール・ラーヒム（Abdur Rahim）、そして、ルートフラー（Lutfullah）がいた。1813 年の憲章制定法では、現地人の教育施設に財政的支援を行う条項が定められたのだが、そのことで立法と教育課程の設計に統治者が介入する道を開いたという意味で、1835 年以前の時期にインドに英語教育を導入する役割をある程度果たしたのであった。1817 年にヒンドゥー・カレッジが創設され、西欧の学問に関心のある多くのヒンドゥーの学生を引き寄せた。同じく、1825 年のデリー・カレッジの創設によって、多くのムスリムの学生が英語による教育を受け、彼らの多くが社会の内からの変化と改善を訴える影響力のある唱道者になった。このように、1835 年の英語教育法以前においても英語教育への動きは散発的であったが存在し、マコーリーの「覚書」に見られる彼の主張が受け入れられることによって、英語教育は体系的になり、より強力で永続的な影響力を持ったといえるであろう。

　植民者の思惑通り、中産階層は英語教育により大きな恩恵を受けた。この階層に属する人々は、カーストや階層の重みに比較的無頓着であった。常にイギリス人と接触することによって、彼らはまた自身の宗教にもそれほど過敏ではなくなっていた。一方、旧貴族階層は、最初英語を学ぶことに関心を示さなかった──「旧支配層は清貧のうちに隠遁生活を送りながら過去の栄光について思い耽っていて、外国語を学び不名誉な職に就く理由など見出さなかった。」（『オックスフォード近代インドの歴史　第 2 版』、

107

290) 同様に、当初、ムスリムはヒンドゥーよりも英語教育に冷淡であった。イギリスによる支配が始まりムガール宮廷や貴族社会が壊されることによってムスリム社会は直接に影響を受けていたのであった。また当初、彼らは英語教育を導入する植民者の意図に猜疑心を感じていた。というのは、英語教育が彼らの信仰の脅威になると彼らはしばしば考えたからだ。

　しかしながら時の経過とともに、ムスリムの知識人たちは、英語教育を避けることによってコミュニティが社会的地位と影響力の点で打撃を蒙っていることを理解するようになった。同時に、彼らの多くは、偏見や悪習の中には彼らの宗教に根ざしているものがあり、英語教育を受け入れることによってそれらが根絶できると理解できたのだ。この点に関して、19世紀後半のサイード・アーミッド・カーン卿（Sir Sayed Ahmed Khan）の貢献は非常に大きかった。彼は、後に大学となるアリガール・カレッジを創設したのであった。

　中産階層は英語教育の価値を理解し、西欧の知識を人々に教える学校やカレッジの建設に協力した。英語は新中産階層の低所得者層にとって特に魅力的であった。彼らにとって英語は、「富と影響力、物質的利益、したがって、社会的地位と個人の威厳を向上させてくれる、これまでにない展望を開いてくれる護符になりえたのであった」。（『インドの解放運動の歴史 巻2』、180）都市の中産階層は英語を受け入れることに関して同質の見通しを持っていたと、プラディップ・シンハ（Pradip Sinha）は指摘している。シンハは、中産階層が熱心に英語を学んだことを示す記録文書を呈示している。たとえば、ベンガルの大工の中には、息子を教育して大学に入れたり、F.A レベル[20]にして、「社会的にそれなりの」仕事を見つけさせる者たちがいた[21]。しかしながら概して、教育は縮小再生産する傾向がある。「教育は一種の儀式と化し、当初のダイナミックな教育内容は徐々に形骸化していく傾向にあった」[22]。

　西洋の衝撃に関する限り、様々な要因の中で英語教育の導入は最も重要なものであった。それ以後、西欧の思想が新たに教育を受けた人々の間に広まり始めたのだ。さらに、19世紀末までに多くのインド人がイングラ

ンドの教育施設で学び、彼らがインドに戻ってくることによって新しい精神が持ち込まれた。一方、聖職者ではない多くのイギリス人の思想家や合理主義者がインドにやってきて、英語、英文学、そして科学を教え、また、インドの過去について研究を行った。西欧に倣って自分たちの社会を近代化しようとした人々の知的覚醒には、これらすべての要因が寄与していたのだ。このように、英語教育は、19世紀のインド人の性格、精神性、美的感覚、そして文化の嗜好に影響を与えた。そして影響を受けた人々は、今度は、インドを再生させる宗教・社会改革を始めることになった[23]。この影響の最終的な結果は、皮肉なことだが、インドの解放へといたるナショナリズムと愛国主義の高揚であった。

　カルカッタは中産階層の活動の主要な中心地であったので、そこでは西欧の影響がベンガルやインドのどの場所よりも直接に感じ取られた。カルカッタはブラフモ・サマージやネオ・ヒンドゥー運動のような改革運動の中心地であり、キリスト教の宣教活動の主要な拠点であった。しかしながら、新しい思想は徐々に他の大都市や中小都市へと広がっていった。

　英語教育は人々に世俗的で民主的な見方を吹き込み、合理主義の精神と、疑問を持つという精神を生み出すきっかけとなった。この疑問を持つという精神は、これらの人々の宗教、社会、そして政治意識に顕在化した。教育を受けた人々は、英語教育を通して生み出された新たな知的視座から、自分たちの社会の現状の習慣や価値観を評価し始めたのだ。なかには、インド固有の価値観や習慣に矛盾を認識し、女嬰児殺し、幼児のガンジス川への投げ入れ、サティーの習慣、寡婦の再婚の禁止、一夫多妻、児童婚といった社会的悪習を正すことを始めた者もいた。

　しかしながら、新しい教育を受けた人々が社会の変革や近代化に着手をしたのであるが、その結果は、通常考えられているようには、すぐにインド社会が変化したわけではなかった。第一に、総人口のごく僅かしか英語教育を受ける機会が得られなかったし、彼らは通常都市に集中していた。人々の大多数は、英語教育を通して直接に生み出される影響を受けないままであった。したがって、社会には伝統と近代性との間に緊張が生じた。

世代間での対立さえあった——社会改革へのスタンスで、父と息子が対立することがしばしば見られたのだ。さらに、しばしば同じ人間であっても、人生の異なる段階で明らかに対立するスタンスをとることがあった。言い換えれば、その変化は完全な近代化に向かうというよりは、西欧文化との相互作用を通してこれまでにない（発明された）伝統を作り出す方向に向かっていたのだ。理論的には、この側面は、ジュン・ジン（Jun Jing）の「発明されたものは何でも、少なくとも幾分かは文化慣習と現存する社会実践とに一致する」[24]という説明に関係している。インド文化とインド社会がそれ自身に根ざした文化と伝統のゆえに英語教育から 100 パーセントの影響を受けることはなかったことは、この理論からもいうことができる。インドの社会・文化伝統は、植民地文化との交渉過程が進行しているのにもかかわらず、一貫して連続していた。われわれは一連の——リベラルないしは保守、改革派ないしは保守反動家、ナショナリストないしは親英家のような——二項対立で個人、集団、そして運動を分類しがちであるが、そのような絶対的な分類化にはそれ自体に内在する限界があるのだと、スディール・チャンドラ（Sudhir Chandra）は主張している[25]。個人は、その人生の過程で伝統主義者であり且つ改革派であり得る。このことは、ラム・モハン・ロイとラダーカンタ・デブ（Radhakanta Deb）といった、19 世紀の二人の偉大な改革者の経歴にも明らかに見られるのだ。

　さらに、インド文化・文学のイギリスのそれらに対する反応は一方通行の流れではなかった。ハーリシュ・トリヴィディ（Harish Trivedi）は、「単純な能動—受動の関係ではなく」、これら二つの異なった文化間の相互作用を「相互作用的で、対話的で、双方向的なプロセスとして」記述するために「植民者・被植民者間の取引（colonial transactions）」という用語を好んだ。それらの取引は、「複雑な交渉と交換を伴うプロセスであり、ギブ・アンド・テイクを促進するためのある種の『与える』、つまり、調整的柔軟さが両者の側に含まれるプロセス」（『植民者・被植民者間の取引』、15）なのである。たとえば、オリエンタリストの学者の役割は、ベンガルの伝統・遺産、もっと一般的にはインドの伝統・遺産に関する知識をヨーロッパ人に与えると

いう点において非常に重要であった。オリエンタリストの知識は、植民地政策を再構築するために使われたのだ。このような双方向性を理解するとき、インド社会に近代化をもたらした漸進的変化が西洋化と同義語ではないといえるだろう。そのプロセスは、インドに西欧の価値観と文化を大量に輸入したというのではなくて、それらとの統合のプロセスであり、インド社会の基本的で伝統的な構造は維持されたのであった。

　社会改革に対する態度によって中産階層を3つのカテゴリーに分けるのが慣例になっている。すなわち、穏健な改革派、保守主義者、そして急進派である[26]。第1のグループは、古来の伝統との絆を失うことなしにインド社会を矯正しようと努めた。ラム・モハン・ロイは穏健的改革派の代表であった。ラム・モハン・ロイによって1828年に創設されたブラフモ・サマージは、宗教的・社会的な活動の場における新しい精神の具現化であった(『インドの文化史』、367)。サマージ創設の目的は、ヴェーダーンタに基づいて、ヒンドゥー教を元々の一神教の形に戻すことだ。改革という点に関して穏健派であるラム・モハン・ロイは、18世紀西欧思想家の客観的・科学的・合理的思想と、東洋において高級な知識とみなされている直感的・個人的・実体験の真理とを和解させようとしたのだ。(『インドの解放運動の歴史 巻2』、172) 彼は平等と民主的原則の価値を信じ、女性や寡婦に対する酷い扱いを強く非難した。近代的な知識を正しく伝えるものであると考えて、彼は英語教育を支持した。ロイが1823年に当時の東インド会社の総督であったアムハースト卿(Lord Amherst)に宛てた手紙で、サンスクリット語やアラビア語ではなく英語教育を支持し、次のように述べている。

> もしこの国を暗黒の状態に保とうとすることがイギリス議会の政策であったなら、サンスクリット語による教育制度は最善のものであったろう。しかしながら、先住民全体の質の向上が政府の目的であるので、したがって、数学、自然哲学、化学、解剖学、そしてそれ以外の有益な学問を含む、よりリベラルで啓蒙的な教育制度を奨励することになるであろう[27]。

ラム・モハン・ロイは、ヨーロッパの教育制度は「よりリベラルで啓蒙的な教育制度」であると考えた。インドの宗教・社会の概要を変革することへのロイの貢献を際立たせようと、R・C・マジュムダール（R. C. Majumdar）はロイをフランシス・ベーコン（Francis Bacon）とマーチン・ルター（Martin Luther）になぞらえる——ベーコンやルターのように、ロイは近代インドのために中世的ドグマの圧制に反抗したのだ[28]。彼の死後、(アジアで最初のノーベル文学賞受賞者のラビーンドラナートの父親である)デベンドラナート・タゴール（Debendranath Tagore）とケスヴ・チャンドラ・セン（Kesuv Chandra Sen）はブラフモ・サマージを促進しようと働いた。しかしながら、ブラフモ・サマージはその広がりにおいて限定されていた。というのは、新中産階層のごく一部に限られていたからだ。1881年の人口統計によると、1870年代、カルカッタにおいて約100家族がブラフモに所属し、その都市で自分がブラフモを信仰すると宣言した人は1000人に満たなかった[29]。一般に知られた運動ではなかったが、その影響力は遠大であり、ブラフモの追随者はベンガルの指導者になり、社会の中で高い地位を享受した。（『インドの解放運動の歴史 巻2』、261）

　ブラフモ・サマージの姿勢は、ヒンドゥー社会の正統派グループの間に強い反発を呼び起こした。バンキム・チャンドラ・チャタジー（Bankim Chandra Chatterjee）は、この「ネオ・ヒンドゥー教」の最高の代表者であった。彼は、ヒンドゥー教に対して、再検討、再調整、そして再解釈を試みた。ラマクリシュナ・プラマハームサ（Ramakrishna Pramahamsa）、スワミ・ヴィヴェカナンダ（Swami Vivekananda: 1862-1902）、そして神智学協会の会員たちもまた同じ目的に奉じた。ヴィヴェカナンダは、インドの宗教伝統に新しい生命を吹き込み、合理主義的見地から解釈し直すことによってインドが近代化するように尽力した。「ガンディーやネルー以前に、自己満足にひたり、精神の催眠状態にある人々を彼ほどに覚醒させた人物など一人たりともいなかった」と、C・D・ナラシムハイアー（C. D. Narasimhaiah）は書いている[30]。宗教の問題に関しては保守的であっても、ネオ・ヒンドゥー教運動の教養ある指導者の大半は、教育、政治、及び、社会問題に関して

はかなり進歩的であった。たとえば、ラダーカンタ・デブは英語教育と寡婦の再婚を支持した。(『植民地主義についての評論集』、5) ラダーカンタ・デブにとって、ヒンドゥー教をそのままの形で残すこととインド人の福祉を向上させることの二つとも、同様に重要であったのだ。

　しかしながら、急激な変革をもたらして因習的な社会基盤を揺り動かそうとしたのは、中産階層の急進的な人々であった。この急進的なグループのメンバーは、英語教育を受けた第1世代の人々であった。彼らは教育を受けることでヨーロッパの合理的思想を身につけ、ジョン・ロック、ディヴィッド・ヒューム、トマス・リード、トマス・ブラウン、そしてジェレミ・ベンサムのような哲学者や、トマス・ペイン、ヴォルテール、そしてアダム・スミスのような社会思想家、ニュートンのような科学者、ウィリアム・ロバートソンやエドワード・ギボンのようなイギリスの歴史家、及び、イギリスのロマン主義詩人や散文作家を研究したのであった。これら急進的な人々の大半は、ヒンドゥー・カレッジのヘンリー・ルイス・ヴィヴィアン・ディロツィオ（Henry Louis Vivian Derozio）の学生であり、ヤング・ベンガル、あるいは、ニュー・ベンガルとして知られていた。(『インドの文化史』、368) ディロツィオはわずか18歳にしてヒンドゥー・カレッジの英文学の教師になった。彼の知識に対する偏りのない愛着、真理への愛、そして不善を憎むところは、ソクラテスに比肩される。「ソクラテスのように、彼はひたむきな献身で正しいことを追及し、ソクラテスのように、彼は青年に自分自身の真理を追究する情念を吹き込む才能を持っていた。またソクラテスのように、彼は青年を誤った道に引き入れたと糾弾され、ソクラテスのように、迫害を受けた」(『インドの解放運動の歴史 巻2』、245) と、タラ・チャンド（Tara Chand）は書いている。ディロツィオの人をひきつけるパーソナリティと批判的方法論に影響され、若き学徒たちは伝統的な規範や価値観に疑問をぶつけ始め、それらを正そうと試みた。彼らは正統とされているものに対してあらゆる側面から痛烈な攻撃を加えた。このようにして、ヤング・ベンガルたちはインドの政治的・文化的生活において傑出した役割を果たし、次世代の教育を受けた人々に影響を与

えたのであった。

　知性や改革への熱情の広がりは主にベンガルに影響を与えたが、インドの他の地域でもまたそれは支配的な様相になった。パンジャブのヒンドゥー教の指導者、ダヤーナンド・サラスワティ（Dayanand Saraswati）（1824-1883）によって創設されたアーリヤ・サマージや、カシナート・トリンバーク・テラング（Kashinath Trimbak Telang）とマハディヴ・ゴヴィンド・ラナーデ（Mahadev Govind Ranad）に率いられたボンベイのプラーターナ・サマージ（礼拝協会）、そしてマドラスの神智学協会というのは、西洋教育によって鼓舞された新しい精神の現れであった。

　中産階層は英語教育を通して近代的な思考方法に触れる一方、自分たちの考えを他の人々に広める方法をもまた学んだ。西欧との接触によって印刷機がインドにもたらされ、それによって新聞、パンフレット、そして雑誌の出版が促進された。新聞は時代の新しい精神を国中に広げることに役立った。したがって、インドの中産階層の性格を形成しインド文化を再構築する上で、新聞の勃興と成長は重要な要因であった。新聞は国中に改善と社会改革の考えを広めるのに非常に効果的であったのだ。

　当初から新聞の中には改革を主張する記事を載せるものがあり、そのような新聞の姿勢によって刺激され世論が沸き起こることを怖れた政府は、1823年に報道の自由を制限する規制を強化した。この制限法に抗議するため、ラム・モハン・ロイは最高裁判所に、それから、キング・イン・カウンシルに覚書を提出した。ベンガルの新聞のいくつかは世論形成に影響力を持つようになった。発行部数は限られていたが、ベンガル語の新聞は多くの知識人でない読者に読まれた。支配者のイギリス人たちは新聞の影響力の増大に不安と猜疑心を持った。自由報道が盛んになることを阻止するために、一般に「嘔吐法（the Gagging Act'）」[31]として知られる、現地語新聞法が1878年に可決された。この法律によって、現地語新聞の編集者は政府に対する民衆の不満を煽るような記事は一切載せてはいけないことが義務付けられた。しかしながら、インドとイングランドの両方における強い反対のために、後にこの法律は1882年になって撤廃された。

統治や政治や社会のことを人々の意識に上らせた媒体は、新聞だけではなかった。実際、人々の政治意識は多くの組織や運動に表現の場所を見出した。J・T・F・ジョーデンズ（J. T. F. Jordens）は、しばしば世俗的・合理主義的動機と連動したその明快な政治的含意によって、19世紀の改革運動とそれ以前のヒンドゥー改革とを区別する。（『インドの文化史』、365-6）改革への熱意は、政治権力、行政、そして立法に影響を与えたいという欲求と結合するようになった。同様に、この政治運動は全インド的民族運動になっていくのである。

社会の中で新しい意識に目覚めた人々は住民会議を設定したり、新聞に自分たちの意見を投稿したりした。彼らの要求には、高位の行政官にインド人を登用すること、教育の普及、職業訓練、そして農業や代議政治等に関する事柄を含んでいた。これらすべての要求から読み取れることは、19世紀の第2四半世紀には政治的考えの中に進歩的性格がみられるということだ。その時期に多くの政治組織が設立された。1838年7月には、「土地所有者協会」がカルカッタを拠点とする土地所有中産階層によって創設された。その協会は1839年に設立された英領インド協会と手を組んだ。ベンガル英領インド協会は1843年に創設された。これらの協会や他の多くの政治組織は、自分たちの不満を表明するため請願書をたびたびイギリス議会に送ったものであった[32]。

インドの人々の間に政治意識が徐々に着実に強まっていくことで、その結果ナショナリズムが生まれてきた。確かに、英語教育を受けた第1世代は多かれ少なかれ親英的であり、「西欧文化の激しい流入に夢中になった。彼らはとてもイギリス風に影響され、無節操にイギリスのものすべてを好んだ。」（『インドの解放運動の歴史　巻1』、290）第2世代においては、この模倣の傾向は民族主義的感情によって取って代わられた。興味深いことに、インド全体の文脈において、英語はナショナリズムの発達に非常に重要な役割を果たした。彼らの間で、お互い同士思想と理想を共有するのに英語以外の共通の言葉を持たないインドの知識階層にとって、英語はリンガフランカ（共通語）として機能したのだ。加えて、英文学は彼らに人間

115

の自由に関する大いなる思想を提供した。知識階級は、愛国主義という考えや自由への愛を英文学の読書から引き出した。クリシュナ・キリパラーニー（Krishna Kripalani）がこの点に関して次のように書いている。「インドの歴史でそれまでには一度として起こらなかったほど効果的に且つ深く、英語は政治的に民族の一体感の意識を発展させ強化させたのであった。英語はまた、民族の一体感の意識と、民主主義的自由というコンテクストのなかで民族の行く末を自分たちの手で決定したいという熱望とを結びつけたのであった。」[33]

また、インドの植民地化の最初の頃の世代において、将来のインドの解放を夢見た影響力のある知識人たちがいた。ラム・モハン・ロイは、一方でイギリスによる支配が人々に自由を獲得する準備のために必要であると主張していたが、インドの解放を強く信じていたのであった。ブラフモ・サマージによって提唱された個人の自由と社会的公平の理想は、インド人のナショナリズムに対する覚醒にとって重要であった。ディロツィオはフランス革命とイギリス急進主義の熱烈な支持者であったが、英語教育を受けた人々の間に愛国的感情を植えつけるのに大いに影響力があった。この流れの中で、インドの過去の復興は大いに役に立った。ウィリアム・ジョーンズ卿、マックス・ミューラー（Max Muller）、ホーレス・ヘイマン・ウィルソン（Horace Hayman Wilson）等の初期のオリエンタリストの著作よって、教育を受けたインド人の眼前にインドの過去の栄光と偉大さがもたらされた。そのようなオリエンタリストによって再構築されたインドの過去が、インド人の心に民族主義的意識を搔き立てる一つのきっかけとなった。パルタ・チャタジー（Partha Chatterjee）によると、民族主義的意識の初期の顕れは、「支配者によって書かれた歴史には自らの声を発見することは出来ず、自らの過去を自らの手で記述し始める」[34]ということなのだ。ここに、「われわれには歴史がない。われわれは歴史を持たなければいけないのだ！」というバンキム・チャンドラ・チャタジーの発言の意味がある。バンキムの発言の意図は、ベンガルの歴史に関する書物は数多くあるが、それらには真実のベンガルの歴史が描かれていないということだ。真実の

第 2 章 「東洋」の知識化の歴史的考察（1）

歴史というのは、バンキムにとって、「祖先の栄光ある功業の記憶」（『サバルタン・スタディーズ VIII』、3）を意味するのだ。ヨーロッパの歴史原理を身につけ、オリエンタリストの影響を受けたインド人の知識人は、自らの歴史に興味を持つようになり、1870 年代までには、歴史の主要な構成要素はすでに民族主義者によるインド史の著作に適切にはめ込まれていた。歴史を書く作業において、インドの人々は植民者によって押し付けられた西欧の視点を捨て去ったのだ。彼らは、いかに帝国主義者がインドの過去を「歪め、醜くし、そして破壊する」[35]かを理解するようになり、インドの真実の歴史を再構築し取り戻すことを始めたのだ。パルタ・チャタジーは次のように記している。

> 実際、英語教育を受けたベンガル人が王国の興亡を評価するのに、神の介在の基準、宗教的価値観、そして正当な行為であるかを判断する規範を捨て去ったのは、まさに、インドにおけるイギリスの支配の歴史を書く過程であった。［英語教育を受けたベンガル人の理解において］最近のベンガルの歴史では、王国は奪われるものであり、さらに、この上なく道徳的に卑劣な方法を使って維持されるものであり得るのだということを示した。（『サバルタン・スタディーズ VIII、90）

教育を受けたインド人たちは、普遍性が西欧の独占物であるという考えに対して、重要な文化的挑戦を提起した。この挑戦（もしくは反抗）は、西欧文化が想定する基本的な事柄に疑問を呈したのではなかった。むしろその挑戦において、西欧が文化的優越性に関して独占権を有さず、インドが西欧よりもずっと以前から近代文明の基本的な特徴を有していたことを、西欧の語彙を使用して主張したのである。（『抑圧された現在』、10）ついには、同時代のヨーロッパの民族主義的な感情の強い潮流によってナショナリズムへと駆り立てられた。特に、ギリシャとイタリアの解放と、アイルランドの自由のための闘争によって、彼らの感情は心の底から奮い立ち、ナショナリズムの感情が湧き上がってきたのであった。（『インドの

解放運動の歴史　巻1』、292）

　19世紀のインド社会に対する西欧の影響を辿っていくと、適切なトピックとしてインド文化と文学における英文学の重要性が浮上してくる。英文学を通して西欧思想が流入しだすと、ベンガルにおいて文芸復興が始まった。植民地化による影響のゆえに、インドの人々の考え方・感じ方に変化が起こり始め、物の見方の変容のあり様が同時代の文学に記録された。「イギリス領インド帝国（the British Raj）の最も根深い刻印、帝国の歴史と成り行きの最も永続的で信頼できる記録は、鉄道、運河、郵便制度、クリケット、あるいはキリスト教ではなく、むしろ英文学・インド文学の中に見出されるだろう」（『植民者・被植民者間の取引』15）と、トリヴィディは主張する。

　主に英文学の影響は、国によって運営され、教育のツールとして英語が用いられる教育制度を通して及ぼされた。学校において、英語は、シェークスピア、エドマンド・スペンサー、そしてロマン派詩人を含む大作家によって書かれたテキストの助けを借り、文法訳読教授法で教えられた。シェークスピアの優越性はことさら感じ取られた。シェークスピア、および、英文学は、1860年代に正課としてインドの大学、学校、カレッジで教えられるようになっていった。マコーリーの「覚書」が植民地に英語と英文学を導入することに非常に重要な役割を果たしたことはすでに述べたが、マコーリー自身シェークスピアの熱烈な信奉者であった。（『植民者・被植民者間の取引』、25）多くのイギリス人はシェークスピア劇の道徳的教訓が現地人の倫理観を向上させるだろうと信じていた。

　その後年月を経るごとに英語教育が普及し、ほとんど教育を受けたことのないインドの人々にすらシェークスピアの名は知られるようになった。マイケル・モドゥースーダン・ダッタ（Michael Madhusudan Datta）、ディナバンドゥー・ミートラ（Dinabandhu Mitra）、ギリシュ・チャンドラ・ゴーシュ（Girish Chandra Ghosh）、ディゼンドラ・ラル・ロイ（Dizendra Lal Roy）、そして、ラビーンドラナート・タゴールのような著名なベンガル語の劇作家のほとんどがシェークスピア劇によって影響を受けた。シェークスピア劇

の多くの登場人物は、ベンガル語の作劇における人物造形に大いに影響を与えてきた。

英文学がインドに広められた結果、どのような種類の思想も伝える媒体としての散文が勃興した。この点に関して、ウィリアム・ケアリー（William Carey）が長を務めるフォート・ウィリアム・カレッジのベンガル語部門は特筆に値する役割を果たした。この部門のスタッフは、西ベンガルのセランプールにあるバプティスト派ミッション新聞から助力を受けた。ベンガル語部門のスタッフの最初の関心は、「キリスト教の神の言葉と教義を広める」[36]ことであったが、ベンガル語の形態と語彙を定め、文法と辞書を編纂した。その種のものとしては最初となる文法書を著すことで、ケアリーは近代ベンガル語散文の礎を築いたのである。スクマール・セン（Sukumar Sen）は、宣教師たちの散文を書く能力の卓越さを論評して、次のように述べている。

> カルカッタやセランプールのイギリス人宣教師や教師の中には、実に優れたベンガル語の書き手がいた。その中で最も特筆すべきは、ウィリアム・イエーツ（William Yates）、ジョン・ロング（John Long）、そして、ジョン・ロビンソン（John Robinson）であった。イエーツは、彼の『新約聖書』訳（ローマ字表記により、1839にロンドンで出版）が示すように、当時の評判の高い多くの作家よりも上手にベンガル語を操った[37]。

このような宣教師たちがきっかけとなり、いずれもが社会改革者であり教育者であったラム・モハン・ロイ（1772-1830）、ヴィディアサガール（Vidyasagar）（1820-91）、そしてアクシャイクマール・ダッタ（Akshaykumar Datta）（1820-86）は、効果的な散文スタイルを創り出した。

新しく創り出された散文スタイルは、長編小説や短編小説を創作するための媒体として使われた。バンキムは英文学の様式を取り入れて近代ベンガル語小説の父となった。インド文学における小説の始まりは、英文学のインド文学に与えた影響の目に見える実例であった。（『植民者・被植民

者間の取引』、209）長編小説や短編小説だけではなく、他の英文学の様式もベンガル語文学に取り入れられた。近代インド詩や劇もその起源を西欧のモデルに負っている。マイケル・モドゥースーダン・ダッタは、ベンガルにおける新しい西欧化された詩と劇のパイオニアである。彼は、叙事的、抒情的、劇的、バラッド、そしてソネットのような新しい形式の詩を試みることで、ベンガル語文学の方向性を全く変えるとともに、これまでにない特質を付け加えた。ダッタはまた、近代ベンガル語の喜劇、悲劇、そして抒情詩を最初に創作したのであった。さらに、無韻詩を導入したのは、彼の韻文劇『パドマバーティ（*Padmabhati*）』が最初であった。

　英文学のインドへのいまひとつの影響は、ロマン主義運動によるものであり、あらゆる文学のジャンルに変化をもたらした。その影響により、愛国主義、創造性、個性、自発性、そして主観性が喚起された。ロマン主義文学の民主的原理に触発されて、ベンガル語文学は民主主義的色彩を帯びるようになった。どのようなカーストやコミュニティに属しているかに関係なく、世俗的な職業に就いている教育を受けた中産階層の人々の中で、ベンガル語文学の近代化のプロセスが進行していった。それまでベンガル語文学は、型にはまった様式でありきたりのテーマを扱っていた。ベンガル語文学の主題は通常恋愛にまつわるものであり、登場人物はパターン化されており、そもそもリアリズムは存在していなかった。しかしながら英文学に接した衝撃により、伝統的傾向は根本的に変化した。それまでの陳腐なテーマを扱う代わりに、ベンガル語文学は中産階層社会の近代化の過程を反映させていったのだ。

　英文学の衝撃がインド文学の伝統的傾向を急激に変化させたといっても、伝統的な形態、構造、そして、題材が、跡形もなく消え去ったということではない。たとえば、ベンガル語劇においては、むしろ西欧伝統とその土地の伝統との統合が起こったのだ。その時代に書かれたベンガル語劇のほとんどは、劇作法、衣装、照明効果、そして、場面・幕割りにおいてヨーロッパ演劇の伝統に従ってはいるものの、主題は現地の題材を使っている[38]。

英文学が普遍的な文学ではないことはひとつの事実であった。植民者は彼らの文化設計に合わせて英文学を「普遍的」と呼んだだけである。模範としてのシェークスピア劇は、ベンガル語劇を評価する基準と考えられた。同様に、イギリス小説はベンガル語小説のためのモデルを提供した。しかしながら、ベンガル語小説が西欧モデルの影響の下で誕生したといっても、それらが全く同じものであるということでは全くない。(『植民者・被植民者間の取引』、209）言い換えれば、文学テクストと理論に関して、インド人作家がヨーロッパの文学カテゴリーを取り入れたとしても、自分たちの文学にとって強力な刺激になると考えたからであって、自分たち自身の文化や文学伝統を忘れてしまったのではなかった。インドの文脈においてみるとき、「ある文学様式の誕生に貢献する」こともあり、「また、その発展を遅らせる」こともある、「文学外的要素」[39]が存在したということなのだ。

2.2　19世紀のインド表象と「近代化」言説形成＝編成

　第2章1.1節と1.2節では、イギリスにおいて始まった近代化言説形成＝編成が、インドを飲み込み、その言説編成の一部として、インドで進行して行ったことを述べた。また第2章1.3節と1.4節では、ラハマンが「インド人の視点」から、近代化言説形成＝編成のインドにおける影響と、その影響下でインドに新たな言説形成＝編成──つまり新中産階層を中心とした新しい動き──が芽生えていったことを指摘した。

　このように、植民地支配という直接の影響下で非西欧圏に近代化が持ち込まれたが、しかしながら、実際の歴史においてはそれだけにとどまらず、西欧帝国主義の勢いが世界に拡張するとともに、近代化言説形成＝編成が世界を覆っていき、「近代化」と「非近代化」の二項対立的選別が「西」と「東」の意識を生みだしていったのだ。そしてそれらを基軸として、「西洋」と「東洋」の表象（イメージ）が量産され、世界的に流通していった。第2章2節では、「西」と「東」の表象の形成過程を、イギリス、インド、日本に関する資料から再現する。

2.2.1 キリスト教と近代科学の勢力争い

　近代化言説形成＝編成において生み出されていく「西」と「東」の表象を考察するにあたって、第1章6節で説明したが、「文化」概念について再度おさらいをしておく必要があるだろう。というのは、今日なお、歴史とは「文化」が一つのものに収束していく過程であるという見方と、「文化」は複数であり、しかもそれぞれの「文化」は本質的に決定されており固有のものであるという見方が併存し、決して決着がついていないと考えられるからである。筆者自身は、後者の「文化」は複数であるという見方に一部同意するのであるが、しかしながら「文化」は本質的に決定された固有のものではなく、それぞれの文化は内的・外的な歴史的偶然の要因でその形態が形作られるのだと考えている。ただし主体的要因を無視するのではなく、「文化」というのは内的・外的要因によって形成されるものであるが、その過程でそれらの要因を選別する「文化主体者」の存在を想定している。もっとも「文化主体者」は万能ではなく、常に制限を受けた中で取捨選択するのである。とはいえ、主体者か非主体者かの差は極めて大きいといえる。近代化以降を考えると、イギリスは常に主体者であり、インドはイギリスの植民地政策の下で「主体性」を奪われてしまった。日本に関しては、植民地支配からは逃れたものの、西欧近代化言説形成＝編成の渦に飲み込まれ、極めて制限された形での「文化主体者」に甘んじなければならなかった。

　もっとも、本節で問題にしたいのは、「文化」に対する見方そのものではない。そのような複数存在する「文化」に対する見方が、文化間・地域間・国家間の関係性をそれぞれの見方に対応する形で規定しようと働く政治力学を問題にしたいのである。それはとりもなおさず、政治・軍事・外交における政策に反映されるからである。たとえば、地球上に存在する様々な文化は最終的に一つの「理想的な文化」に収束されるものであると考えるとき、その収束の期間を速めたいと思うのなら、平和的な方法だけではなく、征服や革命という軍事的手段がとられる可能性がある。また、それぞれの文化は本質的に固有であるという見方をすれば、外からの文化影響

に対してテロという手段をとって防禦しようとする可能性があるだろう。このように「文化」概念は決して軍事と無関係ではなく、侵略戦争・暴力革命・テロと大いに関係しているといえる。このような観点から、「文化」についての考察を進めてみよう。

今日、「単数の文化（Culture）」観に比して、「複数の文化（cultures）」観の方が優勢であると思われる。しかしながら、これまで（そしてこれからも）、「複数の文化」という考え方を人は無条件で受け入れてきたわけではない。それどころか、文化がこの地球上に多数存在し、それぞれが独自の体系を持った小宇宙を形成していると信じることに多くの人は大なり小なり抵抗感を覚えるのである。なぜなら、「文化」とは、その文化のなかで生きる人の世界観や価値観と密接に関係しているからである。われわれは、日々それぞれの文化空間のなかで生きているが、その文化が単なる風土的・歴史的偶然の生成の産物であるという意識でもって文化を認識してはいない。身近な例をあげれば、人に会った際、日本人は通常まずお辞儀をするが、これが日本という国で恣意的に決められた挨拶の行動パターンであると意識しながら行っているのではなく、自明なこととして行っている。もし相手がこのお辞儀に応じなければ、礼儀をわきまえない人間であるとか、自分を軽視しているという判断をするわけである。このようにわれわれの行動や判断をコントロールする文化が、「普遍的真理」の基礎に構築された堅固なる思想や行動規範の体系であると考えられなければ、突然足元の床が抜けたような、言い知れない不安と恐怖を覚えるのである。

このように人間は、自分たちの文化こそ「普遍的真理の体系」であるという信念を持って生きている。あるいは、「持っていた」というべきであろうか。そして、自分たちの文化こそ、あるべき唯一のものであり、それを子孫に伝えるべく教育を施し、また、それとはちがった文化を持つ「無知蒙昧な野蛮人」に対しては、彼らを啓蒙する使命を感じる（感じてきた）のである。この使命感＝欲望が、国の内外で政治や軍事や経済を動かす大きな動力であったことは、ポストコロニアル研究やカルチュラル・スタディーズ等を通して、浮き彫りにされてきた。

このような単数（単一）の文化観は、必然的に他の文化への不寛容につながり、自らの文化と周辺の文化に対して、「文明」と「未開」、「中心」と「周辺」と位置づけ、また、同じ社会においても、上流階級の文化と庶民の文化を、高級な文化と低級な文化として選別し、支配的な文化（文明）以外を無化しようとしてきたのである。ただ、すでに述べたように、その欲望そのものは決して特殊なものではなく、むしろわれわれの存在論的基盤に根ざすものではある。だから、極めて厄介であり、現在に至ってもその欲望を抑制することができていない。実際、冷戦終結後のアメリカにおいて、アメリカのネオコンのように「歴史の終わり」[40]、つまりアメリカ的民主主義の永遠の勝利を標榜し、世界中にそれを押し広げようとする人々が現存するばかりか、途方もない軍事力と経済力に裏打ちされた外交的影響力を保持し、はむかう者には牙をむいて威嚇するのである。

　「文化」概念を議論するとき、第1章6節で言及した、カルチュラル・スタデイーズの創始者の一人として考えられているレイモンド・ウィリアムズの文化に関する考察を無視するわけにはいかないであろう。彼の『キーワード辞典』によると、"culture（文化）"という言葉は、英単語のなかでも複雑な歴史的変遷を経た多義的な意味を持つ言葉の最たるものの1つであるという。（『キーワード辞典』、87-93）

　"culture"は、もともと栽培や飼育の意味から出発し、やがて類推的に人間や社会全体についても、教養といった意味や"civilization（文明）"の類語として使われるようになったということである。また、明確にその始まりを辿ることはできないとしながらも、さらに教養や洗練という意味から敷衍して、芸術をさし示すようにもなったという。そのことから、マシュー・アーノルド（Matthew Arnold）の『教養と無秩序（*Culture and Anarchy*）』にみられるようなハイカルチャーとポピュラーカルチャーの区別が生まれてくる。

　一方、「ヨーロッパ文化はすべてに優っているという考えこそは、自然の荘厳さに対する厚顔な侮辱である」という、ヨハン・ゴットフリート・ヘルダーの『人間史論』からの言葉を引用し、ヘルダーが斬新にも「複数

の文化」について語る必要性があると主張したことを述べている。この意味での使用は、エドワード・タイラー（Edward Burnett Tylor）によって英語に持ち込まれたということである。

整理すると、独立した抽象名詞としての"culture"には、もともとの意味に近い栽培や培養という意味のほかに、(1) 知的、精神的、美的発展の全般的な過程、(2) ある民族、ある時代、ある集団、または人類全体にみられる生活様式（a particular way of life）、(3) 知的、特に芸術活動の実践と作品、というように、3つのカテゴリーに分けることができるが、ただし、それらには明確な境界があるわけではないようである。

ウィリアムズの特筆すべき点は、「文化」概念を歴史のなかで綿密にその変遷を辿っている点にあるのだが、サイードが指摘するように、ウィリアムズの文化論においては、西欧という枠組み、そのなかでもイングランドという社会における文化の歴史的変遷が繊密に分析されているのに対して、西欧とそれ以外の地域の文化間の関係についてはほとんど触れられていない。それに対して、サイードは、ミシェル・フーコーの理論を援用しながら、ヨーロッパの作り出した「西洋と東洋」の二項対立的関係性において世界史の流れを分析しようとした。しかしながら、すでに指摘したが、その手法において西洋と東洋との関係を固定的に捉えすぎるということと、他方、非西欧地域で勢力を保持する民族主義者や原理主義者をあっさり切り捨ててしまっているが、文化現象とはそのような静的な二項対立では説明しつくせるものではなく、はるかにダイナミックな運動であるとともに、あらゆる文化をそれぞれの歴史的必然性を前提として形成されてきたものとして、帝国主義や軍国主義や原理主義をも含めたすべての文化やイデオロギーを純然たる文化現象として研究の対象にすべきである。次に、このような視点から、「文化」を再考してみよう。

ラドヤード・キプリングの短編小説「法を越えて（"Beyond the Pale"）」[41]の冒頭には、以下のような教訓が掲げられている。

　　人は、何が起ころうとも、自分自身の階級、民族、人種から離れるべ

きではない。白人は白人の許へ、黒人は黒人の許へ行かせよ。そうすれば、どのような禍が降りかかっても、通常の出来事の範囲においてであり、突然に、これまで聞いたこともなく、予期もしなかったことなど起こらないのである。

　このような文章が、キプリングに「人種主義者」や「帝国主義の吟遊詩人」というレッテルをはらせる要因の一つであろうが、しかしながら、われわれが異文化に越境したときにこのような思いが頭をよぎらないとはいえないであろう。
　世界は多くの文化空間の集合体であるが（もちろん複数の文化を前提にしてのことである）、そのすべての文化に精通することは常人にはできない。したがってわれわれが言語・習慣に不慣れな社会に放り込まれたとき、短期的には刺激に満ちた環境に好奇心を感じるかもしれないが、それが長期に及ぶと、孤独や不安を感じるであろう。そしてまた、実際に様々な不利益を被ることもあり、次第に周りの人々が悪意を持つ人間にみえてくるのである[42]。
　このように、自らが慣れ親しんだ文化とは違う文化社会の下で生活することで、孤独や不安を感じるだけではなく、実際上の不利益を受けるとき、誰しも、自らの文化空間が周辺地域に拡張されることを望まない理由はない。より多くの地域が同じ価値観・言語・習慣を共有することになれば、気楽に行動できる範囲はそれだけ拡大するのである。ただ、それだけの理由であれば、文化を拡張する最も効果的な方法である周辺地域の侵略や植民地化政策に着手することをためらわせるであろう。しかしながら、この文化空間の拡張の欲望の発生源は、すでに述べたようにもっと深いところにあるのである。文化は単に日常的なレベルでの行動規範を提供するだけではなく、われわれの存在理由や真・善・美の規範を「創作」する作業場でもあるのだ。
　このようにみてきたときに、慣れ親しんだ文化空間の喪失が人をして、孤独や不安を感じさせるものであるなら、その裏返しとして、文化空間の

拡張、つまり、その文化の基盤となる「普遍的真理」を周辺地域に広めることを欲望させるだけではなく、それぞれの文化社会に生きる人々に「使命」として意識させるという仮説も、必ずしも突飛な考えとして一笑に付すわけにはいかない。あるいは、そのような「総意」を形成するシステムとして文化が形成されていると考えられるであろう。このことを、すでに触れたアントニオ・グラムシのいう「文化的ヘゲモニー」論で考えると、人は学校や宗教施設で刷り込まれた「普遍の真理」とは違う——時には真っ向から対立する——「真理」がこの地球上に存在することを発見すると言い知れない苛立ちを感じるように仕向けられており、その苛立ちが、しばしば、軍事力の行使を容認するという形で現れると思われる。もっとも、しばしばそのような衝動や行動に対して、経済的側面から説明がなされるが、それだけではこれまで歴史上に起こったこのような行動を説明しつくせるものではない。通常、帝国主義というときもっぱら経済的・軍事的側面に焦点を当て、そして「文化帝国主義」は強大な軍事力や経済力を背景に文化を強要することを意味するのであるが、ここでは、帝国主義と文化を別のものとは考えないで、むしろ、文化＝帝国主義であると考えたい。あるいは、文化のなかに帝国主義を誘引するファクターが内在している、つまり文化の特性であると考えられるのである。したがって、本書においては、ウィリアムズの「文化」概念の3つの定義に加えて、4番目として、文化のアメーバ一的増殖性を付け加えたい。文化は異文化を侵食し、変質させながら拡張する性質を持っていると考える。もしこのように想定するとき、ややもすると楽観的に考えられている「多文化主義」や「グローバリゼーション」という概念は、そのことによってかなり違った色合いを帯びてくると思われる。

　さらに、この文化の持つ特性、いわば「権力への意志」は、単に文化間にのみ発現するのではなく、1つの文化内においても、それを構成する下位の文化間、たとえばハイカルチャーとポピュラーカルチャー、支配的文化とサブカルチャー、ジェンダーの間にも起こっている。いかなる文化社会といえども、その構成員がまったく同質の文化を共有しているわけでは

なく、そのなかで様々な価値観・世界観を持ったグループに分かれているのである。これらの下位の価値観・世界観が、大枠の価値観・世界観から支持される、あるいは支持されないまでも、干渉や迫害されない限り問題は生じないのであるが、そうでない場合、つまり、干渉されたり差別されたり迫害される場合は、全体の文化の枠組み（言説形成＝編成）を変えようと働きかけるのである。たとえば、性愛に関して、多くの社会においては歴史的に異性間の性愛を支持し、同性間のそれを忌避し、そのタブーを犯すものは、差別され迫害されてきた。そのため、同性愛者は、長らく自らの欲望を抑制するか、隠すかしてきたのであるが、今日、多くの社会で彼らの努力が文化全体に影響し始めて、異性愛者と同等の権利までは与えられないとしても、容認する社会は増えている。

　次に、文化の特性としての権力志向性を顕著に示す事例を、いくつか述べていきたい。

　エドワード・サイードは、『オリエンタリズム』で、西欧社会のすべての文化的要因が共謀して、帝国主義という原動力の下、世界のほとんどの国を植民地化し、増殖する言説のなかに、欧米以外のすべての地域を「西洋の他者」として組み入れていったのだと主張する。確かにそのような歴史的プロセスの存在は否定できないものの、西欧諸国、特にイギリス、フランス、そしてアメリカの文化のどこを切っても、金太郎飴のように単純な植民地主義（オリエンタリズム）のイデオロギーが現れているわけではないし、また、単純なイデオロギーの層を形成しているわけではないことは、アングリシストとオリエンタリストの対立が証明しているであろう。そもそも、そのような単純な構造を持つ組織が、他の先進文明地域を押さえ、非西欧地域のほとんどを植民地化し、またその文化の影響下に置くほどの強大な力を持ったということは考えられないのである。17世紀までの中国やインドは、ヨーロッパ諸国をはるかに凌ぐ経済・文化大国であったのだ。しかし世界史において、西欧諸国、とりわけイギリスとフランスは、逸早く近代国家へと変貌し、世界を二分するほどの力を充満させていった。それは、それらの西欧の国々が選ばれた、優れた人民からなる国

であったからだろうか。おそらく、そのような宿命論的な原因ではないであろう。もしそうであるのなら、西欧以外の地域は、永遠に西欧に追いつくことはできないであろう。そうではなく、ある種の歴史的環境が作用して、西欧諸国を近代国家へと逸早く醸成していったと考えるほうが自然である。すなわち、西欧諸国は、国の内外に対立し、競争へとかき立てる要因を抱えていたからこそ、それらが勢力争いをし、陣地取りを行い、切磋琢磨するがゆえに、その社会のエントロピーが増大し、近代化の速度を飛躍的に速め、その過程を通して国のありようが変容し、さらにその勢いが外へと向かって膨張していったのである。それに対して、鎖国政策を取った日本は近代化が遅れたのであるが、いったん、西欧の「脅威」に晒されると、欧米以上に急激で無理な近代化が始まったのであった。

　このようなヨーロッパの内部における勢力争いは、近代国家へと成長していくフランスやイギリスの熾烈な植民地争奪合戦といった、軍事・産業・外交のレベルでもみられ、また実際、多くの研究では、その点にのみ焦点が当てられ、研究がされてきたが、しかしそれに先立って、認識論のレベルにおいて、キリスト教の世界観と近代科学の提示する世界観の勢力争いが起こったことがややもすると見過ごされがちであるが、この覇権争いは西欧の近代化にとって極めて重要な意味をもつと思われる。

　近代化した西欧とは、決して単純な意味で、科学技術で武装したキリスト教国の連合体ではない。科学的認識方法は、一切のものをその粒子にまで分解する衝動──その点で、『聖書』に関する解釈学の、言葉を無限に増殖させる衝動とは根本的に違っていた──でもって、「世界」というテクストを読み直していったのである。キリスト教の提示した空間、時間、生命に対する認識に対して、科学はことごとく挑戦し、ある場合には完全に書き換え、そこまでいかないまでも修正を迫った。

　一方、このような近代化の攻勢に対して、もちろん、キリスト教や、その権威の下に築かれた教会組織を中心とする旧体制が手を拱いていたわけではなく、様々な統制や弾圧を加えて新興勢力の「近代科学」を押さえ込もうとしたことは周知の事実である。しかしながら、結局のところ科学の

勢いをとめることができず、旧来の権威は弱体化し、革命や社会変革の名の下に「権力者」の交代が起こり、人々の生活様式は劇的な変化を経験した。

そのような書き換えの代表的・象徴的な例は、コペルニクス（Nicolaus Copernicus）の地動説であり、それは「天国」を物理的空間から放逐してしまった。さらに、ダーウィン（Charles Darwin）の進化論もまた、生命の起源に関する『聖書』の「普遍的真理」を覆してしまったのである。しかもこの2例にとどまらず、他の近代化言説形成＝編成で生まれた認識や思想、イデオロギーは、『聖書』が提供していた「普遍的真理」を覆すか、動揺を与え、さらに、西欧の枠を超え、世界的に影響を与えたのだ。その例をいくつか取り上げてみよう。

近代化以前の世界では、「神」という超越的で全能な存在から統治権を与えられていると称する権力者が社会に存在するのが普通であった。あるいは、「神」の代理人――カソリック教国のローマ法王や日本の天皇――から承認を受けて統治する場合もある。実際には武力でもって権力を掌握したとしても、その権力を子孫の代になっても維持するための装置として、何らかの「神」を措定して別の勢力に権力を武力で奪取させないようにするのは自然なことである。しかしながら、西欧の近代化とともに、このような社会の権力保持装置に対して反旗を翻す様々な「反抗者」が登場してくる。その中の一人で、個人の自由の権利が権力によって侵害されるべきでないことを唱導したのが、スチュアート・ミルであった[43]。彼は、社会に対して危険をおよぼさなく、また他人の危険を傍観しないという条件のもと、個人の自由は、最も文明の進んだイギリス社会で保証されなければいけない権利であると主張した。その個人の自由が行使される空間は、主に思想と言論での領域である。このミルの自由の権利に対する考えは、今日、近代化した社会であることの重要な指標として定着している。しかしこのことを裏返して考えてみると、ミルも近代化言説形成＝編成の流れに大いに協力していることが分かる。なぜなら、社会の構成員である人間が伝統的な価値観や世界観に縛られていたのでは近代化言説形成＝編成の進行が阻害されるのであり、まさにミルの自由論はその様な前近代の

社会の言説の桎梏から解き放つ作用をもつからである。近代化された社会の、宗教原理主義者の抵抗に対する受け止め方を併せて考えてみれば、そのことは明白であろう。つまり、新たな言説形成＝編成を開始し、新たなイデオロギーを広めるために、それまでの支配的な価値観や世界観に縛られているということが否定的に受け取られるようにするのは、まさに巧妙な戦術なのである[44]。

この世界や人間だけではなく、社会も神の指示によって作られたものであるという考えに対する「反抗者」は、ハーバート・スペンサーである[45]。彼の社会進化論は、生物界の進化論を人間社会にあてはめたものであるが、これは単に『聖書』に代わる説明を提供しただけではなく、歴史が作られる原動力は自然界の法則、ないしはそれに相当するものであるという、これもまた近代化言説形成＝編成に協力する考えをスペンサーが提示したのだといえる。

一方、科学そのものを標榜したのではないが、近代化の流れの中で重要な働きをした人物として、マシュー・アーノルドがいる[46]。彼は、「完璧な人間」を志向し努力するという意味の「文化」を提唱した。この主張の背景として、アーノルドは、労働者階級が政治的に台頭することでイギリス社会が騒然としてきたと考え、貴族階級や中産階級をも含めて、人が「完璧な人間」になる努力をすることがイギリス社会に安定を取り戻させるという信念をもっていたと思われる。この信念と、植民地の現地人を啓蒙するという文明化の大義とが見事に呼応する。つまり、イギリス社会の安定のための労働者階級の「啓蒙（植民地政策）」と、植民地社会の安定のための被抑圧住民の啓蒙とのパラレルな関係性は、前述したように、同じ近代化言説形成＝編成が国の内外で進行していたことの傍証となるだろう。

第2章1.2節で言及した歴史家のJ・R・シーリーに関していえば、彼の『英国膨張史』で17世紀から19世紀までのイギリスの世界的拡張を描いてみせたのだが、彼はその作業において、英語の言説形成＝編成の広がりと「国家」の膨張がほぼ同義であるということを歴史によって実証してみせたのだった。

ここでいわんとすることは、彼らの近代化の思想が植民地主義と積極的に共謀しようとしているということではなく、不可避的に容認しているということである。たとえば、ミルがイギリス社会に対して国家が男性だけではなく女性にも自由の権利を保障することを訴えながら、文明度の劣った社会において専制を容認する——当然、植民地支配も含まれる——ことは、彼の非西欧社会に対する認識からの必然的帰結なのである。
　ここで、前述した「文化」のもつアメーバー的属性についての話題に戻ろう。
　科学的認識——もしくは科学的認識をコアにもつ近代化言説形成＝編成——が社会のあらゆる領域に浸透していって旧体制を変質・動揺させるといっても、文化そのものを破壊したり、他の文化に利するようなことはしない。あるいは、文化の大きな枠組みがそれをさせないといったほうがいいのかもしれない。キリスト教の世界観と近代科学の提示する新たな世界認識は、1つの文化内においては権力争いをするものの、同時に、それぞれの欠点を補完しあう関係でもあるだ。その関係性は、共通の敵（他者）の存在を意識したとき、その傾向は飛躍的に増幅される。権力志向性、つまり帝国主義によって方向付けられることによって、両者は一致協力するのである。したがって、キリスト教と同様に、文化の特質である権力志向性を科学的認識も負荷され、文化空間を拡張するために、強力な軍事力や工業力を提供するだけではなく、白人種を絶対的優位においた人種観や、植民地政策を弁護する社会進化論の考えを生み出していったのである。そして、地球上の様々な地域の動植物から風俗・習慣に至るあらゆるものを西欧の言語で記号化し、西欧の言説に取り込んでいったのだ。まさにサイードがいうように西欧の他者としての「オリエント」を作り上げる一翼を担ったのである。
　そして、先に述べたように、文化空間の拡張へと社会の構成員を動員するための動機付けとして、文化は、その文化の基盤となる「普遍的真理」を周辺地域に広めることを構成員、特にエリートに「使命」として植え付けたのである。すなわち、地球上のすべての人間に、同じ世界観・同じ価

値観を共有させるために、被征服民に自らの言語、文化を刷り込もうとするのだ。もっとも、その行為はあくまでも「正義」、「ヒューマニズム」、「啓蒙主義」、「自由主義」、「民主主義」からの衝動である。これが「文化」のアメーバー的属性なのである。

これまでは支配する文化の側からの考察だったが、次に、異文化を受け入れる側からみてみよう。

複数の文化について論じた際、文化の普遍性については疑義を述べたが、しかし、まったく他から影響を受けずに形成された文化など存在しない以上、当然文化間には共通項が存在する。しかしながら、征服者から強要されない限り、受容された文化はその文化体系に適合するように変質させられる。一方、文化の多くの要素は歴史的・地理的偶然によって形成されてきたものであり、それゆえ、共通項の少ない「独立した文化」が世界には多数存在するといえるのである。そして、文化の習得とは、とりもなおさず「後天的」な営みであり、したがって、人種には関わりなく、ある文化社会で成長すれば、その文化を身につけることになる。そして、もし成人してから他の文化社会に住むようになっても、すでに学習能力が低下しているので、新たな土地の文化を容易には習得することができない。これは、言語習得と同じで、日本人の親から生まれても、「中国残留孤児」の人たちが日本に帰って長い年月が経過したにもかかわらず、すでに高齢化している彼らがなかなか日本語を習得できないことからでもわかるであろう。

上記のことから問題になるのは、ある程度の年齢に達した後、他の文化圏に移り住むことは、たとえその社会が一切の差別のない理想的な社会であったとしても、順応力に格別の才能を発揮する一部の例外的な人を除いて、生活の様々な面でハンディキャップが付きまとうことは避けられない。それは単に社会的な面だけではなく、精神的な面においてもそうである。したがって、近代化言説形成＝編成が世界的に広がっていくことにより、一部には素早く適合していく人間があるものの、多くは存在論的に激しい衝撃を受けざるを得ないのである。

次節では、19世紀の英領インドにおいて、近代化言説形成＝編成の下で「インド・インド人」表象がどのように生まれ、変質していったかを代表的なアングロ・インディアン小説を分析することで、再現を試みる。

2.2.2 アングロ・インディアン小説

今日、ポストコロニアル状況においては、西欧列強による非西欧地域の搾取、人種差別、「声」の剥奪が強調される。そして、「白人の責務」を標榜する植民地を舞台にした小説は糾弾され、キプリングの『キム』やコンラッドの『闇の奥』などの小説の書き換えが試みられたりする。しかしながら、非西欧地域を後進的であったり専制・独裁的であると断罪し、ヨーロッパ人によって啓蒙し、文明化しなければいけないというスローガンは、非白人向けの「フィクション（嘘）」とは必ずしもいえなく、それを信じ、真摯に実行しようとした西欧人もいたのである。前述したように、ヨーロッパを中心とした近代化言説形成＝編成の流れの中でこのようなスローガンは正当性をもって流通していたのであり、ヨーロッパ人の発言や著作、そして思考に大きく影響していたのであった。もし誰も本当に信じていなければ、そのスローガンを標榜する小説が多くの読者をひきつける力など持たなかったであろうし、「白人の責務」を体現するヒーローに憧れをもつこともなかったであろう。

インドの植民地化が進行する19世紀を通して、このようなイギリス人のインド人・インド社会を見る眼差しは、当然のことながらインドを舞台にしたアングロ・インディアン作家の作品に如実に反映され、またそこで記号化されたインドとインド人の表象は、アングロ・インディアンの社会だけではなく、イギリス本国、そして世界へと流通していく。もっとも初期のころは、作品の質が劣るので、イギリス本国ではほとんど問題にされていなかったようである。まず、アングロ・インディアン小説史を概観しよう。

『アングロ・インディアン小説概観（*A Survey of Anglo-Indian Fiction*）』でブパール・シン（Bhupal Singh）[47]がアングロ・インディアン小説の流

第 2 章　「東洋」の知識化の歴史的考察 (1)

れを説明しているが、初期の小説は、専ら女流作家による家庭小説であったという。それらの描く小説世界は、アングロ・インディアンの家庭という狭い世界とイギリス人に限定されていたようである。他方、1820 年代に書かれた最初の本格的な小説といえるウィリアム・ブラウン・ホックレイ (William Browne Hockley) の『パンドゥラン・ハリ、または、あるインド人の回顧録 (*Pandurang Hàrì, or, Memoirs of a Hindoo*)』は、インド人によって語られる 1 人称のピカレスク（悪漢小説）である。3、4 歳のころに捨てられ、家畜に踏みつけられそうになっているところをマラータ（Mahratta：インド中西部に住む種族）の一人に助けられたパンドゥラン・ハリは、マラータの想像を絶するような社会や他の藩王国において有力者の部下になったり、魔術師に扮装したり、あるいは、イギリス人の下で使用人になるなど、インド世界で波乱万丈の人生を送る。この作品では、インド社会での賄賂や横領の横行、暴力の乱用や金銭や復讐による殺人が常套化するインド人社会に対して、イギリス人の堅実さと効率性が対照的に描かれている。「雇い主のお金を［インド人の使用人に 1 ルピーたりとも掠め取られないで］確保する腕前において、会計官のイギリス人の旦那は素晴らしかった。ほかのやり方だったら、損失は取り返しのつかないほど大きかっただろう。このイギリス人の会計官の旦那よりうまくやったり、巧妙さと聡明さにおいて凌ぐであろう人間なんぞ、マラータには一人たりともいない。」[48] もっとも、別のイギリス人の雇い主のハリ（インド人）に対する態度を、「イギリス人の旦那は俺にほとんど話しかけなかったし、話しかけたとしても、犬にでも声をかけている具合だった。」（『パンドゥラン・ハリ』、63）と、彼は一部のイギリス人のインド人に対する傲慢な態度を冷ややかに述べたり、時には憤然と怒りをぶちまける。しかしこの作品では、イギリス人にいかに奇策を弄して悪巧みを企もうとしても、イギリス人は簡単に見破ってしまう。とても勝ち目はないのである。そして、小説の中で、イギリス人を追い出すためにインド人が結集する企てが描かれ、ハリもさらわれる形で無理やり仲間にされるのであるが、この「共通の敵」を彼らの国土から追い出す企ては、作品におい

135

ても、また、主人公にとっても真剣に扱われていない。むしろ、ハリは自分の仕事が「略奪し殺し、食って飲む」ことであると知ると、むしろこの企ての首謀者を賛美する。もっとも、ハリにとって殺しは嫌だったのだが、ハリの気の置けない仲間から、「あんたは、気高く男らしく、より立派な東洋の流儀で仕事をすればよいのだ」と励まされる。(『パンドゥラン・ハリ』、129) もちろんこの場合の「気高く男らしく、より立派な東洋の流儀」というのは、イギリス人読者を失笑させるような流儀であることは明白である。『パンドゥラン・ハリ』には、F・B・E・フレリー (F. B. E. Frere) という人物の序文が載せられていて、この作品はインド全体については当てはまらないが、インド中西部に「実際にそこにいた」イギリス人しか知り得ない1810年代のマラータの「生活の流儀や思考傾向の一般的な特徴 (the general features of a mode of life and habits of thought)」(『パンドゥラン・ハリ』、vi) が描かれていると書かれている。そのようなかつてあったとされるインドの特異性を作品の題材にする流れは、フィリップ・メドーズ・テイラー (Philip Meadows Taylor) にもみられる。テイラーの『ある兇漢の告白 (Confessions of a Thug)』(1873) は、アミール・アリ (Ameer Ali) というインド人が逮捕されて刑を執行される前に、自分の半生を告白する物語である[49]。アリは、幼いころ両親と旅行中に、兇漢団に襲われ、両親を惨殺された後、一味の一人に育てられ、「ヒンディー語の動詞 (Thugna) を語源」とする兇漢 (サグ) の一味に加わり、残酷非道な殺人を伴う強盗を繰り返すのである。小説の「序」で、サグと呼ばれたこれらの強盗団は、インド社会でもあまり知られていないが、彼らのアジトの近くには多くの死体が地中に埋められていたことが逮捕者や密告者の証言により発見されたと説明される。犠牲者は、儀式のように絞殺されたのである。そして、勇敢なイギリス人によって、これらの強盗団はほぼ撲滅されたという。『パンドゥラン・ハリ』や『ある兇漢の告白』では、真偽のほどはともかくとして、金銭欲のために嘘を平気でつくことはもちろんのこと、殺人すらも日常化している「非道徳」なインド社会が表象されている。

そのような「非道徳なインド」に対して、インドの大乱直前に書かれた

第2章 「東洋」の知識化の歴史的考察（1）

W・D・アーノルド（W. D. Arnold）の『オークフィールド——或いは東洋における友情（*Oakfield; or, Fellowship in the East*）』（1853）では、イギリスによるインドの植民地化の大義がテーマになっている[50]。もっとも、テーマがインド社会の改革であるこの600頁以上にも及ぶ大著には、後述するように、「インド・インド人」はほとんど描かれておらず、また描かれてあるとしても、希薄である。

多産の小説家であるG・A・ヘンティ（G. A. Henty）は、英領インドのイギリス人の偉業を高らかに謳い上げるとともに、エキゾチックでわくわくするようなインド世界を描いた少年向けの小説を書いた作家である。『インドの英雄クライブとともに（*With Clive in India*）』（1884）は、ロバート・クライブがフランスと争ってインドの覇権を獲得する時期に、軍人であった父を失ったチャーリー・マリアット（Charlie Marryat）少年が、伯父の口利きで東インド会社の書記官（Writer）になるべく、はるばるイギリスから喜望峰をめぐってインドに行き、クライブの下で、軍事的才能を発揮する物語である[51]。チャーリーは、いかにもイギリス人の好青年で、誠実かつ勇敢で、機知と指導力を備えている主人公である。彼の実力が発揮されるのは、インド兵を教練して精鋭部隊に仕立て上げるところである。まさに、この作品は、大英帝国の植民地政策の大義をイギリス少年に刷り込むための媒体といえる。

そのような大英帝国のプロパガンダ色の強い作品がある一方、イギリス（ヨーロッパ）によるインドの知識化が相当の程度まで発展する19世紀後半になると、アングロ・インディアン小説の中には、「インド・インド人」表象がかなりの濃密さでもって描かれるようになる。代表的な作家は、『水面（*On the Face of the Waters*）』（1897）を著したフローラ・アニー・スティール（Flora Annie Steel）や[52]、『キム（*Kim*）』を著したキプリングである。前者は、文化人類学的に「インド・インド人」を構築し、後者は、その後非常に影響力を持つ「インド・インド人」表象を生み出した。しかしながら第1次世界大戦をはさんだ、インド・ナショナリズムの運動が激しくなっていく歴史的状況の中で、E・M・フォースター（E. M. Forster）

は、『インドへの道（A Passage to India）』でインド人の主体の問題を取り上げる[53]。また、ビルマ（ミャンマー）に警官として赴任したジョージ・オーウェル（Goerge Owell）は、帝国主義に対する嫌悪を感じながらも先住民に対して共感をもてない主人公の登場する『ビルマの日々（Burmease Days）』を1934年に発表した[54]。そしてインド独立を迎えるのであるが、その独立をイギリス人の目から見つめ直したのは、すでに第1章7節で触れたポール・スコット（Paul Scott）であった。

このアングロ・インディアン小説の歴史の最後に位置する作家であるポール・スコットは、インド独立後に『ラジ4部作』を書きあげたのであった[55]。この4部作においては、英領インドの幕引きのなかで、人種的偏見でもってインド人を抑圧する側のイギリス人であったのが、やがて進んで「白人の責務」を背負い、インド独立の橋渡しに奮闘するロナルド・メリック（Ronald Merick）や、イギリスで成長したことに加えて、父親が彼をイギリス紳士に仕立てることを望んだことから、イギリスの教育政策の目標であった外面はインド人であっても、内面はイギリス人のまさに体現者で、自分のアイデンティティの分裂に苦しむハリ・クマール（Hari Kumar、イギリスでの通称：Harry Coomer）というインド人が描かれている。

しかし、このイギリス人による英領インドの自己評価報告書である『ラジ4部作』には、さらに、イギリスの支配下で生まれてきたインド人のナショナリズムについても報告されているのである。

このようなアングロ・インディアン小説の流れ――『パンドゥラン・ハリ』や『ある兇漢の告白』で描かれる文明化（啓蒙）の必要な地としてのインド表象、『オークフィールド――或いは東洋における友情』で描かれる文明化の理念、『インドの英雄クライブとともに』でのイギリス人の有能さ、『キム』における円満で完結したインド、『水面』で描かれる植民地支配者の傲慢さ、『インドへの道』でのインド支配の矛盾、『ビルマの日々』での帝国主義批判、そして『ラジ4部作』での英領インドの終焉への道筋――は、まさにイギリス人のインド理解の深度に深くかかわっており、インド・インド人に対する知識の不足と無関心さから、特異性を強調した

第 2 章　「東洋」の知識化の歴史的考察（1）

ものや、あるいは平板なステレオタイプであったり、もしくはほとんど透明な存在であったのが、徐々にある種の実体性を感じさせる表象へと進化していっていることが分かる。ただこれは、先にも述べたように、あくまでも英語の言説形成＝編成のなかで成長してきた表象であり、白人の目を通して形成されたものであるのだが、一方、実際の社会において、イギリス人とコミュニケーションのとれるインド人の増加とも呼応する。

　ここでエドワード・サイードに再び言及するが、サイードによると、「西洋の言説」における東洋は、西欧の欲望の対象としての「東洋・東洋人」——ここでは「インド・インド人」——でしかなく、したがって「東洋・東洋人（インド・インド人）」として表象されているものとは対置されるべきリアリティとしての「東洋・東洋人（インド・インド人）」があるというように述べている[56]。しかしながら、本書においては、西欧の欲望の投影としての「東洋・東洋人（インド・インド人）」の対極にあるのは、原理主義的な「東洋・東洋人（インド・インド人）」幻想であり、実体としての「東洋・東洋人（インド・インド人）」はその中間——もしくは表象の圏外——に位置すると考える。そして同時に、その実体としての「東洋・東洋人（インド・インド人）」は、その両極から常に影響を受けているのである。

　イギリスがインドに持ち込んだものとして、鉄道や橋などが挙げられることが多いが、教育や法制度を通して、近代社会の社会構造を移植、そしてイギリス人が作り上げた「インド・インド人」表象が、実体としての「インド・インド人」に大きな影響を与えてきたと思われるのである。

　その最大の影響は、逆説的に聞こえるかもしれないが、第 2 章 1.4 節でラハマンも述べているように、インド人にナショナリズムを目覚めさせたことであろう。もちろん、植民地化の最初から、イギリス支配への抵抗はあったし、イギリス人行政官の暗殺も起こっている。しかしながらそれらの反抗は、宗教上の問題や、代々世襲されてきた特権を奪われたことに対する旧支配者層の怒り、風習やカースト制を壊されることへの不満の爆発であったが、19 世紀後半に結成されたインド国民会議に代表されるような独立の動きは、まさに西欧近代の意識を教育されたことから生まれてき

たのである。ただそのような西欧の「近代」や「民主主義」という思想は、それだけがインド人の知識層に吹き込まれたとするのなら、マコーリーが英語教育で作り出すことを期待した「血と肌の色はインド人でありながら、趣味や意見や道徳や知性においてはイギリス人」[57]のような人間しか生み出さなかっただろう。むしろ重要なのは、イギリス人が作り出した「インド・インド人」表象を屈折した形であったとしても受け入れていくことによって、彼らの想像の共同体としての「インド」、彼らのアイデンティティとしての「インド人」モデルを提供することで、ナショナリズムの核を与えたことであったといえるのである。そしてそのインド・ナショナリズムの台頭は、イギリスの植民地政策にとっての脅威であったが、皮肉な言い方になるかもしれないが、これはインド植民地政策のもたらした「素晴らしい成果」でもあり、インドの近代化言説形成＝編成に登場した、言説的「反抗者」でもあったといえる。この言説的「反抗者」はインド人の自己表象のみならず、「インド・インド人」を他者としてみるイギリス人の認識にも強い影響を与えていったのであった。ただ20世紀の言説形成＝編成については、第3章以降で詳述する。

　ただ、19世紀から20世紀の転換点において、インド人側であろうとイギリス人側であろうと、インドでの近代化言説形成＝編成に現れた言説的「反抗者」は、突然生まれてきたのではない。また、インド人のナショナリズムの高揚がそれを生み出した唯一の原動力でもないであろう。欧米における労働者階級の意識の高まりやフェミニズム運動の世界的広がりもその重要な原動力であることは間違いない。日本の日露戦争での勝利も、単に国粋主義者たちの独りよがりだけではなく、世界に影響を与えたことは確かである。しかしながら、本書では、インド人のイギリス人化を英語教育で推進しようとする「アングリシスト（Anglicist）」とインドを異文化社会として固定的にとらえようとする「オリエンタリスト（Orientalist）」の対立軸もまた、言説的「反抗者」が出現する表象の場を準備したのだと考える。次に、アングリシストの範疇にはいるW・D・アーノルドとオリエンタリストのF・A・スティールの代表作を簡単に考察してから、ラドヤー

ド・キプリングの『キム』を詳細に分析することで、文化表象における「反抗者」の登場の可能性を探ってみる。

2.2.3　W・D・アーノルドとF・A・スティールの英領インド

『オークフィールド——或いは東洋における友情』(1853) の著者は、既に言及したマシュー・アーノルドの弟であり、ケンブリッジ大学に入学後、軍人としてインドに赴いたW・D・アーノルドという人物である。アーノルドは、一時病気のためにイギリスに帰る以外は、インドで働き、若くして病死する。『オークフィールド』はアーノルドの唯一の小説であり、作品としての完成度は必ずしも高くはないが、しかしこの自伝的な小説は、インドに赴いたイギリス青年の心情を正直に描いた作品である。

　作品の主人公のオークフィールドという青年は、トマス・カーライル (Thomas Carlyle) の思想に影響され、安穏として恵まれた環境で暮らすことに満足できなくなり、オックスフォード大学を中退し、インドの「文明化」のために士官として努力しようと決意する。この考え自体は、当時、彼のようなエリート階級にとっては奇異なものであり、インドに赴くには年も取りすぎているので周りの人々を当惑させるのである[58]。彼は、唯一の理解者である妹のマーガレット (Margaret) にだけはその思いをインドからの手紙で熱心に訴える。「社会改革は、世界の世論になりつつあるのだ。そしてそれは、他のいかなる場所と同じくらい、インドにいる賢者の声でもあるに違いないと思う。(中略) 私は強く確信するが、クロムウエルの、あるいはそれに類したキリスト教以外に、アジアの後進性 (Asiaticism) のまったくもっておぞましい慣性力に効果をもつものは他にないのだ」。(『オークフィールド』、巻1、119) しかしながらオークフィールドはインドに赴くと、はっきりとした目的をみつけられないまま、インド人の模範となるべきイギリス人の同僚たちが不誠実で俗物な人間へと堕落してしまっていることに幻滅し、少数の友人は別にして、イギリス人たちとの社交を避け、孤独な生活にこもってしまう。そのような生真面目で人当たりの悪い彼に対して、挑発しようと企む連中が現れ、彼の親友の妹を

侮辱する発言をし、オークフィールドを決闘に引き込もうとする。しかしそれにのらなかった彼に対して、さらに侮辱を加えたので、オークフィールドは相手に対して暴力をふるってしまい、軍法会議にかけられるのであるが、友人の援助もあり、判決は上官からの訓戒処分のみで済む。しかしながら、決闘を受けなかったことに対して、周りの軍人たちはオークフィールドを臆病者呼ばわりするのである。その後、彼はシーク教徒との戦い（第2次シーク戦争、1848-9）で奪われそうになった連隊旗を守るという功績から、軍隊の仲間から賞賛を勝ち得る。また、その功績によって、彼は新たに併合したパンジャブ州の領地の弁務官補佐の職を得るのであるが、体調を崩したオークフィールドは、医者の勧めもあって故郷に戻り、愛する家族に見守られながら息を引き取る。

特に英語教育について言及しているわけではないが、「クロムウエルの、あるいはそれに類したキリスト教以外に、アジアの後進性（Asiaticism）のまったくもっておぞましい慣性力に効果をもつものは他にないのだ」という信条においては典型的なアングリシストのオークフィールドであったが、インドに来て早々に出会う文民官であり、年上の友人であるミドルトン（Middleton）の話に感銘を受ける。インドでのイギリス人の役割の話のなかで、ミドルトンは、まずインドの物質的な文明化に努力し、それから、個々のインド人の文明化を行なうことだという。彼はまた、いずれインドは独立することになるであろうが、それはいつのことになるかわからないともいう。またオークフィールドに対して、「まさに、どのような国であろうと、真に興味深い研究というのは、交わって暮らす人々から引き出されるものであり、そのような研究から恩恵を受けようとするなら、それらの人々の言語をよく勉強しなければいけない」（『オークフィールド』、巻1、243）とオリエンタリスト的な助言をする。オークフィールドはある程度ミドルトンに感化されるのである。彼は後に、現地人を「嘘つき」と決め付ける友人のウィカム（Wykham）に対して、「もし彼らをよく理解しているのなら（僕も君もよくわかっていないんだよ）、僕たちとは違う見地から事実をみることで、僕らと全然変わりない彼らのありのままの姿を見出す

第 2 章　「東洋」の知識化の歴史的考察（1）

はずだ。彼らの視点は、不幸なことにわれわれのよりずっとひどいものであっても、それでも彼らの見方は同様に正直なものであり、場合によっては、われわれのと同様不都合はないのさ」（『オークフィールド』、巻 2、140-1）と諭すのである。

　しかしながら、全体としてはこの小説はアングリシストの視点——つまり、高度な文明を持つイギリスからインドへの一方的な文化の流れを自明のこととし、その逆を認めない態度——から書かれており、「インド」が若干の地形の描写を除けば、ほとんど描かれていない。それとは対照的に、彼の生まれ故郷のレズバーン（Leatheburn）の田園風景や、カントリーハウスは思い入れをこめ、実に美しく描かれている。「インド」が描かれていないのは、インドを英語で描写する伝統がいまだ確立されていないことに加えて、創作家としてはさほど天分に恵まれていないアーノルドの芸術家としての限界のためでもあるのだが、彼の芸術的天分を云々する前に、この作者は「インド」を描くということにほとんど必要性を感じていないとしか思えないのである。つまり、オークフィールド（アーノルド）は、キリスト教（カーライル）的自己完成が絶対的であり、そして彼の風景はイギリスのそれでしかありえず、それ以外のものは関心の対象にならない。言語化して表象する価値を認めていないのである。しかしながら、オークフィールドは決して傲慢な帝国主義者ではない。彼は、キリスト教的倫理観という枠組みを外しても、理想家であり、誠実で謙虚な人間と評価できる人物である。あくまで彼の意識においては、先住民から富や労働力を搾取しているのではなく、むしろそれらを提供しようというのだ。ただ彼は理想家であり、絶対的な価値観をもっているがゆえに、既成の世界観の外側にあまり目を向けようとはしないし、また影響されることも少ない。したがって、われわれの眼前には、ステレオタイプ化された漠然とした「インド」のイメージ以外、具体的な「インド」の姿はほとんど現れることはない。したがって、インドの主体者としての「インド人」表象は、あるいはその萌芽は、この作品から見出すことはない。

　アーノルドとは対照的に、キプリングは「インド」を網羅的に言語化し

た最初の偉大な小説家である。そしてそのキプリングよりもインドに深く関与したオリエンタリストの作家として、F・A・スティールの名を挙げることができるであろう。彼女の代表作である『水面』(1897)は、「インドの大反乱（Indian Mutiny）」を扱った歴史小説である。この作品は、どうしてインド人があのような「残虐な行為」に至ったかを、「虚構」を混ぜながら、日付から天候に至るまで綿密に資料を調べ上げ「大反乱」を再現することで明らかにする。作品には、当時のデリーを中心としてインドの社会が多層的に描き出されている。インドの庶民の生活の場としてのバザール、形骸化しているものの内部では権力争いに明け暮れるムガール帝国の老サルタンの宮廷、そしてイギリス人たちの活動の拠点としてのクラブ——それらが共存した「インド」世界が描かれているのである。そのなかを、さながらキプリングの短編小説の登場人物であるストリックランド（Strickland）のように変装して文化越境を行なうイギリス人青年ジム・ダグラス（Jim Douglas）が登場する。彼はグレイマン（Greyman）という変名を使いながら、ざまざまな階層のインド人に変装をしてインド社会の動静を探るスパイであるのだが、私生活においては、幼少のときに誘拐され娼婦にされた病弱で幼いインド女性の「妻」がいる。また、彼女の世話をさせているのは、タラ（Tara）という、彼がサティー（suttee: この作品では、文字どおり、「貞淑な（妻）」という意味で使われている）として焼身自殺するところを助けた／阻んだ女性であった。

　物語では、イスラム教徒やヒンドゥー教徒に対するイギリス人の軽視や不遜な態度、人間以下に扱う態度が、日常的にインド人に不満を募らせている様子が克明に描かれていく。また、権力をイギリスに奪われたムガール帝国の宮廷の人々もまた、不満を募らせている。そのようななか、宗教指導者が不気味な動きをみせている。しかしながら、イギリス人たちは、そんなことにはまるで無頓着で、享楽的な生活に現を抜かしているのである。ただダグラスだけが、イギリスの支配体制に「正しくないもの」——少なくともインド人にとっては——の存在を理解し、それに対するインド人の不満を感じ取っている。やがて、宗教的な戒律やカースト制を無視し

第2章 「東洋」の知識化の歴史的考察（1）

た政策に対する不満や、キリスト教に改宗しないインド兵は射殺されるといった風評から、インド兵たちのなかにサボタージュや、上官の命令に反抗する者が現れる。そして彼らは厳しく処罰されるが、そのインド兵をメーラト（Meerut）において救い出そうという反乱が起こり、そこから一気に各地へと堰を切って流れ出すのである。デリーにおいても皇后によって導きいれられた反乱兵たちがデリーを占拠し、街壁内に多くの白人が閉じ込められる。ダグラスは、占拠されたデリーで白人優位主義者の少佐の妻のケイト（Kate）と息子を匿うなどイギリス人のために奔走する。

　1ヶ月あまりの戦闘の後、兵を立て直したイギリス軍は、やがてデリーの奪回に成功し、反乱軍と、それに協力したムガール皇帝の王子たちを厳しく処罰する。ダグラスは一時消息不明になるが、実は、タラによって匿われていたのである。ダグラスのことを心配していたケイトは、タラから彼の居場所を示され、すっかり憔悴していたダグラスをかいがいしく世話をする。タラはダグラスを密かに慕っていたが、ケイトが彼の心を捉えていることを知ると、「サティーになる」と叫びながら、自ら火のなかに飛び込んで死ぬ。

　『水面』は、イギリス人の間で激しい恐怖と憎悪を引き起こした「大反乱」について、イギリスの支配下におかれたインド社会を、深く広い知識でもって言語化することにより、いかにして「大反乱」が起こることになったかを検証している。ただし、小説の全知の語り手[59]はその解答を明言することを控えている。この点は、『キム』と共通するところである。また、これも『キム』と同じであるが、この作品はインド人の政治的主体性についても一切言及していない。むしろこの作品の主眼は、いかに相手の文化を理解できるかということにあると思われる。そして、その試みは、越境するジム・ダグラスだけではなく、デリーが占拠されている間、ダグラスの指図で匿われるイギリス人女性ケイトによってもなされるのである。以前はインドにまったく関心がなかったケイトは、タラの思いつきからサティーになり——サティーの女性は周りのインド人から干渉されることはないので——その間、現地語を勉強して、会話ができるにつれ、

次第にインド社会に心が開かれていくのである。もっとも、本格的にサティーになるために質素な身なりをし、装飾品をはずし、頭を剃る段になると、タラのほうからサティーになることをやめさせる。嫉妬のような強い感情に襲われたタラは、白人の奥様はサティーになれないと叫ぶのである。(『水面』、396-419) そこで、ヒンドゥー教の聖者(Swām)のスリ・アヌンダ(Sri Anunda)のもとで、静かな庭での15日間の悔悟の生活を送ることになる。ケイトは木々の下で、花に囲まれ、小鳥の囀りを聴き、リスを眺めながら、静かな心持になっていく。「彼女は、それまでに経験したことのない、彼女がその一部であるうたかたの世界との新たな近しい交わりを学んでいったのであった。何故うたかたかというと、すぐに過ぎ去っていってしまうものであり、木々も、花々も、鳥たちも、獣たちも、彼女と同様死すべき運命にあるからであった。」(『水面』、412) しばらくすると、これまで姿を見ることがなかったスリ・アヌンダに声をかけられる。彼は、「非常に若々しく、非常に年老いて見えた、非常に聡明で、不思議なほど非常に無垢に見えた」のであった。ケイトは、スリ・アヌンダの顔は、天使のようでもなく、また死すべき人間の顔でもないと感じた。「死すべき定め——生と死の輪廻——を通り抜けて不死を獲得した死すべき人間の顔」(『水面』、413)であると直感したのだ。このように、彼女がヒンドゥー教の苦行の伝統を実践していく過程は実に深い文化的洞察力でもって描かれている。他方、卓越した文化越境能力のあるダグラスと彼に思いを寄せるタラとの関係は、異文化にある男女がいかに理解することが困難かを示している。

　スティールの描く「インド」は、「インド」をコード化して得られた知識を縦横に駆使して描いたものであるが、それはあくまでも「他者」としてのインドでしかない。しかし、第1章7節でも述べたように、そのコードはかなりの程度まで緻密化し深化しているので、「他者としてのインド」表象の背後に「実態としてのインド」を感じさせる。これはサイードのいう「西洋」との関係性において位置付けられる「東洋」の域を超え、「東洋」内部における関係性によって「インド・インド人」が表象されていること

によるのだと思われる。この「西洋」との関係性における「東洋」に、「東洋」内部の様々な関係性をも組み込んで、インド、および、インド以東の世界を描いたのは、キプリングの『キム』という作品である。

2.2.4 ラドヤード・キプリング

「ミセス・バサースト」("Mrs. Bathurst") のような後期の短編を別にして、キプリングの小説は、19世紀の小説伝統に沿って書かれたと考えられている。そしてインドを舞台にした小説で、彼は西欧植民地主義者の目から見た「インド・インド人」表象の決定版を作り上げたという、今日のポストコロニアル批評の側からありがたくない評価を得ている。確かに、キプリングの同世代、そして次世代のイギリス人小説家が、前モダニズム、モダニズム小説の流れの中で、さまざまな前衛的な小説技法を駆使して実験的な作品を創作していたのに対して、キプリングは少し距離を置いたところで創作をしていた。しかしながら、彼は決してヴィクトリア朝時代の小説の単純再生産をしていたわけではない。イギリスを中心とした拡大する世界システムの中にあって、キプリングは彼なりの方法で、その世界システムを反映する小説を生み出したのであった。それは、第4章1節で紹介するウンベルト・エーコ（Umberto Eco）の用語を使えば、「過剰コード化」を駆使することによって、異文化社会を、その複雑さを保持したままで英語によって表象しようとしたのであった。以下の節においては、その点に焦点を当てながら、彼の代表作の『キム』を詳細に分析する。

2.2.5 『キム』：「他者」の認識と主体の位置[60]

キプリングほど、人物と作品の両方において、毀誉褒貶相半ばするイギリス人作家も他にいないであろう。ただ彼の最高傑作とされる『キム』に関しては、程度の差こそあれ好感を持って読まれてきた。その評価の範囲は、「美と力と真実のすべてにおいて、我国の様々な面を悉く示してくれたということで、われわれインド人はキプリングに対していつまでも感謝の念を忘れないであろう」と絶賛する学者から、「キムのインドは、情景

が目に浮かぶように生き生きと描かれているものの、アウトサイダーの視点からの表面的なインドでしかない」というような評価の低い批評家まで様々であるが[61]、おしなべて、キプリングが非難されるマイナス要因——露骨な白人優位の人種観と、有色人種を啓発する白人の責任を強調する彼の帝国主義的傾向——を取り上げ、糾弾する批評家はいなかった。しかしながら、サイードは、ペンギン版の『キム』と『文化と帝国主義 (Culture and Imperialism)』において、まさに19世紀の大英帝国の帝国主義的言説のなかで、あるいはむしろ、その言説の植民地主義イデオロギーをより強化する作品として、『キム』を読み直し、イギリス小説のキャノンのなかに位置づけたのであった。これ以後『キム』批評は一変したのである[62]。つまり、どちらかといえば牧歌的小説と考えられてきた『キム』という作品も、初期のインドを舞台にした短編や「白人の責務（"The White Man's Burden"）」等の詩と同様、帝国主義言説におけるその役割と位置づけの呵責のない分析に晒されることになったのである。

　したがって、当然のことながら『キム』を扱うこの節においても、作品と帝国主義の関係を論じないわけにはいかない。しかしながら、キプリングを帝国主義者と決めつけて読む批評は、一般的に作品や歴史的事実の一部のみを取り上げ、それ以外を無視するか歪曲して作者や作品を解釈する傾向にあることも否めない。もちろん逆の立場についてもいえる。たとえばインド人に対するキプリングの態度の百八十度異なる解釈の1例をあげると、1883年、インド人の裁判官に白人を裁けるようにするイルバート法（Ilbert Bill）に関する論争で、キプリングを高く評価するヴァサント・A・シャハーン（Vasant A. Shahane）は条例を支持する記事を書いたといい、植民地主義を問題視するジェフリー・メイヤーズは他のアングロ・インディアンと同調して条例反対を支持したという[63]。これは極端な例かもしれないが、もしキプリングの作品が単純なものであれば、その解釈の食い違いは単に主義主張の違いに起因するものであろうが、ジョン・グロス（John Gross）やアンドルー・ラザフォード（Andrew Rutherford）のいうように、キプリングの作品は決して単純ではない[64]。特に『キム』の原型といわ

第2章 「東洋」の知識化の歴史的考察（1）

れている「マザー・マチューリン（"Mother Maturin"）」から出版まで16年の紆余曲折を経た『キム』は、特にそうである[65]。少なくとも『キム』においては、キリスト教（アングリカン・チャーチとカソリック）、フリーメーソン、イスラム教とヒンドゥー教、そして仏教といった幅広い宗教が扱われており、また階層・人種も多岐にわたっている。したがって、インドを舞台としたこの多層的世界がどれほど深く広く描かれているか、つまりキプリングの「他者」の認識の限界を見極めることが、『キム』の複雑性についてのより正当な評価につながるであろう。一方、サイードの提起した問題、すなわち19世紀の帝国主義の世界において、植民地主義言説のなかに占める『キム』の位置と役割についても、作品の前提、あるいは背景にあるものを分析することでおのずから明らかになってくると思われる。以上のような観点から作品を考察する際に、異文化理解の可能性と限界という視点と、白人支配と被植民地住民の主体という視点の両方から分析していく。またその際、できる限り人種・文化的背景の異なる研究者の考察を取り入れていきたい。

　『キム』の物語のなかでは、2つの探索（search）の旅が描かれている。1つがチベットの仏教僧テシュー・ラマ（Teshoo Lama）の探索であり、ゴータマ・ブッダが悟りを開く前の青年期に、知力を競う競技のなかで放った矢が突き刺さった土地から水が湧き出してできた、すべての罪を洗い清める「矢の川（the River of the Arrow）」を見つけ出し、自らの罪を洗い清め、この輪廻転生の世界（the Wheel of Life）から抜け出し、涅槃に達するための旅である。もう一方が、主人公キムの父親が生前に話していた、彼を救い出すという「緑の野の赤い牡牛（a Red Bull on a Green field）」を探してみたいという好奇心から始めた旅であった。キムの父親キンバル・オハラ（Kimball O'Hara）は、元々インドのアイルランドのマヴェリック連隊（the Mavericks）の軍旗護衛軍曹であったが、連隊がイギリスに戻る際に軍を辞め、各地を転々とした後、元乳母であったやはり同じアイルランド人の妻アニー（Annie）が死んだことにより、酒におぼれ、知り合った古物店（おそらくアヘン窟）を営むインド人の女性からアヘンを教えられ、結局酒と

アヘンにおぼれて死んでしまうのである。彼がアヘンで朦朧としているときに、よく、馬に乗った一人の大佐が九百人もの一流の鬼（devils——父親は猛者の意味でいったのであろう）を引き連れて、キムを迎えにくると話していたのであった。父親は、キムの素性を証明する証明書をお守りとして彼にもたせていたのであった。ところで、キムとラマの２つの探索は何の接点もないようであるが、しかしながら一見何の関係もなさそうな彼らの探索は、小説の進行とともに絡み合い、喚起し合い、依存し、変質し、そして深く強い師弟愛、あるいは父子愛に近いものを生み出していくのである。

『キム』は、キムとラマの出会いのシーンで始まるのであるが、それに先立って第1章の冒頭に置かれたエピグラフは、キリスト教徒の異教徒（仏教徒）に対する偏見を戒めた詩の1連であり、これは、フランシーヌ・クリシュナ（Francine E. Krishna）の指摘する通り[66]、この小説に登場する様々な宗教、特に仏教に対するイギリス人読者の拒絶反応を前もって牽制したものであろう。つまりキプリングは、読者に対して、仏教、そしてラマに対して真摯な視線を要求しているのである。

一方、それに続く冒頭のシーンでは、キムがラホール・ミュージアムの前に置かれたザムザマ大砲（Zam-Zammah）を独占して、彼の友達のイスラム教徒の子供とヒンドゥー教徒の子供を寄せつけない様子が描かれている。これには妥当性があると小説の全知の語り手はいう。「キムには正統性がないわけではなかった。（中略）イギリス人はパンジャブを支配しており、キムはイギリス人であったからだ。キムは現地人の誰よりも色が黒かったといえ、好んで現地語を話したといえ、一方、母語であるはずの英語の方は舌足らずで、不明瞭で歌を歌っているようであったとはいえ、それにバザールにいる小さな子供たちとまったく対等に付き合っていたとはいえ、キムは白人であった——極貧の中でもとりわけ貧しい白人であった。」（『キム』、3）このようにキムは、いかにもインド人の少年（当時キムは13歳であった）にしかみえないのではあるが、「キムはイギリス人」であるので、生まれながらにして支配者としての特権が与えられているとい

150

うのである。"though（とはいえ）"で始まる3つの副詞節は、「白人の責務」を背負った人物が著した作品であると読者が認識しているとき、キムの人種的優越性を強めこそすれ読者に疑念を挟むような作用は少なくとも表層的にはもっていない。したがって、このシーンは、キプリングのイギリスによるインド支配に対する考え方を示すという意味で、『キム』の帝国主義的側面を強調する批評家が指摘する通り、実に重要な意味を内包している。

　16世紀、イスラム教徒のバブールはインド亜大陸の北部に侵攻し、ムガール帝国の礎を築くが、18世紀になると、ムガール帝国の混乱に乗じて、クライブ率いるイギリス軍によって主権を奪われてしまう（もっともこの時点においては、完全に主権を奪われたとはいえない）。このイギリス人によるインド支配の構図は、『キム』という物語世界にあっても歴史的大前提となっており、その政治構造を揺るがそうとする藩王国やロシアの「邪悪な」企みを未然に察知し、インドを守るのがクライトン（Creighton）大佐の指揮する「インド調査局」の役目である。キムは物語の途中からこの「グレート・ゲーム（the Great Game）」と呼ばれる諜報活動に加わって[67]、他の非白人の諜報部員とともに活躍するのである。したがって、このザムザマに跨って、ヒンドゥー教徒とイスラム教徒の友達を寄せつけない「イギリス人」キムの姿は、16世紀以降のインドの歴史とパワーバランスを象徴している実に見事なタブローであり、まさに『キム』の時代背景をそのまま投影したものである。

　しかし、『キム』は当時のインドを完全に伝えていないとサイードはいう。つまり、時代設定が1880年代か90年代とされる『キム』では、作品全体を通して、描かれている人間は始終動き回っているものの、「インド」そのものは実に静的に描かれているが、インド内部からの、特に知識人（中産階層）からの主権を回復しようとするナショナリズムの新しい動きはまったくといっていいほど反映されていない[68]。そういう意味では、確かにキプリングがインド人による主権を認めていなかったという考え方は妥当なものであろう。たとえ植民地支配とはいえイギリス人は現地

の住民を「保護」し、「文明化」したという弁護は、植民地主義を批判したフランス・マルティニーク出身の詩人・評論家のエメ・セゼール（Aimé Césaire）のような考え方からは言語道断なことであろう[69]。したがって『キム』という作品は、異文化に寛容な世界を構築する過程でインド人の政治的主体性を認めないという、根本的で本質的な矛盾を蔵しているといえる。そしてこの作品の二極性が、作品解釈でまったく相反する評価をもたらす根本的な要因であることは間違いない[70]。

　このお山の大将のような遊びをしているとき、作品自体と同様、キムの世界観も確固たるカースト制の枠組みのなかに構築されたものであった。すべての人間は必ずある特定のカーストに属し、そのカースト内で使われている言語・習慣を厳格に遵守しながら生きているのである。しかしながらキム自体はインド女性に育てられ、白人の学校に行こうとしなかったことも重要な要因になっていると思われるが、低いカーストの少年に変装してインドの巷間を、時には恋愛の使い走りとして、あるいはパターン人（Pathan）の馬商のマハブブ・アリ（Mahbub Ali）――彼は、重要な諜報部員の一人であるとともに、キムの人生に大きな影響を与えている人物でもある――の言いつけで、ある人物を尾行するため屋根から屋根へと、縦横無尽に走り回る。キムがこのようにカースト間を自由に横断できるのは、サイードがいうように白人に属する人間であるからだけではなく、いやそれ以上に、キムが生まれながらにして人間に対する類い稀な洞察力を持った少年であるからである。一般の白人は彼らのサーヒブとしての特権にもかかわらず、『キム』においては檻に閉じ込められた囚人のように描かれている。したがってキムは、キプリングの小説世界にあっては例外的な、自由に「法（のり）を越えられる」人物として描かれているのである。そしてもう一人、「あらゆるカーストを超越し」（『キム』、111）、「法を越える」人物が登場する。

　大砲に跨っていると、「すべてのカーストに精通していると考えているキムのような人間ですら1度も見たことがない」（『キム』、8）人物、つまりラマがやってくるのが見えてキムは非常に関心を持つ。これは単に今ま

第 2 章 「東洋」の知識化の歴史的考察（1）

で知らなかったカーストを発見したことによる関心だけではなくて、それ以上のものがあったと思われる。そしてラマがラホール博物館に入って行くのについていき、そこで館長とチベットの寺院やゴータマ・ブッダについて話をするのに聞き耳を立てる。それは熱のこもった会話で、ラマは博識な館長に感激し、また館長の方もラマが深い知識を持った学者であることを認識し、最後に贈り物を交換する。キムは、博物館の館長も一目置くこのラマに対してますます関心を募らせる。批評家の間では、このラホール博物館の館長はキプリングの父親ジョン・ロックウッド・キプリング（John Lockwood Kipling）をモデルにしているというのが定説になっている。実際、彼の父親は館長をしており、また、インドの動物を中心に風俗や習慣を分かりやすく解説した著書『インドの動物と人々（Beast and Man in India）』も出版しているオリエンタリストであった。

『キム』のなかで、広い意味でのオリエンタリストは、バーブー（the Babu）と呼ばれるベンガル人のハリー・チャンダー・ムーカージー（Hurree Chunder Mookerjee）を含めると 4 人登場する。そのうち、館長以外は全員インド調査局に属する者たちであり、いわば民族学・文化人類学者である。インドの様々な言語・風俗習慣に長じたバーブーはその知識を見事に諜報活動に生かしているし、クライトン大佐は現地の人々を掌握することに生かしている。また、後にキムがインドで最もいい学校の 1 つである聖ザビエル校で英語や測量学といった実学を習得することになるが、その間、様々な人種やカーストの習俗、そして人の心を読み取ることや変装術を教え込むのは、「病み真珠の治療家」のラーガン（Lurgan）・サーヒブである。彼らは、風俗習慣に対してつねに貪欲な好奇心を持っている。また、バーブーとクライトン大佐は珍しい風俗を記述した論文を数多く投稿し、そしていずれローヤル・ソサィティの会員になるのが長年の夢である。

現在、サイードの『オリエンタリズム』によって、オリエントが西欧の欲望の投影としてオリエンタリストの著作のなかに言語化され、それが白人支配の世界のなかで流通している、したがって、「オリエント」に属する人々や社会は「西洋」と「東洋」をマニキアン的二項対立で捉える言説

153

のなかに閉じ込められている、と考えられているということは、前述したとおりである。つまりオリエンタリストの情報収集・著述活動は、物理的植民地化に対して、知的植民地化と呼ぶべきものであろう。では知的拡大がなぜ知的植民地化となるのであろうか。それは、植民地支配のもとで政治・経済的優位にある植民者、ないしは探検家や学者が、一方的に被植民地住民を「他者」として見、描くことによって、彼らの主体性を奪うことになるからである。しかしながら、あくまでもキプリングの作品を政治的にではなく個人の自我の問題を扱った作品であるとみるアラン・サンディソン (Alan Sandison) は、ヘーゲル (Georg Wilhelm Friedrich Hegel) を援用して、キプリングの作品においては、植民地という状況下で、「相容れなく」、「敵対的」な異文化という「他者」を、主人公の認識世界に取り込むことによってその「未知性」や「疎外性」を取り除く過程が描かれているのであるという見事な論を展開している。(『帝国の輪廻』、56-7,195) しかしその「見事」さも、サンディソンが被植民地住人の政治的主体性を考慮に入れていないことで可能なのである。もし被植民地住人をも含めた歴史的視野で考えたとき、植民地を植民者の認識世界に取り込み、その毒気を中和するということは極めて政治的であるといわざるを得ない。その意味で、サンディソンの議論はサイードの批判に太刀打ちできない。では、非白人の立場にたって彼らの主体性を認め、異文化間のコミュニケーションを可能にできる場を構築しようとするよきオリエンタリスト、ないしはよき人類学者はいなかったのであろうか。前述のセゼールなら、完全否定である。しかし、一方的に欠席裁判をするのではなく、われわれは、作品の冒頭のエピグラフで仏教に寛容であるように説いているのに倣って、もっと寛容である必要があるであろう。

　ラホール館長とラマの話のなかに、フランス人のスタニスラス・ジュリアン (Stanislas Julien) とイギリス人のサミュエル・ビール (Samuel Beal) が出てくるが、ビールは、ジュリアンがフランス語で玄奘の『大唐西域記』を翻訳したのに対して、英語で翻訳するとともに (*Si-Yu-Ki*, 1884)、玄奘の弟子の慧立の編した『大慈恩寺三蔵法師伝 (*The Life of Hiuen-Tsiang*,

1888)』も英訳している[71]。さらに、インディアン・オフィス図書館（現在ブリティッシュ・ライブラリーに移転）のために岩倉具視から『トリピタカ (*Tripitaka*)』等の仏教経典を譲り受けた。また、ゴータマ・ブッダの伝記を著したイギリスにおける中国仏教研究の草創期の権威である。つまり、ビールのようなシノロジスト（オリエンタリスト）は、ブッダや玄奘といった偉大な東洋人の思想や大志を中国語から英訳することによって英語の言説のなかに取り込み、知的拡大を図ったのであった。ただし、いくら深い思想を紹介しようとも、その描き出す東洋の姿は現実の非白人を代弁しているかというと、セゼールやサイードを待つまでもなく、畢竟それは静的であり、選択的であるので、非西欧人の主体性を実現するものではないだろう。

『キム』には、非白人の立場にたってその主体性を認めようとするよきオリエンタリストとして描かれている人物が登場する。それは、前述のラホール博物館の館長である。もっとも館長が登場するのは、冒頭のラマとの会話の部分と、作品の後半で彼らの再会がわずかに言及されるだけのせいもあってか、これまで『キム』批評ではあまり重視されることはなかった。しかしながら、ラマの記憶に優れた白人サーヒブとして強烈に印象づけられ、後にキムが父親の元いた連隊であるマヴェリック連隊の従軍牧師に捕まった際、同じ白人の学校に行かせるなら兵隊養成のための学校ではなく、学識のある白人になれるような学校に入れてくれるように懇願し、キムとの探索の旅をいったん断念したのであるが、これはまさにあの館長がラマの頭にあったからである。それではよきオリエンタリストとは、キプリングにとってどのような学者であったのであろうか。

博物館の館長は、すでに述べたように父親がモデルになっているといわれている。ロックウッドが『インドの動物と人々』の「序」で述べているように、彼の著書の目的は、イギリスで流通している偏見や美化で彩られたインド人のステレオタイプを正すことであり、したがって、彼の意図は現場での観察から具体的・客観的に描き出すというものであった[72]。そしてその語り口は、『キム』の全知の語り手の語り口とどこか似ていて、

時にはイギリス人の基準からインド人の残酷さをえぐり出し、また時には、インド人の基準からイギリス人の言動を批判したりしている。つまり、インドを正しくみるというのは、ロックウッドにとっては文化相対主義的にみることなのである。キプリングもこれと同じ考えをもっていたことは間違いない。したがって彼にとって、よきオリエンタリストとよきオクシデンタリスト——つまり、文化的な洞察力の優れた者同士——が邂逅してはじめて、双方的な異文化越境が可能になるのである。しかし現実には言語・宗教・習慣の障壁がありそのような邂逅は稀有であるが、冒頭における館長とラマの邂逅はいわば「西」と「東」の理想的な邂逅のシミュレーションの1つと考えられるのである。

このように作品の冒頭の数ページにおいて、異教・異文化への寛容さ、植民地支配と被植民地住民の政治的主体性の問題、そして「東」と「西」の関係が見事に示されている。

ここから、いよいよ2つの「探索」の話が始まる。

キムは、ラマへの関心と、それにラホールにも飽きていたこともあり、彼について「矢の川」の探索の旅に同行することになる。一方、旅の途上で弟子（chela）を病気で失っていたラマは、すぐれた館長にめぐり合わせてくれた白人の少年と、その後に現れて彼のために食べ物の施しをもらってきてくれたヒンドゥーの下層カーストの子供（両者ともキム）を彼の「徳（merit）」によって遣わされたと信じて、キムを新しい弟子として連れて行く。

出発に先立ってアリに金をせびりにカシミール隊商宿泊所（the Kashmir Serai）に行くと、白い牡馬の血統の件で伝言（実は極秘情報）をクライトンに伝える用事を頼まれる。ここからキムが緑地の赤い牡牛（実は、マヴェリック連隊の「連隊紋章」）を発見して、従軍牧師に捕まるまで、色彩豊かなインドの風景と様々な民衆の姿が描かれる。なかでも汽車（te-rein）と「大幹線道路（the Grand Trunk Road）」の描写は圧巻である。この部分は、擁護派はもちろんのこと、ほとんどの批評家が賞賛する部分であるが、ただ「インドの大反乱」に言及される部分は、議論の分かれるところである。

第2章 「東洋」の知識化の歴史的考察（1）

　1857年から8年にかけて起こったこの「大反乱」はいち早く伝えられ、本国においても激しい恐怖と怒りを引き起こしたのであった。インド在住の民間人や、婦女子が虐殺されて、また家財道具を捨てて逃げ出さなければならなかった植民者たちの惨状はイギリス本土に報告されている[73]。この怒りはその後も長く続き、文学作品のテーマとしても何度も取り上げられている。

　『キム』では、この怒りをインド人老兵に語らせているが、インド人に「大反乱」を批判させることで、もちろんサイードのいうように、意図的にナショナリストの声を黙殺したのであろうし、イギリスによるインドの統治が正当であり望まれたものであるということを強調するためでもあろう。しかしながらラマが「大反乱」に関して老兵のいっていることとは別のことを思い出し（これが何かは明らかにされない）、また、キムが勉強することになる聖ザビエル校の所在地であり、「大反乱」の惨状の主要な舞台であったラックナウ (Lucknow) にキムが初めて行ったとき、語り手が「大反乱」に敢えて触れようとしなかったのは（『キム』、197）、イギリス人のインド統治を強調するよりは、イギリス人とインド人の共存を強調する作品の基調にあわせたためであろう。つまり、「大反乱」はインド人の残忍さが起こしたのではなく、一時的な狂気 (madness) が引き起こしたものであり、だから、「罰は避けられなかった」（『キム』、86）のである。ひょっとすると、その狂気を引き起こしたことに対してイギリス人にも責任があるというのが、ラマの沈黙の理由であったのかもしれない[74]。

　5章になると、4章までののどかな旅と打って変わり、キムとラマがマヴェリック連隊に遭遇することによって、彼らの2つの探索は本質的な変化をみせ始める。キムの探索は「赤い牡牛」を発見したことにより、900人もの一流の鬼（猛者）を引き連れ、馬に乗った一人の大佐、つまりクライトン大佐の指揮のもとで諜報部員になるための訓練を受けることになる。一方ラマの方は、キムなしで「矢の川」の探索をしなければならなくなるのである。ただ、このキムとラマの探索の変化には双方が深くかかわっている。

キムの方は、英国国教会の牧師とカソリックの牧師によって、兵士の息子で孤児になった者の入る学校に強制的に入れられるところを、ラホール博物館館長のような知識を身につけられる優れた白人の学校に入れたいというラマの願いにより、聖ザビエル校に送られることになる[75]。もっともこれが実現するにあたっては、カソリックの牧師の、キムをカソリック教徒にしたいという独占意識と、クライトンが、フリーメーソンの仲間意識——キムの父親はフリーメーソンであった——とキムを諜報部員として利用したいという気持ちの両方から熱心に牧師を説得したからでもあるが、キムを聖ザビエル校に入れることを思いついたのも、授業料を払うのもラマであることには変わりない。そしてこのことは、ラマに対する感謝の気持ちを後々までもキムに感じさせる大きな要因になるのである。
　一方ラマの方は、キムとの3年間——その間、少なくとも1度はキムに会いに聖ザビエル校を訪れているが——の離別の間に深い喪失感を経験することによって、宗教的寛容さ・人間的深みにおいて、恐らくゴータマ・ブッダの高みに近づいたといえるのかもしれない。彼はそもそも人間から蛇に至る生きとし生けるものの繋がりを説いていたが、それはあくまでも否定すべき、乗り越えるべき通過点に過ぎず、ひたすら涅槃を追い求めていたのであった。したがって前半部分では純粋ではあるが滑稽なほどの偏屈さ——たとえば、列車の中で決して女性を見ない所——が見られたが、しかし彼はそのようなネガティブな宗教観から脱却して文字通りの寛容さを獲得し、人間的な深みと広がりを持つ人物に変貌していくのである。そしてまた、彼が「赤く」、「邪な」煩悩の「炎」（『キム』、152）といっていたキムに対する「愛」を臆せず口にするようになるし、さらに、ゴータマ・ブッダの何度かの転生を描いた『ジャータカ』の中の罠の鉄環の取れない象（アーナンダ）と若い象（ブッダ）に自らとキムをたとえ、キムを悟りの導き手と考えるようになる。またあれほど敬遠していた山岳地方の王の未亡人マーハラーニ（Maharanee）に対しても優しく接するようになったのである。そして、それまではインドをしらみつぶしに調べて「矢の川」を発見しようとしていたのが、「必要とあらば、川は我らの前に現れる」（『キ

ム』、316）に変わり、最後に発見に至ることになる。この寛容さはキムにも感化を与え、彼をカースト制に裏づけられた世界観から解放することになったといえるし、また堅牢な自己の世界観を持つさすがのマハブブ・アリにも多少の影響を与えたといえるのである。しかしながらキムはある一線に関してはラマの影響を受けてはいない。唯一ラマに対して反論するのは、「行動」に関してである。（『キム』、347-8）このキムの行動へのこだわりこそが、作品にダイナミズムを与えるもう1つの重要な要素である。つまり、ラマの寛容さがキムに広い視野を与え、キムの行動力がラマを深い境地に導くのである。

　ただキムの行動志向といっても、静的な東洋に対する行動的な西洋という単純な意味ではない。概してラマとキムは、一方が弱く従属的として、他方が強く主導的として——つまり人種主義的二項対立の関係で——描かれていると判断する批評家は多い[76]。確かに、小説を一読する限りにおいては、純粋であるが子供のようなラマを世故に長けた行動的なキムが保護しているという印象をもつのであるが、詳細に読むと決してそのようには描かれていない。少なくともラマがキムよりも優勢になるのは3度ある。1つが旅を始めてすぐにコブラに遭遇する場面であり、キムは「先住民になりきっても消えない［キリスト教徒の］蛇に対する恐怖心」（『キム』、72）からコブラのそばを通ることができないが、ラマは仏教的世界観からすべての生き物の魂における繋がりを信じているので、蛇に対しても慈悲の心をもって恐れるところがない。そして2つ目はマヴェリック連隊の2人の従軍牧師にキムが捕まったときであるが、このとき、キムは隙があれば逃げ出すことをラマに訴えるが、ラマの方はそれを退け、キムを白人の立派な学校に入れるように頼み込む。3つ目は山岳（the hill）に登り始めたときであるが、平地で育ったキムに対して若返ったようにラマは勇壮にキムを従えて登って行く。この間、ロシアのスパイに遭遇するまでは、この「神々の住む」（『キム』、384）場所で、まさに「原初の師と弟子」（『キム』、392）の姿として描かれているのである。以上の3つに共通していることは、キムがラマに会う以前に持っていた彼の限界を押し広げられるのはラ

マであるということである。それに対して、それ以外の登場人物はキムの本来持っていた能力をさらに発展させることはできても、ラマの役割を担える者は一人もいない。すなわち、キムの持っていた人間に対する洞察や変装術は、アリやバーブーやラーガンによって磨かれるのであるが、硬直したカースト的世界観や非・精神性を打破することはできない、というよりはラマ以外のすべての登場人物は同じ限界に縛られているからである。

　このようにラマとの関係を重視してキムを考えるとき、『キム』批評にとって——もちろんキムにとってでもあるが——もっとも重要な懸案事項、すなわち、「キムってどういう人間なんだ？」という問題に関しての答えもおのずから影響を受けてくるであろう。これまで様々な批評家がこの問題に答えてきた、あるいは、疑問を投げかけてきたのである。たとえば、エドマンド・ウィルソンは、結局は、キムは心の葛藤もなく最も愛する人々を白人に売り渡すようになると述べているし[77]、サイードやパトリック・ウィリアムズ（Patrick Williams）のように、キムの白人性を強調し、帝国主義の共犯者とみている者もいる[78]。もちろんサンディソンのような擁護派の多くは、キムをあくまでもインドと一体となった少年——少なくとも良きサーヒブ——であると考えているし、さらに、ヴァサント・シャハーンとマーク・キンキッド＝ウィークス（Mark Kinkead-Weaks）のように、ラマの感化を受けて成長したと考える者もいる[79]。筆者自身は、前述の通り、ラマとの旅を通してキムの世界が深まり、広がったとみている。その意味ではラマの感化を受けたことになるが、しかしそれは、キムがラマの感化によって世俗的世界から精神的世界へと移行したというのではなく、もともとの行動力に加えて、世俗的世界を細分化している人種・カーストという人間を分け隔てている壁を、それでもって突き抜けることのできる精神性を獲得したということである。

　人種・カーストの壁というのは、人間の能力の有限性と、文化伝統、「血」の継続性、および、征服の歴史が生み出した産物である。社会の規模が拡大していくと様々な職種が生まれ、役割分担が生じてくる。そして個人はその能力によって自然にそれらの職種に振り分けられるが、しかし

第 2 章 「東洋」の知識化の歴史的考察（1）

時の経過とともに職業の継承は親から子へという「血」の継承と同一化してくる。そこに征服・被征服という関係が加わり、その関係もまた「血」の継承と同一化するのである。まさにその関係が最大限に深化し、広がったのが 19 世紀のイギリス領インドであろう。キムは、この人種・カーストが網の目のように交差する壁を通り抜けるための精神的支柱をラマの仏教的世界観から教えられたといえる。ただ、ラマとの相違点は、ラマがゴータマ・ブッダの精神を忠実に踏襲することによって「輪廻転生」の世界から彼の魂を解放しようとするのに対して、キムは諜報部員としての訓練を通して身につけた人間に対する鋭い洞察力によって、現実生活に留まりながら文化越境を行うということである。それはまたあくまでも白人に留まろうとするキムの原型ともいうべきストリックランドの「文化越境」とも異なって、キムがインド人になるとき、それは「インド人に変装した」白人ではなくて、まさにインド人のアイデンティティを持った「インド人」になるのである。さらに、第 1 章 7 節と第 2 章 2.2 節で論じたポール・スコットの『ラジ 4 部作』に登場するハリ・クマールとも違うのである。クマールはイギリス人のアイデンティティを身につけたために、インドでどこにも帰属出来ない苦しみを味わったが、キムは、すべての人種・階層に帰属することが出来る。一方、複数のアイデンティティに瞬時にして入れ替わるということによって生じる精神上の不安定さに対しては、生きとし生けるものすべてが母なるインドの大地に抱かれた同じ仲間であると感じることによって癒されるのである。もちろんこれは「全世界のかわいい友達（the Little Friend of all the World）」と呼ばれるキムだけに可能なことであり、彼以外の人間には不可能な行為である。その意味で『キム』は、美化され、理想化された世界を描いているといえる。しかしこれは単なる夢物語ではなく、キムの越境がかなりの程度まで説得力を持って読者に受け取られる理由は、この作品ではインド社会のそれぞれのカーストや、チベット僧の仏教的世界観が、実態を感じさせるまでに緻密なコードで表象されていて、それらのコードを熟知した（するようになる）キムが文化越境を行うように設定されているからである。

しかしここで留意しなければならないのは、この多文化の複雑で高度なコード化（色分け）は、キリスト教徒・進歩主義者・自由主義者・ヒューマニストの世界平和のヴィジョンとは根本的に性格が異なるということである。その相違はまた、キプリングが自由主義的知識人に毛嫌いされるところでもある[80]。キプリングは、初期の短編はもちろんのこと、『キム』においても人種主義的文化主義者である。つまり、人間は生まれつきある特性を遺伝的に継承しており、それが文化風土によって強化され、異人種・異文化間の交流を極めて困難なものにしているという考え方の持ち主である。一方、T・B・マコーリーに連なる進歩主義者や自由主義者は、この世界には普遍的な真理が存在し、人間はすべて遅かれ早かれそれに到達するのであるが、しかしながら文化的因習が人々を蒙昧にさせたり、あるいはそもそもそのような文化因習など瑣末なものでしかなく、正しい政治形態や教育によって人類は共通の言葉を持てるという考えをもっている。ただこの両者とも、独善に陥ると、一方はアパルトヘイトや民族浄化につながるし、他方は現地の人間を啓蒙するという名目で、土着の文化を否定し、欧米の価値観を押し付けるという西欧優位主義に陥るのである[81]。

再び作品に戻ると、物語の終結部分は現実世界にありがちな傲慢さと不寛容と暴力によって始まる。すなわち、ロシア人がラマの「輪廻転生図」を引き裂いたことからラマが怒りのあまり鉄の筆入れに手をかけたとき、ロシア人がラマを殴ってしまう。あらゆる「アイルランドの悪魔（Irish devil）」（『キム』、396）を呼び覚まされたキムは、それを見るやすかさずロシア人に飛び掛り、制裁を加えるのである。その間、ロシア人の作った地図や山岳地方の王の書簡の入ったキルタ（円錐形の籠）を山岳住人の荷物運び人夫たちが盗んで行くが、それらはキムが後で手に入れることになる。この段階でグレート・ゲームへの関心はキムの頭から一切なくなり、ただロシア人から奪ったものを少しでも早くバーブーに渡したいだけである。これ以後小説の終わりまで、一瞬たりといえども怒りに我を忘れたことに対するラマの痛々しいほどの悔恨と、キムの疲労、そして彼のアイデンティティの危機が描かれ、キムはマーハラーニの献身的な介護と母なる

第 2 章　「東洋」の知識化の歴史的考察（1）

大地に抱かれることで回復し、ラマの方は「矢の川」を最後に発見し、彼の魂は一旦すべての桎梏から抜け出て「大いなる魂（The Great Soul）」なるものと合一するが、キムのことを思い出すやこの世に戻ってくるのである。

　この最後のラマの「矢の川」の発見は、実に見事にラマとそれ以外の人物の二重の視点で描かれており、彼以外の登場人物の目からは、木の下のほらに座って 2 日間の無謀な断食と瞑想の末、小川に入っていき、溺れそうになったところをバーブーに助けられたということになる。この二重の視点は、単にそれぞれの登場人物の口を通して語られるだけではなく、ラマがキムに語って聞かせる悟りの瞬間の描写のなかにもあり、まさにこのフーガー的描写――モダニズム的手法であるが――こそが、同一時間・同一空間に存在する複数の文化現象を表しえた瞬間であるといえる。多くの読み手はこの二重の視点のどちらかを通してみるので、悟りを得た瞬間とみるか、あるいは妄想とみるかに別れる。しかしこの相反する事柄は、それぞれの文化空間にとってみればいずれも「事実」なのである。人種主義的文化主義者にとって、相反する「事実」が同時に存在することは可能なのだ。人種主義的文化主義者のキプリングは、『キム』において異文化に対する寛容さを可能な限り限界まで押し広げたのであった。しかし一方、サイードのいうように、依然人種・カースト的人間区分を温存した政治体制には一切手をつけていないことも事実である。（『文化と帝国主義』、134-5）一種の棲み分けを守れば、つまり、理性的であり政治に長けたイギリス人によって統治されることによって、インドには宗教間の争いも階層間の葛藤もなくなり、また極端な迷信や暴君によって苦しめられることもなく、自らの宗教・習慣のなかで楽しく平和に暮らしていけるというのである。この棲み分けは、外部からの闖入者は別として、作品の描き出す「インド」を内部に混乱要因を持たない実に予定調和的な世界にしているまさに構造的根本原理である[82]。イギリス人は理性や政治的手腕に長け、インド人は生き生きと生活し、ラマは高邁な理想を述べる。他方、イギリス人には生活感がなく、また高邁な理想もない。インド人は身近な生活のことや子供のことしか頭になく、ラマは騙されやすく生活力がない。このよ

163

うに 3 者は決して競合することなく、協調することによって、広く豊かな「インド」を形成しているのである(83)。もちろんこれはサイードらがもっとも批判する点であるが、ただ不思議なことに、『キム』で行われている言語間の色分けに関しては、当然批判に晒されるもののように思われるが、これまであまり問題にされていないようである。特にインド人やポストコロニアルの研究者からの批判が聞かれないのは実に奇妙である。キムの理性的思考の場合と感情的思考の場合の英語と現地語の使い分けや、バーブーの使う英語などである。言葉は単に意思を伝達する道具であるだけではなく、フランツ・ファノンのいうように、どのような言語を使うかということとその人間の社会的実存とは本質的に繋がっていることは間違いないであろう。人種的差異が誇張され歪曲されることが人種的偏見や、優越感・劣等感を作り出しているとするのなら、まさにその人種的差異を誇張し歪曲する場は言語であり、またそれを広めるのも言語である。

　本書において、インドの植民地化言説形成＝編成の重要な転換点として、マコーリーのインド人に対する高等教育を英語で行う政策転換をあげた。英領インドだけではなく、フランス領においても、また日本の植民地政策においても、植民地側の言語を押しつけることが出発点となったことは歴史的事実である。つまり、植民地化言説形成＝編成の根幹にあるのは、認識や存在論ではなく、言語である。

　『キム』における言語観はどうかというと、アングリシストの主張とは違い、言語の色分けやその選択に極めて重要な意味を持たせているものの多言語が混在する状態を否定してはいない。『キム』の世界にあっては、きれいに棲み分けがなされていて、競合することも、コミュニケーションの障害になることもほとんどない。

　まさにこの棲み分けが、『キム』の「インド」世界を形成しているわけであるから、将来インドにおいて、ヒンドゥー教徒、イスラム教徒、そしてイギリス人が分裂するような事態を想定していない。したがって、今後キムがどのような行動をとるのかという問いに対する答えは、この平和な「インド」をよりいっそう調和のとれた世界になるように努力していくと

いうことであろう。サイードが当然のようにいうように、キムが常勤の植民地役人になるというような具体的な答えは、キンキッド＝ウィークスもいうように、作品のなかに用意されてはいないのである[84]。強いて探せば、キムを悟りに導いた後のことをアリがラマに聞いたとき、キムを教育者にしたいといったことが小説の最後の部分に描かれているが、もちろんラマがキムをどのような教育者にしたいかは容易に想像がつくであろう。

　いかにインドに対する優しい眼差しを感じさせようと、いかに仏教に対して深い洞察を示そうと、『キム』はイギリス人のインド統治に対する否定要因に関して、外部からのものは「悪（evil）」として排除し、内部の要因に対しては、政治的主体性を求める声が当然歴史的事実として存在したにもかかわらず、それを無化し、触れてはいない。その意味で『キム』の平和で、牧歌的な「インド」は、人種・カースト構造を堅持したままである。したがって、ウィルソンによって問題提起され、メイヤーズが限界として捉え、サイード以降、帝国主義的言説を補強するという、作品の帝国主義的側面の読み直しは、サイードのいうように『キム』の限界を指摘し、擁護派のような無条件の賞賛に対して警鐘を鳴らし、また、ポストコロニアルの発言者の叫びを隠蔽しないためにも重要な意味をもつであろう。ただ、まさにその時間を超越した、調和のある平和な「インド」、文化多元的な視点からのあのような多種多様な世界を構築しようとする試みは、それ以前のインド表象の中には見出せなかったことであり、第3章以降取り上げる日中戦争・太平洋（大東亜）戦争の際の日本の植民地イデオロギーに欠けていた特質である。まさにこの特質こそ、19世紀の近代化言説形成＝編成の変容の予兆であろう。

　第2章 2.5節では、『キム』という作品を物語に沿って全体的に検討し、英語の近代化言説形成＝編成の中でその作品の占める位置と意味を検証した。以下の3つの節では、英語言説形成＝編成の中に取り込もうとする異文化への眼差し、隣接する異文化への眼差しがどのように作品に反映されているかを、それぞれ「異文化受容」、「東洋理解」、そして「異文化越境」という3つの側面から、『キム』を分析する。

2.2.6 キプリングにおけるモダニズム性 [85]

インド独立前後を扱ったサルマン・ラシュディの小説『真夜中の子供たち』の前半部に登場するアーダム・アジズ医師は、ドイツ留学を終えて故郷のカシミールに帰り、そこで開業する。そして、彼の最初の患者であり後に彼の妻になる地主の娘を診察することになるのだが、地主の一家は特に熱心なイスラム教徒であるところから医師といえども男であるアジズ医師に娘の膚を見せることを許さない。ではどうして診察するかというと、3人の力士のような女中がアジズ医師とその娘の間を小さな穴が開いたシーツでもって仕切り、患部と思われるところにその穴をもっていき、その穴を通して（through the hole in the sheet）診察するのである。（『真夜中の子供たち』、22-5）

アジズ医師はすぐにその「穴」の魔力に取り付かれるのではあるが、彼はドイツ留学中にニヒリストの友人から影響を受けていたために、最初、その宗教的倫理観に裏打ちされた行為に対して非常に戸惑う。つまり、シーツによって多くの部分が隠されていることを強く意識せざるをえない。しかし、もし彼が異文化である西欧の影響を受けていなければ、シーツの白い部分に気を止めることも無く、見せられるものを甘んじて見たことはコンテクストから明白である。つまり彼は穴開きシーツによって視線がコントロールされることが少しも苦にならなかったであろう。このような文化の拘束は何もイスラム教社会だからではない。なぜなら、アジズ医師のドイツ人の友人であるニヒリストも「インドが西欧人によって『発見された』」といった西欧中心的な見方を当然のようにしていて、彼を辟易させたからである。（『真夜中の子供たち』、6）ある社会の文化というのは、単にそこに生きる人々の衣食住の様式を規定するだけではなく彼らの視線をも規定し、したがって、彼らの世界観や価値体系はその文化の支配下におかれる。このことを、ラシュディは上にあげたシーツの穴という天才的な表現によってわれわれに視覚的に示してくれるのである。

ラシュディに先んじること100年、キプリングもまた、「王を気取る男（"The Man Who Would Be King"）」という短編小説で同様の異文化間の問題

166

第 2 章 「東洋」の知識化の歴史的考察（1）

を扱っている。

「王を気取る男」では、イギリス統治下のインドで長年放浪生活をおくっていたドラヴォット（Dravot）とカーネハン（Carnehan）という2人のイギリス人が、アフガニスタンの部族抗争の絶えない山岳民族の所へ行って彼らの王になろうと試みる。英国式教練とライフル銃の威力を借りて、それとドラヴォットの方が現地語や風習を多少なりとも知っていたことも幸いして、部族抗争を終結させ、現地人から神として崇められ、その地方の王となる。このように彼らの計画はほぼ成就するのであるが、しかし、やがてドラヴォットは妻が欲しくなり、カーネハンの制止にも関わらず、無理やり現地人たちに彼の妻になる若い女性を差し出させる。そして婚礼の日がやってきて、ドラヴォットは神と結婚することにすっかり怯えきっている現地人の女性に対して、無意識のうちに西欧の習慣である接吻をしようとした瞬間、彼は自ら偶像破壊をすることになったのであった。キリスト教社会では公認された結婚のときの接吻も、山岳民族にとっては公然たる性行為の1つに過ぎなかったのであろう。ドラヴォットは女性から手を噛まれただけではすまされず、神と偽った人間として無残にも殺されてしまう。まさに彼らにとって、カーネハンが嘆いたように、「でも、現地人が何を考えているかなんか誰も理解できない」のであった[86]。

キプリングは彼の生前から『ジャングル・ブックス（*Jungle Books*）』の作者と大英帝国のスポークスマンというレッテルを張られ、知識人、特にH・G・ウェルズ（H. G. Wells）やバーナード・ショー（Bernard Shaw）の影響を受けた左翼系の知識人からはほとんど顧みられなかったのであるが、時も同じ1941年、大西洋の両岸で、彼はエドマンド・ウィルソンとT・S・エリオット（T. S. Eliot）によって再評価されることになった。エリオットは『キプリング詩選集（*A Choice of Kipling's Verse*）』という論文を発表し、そしてウィルソンはキプリングの伝記と作品論を『アトランティック・マンスリー（*Atlantic Monthly*）』誌に発表したのであった。エドマンド・ウィルソンのキプリング論はそれまで考えられなかったほど詳細に論じており、キプリングが単なる子供向けの作品とジョゼフ・チェンバレン（Joseph

Chamberlain）の政府のためのプロパガンダを書いただけの作家でないことを論証したのであった。そして彼が体制よりの意見—それはしばしば多くの知識人を辟易させたのであるが—を公言するのは、インドのボンベイ（ムンバイ）で生まれた彼が、わずか6才で、イギリスで教育を受けるため妹とともに里子に出され、そこで精神的に虐待を受けたことが、彼の後の性格に大きく影響したからだという。つまり、弱者に対する同情心と強者に対する精神的脆さがその時形成されたという。

『アクセルの城（Axel's Castle）』の著者であるウィルソンは、このような伝記的・精神分析的解釈だけではなく、その後のキプリングの作品論で取り挙げられるほとんどの問題点を驚くほどの洞察力で指摘している。

そして『キム』の芸術性についても、エドマンド・ウィルソンは幾つかの重要な問題点を含む、詳細なテクスト分析を行っていて、最後に、前節で触れた相対的な異文化並置を指摘する。

> さて、ずっと自分の仲間だと思ってきた人たちをイギリスからの侵略者の足下に差し出そうとしているのだとついにキムが悟る時がきて、イギリスとインドへの忠誠との間に葛藤が起こるということを、読者はきっと予想するだろう。神秘主義と官能性と、他では見られないほどの聖者と悪党に満ち溢れた東洋と、そしてすぐれた組織を持ち、近代的手法に信頼を置き、現地人の神話や信仰をクモの巣のように本能的に払いのけようとするイギリス人との対照が、読者のためにキプリングによって——それも非常に劇的な効果をもって——築かれたのだ。いずれも相手側を本当に理解できない二つの全く異なった世界が並んで存在しているのを示され、我々はキムが双方を行ったり来たりしながら揺れ動くところを見せられるのだ。しかしながら平行線はいつまでも平行線であり、それら二つの世界へキムがかわるがわる惹きつけられるからといって、純然たる葛藤は生まれてこないのである。（『キプリングの精神と芸術』、30）

第2章 「東洋」の知識化の歴史的考察（1）

　ただここで指摘されているキプリングの「東洋」と「イギリス」の対照的（相対的）な捉え方は、本書の主張とは違い、サイードの『オリエンタリズム』での「西洋と東洋」の関係に合致するものである。二項対立的に、「非常に劇的な効果」をもって創り上げられた「東」と「西」の関係は、いくらそこを行き来しようと、キムには「純然たる葛藤」など生まれてこない。そして、続いて以下のようにキムとインド（東洋）との関係を結論付ける。

　　しかし、ラマ僧によってどんな呪文がキムにかけられたにせよ、アイルランド人であるキムが争いを挑まれたまさにその行動の瞬間に、すなわち、キムがロシア人を殴り、その頭を石に打ち付けたとき、聖なる仕事をしているというキムの素振りは消えてしまった。「俺はキムだ。俺はキムだ。でも、キムってどういう人間なんだ？」と、このロシア人たちとの争いのエピソードの後、疲れ果て寝込んでいる間にこの問いを何度も繰り返す。キムは自分の魂が「周りの環境からギヤが外れて——どんな装置にもつながっていない歯車、ちょうど、隅に置いてある安価なベヒーア・サトウキビ圧搾機の外れた歯車のように——外れて」しまったと感じる。しかしキムが圧搾機の仕組み——機械のメタファーを使っていることが重要である——に彼の遊離してしまった魂に働き場所を見つけさせたのだ［魂の働き場所を見つけたのだ］。すなわち、アボット・ラマによって代表されるヒエラルキーから自分を切り離し、実際的な［現実の］組織のヒエラルキーの中の自分の役割に専念するのだ。（『キプリングの精神と芸術』、30-1）

前述したように、チベットからきたラマの弟子として、あらゆる罪を洗い清める川を探し出すラマの旅に付き従う間に、大英帝国の最前線を支える諜報部員としての訓練を受け、最終的にロシアの南下を防ぐ仕事で重要な働きをする直後に、キムは彼本来の居場所、大英帝国の植民地支配構造の一角に自分の居場所を見つけたというのだ。一方、ラマ僧の弟子であっ

169

たのは「素振り」——ラマによって呪文をかけられたとウィルソンはいうが、ラマが呪術を使うという言及は作品には一切なされていない——に過ぎず、自分の本来の立ち位置、つまりアイデンティティを見つけると、ラマの魔力は消え去ってしまったとウィルソンは断言する。

　果たしてウィルソンのこのような解釈は正しいのであろうか。たとえば、「実際的な［現実の］組織のヒエラルキー」の一員であることをキムが自覚したとウィルソンが読み取った場面の直後の場面は、彼の解釈と抵触しないのであろうか。その場面は、キムが肉体的・精神的過労から倒れ、数日して回復した後、ラマと再会して、2人が会話を交わす場面である。

　　「ずいぶん長く眠ってしまった。どこですか——聖者様、ここにずっといらっしゃったんですか。お師匠さんを探しに出たんですが、でも」——「途中で眠ってしまいました。もうすっかり元気です。食べてますか。屋敷に参りましょう。何日もお師匠さんのお世話をしていませんね。それで奥様は良くしてくれましたか。御足を石けんで洗ってくれた者がいますか。辛くなったところはどうです——おなかや首とか、耳鳴りは治りましたか。」

　　「どっかへいった——すべて消えてなくなった。お前は知らないのか？」

　　「何にも知りませんよ、ただ、猿のように何も知らなかった間、お師匠さんをお見かけしていなかったことを除いては。何かあるんですか？」

　　「奇妙だね、わしの心はお前の方にだけ向いていたのに、そのことがお前に伝わらなかったとは。」

　　「お顔は見えませんが、でもお声はガンガンします。奥様はどんな料理でお師匠さんを若返らせたんですか？」

　　　　　　　　　　　（中略）

　　「実際信じられない。二日二晩食事なしとは！奥様はどこです。」とキムは声をひそめて言った。

第 2 章 「東洋」の知識化の歴史的考察（1）

　「そうだ、わしの魂は桎梏から抜け出したのだ、そして、鷲のように旋回し、（以下省略）」
　「アラ　ケリム！ああ、バーブーが通りかかってよかった！ずぶ濡れだったでしょう？」
　「そんなことはどうでもよい。（以下省略）」
　「奥様はなんてお言いになりました？」（『キム』、469-73）

　ウィルソンはキムが最終的にラマの精神的支配から脱し、白人として支配者の側に加わるという。しかも、ラマの巡礼に対するキムの奉仕は「素振り」にしか過ぎないというが、上記の引用から判断すれば、J・I・M・スチュアート（J. I. M. Stewart）のいうように[87]、ウィルソンの誤読であると考えられる。なぜなら、もし、キムに白人としての自覚がこの時までに確立していたのならば、キムはどうして上記の引用のように真摯にラマの食事のことや足の汚れのことまでも気にするのであろうか。アイルランド人（白人）の少年がチベット人の足の汚れまで気にするということは、この小説の書かれた時点の白人優位主義の強い風潮から考えれば、キムは依然としてラマ僧の悪しき呪文にかかったままという設定としか考えられないであろう。しかも、これ以降小説の終わりまで、キムがその呪文から覚める出来事は描かれていない。つまり、キムに白人としての自覚が生まれたとしても、そのことがラマを尊敬し彼の弟子であるということを忘れさせてはいないのである。明らかに、この場面のウィルソンの読みは、意識的・無意識的を別として、ウィルソン自身の「西欧中心主義」の眼差しが、描かれているキムの言葉やしぐさを読み取る（decode）ことに失敗している。
　ウィルソンの読み（解釈）と共通する研究者として、たとえば、ジョン・A・マクルーア（John A. McClure）はキプリングが「よくあるような、保護してくれる後見人の下に置かれたままにしておかないといけない子どもと、インド人との同一視」という当時の考えを受け入れ、強調しているのだといい、さらに、

171

> そのような主張に異議を唱えるためにキプリング自身の作品を安易に紹介することがある。というのは、幾つかの作品で、キプリングは強い抑制心で行動し重い責任感を帯びるインド人を描いているからである。しかしながらそのような異議は的を外している(88)。

というように警告している。要するに、『キム』や他のキプリングの作品に現れる、白人優位主義を暴くスクリーンに引っ掛からない箇所は、偶然に混じり込んだ「異物」とみなし、作品解釈から取り除くべきだといっているのであろう。しかしマクルーアはその根拠を何ら示してはいない。キプリングが帝国主義者で彼の作品が「帝国主義のプロパガンダ」という読みに抵触する部分を排除する根拠を示してはいないのである。

確かに、上掲の引用においてエドマンド・ウィルソンが指摘するように、キムとラマの間に越えがたい溝があることに関しては認めざるを得ないであろう。彼らの間の言葉の遣り取りは、全く歯車が噛みあっていないからである。一見、心情的には強く結ばれている二人も、キムが白人であるがゆえに最終的に東洋人のラマを理解できないという意見が、当を得ているようである。

しかしながらウィルソンの示した解釈は、新批評的なアプローチによって到達できる最大限の成果であると思われる(89)。本書で問題にしたいのは、キプリングの作品、特に『キム』に関して白人種優位主義を読み取る批評家の中に、「東洋」に対する固定的な見方、異文化への無理解があり、それが作品解釈に影響しているのではないかということである。たとえ帝国主義批判や人種主義批判を標榜する立場の批評家であっても、多様な文化を認識するツールを獲得していなければ、あるいは、単一の視点でしか物事を見られなければ、異質なる要素の混在する作品に対して、不信感や拒絶感を抱くのである。つまり、『キム』を読む側の東洋理解の限界によって、作品の誤読ないしは、作品の解釈の過程での無意識の歪曲が生じる可能性があるという問題提起である。これが、本書のキプリング批評を読み直す「権力への意志」である。以降、その視座から、『キム』批評・理解

第2章 「東洋」の知識化の歴史的考察（1）

を点検してみよう。

19世紀まで、一部のオリエンタリストは別として、本書でいうアングリシストのみならず、ほとんどの西欧人にとって西欧文化以外の文化、つまり彼らにとっての異文化など、無きに等しかった。もしくは歪曲されたり無化されてきたのであった。非西欧は彼らには見えなかった——あるいは、まともに見ようとしなかった——のである。やがて日本趣味に触発された印象主義運動から、マックス・ウェーバー（Max Weber）等による社会理論により、これまで見えなかった異文化が20世紀になってようやく彼らに見えてきたのであった。それでは異文化を意識し始めた英米の批評家に『キム』はどのように姿を変貌させていったのであろうか。

たとえば、ライオネル・トリリング（Lionel Trilling）は、

彼［キプリング］は文化人類学的見方と呼べるものを提示した初めての作家だった。すなわち、他者の美徳や名誉についての考え方が自分自身のものとは異なっていても十分に尊敬すべきという認識を持った最初の作家である。われわれがキプリングの心ない帝国主義を非難する際、このことを思い出さないといけない。インド人は、当然のことながらキプリングについてのいかなることも我慢が出来ないだろうし、インド人の生きざまへの愛情がふんだんに表現されている『キム』でさえ、インド人を偽って描いているとして、キプリングのこの最良の本を非難する。恐らくそうなんだろうが、『キム』の作品の支配的な感情は様々なインド人の生きざまに対する愛情と尊敬であり、通常、西欧の精神風土では寛大な気持ちをもってしても顧みられようとはしなかったものである[90]。

またノエル・アナン（Noel Annan）は、

［ヘンリー・］メーンやフィッツジェームズ・スティーブンと同様、インドの社会について信じるように教えられたことと実際存在している

173

社会との間に存在するいろいろな矛盾をキプリングは感じたのだ。そして、このインドの困惑させる社会に生きる様々なグループを結合する力の正体をキプリングが考えたとき、デュルケムが発見したように、社会のもつコントロールする力に解答を見出したのだ。それで繰り返すが、彼の「法」についての概念は通常のそれではない。すなわち、文化人類学者の「文化」と同じものなのだ。キプリングの作品が全体として与える印象は、限定された範囲の社会関係のネットワークの中で、その社会の環境に適合する行動体系を教え込まれた人々が生活する様子を見せてくれる、そのような人物の作品だということである[91]。

またサンディソンは、

イギリス人は自分たち自身の道徳を相対的にみることが決してできなかったので、インド人を共感をもって理解するまでに至らなかった。あるいは、イギリスとインドの二つの文化のもつ本質的に絶望的なほどの相いれなさを理解できなかった[92]。

このように英米の研究者に異文化を認識する素地――あるいは、異文化を認識していなかったことの自覚――が形成されてくると、従来なら、「奇異」とか「神秘的」とか「アジア的」――エキゾティックな色付け――として一様に処理されてきたテクストの箇所が、新たなる解釈の領域としてみなされていくことになる。つまり英米の読者にとって、『キム』というテクストが拡大していくわけである。

実際『キム』には、随所に、特にキムや東洋人の語る言葉の内に、非常に斬新な面がある。たとえば、イスラム教徒のマハブブ・アリは、「だから、それぞれの国で信じられている信仰は馬の様だと心の中で言うのだ。その国ではそれぞれいいところを持っているのだ。」(『キム』、235)と、すべての文化はその国や社会においては立派な存在意義があり、他の文化に

第2章 「東洋」の知識化の歴史的考察（1）

取って替えられるべきではないという。それは、冒頭に掲げられたエピグラフ、

> おお、狭き道を歩む者たちよ［キリスト教徒のこと］
> トペテの炎のそばで最後の審判を待つ日まで、
> 異教徒が祈るときには大人しくしなさい
> 鎌倉の大仏に祈るのを！　（『キム』、3）

の理念と通じる考えをいわせている。概して、キムや主要な東洋人の登場人物は異教・異文化に寛容な者として描かれている。しかし、一方、それらの登場人物が活躍する世界を語る小説の語り手に注目したとき、語り手は次のような表現を非常に頻繁に使うことに気が付く。「東洋人すべてに見られる無関心さ」、「のんきで、計り知れない東洋的時間が流れていった」、「奇妙なアジアの信仰や未知なる習慣において」といった表現が『キム』で多用されているのは、当然の事ながら読者をイギリス人として想定しているので、物語の語り手と、想定される読者（Implied Reader）の間には文化的に極めて単一なサークルが築かれていて、アジアに関する共通認識、イメージが使用されているのである。ここで問題になるのが、『キム』における「インドの大反乱」の扱いである。そのことを判断する材料として、まず、インド兵の反乱に加わらずイギリス人のために戦った老人の「インドの大反乱」についての認識をみてみよう。

> 「それを災厄としておよこしになった神々のみが知り給うのだ。狂気がインド兵全体を蝕みおったのだ。初めは邪悪なものでも、自重すれば手遅れにはならなかったのだ。だが、白人の旦那の奥さんやお子さんを殺す方を選んでしまった。それで白人の旦那たちが海を越えてやってきて、すごいお灸を据えなさったのだ。」（『キム』、86）

パトリック・ブラントリンガー（Patrick Brantlinger）は、『闇の支配（*Rule*

of Darkness)』で、ヴィクトリア時代の「インドの大反乱」の記述に共通してみられる傾向を以下のように要約している。

　　反乱についてのヴィクトリア時代の記述には、外罰的投影の極端な形が示されている。すなわち、善と悪、無実と罪、正義と不正義、道徳的抑制と性的堕落、文明と野蛮という極端に二極化された言葉を使って懲らしめられた者たちを非難する人種差別的形態がみられるのである[93]。

　上掲のインド人老兵の「大反乱」に対する見方は、ブラントリンガーの指摘する19世紀イギリスの支配的な認識傾向を反映したものであろう。もっともこの老兵を、キプリングが白人の言い分を語らせるためだけに登場させたダミーとして簡単に処理できるかというと、実際はそう簡単ではない。なぜなら、後述することになるが、第2次世界大戦において日本軍に協力してインドの独立を勝ち取ろうとしたインド国民軍に対するインド人の評価は、親英と反英のインド人で意見が真二つに分かれるのだが、親英のインド人はインド国民軍に対して極めて辛らつである。そのことから推測すると、このインド人老兵はイギリス人のプロパガンダを語らせるだけの単なる作りものではなく、一部のインド人の考えを代弁表象させていると考えられる。むしろここで問題になるのは、『キム』には、「大反乱」に関して反乱兵を擁護する人物を登場させていない点である。実際には、かの有名なカーンプル（Cawnpore）で白人の婦女子が殺されて井戸に投げ込まれたという事件に先行して、ベナレスやアラハバード（Allahabad）でその何十倍かのインド人がイギリス軍に虐殺されていると上記の『闇の支配』でブラントリンガーが述べているが、そのようなイギリスによるインド反乱兵への残酷な報復例は『キム』では一切伏せられている。そういう意味で、インド人の残虐さだけが喧伝されたヴィクトリア朝期のイデオロギーを何ら越えるものではないといえるかもしれない。しかし、ここで注目すべきことは、上にあげた引用はほとんど重要性を持た

第2章 「東洋」の知識化の歴史的考察 (1)

されていない人物によって語られる発言であって、主人公のキムは無関心を装い、ラマは沈黙を守っていることである。それに、全知の語り手ですら、あいまいな説明しかしていない。つまり、『キム』は当時のプロパガンダの一翼を担っているというよりかは、「大反乱」に関して明白な意思表示を避けていると考えられるのである。

『キム』の語り手に見られる排他的傾向でさらに重要な点は、すでに触れたことだが、英語と現地語の対比である。「その時までキムはヒンディー語で考えていたのだが、身ぶるいに襲われ、サメが背後から襲ってくる泳ぎ手が体を水面から半ば浮き上がらせんばかりに必死に泳ぐような努力でもって、彼の思考はそれを飲み込もうとする闇から飛び出して、逃げ込んだのだ——英語の掛け算表［英語の割り切れる合理的世界］へと。」(『キム』、251-2) つまり、『キム』においては、英語は合理的・科学的な世界を構築する言葉であり、現地語はインド人を不合理な迷信と混沌の世界に留め置く言語としてみなされているのである。だからインドに蔓延する迷信やいかがわしい魔術の支配から逃れるためには、インドの女性に養育され、現地語で考える習慣を持つキムは、英語で思考する訓練を受けなければならないということになる。これは、マコーリーの英語教育政策の前提である、インドの現地語に対する認識を継承するものではないか。

したがって、ブラントリンガーがいうヴィクトリア時代の両極化の傾向を踏襲して、確かにキムの語り手は西欧と東洋を二項対立的に、あるいは両極化して、つまり、西欧を中心に東洋を周縁、そして、合理主義と神秘主義、男性的と女性的という風に捉えることで、東洋を西欧のネガ的世界にしてしまっているといえる。

ただここで注意すべきことは、このような『キム』の全知の語り手の傾向は、ブラントリンガーが他のヴィクトリア時代の小説にみられると指摘する露骨な悪意や蔑視を含む東洋蔑視を表わしているのでは決してなくて、あくまでも言語における認識・表現のレベルで生じていることなのである。つまり、植民地化によって始まったインドの近代化言説形成＝編成の流れの中で、インド表象をしているのだといえる[94]。

177

それに対して主人公のキムの発言は、全知の語り手の西欧中心的な語りを中和するか、ときには突き崩すような働きをする。たとえば、彼自身特定の人種に属すことを嫌って、マハブブ・アリに向かって「『じゃ、みんなのところで自由にできなきゃだめだ。でなけりゃ、死ぬよ？』『それで、みんなって誰のことだ、全世界の友達よ？』『そりゃ、でっかくて美しいこの土地のことさ』」（『キム』、222）という。そして、キムの言動には、常に白人社会に対する軽蔑や皮肉がみられるのだ。たとえば、語り手が「現地人の警察とは、インド中の現地人から金をゆすり取るということを意味する。」と説明するとそのすぐ後に、イギリス人の地区警察長官に対して、「『こいつら白人の警察の旦那らは何て馬鹿なんだ』」（『キム』、339）というキムの言葉が挟まれる。このパターンは作品のなかで何度も繰り返される、さながら語り手の英国中心的傾向に対して、逆方向のベクトルの役割を果たしているかのように。このように、キムは白人としての自覚をもつといわれながらも、決して白人サーヒブを特権化するような眼差しに与することはほとんどない。

　しかし、作品の結末において、キムと全知の語り手との立場は逆転する。すなわち、前述したように、ラマは作品の最後において、2日の断食の後、突如恍惚のうちに「『これによって、大いなる魂が虚しき時と空間と物を越えたことを悟ったのじゃ。これで、わしは解脱したことを悟ったのじゃ。』」（『キム』、472）という思いにかられ、そばの小川に入っていき、危うく溺死するところを救出される。過労のため家のなかで寝ていたキムは、そのことを聞くとラマの身を案じ、また自分が付き添っていられなかったことに対する悔恨のため、はらはらと涙を流す。一方、ラマが肉体の虚しさや魂が解放された喜びを語る間ただ一途にラマの身体だけを気遣うキムに対して、全知の語り手はラマの恍惚として「『間違いなく解脱したのだ。来なさい。』」と叫んだ後、「ラマ僧は座禅を組むと、微笑んだ。さながら自分と愛する弟子のために救いを得た者が浮かべるような微笑であった。」という1文でもってこの作品を閉じる。ここで、キムの行動と、全知の語り手が物語の締めくくりとして行うラマの両義的な表象との間に存

在するズレを読者は感じるであろう。では果たして、最後の最後にして、どうしてキムはラマを理解できなかったのであろうか。もちろん弱冠16歳のキムはラマの思想の奥義をその時点で理解できなかっただけで、やがて理解できるのだと解釈することもできる。

　そもそも全知の語り手は、最後にラマが解脱の境地に達したと、本気で語っているのだろうか。「さながら自分と愛する弟子のために救いを得た者が浮かべるような微笑」といっているところから、断言はしていないことは確かである。あるいは、ラマが正気を失ってしまったと暗にいおうとしているのだろうか[95]。語りがここで終わってしまっているので、いずれとも断定はできない。ただ、ラマの秘教的傾向が最高潮に達したとき物語を終結することで、キムを含めた西欧人の合理性に対し東洋人の神秘性という構図を完成させたということは間違いないであろう。少なくとも出版直後の書評を見れば、当時のイギリス人読者はそのように受け取ったと考えられる。

> ……そして、いったん正しく理解されれば、様々な利益において大英帝国の維持にとって大いに与するものはほかに知らない。（中略）そしてその背景には、いわば作品全体の旋律に深みがあり荘厳な伴奏を与えるものとして、輪廻とこの上なくすばらしい法についての神秘的な格言を述べるラマという印象深い人物が存在する[96]。

　果たして『キム』は、大英帝国によるインド統治を正当化し強化するという全知の語り手とイギリス人読者の間で交わされる了解事項をその主構造とする作品であって、「インド人」としてのキムやチベット僧ラマというのは、作品にインド的色合いを付加することによってエキゾチシズムを醸成する役割を果たしているだけなのであろうか。あるいは、本書が主張するように、イギリスとは異なった「現存性」をインド・インド人に与えるような文化空間の表象を実現しているのであろうか。もし後者の場合、『キム』の全知の語り手が西欧中心的に語るにもかかわらず作品に異文化

社会がテクスト化されているとするなら、一般に極めてコンベンショナルな手法で書かれているといわれてきた『キム』が異文化をどのようにしてテクスト化しているのであろうか。もっともそれは、たとえば、20世紀初頭に実験的手法を駆使して創作されたモダニズム小説にみられるような語りの手法ではない。それへの解答は、一つはすでに指摘した点であるが、キプリングの英語について頻繁にいわれること、すなわち、彼の英語の特殊性にあるように考えられる。

　伝記的事実として、キプリングは6歳まで英語よりもヒンドゥー語の方が巧みであったということ[97]。そして彼はスラングや専門用語や隠語に対する観察力や語彙が一際優れていたことがいわれている。

　その優れた言語能力がキプリングの作品に発揮された時、特に『キム』においては、重層構造の語りが形成されるのである。

　デイヴィッド・H・スチュワート（David H. Stewart）は、その点に関して極めて説得力のある分析をしている。彼によると『キム』は4層構造であるという。まず1つ目は全知の語り手のものである。

　　……百科辞書的で、説得力があり、語勢が強く、しばしば省略的な言葉遣いであり、それはキプリングのトレードマークになっている。その語り口は小説の最初の数段落や、その後もしばしば見られるのだが、読点やダッシュ記号や外国語を多用する[98]。

　2番目は、キムが「バライト（*Balait*）」と呼ぶところの「イギリス本国の言葉（声）」である。

　　クライトン大佐、ベネット師、ヴィクター神父、そしてリバプール出身の若い鼓手でさえ、「標準英語」——といっていいような英語——を話す。つまり、それぞれは、自分のイギリスの出身地域の方言を話し、その訛りは常に短縮形の形で示される。たとえば、"them"は"'em"であり、"and"は、"'an"で、"would"は、"'ud"、そして、"amazing"は、

"amazin'" のように。さらに、キプリングはヴィクターのアイルランド語とベネットの英語を区別した。(『ラドヤード・キプリングの『キム』』、106)

3番目は、「現地人の使う英語」と呼べるものである。

これはキムが学校で勉強する前に使っていた、("oah yess") のような「安っぽくてのこぎりで切ったような英語」である。バザールの英語代筆屋の使う英語で、たとえば、「ソブラオ・サタイは入学アラハバッド大学を失敗した」というように、そして、代筆屋はラマのキムへの手紙に P.M.（ママ）［追伸］をつけ加えた。「どうかその子は目にとってりんごのようだと思ってくだされ。だからルピーを毎年三百小切手で送られるようにする。全知全能の神に誓って」（『キム』6章）。この英語はまた、バーブーの使う英語としてキプリングはしばしば示している、「最も下品な語句を使う最高の英語」（『キム』13章）である。（『ラドヤード・キプリングの『キム』』、106)

この3番目の「現地人の使う英語」の使用に関して、『キム』は独特の効果を生み出していることをスチュワートは指摘している。

> キプリングが動詞を際出させるもっとも劇的な実例は、キムがヴィクター神父と話を交わす3章［5章の間違い？——筆者］に見られる。
> 「みんなは俺のことをリシュティ‐ケと呼ぶんだ。リシュトのキムなんだ。」
> 「リシュティ——それは何のことだい？」
> 「アイ（目）・リシュティさ——それは連隊のことだった——親父のね。」
> 「アイリッシュ（アイルランドの）か、ああ、わかった。」
> 「そうさ。そんな風に親父は俺に言ったけ。親父の人が生きてきた。」

「どこかで生きているのか？」

「生きてたことがあったんだ。もちろん死んでるさ——いっちまったよ」

　過去形、つまり "died"（死んだ）という動詞を使う代わりに "has lived"（生きてきた）という不正確な現在完了の使用は、まさに非西欧の生と死の曖昧さを表している。この英語に「置き換えられた」ウルドゥー語やヒンディー語（たとえば、聖ザビエル校で生徒たちの話し言葉）はおそらく小説の 10 パーセントを構成しているだろう。（『ラドヤード・キプリングの『キム』』、107）

そして、最後のものは、

「実際の」ウルドゥー語であり、訛って話される言葉である。キプリングは英語を英語でない言語のように聞かせる（見せる）、感心させられるような妙技を披露する。彼はこの技をどのように使っているかというと、しばしば括弧に英語訳をつけたりもするが、普通はイタリック体にして元の現地語を単語レベルで残し、読者は、聞いたこともなく意味もわからないもののそれらの単語を声に出して読んでみたくなるのだ。（『ラドヤード・キプリングの『キム』』、107）

このような巧みな言語使用、つまり、イギリスの地方方言や訛りを巧みに表記するだけではなく、イギリス以外の社会の言語・文化コードをできるだけ忠実に英語にコンバートすることの才能がキプリングには備わっていたのである。それに、インド人やインドにやってきた人物の慣習や、行動パターンに対する深い観察が、キプリングをして極めて的確な人物造形を可能にさせている。たとえば、仏教に造詣の深い人が読めば、一般の読者には神秘的、あるいはこっけいとしか読み取れなかったラマの「矢の川」の発見のシーンでの言動も、重要な意味が発生することをヴァサント・A・シャハーンが指摘している[99]。

次節では、このキプリングの東洋理解に関して、チベットのみならずインド以東の東アジアというパースペクティヴでラマ僧を検証する。

2.2.7 キプリングの東洋理解——『キム』とチベット仏教について

『キム』には、舞台をインド亜大陸にとりながら、イギリスを中心とする近代西欧の世界戦略と、インドから極東に及ぶ地域に強く根ざした仏教思想という2つのベクトルが、主要登場人物を動かしていく物語である。しかし、従来の『キム』批評においては、イギリスのインド支配と、インドの民族性に関しての議論が多く、ラマの具現するゴータマ・ブッダの理念に関する考察はあまりなされてこなかったようである。筆者の知るところでは、ヴァサント・シャハーンやピーター・ホップカーク（Peter Hopkirk）くらいである。むしろ、あらゆる穢れを洗い流す「矢の川」を探し求めるラマは、キムの諜報活動の方便に使われただけの、一見現実みのない理想化された人物として扱われるのが一般的である。しかもラマをチベット人というよりは、植民地インドの住民を代表させているような読み方をする研究者がやたらに多い。しかしながら、ラマという人間の存在をインドの風景の1つとして考えることはできない。なぜなら、インドの仏教は、13世紀初頭にイスラム教徒の侵攻を受けて衰退し、ヒンドゥー教のなかに吸収されたのであり[100]、北伝（大乗）仏教にしろ、南伝（上座部・小乗）仏教にしろ、インド以外のセイロン（スリランカ）、東南アジア、そして東アジアの宗教である。つまり、19世紀末時点で、北東の方角からムガール帝国の滅亡後の英領インドにやってきたテシュー・ラマは、かつてのインド仏教を研究しにやってきたチベット人ではなく——つまり英領インドの周縁の人間ではなく——インド以東の文化を代表する存在だと考えられる。そして小説自体も、ラマの風貌や所持品を中国と結び付けることによって、また、しばしば唱える中国語のお経によって、彼をインドの遥か東方からやってきた人物として描いている。そういう意味で、『キム』はインドを基軸として西と東の問題を扱っているといっても間違いはないであろう。

キプリングの同時代の英語圏の作家のコンラッドも、長編小説の主要人物としてインド以東の人間を描いたが、いかなる意味においても彼の作品でその地域の宗教・思想を真剣に扱ったとはいいがたい。一方、ラフカディオ・ハーンは、彼が帰化した日本の宗教を深く研究した作家であったが、彼は遂に東洋を舞台とした長編小説を書かなかった。そのように考えるとき、キプリングの『キム』は、東洋の宗教を扱った文学作品が帝国主義の世界にあっていかなる存在でありえたかを知る貴重な資料となりえるであろう。これは、また研究する人間が東洋人である場合はなおさらである。
　確かに、文学作品は時空を越えて消費されるものである。しかし、読書行為は個々の人間によってなされる以上、時空軸のある一点に規定される。したがって、文化的・歴史的拘束を逃れることは出来ない。ある作品に対して、その作品が生産された文化の主流に属する人間によって読まれる場合と、その周辺に位置する人間、さらにその文化圏外に属する人間によって読まれる場合では、読書行為によって完成される作品の姿はかなり違ったものになるであろう。『キム』においても、イギリス人男性によって読まれる場合と、かつての英国領の住民によって読まれる場合、また女性によって読まれる場合とでは、その姿はおのずと異なったものになる。したがって、評価は食い違ってくるのであるが、それはあくまでも文学は、文字の集合体である作品と読者の共同作業によって姿を現すからである。たとえば、『キム』に白人女性が描かれていないというフェミニズムの視点からの批判は一面では正当であっても、そのことが作品に男性やそれ以外のものが見事に描かれていないということにはならない。
　本節において、インド以東に属する筆者が『キム』及びキプリングの東洋理解を検証する意味は、その評価によって作品や作者の合否を付けることではなく、インド以西の研究者によって下された評価を補完することである。つまり、キプリングが『キム』において、インド以東の文化空間を言語化したかどうかを見極めることにより、西欧人の読者の目の下にあっては隠蔽されてしまう部分を作品に付加することで『キム』という作品をより複雑なものにする試みなのである。

第 2 章 「東洋」の知識化の歴史的考察 (1)

　すでに言及したことであるが、サイードは、ペンギン版の『キム』の「序（"Introduction"）」において、キプリングがいかにインドを西欧的視点から構築しているかを力説していて、自分の魂の解放を喜々として語るラマの言葉に対し、「もちろんここには何かわけのわからない行動が描かれているのだが、それですべてを片付けてしまうわけにはいかない。ラマのあらゆるものを包括する自由についてのヴィジョンと、クライトン大佐のあらゆる兵舎や村のことが正確に記されるインド調査とは驚くほど似ている。」(101)と述べている。サイードは、クライトン大佐の植民地支配のためのインドのマッピングと、ラマの「魂」のインド世界を包括するヴィジョンとの類似性を挙げ、このチベット僧の曼荼羅的世界観にも植民地言説が投影されているかのように主張する。しかし、短絡的にラマの内的世界に植民地支配のイデオロギーを読み取るのではなく、ラマの視点から解読（decode）すべきであろうが、サイードはインド以東の文化に対して極めて無関心であり、正直なところ、東アジアに対してはバジル・ホール・チェンバレンやハーンはもちろん、キプリングよりもはるかに彼のいうところの「オリエンタリスト」的である。悪しきオリエンタリストに対しては、『キム』のなかでもマーハラーニが――当然ながらキプリング自身の思いであろうが――痛烈に非難をしている。「（白人の女の乳を飲んで育てられ、本から私たちの言葉を学んだだけのヨーロッパからきたばかりの余所者どもは、疫病よりもたちが悪いよ。」（『キム』、125）

　すでに述べたように『キム』の先行研究において、主要な登場人物であるラマは、東アジアの文化や思想を代表する存在としては、あまり重視されてこなかった。

　同時代の批評家は、たとえ魅力を感じているとしても、ラマに対してはインドを描くため、もしくは、エキゾチシズムを加味するための背景の1つとして考えている。

　次の引用は、2つの書評（一つ目は既出）のラマに言及した部分である。

　そしてその背景には、いわば作品全体の旋律に深みがあり荘厳な伴奏

185

を与えるものとして、輪廻とこの上なくすばらしい法についての神秘的な格言を述べるラマという印象深い人物が存在する。読者は、ラマとかあるいは他のどの登場人物でもいいが、実際にこの世に存在する人間のように描かれているかどうかと問うために読むのを止めて考えたりはしない。(下線は筆者による。)(『キプリング：受け継がれてきた批評』、120)

　ラマは聖なる川を求めてチベットからやってきた。そしてホームレスのアラブ人［キムのこと？］に出会う。(中略)——したがって、この作品の目的はインドを描くことにある。読者はキプリング氏がうまくインドを描いているかどうかを評価するのだが、その際、それは読者の尺度でなされるであろう。(下線は筆者による。)(『キプリング：受け継がれてきた批評』、289)

　西欧諸国には、仏教の知識に関して、その研究の盛んであったドイツを通して入ってきていただろうが、長い間鎖国状態にあったチベットは、その膨大な距離とも相まって、西欧諸国にとっては未知なる国であった[102]。おそらく、一般のイギリス人はその存在すら知らなかったであろう。したがってキプリングの同時代の批評家にとっては、インドもチベットも中国も区別なく、それらは一様にエキゾチックな存在にすぎなかったのであり、チベット仏教がインドの風物のひとつと考えられたとしても不思議ではないであろう。
　『キム』の多くの読者にとってラマは東洋的エキゾチシズムや神秘主義を醸し出す人物として捕えられていたとしても、彼は愛すべき存在として作品の一角を占めているのである。しかしながら、帝国主義的・植民地主義的枠組みで『キム』を読み取ろうとする研究者の目には、別のラマ像が浮かび上がってくる。そもそもラマは、建て前は導師でありながら実際はキムの方が彼を導いているのであるという。

第2章 「東洋」の知識化の歴史的考察（1）

キプリングの宗教に対する態度を擁護する主張を可能にしているのはラマという人物である。しかしながら、聖者の中でももっとも共感できるラマでさえ、<u>子供っぽくて、思慮がなく、現実世界で生きていく能力に──自己破滅をしかねないまでに──欠ける</u>ようにみえる。ラマに対して同情的であると思われ、キムもラマに対して愛情が強くなっていくにもかかわらず、彼の信仰上の探索をロシアのスパイ活動に対抗する活動のための隠れ蓑にし、ラマをそのことから蚊帳の外に置くことに対して、登場人物の誰も、ラマの探索を貶めることへのやましさをいささかも感じていないようである。また、その探索から得られる教訓というのは、<u>白人の手助けなしには、現地人は悟りを開くことも、救済されることも、完全な人間となることも、あるいはどんなことであっても得られる希望はまったくない</u>ということだろう。そして、学校での勉強や諜報部員としての訓練が一段落してキムがラマの元に戻ってきたとたん「探索の成就は見えた」と言い張ることや、その裏返しであるキムがいないとその成就はできないというラマの確信に注目すべきであろう。また、このことは批評家によってずいぶん論じられてきたことだが、本の終わりでテシュー・ラマが悟りに達したとき、大いなる精神的苦痛にもかかわらず、ひとえにキムのために涅槃を断念する（もちろんこのことが暗示しているのは、キムの手助けがなければ涅槃に達していなかったであろうゆえに、これは納得できることである。そうでなければ、実際、チベット仏教──したがって大乗仏教──僧として、生きとし生けるものすべてに先立って彼自身が涅槃に行くのは疑いないことであり[103]、したがってこの宗教的宇宙観からすれば、キムの存在などほとんど取るに足らないはずである。（下線は筆者による。）（『キプリング再考』、38）

パトリック・ウィリアムズは、白人であるキムの手助けなしではラマは、仏教の悟りの境地に達し得なかったと読み取り、そこに植民地主義イデオロギー、つまり、現地人は白人の力を借りて文明化するという構図を浮か

び上がらせようとする。しかしながら、仏教圏の人間としては、パトリック・ウィリアムズとは違った「権力への意志」を感じるだろう。まず、仏教の高僧は、世俗的なことでいくら弟子から世話を受けても、その徳を貶めることはないし、弟子に従属することなどありえない。そしてチベット仏教では、弟子の救済も重要であるということを考えれば、別の読み、別のラマ僧を作り出したくなるであろう。

一方、すでに触れたシャハーンは、キムの「自我の完成 (the full stature of his selfhood)」を獲得する過程で彼に影響を与える3人——「マハブブ・アリ、ラマ、そしてヴィクター牧師の人格に体現されている明確で異なった影響力」——のうちにラマを含めている。(『ラドヤード・キプリングの『キム』』、9-23) またシャハーンは、ラマの抱く世界ヴィジョンのなかに、チベット仏教に深く影響を与えたタントラ仏教の特質を挙げ、それがキムを導くラマに重要な意義を与えていると分析する。

このように、ラマは見事に造形された東洋人、スパイ活動の隠れ蓑として利用された人物、白人の保護の下でしか生きていけない幼児的東洋人、そしてキムの精神的な成長に影響を与えた人物といった、様々な評価がある。実際、現実の人間が多面性をもっているのとまさに同じように、それぞれのラマの人物評価を裏付ける証拠を作品のなかに見い出すことができる。ただ、そこにはおのずから、作品の構造によって決まってくる優先順位が存在することは間違いないであろう。

そもそも、キプリングはどのようにしてラマに行き着いたのであろう。キプリングはチベット仏教に関してどれほどの知識を持っていたのであろうか。ただこの問題を検証するに当たって、筆者は仏教学に関して門外漢であり、誤謬や知識の浅さは西欧人の研究者と変わらないかもしれないが、ただ、最も身近な宗教であると感じられる文化圏に生きていることは確かである。

それでは最初に、チベットの仏教を、単に仏教といわず「チベット仏教」ということについて考察してみよう。チベット仏教は、第十四世ダライ・ラマによると釈尊の教えを奉じる正当な仏教であるという。

第2章 「東洋」の知識化の歴史的考察（1）

　　チベットの宗教はラマ教とよばれる体系をつくりあげたラマの宗教
　であると考えている人々がいる。かれらはいう。それはブッダの教え
　と遠くへだたったものである、と。しかし、これはまったくの誤解で
　ある。なぜなら、ブッダの教えとは別のラマの教えなどというものは
　存在しないからである。チベットにおいて仏教を形づくっているす
　べての経典や密教経典はブッダその人によって教え示されたものであ
　る。さらに、これらの諸経典は、インドから来た学徳すぐれた仏教僧
　によって、確実性とその正しい意味が三重に吟味されたうえで決定さ
　れたのであった(104)。

　一方、中村元は、チベット人の自らの仏教に対する考えを紹介しつつ、
そこには他と異なる要素も否定できないという。

　　チベットの仏教はしばしばラマ教（Lamaism　喇嘛教）と呼ばれる。
　ラマとは「すぐれた人」という意味で「師匠」をさす。チベットで発
　達した仏教では師匠から弟子への伝統をとくに重んじ、徳の高い僧侶
　をラマと呼ぶところから、その仏教がラマ教と呼ばれるのであるが、
　しかしチベット人は決して自分らの宗教をラマ教とは呼ばない。この
　呼称は、シュラーギントヴァイトが一八六三年にすでに言及している
　が、彼自身は採用しなかった。こういう呼称を用いることについては
　専門学者の間で異論がある。すなわち、「ラマ教」という名を用いる
　と、それは仏教とは別の宗教であるかのごとき印象を与える。しかし
　チベット人自身の意識によると、かれらは「仏の宗教」（San-rgyas-kyi
　chos）または「正統の宗教」（naṅ-chos）を奉じているのであって、イ
　ンド以来の正統説にほかならないと考えているのである。しかしまた
　他面から考えてみると、チベットの仏教が「ラマ教」という名称で知
　られているということは、それが一般の仏教とはいちじるしく異なっ
　た要素を含み、異なった印象を与えるからにほかならない。南アジア

の仏教、シナ・朝鮮の仏教はもちろん、日本の仏教でさえも、仏教以外の別の名で呼ばれることは、かつてなかった。だから「ラマ教」という呼称が一般に行なわれているという事実のうちに、われわれはすでに複雑な問題の存在することを予知しうるのである[105]。

　われわれがチベット仏教を想起するとき、まず第1にダライ・ラマが観音菩薩の生まれ変わりであるといった活仏思想の存在を思い出す。「釈尊」自身も何度も生まれ変わったといわれるが、しかしこれは後世ゴータマ・ブッダが神格化される過程で生まれた伝説であり、原始仏教にはなかった考えであるという[106]。この活仏の考え方は他の仏教圏にも存在するのであろうが、チベットでは制度化されており、中国の支配下におかれる前まで、ダライ・ラマや、阿弥陀如来の生まれ変わりであるパンチェン・ラマは、宗教指導者だけではなく、絶大な政治権力も保持していて、これがチベット仏教を差異化する重要な要素であることは間違いないであろう。

　確かにチベットでは、ゲルク派のソナム・ギャムツォがダライ・ラマ1世に就いて以来、後期インド仏教から強い影響を受けた、密教性の強い仏教を信奉し、転生活仏制度を支配体制の中心原理にして、ラマを頂点とする祭政一致の統治が行われてきた。ラサ周辺の農民は一部の支配階層の仏教僧により、西欧近代社会からみれば搾取されてきたのである。そのような特殊性がチベット仏教にあるとしても、それが万人を救済する理念を標榜する宗教である大乗仏教の正当性を守っていることは、中村自身もいっている。

　大乗仏教は、インドにおいて、「ヒンドゥー教の形成に呼応するように、仏教でも紀元前1世紀ころから新しい運動がはじまった。その中核となったのは、仏塔を中心に集まった、説教者（法師）たちをリーダーとする在家信者の集団」から起こったのであった。一方、「出家修業者の僧院を中心とする旧来の教団が、法すなわちブッダの教えを基本に、その解釈に腐心していたのに対し、この新運動はブッダを信仰の中心にすえ、仏徳を讃え、その慈悲の力で自分たちも理想の世界に入れると考えた。寺院の

第2章 「東洋」の知識化の歴史的考察（1）

仏教が出家者のみの悟りを問題としていることに反駁して、万人の救済の宗教を打ちたてようとしたのである。かれらはその新運動を自ら大乗（Mahāyāna）とよび、旧来の仏教を小乗（Hīnayāna）と貶称した」（『インド思想史』、72）のであった。

キプリングがインドにやってきた仏教僧を、上座部（小乗）仏教を受け入れたスリランカ（セイロン）のような地域ではなく、大乗仏教を奉ずるチベットから選んだのは偶然ではないであろう。

このようにみてくると、『キム』に濃厚な植民地主義イデオロギーを読み取ろうとする批評家たちの描く、ブッダ＝キム＝イギリス人支配者と万民＝ラマ＝インド人従属者の構図は、あくまでもラマが「師匠」であり、キムが「弟子（chela）」である設定の作品において、彼らの関係性を逆転する読みになり、チベット仏教のコンテクストからはかなり無理があるであろう。次に、チベット仏教が『キム』にどのように反映されているのか、そしてその妥当性を検討してみる。

チベット仏教は、インド仏典の翻訳の集大成である膨大なチベット大蔵経に基づいて成立している。そしてチベット密教はインド仏教後期密教（タントラ仏教）から強い影響を受けているのである。そこから、『死者の書』にみられるような、中国や日本にない独特な死生観が生まれてくる。このチベット密教の特徴は、『キム』に現れているのであろうか。唯一それらしきものは、作品の最後に登場する。そこでは、過労から回復したキムに対して、ラマは、彼の肉体から魂が遊離したことを語る。彼は「そう、わしの魂は自由になって、鷲のように旋回しながら、まことテシュー・ラマの魂もなければ、それ以外のあらゆる個人の魂もないことを知ったのじゃ。ちょうど一滴のしずくが水に引き寄せられるように、わしの魂はあらゆる物を超越した大いなる魂に引き寄せられたんだ。」といってから、全インドが、全体像から個々の村といった細部まで一望できたといい、時間と空間から解き放たれた状態を語る[107]。

　「……ひと時にひとつの場所でそれらを見たんじゃよ。みんな大いな

る魂の中にあったからだ。これによって、大いなる魂が空しき時と空間と物を越えたことを悟ったのじゃ。これで、わしは解脱したことを悟ったのじゃ。お前が寝台で横になっているところが見えた、偶像崇拝者の下になって坂を転げ落ちていくところが見えた、わしの魂の中で——ひと時にひとつの場所でな、わしの魂は言うたとおり大いなる魂と一緒になっておったのじゃ。それから、テシュー・ラマの愚かなむくろが横たわっているのが見えたのだ。その横にはダッカから来たイスラム教徒の医者が跪いて、そのむくろの耳に向かってなにやら叫んでおった。それから、わしの魂はまったく独りぽっちになった。何も見えなんじゃった。なぜならわしは大いなる魂と合一し、あらゆるものになったからだ。そして10万年の間、心が乱れることもなく瞑想し、森羅万象の本義を会得したのじゃ。そのとき、叫ぶ声がした。「あんたが死んでしまったら、あの少年はどうなるんだ?」それでわしは、お前に対する哀れみで心の中が動揺した。そして、「弟子の元に戻ろう、さもなければあいつは悟りの道を見失ってしまう」と言った。こう言うや、わしの魂は、このテシュー・ラマの魂じゃが、筆舌に尽くしがたいような、努力と居ても立てもいられぬ気持ちとむかつきと苦悩のうちに、大いなる魂からそれ自身を切り離したのじゃ。魚から卵が産まれ、水から魚が生まれ、雲から水が生まれ、濃い空気から雲が生まれるように、大いなる魂からテシュー・ラマの魂が、出でて、飛び出して、引きはなれ、固まったのじゃ。それから叫ぶ声がした。「川だ!川を見逃すな[に注意しろ]!」それでわしは下界を見下ろした、それは前に見たとおりに——ひと時にひとつの場所で——同じ姿であった。そして紛れもなく見たのじゃ、わしの足下に「矢の川」があるではないか。そのとき、わしがまだそれから清められていないある邪悪なるものによって邪魔されたのじゃ。それはわしの腕に取り付いて手首に纏わりついたのじゃ。だがわしはそれを振り払うと、鷲のようにまさに「矢の川」のある場所に向かって飛んでいった。おのがために輪廻する世界を押しのけていったのじゃ。わ

しは足元に川──「矢の川」──があるのを見たのじゃ。降りていくと、川の水がわしを包み込んだのだ。見よ、再びテシュー・ラマの体に戻ったのじゃ、だが、穢れはもうない。すると、あのダッカから来た医者がわしを川の水の中から頭を持ち上げたのじゃ。ここだったのじゃ！このマンゴーの木の舎利塔の裏手だった──ここだったんじゃよ！」(『キム』、471-3)

　テシュー・ラマの魂は、ヒマラヤでの長い苦しい旅の後、マンゴーの木の舎利塔の下での2日間の断食と瞑想の果てに、肉体を離れ時空の桎梏から飛び出し、「大いなる魂（the Great Soul）」と融合する。いわば、『死者の書』で語られる「風（ルン）＝意識」が輪廻の輪から脱却、つまり解脱の瞬間である[108]。しかし、次の瞬間、ある声が、「あんたが死んでしまったら、あの少年はどうなるんだ？」と呼びかけると、ラマは、キムのことが気がかりになって、せっかく「大いなる魂」と合一したにもかかわらず、それからもがきながら離れてしまう。これは、いわば煩悩であろう。ただ、テシュー・ラマの魂が分離したあと、「川だ！　川を見逃すな［に注意しろ］！」という叫び声がした瞬間、ラマが追い求めていた「矢の川」を発見するのである。この順序、つまり、魂が肉体から遊離し「大いなる魂」との合一を成就したが、キムへの思いから再び分離した瞬間、「矢の川」を発見し一切の穢れが洗い清められるという順序は、「大いなる魂」との合一は真の解脱ではなかったということであろうか。また、「穢れた」ままのラマが、どうして「大いなる魂」と合一できたのであろうか。この「矢の川」の発見に至る過程の描かれ方は、ラマの探求の真の意味を暗示していると思われる。ただ、そのことに関しては、また後に触れることになる。
　ところで「矢の川」についてであるが、その由来は本文では次のように説明されている。

「……慈悲深い釈尊が、まだお若いときにお妃をお求めになった際、

ご尊父の宮廷では、釈尊はご結婚されるにはまだたくましくはなっておられないと、人々が申しおった。ご存知かな。」
　館長は、話の先に興味を感じながら、頷いた。
「それで、釈尊は来る者すべてと3種類の力較べをすることと相成った。そして弓の勝負の際、釈尊は用意された弓を引くと折れてしまったので、誰も曲げることすらできない弓を所望された。ご存知かな。」
「書かれてあるものを読んだことがあります。」
「それから、射放たれた矢はすべての目印を越えて、見えないところまで飛んでいき、ついに落ちたのじゃ。その矢が大地に触れたところから、湧き水が流れ出し、まもなく川になった。まだ悟りは開いてござらなかった頃であったが、若き釈尊の善行と御徳によって、その川で沐浴した者はあらゆる罪の穢れや汚れを洗い流してくれる効能をその川は持ったのじゃ。」（『キム』、17）

　このブッダの逸話に関して幾つかの釈尊伝を当たってみると、次の一説があった。

　　さて、競技会の種目としては、文字を書くこと、算数、その他の学科もありますが、シッダールタ太子は楽々と優勝します。スポーツでは競争、跳躍、相撲などのあとで、弓があります。これが当日のよび物です。まとには鉄の鼓をおき、少年たちが次々に技をきそいます。シッダールタ太子の番になると、まとをずっと遠くに置かせ、その後に鉄でつくった猪七個と、鉄でつくったダーラー樹七本を立てさせます。太子が弓をひこうとすると弓も弦もいっぺんに折れてしまいます。そこで太子は「これよりもよい弓はないのか」とたずねると、父のシュッドーダナ王はたいそう喜び「汝の祖父のシーハハヌ（師子頬）王が使っていた弓があるが、誰もこれを張ることさえできないので、今は天廟（天寺）におさめ、香花を供えて供養している」と申します。そこでさっそくその弓をとりよせますが、少年たちは誰一人として張

ることはできません。マハーナーマン大臣も試みますが弓の弦はびくともしません。最後にシッダールタ太子に渡すと太子は坐ったまま身を動かさず、左の手に弓を持ち、右の手の指先で弦を軽くつまんで張ります。その弦の音が遠くまで鳴り響き人々はびっくりします。その矢をはなつと、ならべてあった鉄の鼓を射抜いたうえ、空高く舞いあがり、インドラ（帝釈天）が空中で受けとめて、三十三天に持って行き、天上ではこの日を記念して今でも祝日になっているそうです。

太子はまた次の矢を射ると、七本の鉄のターラー樹と、七個の鉄の猪とを貫いて地中にささりこみ、そこに井戸がわきでました。今でも人々はこれを「矢の井戸」とよんでいるそうです[109]。

これは、婿選びの際の腕競べで、ラマのいっていることと骨子は一致している。両方ともゴータマ・ブッダがブッダガヤの菩提樹の下で成道する以前の逸話であり、弓の技競べで、シッダールタ太子（ゴータマ・ブッダ）は、最初に与えられた弓を折ってしまい、次に誰も引けないくらいの強弓を使って的を射て、その矢が地面に突き刺さって水が湧き出るという話である。上述において、仏教が民衆に流布するにしたがって、ゴータマ・ブッダの神格化が行われていったという中村の説を紹介したが、この逸話も後世の神格化のために付加された伝説であろうし、これが解脱の特効薬と考えるのは、一般信者ならともかく、テシュー・ラマほどの深く仏典を研究したものがそのような俗信を信じるなど考えられない。ブッダの教えは、人はこの世の無常を悟り、煩悩の束縛から自由になって解脱の境地に入れると説いている。また、沐浴は極めてヒンドゥー的であり、高山地方のチベット人にはその習慣はなかったようである。

以上の点から、ラマの「矢の川」の発見の旅は、『キム』において、キムのロシアのスパイ活動の阻止とともに、2本の大きな筋の1つと考えられるが、チベットの高僧がおこなうものとしては、どうも説得力に欠けるようである。それが、ラマの存在意義を低く評価させている。多くの研究者が、ラマの「矢の川」の発見の旅をキムのスパイ活動の隠れ蓑とみなす

理由の1つもそこにあるのだろう。そもそもキムにしても、ラマに対する思いとは裏腹に、「矢の川」に対しては最初からほとんど関心をもっていないし、忘れたこともあった[110]。作品の最後でラマが興奮しながらキムに「矢の川」を発見したことを物語っても、ラマの体のことを心から心配するだけで、「矢の川」についてはまったく反応を示していない。

　キプリングは、ラマのゴータマ・ブッダの聖地への巡礼の旅に、単に自らの穢れを洗い流す以上の意味をもたせているのではないか。もっとも、キプリングのチベット及び仏教に関する知識の深さがどの程度なのかを確かめるのは現段階では困難である。『キム』のなかには不正確な記述もいくつかみられるようである[111]。おそらく、彼の父親のジョン・ロックウッド・キプリングや、『キム』のなかに挙がっているサミュエル・ビールやスタニスラス・ジュリアンの書物で仕入れたのかもしれない。ただ、キプリングの仏教への知識の深さはどうであれ、彼は肌で仏教に触れている。その経験は、第2章3.1節で詳述するが、彼が1889年、インドを旅だって、ビルマ、シンガポール、香港、そして日本を訪れた際のレポートに詳しく書かれている。重要なことは、そのレポートはキプリングがイギリスの文壇に華々しくデビューするまえに書かれたものであり、血気盛んな若者の正直な気持ちが吐露されている。少なくとも、後の大英帝国を背負って立つオピニオン・リーダーとしてのキプリングはそこには存在しない。たとえば彼は、ビルマの仏教寺院で仏教徒の女性の敬虔で真摯な信仰に触れ旅行者気分の自分に対して後ろめたさを感じたり、鎌倉で大仏に対して無作法なことをする欧米の旅行者に対して義憤を感じたりしたことを書いている。鎌倉の大仏を題材にして書いた詩の一部が、『キム』の第1章から3章の冒頭に挙げられているのは、注目に値する[112]。このように、彼の東アジアへの旅が、彼に仏教に対する理解、少なくとも敬意をもたらしたのであろう。そのことは、『キム』がそれ以前に書かれたインドを舞台にした作品とかなり趣が異なることからも明らかである。

　『キム』において特に注目したいのは、単にチベット仏教の教義や儀式ではなく、ラマの役割そのものである。チベット仏教は通称としてラマ教

といわれるが、ラマとは師僧と漢訳されるように衆生を解脱へと導く人間である。中村は以下のようにいっている。

> 個人が人格的結合によって共同体の中に没入するという意識に乏しく、家族観念も民族意識もはっきりしていないということになると、チベット人はいったいいかなる基準によって行動するのであろうか。
> それは宗教上の師としてのラマに帰依することである。このラマに対して、絶対的に帰投する態度は、（一）個人的側面においては宗教的霊威ある特定人に対する絶対的帰投の態度となり、（二）社会的側面においては、ラマ教の社会的秩序に対する絶対的帰投の態度となってあらわれる。（『東洋人の思惟方法4』、40）

つまり、チベット仏教においては、ラマと弟子の関係は絶対であり、ラマは弟子に対して大乗的役割を担っているのである。『キム』においても、ラマは自分の魂の解放を犠牲にしてまでも、「弟子 (chela)」であるキムを解放しようとする。そしてその報いとして、彼は「矢の川」を発見するのである。つまりキムの解放と「矢の川」の発見の旅とは同一線上にある。もし、それが狭義の意味で仏教的な解放（解脱）に限定されるのではなくて、キムを何かある縛りから解放するということなら、それはラマの導きをチベット仏教という枠組みを越えて普遍化、つまり多文化間においても妥当するものになしえたことにはならないだろうか。では、その縛りとは何であろうか。それはラマが再三キムに諭す言葉のなかにある、ゴータマ・ブッダの教えの中核でありそれまでのバラモンの教えとの最大の違い、つまり、階層を否定したことであろう。以下において、その点について少し詳しくテクストを考察してみよう。

ラマに出会ったころのキムは、あらゆる人間をそのカーストによって判断しようとしていた。そしてまた、キムを取り巻くラマ以外の登場人物すべては、白人を頂点とするヒエラルキーに組み込まれ、それに無批判に従属しているのだ。その点では、イギリス人の登場人物も同様である。

そしてキムには、常にサーヒブ（白人）の「カースト」に押し込めようとする力が働いている。テシュー・ラマに会うまえにも、ラホールのフリーメーソンから白人としての教育を受けさせられようとするが、恐らく父親の愛人であった古物商の女性の助けでそれから逃れていたのであった。しかし、父親が生前属していたマヴェリック連隊に拘束された後、兵隊を養成する学校では、キムは白人の社会に閉じ込められる。自分をそこから逃れさせてくれることを期待してマハブブ・アリに手紙を書いても、アリはキムを「『いったんサーヒブになったら、それっきりだ。』」（『キム』、175）といって、キムが広漠としたインドの先住民の社会に逃げ込むのを手伝ってくれることはない。また、ラマの資金援助で聖ザビエル校でサーヒブとしての教育を受け、休暇中と学業を修了後に、他の諜報部員によって与えられるスパイとしての訓練と実践を通して、キムはイギリス人としてのアイデンティティを確立することを強いられる。そしてロシア人とフランス人の2人によるロシアの南下のためのスパイ活動を阻止し、疲労と心労のために寝込んだキムがようやく回復した頃、アリとバーブーは、キムのスパイとして活躍する将来を予言する。まさにそのことから、マクルーアは、大英帝国の諜報機関でエリート諜報部員の地位を確保する準備ができたと断言する。（『キプリングとコンラッド』、72）
　このように、エリートになるかどうかはともかく、キムは生まれながらにして大英帝国の1兵卒、もしくは諜報部員になるべく、運命づけられているのである。つまり、彼は白人というカーストにがんじがらめにされている。
　しかし、そのような世界に生きるキムの前に、テシュー・ラマだけは、キムのカースト的世界観には組み込めない存在として登場する。キムのテシュー・ラマに対する第一印象は、「すべてのカーストに精通していると思っているキムのような人間ですら、今までに一度も出会ったことはなかった」（『キム』、8）というのであった。
　それでも、最初は奇妙な人物以上にはみていなかったテシュー・ラマに対して、「お師匠のような方をはじめてみました」（『キム』、72）とキムに

第2章 「東洋」の知識化の歴史的考察 (1)

強く肯定的に印象づける出来事が幾つか描かれている。その最初で、極めてシンボリックな出来事についてはすでに言及したが、それは小川でキムとラマが蛇に遭遇したときのことである。文化的遺伝とでも呼ぶべきものが存在するのなら、キムは白人の血によって非常にその蛇を恐れるのだが、恐れるどころか蛇に対して哀れみさえ感じるラマをみて、一種の敬意すら感じるのである。これは単に、不気味なもの、恐ろしい生き物に対して平然としている人に対して感じる一種の尊敬というものだけではないであろう。蛇を邪悪なものとして排除するキリスト教に対して、輪廻の輪に捕われ苦しむ生きとし生けるものの一つとして、慈悲の対象とみなす仏教思想を感じて、彼の閉ざされた世界観に一条の光がさしたのである。キムは自分の白人的弱点に対して、ラマの仏教の信念の強さを感じたに違いない。この蛇に関する逸話は、ラマとキムの関係が、近代以降の東洋と西欧の関係の縮図、つまりラマは常に受動的であるとする見方に対する、1つの有力な反証であろう。確かにキムは白人をヒエラルキーの頂点とするカースト的世界観に縛られているものの、一方で彼を周りの東洋人が"Friend of all the World"（世界の友達）と呼ぶように、彼は決してそのような世界観のなかに安住しているわけではなく、その境界を越えることが彼の喜びでもある。そして、ラマがキムに対して、終始、ゴータマ・ブッダの教えに基づいた仏の道に従うものに人種の別はないという信念を諭す。たとえば、ラマがキムに「『仏の道に従う者たちには、黒人も白人も、また、インド人もチベット人もない。われらはみな解脱を求める魂であるべきだ。お前が白人の旦那の下でどんな知恵をつけようとも、「矢の川」の川縁にわれらが辿り着くとき——二人は並んでな——いっさいの幻影から自由になるのだ。』」と説いたことがある。（『キム』、348）そしてそれが、キムの世界観を変えていったことは、彼の言動から読み取れるであろう。実際、聖ザビエル校に入学した後、ラマにベナレスで再会したときに、キムは次のように語っている。

　「聖者様、お師匠のおかげで私も物がわかるようになりました」と

キムは言うと、今しがた［呪術医の］振りをしたことも忘れ、聖ザビエル校のことも忘れ、白人の血が流れていることも忘れ、グレート・ゲームのことすら忘れ、ジャイナ教寺院の土間で、ムスリムの衣装のまま、キムは身をかがめて彼の師匠の足に触れた。「私が学べたのはお師匠のおかげです。……」（『キム』、311）

テシュー・ラマが人種的ヒエラルキーを超克するという意味の現世（実）からの解脱を象徴する存在とみるとき、それはキムを含む全ての登場人物の人生観に対するアンチテーゼである。もちろん、キム自身がラマによって感化されて完全にカースト的世界を超克するかどうかは別問題だが、ラマの仏教を単に作品に東洋的不可解さを醸成する道具立てとして片付けることは出来ない。

これまでみてきたように、テクストには一貫してキムを白人サーヒブのカースト内に取り込もうとするベクトルが働いている。もし、それに抗えば、キプリングのインド世界においては、文化を越境する「強者（strong men）」[113]ではない白人はアイデンティティの危機に直面し、破滅していくのである。キムの父親や、短編小説「知られざる世界の記録として」のマッキントッシュ・ジェラルディンは飲酒と貧困のうちに死んでいった。つまり、白人はサーヒブとして振る舞う限りにおいて安全であるが、その法を越えようとするとき、個人の脆弱さが露呈するのである。しかし、『キム』には、それとは相反するベクトルが確かに存在し、テクストにダイナミズムを与えている。

テクスト内に相反する方向性をもったベクトルが拮抗しているとき、その作品は緊張感をみなぎらせ、より高次へと作品世界を高めていくのである。たとえば、第5章2.1節と2.2節で詳述するコンラッドの『ロード・ジム』において、マーロウ船長のジムに対する高い評価と期待が、それらを突き崩す事実を目のあたりにする苦悩と激しく拮抗しあって、人間存在に対する洞察を極めて深いものにしている。まさにそのような弁証法的ダイナミズムが、『キム』においても、英領インド社会のカースト原理の激

第 2 章　「東洋」の知識化の歴史的考察（1）

烈な支配に対して、それを突き崩す新たな原理がテシュー・ラマによって持ち込まれるのである。

　マーガレット・ペラ・フィーリー（Margaret Peller Feeley）によると、ブリティッシュ・ライブラリー所蔵の草稿「キム　おお、リシュティ（"Kim O, the Rishti"）」と比較して、草稿から出版に至るまでの間にラマは非常に深みのある人物へと書き直されたと述べている。つまり、草稿段階のラマは極めて無知で、ひ弱な、従属的で、キムなしでは何もできない、いかにも西欧社会の産み出した典型的な東洋人であったということである。それが、作品を書き直していくにつれ、ラマが力強い個性をもった存在に変わっていったという[114]。これは、キプリングの思い付きとして生まれた作品の構想が、書くという工程を通じて、構想自体が作品を成長させていったとみるべきであろう。

　もちろんそのような作品が生まれるためには、キプリングに東洋に対する認識を変えさせる契機となる経験があったのも確かである。それはすでに触れた東アジアの旅で目撃した、ビルマでの仏教徒の敬虔な信仰であったり、日本での彼を圧倒するような清潔感あふれた社会であったのだろう。つまり、好むと好まざると、そこに西欧文化に拮抗するような独立した文化を体験したことである。この否定しえない認識により、英領インドのカースト的世界に対抗する原理を彼が持ち込めたゆえんであろう。

　本節の最後に、「スチツェン（Such-zen）」のアボット、テシュー・ラマの「モデル」について言及したい。

　『キム』のなかで、ラマの素性は詳しくは書かれていない。ただ、彼は若い頃占星術をやっていたということ、「赤帽（Red Hat）」に属し、アポットである（あった？）こと、ダライ・ラマに会ったこと（『キム』、349）、そして相当のお金を自由にできる地位にあるということである。

　『キム』に登場する人物の素性を綿密に調査したホップカークは、ラマに関して、次のように友人の指摘を紹介している。

　　チベット語を話せる学者であるザラ・フレミング（Zara Fleming）は、

「テシュー・ラマ」というのは「学問のある者」を意味しているに過ぎないし、多くのチベット僧に当てはまるだろうと指摘した。作品が設定している時代にチベットからインドを旅した著名な巡礼者のことは彼女は知らなかった。しかしながら、作品の中で言及される二つの僧院に関しては、「赤帽」の僧院である 'Tso-chen' を、チベット語を話せないキプリングが、不正確に 'Such-zen' と表記したのであろう。同様に、'Lung-Cho' 僧院は、辺鄙なところにありほとんど知られていない 'Lung-Kar' 寺院のことであろう[115]。

サーストン・ホプキンズ（R. Thurston Hopkins）は、1904年にチベットを訪れた（侵入した？）フランシス・ヤングハズバンド（Francis Younghusband）大佐と『デイリー・ミラー（*The Daily Mirror*）』紙の特派員エドマンド・カンドラーの探検記を引用して、テシュー・ラマと実際のラマとを比較しているが、しかしこれらのチベットへの探検記が出版されたのは『キム』よりも後である[116]。『キム』以前に出たチベットのラマ僧に関する英語の著作は、そもそも非常に少ないのであるが、筆者の調べたところ3冊あって、いずれもテシュー・ラマに関するものであった[117]。もっとも、このテシュー・ラマは黄帽に属するパンチェン・ラマのことで、ダライ・ラマに次ぐ第2の地位にあり、しかもリンポチェ（活仏）、つまりダライ・ラマと同じく、先代のラマが死ぬとその魂は新しく生まれ変わると信じられていて、事実、描かれたテシュー・ラマは1779年に中国を訪問した際、天然痘と思われる病気で死ぬが、すぐに生まれて間もない赤ん坊が次のテシュー・ラマとして選ばれている。しかも彼は、中国を訪問する際も「千五百人の部隊」を引き連れて、いわば大名行列を従えて行くような権勢を誇っていたわけであるから、これまで『キム』批評でこのテシュー・ラマのことが言及されなかったのも当然かもしれない。しかしこのブータン（Bhutan）とベンガル政府との争いの仲裁を買って出た、政治的手腕と人徳の誉れ高かった六世テシュー・ラマのことをキプリング、さらに彼の父親が知らなかったとは考えられないであろう。たまた

ま出会った無名のラマ僧が肉体的特徴の参考になったとしても、少なくともこのテシュー・ラマをラマの精神的人物造形のモデルにしたと考えるのはあながち間違いではない。また、六世テシュー・ラマは、当時、手紙という媒体を通して肉声を読み取れた数少ないラマ僧といってもいいだろうし、また、西欧に関心があり、当時のベンガル政府総督（初代インド総督）のウォーレン・ヘイスティングズに対する友好からチベットの宗主国である中国との取り持ちを約束した人物であるので、キプリングが、キムとの師弟愛に値するラマの名前をこのテシュー・ラマにちなんで名づけたと考えられるし、また、当時のアングロ・インディアンにとってもよく知られたラマであったのかもしれない。ちなみにテシュー・ラマは阿弥陀如来のリンポチェであり、『キム』の冒頭のエピグラフに登場する鎌倉の大仏は阿弥陀如来である。

　キプリングは、ラマのマハヤーナ（大乗）仏教に関して、子弟との繋がりを重視するところとタントラ的世界観はチベット仏教を取り入れていたのであろうが、作品のなかでもしばしばラマが中国語の経を唱えるように、サミュエル・ビール等の翻訳から中国仏教を学んだものと思われる。特に外国に行くことが原則として禁じられていた唐の時代に、様々な危険や苦難と戦いながらインドから仏教経典を持ち帰った三蔵法師として知られている玄奘の西域記と伝記の英訳は、ラマの「矢の川」の探索の着想に大きなヒントを与えたであろう。これは単なる偶然かもしれないが、『キム』と呉承恩作とされる『西遊記』に類似点が多くあることに中国文化圏の社会に育った読者は驚くかもしれない。キムと孫悟空が変装（身）を得意とするといった表面的な点だけではなく、キムとラマとの関係が孫悟空と三蔵法師の関係に似て、前者が後者を導いてブッダの真の教えを会得させるという設定に関しても共通している。さらに、三蔵法師らが最後に天竺の釈迦牟尼のいる雷音寺に行く前に、激しい流れの川があり、そこには丸太だけの橋しかなく、孫悟空以外は渡れないでいるところに渡し舟がやってくるのだが、その渡し舟も底が抜けていて、三蔵は乗る際に川に落ちてしまう。すぐに助けあげられるのであるが、その直後、骸が流れてい

くのが発見される。それはとりもなおさず、川から救い出された三蔵は悟りを開いた（成仏）後の三蔵で、流れていく骸はそれ以前の三蔵ということである。このように『キム』と極めて類似した点があるものの、『西遊記』の英語での要約を含む中国文学史が初めて出版されたのが『キム』と同じ1901年だから[118]、キプリングが『西遊記』を知ることは少なくとも書物からとは考えられない。父親が学者であるから知っていたのかもしれないし、また2度日本を訪れた際に耳にしたのかもしれない。いずれにせよ、よくいわれる『ドン・キホーテ（*Don Quixote*）』との類似以上のものがあることは確かである。しかも、猿神（Hanumān）はインドの神でもある。

　キプリングは仏教に対してかなりの思い入れがあったことは確かで、自叙伝には、『キム』の1章の半分をラマによる『ジャータカ』の説明で埋めようとして、父親から「無用（otiose）」といわれ、「泣く思いで（almost with tears）」削除したことが書かれている。（『私事若干』、136）このようにラマは、東アジア仏教圏の人間——少なくとも日本人——の目から見るとき、キプリングの仏教に対する最大限の寛容さが生み出した、イギリス小説では他に類をみないほどの深く生き生きとした東アジア人に仕上がったと評価できるのではないか。

　もっとも、『キム』を詳細にわたって分析してきたのは、この作品が植民地主義イデオロギーを突き崩すために書かれた小説として読み直そうとしているのではない。『キム』は、植民地主義イデオロギーの充満する近代化言説形成＝編成の中で書かれた小説であることは紛れもない事実である。特に全知の語り手が語る箇所には植民地主義イデオロギーが横溢しているといっても間違いではないであろう。しかしながら、近代化言説形成＝編成にとっては「異物」であるものをこの作品が内包していることもまた確かである。つまり、言説的「反抗者」が排除されずに併存している作品なのである。一方、この作品を分析する研究者の多く——普遍主義を信奉する左翼系の知識人は特にそうだが——は、むしろ近代化言説形成＝編成と共犯関係を結び、『キム』に存在する「反抗者」を無視・無化することによって、『キム』＝「帝国主義の産物」という図式を作り上げよう

とする。読み手である研究者は、自身の眼差しがドミナントな言説編成によって規定されていることを自覚すべきであろう。

2.2.8 「反抗者」キムの文化越境

　第2章 2.6節と2.7節では、帝国主義の吟遊詩人であるといわれるキプリングの『キム』において、「現存」を感じさせる異文化表象がなされていること、そしてその中でも、東アジア仏教圏の文化伝統を代表するようなラマがその文化圏に生きる人間からみても「真実味」を感じさせる表象として表出されていることを詳述した。さらに、そのラマを触媒として、主人公キムを、堅固な境界を持つ文化空間やカーストの壁を突き抜ける能力を獲得しようとする人物として読み取れることの可能性を述べた。

　ここで今一度、キプリングの異文化観、異文化表象について整理してみよう。

　今日でもサミュエル・P・ハンティントンが「文明」と「文明」の正しく引かれていない境界（the false line）で文明の衝突が起こると主張し、ソビエト連邦の崩壊後のポスト・冷戦構造における地域紛争や、おこるべき文明間の戦争を説明しているが、キプリングは当初からそのような文明（文化）のもつ非浸透性や、個人に対する逃れられない文化の支配力を信じていた。したがって、文化と文化の境界を横断することは、少なからぬ危険を孕んでいると主張する。このようなキプリングの描くインドでは、キムが生まれながらのサーヒブであり、必要に応じてアジア人のように偽装している場合であっても、また教育やスパイとしての訓練を通してアジア性を脱却してサーヒブになっていくのであっても、彼が弱い人間で文化の境界を横断し続ける限り、深刻なアイデンティティの危機に直面せざるをえないであろう。すなわち、早晩父親のようになるか、あるいは親のいない貧しい白人のための学校で教育を受け、浅薄な白人優越主義というイデオロギーを刷り込まれ、アジア性を拒絶し、支配者の不寛容さを身につけ、そしてそれはとりもなおさず、自己を白人の狭い行動領域に閉じ込めることになるのである。

このようにキプリングの異文化観を考えるとき、二つの疑問が生まれてくるであろう。
　一つ目は、登場人物の言動を通して「現存性」を髣髴させる異文化が『キム』に表象されているといっても、19世紀的・西欧中心的な全知の語りの構造をもつ作品であれば、パワーバランスとしては、強弱・主従の関係性には変わりがないのではないかということである。果たして、『キム』という作品の物語構造は、19世紀的・西欧中心的で、神のような全知の語り手の支配下にあるのであろうか。まずわれわれは、それに関してデイヴィッド・ロッジ（David Lodge）のようにキプリングをヴィクトリア朝という時代の束縛から一旦解き放ってやる必要があるだろう。

　　もしラドヤード・キプリングがモダニストの作家という意味で現代的な作家と通常考えられていないのなら、その理由は、彼の作品が、表面的には、はっきりと区別し認識できる社会や民族の類型に属する登場人物の言動を、明快で、文学的で、信頼できる規範的な全知の語りで包み込み評価してくれる、なじみがあり伝統的に物語る19世紀の談話形式に属しているように思えるからである。しかしながら、この印象は読者を誤らせるのだ。なるほど、ジョイスやウルフやローレンスのような作家が、経験の主観性や「真理」の相対性を表すために行った文体の実験には熱中しなかった意味で、その通りである。しかし、キプリングの作品において、ストーリーとその語り方はしばしば非常に問題を含んでおり、著名な現代の巨匠の作品と同じぐらい、キプリングの後期の作品をいらいらするほど曖昧で、晦渋で、「多義性的」にしている[119]。

　第4章において、F・K・シュタンツェル（F. K. Stanzel）の「人称（Person）」・「パースペクティヴ（Perspective）」・「モード（Mode）」の3種類のアスペクトで類別した語りの構造理論を使ってモダニズム作品の語りの構造の詳細な分析を試みるが、ここでは、キプリングの小説の語りのモダニズム性を

206

シュタンツェルの語りの構造理論から簡単に説明しておこう。

多くの批評家が指摘するように、キプリングの作品の「作者の語り（全知の語り手）（Authorial Narrator）」[120]は良くも悪くも帝国主義的傾向を示している。しかし、登場人物の会話の部分、つまり直接話法の箇所、シュタンツェルの用語を応用すれば「全知の語りの場（Authoial Narrative Situation）」内における「1人称の語りの場（First-person Narrative Situation）」の要素を持つ部分に特筆すべき特徴がある。それは彼の1888年に出版された短編小説集の全知の語りの部分と直接話法の部分との比は10：1を上回る作品が少なくないのに対して、1900年以降の短編作品の多くはその比が逆転している。それは単に登場人物の会話の部分が多くなったというだけではない。さらに、重要な点というのは、難解なことで有名な「ミセス・バサースト」など、それまでのメッセージの送り手である語り手とメッセージの受け手である「想定される読者（Implied Reader）」との間の単純なメッセージの授受の流れが崩れて、メッセージの交通が錯綜していることである。その結果、読者にとって解読の困難な情報や、あるいは必要な情報が欠落しているために、作品の理解が不能な場合が生じる。それはとりもなおさず、全知の語り手のテクスト支配力の低下を意味するのである。

『キム』の場合においては、一見伝統的な全知の語りの構造をもつ作品に見えるが、それぞれの登場人物の社会の文化コードや宗教に非常に強く支配された言語が用いられていて、全知の語り手とは独立したパースペクティヴをそれぞれの登場人物は持っているのである。たとえば、物語の終結部分において、ラマとキムが別々の文化コードを使って語っているにもかかわらず、語り手が強引に自分の文化コードで翻訳して読者に説明しようとしない——出来ない——ところなどは語り手の支配力・求心力の弱さを露呈している。つまり、『キム』という作品は、全知の語り手を含めた、異なったイデオロギーに支配された複数のパースペクティヴが集まって構成された複合的世界を内包しているといえるのである。つまり、全知の語り手は他の登場人物と共に「想定される作者（Implied Author）」の一部を成しているに過ぎないのだ。

それでは、二つ目の疑問として、文化を閉鎖的に、そして異文化を理解しがたいものとして捉えるキプリングが、どうして文化間を横断するキムのような人物を創造しようとしたのであろうか。それについては、先に言及した、キプリングのあまり評判のよくない詩に「東と西のバラッド」という作品があるが、この詩では、一般に理解されているように東と西の交流を完全に否定した内容ではなく、例外的にもし強い人間同士であれば、東と西の交流は可能であることを詩のリフレインの最後でいっている。つまり、理論上は、キプリングも文化横断を可能なことであると考えていたといえる。しかしながら、その答えだけでは二つ目の疑問に対する解答の半分にしかならないと思われる。残る半分の答えを見つけるためには、文化越境の危険性を説くキプリングに文化間・カースト間を横断することの出来るキムという人物を作り出させた動機を探る必要がある。
　それを検証する前に、以下の引用を検討しよう。

> とりわけ、テクスト自体とテクストを超えたものの両方を見る必要があるとピエール・マシュレ（Pierre Marcherey）はいう。すなわち、いかにテクストが統一性を生み出し、作品の意味を確定する「真理の集合（class of truth）」を築き上げているかを知るためにテクスト自体を見ることと、テクストは孤立したものではなく、［ある全体の］一部であり、色々な社会的・歴史的力が組み合わさって生み出されたものであるから、作品を越えた向こうにあるものを見ることの、両方が必要であるという。後者の点に関してマシュレがいっていることは、イデオロギーがテクストに（不可避的に）組み込まれる結果、ある種の沈黙、矛盾、一貫性の破綻（非一貫性）がテクストに生じ、それらによって読者がそのイデオロギーの働きを認識することを可能にするということと、イデオロギーが沈黙している事柄こそ、テクストを取り巻く歴史状況の現実を物語っているのだということだ。(『キプリング再考』、35)（下線は筆者による。）

マシュレの言葉を借りて、パトリック・ウィリアムズは、ポスト構造主義的方法、つまりディコンストラクションによって、テクストに内在するイデオロギーを、「沈黙」、「矛盾」、そして「一貫性の破綻」している箇所を見つけ出すことによって暴こうとする。もちろん、彼の見つけ出すイデオロギーは、帝国主義・植民地主義イデオロギーである。確かに、ディコンストラクション的方法が内在するイデオロギーを浮かび上がらせることは否定できなく、本書においてもしばしば用いる方法であるが、テクストの「沈黙」の箇所からイデオロギーを読み取る作業には、常に研究者の恣意的な解釈を生み出す危険性が付きまとっていることも確かである。

　ウィリアムズは上記の方法論によって、前述のウィルソンやマクルーアと同様、『キム』が「植民者と被植民者を分け隔てるギャップをつなぐ可能性」を模索していると主張する立場を否定して、まさに『キム』というテクストこそが、揺らぎ出した大英帝国のイデオロギー的基盤を立て直す新しいヴィジョンを提供する目的で書かれたというのである。確かに、『キム』が出版された1901年の英領インドを取り巻く情勢を考えてみるとき、英国植民地主義のイデオロギーが、野蛮人を文明化するというのから、他の列強から植民地の人々を守る──「守る」ということにはインド・ナショナリズムから守るということも含意されていたであろう──ということに変わっていき、それと『キム』が共鳴し合っている可能性を否めないであろう。

　本書は言説形成＝編成の中に取り込まれて社会が動いていくということを主張しているのであり、ウィリアムズがいうようにテクストと歴史の相互依存関係が存在することは否定しないし、『キム』がその変化に何らかの参与をしたことも確かであるとしても、われわれが留意しなくてはいけないのは、まさに19世紀から20世紀への時代の転換の最大の特徴は、列強の支配領域のみならず、認識の枠組が拡大していったことなのである。すなわち、ヴィクトリア朝までは、イギリス人にとって認識の枠組みは、せいぜいヨーロッパ世界に限られていたのが、19世紀末から20世紀になると、地球的広がりを持つ世界認識へと拡大していくのである。そしてそ

れに呼応して、異文化理解・異文化表象の深化・発展が起こったことも見逃すべきではない。もはやイギリス人にとっての異文化は、見えない・見ない存在でも、西欧の欲望のおもむくまま自由に配置・構成できるような書割ではなくなって、「現存」を感じさせる文化空間になっていくのである[121]。

『キム』がそのような拡大していく認識と相互依存関係にあることに気付いていないウィリアムズは、やはり無意識の選択によって、明らかに『キム』の全知の語り手の言葉だけを盲目的に信じるのである。要するに、全知の語り手の支配力から脱していない。したがって、その支配力から逃れるために、マシュレのいうように、テクストを越える向こうにあるものを大胆に取り入れながら、キムの越境の意味、つまり、キムのカースト・文化空間の壁を突き抜ける、つまり越境について検証を試みる。

ところで、「西洋」と「東洋」の関係が、果たして1つのパターンに集約されるのだろうか。というのも、19世紀から20世紀にかけての帝国主義の時代に非西欧のほとんどの地域が西欧諸国の従属下に置かれたとしても、「東」の「西」への従属の仕方は、決して一様ではないからだ。

列強諸国によって文化そのものを解体された地域もあれば、国家の制度は押しつけられたが文化そのものは根強く残ったインドのような地域もある。また日本のように、西欧諸国の下位に置かれたものの、制度としての国家も伝統的文化も保持しえた地域もある。第2章3.1節で詳述する、1889年、世界漫遊旅行の途上日本に滞在したキプリングは、インドと日本の違いを憲法に関して次のように皮肉をこめていっている。「日本は偉大な人間（a strong man）が誰にも邪魔されず統治することを不可能にした2番目の東洋の国である。それを日本は自らの自由意志でしたのだ。一方インドの方は、まるで強姦のようにイギリスの国務大臣と下院議員によって押し付けられたのだった。」[122]

憲法を持つことの是非はともかくとして、このキプリングがみてとったインドと日本の違いとは、言い換えれば制度としての国民国家の有無であろう。そして、制度としての国家は単に政治的自立にかかわるだけでな

第 2 章 「東洋」の知識化の歴史的考察（1）

く、国家という想像の共同体を考え、語ることの自由にとって必要条件である。もちろん 1885 年にインド国民会議も結成されているので、水面下で将来の独立後のインドの国家ヴィジョンを英語なり、現地語で書き記したインド人はいたことは、第 2 章 1.4 節でラハマンが説明してくれている。しかしここでは、「国家の主体者」として、刊行された書物で語り、新聞紙上で論じ、学校という場で教える想像の共同体を問題にしているのである。そういう意味では、たとえば、1890 年代の日本には日本人を主体者とする共同体は存在し、インドにはインド人を主体とする共同体は存在していなかった。

インドは、大英帝国という共同体の一部として、英語の言説形成＝編成に取り込まれ、「伝統的なインド」は書き替えられた被支配地であるのに対して、日本は列強の脅威にさらされ、不平等条約で屈辱をうけても、独自の制度と言説空間を保持した共同体であった。したがって、「西洋」から「東洋」への越境、ないしはその逆を問題にする場合、イギリスとインドの境界——あるいは、無境界——と、イギリス（西欧）と日本の境界を横断・越境——キプリング流にいえば「法を越えて」——するのでは意味が全く違うのである。つまり、前者の場合だと、インド人が独立を勝ち取って自らの境界を引かない限り、あくまでもイギリス政府の定めた制度内における階層間の上下の文化越境であるにすぎないのに対して、後者の場合、文化越境は、完全に対等とはいえないまでも、「自由意志（free will）」による文化越境である。

他方、キムのアイデンティティと越境に関しては、それらを見極めるのは容易ではない。まず、キムは、人種の点でいえばアイルランド人である。確かに、テクストではアイルランド人の人種的特性に幾度か言及されている。しかしイングランド人とアイルランド人との人種的優劣に関しては明確に描かれていないし、政治問題に関しては、暗示さえされていない。しかも冒頭でキムは「イギリス人（English）」と断定されている。これは、このテクストにおいては、英国領インドの白人サーヒブの内部での差異は問題にされていないようにみえる。しかし、キムは「極貧の白人（a poor white of the very poorest)」であり、諜報部員として危険な任務を負わされる。キム以外の諜報部員は、パターン人やベンガル人であり、そういう意味では、キムがアイルランド人であることの背後には、何らかの「沈黙」が隠されているのかもしれない。

　もう1つの重要な問題は、そもそもキムは、グレート・ゲームというイニシエーションを通してサービブとしてのアイデンティティを獲得していったのかということである。つまり、キムは本当にアジア性を脱却し、西欧人の仲間になるという、「東」から「西」への越境を行ったのであろうか。いわば、個人的な「脱亜入欧」である。「東」から「西」への越境ということに関して参考になる事例は、このような越境を国家的規模で行おうとした明治期の日本の欧化政策がある。確かに、キムと日本との間には、個人と国家、白人と黄色人種の違いがあるものの、共にアジア性のなかで最初の自我形成があり、やがて西欧が支配する世界秩序のなかにはいり、自由意志で植民地支配という「ゲーム」に参加していくというように、キムの場合のラマ僧という要因を除外・無化すれば両者は極めて類似している。そこで、以下において、近代化という「脱亜入欧」によって、国全体を「西」に越境させようとした明治日本と、キムの越境を比較することによって、両者の越境が本当に類似したものかどうかを検証する。

　この「東」から「西」への越境で思い出されるのは、『キム』のなかで明らかにカリカチュアされた登場人物であるベンガル人の諜報部員バーブーだ。彼は表の顔としては民族学者であり、ロンドンのローヤル・ソサエティで認められることを切望している。彼は他のアジア人とは違い、背広を着て、普段は英語でしゃべろうとする。しかし、彼がよそ行きの言葉として使う英語は、読者に英訳されて伝えられる現地語と較べて、滑稽さが感じられる。たとえば、「急げばウンバラ行きの午後4時25分に乗れる。ラーガン氏のところでわれわれみんなあんた話をするのもそろそろよいころだ。コオー式（offeecially）［公式］にあんたをよりよく報告しておくよ。」（『キム』、461）この西欧社会に認められようとして西洋式に振る舞おうとするインド人は——ロシア人は彼のことを「東洋と西洋の奇怪（monstrous）な

212

第2章 「東洋」の知識化の歴史的考察（1）

雑種」と呼ぶ（『キム』、391）——、キプリングが1889年に日本を訪れ発見した日本人、特に官吏と酷似している[123]。しかも、このときキプリングはインド人と日本人を対比し、まさにこの模倣性、彼の言葉を使えば、「雑種（hybrid）」は他のアジアでは見られない、日本独特のものであるという。

そもそも日本は、ペリー提督の率いる黒船来航によって開国を強いられて以来、西欧列強の科学技術と強大な軍事力の脅威にさらされ、不平等条約の改正の必要性から、近代国家の形成が急がれていた。その明治政府のもとでの、近代国家形成のマスター・ナラティヴは、福沢諭吉らが唱える脱亜入欧のイデオロギーに支配されたものであった。

第1章5節でみたように、福沢諭吉は、様々な社会を「文明・半開・野蛮」に分類する一種の進歩史観を持っていた。（『文明論之概略』、25-32）そして西欧が先頭であり、アジア・アフリカが後塵を拝しているというのである。福沢ら欧化主義者は、日本が「半開」な状態から脱して、西欧に追いつき追い抜くことを主張した。これは、単に先進文明国をそれまでの中国から西欧諸国に取り替えたというだけではなく、西欧に端を発した近代化言説形成＝編成の渦に日本が取り込まれ、その世界観や価値観、人種ヒエラルキーのイデオロギーが中国のそれに取って代わり始めたことを意味する。

『学問のすすめ』や『文明論之概略』において、福沢は、旧来の体制が新しい体制へと移行する根本的な条件が、想像の共同体を、一部の特権階級だけではなく、一般庶民にまで広げることであると説いている。これは、明治期の最初の20年くらいの間、近代国家建設の重要なイデオロギーとなったのである。しかし、福沢の唱える西洋化が、功利的なものであり、実学的であったことに、彼の後の世代は満足しなかった。産業・軍事技術の導入だけですませているときは、伝統的価値観との共存も可能であったが、国民国家建設において、憲法や国家の諸制度を構築する際、必然的にそこには伝統的価値観を読み替える作業を行わないといけない。一方、直輸入された西欧諸国の文化の継ぎ接ぎとしての国のあり様が、西欧列強のなかでの生存競争で不十分と感じられるようになっていた。いくら西欧を

模倣しても、外交面においては条約改正の交渉の困難さだけではなく、西欧の支配する世界における日本・日本人の位置づけは格段に向上しない、つまり人種ヒエラルキーにおいて「アジア」からの脱出が認められないということ、したがって「脱亜入欧」政策の根底にある日本人の劣等意識がなかなか解消されなかったのである。

　伝統的価値観を読み替える作業としては、欧化主義者である若き徳富蘇峰や山路愛山ら民友社の論客たちは、雑誌『国民の友』の紙上で、西欧的価値観、特にキリスト教とリベラリズムを伝統的価値観に取って替えようと主張した。しかし、そこには大きな問題があった。キリスト教は、日本人に国家的自尊心を与えるものではなかったし、また、それは天皇の権威を否定することになる。徳川体制を終焉させた最大の拠り所は、天皇の権威であり、徳川を賊軍にすることにより、薩長勢力は明治維新を成功させたのである。そして、そもそも西欧においても、リベラリズムはともかくとして、キリスト教のほうは近代化言説形成＝編成のなかで読み替えられる対象であって、キリスト教を導入することは近代化を促進するというよりは、日本社会を解体的に変質させることになるであろう。したがって、徳富らの欧化主義者の主張は、明治日本の存在基盤を弱体化するものであり、国民の住む器に対する認識が希薄であった。

　徳富の主張が変質してくるのは、憲法発布の翌年の教育勅語あたりであるとケネス・B・パイル（Kenneth B. Pyle）は分析している[124]。その頃までに、徳富は欧化政策によってしても、西欧諸国から十分に認められないことに対して、焦燥感を抱いていた。そして、天皇の権威に対してなんら対抗しうる精神的支柱を持っていなかった徳富は、教育勅語に対する批判も歯切れの悪いものであった。

　そして、1890年以降になると、徳富の欧化主義に変化が生じてくる。その変化を決定的にしたのが、日清戦争の勝利による自信と、ロシア・フランス・ドイツの三国干渉による西欧諸国に対する幻滅であった。徳富は、三国干渉によって政府が遼東半島を放棄する知らせを聞いて、「予は精神的に殆ど別人となった。」といっている[125]。パイルによると、これ以降、

徳富は国家主義者に転向していくのである[126]。この徳富の転向は、まさに時代の潮流と時期を一にしているであろう。そして、この日本にとって歴史的大事件——それは日清戦争の勝利ではなく三国干渉——が、日本で進行する近代化言説形成＝編成のなかに、強力な「反抗者」を生み出す種子になったと考えられる。そしてその種子は、国粋主義者の強固なナショナル・アイデンティティを希求する傾向と、欧化主義者の東洋蔑視との結合を生み出すことになるだろう。その結果、日本の周辺の地域に対して、土地の搾取に加えて、現地語を自国の言葉に置き換えるという知的植民地化の欲求が高まっていったのであった。それは、言い換えれば、近代化言説形成＝編成が、日本という領土・文化空間にあって、「西洋化」を強力に進める作業ではなく、「日本化」するという、西欧近代化言説＝編成の亜種の芽生えといっていいかもしれない。ただしその「日本化」とは、キプリングのいう「雑種」化に他ならないが。

　日本の欧化主義者の考えが、明治維新直後の進歩史観と同義語の楽観的なものから、アジア性を排除し西欧的世界観を導入しようとするものへ移行する過程において、日本は西欧列強のパワーゲームに巻き込まれ、鹿鳴館時代をへて、やがてナショナル・アイデンティティの危機に直面した。それがやがては、ヨーロッパ列強の脅威のもとで西欧を模倣せざるをえなかった屈辱感、そして「脱亜入欧」という「東」から「西」への越境の在り方が歴史的に形成されてきたナショナル・アイデンティティの大半を否定することで弱体化した日本の文化空間、さらに西欧という鏡に写った「日本・日本人」表象を見せつけられることによって、日本は「神国日本」という神話を作り上げ、その言説をアジアの支配地に投射することで劣等感を克服しようとしたのだと考えられる。このような日本の運命を考えるとき、「東」と「西」の境界を横断することは、少なからぬ危険を孕んでいることが分かる。この文化境界を横断することの危険性は、個人のレベルにおいてキプリングのインドを舞台にした短編で何度となく扱われていて、そこでは、文化を越境する「強者」ではない白人がアイデンティティの危機に直面し、破滅していく様が描かれている。

このようなキプリングの描くインドでは、前述したように、キムが生まれながらのサーヒブであり、必要に応じてアジア人のように偽装している場合であっても、また教育やスパイとしての訓練を通してアジア性を脱却してサーヒブになっていくのであっても、彼が弱い人間で「東」と「西」の境界を横断し続ける限り、深刻なアイデンティティの危機に直面せざるをえないであろう。そしてそれによる破滅を避けるためには、支配者の不寛容さを身につけ、そしてそれはとりもなおさず、自己を白人の狭い行動領域に閉じ込めることになるのである。結局のところ、大英帝国の末端の1個の歯車になって、ジョージ・オーウェルが味わった悲哀を感じることになるであろう。

　実際キムは、父親の所属していた部隊に拘束されたとき、1兵卒になるための訓練を受けるために、キムが嫌がるのもかまわず、「孤児のための学校（the Military Orphanage）」に入れられようとした。しかし、ラマが、ラホール博物館で出会った東洋文化に造詣の深いイギリス人館長のようなサーヒブになることを切望して高額の学資を申し出たおかげで、キムはインドでは最高の学校である聖ザビエル校にはいることができたのである。一方、聖ザビエル校では、英語や測量学といった実学を教えられると共に、キムはアジア性を脱却し隠蔽するように強いられ、また、彼は学校の塀の外へでて、インド人と接触することを堅く禁じられる。しかし、キムはこの塀の内から逃れようとするが、これは単に窮屈な規律から逃れたいという少年特有の性癖からだけではなく、ラマとの精神的つながりの強固さを物語っている。なぜなら、他の少年たちは塀の外へでてインド人とつき合おうなどとは、夢にも思わないからである。

　キムは夏期休暇や、学業を修了した後に、インドにおける諜報活動を統括するクライトン大佐の命令によって、諜報部員として他の諜報部員から訓練されるが、それは地図を作成したり、人物を瞬時にして見極めたり、記憶力を高めたりするといった極めて実学的なものであった。一方、キムは大英帝国という想像の共同体のマスター・ナラティヴ、つまり英国主義を教え込まれた形跡は全くみられない。むしろキムに、ヒマラヤ山中で崇

高な美しさについて語ったり、「輪廻転生図」を使って世界の根本原理を説明することで精神教育を施すのは、ラマの方である。

このように考えてくると、キムの諜報活動の方便に使われただけだと評価されることの多いラマは、キムの文化越境を可能にしている守護天使のような働きをしているといえる。ラマは、キムが「東」であろうと「西」であろうと、その文化的桎梏から抜けでるための思想を提供しているのである。そして、物語の最初で描かれたキムの人種的傲慢さをとり除き、かつてイギリス人に裏切られた山岳民族の女性に対して誠実に接しようとするようになるのは、ラマの感化だと考えられないだろうか。キムは、ラマとの旅によって人種や階層を超越した、つまり彼自身がいったように、インドそのものが彼の「みんな (people)」になったのである。

ここで、第2章2.6節の最初で問題にした『キム』の462頁に描かれた箇所を、もう1度検討してみよう。キムは、ロシアのインドへの南下政策の野望を打ち砕くのに大きな功績があってから疲労のために何日間か寝込んだ後、歯車が外れた状態になった。そして、「そよ風が幾度となくキムの体の上をなでるように吹き、何羽かのオウムが彼に向って金切り声で鳴き、裏手の人の住む家からは色々な声——喧嘩や命令や叱責——」が「働かなくなっているキムの耳 (dead ears)」を打つと、彼の魂は「キムってどういう人間なんだ？」と繰り返し繰り返し自問した。そしてキムは「しかし不意に緊張が取れてフーと鼻を伝って涙が流れる」と、その直後に歯車が「外の世界 (the World without)」とカチッという音を立てて噛み合うのを感じる。彼は現実との関係性を取り戻したのだ。その現実とは、極めて素朴な、「道はその上を歩くためのものであった、家はそこで住むためのものであった、牛の群れは追い立てられるもの、畑は耕されるためのもの、そして男たちや女たちは言葉を交わすものを意味する」世界、つまり「それらのものはすべて現実で真実なのだ——しっかりとこの大地の上に立っている——完全に分かっているもの——自分と同じこの大地から生まれたものであり、それ以上でもそれ以下でもない」世界である。（『キム』、462-3）

このように、一見するとインドの大地と一体化するように描かれたキムも、彼が「白人（white）」であることを重要視する批評家によると、キムはイギリス人としてのアイデンティティを確立したとされる。そしてマクルーアは、「ついにキムは、秘密情報部における大英帝国のエリートの一角を引き受ける用意ができたのである」と断言したことはすでに紹介した。（『キプリングとコンラッド』、72）したがって、植民地支配のイデオロギーとの関連による分析方法によれば、上記の引用文のなかの「外の世界」とは、大英帝国のなかに組み込まれ他者性＝アジア性を隠蔽されたインドを意味していることになる。また、キムはそれ以前に、彼にとっての「『それで、みんな（thy people）って誰のことだ、全世界の友達よ？』」と尋ねられたとき、彼は「『そりゃ、でっかくて美しいこの土地のことさ』」（『キム』、222）という風にインドの大地だと答えているが、そこにはインド社会に対する純粋な賛辞の裏側に、先住民の生得権を奪ったイギリス人の領土的野心が垣間みえると解釈できるであろう。つまり、『キム』は、パトリック・ウィリアムズが「政治的再編の屈折したイメージであり、移行過程にある支配階級を描いているのだが、それはインド支配に別れを告げるというよりは強化しようとしているのだ」というように、（『キプリング再考』、53）ロシアの南下政策とインドに台頭するナショナリズムという状況にあって、「変容する植民地」の支配権を強化する作品であるというのである。そのような解釈のもとでは、キムの越境は表層的なものに過ぎず、彼はテクストによって常に「他人の目を欺くのには十分なほど黒いが、サーヒブに戻るには十分なほど白い」状態に留め置かれるのだと主張される。（『キプリング再考』、50）
　そもそもキムがインドの大地とカチッという音を立てて嚙み合ったとき、ラマとの関係だけが断絶し、諜報部員としての彼の役割が継続発展するという根拠はどこにあるのであろうか。そのことを読み取れるような、ウィリアムズのいうマシュレの「沈黙」がテクストに隠されているというのであろうか。
　むしろ、まず「沈黙」を見つけるのではなく、テクストに「書かれてあ

第 2 章　「東洋」の知識化の歴史的考察（1）

ること」を整理してみよう。キムを疲労させ、彼の魂を母なるインドの大地から遊離せしめたのは、それ以前に従事していた「探索」と「任務」、すなわち、ラマに従って「矢の川」を探す旅と諜報部の指令でロシアからやってきた二人の諜報活動を阻止する任務がその要因と考えられるが、当然のことながら、キムの魂をインドの大地から遊離させる原因になった方がキムの心から消え去ったために再び大地と合一できたのである。それでは、いずれがその原因であり、魂の負担になったのであろうか。本書では、「探索」と「任務」のうちのどちらか一方というのではなく、そのいずれもが原因であったと考える。なぜなら、キムにとってのインドの大地とは、「道はその上を歩くためのものであった、家はそこで住むためのものであった、牛の群れは追い立てられるもの、畑は耕されるためのもの、そして男たちや女たちは言葉を交わすものを意味する」世界であるからである。これは、明らかに「矢の川」の探索が目指すものとは違っているし、また、領土の奪い合いとも相いれない。キム独自のヴィジョンであり、彼とインドの大地との契約なのである。いわば、インドの大地という彼だけの想像の共同体を作り上げるのだ。

　だからといって、「探索」と「任務」の影響がキムから払拭されたということではない。キムの愛する母なるインドの大地を「そりゃ、でっかくて美しいこの土地のことさ」のままにするためにも、イギリスによって守られなければならない。一方、キムはラマを敬愛する弟子であることを忘れてはいない。したがって、キムが今後ラマと任務のどちらを選択するかについての疑問が残ったままである。この疑問に対する解答は、テクストには見当たらない。すなわち、まさにここでテクストの「沈黙」が姿を現すのである。

　本書では、上記の「沈黙」に対して、以下のような解釈を行う。

　『キム』に描かれているキムとラマの関係は、エドマンド・ウィルソンのいうような従来西欧において確立されてきた西欧と東洋、つまり、キム（西洋）・ラマ（東洋）という二項対立のような平板なものではない。確かにラマは東洋世界の伝統的な人間であるが、一方キムは決して西欧を代表

219

している人物ではない。彼はまさに拡大する言説的世界に呼応して生まれてきた新種の20世紀的人間なのである。従来の閉鎖的な人間とは違って、キムは開かれた精神をもっていて、1つの宗教・社会階層に拘束されて生きることを嫌う。キムは、インドという母なる大地を動き回る白人であり、且つ、ラマの弟子でありたいのである。そのどちらかに限定されることをキムは極度に嫌う。それゆえ、イギリスの諜報活動に従事しながらも、ラマの代表する東アジアの精神・理想を素直に受け止めようとする。つまり、複数の自己を内に包含し、それらを平衡の状態に保つ。もしそれが崩れると、彼は極度の実存的不安に陥るのである。そして、彼にとって、白人であることもインド人であることも、後天的な学習の結果なのである。この自我の複数性のテーマは、『キム』という作品の持つ枠組、つまりスパイ小説としての枠組み構造によって、そして変装のもつ象徴的意味によって一貫して暗示されているといえるのである。

　もちろんわれわれは、キムをポストコロニアル的ヒーローとして、インドの独立を応援する人物であるなどと考えることはできないであろう。むしろ、キムは19世紀的枠組みの中の言説的「反抗者」といえるのではないか。19世紀的テクストが、全知の語りの支配力の中に、異物を「想定される読者」のために翻訳したり、無化したり、排除するのではなく、全知の語り手の支配の前提である語りの独占力を弱めることで、文化的に異質なるものを許容しようという、言説的「反抗者」だと考える。それが、『キム』における、文化越境になるのだ。

　植民地も含めて社会を近代化すること——近代国家の建設——は、明治日本がそうであったように、人々の生き方の多様さを隠蔽し抑圧する過程を伴うものである。それは物理的な力としてだけではなく、想像の共同体が確立されるにしたがって、異質な文化は排除され隠蔽される。しかし、『キム』というテクストは、英領インドという枠組みを残しながらも、そのような制度によって隠蔽されたインドを、バーブーのようなハイブリッド的人物でもなく、偏狭なサーヒブでもなく、ナショナリストでもない、キムという人物を通して再発見しようとする。そして、その再発見という

第2章 「東洋」の知識化の歴史的考察（1）

行為こそがキムの行う越境なのである。

　もちろん『キム』はフィクションである。しかしながら前に説明したように、言説形成＝編成において、現実世界の政策決定から個人の思考にまで影響を与える——拘束する——同じ力が、小説にも働くと同時に、もし「反抗者」が生まれた場合、それは全体によって押し潰されるか、あるいは、その「反抗」が全体へと伝播していく。したがって、『キム』におけるキムの越境は、20世紀英語言説形成＝編成の変容が始まる契機（反抗）の一つになった可能性があるのだ。

　一方、「東」から「西」へと越境を試みた日本において、その近代化言説形成＝編成の中で「反抗者」が生まれでたことに言及したが、果たしてそれはどのような「反抗者」であったのであろうか。20世紀的「反抗者」であったのだろうか。その問題を検討する前に、まず「日本」が西欧を中心とする近代化言説形成＝編成の中でどのように表象されてきたかを見る必要があると思われる。なぜなら、これまでに「日本」についての議論や研究は、まさにこの日本表象に基づいてなされてきたからである。

　西欧に端を発した近代化言説形成＝編成に取り込まれて国のあり方を変質していったアジアの1国である日本は、通常、アジアの一員でありながら西欧列強を模倣した後発の帝国主義国家として東アジアの国々と対置して論じられる対象であろう。しかしながら、日本の歴史的位置というのは、西欧の「言説」の影響を大きく受け「他者」として表象される一方で、主体的に近代化を達成し、西欧諸国とも、またかつての被植民地地域とも違った国の形をもつ国家であるといえる。その2面性を対比して日本の越境を考察する必要がある。次節においては、まず前者について、英語言説における他者としての「日本」を考察する。

2.3　西欧から見た日本——流通する「日本」表象[127]

　1891年に、ラフカディオ・ハーンは松江の近くの御津浦という漁村を訪れた。そこには旅館が1軒もなく、ある漁師の家に泊めてもらうことになったのだが、「10分もしないうちに、何百人もの群衆がその家を取り囲

221

んだ。大人たちは半裸であったし、男の子たちは素っ裸であった。外国人を見ようと、群衆は建物の周りをぎっしりと取り囲んで、戸口に群がり、窓によじ登ったので、家のなかが暗くなった」とハーンは記している[128]。「外国人」というレッテルをはられた人間に対するこの漁村の人々のナイーヴな好奇心に、現代のわれわれは苦笑するかもしれない。しかし、その割合はかなり少なくなったと思われるが、今日でも日本に住みついてかなりの日数を経過したのに、日本人から奇異の目で見られるという不満を訴える者は存在する。そのことは前述したように、人間の二項対立的認識方法によって、「内」と「外」、「彼ら」と「われわれ」という2分法で世界を分類し、差異を無制限に増殖して行き、「自分たち」でない者に対する興味と警戒心を助長するためであろう。明治初期には、鎖国によって日本人以外の人間と接触できなかった一般庶民にとって、この傾向が非常に強かったことは容易に想像できる。

　これまで新聞などの様々な場で、日本人ないし日本が入るカテゴリーとして「西側」、「先進国」、「アジア」等が使われてきて、日本人は西側の一員だとか、アジアの一員としての自覚が必要だとかいわれてきた。しかし、果たして、日本人の意識のなかで、「われわれ」という言葉が最大限に使われたとして、そのなかに、日本人以外の人々が入る余地があったのだろうか。それは極めて疑問であろう。冷戦時代に、公式の場で日本人は西側の一員であると宣言されたことはあるだろうが、一般の日本人の意識において、そのような自覚などなかったのではないか。あるいは、第2次世界大戦で連合国と戦争した際、その当時の日本人が、同じ枢軸国のドイツやイタリアを「われわれ」のなかに含めていたとは信じがたい。また「大東亜共栄圏」が高らかに謳われた中で、どれだけの日本人が、インド人やビルマ（ミャンマー）人やタイ人を同胞と感じただろうか。今でも、たとえ国際化ということが叫ばれていようと、「われわれ」のなかに非日本人が含まれているかは甚だ疑問である。この「日本人」と「外（国）人」とを分ける日本人の意識が、他方では、日本人は独特の民族であるという意識を生み出す[129]。

第2章 「東洋」の知識化の歴史的考察（1）

　しかしながら、もちろん「自他」を分ける意識は、日本人固有のものではない。古今東西に関係なくみられる現象であろう。われわれの意識は、日々の経験を通して形成されていくものであり、類似した日常を経験する者とそうでない者との間の、認識や情緒を共有する程度には明らかな違いがあるだろう。そして、それが目に見えない溝と意識されるのである。したがって、複数の個人がなんらかの共有しうる領域をもっているという意識から生まれる「われわれ」と、その圏外に存在する人々をさす「彼ら」の境界もそれと符合するのである。

　そのような「われわれ」と「彼ら」という構図の意識は、文化的差異から生じる溝を実際以上に深く広く感じさせるようになる。ある種の同一性の意識を共有しあう「われわれ」とそうでない「彼ら」との構図は、それぞれのこまごまとした文化的差異を実際以上に拡大させ、あたかも本質的な違いのような錯覚を抱かせる。たとえば、日本と歴史的・文化的につながりの強かった朝鮮半島や中国ですら、近代化の過程で強く叫ばれた脱亜入欧のスローガンのもとで、朝鮮半島や中国の人々を「彼ら」と意識したこと、および、侵略者とその被害者という意識をもつに至ったことで、日本とそれらの国々との間の溝は修復するのに相当の時間を要するほどまでに広がってしまった。したがって日本人の場合、なんらかの共有しうる領域をもっていると意識する主体の集合は、最大限に引き伸ばしても、それは日本の国のもつ地理的な境界から出るのが極めて困難である。

　そのことは、もちろん西欧から非西欧を見る時にもいえる。たとえば、後述することになるコンラッドの『ロード・ジム（*Lord Jim*）』において、イギリス船の船員であった主人公のジム（Jim）が語り手マーロウ（Marlow）船長にとって「われわれの仲間（one of us）」かどうかが問題になるが、その場合「われわれ（us）」は船員仲間に言及しているだけではなく、しばしば白人全体に敷衍されている。また、キプリングの「東は東、西は西、そしてその両者は決して出会うことはない」という有名なフレーズは、キプリングの個人的な考えというより、一般の西欧人の心に刻印された構図を表しているのだ。つまり西欧に属する人々の、西欧に対する見方と、非

西欧の地域に対する見方とは違う。それは、広い意味で彼らが古代ローマ帝国の子孫であるのに対して、非西欧は彼らにとって、別の世界なのである。したがって、ナショナリズムが昂揚している時代には西欧諸国はそれぞれの違いを意識しても、非西欧と向き合う時、西欧は「われわれ（we）」であり、非西欧の人々は「彼ら（they）」なのだ。

　日本はもちろん、あらゆる面で西欧にとって「彼らの内の一人（one of them）」であり、「東洋的他者（Oriental Other）」である。したがって、日本と接触し、あるいは日本を理解しようとする時、まず西欧と対置されるオリエントのなかの1国として意識され、次にそのオリエントの枠内で日本の特殊性が論じられる。もっとも、そのオリエントは、サイードが「オリエントは、西欧において西欧のためにオリエントに現実性と存在性を付与する歴史、思想伝統、イマジャリー、そして語彙を含むアイデア（観念体系）なのである」というように（『オリエンタリズム』、5）、西欧を中心とした、二項対立的な図式で作り上げられた存在としてのオリエントである。したがって、非西欧は、西欧の異文化認識の中に組み込まれていく過程で、政治的な処理が施されるわけだ。しかし、本書でこれまでに取り上げたオリエンタリストについての記述からも明らかなように、その過程はそれほど単純なものではない[130]。実際、オリエンタリストのなかにも、西欧中心主義やオリエントというカテゴリーに疑問を抱く者もいる。

　たとえば、サイードよりもほぼ1世紀近く前に、大英帝国から日本にやってきたバジル・ホール・チェンバレンがいみじくも次のようにいっている。

　　ヨーロッパにおける極東についての幻想は、まったくもって粗野である。極めて地理的に隔たった場所に「アメリカ」という一つの名前が付されるという恣意的な習慣があるからという理由だけで、アメリカ合衆国のニューイングランド地方の人々と南米のパタゴニアの人々とを結びつけて考える人などあるだろうか。しかしながら、それ以外では分別がないわけではない人たちが、同じ「オリエンタル」、「アジアティック」という呼び名が付されているという根拠で、中国人ばかり

か日本人を、アラブ人やペルシャ人と依然として同じ分類に入れる。それらの民族が、空間的に何千マイル隔たったところで暮らし、文化的には何万マイルも隔たっているにもかかわらずである。われわれ自身が作り出した言葉が我々に与える影響力の強さはそれぐらい大きいのだ[131]。

チェンバレンはサイードのように、「オリエント」というレッテルが西欧人の「オリエント」認識に対して持つ影響力を理論化したわけではないが、直感的にその危うさに気付いていた。したがって、このような認識を持つオリエンタリストを、たとえば、太平洋戦争中、日本兵の顔を猿の顔そっくりに描いて揶揄したような、ダウィニズムの亡霊に取り付かれた西欧中心主義者と同列に置くことはできないであろう。チェンバレンのようなオリエンタリストの研究においては、西欧中心主義を相対化することによって、サイードのいう「オリエント」というカテゴリーから排除・隠蔽された非西欧社会の様々な側面に光を当てようとしているのである。

　もっとも、そのような試みも、西欧を中心とする言説形成＝編成のなかでオリエンタリストは研究する以上、言説自体が内包する西欧中心主義の反発を受けないわけにはいかない。たとえば、同じチェンバレンが、「わが宣教師や人道主義的な活動が実にくだらないとしか言いようのないことを、彼ら［日本人たち］もまた——すべての東洋人が知っているわけだから——十分良く知っている。」（『日本事物誌』、4）というとき、何人かのいつもは友好的な欧米人の批評家から批判されたことを彼は記している。19世紀の英語言説形成＝編成のなかでは、依然としてチェンバレンのこのような西欧を相対化する皮肉な言い回しを異物として排除する力が働くのである。

　したがって、一部には西欧中心主義の言説を脱構築し、そこから排除されたものを垣間見ようとする試みがあるとしても、全体の流れは、日本を西欧の作り出したオリエントというカテゴリーのもとで、知識化し、その知識を集積し体系化することで、英語の言説形成＝編成のなかで「日本」

が構築されていくのである。

　もちろん日本は、明治以前にも宣教師の報告や旅行記によって西欧にその姿が伝えられていたのであるが、圧倒的な情報量と共に、いわゆる近代的な視点からの観察は、開国以降のことになるであろう。日本は鎖国から、ペリー（Matthew Calbraith Perry）提督によって開国させられるが、アメリカの強硬な態度に対する一般的な西欧の見方は非常に好意的だった。ただイギリス人のJ・R・ブラック（J. R. Black）が、1880年に出版した『ヤング・ジャパン（Young Japan）』でそのことに触れている箇所は、非常にアンビヴァレントである。たとえば彼は、開国前は「この国は全く文字どおり、子供のように話し、考え、行動するといわれたかもしれないが、今では、子供っぽい事とは縁を切った」といっているのに対し、他の箇所では、「ペリー提督とタウンゼンド・ハリス氏が平和裡に条約を締結したことは承認されるが、いずれの場合も、権利に対する力の勝利であった。ペリーは、おとなしい人々をおどかすのに十分な武力をもってやって来た。おとなしい人々は、いわば『あのいまいましいドルを欲しがる外国人によって、やむを得ず開国させられた』のだ、そしてその武力は彼らをおどかした。」といっている[132]。また、ブラックは、随所で、開国後20年で西欧の技術をあらかた吸収したことに対する新鮮な驚きを表明していて、日本を鎖国という歴史的要因によって遅れて「国際家族」に入った国とみなし、西欧にとっての他者、つまり「彼らのうちの一人」という意識は希薄である。

　『日本事物誌』で、チェンバレンは日本の日常風景から宗教・政治までを取り扱っており、またその参考文献まで記しているところから、第五版の出版された1905年までに、西欧人による日本についての研究はかなり進んでいたことが分かる。その序文で、チェンバレンは、明治期の日本の急速な西欧化に触れて、「古い日本」と「新しい日本」、つまり牧歌的な古い日本と、思想・企業・巨大な科学的業績において進歩した西欧に肩を並べようとする日本との対比に言及しているが、しかしすでに触れたように、彼の記述には「東」と「西」の構図はあるものの、その枠組みは固定的でも絶対的でもなく、常に相対的に両者の関係を読み直そうとしている。

意識的にせよ無意識的にせよ、西欧に対するオリエントという捉え方で「日本」を作り上げようとしたのはラフカディオ・ハーンであった。ヨーロッパでは、産業革命以降の急速な近代化によって生まれた歪みが、人々に牧歌的な世界に対する憧れをもたらしたが、とりわけハーンは、科学文明・功利主義を嫌悪し、それに対立するものとしての「日本」を『知られざる日本の面影』で構築していく。そのハーンの「日本」に対して、チェンバレンは「ハーンは神々の国を発見して、そして、彼が見たと想像したその日本を『知られざる日本の面影』で賛美したのだ。」(『日本事物誌』, 296) と評した。

本節においては、サイードのいう「オリエント」言説形成とは異なった「オリエント（日本）」言説の存在を指摘した。一つは、チェンバレンの――そしてキプリングの――「東」と「西」の構図を継承しながらも相対的に読み直しをするやり方と、日本と西欧の関係を逆向きに読み直すハーンの試みである。次節においては、そのような英語による「日本の近代化」表象を、キプリングとハーンの視点を交差させて再現していく。

2.3.1 「日本の近代化」表象――キプリングとハーンの視点から[133]

「単一民族・単一文化」という日本の支配的な言説が、アイヌ民族等のマイノリティの文化を抑圧し隠蔽してきたと、マイケル・ウエイナー (Michael Weiner) が『日本のマイノリティ (*Japan's Minorities*)』で主張している[134]。確かに、徳川時代の幕藩体制が崩壊し、いわゆる近代日本が確立される過程で、アイヌ民族や琉球（沖縄）民族が日本に領土的にだけではなく、日本の言説形成＝編成の中に組み込まれていったというのは事実である。しかし、日本の領土内におけるマジョリティとマイノリティの関係性を見るだけで、「単一民族・単一国家」という日本のマスター・ナラティヴ――日本の支配的言説編成――が理解できるかは疑問である。江戸末期、鎖国から否応なく国際社会に引っ張りだされた日本は、列強諸国の強大な軍事力に対してマイノリティとしての意識をもたざるを得なかったのであり、そのことがそれ以降の日本のマスター・ナラティヴ形成によ

り大きく作用したことは否定できない。つまり、日本の歴史を概観するとき、日本を取り巻く国際状況という外圧と、日本の内部の権力闘争という内圧の狭間にあって、ダイナミックな力学によって変化してきた日本は、国際社会におけるマイノリティとしての意識と、日本の東アジア地域に対するマジョリティとしての意識が、その時々で色合いを変化させる「単一民族・単一国家」という日本のマスター・ナラティヴを形成し編成してきたのだ。

　以下において、そのような近代日本で生まれつつあったマスター・ナラティヴを、日本社会の外側から、あるいはそれへと越境しようとする試みを通して日本を記述しようとした2人の作家の作品を使って検証する。

　日本は、ヨーロッパからみて、地理的に「極東」に位置するだけではなく、西洋／非西洋という対立軸で知識化された言語空間においても極東に位置する。そのことは、ヨーロッパの言語で書かれた文学において、日本の扱われ方をみれば明白であろう。イスラム圏はもちろん、インドから中国まで、ヨーロッパの代表的な作家によって作品化されているのに対して、アジアを舞台にしたヨーロッパの小説を包括的に分析した論文集『西欧小説の中のアジア (*Asia in Western Fiction*)』によると、その論集の最後に置かれた「日本を真剣に扱うこと ("Taking Japan seriously")」という論文で、D・N・ラマーズ (D. N. Lammers) は1945年までに英語で書かれた小説で真剣に日本を扱ったものはあるのかという問いに対して、否定ではないにしても消極的な評価をしているように、日本を真面目に扱った作品は質量とも満足のいくものではない[135]。それは、1つに、日本がアジアやアフリカの大半の国々とは違って、植民地化されなかった、したがってヨーロッパ諸国による政治的・言説的に影響は受けても「直接」支配をされなかったためであろう。このことは、サイード流の西欧の言説のなかに組み込まれることで、その言説が「覆う (covering)」という意味において、日本は表象化・言語（小説）化されるほどには「覆われ」なかったということだ。小説が言語の真空地帯から生まれることが不可能であるのは、ヘンリー・ジェイムズ (Henry James) がかつてアメリカにおいて彼が望む小説

を産み出す言説空間が存在しないことについて嘆いた通りである。「オリエント」の枠組みで書かれた作品においては、その語りの視点の主体を西欧人が独占するとともに、その地域の伝統的な文化コードを支配者の言語コードで翻訳(読み替え)がなされている必要がある。しかし、日本語の作りだす言説が圧倒的に優勢な日本においては、日本語以外の言語で小説を書く場合、「真剣に扱うこと」が困難であり、非日本人は傍観者の域をでないのである。

では、このような日本に対する言語表象化は、いかになされたのであろうか。その典型例として、ヨーロッパ人の目からは「オリエント」の端にある「他者」としての存在である日本という国に、インドで7年間ジャーナリストとして活躍したキプリングが、「グローブ・トロッター (globe-trotter)」(世界漫遊観光旅行者)[136]として日本に2度やってきたときの見聞録と、日本で高く評価され、日本の心を世界に紹介したとされるハーンを比較することで、2人の作家が英語の言説のなかで「日本」をどのように構築し、表象したかを分析する。そしてそれらのテクストのなかに明治日本の言説形成がどのように反映され、逆にそれらが日本人にどのように受け入れられていったかをも検証することにする。

キプリングは、1889年にヒル (Hill) 夫妻とインドから北アメリカに至る旅行の途上で日本に立ち寄り、また、1892年には妻を伴って日本を訪問した。その際、見聞録を随時新聞社に送ったのである[137]。それらはかなり後になって2冊の本に収められ出版された。1889年の方は一部書き直されて、『海から海へ』として1899年にアメリカで出版され、1892年の見聞録は、1920年に『旅だより (Letters of Travel)』として出版された。新聞に載ったオリジナルな形としては、1988年に『キプリングの日本発見』として出版されている。

『海から海へ』の最初で、実際インドに生まれ、また7年間ジャーナリストとしてインドの先住民とアングロ・インディアンの文化境界を横断してきたキプリングは、インドとの文化境界に生きるイギリス人に対置されるものとして、グローブ・トロッターの表層的な文化理解を批判的に捉え

ようとする。そのインド理解の対立の構図は、あるイギリス人のグローブ・トロッターの訪問によって表面化した。

　ある時、キプリングが最も嫌っているタイプの人間、つまりグローブ・トロッターが彼のところにやってきた。その人物はキプリングの椅子に座って、トーマス・クックのチケットで5週間旅行してきた者の明けっ広げの傲慢さで、インドのことを論じた。彼はイギリス人で、スエズ運河に彼のそれまでの流儀作法を捨ててしまっていた。そして自信ありげにキプリングに次のようにいうのである。

> 「……［インドで］現実に起こっているいろいろな事柄にあなたはあまりにも身近に接しているので、それらの良いところを客観的に判断することができないのだ。あまりにも近すぎるのだ。ところが私は──」（『海から海へ　巻1』、232）

それから、そのイギリス人の旅行者は、思わせぶりに手を振って、キプリングにその後を自分で考えさせようとした。
　キプリングは、そのグローブ・トロッターの真新しいヘルメット帽からデッキ・シューズまでをじっくり検討した。そして彼がとるにたらない人間であるとみてとる。そしてキプリングはインドについて考える。インドは辱められても何もいえず、そのような旅行家たちの誤った認識を正すことができない。その国の人々は、彼らの生活や習慣に対する中傷に反論する暇などないのだ。そのように考えると、彼自らがグローブ・トロッターになるという逆説的な決定を表明する。

> 少なくとも地球の4分の3の地域に対して、インドに代わって侮辱を受けた仕返しをするのが、私の運命だった。その思いには犠牲──苦痛を伴う犠牲──を必要とした、というのは、ヘルメット帽を被りデッキ・シューズを履いて、私はグローブ・トロッターにならなければならなかったからだ。（『海から海へ　巻1』、232）

第 2 章　「東洋」の知識化の歴史的考察（1）

　もっとも、この「インドに代わって侮辱を受けた仕返し」をすることが、インドでの生活に終止符を打ち、西欧世界に戻っていく彼の主たる動機であると素直に受け取ることはできない。むしろ後付けの理由とも考えられる。そもそもキプリングは、長期間における異文化接触と厳しい天候によって引き起こされた体調不良によって、インドでの生活に辟易していたところがあった。一方、インドの外に出てみると、彼はその地に対するある種の思いを感じずにはいられなかった。

　　……インド——あの嫌いだとうそぶいていたインド——から、よく考えてみれば、まだそんなに遠くに来ていないのだと思うと、心の中で喝采をおくった。（『海から海へ　巻 1』、268）

　このようなインドに対する極めてアンビヴァレントな想いが、キプリングの心に染み付いていたのであった。
　それでは、キプリングは、彼自身のインド理解と、インドについて彼にアドバイスをしたあのグローブ・トロッターのそれとの違いをどこにみているのであろうか。7 年間と 5 週間という滞在日数の違いによるものであろうか。あるいは、1882 年から 1888 年 12 月に『パイオニア』紙に移るまでスタッフとして働いていた『シヴィル・アンド・ミリタリー・ガゼット (the Civil & Miliary Gazette)』紙に彼が書いた非常に多くの記事が示すように、ジャーナリストとしての取材活動を通して、インド社会の様々な習慣や人物に触れたことによる豊富な知識量に対する自負であろうか。それとも、それ以上の違いがあるのだろうか。もっとも、キプリングはインドの先住民社会に「原住民化する (go native)」ことを彼自身一番恐れていたのかもしれない。
　そもそも、キプリングが文化間の境界を横断することに対して、非常に重い意味を持たせていたことは述べた。その試みに対しては、『ロビンソン・クルーソー (Robinson Crusoe)』の父親を髣髴させるような臆病なほど保守的な見解を、彼の短編小説の中で表明している。2 章 2.1 節で言及

した「法を越えて」の語り手の処世術――「人は、何が起ころうとも、自分自身の階級、民族、人種から離れるべきではない。白人は白人の許へ、黒人は黒人の許へ行かせよ。そうすれば、どのような禍が降りかかっても、通常の出来事の範囲においてであり、突然に、これまで聞いたこともなく、予期もしなかったことなど起こらないのである。」――を守ろうとはせず、無謀にも保護された白人の小さな社会（the Station または the Club）の壁を乗り越えインドの茫漠とした社会に足を踏み入れようとしたり、心身ともにインド人になりきろうとしたり、必要以上にインド人に親切にして、たとえば、「法を越えて」のトレジャゴウ（Trejago）は危うく殺されかかり、「知られざる世界の記録として（"To Be Filed for Reference"）」のジェラルディン（Jellaludin）は身を持ち崩し、「イムレイの帰還（"The Return of Imray"）」のイムレイは殺される。つまり、キプリングにとって異文化世界へ越境することは、白人としての自己の存在基盤の破壊を意味する。

　一方、グローブ・トロッターに対しては、たとえば、ビルマ（ミャンマー）のある寺院を訪問したときの描写で、自分がグローブ・トロッターであることの慙愧と嫌悪が述べられる。

　キプリングは寺院に向かって階段をひたすら登っていくと、やがて仏像の点在する、塵1つない大いなる静寂の場所に辿り着く。そこで彼は、ビルマの女性たちがきては、参拝している情景を見る。彼らは頭をたれ、口を動かし、お祈りをしているのである。一方、キプリングは手に黒い傘を持ち、デッキ・シューズを履き、ヘルメットを被っていた。彼は祈らなかった。その瞬間、キプリングは観光客であることがひどく嫌になった。そして、ビルマ語で日差しが強くなかったら帽子をとるのですが、と弁解したかった。しかしそんなことは彼にはできない。ただ次のように心のなかで叫ぶだけであった。

　　グローブ・トロッターは人でなしだ。私はそれでも、パゴダの周りをドシンドシンと歩く際、顔を赤らめるくらいの羞恥心はあったが。（『海

から海へ 巻1』、259)

　このように、キプリングにとって、グローブ・トロッターは旅行先の宗教や歴史といった文化土壌に根ざしたその土地の人々の心情に全く関心がない者たちである。その分、異文化から不安や脅威を経験することもなく、一見「客観的に判断」が可能なようだが、実際そのような判断は、表層的で他者としての異文化に一切踏み込んだものではない。
　そのようなキプリングがインド以東にグローブ・トロッターとしてやってきたとき、彼は文化の境界を越えることはなく、またそのような自惚れもなく、あくまでも「西洋人」の目で訪問する地域を観察する。そして彼は、文化相対主義的視点から、それぞれの文化を直観し、それに対して「西洋」的常識を付け加えるというやり方で、日本に至る旅行によってえられた印象をイギリス社会に報告するのである。たとえば、ビルマの母子の微笑みに好感を覚え、ベナンの町中で彼には人間の赤子としかみえない料理を運ぶ中国人に対し、激しい嫌悪を感じる。しかしながら、われわれは、キプリング自身は、「グローブ・トロッターはこの上なくコスモポリタンである。ここかしこの区別なく、気分を悪くする」(『海から海へ 巻1』、347)以上の旅行者であったと、期待できるだろう。
　キプリングはインドからビルマ、そしてシンガポールを周って、それから香港から船で長崎に行き、日本に入国する。時は折しも、日本中が憲法発布にうかれる1889年のことであり、英訳された明治憲法の小冊子を渡される。キプリングはＳ・Ａ・ヒルをモデルにした「教授」と呼ばれる同伴者とともに、日本人のガイドに連れられて日本を観光する。
　そのように彼は日本にきて、まず、日本人の作りだす工芸品の素晴らしさや日本の隅々にまでおよぶ清潔さに感心するとともに、イギリス人が清潔さにおいて日本人に劣ると意識するとき、ある種の不安や脅威を感じる。長崎の骨董屋に入ったキプリングは、インド的基準においても、イギリスの基準においても、素晴らしく清潔な店を経営する主人に対して、

私が言いたかったことはこうだ。「おい、あんた。この人間界の生活には、あんたはあまりにも清潔で洗練しすぎているのだ。あんたの家で生活するのにふさわしくなるためには、私がこれまで教えられたこともないようなことを沢山身につけないといけない。それで、私のことを劣っていると感じているあんたのことが嫌いだし、野蛮人だと知って、あんたは私とこの靴を軽蔑するのだ。放っておいてくれないか、さもなければ、この杉の木の家をあんたの頭の上へ引き倒すぞ。」しかし、実際に言ったことは、「ああ、なるほど。とても美しい。何と珍しい商売をされているんでしょう。」(『海から海へ　巻1』、356)

　このようにキプリングは、初めて日本にやってきて、日本文化を観察するが、しかし、すぐに彼はこのような静止画像としてのオリエントの枠組みのなかでは捉えきれないものを発見する。そもそも、長崎に上陸したとき、日本人の税関職員を見て、西欧諸国の文化が日本に様々な影響を与えていることを知る。キプリングは、波止場に下りて、鍍金の菊の飾りの付いた略帽を被った、全く似合っていないドイツ風の制服を着た若い日本人の税関職員に完璧な英語で話しかけられる。しかし、彼が返事をしても、その日本人が彼のいっていることがわからなかったので、幾分当惑しながら、彼がもっと長く日本に滞在するのなら、その日本人のために悲しんだであろうと考える。なぜなら、

　　……彼は雑種（ハイブリッド）――それらは、一部はフランスの、一部はドイツの、そして一部はアメリカの――であり、文明への賛辞であった。警官から上の日本の官吏すべてはヨーロッパの服装をしているようだが、似合っているとはとてもいえない。思うに、ミカドが憲法と同じ時にそれらの制服も作ったのであろう。いずれはまともなものになるであろうが。(『海から海へ　巻1』、350-1)

　キプリングの日本に関する予備知識は、他のグローブ・トロッターとな

第 2 章　「東洋」の知識化の歴史的考察（1）

んら変わるところがないことは、『海から海へ』の記述から明らかであるが、しかし彼は、来日早々日本社会の動向を直観的に捉えている。当時は、ペリー提督の率いる黒船来航によって開国を強いられて以来、西欧列強の科学技術と強大な軍事力の脅威にさらされた日本では、近代国家の形成が急がれていた。その明治政府のもとでの、近代国家言説形成＝編成のマスター・ナラティヴは、福沢諭吉らが唱える脱亜入欧のイデオロギーに支配されたものであった[138]。したがって、その中では、アジア的なものが排除・隠蔽され、西欧の制度を模倣するという方向性が国家の政策に浸透し、突貫工事的な速さで新たなる国家的枠組みが作り上げられていったのである。その象徴的な出来事が憲法の発布であり、国を挙げての大騒動であった。しかし、忘れてならないのは、教育勅語の発布が翌年の 1890 年であったことである。

　一方、キプリングは、欧化した日本人がいかに西欧諸国の文化の寄せ集めとしてのハイブリッド性を身に付けていても、その下には少しも変わらない日本人がいるのを、汽車のなかでたまたま隣り合わせて坐っている新しい日本人と古い日本人を見て直観的に感じる。

　キプリングの近くの座席に坐っていた、ゲートル、ツイードのズボン、黒い綾織り地の上着、立ち襟、淡黄褐色のシルクのネクタイ、犬革の手袋、それからエナメル靴を身に付けた「ヤング・ジャパン（Young Japan）」は、弁当を食べ日本語の新聞を読み終わった後、

> ヤング・ジャパンは……深靴、上着、ネクタイ、立ち襟、チョッキを脱ぎ捨て、眠ろうと座席に横に寝た。日本の枕の代わりに、こぎれいな小型の手提げ鞄でうなじを支えている。オールド・ジャパンは、ヤング・ジャパンのそばで赤い漆塗りの枕で寝ていた。その二人の男の日本的寝姿が全く同じであることに気づいて興味深かった。（『キプリングの日本発見』、119）

　この継続性を内包する日本人の表層的ハイブリッド性は、キプリングの

訪れた他のアジア諸国には見当たらないものであった。たとえば、彼のよく知るイギリスの従属民であるインド人とも違う。

　キプリングは、日本の都会において、人々に西欧文明が浸透していることを見る。10人に1人は頭の先から足の先まで西欧人の服をまとっているのである。しかし、彼の目には実に奇妙な人種に映る。イギリスの大きな町で出会うすべてのタイプの人間を真似ているが、しかしそのイギリス人の模造品と話すとなると、それは日本語しか話せない。触れてみると、思っていたのとは違うのだ。呆然と通りを歩きながら、目にはいる一番イギリス的な人々に話しかけるとき、彼らの服装とは決して一致しない優雅さで丁寧にふるまったが、キプリングのいっていることが全くわからない。しかしながら、船の合図は英国式だし、線路は英国式の軌間だし、売られている商品もイギリスのものだ。通りの看板も英語だ。白昼夢の世界なのである。このとき、キプリングはインド人の紳士に対して尊敬の気持がわく。なぜなら、

　　……彼ら［バーブー］は、見せかけでフランネルか何かの洋服を着ないが、我々の言葉を話した。そうはいっても、バーブーには英語教育をさせる部署があり、日本人が出会うよりずっと多くのイギリス人が周りにいる。（『キプリングの日本発見』、169）

　また、ハイブリッドな日本人は、植民地下のインド人だけではなく、西欧人のなかでうまく立ち働く中国人とも違う。「教授」とキプリングは、神戸の町で中国人と日本人の違いを議論する。

　　長崎と同様、街にはいたるところに赤ん坊がいる。また、長崎と同様に、中国人を除いて誰もが微笑んでいる。私は中国人が好きではない。見慣れてはいるものの、私には理解できない何かが、中国人の顔にはあった。
　　「中国人は、ネイティヴだ」と、私は言った。「あれは、ネイティヴ

第 2 章 「東洋」の知識化の歴史的考察（1）

の顔に見られるものだ。しかし、ジャップ（Jap）はネイティヴではない。しかし、日本人はサーヒブでもない。いったい何なんだろうか。」教授はしばらくの間、人でごった返す通りを見ながら考えに耽っていた。（『海から海へ　巻 1』、370）

　このように、キプリングは日本において、表層的には最も西欧を取り入れながら、少しも変わらない、いわばサーヒブ（sahib＝白人）でもなく「現地人（native）」でもないこの極東の有色人種の奇妙なハイブリッド性を発見するのである。ただここで、この日本人に対して「［日本人に感じられるものは］いったい何なんだろうか。」というキプリングの疑問と、キムが繰り返し自問する「キムってどういう人間なんだ」という疑問とがなぜか通底しているように感じられないだろうか。この時の日本人に対する疑問は、キムという人物を生み出すインスピレーションになったと考えるのは穿ちすぎだろうか。それはともかく、日本人のアイデンティティとキムのアイデンティティについての疑問に対する解答が、かなり違っていたことだけは確かである。
　一方、ハーンは、さながら「西洋」を逃れてパトゥーサン（Patusan）までやってきた『ロード・ジム』の主人公ジムを彷彿させるように、イギリスからアメリカ、そして 1890 年には日本の松江へと辿り着くと、そこで発見した「日本」を 1894 年に『知られざる日本の面影』として出版した。
　そのハーンの松江での英語教師の職を世話した前述のチェンバレンは、1873 年（明治 6 年）に来日して以来 1911 年（明治 44 年）まで、その間のほとんどを日本で過ごした。チェンバレンは、第 2 章 3 節で述べたように、代表的著作である『日本事物誌』の序文で、明治期の日本の急激な西欧化に触れて、「古い日本」と「新しい日本」、つまり牧歌的な古い日本と、思想・企業・科学的業績において大いに進歩した西欧諸国と肩を並べようとする日本との対比を述べているが、バランスを持たせてはいるものの「西洋」から日本を評価している。それに対して、意識的にせよ無意識にせよ、日本文化に越境して「日本」を作り上げようとしたのはハーンであった。

彼は科学文明・功利主義を嫌悪し、それに対立するものとしての「日本」を『知られざる日本の面影』で構築していく。たとえば、その著書のなかで、ハーンは、「突然迷信深い信仰から解放された後の自然な反動として、西洋（the Occident）ではごく普通にみられる粗暴で攻撃的な懐疑主義など、私の教えている日本人の学生のなかには全くみられない。」と述べた[139]。また、「博愛主義から程遠い文明をもつ［西欧］諸国の途方も無い産業上の競争に引きずり込まれ、日本は、遅かれ早かれ同じような好ましくない諸特性をもつことになるに違いない。これまで、そのようなものが比較的少なかったことで、日本人の生活のあの驚くべき魅力の全てが生まれたのだが。」（『知られざる日本の面影　II』、368）というように、彼は、日本と西欧を二項対立的に捉え、西欧を利己主義的で、厳しい競争社会とし、一方伝統的な日本を安らぎのある相互扶助の社会として捉える。

　したがって、このような二項対立として西欧と日本を捉えるハーンは、欧化政策によって、日本人の美質が失われつつあると嘆く。

> 古い体制のままの日本人の中にいると、褒めすぎることのできないような礼儀正しさ、利他性、汚点の全くない気品に出会う。近代化された新世代の中では、これらの美点はほとんど消えてしまっている。俗悪な模倣と平凡で薄っぺらな懐疑主義を乗り越えられないくせに古い時代や古い習慣をばかにする若い連中に出会うことがある。彼らが父から受け継いでいたに違いない気高く魅力的な特質はどうなったのだろうか。（下線は筆者による。）（『知られざる日本の面影　II』、368）

　上に挙げた幾つかの引用から、キプリングとハーンは——両義的と直截的の違いはあるが——古い日本を支持し、欧化した新しい日本を批判している点で類似しているようにみえる。ここで非常に興味深い点は、西欧から始まった近代化言説形成＝編成に日本が取り込まれ、それを契機に、日本を主体とする近代化言説形成＝編成が明治維新以降始まったのだが、その進行の中で日本を観察した2人の西欧人のうち、キプリングの方は日

第 2 章 「東洋」の知識化の歴史的考察（1）

本人の中にハイブリッド性と、さらにインド人や中国人にないものを感じ、ハーンの方は「俗悪な模倣と平凡で薄っぺらな懐疑主義」の芽生えを発見したことだ。近代化言説形成＝編成において日本の「伝統」が「近代」によって置き換わっていく過程で、いったい何が変わり何が変わらなかったのかを検証するとき、この 2 人の西欧人の発見は少なからず参考になると思われる。

　それでは、キプリングの日本を見る眼差しとハーンのそれとを、いま少し詳しく比較してみよう。

　そもそも、キプリングとハーンは敵対するような立場ではなく、実際、ハーン自身は、キプリングの鎌倉の大仏に関する短文と詩をチェンバレンへの 1892 年 12 月 12 日付けの手紙のなかで絶賛している。

> ああ！私はずっと昔に大仏に関してありきたりの文章を書いたことがあった、——ずっと前のことだ。書いたものをそっくり取り換えることができたら！それにしても、私に比べてあらゆる点でキプリングはすごい。（中略）あの男の作品を読むと絶望的な気分になる[140]。

　また 2 人は、異文化をとかく蔑視しがちな宣教師に対して批判的である。しかし、日本の近代化に関して、ハーンは、西欧を模倣（imitation）することで西欧の文明が古き良き日本を侵食する過程であるとみなしているのに対して、キプリングは、新しい日本が西欧諸国の文化を断片的に取り入れ、表層的なハイブリッドなものとして古い日本を改装しているのであり、そして古い日本もまた、アジア、特にインドの文化を取り入れた断片的なものであるとみなしている。このイミテーションとハイブリッドという見方は一見類似しているようにみえるが、一方が日本の近代化を「西洋」が感染し増殖する過程とみるのに対して、他方は、日本の近代化は、西欧諸国の文化を、歴史性や地域性を排除し無化しながら従来のアジア的空間の一部と置換しようとするものだとみなしているところに、根本的な違いがある。つまり、キプリングにとって、日本文化は将来何らかの改善

の可能性を認めつつも東と西の様々な文化の表層的ハイブリッドであるのに対し、ハーンの方は、日本文化は太古に遡る厳然たる存在なのであり、今や外部から汚染されようとしているというのだ。この日本観の対立関係は、ハーンとチェンバレンの神道に対する見解とほぼ対応している。ハーンが神道を日本の精神世界の根幹において、仏教がその後に接ぎ木されたものであるとみなしているのに対して、チェンバレンは、仏教という大木に神道が寄生しているのだと断じる[141]。

では、キプリングとハーンは日本というものを具体的にどのように感じとったのだろうか。それを端的に示すものとして、英語を母語とする2人の作家が――キプリングは日本語を全く解さないし、ハーンも少なくとも『知られざる日本の面影』を執筆する段階ではほとんど解さなかったであろう――2人の作家が日本人の会話を英語にいかに写しているのかを対比してみる。

1つ目は、キプリングが名古屋で警官と兵士の諍いをスケッチしたものである[142]。

「兵隊と警官はいつもケンカをしてます」と、ニヤッと笑いながらガイドは言った。

警官は口論をやめたがっていた。「じゃ、俺が何をしたっていうんだ」と、すぐさま集まってきた野次馬の賛同を得ようと肩越しにちらっと見ながら兵士は言った。「やっちゃえよ、ヘンリー。そいつに思い知らせてやれ」と同僚の兵隊が背後で叫んだ。「殴る価値なんかないぜ」と答えた。「やい、やい、おめえの方も怖いのかい」と野次馬たちが叫んだ。「全然」と兵士が言うと、隅の方へその小柄でおとなしい警官を押して後退させた。警官は負けじと押し戻した。「もういっぺんやってみろ、どたまぶっ飛ばすぞ」と、兵士は言った。「じゃ、もう止めにしないか」と警官は言った。「おう、おめえは俺にいろいろ指図をしようって言うのか。」「そうじゃないさ。どうすりゃ、気がすむんだ。」

日本語の知識が十分でないので、口論のあらましか英語で再現していないが、全体的な雰囲気は書き留めたと自信をもって言えるだろう。

("Soldiers and policemen always fighting," said my guide with a grin.

The policeman would fain have withdrawn from the argument. "Then what did you say I did for?" said the soldier with an overshoulder glance for the approval of the rapidly gathering crowd. "Go it, 'Enery: give the beggar what for," shouted a fellow private in the background. "'E ain't worth 'itting," was the response. "Hi! Yi! You're afraid yourself," shouted the crowd. "No I ain't," said the soldier and backed the little man of peace into a corner where he hustled him. The policeman pushed him in return. "You do that again and I'll knock your 'ed off," said the soldier. "Well you leave me alone then," said the policeman. "Oo are you to tell me wot I'm to do and wot I ain't? take an' go 'ome." "I shan't. 'Oo are you a shovin' of?"

I have reproduced the outlines of the dialogue in English owing to an imperfect knowledge of Japanese, but I'll swear to the general purport being here set down.)（『キプリングの日本発見』、120-1）

次のものは、船の甲板で、餅屋と客との会話をハーンがスケッチしたものである。

「手前は、この世で餅なんか必要としてません。酒だけが、何より好きなんですよ。」

もう一人は、「手前にとっちゃ、女が一番です。餅も酒も必要ありません。」と言った。

しかし、餅がすっかりなくなってみると、お腹を空かしていた男は餅屋の方を向いて言った。

「ねえ、餅屋さん。手前は女や酒はこの世じゃいらない。この浮世

じゃ、餅ほど有難いものはないね！」

("I-your-servant mochi-for this-world-in no-use-have. Sake-alone this-life-in if-there-be, nothing-beside-desirable-is."

"For me-your-servant," spake the other, "Woman this-fleeting-life-in the-supreme-thing is; mochi-or- sake -for earthly-use have-I-none."

But, having made all the mochi to disappear, he that had been hungry turned himself to the mochiya, and said:

"O Mochiya San, I-your-servant Woman-or-sake-for earthly-requirement have-none. Mochi-than things better this-life-of-sorrow-in existence-have-not!")　（『知られざる日本の面影　II』、250）

　彼らの日本人の言葉を捉える特徴は、キプリングの方は、彼が感じたものを読者に彷彿させるように、英語のスラングやコックニーを使って——"'Enery" は "Henry" のコックニーなまりである——表そうとするのに対して、ハーンは、むしろ彼の日本語の知識を駆使して英語で日本人の会話を再構築している。結果、キプリングの方は、まざまざと情景が浮かぶが、日本語のもつ特殊性が失われているのに対して、ハーンは日本語の属性を強調し過ぎて、情景がほとんど浮かんでこない。
　言語に関して、キプリングもハーンも、西欧人と東洋人の思考方法を特徴づけ規定するという認識を持っていた。『キム』では、現地語の産み出す不合理で迷信に満ちた暗黒の世界からキムの心を解き放つために、「英語の掛け算表［英語の割り切れる合理的世界］(the multiplication-table in English)」、つまり、英語が構築する合理的・科学的な世界に逃げ込まなければいけなかったというように説明されていたことは前述した。(『キム』、252) 一方、ハーンは、日本語を決して越えられない世界に存在する言葉であると考える。なぜなら、日本語は何から何まで西欧語とは逆であり、したがって日本人のように思考するためには——「逆方向とか、上下さかさまとか、裏返しとか、つまり、印欧語の習慣には全くない方向で考えること」——ができるように訓練しないといけないからである[143]。

また、微笑の捉え方についてはどうだろうか。
　たとえば、ハーンは、あたかも楽しいことがあったかのように微笑みながら夫の葬儀へ出ることの許しを乞い、戻ってくると笑いながら骨壺を示す日本人の使用人に対する西欧人女性の戸惑いの例を挙げる。ハーンは、この微笑の意味するところは、「『有難くもこんなことでも不幸なことと思召すでしょうが、どうか奥様、そんな卑しきことにお気遣いあそばされませんようにお願いいたします。また、そんなことをお耳に入れて御無礼をいたしますことを避けられませんで申しわけありませんでした。』」というように、些細な私事によって雇い主を煩わしたくないという使用人の心遣いの表れであると解釈している。(『知られざる日本の面影　II』、371)　一方、キプリングは、日本の子供の微笑に好感を抱くとともに、自らの宗教を卑下するような笑いを浮かべる若い僧に対しては不快感を感じる。

　　「それら［仏像］は日本の神々ではありません」と、若い僧はいったが、自分の信仰について尋ねられるたびに、馬鹿にしたようにクスクス笑った。「それらはとても古臭い神々です。過去にインドから伝わりました。それらはインドの神々だと思うんですが、どうしてここにあるのか分かりません。」
　　私は自分の信仰を恥じる人間は虫が好かない。(『海から海へ　巻1』、383)

　また別のところでは、何をいってもクスクス笑う芸者に対して、キプリングは当惑しながらも愛らしさを感じる。
　一方、ハーンは、これら日本人の「微笑 (smile)」を、「限りない心の静けさ (infinite calm)」と「克己心の極み (the ideal of the Supreme Self-Conquest)」を志向する東洋人と、個人主義＝利己主義の西欧人の本質的な差異の構図として捉えようとする。そして、「日本人の微笑」は、仏像のそれへと還元され、そこに日本人の本質を見出そうとするのだ。

このような仏教経典——数多あるが——は、<u>日本人の性格</u>に見られるこの上ない魅力を形成するそれらの傾向を生み出したとは考えられないが、表現していることは間違いない。そして、<u>日本民族</u>の道徳的理想主義のすべてが素晴らしい鎌倉の大仏の中に映し出されているように私には思える。人間の手になる他のいかなる作品も表し得なかったような「深く静止した水のような静寂」を浮かべるその面差は、永久の真理を表している。その真理とは、「心の安らぎに勝る幸せはない」ということだ。<u>東洋</u>がめざすものは、限りない心の静けさを志向することであり、克己心の極みを自家薬籠中のものにしている。(下線は筆者による。)(『知られざる日本の面影 II』、378)

しかし、上掲の引用文のなかでハーンは「日本人の性格（the Japanese character）」、「日本民族（the race）」、そして「オリエント（the Orient）」という言葉を無造作に使用しているが、彼にとって日本人の精神の根本にあるのは、神道の祖霊崇拝であったはずである。したがって、日本の精神の源流は有史以前の時代に遡るということであった。しかしここでは、日本（人）と東洋（人）とは同一視され、日本人の精神性が全東洋へと拡散している。ただそのような解釈は、インドから日本までの広大なアジア世界を念頭にいれてのことであるが、ハーン、そして日本人読者の場合、あくまでも「日本人の微笑」という文脈で解釈されるのである。つまり、インドで誕生し、中国人と中国語を介して日本に伝わった仏教は、その空間性と時間性を捨象することで鎌倉の大仏に凝縮し、時空性を喪失した「東洋」は、「日本」のなかに１つの属性として吸収されてしまったのである。ハーンはここで、本来の類概念と種概念の転倒を行っている。もちろん、肉親の死というような、おおよそ笑いから縁遠い状況において日本人が笑うということの心理を真摯に分析するハーンは高く評価されてしかるべきである。しかし、仏教の発祥地としてのインドや、同じ仏教国のタイやビルマとの比較の欠如は、彼の分析の正当性に疑問を投げかけるのである。

一方、憲法に関しては、『知られざる日本の面影』では否定もせず沈黙

第2章 「東洋」の知識化の歴史的考察（1）

を守っているが、キプリングの方は、日本がそれを作ったことに関して彼独特の保守的で、冷ややかで、逆説的な意見を述べ、第2章2.8節でも引用したが、「日本は『偉大な人間（a strong man）』が誰にも邪魔されず統治することを不可能にした2番目の東洋の国である。それを日本は自らの自由意志でしたのだ。一方インドの方は、まるで強姦のようにイギリスの国務大臣と下院議員によって押し付けられたのだった。」（『海から海へ　巻1』、494）といい、日本はインドより幸運だと付け加える。

　キプリングとハーンを比較してみるとき、表層的には、グローブ・トロッターとして気楽な目で眺めるキプリングと、真摯なまでに日本に関心を寄せるハーンが浮かび上がってくることは確かである。そして、しばしば、キプリングの『海から海へ』のなかには、日本を揶揄した記述がみられる。たとえば、桜の花の美しさにうっとりする花見客に対して、

> 男女にかかわらず日本人は明らかにその景色を愛でていたのだった。東洋人がそんなにも夢中になっているところを見るのは驚くべきことだ。さながらサーヒブ［白人］から何かを盗んだかのようであった。（『海から海へ　巻1』、400）

上記の引用には、19世紀的で強烈な西洋中心的自我と、そして異文化に対して心を開いている20世紀的自我の両方が現れている。キプリングの心の中で、必ずしも前者の西洋的自我が優勢であったと決め付けられないのは、仏教寺院へ場違いな人間が入り込んだと羞恥を感じ、鎌倉の大仏の親指の上に観光客がのっている写真が売られていることや、西欧人の男女が自分の名前を大仏の大きなブロンズの板の内部に刻み付けていることに言及して、激しい調子で、少しでもその無礼さと侮辱のことを考えてみろと怒りを込めて述べ、また、皮膚病の子どもに対して心から同情することからも判断できる。

　　中庭にいた幼子たちは教授のカメラの周りに集まった。しかし一人

の子はあどけない頭にひどい皮膚病を患っていて——他のどの子もその子と遊ぼうとしないほどひどかったのだが——その男の子は隅にいて心が張り裂けんばかりにすすり泣いていた。なんて哀れな幼いゲハジよ！［ゲハジは旧約聖書の登場人物］（『海から海へ　巻1』、386）

　一方、ハーンの作品には西洋中心的自我が奇妙なほど希薄なのである。そもそもハーンにとって、日本への越境とはどういうことだったのだろうか。
　ハーンは、一般的にヨーロッパ人の西洋的感性では日本の文化を理解できないとして、たとえば日本の庭に関して、これを鑑賞する感性は、外国人の場合、いかに美的な感性をもつ人であっても、学習によって培われなければならないと断言する。一方日本人は、この感性を生まれながらにもっていて、自然を理解することにかけては西欧人とは比べものにならないほど卓越しているという。したがって、日本人の感性に近づくためには、長い時間をかけて彼らの流儀に慣れ親しまないといけないと説明する。また、名所旧跡に関しては、日本各地の名所を面白く感じるためには、想像力の行使が絶対条件であるという。そして、それがうまく行使できるかどうかは、いかに日本の歴史や神話に精通しているかどうかにかかっていると述べている。
　つまり、ハーンの文化の境界を乗り越える方法というのはどのようなものかというと、日本人の流儀を長い時間をかけて観察したり、日本の民話や神話を知るということである。言い換えれば、彼は日本の風俗習慣や、神話や民間伝承の知識で日本を読み解こうとする。そしてその最適の場所が松江、つまり出雲であったのだ。このハーンのとった方法そのものは、一種の文化人類学的アプローチであり、特異なものではない。しかし、その人種観に注目する必要がある。つまり、ハーンにとって、日本人の美的感覚や倫理観は、遠い先祖から遺伝という形で伝わったものであり、後天的に学習し、創造されたものではない。他方、観察し、学習し、理解するのは常に西欧人の方なのである。言い換えれば、日本人は常に見られるも

のであり、西欧人は常に見るものなのだ。このような固定した見方が、ハーンの日本に対する姿勢に窺える。

　一方キプリングの方は、あくまでも彼の感性で日本の文化を理解しようとする。事実彼は、観光ガイドやガイドブックから得た知識を無視して、自分の直観を信じるのだ。たとえば、神社の鳥居を見たとき、彼は自己流の解釈をする。

　　誰でも「鳥居」が何であるか知っている。南インドにも鳥居はある。大王が巨大なアーチを築こうとする場所に印をつける際、王であるのでインクではなく石を使う——空中に、2本の梁と1本の横棒で描くのである。高さは40から60フィートで、幅は20から40フィートだ。南インドでは、横棒の真ん中がこぶのように膨れている。極東においては、鳥居の両端が太く広がる。この鳥居についての記述は書物にほとんど頼っていないが、初めて訪れた国で本に頼り始めると、道に迷ってしまうのだ。（『海から海へ　巻1』、357）

　キプリング的越境では、異文化接触に際して強烈な自我の意識化が起こる。その自我が異文化と対峙するのである。そして、すでに英語化され知識化された情報ではない物に触れようとする。一方、『知られざる日本の面影』のなかには、ハーンの西洋的自我は幾度か現れるが、それ以外の場所ではむしろ鳥瞰的な、いわば小説における全知の語り手のような存在として登場している。したがって、『知られざる日本の面影』では、ほとんど越境の苦痛は描かれていない。しかしながら、日本人から向けられる異常なほどの好奇の視線に対しては、いたたまれず逃げだしたことが2度書かれている。そのうちの1つの御津浦での経験は、すでに第2章3節でふれたが、さらにもう1回——実際には、何度も経験したのだろうが——旅の途上浦郷に滞在した際、3日でそこを逃げ出したときのことを書いている。彼はこの漁民たちを弁護するようにその善良さを再三強調するが、確かにこのとき文字通り彼らから逃げ出したのである。

浦郷という村に初めてハーンがやってきたとき、西欧人がこの村にやってきたのは最初だったので、漁民たちは1度なりともこの西欧人なるものを見ようとハーンの宿に押しかけてきた。そして、彼らの好奇心は、それから3日間衰えることなく続いたのである。ハーンが外出すれば、岸辺に打ち寄せる波が小石を鳴らすような下駄の音をさせながら、彼らもぞろぞろとついてくる。しかも、一言も発せずにである。彼らから危害を加えられるとは少しも思っていなかったが、ハーンは覗かれるのが嫌さに、蒸し暑いにもかかわらず、寝ている間中、雨戸や窓を締め切っていた。そしてしまいには、ハーンは耐えられなくなる。

　　しかし、私の周りに声も立てず絶えることなく集まってくる群衆に対して、遂には当惑以上のものを感じるに至った。悪意は感じなかったが、薄気味悪さを感じたのだ。自分が幽霊になったみたいな感じ——冥土に今着いたばかりで、無言の亡者に取り囲まれているように感じたのだ。（『知られざる日本の面影　II』、317）

西洋式の教育を受けたものだけではなく、この田舎の純朴な漁民のなかにも、ハーンに「薄気味悪さ（weird）」を感じさせるものがあったのだが、しかしここで興味深いことは、西欧からきたハーンに強烈な好奇心を持つ漁民たちに囲まれたとき、ハーンが霊的な日本と賛美するその場所で、自分自らが霊と化すのである。そしてその瞬間、彼はこの上もなく不安を感じる。
　確かに、『知られざる日本の面影』にみられるハーンの文化の境界を越える方法は成功しているようにみえる。彼は越境の苦しみを感じずに、難無く文化の境界を越えてしまったようにみえる。また、日本人のハーン研究者のなかには、ギリシャ人の母親の血を受け継いだとか、異文化にことのほか同情的であったとかいうことで説明しようとする者がいる。（実際ハーンは、たびたび日本文化と古代ギリシャ・ローマ世界との対比をつかって日本の本質を説明しようとする。）しかし、ハーンが西欧的自己の主体を反

第2章 「東洋」の知識化の歴史的考察（1）

映させないのは、見る者と見られる者という関係にあくまでも固執したからではないか。そして、日本との対峙から生まれる主体と客体という関係性を越えることによって越境を行っていないのではないか。実際、ハーンは、西洋かぶれの日本人だけではなく、全ての日本人にみられる世俗的な貪欲さを直視することを避け、見たいものだけを見ようとすることで、結局彼は、いかなる意味においても、越境していないのではないかと疑われる。

　ここで思い浮かぶことは、異文化を扱うイギリス小説の常套手段であるリエゾンの存在である。例えば、『インドへの道』のアジズや『ロード・ジム』のジュエル（Jewel）が、イギリス人の登場人物のために文化間の橋渡しをするリエゾンの役割を演じる。一方ハーンの場合はどうかというと、リエゾンを使わずに日本人と彼自身の主体を一致させようとしたと考えられている。そのことに多くの日本人は感激させられるのである。しかし、ハーンは、松江尋常中学校の教頭の西田や妻セツといった彼にとって理想的なリエゾンにのみ耳を傾け、彼が好んで読んだチェンバレン訳の『古事記』やアーネスト・サトウ（Ernest Satow）の訳を介して知った平田篤胤の思想等から想像し構築した彼の理想とする日本の側面だけをみようとする傾向があるのではないか。つまりハーンの日本とは、まさにそのような選別された日本ではなかったか。越境することの苦痛を繰り返し語るキプリングの旅行記は、アジア諸国を「西洋」の視点から論じ、日本を「子供」や『不思議の国のアリス（Alice in Wonderland）』の世界として捉える西欧中心的傾向があり、彼自身もちろん日本に越境する気など全くなかったが、しかしインドから日本へと「オリエント」の広がりをみせてくれるとともに、さながら『闇の奥』の登場人物のロシア人の服のようなヨーロッパの国々からなる継ぎ接ぎの服を着た東の果てに住むアジア人の、表層的なハイブリッド性を示してくれるのである。それに対してハーンは、「古い日本」についての深い理解や、日本人女性と結婚し日本に帰化するという当時としては破天荒な行為にもかかわらず、近代化政策により変容する日本を直視せず、キプリングがいみじくも観察した継ぎ接ぎという意味で

249

の「ハイブリッドな日本」に越境することもなく、彼の周りの理想的なリエゾンを通してみたユートピアとしての「日本」を創りだしたのだ。つまり、チェンバレンが「彼が見たと想像した日本」を賛美しているのにすぎないと評したように、ハーンの「日本」は、田園や神話や仏像のイメージで飾られた、牧歌的であり、神秘的な世界に仕立てられたものである。そして、そこでは、彼の西欧的自我はほとんど顕在化せずにすんだのである。一方、日本語の創りだす言説空間にどっぷりつかった日本人は、小泉八雲ことハーンの創りだす日本を日本人の鏡像として受け入れ、一方、キプリングの「日本人」を解体・相対化するような旅行記を無視しようとしてきた。

　ひょっとすると、ハーンはキプリング的越境を経験していたのかも知れない。ここで思い出されるのがチェンバレンの次の言葉である[144]。

　　……彼の一生は連続した夢であったが、最後は悪夢で終わった。熱情に駆られて日本に帰化し、小泉八雲という名前をもった。しかし夢から覚めてみると、誤ったことをしてしまったことに気がついたのだ。
　　（『日本事物誌』、296）

　夢が空間と時間を超越ないしは忘却するものであるとき、ハーンの夢の日本は厳格な時間と空間の束縛から逃避しようとするものであった。そしてどこにも存在しないユートピアとしての「日本」を追い求めたのである。一方、欧米列強の脅威から「脱亜入欧」の政策を推進し、西欧を模倣せざるをえなかった屈辱感の裏返しとして、日本は、ハーンの「日本」と呼応するように、「神国日本」という神話を作り上げて劣等感を克服しようとした。それと共に、近隣地域に対しては悪しきオリエンタリズムに陥った日本は、歪な世界地図を作り出したのであった。
　この第2章では、イギリスにおける近代化言説形成＝編成の始まりと、植民地統治を通してインドをその言説＝編成に取り込んでいく過程、そしてまた、その言説形成＝編成に誘発されて明治日本が創り上げていっ

た近代日本のマスター・ナラティヴを、アングロ・インディアン小説や、キプリングとハーンの著作等を検証することで再現することを試みた。次章では、その後の歴史を踏まえ、近代化言説形成＝編成がどのように変質して行き、またそのなかで、イギリスの植民地政策、インドの民族主義の隆盛、そして日本の対外政策の方向性が規定されていったかに焦点を当てながら論考を継続する。

註

（1）ウィリアム・ベンティンク（William Bentinck）が、インド総督（Governors-General of India）という称号としては初代であるが、実質上の初代インド総督はウォーレン・ヘイスティングズであり、英語では、"the first Governors-General in India" と表記されることが多い。

（2）グレート・ゲーム（the Great Game）は、ロシアの南下政策を阻止するための諜報活動をさす符牒であり、アーサー・コノリー中尉（Lieutenant Arthur Conolly）の造語だといわれる。Patrick French, *Younghusband: The Last great Imperial Adventurer* (London: Harper Perennial, 2004), p. 35 を参照。

（3）Robert Harvey, *Clive: The Life and Death of a British Emperor* (New York: Thomas Dunne Books, 2000) を参照。

（4）Bernard S. Cohn, *Colonialism and Its Forms of Knowledge* (Princeton: Princeton UP, 1996) を参照。

（5）ヘイスティングズは、言語学者で有名なウィリアム・ジョーンズ（Sir William Jones）が設立したベンガル・アジア協会（the Bengal Asiatic Society）を支援した。

（6）「オリエンタリスト」は、サイード以降、植民地主義の尖兵隊のような意味で使われているが、本書では、「東洋の言語や文学に精通した者」（『オックスフォード英語辞典』）のような文字通りの意味で使っている。また、アングリシストは、英語教育支持者（推進者）という意味である。

（7）ヘイスティングズの失墜についてのシーリーの見解は、『英国膨張史』の290-1頁を参照

（8）Dennis O'Keeffe, *Edmund Burke* (London: Continuum, 2010) を参照。

（9）Syed Mahmood, *A History of English Education in India* (Delhi: Idarah-i Adabiyat-i Delli, 1895, rpt., 1981), p. 48. 以下、東インド会社憲章の改訂とインドにおける教育改革については、『インドに於ける英語教育の歴史（*A History of English Education in India*）』を参照した。

（10）マコーリーが、アシュバートン（Ashburton）男爵ら5名連記で、1854年11月に東インド会社管理委員会総裁（the President of the Board of Control）のチャールズ・ウッド卿（Sir Charles Wood）に提出したインド高等文官に関する要望書『インド高等文官（*The Indian Civil Service*）』において、ヘイリーベリー・カレッジ改革の一環として、入学年齢を引き上げ、オックスフォード大学やケンブリッジ大学の卒業生に門戸を開くことを要望している。その際の入学試験としては、英語・英文学（計1,500点）、ギリシャ語・ラテン語（各750点）には及ばないが、サンスクリット語とアラビア語は、仏・独・伊語と同じ375点に設定している。ちなみに、自然科学は、数学（理論・応用）が1,000点で、自然科学が500点である。

（11）W. Nassau Lees, *Indian Musalmáns* (London: Williams and Norgate, 1871). 以下の『インド人ムスリム（*Indian Musalmans*）』からの引用は、この版の頁数を本文に記入。

（12）Tara Chand, *History of Freedom Movement in India* Vol.2 (New Delhi: Publication Division, Ministry of Information and Broadcasting, Govt. of India, 1992), p.112. 以下の『インドの解放運動の歴史 巻2（*History of Freedom Movement in India*）』からの引用は、この版の頁数を本文に記入。

（13）Percival Spear, *The Oxford History of Modern India*. 2nd edition. (Delhi: Oxford University Press, 1978), p.207. 以下の『オックスフォード近代インドの歴史 第2版（*The Oxford History of Modern India*. 2nd ed.)』からの引用は、この版の頁数を本文に記入。

（14）Bipan Chandra, *Essays on Colonialism* (New Delhi: Orient Longman, 1999), p. 5. 以下の『植民地主義についての評論集（*Essays on Colonialism*）』からの引用は、この版の頁数を本文に記入。

（15）Ranjit Kumar Roy, ed. *The Imperial Embrace: Society and Polity under the Raj* (Calcutta: Engage Publishers, 1993), p. 52を参照。

（16）レギナルド・ハーバー（Reginald Heber）司教（1783-1826）は、『カルカッタからボンベイまでの北部地方の旅行記、1824-1825（*Narrative of a Journey Through the Upper Provinces of India, from Calcutta to Bombay, 1824-1825*）』の著者である。（ラハマン注）

（17）Bill Ashcroft, Gareth Griffiths and Helen Tiffin, eds. *The Post-colonial Studies Reader* (London and New York: Routledge, 1995), p. 431を参照。以下の『ポストコロニアル・スタディーズ・リーダー（*The Post-colonial Studies Reader*）』からの引用は、この版の頁数を本文に記入。

（18）V. D. Mahajan, *Modern Indian History: From 1707 to the Present Day* (New Delhi: S. Chand and Company Ltd., 1990), p. 503.

第 2 章 「東洋」の知識化の歴史的考察（1）

(19) Harish Trivedi, *Colonial Transactions: English Literature and India* (Calcutta: Papyrus, 1993), p. 207. 以下の『植民者・被植民者間の取引：英文学とインド (*Colonial Transactions: English Literature and India*)』からの引用は、この版の頁数を本文に記入。
(20) F・Aとは、英領インド時代の学位の名称で、中レベル、ないしは、中等上級レベルに相当した。F・Aは、"Final Arts" の略で、L・A (Lower Arts) の取得の後、学生が取得する必要がある学位であった。学生は、現代の中等教育修了資格試験に相当する入学試験に合格してはじめて、F・Aレベルに進学する資格を得た。(ラハマン注)
(21) インド人による最初期の英語小説であるS・B・バネルジャ (Banaerjea) の『ベンガル話集 (*Tales of Bengal*)』(1910) の中に登場する中産階層のインド人も、教育をステータス・シンボルのひとつと捉えている。(訳注)
(22) Pradip Sinha, "Social Components of a Rurban Class," in *The Imperial Embrace: Society and Polity under the Ra*j, ed. Ranjit Kumar Roy, (Calcutta: Engage Publishers, 1993), pp. 40-3 を参照。
(23) Abdul Maudud, *Madhyabitta Samajer Bikash: Sangskritir Roopantor* (Dhaka: Bangla Academy, 1987), p. 259. 以下の『マドヒャビッタ・サマジェル・ビカッシュ (*Madhyabitta Samajer Bikash*)』からの引用は、この版の頁数を本文に記入。
(24) Jung Jing, *The Temple of Memories: History, Power and Morality in a Chinese Village* (Stanford, California: Stanford University Press, 1996), p. 45.
(25) Sudhir Chandra, *The Oppressive Present: Literature and Social Consciousness in Colonial India* (New Delhi: Oxford University Press, 1992. rpt., Oxford India Paperbacks, 1994), p. 2. 以下の『抑圧された現在：植民地インドにおける文学と社会意識 (*The Oppressive Present: Literature and Social Consciousness in Colonial India*)』からの引用は、この版の頁数を本文に記入。
(26) J. T. F. Jordens, "Hindu Religious and Social Reform in British India," in *A Cultural History of India*, ed. A. L. Basham (New Delhi: Oxford University Press, 1975), pp. 366-7. 以下の『インドの文化史 (*A Cultural History of India*)』からの引用は、この版の頁数を本文に記入。
(27) www.thebrahmosamaj.net/impact/educationalimpact.html を参照。
(28) R. C. Majumder, *History of the Freedom Movement in India*, Vol. 1 (Calcutta: Firma KLM Private Limited, 1988), p. 261. 以下の『インドの解放運動の歴史 巻1 (*History of the Freedom Movement in India*, Vol. 1.)』からの引用は、この版の頁数を本文に記入。
(29) Partha Chatterjee, *The Nation and Its Fragments: Colonial and Postcolonial*

Histories (Princeton: Princeton University Press, 1993. rpt., *Partha Chatterjee Omnibus*, New Delhi: Oxford University Press, 1999), p. 40.

(30) C. D. Narasimhaiah, *The Swan and the Eagle* (Shimla: Indian Institute of Advanced Study, 1969), p. 58.

(31) S. C. Raychoudhary, *History of Modern India* (Delhi: Surjeet Publications, 1990), p. 21.

(32) 前述したように、インドにおける英語教育はマコーリーの教育改革によって始まったのではなく、それ以前からも行われていたのである。そもそも、土地所有者の社会はほとんどがゼミンダール（ザミンダール）、つまり、伝統的な地主階級により占められており、マコーリーの教育改革の時期が示すように、彼らはマコーリーの教育改革の下で教育を受けたのではなかった。しかしながら、英領インド協会、インド国民会議、そして、全インド・ムスリム連盟の指導者の多くは、マコーリーの教育改革が可決されて以降英語教育を受けた。もっとも、彼らの多くはインドではなくイングランドに行って教育を受けている。（ラハマン注）

(33) Krishna Kripalani, "Modern Literature" in *A Cultural History of India*, ed. A. L. Basham (New Delhi : Oxford University Press, 1975), p. 408.

(34) David Arnold and David Hardiman, ed. *Subaltern Studies VIII* (New Delhi: Oxford University Press, 1994), p. 4. 以下の『サバルタン・スタディーズ VIII (*Subaltern Studies VIII*)』からの引用は、この版の頁数を本文に記入。

(35) Frantz Fanon, *The Wretched of the Earth*, translated by Constance Farrington. rpt. (London : Penguin Books, 1990), p. 169.

(36) Sisir Kumar Das, *A History of Indian Literature*, Vol. VIII (New Delhi: Shahitya Akademi, 1991), p. 70.

(37) Sukumar Sen, "Bengali Literature." In *A Comprehensive History of India*, Volume Eleven, eds. K. K. Datta and V. A. Narain. (New Delhi : Peoples Publishing House, 1985), p. 777.

(38) Dr. Darsan Chaudhury, *Unish Shataker Natyabisay* (*Themes in Nineteenth Century Drama*) (Calcutta: Shaittaya Prakash, 1985), p. 39.

(39) Meenakshi Mukherjee, *Realism and Reality: The Novel and Society in India* (New Delhi : Oxford India Paperbacks, 1994), p. 11.

(40) この言葉は、政治学者のフランシス・フクヤマ（Francis Fukuyama）の著書『歴史の終わり (*The End of History and the Last Man*)』(1992) で有名になったが、彼自身は現在ネオコンには与していないようである。

(41) Rudyard Kipling, "Beyond the Pale," in *Plain Tales from the Hills* (New York: Charles Scribner's Sons, 1907), p. 189. 以下の『高原平話集』からの引用は、こ

第 2 章 「東洋」の知識化の歴史的考察（1）

の版の頁数を本文に記入。
(42) そのような異文化体験を扱った小説作品のアンソロジーとして、Tom J. Lewis, et al., *On Being Foreign: Culture Shock in Short Fiction*（Yarmouth, Maine: Intercultural Press, Inc., 1986）を参照。
(43) 本書、第 1 章注 20 を参照。
(44) これに関してサイードは『オリエンタリズム』の 254 頁で、「実際、［リベラルと称せられる、普遍性、多元性、そして寛容性に対して配慮する文化において、20 世紀西欧のオリエンタリズムに］起こったことは、リベラルとはまさに対極にあったということだった。つまり、『科学』という色合いを帯びることで硬化した教義や意味が、『真実』とされたのだ。というのは、もしそのような真実がそれ自身のために私がこれまで示してきたようなやり方でオリエントを万古不易なものとして裁定する権利を保有していたなら、リベラルであるということは、抑圧と唯心論的偏見の形態に過ぎない。」と記している。ここで非難するリベラルは、サイードにとって「偽りのリベラル」なのだが、本書ではさらに踏み込んで、リベラル、あるいは、自由主義は、帝国主義的拡張において積極的な役割を果たしたと考える。
(45) ハーバート・スペンサーの『社会学原理　巻 1（*The Principles of Sociology Vol. 1*）』(1874-75; enlarged 1876, 1885) を参照。
(46) マシュー・アーノルド（Matthew Arnold）の『教養と無秩序（*Culture and Anarchy*）』を参照。
(47) Bhupal Singh, *A Survey of Anglo-Indian Fiction*（London: Oxford UP, 1934）を参照。以下の『アングロ・インディアン小説概観』からの引用は、この版の頁数を本文に記入。
(48) William Browne Hockley, *Pandurang Hàrì, or, Memoirs of a Hindoo*（London: Henry S. King & Co., 1877, rpt., Nabu Press, 2010), p. 66. 以下の『パンドゥラン・ハリ』からの引用は、この版の頁数を本文に記入。
(49) Philip Meadows Taylor, *Confessions of a Thug*（New Delhi: Rupa Co., 2007）。
(50) William Delafield Arnold, *Oakfield; or, Fellowship in the East* vols. 1 and 2（London: Longman & Co., 1854). 以下の『オークフィールド――或いは東洋における友情』からの引用は、この版の頁数を本文に記入。
(51) G. A. Henty, *With Clive in India*（Teddington: The Echo Library, 2006). 以下の『インドの英雄クライブとともに』からの引用は、この版の頁数を本文に記入。
(52) Flora Annie Steel, *On the Face of the Waters*（New York: The Macmillan Company, 1897). 以下の『水面』からの引用は、この版の頁数を本文に記入。
(53) E.M. Forster, *A Passage to India*（Harmondsworth: Penguin Books, 1936, rpt.,

1985)．以下の『インドへの道』からの引用は、この版の頁数を本文に記入。
(54) George Orwell, *Burmese Days* (London: Secker & Warburg, 1986)．以下の『ビルマの日々』からの引用は、この版の頁数を本文に記入。
(55) 『ラジ 4 部作』は、1 作目の *The Jewel of the Crown* は 1966 年、2 作目の *The Day of the Scorpion* は 1968 年、3 作目の *The Towers of Silence* は 1971 年、4 作目の *A Division of the Spoils* は 1975 年に出版された。
(56) 『オリエンタリズム』の 20-1 頁を参照。
(57) 「覚書」(『演説』)、p. 359。
(58) T・B・マコーリーらが「要望書」を提出し（第 2 章注 10 を参照）、「インドの文明化」のためにオックスフォード大学やケンブリッジ大学出のエリートをインド高等文官として送り込むように働きかける以前は、大学卒業者がインドに赴くことはまれであったようである。また、18 世紀後半、インドへ働きに行くこと自体一般のイギリス人に人気がなく、前出の『インドの英雄クライブとともに』(p. 33) では、東インド会社の兵士をリクルートするために、泥酔させている間に入隊させるといった強引なことがなされていたことが描かれており、「東インド会社での兵役は人気がなかった。インドでは戦闘がなく、名誉や栄光もなく、昇進を勝ち取ることができなかった。天候はヨーロッパ人には適しておらず、実際、東インド会社で兵士として働くためにイングランドを船出した者で、その後帰国した者はほとんどいなかった。それで、東インド会社が当時もっていた小さな軍隊ですら維持するためにあらゆる困難に追い込まれており、新兵を募集するために雇っている代理人が、人数の帳尻を合わせようと使う手段は、[事情を考えれば] 決して特殊なものとはいえなかった。」と説明している。
(59) 「全知の語り手」とは、物語を分析する際に使用される用語であり、作品世界に登場する人物やそこで起こる事件のすべてを「神」のように知っている語り手であるが、必ずしも「作者」と一致するわけではない。物語分析については、第 4 章と第 5 章で詳述する。
(60) 拙論「『キム』――「他者」の認識と主体の位置」（橋本槇矩・高橋和久編著『ラドヤード・キプリング――作品と批評』、松柏社、2003）を一部書き直したものである。
(61) 前者がニラド・C・チョードーリーで、後者がブパール・シンである。Nirad C. Chaudhuri, "The Finest Story about India—in English", *Rudyard Kipling: the man, his work and his world* ed. John Gross (London: Weidenfeld & Nicolson, 1972), p. 32. 後者は、『アングロ・インディアン小説概観』の 78 頁を参照。
(62) サイード以前にも、後述するように、エドマンド・ウィルソン（Edmund Wilson）やジェフリー・メイヤーズ（Jeffrey Meyers）は、『キム』における

第 2 章　「東洋」の知識化の歴史的考察（1）

帝国主義を指摘したが、それはあくまでも作品の限界を示しただけである。
(63) 実際のところは、ルイス・コーネル (Louis L. Cornell) の『インドのキプリング (Kipling in India)』によると、まだ 17 歳で副編集者のキプリングは、いずれの記事も書いていないようである。ただ後年、死後出版された自叙伝『私事若干 (Something of Myself)』で、「ちょうどその当時、現地人の裁判官に白人女性を裁かせた方がいいというのは主義の問題であった」という表現をしているところから、彼が積極的に条例を支持していたというのは考えにくい。Vasant A. Shahane, *Rudyard Kipling: Activist and Artist* (Carbondale and Edwardsville: Southern Illinois University Press, 1973), pp. 15-6. Jeffrey Meyers, *Fiction & the Colonial Experience* (Ipswich: Boydell Press, 1973), pp. 35-6. Louis L. Cornell, *Kipling in India* (London: Macmillan, 1966), pp. 55-61. Rudyard Kipling, *Something of Myself* (New York: Charles Scribner's Sons, 1937), p. 49. 以下の『私事若干』からの引用は、この版の頁数を本文に記入する。
(64) ジョン・グロス編著の *Rudyard Kipling: the man, his work and his world* の xii 頁と、Andrew Rutherford, *Kipling's Mind and Art* (Edinburgh: Oliver & Boyd, 1964), p. x を参照。
(65) 創作過程に関しては、Charles Carrington, *Rudyard Kipling: His Life and Work* (London: Macmillan, 1955), pp. 358-60 を参照。ちなみに、作者自身は、自叙伝の 228 頁で、この作品を「まったくもってピカレスクで筋がない」といっている。
(66) Francine E. Krishna, *Rudyard Kipling: His Apprenticeship* (Jaipur: Printwell Publishers, 1988), p. 179.
(67) グレート・ゲームについては、第 2 章注 2 を参照。
(68)「英領インド協会」は 1876 年に、「インド国民会議」は 1885 年に結成された。ただし、チョードーリーによると、1905 年以前は、たとえば反英感情をもっていても、教養があり思慮深いインド人はイギリス支配がインドに平和と繁栄をもたらしたことを認めていたという。『インドのクライブ：政治的、及び、心理学的評論 (Clive of India: A Political and Psychological Essay)』の 11 頁、および、第 2 章 1.4 節のラハマンの説明を参照。Nirad C. Chaudhuri, *Clive of India: A Political and Psychological Essay* (London: Barrie and Jenkins, 1975).
(69) Aimé Césaire, *Discourse on Colonialism* translated by Joan Pinkham (New York: Monthly Review Press, 1972) を参照。もっとも、前述した W・D・アーノルドの『オークフィールド』の主人公が感じ取った「文明化という理想」と「現実の植民地支配」とのギャップは、帝国主義的歴史家といわれている J・R・シーリーといえども認めるところであった。(『英国膨張史』、353-6) を参照。
(70) サイードとは対照的に、オックスフォード版『キム』の「序」を書いて

いるアラン・サンディソン（Alan Sandison）は、『キム』を政治的にみることに強く反対して、作品で扱われているのはあくまでも自己救済（self-salvation）、つまり、個人の意識の問題であるという。Alan Sandison, *The Wheel of Empire* (London: Macmillan, 1967), p. 195 を参照。以下の『帝国の輪廻（*The Wheel of Empire*）』からの引用は、この版の頁数を本文に記入。

(71) 『大唐西域記（*Si-Yu-Ki*, 1884）』と『大慈恩寺三蔵法師伝（*The Life of Hiuen-Tsiang*、1888）』の翻訳は、Trübner's Oriental Series (London) のなかに含まれている。

(72) John Lockwood Kipling, *Beast and Man in India: A Popular Sketch of Indian Animals in their Relations with the People* (London: Macmillan and Co., 1891), pp. 1-7 を参照。

(73) たとえば、Lieut.-col. Henry Barkley. Henderson, *A Statement Relative to the Sufferers by the Mutiny in India* (London: 1857) を参照。

(74) 父親のロックウッドは、『インドの動物と人々』の 118 頁で、「大反乱」に言及している。

(75) メイヤーズの、なぜラマはキムをラマ僧院に入れなかったのかという疑問は、明らかにラマを正しく読み取っていない。前出（第 2 章注 63）、『フィクションと植民地体験（*Fiction & the Colonial Experience*）』の 124 頁を参照。

(76) たとえば、Edward W. Said, *Culture and Imperialism* (New York: Vintage Books, 1994), p. 139, Patrick Williams, "*Kim* and Orientalism", in *Kipling Considered* ed. Phillip Mallett (Macmillan, 1989), p. 38 を参照。以下の『文化と帝国主義』、および、『キプリング再考（*Kipling Considered*）』からの引用は、この版の頁数を本文に記入。

(77) Edmund Wilson, "The Kipling that Nobody Read", in *Kipling's Mind and Art* ed. Andrew Rutherford (London: Oliver & Boyd, 1964) を参照。以下の『キプリングの精神と芸術（*Kipling's Mind and Art*）』からの「誰も読まなかったキプリング（"The Kipling that Nobody Read"）」の引用は、この版の頁数を本文に記入。

(78) 同じように批判的でありながら、ベニタ・パリーは、作品にみられるインドへの愛着と帝国主義との狭間の緊張を、比較的バランスを取って分析している。Benita Parry, *Delusions and Discoveries: India in the British Imagination 1880-1930* (London: Verso, 1998), pp. 212-9 を参照。

(79) Mark Kinkead-Weaks, "Vision in Kipling's Novels", *Kipling's Mind and Art*, pp. 197-234 を参照。

(80) ただ、ライオネル・トリリング（Lionel Trilling）は、例外的に、アンビヴァレントな表現ならがキプリングの異文化に対する姿勢を評価している。本書

第 2 章 「東洋」の知識化の歴史的考察 (1)

の第 2 章 2.6 節を参照。
(81) この点に関する興味深い研究として、ロバート・ヤングは、進歩主義者と人種主義者が弁証法的に（あるいは共犯的に）西欧の植民地主義の歴史を推し進めていったという議論を展開しているが、このなかで見落としているのは、必ずしも人種主義者は植民地主義者でないということである。たとえば、人種主義者の代表のようにいわれるロバート・ノックスは、異なった風土の植民地化には強く反対している。つまり、「虚言」や「暴力」で土地を奪い取っても、人は様々な種に分かれていて、風土や混血では変わらない特性を持っているから、生まれ育った土地以外では子孫を継続して残すことはできないというのである。ヤングの『植民地願望：理論、文化、そして人種における雑種性』と、ノックスの『ヒトの種：断章』の 108 頁を参照。
(82) この原理がうまく機能したのが、アメリカと日本の関係においてであろう。第 2 次世界大戦後、軍事と外交をアメリカに依存することにより、経済に専念した日本は高度経済成長を達成した。
(83) キプリングの類型的な人種観については、ジョン・マクブラトニィの『インペリアル・サブジェクト、インペリアル・スペース』、pp. 2-6 を参照。
(84) 『文化と帝国主義』の 136 頁と、前出（第 2 章注 64）の『キプリングの精神と芸術 (*Kipling's Mind and Art*)』の pp. 230-1 を参照。
(85) 拙論「Kipling におけるモダニズム」（『園田学園女子大学論文集』25 号、園田学園女子大学、1991）から一部抜粋している。
(86) Rudyard Kipling, "The Man Who Would Be King", in *The Phantom 'Rickshaw and Other Stories* (New York: Charles Scribners Sons, 1907), p. 91.
(87) J. I. M. Stewart は、*Rudyard Kipling* (London: Victor Gollancz Ltd., 1966), p. 120 において、ウィルソンの解釈に対して、「これは全くの誤りである。そのような予想を呼び起こすようなことはこの本［『キム』］には一切書かれていない。キムがサーヒブであることを意識するようになることは確かだし、相容れない 2 つの忠誠心と向き合うことになったのも確かだ。しかしながら、それは 2 種類［東洋と西洋］の生き方の間で分裂した忠誠心であり、2 つの政治的な忠誠心の間ではない。」と述べている。
(88) John A. McClure, *Kipling and Conrad: The Colonial Fiction* (Cambridge, Massachusetts: Harvard University Press, 1981), pp. 23-4. 以下の『キプリングとコンラッド (*Kipling and Conrad*)』からの引用は、この版の頁数を本文に記入。
(89) 「新批評 (New Criticism)」とは、「文芸批評において、外的基準によらず作品自体の客観的分析に主眼を置く立場。米国の J・C・ランサム（1888-1974）らが提唱」（三省堂・大辞林）し、一時期を画した文学批評である。
(90) Lionel Trilling, "Kipling", in *Kipling's Mind and Art*, p. 88.

(91) Noel Annan, "Kipling's Place in the History of Ideas", in *Kipling's Mind and Art*, pp. 101-2.
(92) Alan Sandison, "Kipling: the Artist and the Empire", in *Kipling's Mind and Art*, p. 158.
(93) Patrick Brantlinger, *Rule of Darkness: British Literature and Imperialism, 1830-1914* (Ithaca and London: Cornell University Press, 1988), p. 200 を参照。以下の『闇の支配』からの引用は、この版の頁数を本文に記入。
(94) サイードは言語（表象）の問題に関して、「改めて実証する必要はないと思うが、言語自体は高度に組織化されコード化されたシステムであり、表現し、示し、メッセージや情報を交換し、描写をするといった多くの装置を組み込んでいる。少なくとも書かれた言語のいかなる表出においても、伝えられる現存などはなく、再提示、もしくは描出である。したがって、オリエントについて書かれた記述の価値、有効性、力、見た目の正確さは、オリエント自体に依存するところはほとんどないし、間接的であっても依存することはできない。逆に、書かれた陳述は、そのような実在する存在を排除し、置換し、好ましいものにすることによって、読者の前に『オリエント』として存在するのである。」（『オリエンタリズム』、21）このサイードの言語認識は一般論として正しいと思われるが、ただし、彼自身の使う「英語」についてば触れていない。当然のことながら、サイード自身の「英語」についても同じことが言えるのではないか。
(95) ヴィクター・サヴィル（Victor Saville）監督による1950年製作の映画版 *Kim*（日本でのタイトル：『印度の放浪児』）では、明らかにこのような解釈がなされている。
(96) Roger Lancelyn Green, ed. *Kipling: The Critical Heritage* (London: Routledge & Kegan Paul, 1971), pp. 270-1. 以下の『キプリング：受け継がれてきた批評（*Kipling: The Critical Heritage*)』からの引用は、この版の頁数を本文に記入。
(97) 前出のキプリングの自叙伝『私事若干』の4頁には、「暑い昼下がり、私たちが眠りにつく前に、彼女［ポルトガル系でローマン・カソリックの乳母］か、メータ［ヒンドゥーの小間使い］が、すべて憶えているが、お話をしてくれたり、童謡を歌ってくれたものであった。それから、きちんとした服に着替えさせてダイニング・ルームに送るときには、『それでは、パパやママには英語で話すんですよ』と注意してくれた。だから、それで考えたり夢を見る現地語の慣用表現を、つっかえつっかえ訳しながら、『英語』を話したのだ。」と語っている。
(98) David H. Stewart, "Orality in Kipling's *Kim*, in *Rudyard Kipling' Kim* ed. Harold Bloom (New York: Chelsea House Publishers, 1987), p. 105. 以下の『ラドヤー

ド・キプリングの『キム』』からの「キプリングの『キム』の話し言葉 "Orality in Kipling's *Kim*」の引用は、この版の頁数を本文に記入。

(99) "*Kim*: The Process of Becoming", in *Rudyard Kipling'* Kim を参照。その論文で、シャハーンは、「このクライマックスにおいて、大乗仏教の一流派であるチベット仏教の秘儀的で美しい要素を劇的に表しているだけではなく、ラマは彼の人生哲学を、キムとの内的に実現された細やかな関係性に編みこんでいるのである。」と説明している。以下の『ラドヤード・キプリングの『キム』』からの「『キム』：成長の過程（"*Kim*: The Process of Becoming"）」の引用は、この版の頁数を本文に記入。

(100) 調査は古いが、早島鏡正他、『インド思想史』、（東京大学出版会、1982）、p. 237 によると、1971 年のインドの国勢調査では、ヒンドゥー教徒は 4 億 5329 万人（82.7％）、イスラム教徒 6142 万人（11.2％）に対して、仏教徒は 381 万人（0.7％）であった。ただし、仏教徒は近年増加傾向にあるという。以下の『インド思想史』からの引用は、この版の頁数を本文に記入。

(101) Edward W. Said, *Kim* (Penguin Books, 1989), p. 19.

(102) 19 世紀末の時点では、チベットは未だ大英帝国の視野には入っていなかったようである。たとえば、19 世紀の大英帝国を網羅的に記述したエドガー・サンダーソン（Edgar Sanderson）の『19 世紀の大英帝国（*The British Empire in the Nineteenth Century*）』という 5 巻に及ぶ著書には、どこにも一切チベットの言及はない。Edgar Sanderson, *The British Empire in the Nineteenth Century* (London: Blackie & Son, Ltd., 1898).

(103) 岡倉天心の『東洋の理想』の 239 頁で、「それ［アジアの栄光］は、最後の塵芥までが先に至福に至るまで菩薩は涅槃に入ることを控えるように描き出す無の境地の理想の中に存する。」と述べている。したがって、パトリック・ウィリアムズの大乗仏教についての認識は全く逆ではないだろうか。

(104) 第十四世ダライ・ラマ、『智慧の眼』、菅沼晃訳（けいせい出版、1988）、p. 293。

(105) 中村元、『東洋人の思惟方法 4/ 中村元選集第 4 巻』、（春秋社、1964）、pp. 5-6。以下の『東洋人の思惟方法 4/ 中村元選集第 4 巻』からの引用は、この版の頁数を本文に記入。

(106) 中村元、『ゴータマ・ブッダ——釈尊の生涯——原始仏教　1/ 中村元選集第 11 巻』、（春秋社、1969）、pp. 512-7 を参照。

(107) 前述したように、サイードはこの箇所に植民地主義イデオロギーを嗅ぎ取る。

(108) 『チベットの死者の書』、川崎信定訳、（筑摩書房、1989）、p. 174-5 を参照。

（109）渡辺照宏、『新釋尊傳』、（大法輪閣、1966）、pp. 71-2.
（110）キムは、最初、ラマについていく理由を次のようにマハブブ・アリに語っている。「何も。今じゃ俺もあの聖者の弟子っていうわけさ。一緒に巡礼するのさ——聖者によると、ベナレスに行くんだ。あの聖者はまったくおつむがおかしいのさ。ラホール市にも飽きたしね。新しい空気と水にあこがれるよ。」（『キム』、33）また、「川のことなんかすっかり忘れてました。」（『キム』、198）といったこともある。
（111）たとえば、ラマの数珠の数を 81 個としている。（『キム』、85）
（112）この鎌倉の大仏を題材とした詩については、『キプリングの日本発見 (Kipling's Japan: Collected Writings)』を参照。Rudyard Kipling, *Kipling's Japan: Collected Writings*, ed. Hugh Cortazzi and George Webb (London, and Atlantic Highlands, NJ: The Athlone Press, 1988). 以下の『キプリングの日本発見』からの引用は、この版の頁数を本文に記入。
（113）有名なキプリングの詩「東と西のバラッド「東は東、西は西、そしてその両者は決して出会うことはない／ほどなく、大地と天が大いなる裁きの神の玉座の前に起立するまでは／しかしながら、東も西も、境界も、人種も、血統も、なくなってしまう、／二人の強い男が向き合うときは、たとえ彼らが世界の両端から来たもの同士でも！」を参照。Rudyard Kipling, *Verses* (New York: Charles Scribner's Sons, 1907), p. 61.
（114）Margaret Peller Feeley, "The *Kim* that Nobody Reads", in *Rudyard Kipling's Kim* を参照。
（115）Peter Hopkirk, *Quest for Kim: In Search of Kipling's Great Game* (London: John Murray, 1996), p. 41.
（116）R. Thurston Hopkins, *Rudyard Kipling: A Literary Appreciation* (London: Simpkin, Marshall and Co., 1915), pp. 104-5. ちなみに、チベットがロシアと謀議をもったということで、1904 年にヤングハズバンド大佐が遠征隊を引き連れてチベットに侵攻する前は、チベットは長く鎖国状態にあった。
（117）Samuel Turner, *An Account of an Embassy to the Court of the Teshoo Lama in Tibet* (London: G. and W. Nicol, 1800)、及び、Alexander Dalrymple, *Oriental Repertory vol. 2* (London: William Ballintine, 1808)、そして、*Narratives of the Mission of George Bogle to Tibet, and of the Journey of Thomas Manning to Lhasa* ed. Clements R. Markham (London: Trübner and Co., 1876) である。ただし、最後の書物においては、"Teshu Lama" と表記が違っている。
（118）Herbert A. Giles, *A History of Chinese Literature* (London: William Heinemann, 1901), pp. 281-7.
（119）David Lodge, *After Bakhtin* (London: Routledge, 1990), p. 143.

第2章 「東洋」の知識化の歴史的考察（1）

(120) 本書においては、F・K・シュタンツェルの"Authorial Narrator"と、全知の語りを同義の概念として扱っている。
(121) ジョン・マクブラトニィは、本国の閉鎖的な世界観を持つイギリス人に外の世界を知らせたいというキプリングの創作動機を指摘している。『インペリアル・サブジェクト、インペリアル・スペース』の3頁を参照。
(122) Rudyard Kipling, *From Sea to Sea*, Part 1 (New York: Charles Scribner's Sons, 1906), p. 494 を参照。以下の『海から海へ　巻1 (From Sea to Sea, Part 1)』からの引用は、この版の頁数を本文に記入。
(123) 本書、第2章3.1節を参照。
(124) Kenneth B. Pyle, *The New Generation in Meiji Japan* (Stanford, California: Stanford University Press, 1969) を参照。
(125) 徳富猪一郎（蘇峰）、『蘇峰自伝』、（中央公論社、1935、rpt. 同志社社史資料室、1995）、p.314。
(126) 列強3国が圧力によって日本に遼東半島を放棄させ、すぐさまそれを中国から租借するというやり方は、徳富だけではなく、多くの日本人に衝撃を与え、激しい怒りを後々まで忘れさせなかった。この点に関しては、第3章1.6節でも取り上げる。
(127) この場合の「日本」とは、政治・経済・宗教といった様々な層における断片的な表象ではなく、英語圏で生産され流通し消費される「日本」表象を問題にする。具体的には、ラフカディオ・ハーン、バジル・ホール・チェンバレン、ルース・ベネディクト（Ruth Benedict）、エズラ・F・ヴォーゲル（Ezra F. Vogel）、そして、カレル・ヴァン・ウォルフレン（Karel van Wolferen）らによって生産され、クライヴ・カスラー（Clive Cussler）、ジェームズ・クラヴェル（James Clavell）、マイケル・クライトン（Michael Crichton）のような小説家や彼らの読者によって消費される「日本」のことである。また、スコット・ライト（Scott Wright）は、『日本との遭遇（*Japan Encounted*）』において、かなり概括的で控えめではあるが、従来の固定的な二項対立を超える見解を示すことに成功している。Scott Wright, *Japan Encountered* (Lanham, Maryland: University Press of America, Inc., 1996) を参照。
(128) Lafcadio Hearn, *Glimpses of Unfamiliar Japan, vol. I* (Boston and New York: Houghton Mifflin Company, 1922), pp. 247-8. 以下の『知られざる日本の面影I』からの引用は、この版の頁数を本文に記入。
(129) たとえば、グレゴリー・クラーク（Gregory Clark）は、『ユニークな日本人』（講談社、1979）において、日本語で使用される「ユニーク」をアイロニカルな意味で使っている。
(130) その点に関しては、ジョン・M・マッケンジー（John M. MacKenzie）も

指摘している。John M. MacKenzie, *Orientalism*（Manchester and New York: Manchester University Press, 1995）を参照。

(131) Basil Hall Chamberlain, *Things Japanese*（1939 [6th edition], rpt., Tokyo: Meicho Fukyu Kai, 1985）, pp. 7-8. 以下の『日本事物誌』からの引用は、この版の頁数を本文に記入。

(132) J・R・ブラック、『ヤング・ジャパン：横浜と江戸　1』、ねずまさし・小池晴子訳（平凡社、1970）、p.4、p. 8。

(133) 拙論「近代日本のマスター・ナラティヴ――Hearn と Kipling の視点から――」（『言語文化研究』24 号、大阪大学、1998）から一部抜粋している。

(134) *Japan's Minorities*, ed. Michael Weiner（London and New York: Routledge, 1997）を参照。

(135) D. N. Lammers, "Taking Japan seriously", in *Asia in Western Fiction*, ed. Robin W. Winks and James R. Rush（Honolulu: University of Hawaii Press, 1991）, pp. 195-214 を参照。

(136) 『オックスフォード英語辞典（*The Oxford English Dictionary*）』の 2 版では、"globe-trotter" の用例の初出は、1875 年、E・K・レアド（E. K. Laird）の（title）「オーストラリア、日本、中国、ジャワ、インド、そしてカシミールでの、グローブ・トロッターのあてもない旅行」となっている。これは航海技術の発展とともに、南京条約（1842 年）、天津条約（1858 年）、そして、日米修好通商条約（1858 年）の締結により、ユーラシア大陸の東の端の 2 国が港を開放し、それ以降一般の欧米人でも世界一周旅行が安全に行えるようになった時代背景と合致する。

(137) 1889 年の旅行の際は、1889 年 1 月から 2 月までスタッフとして働いていた『パイオニア（*The Pioneer*）』紙に記事を送り、1892 年の時に書いた見聞録は、『タイムズ（*The Times*）』紙に掲載された。

(138) 本書、第 1 章注 37 を参照。

(139) Lafcadio Hearn, *Glimpses of Unfamiliar Japan, vol. II*（Boston and New York: Houghton Mifflin Company, 1922）, p. 146. 以下の『知られざる日本の面影 II』からの引用は、この版の頁数を本文に記入。

(140) Lafcadio Hearn, *Life and Letters, vol. III*, ed. Elizabeth Bisland（Boston and New York: Houghton Mifflin Company, 1922）, p. 347.

(141) 『日本事物誌』の "Shinto" の項目と、『知られざる日本の面影　II』の 7 章 "The Household Shrine" を参照。

(142) もちろんこれは、軍部と内務省を巻き込んだあの有名なゴー・ストップ事件ではない。ゴー・ストップ事件のほうは、大阪で、1933 年 6 月 17 日に起こった事件である。興味深いのは、「軍部の暴走」といわれるずっと前の

1889年でも、兵士は警官の注意を軽視していたのである。
(143) Lafcadio Hearn, *Japan: An Attempt at Interpretation* (Boston and New York: Houghton Mifflin Company, 1922), p. 12.
(144) 平川はこれを中傷だといっている。平川祐弘、『オリエンタルな夢』、(筑摩書房、1996)、p. 271。

第3章 「東洋」の知識化の歴史的考察（2）

3.1 近代化言説形成＝編成の不協和音

　世界史を振り返るとき、19世紀と20世紀ほど全世界的な変容を経験した世紀はないのではないか。19世紀は、イギリスを中心に西欧諸国で始まった近代化言説形成＝編成が、植民地拡張政策の下、近代化の波の中に非西欧地域を巻き込んでいった。一方20世紀は、西欧内部と共に遅れて近代化した地域から様々な「反抗者」が出現し、19世紀的言説形成＝編成に大きな変容をもたらした。その結果、非西欧地域だけでなく、西欧諸国も激しい大波の中で翻弄されていくことになる。

　まずイギリスに関しては、19世紀のロシアの南下政策だけではなく、新たに新興帝国主義国ドイツの脅威、植民地住民に広がる民族意識が『キム』の世界に見られる大英帝国の安定を脅かしていった。主権者意識が高揚してきたインド人については、主流のインド国民会議の政治的な手段による自治の獲得に対して、暴力的な方法で独立しようとする動き、そして第1次世界大戦時の自治の約束と不履行が様々なインド人の運動につながっていく。また、第1次世界大戦は、ヨーロッパの相対的な弱体化をもたらした。一方日本は、三国干渉、ヴェルサイユ条約、ワシントン条約などに対する欧米列強に対する不満が、それに先立つ劣等意識と絡まって、怒りというエントロピーの増大につながり、欧化主義への反動、国粋主義、アジア主義という幾つかの方向性が、日本のマスター・ナラティヴを西欧中心の世界の中で相容れないものへと変容させていった。

　そしてそれぞれの近代化言説形成＝編成の変容以上に、イギリスとインドと日本の関係において、19世紀後半には存在しなかった要因が加わ

り、極めて紛糾した関係になっていく。しかも1930年代になると、3者の関係に、さらにアメリカが参加するとともに[1]、東アジアのマッピングの主導権争いが起こり、熾烈な争いとなった太平洋（大東亜）戦争へとつながっていく。そしてその結果、第2次世界大戦の終戦とともに、イギリスにとって代わってアメリカを中心とする新たな近代化言説形成＝編成が始まるのであるが、その新たな言説形成＝編成については、第6章で触れることになる。

次節においては、20世紀になってイギリス人の小説の中に、イギリスの植民地支配に反抗する「現地人」が登場し始めたことを確認する。

3.1.1 新しき「インド人反抗者」の登場

イギリスのインド支配に対するインド人の反抗者は、前述したスティールの『水面』でも扱われていた。しかし、彼らは宗教的理由による反抗であって、民族主義的な反抗者であるとは描かれていなかった。しかしながら、ネーションという意識からの抵抗・反抗が、正確にいつからはじまったかを知ることは難しいが[2]、インド国民会議の創設によって顕在化した。一方、イギリス人によるインド表象においては、20世紀になってから「インド人反抗者」が登場してくる。すでに言及した1912年に出版されたエドマンド・カンドラーの『シリ・ラム——革命家』、E・M・フォースターの『インドへの道』(1924)、そしてジョージ・オーウェルの『ビルマの日々』(1934)等に現れる。もっともそれら3作では、インド人の「反抗者」の扱いにかなりの差異がある。カンドラーの作品では、革命、もしくは独立運動に翻弄されるインド人青年が描かれ、フォースターでは「反抗者」を描くというよりは「反抗者」に目覚めていくインド人医師が描かれ、また、オーウェルの方は、ビルマ（ミャンマー）人の反抗よりもイギリス人の植民地政策に対する疾しさや憤りに焦点が当てられているのである。

第3章1.1節では、文化越境の延長線として、上述の3作のうちの『インドへの道』にスポットを当てる。なぜなら、『ビルマの日々』のジョン・フローリー（John Flory）も『シリ・ラム——革命家』のシリ・ラムも文化

越境に無関心、もしくは拒否をしたのに対して、『インドへの道』の主要登場人物は越境を試みようとするからである。

　『インドへの道』は、インドを扱ったイギリス人による小説のなかで、キプリングの『キム』と並び称せられる傑作である。しかしながら、この2作品を両方とも同じように評価する批評家は少ない。実際、これらの作品ほど、対照的な作品はないであろう。

　この作品の筋は単純である。アデラ・クエステッド（Adela Quested）というイギリス人の女性が、結婚の候補者がインドで行政官をしているので、その青年の母ムーア夫人（Mrs. Moore）とともにインドへやってくる。インドに到着して早々、ムーア夫人はイギリス人クラブを抜け出してイスラム寺院に行く。そこでインド人医師アジズ（Aziz）に出会うのである。アジズからイスラム寺院では靴を脱ぐように求められ、彼女は自らの非を認め靴を脱ぐ。それがアジズにいたく感銘を与え、他のイギリス人にないものを彼女に感じ、彼らは楽しく会話を交わす。その後、アデラの「真実のインドを見てみたい」（『インドへの道』、43）という希望をかなえるために、アジズ医師は2人をマラバ洞窟へピクニックに誘う。

　しかしその遠出の結果は、アジズがアデラに洞窟のなかで乱暴をはたらいたという容疑で、裁判にかけられることになるのである。結局は、アデラが証言を翻して、アジズは無罪となる。その間、地元の公立のカレッジの校長であり、アジズの友人であったフィールディング（Fielding）は、彼を弁護するために奔走する唯一のイギリス人として、アングロ・インディアン社会から白い目で見られ、排除されるのである。一方、ムーア夫人は、アジズらインド人からは彼らの理解者としてあがめられるのであるが、証言台にも立たず、早々にイギリスに向かう船に乗って帰国する。しかし船中で病死し、インド洋で水葬に付される。一方、アジズが解放されると、インド人たちは歓喜し、フィールディングに対して感謝するのであるが、彼がアデラをこれ以上責めないようにアジズに頼むことから、2人の仲はギクシャクしだすのである。アジズはアデラから慰謝料を取ろうとしていたのであった。結局アジズは慰謝料を放棄するのであるが、その後、フィー

ルディングとアデラが結婚したという噂を聞いて、裏切られた気持ちになる。その2年後、彼らはマウ（Mau）で再会することになり、フィールディングの口からムーア夫人の娘と結婚したと聞き、一応仲直りできるのであるが、しかし以前のような屈託のない友情は持てなくなっている。

　この作品の眼目は異文化に接触しているアングロ・インディアンであるイギリス人の心理を克明に描くことである。インドに住むイギリス人の多くは、インド人を軽視しながらも平生は保護者としての仮面をつけているが、イギリス人女性のアデラがインド人から凌辱されようとしたことを聞いたとたん、彼らが心に持っていたインド人への恐怖・蔑視・偏見が噴出する。西欧に流通する人種的偏見がここぞとばかりに人々の口をつくのである。1例をあげれば、地区警察長官マクブライド（McBryde）は、一般的真理として、「肌の色の黒い人種は肉体的に白人に惹きつけられるのだ。しかし逆はない——これは嫌味でもなければ、毒舌でもなく、科学的な見方をする人なら誰でも認める事実なんだ」（『インドへの道』、202）と述べるくだりがある。

　このアジズ裁判の一連の流れから、植民地における近代化言説形成＝編成の進行が、いかに社会を変容させ、支配者の現地人に対する意識を形成していったかが端的に示されている。一つには、近代的な法が整備されつつある点を指摘できるであろう。第2章2.5節で、1883年、インド人の裁判官に白人を裁けるようにするイルバート法に関する論争を紹介したように、イギリス本国では、比較的リベラルな路線に沿ってインド社会の近代化を進めてきたのである。このことはイギリスを中心とする世界システムにインドを取り込むということではあるのだが、原則的には近代法制度を貫徹するということであり、したがって、人種に関係なく平等に法律が施行される。つまり、「民主的」なのである。『インドへの道』においても、アジズは必ずしも不条理ではない裁判を受け、しかも無罪が確定するや、慰謝料を請求する権利が与えられている。しかし、イルバート法がインド在住のイギリス人から猛反対にあい撤回されたことからもわかるように、実際には、植民地下ではダブル・スタンダードが機能している。これは支

配者である大半のイギリス人にみられる文化越境の拒否と人種的偏見の固定化から生まれてくるのだと思われる。その極端な現れは、上記の地区警察長官マクブライドの発言のなかで、彼の人種観が「科学的」に実証されているとの主張に見出せるだろう。19世紀中葉では確かに「科学」は人種主義と共犯関係にあったが、20世紀になるとこのマクブライドの発言を科学の主流は支持していない。しかも、ラビーンドラナート・タゴールがアジア人で初めてノーベル賞を受賞するのが1913年であり、このことからしても、ヨーロッパの知識人とインド在住のイギリス人の間にズレがあることがわかる。そしてこのような人種的偏見は、文化越境の拒否——もっともこの文化越境の拒否は必ずしも白人の傲慢さではなく、「弱さ」だと思われるが——によってさらに強化されるのである。それにより、白人のコミュニティとインド人のそれとの間には、文化的差異の他に、あるいはそれ以上の様々な空想や偏見で粉飾が施され、透明であるが堅固な壁が築かれていくのである。すなわち、白人というカーストの構築である。

『インドへの道』で文化越境をするのは、皮肉なことに「グローブ・トロッターに過ぎない」(『インドへの道』、48) アデラとムーア夫人である。そしてアデラのほうは、アジズからキプリングの短編「法を越えて」の冒頭の戒めそっくりのことをいわれる。それは出会ってまもなくの頃のアジズとアデラが宗教について話すシーンである。アジズが、「『クエステッドさん、素晴らしいけど、馬鹿げていますよ。あなたはご自分の宗教を守りなさい、私は私自身のを守ります。それが一番いいんです。インド全体を包み込むような宗教などありません、ないのですよ、ないのです。あれに関してアクバルは間違っていたのです』」というのに対して、アデラは、「『まあ、そう思われますの、アジズ先生？』と、彼女は考え深げに言った。『あなたが間違っていらしたらと思いますわ。この国には何か普遍的なものが生まれてくるに違いありませんわ——宗教とは言いません、なぜなら信じていませんから、でも何かあるはずです。でなければ、この障壁はどうやって崩れると言うのです』」(『インドへの道』、142) と反発する。「何か普遍的なもの」を信じるアデラは文化越境を安易に考えるが、そのよう

第3章 「東洋」の知識化の歴史的考察（2）

な彼女に対して、この小説は容赦しないのである。

　そして何よりも重要なのは、マラバ洞窟を訪れたアデラとムーア夫人に起こったことであろう。フォースターは明確な記述をしていないので色々な解釈ができるであろうが、「真実のインド」を理解しようとしていたアデラとムーア夫人は、狭く、暗く息苦しい洞窟のなかで、多くのインド人のなかに置かれ、そのとき強烈な生理的嫌悪と恐怖心にさいなまれたことは想像するに難くない。そのような状況でまったく理解できない土着の言語を聞くことも、単なる雑音としてではなく、極めて脅迫的な効果をもつものである。これが、彼らがその後悩まされる「エコー」の正体だと思われる。まさに彼らにとっての「インド」そのものであったのだ。彼らは、「インド」に対して真摯であろうとしたことは事実であろうし、実際にそうだったのである。しかしながら、彼らは決して異文化に対して無垢ではない。イギリス社会に流通している様々な人種的偏見やステレオタイプに生まれてこの方ずっと晒され、その上、インドのアングロ・インディアンの社会はひときわそれが濃厚であった。アデラは、マラバ洞窟でアジズに対して一夫多妻の習慣を口にして、「だが、教養あるムスリムに対して何人妻がいると尋ねるなんて――驚きだ、忌まわしいことだ！」（『インドへの道』、149）とアジズを怒らせたが、目の前の個人を見る前に、すでにインプットされたインド人のステレオタイプで彼を見ているのである。このような先入観を持っているとき、周りにイギリス人がいたり安全な環境にある場合には潜在意識のなかに閉じ込められていたものが、アデラが洞窟で意思の通じる人間が一人もいない、もしくはインド人のガイドだけになったとき、それは激しい恐怖となり、妄想を抱かせたのであろう。ムーア夫人も同様にそのような生理的恐怖や嫌悪を感じたに違いない。結局ムーア夫人は西欧に「戻ら」なければいけなかった。

　『キム』においては、文化相対主義の立場に立ちながらも、調和的な「インド」を作り出したのに対して、『インドへの道』は、ヒューマニスト――決して単純な意味でのアングリシストではない――の立場から、イギリス人のインド人に対する無理解、軽視を描き、イギリス支配の矛盾を

271

抉り出しているのであるが、文化の壁を越えることについては極めて悲観的である。小説の最後に、友人に戻れるかというフィールディングの問いかけに対するアジズの答え──「『それは、私が望んでいることです。あなたの望みでもあります』」──から、アジズ医師とフィールディングとの溝は、もし支配・被支配の関係が無くなれば解消されるように読めなくもない。また、最後に、2人を取り巻くインド世界から、「いいや、まだだ」、「いいや、そこではない」という何百もの声が聞こえるが、「いいや、まだだ」とは、インド自治の実現のことを指しているのかもしれない。(『インドへの道』、289) しかしながら、作品が示した文化間の隔たりは、いやむしろ生理的な壁は、決してそのような政治的な解決では乗り越えられないことを示しているのではないだろうか。『インドへの道』からは、「普遍性」に対する絶対的な信頼が揺るぎだしたアングリシストの姿が垣間見られるのである。

　それはまた、インド支配自体の揺らぎを反映しているのかもしれない。アレン・J・グリーンバーガー（Allen. J. Greenberger）が1935年以降を「メランコリーの時代（The Era of Melancholy）」と呼んだが[3]、近代化のグランド・デザインと、支配者と被支配者とのカースト的関係性の歪みが、イギリス人とインド人の両者に憂鬱や不満を醸成していったのであろう。

　英領インドにおいて揺らぎの構図が顕在化してきたのに対して、列強の仲間入りをするために猛進してきた日本の「西」への越境は、20世紀にはいってどのような状況になっていったのであろうか。次節においては、日本における「東」と「西」の認識の揺れに焦点を当てて分析を試みる。

3.1.2　日本における「東」と「西」

　日本は、徳川体制を一切否定しようとする明治政府のイデオロギーの産物である「脱亜入欧」のスローガンのもと、その世界地図から、文化の集合体としての「アジア」を隠蔽し、日本がヨーロッパと隣接するかのような幻想を作り上げていった。そして、急激な近代化＝西洋化の過程において、日本は、日本以外の世界を時間性や空間性を持たない情報として受け

第 3 章　「東洋」の知識化の歴史的考察（2）

入れることで、外国を抽象的な存在として定着させた。つまり日本人は、「日本」を「西洋」世界の一角に措定して、独自のオリエンタリズムを展開していったのである。

　一面的ではありながら「西欧近代」をある程度理解し、評価し、羨望を感じうるこのような精神構造は、日本人に近代化・西欧化への強い意欲を掻き立てたが、一方、同時に焦燥感と劣等感を感じさせることとなった。そして、その焦燥感と劣等感は、欧化主義とは別のベクトルを近代化言説形成＝編成の中に生み出すこととなった。そのベクトルは、一見欧化主義の方向性とは正反対の向きに日本を引っ張っていくように思えるが、その 2 つのベクトルは弁証法的に日本のマスター・ナラティヴを止揚して、新たな「日本」を形成していく可能性を秘めていたのである。しかしながら実際は、新たな日本の進む道を切り拓いていくというよりかは、むしろ息苦しい停滞感・閉塞感を日本人の心に宿していくのである。

　太平洋戦争後に出版された横光利一の『旅愁』（1950）からの以下の引用は、日本人のそのような心理を実に端的に表している。

　　「ここから見ると、やはり日本は世界の果てだな。」
　　と矢代はふと歎息をもらして云った。
　　「そうね、一番果てのようだわ。」
　　「あの果ての小さな所で音無しくじっと坐らせられて、西を向いてよと云われれば、いつまでも西を向いているのだ。もし一寸でも東は東と考えようものなら、理想という小姑から鞭で突つき廻されるんだからなア。へんなものだ。」[4]

　　「あなたは、僕たち東洋人が知識の普遍性を求めて苦しんでいるときに、事物や民族の特殊性ばかりを強調しようとするんですよ。その点あなたは矢代と同じですね。矢代はまだあなたのように落し穴を造らないけれども、あなたと話をしていると、言葉の一般性というものが役に立たなくなるんですよ。実際あなたほど非論理的な人を、僕は

まだ見たことがありませんね。そんな所に僕は進歩があるとは思えない。無茶だあなたは。」(『旅愁　上』、184)

　『旅愁』は、フランス旅行をする日本人の異文化体験を描いた部分と、彼らが日本に帰国してからを描いた部分からなる未完の小説である。2人の登場人物、矢代と久慈は、それぞれ日本主義者と欧化主義者である。彼らはフランス滞在を通して激しく議論するのであるが、その議論はまさに明治以来の日本の思想界で激しく戦わされた議論の縮図なのだ。最初の引用の部分は、矢代が千鶴子という女性に語った言葉であるが、彼は日本という国家が、その歴史的に培われてきた文化形態を、そのものとして認められない当時の——作品の時代設定は、二・二六事件の頃である——歴史状況を嘆いている。日本というものが、東アジアという文脈で培われてきたことを認めることが恥であると感じる日本の時代状況に疑問を感じているのである。一方、もう1つの引用は、久慈が東野という作家に対して怒りをぶつける場面であるが、そこには彼の「西欧近代」に対する考え方が端的に表明されている。つまり彼にとって、「西欧近代」というのは、人類普遍の真理によって構成されているというのである。したがって、日本は欧米先進国の言葉で語り、彼らと普遍的な価値を共有することで、近代国家の仲間に入ることの必要性を説く。「日本」を語ることは、「事物や民族の特殊性ばかりを強調」することになるのである。
　矢代の希望は、明治時代の国粋主義思想家の三宅雪嶺や陸羯南のような、日本がその伝統を失わずして西欧と伍する存在になることであるのに対して、久慈は、青年期の徳富蘇峰のように、日本が普遍的価値を共有する「近代国家」の仲間入りをすることを希求しているのである。もっとも、この『旅愁』という作品では、その2つの考えの単純なやり取りが描かれているのではなく、一方で「日本」というものの実体のない危うさを感じつつ、また他方で、フランスの伝統文化、そして白人の人種的偏見といったヨーロッパ世界の事物や民族の特殊性を登場人物が経験することで、2人の主要登場人物の心の揺らぎや葛藤が描かれている。

このような日本人の「東」と「西」の意識は、森鷗外や夏目漱石をはじめ、世界を視野に入れた日本語の言説のなかに数多くみられるのであるが、前述のように時代を二・二六事件の頃に設定した『旅愁』においては痛切に滲み出す。もはや、矢代の「あの果ての小さな所で音無しくじっと坐らせられて、西を向いてよと云われれば、いつまでも西を向いている」という言葉と、久慈の「僕たち東洋人が知識の普遍性を求めて苦しんでいる」という言葉の内に、西欧を中心とする近代化言説形成＝編成に新たな「反抗者」の芽を宿していることは、1941年になって顕在化するのである。もっともこの作品が出版されるのは太平洋（大東亜）戦争後のことであるが、戦争責任を追及された横光が、その当時の思いを正直に反映させたことは間違いないであろう。

　第3章1.3節と1.4節では、明治期の日本の言説形成＝編成の中核に措定された「国体」と西欧を中心とする言説形成＝編成との軋みの拡大、そしてそのことによって触発・助長された日本の知識人の二つの思想傾向、つまり、19世紀西欧の掲げた「普遍性」を乗り越えようとする知識人と、「東は東と考えよう」とする知識人について、彼らの描こうとしたアジアのマッピングを中心に検証する。

3.1.3　暴走する「国体」と二つの「反抗者」

　日本では歴史的・地理的偶然によって、主権は自明のものであった[5]。それは天皇主権が不動であったということではなく、主権と文化が乖離していなかったということである。したがって、天皇が存続しつづけたのは、いかに武士が政治的権力を掌握しても、天皇制を廃止する文化的基盤が日本に存在しなかったからだ。そのことは、何も日本が単一文化・単一民族国家ということを意味しない。それが神話であることは研究者の指摘するところであるが[6]、しかし日本の人種的・階層的マイノリティを武力を用いて抑圧し隠蔽する段階は、歴史のかなり早い時点——8世紀の記紀の成立——で完了してしまった結果、日本のマイノリティは、隠蔽というよりも忘却されてしまったのである。したがって、文化や価値体系は自動化さ

れ、意識化されず、批判の対象にならなかったのである。このような文化システムは、長い歴史を通して異質なる文化に干渉されなかった主権によって形成されたものであった。たとえば、仏教は日本の体制を補強する形で導入され、それと土着宗教である原始神道と結合されることにより、支配のイデオロギーを形成するにいたった。道教も儒教もしかりである。唯一、安土桃山時代のキリスト教の布教は、支配のイデオロギーを覆す可能性があった。江戸幕府は鎖国という手段によってさらなる文化異物の流入を遮断するとともに、日本国内におけるキリスト教を徹底的に排除してしまった、少なくとも隠蔽してしまったのである。しかしながら、宣教師及びキリシタン弾圧の御触書にみられるように、この時、文化的にも人種的にも日本人のアイデンティティが具体的に意識されたのである。すなわち、それだけキリスト教の脅威が、支配者層の主権意識の琴線に触れたのであった。

　もちろん、それ以外にも「日本」が意識されたことはあった。「漢(中国)」に対するものである。本居宣長の「大和心」、あるいは「大和魂」もその1つであろう。しかしながら、それらは、少なくとも幕末以前においては、一部の抽象的議論に過ぎなかった。一方、日本の文化空間においては、日本独自の文化意識・美的意識が形成され、歌舞伎や浮世絵には、西欧はもちろん、中国にもない人や物に対する美的基準が表現されている。そして、その美的意識はコーカソイド(白人)のそれとは異質なものであることは、安土桃山時代の南蛮屏風を見ても、幕末のペリーの日本人による画像を見ても明らかであろう。白人は美的範疇から排除されているのである。江戸時代においては、漂着した欧米人は見世物となり、好奇と恐怖心の対象であった。その身体的意識の違いに関して、西欧文明に影響されていない日本や中国の視点から西欧を読み直そうとしたハーンは、白人の容貌を相対化して次のように述べている。

　　「文明人」のおぞましい顔について書いたのは確か変人のフーリエではなかったろうか。それが誰だったにせよ、もし極東でヨーロッパ

人の顔を初めて見ることで生み出される効果を知ったら、彼の観相学の理論が見かけ上、確かめられたと思ったであろう。本国でわれわれ西洋人が観相学で整ったとか、興味深いとか、特徴的であると教えられているものは、中国や日本では同じ印象を生み出さない。アルファベットと同じぐらいわれわれ西洋人に馴染みのある表情の陰影も、初対面の西洋人の表情からこれら東洋人が読み取ることはない。彼らがすぐに見分けるのは人種的な特徴であって、個人的な特徴ではない。西欧人の窪んだ目、せり出した眉、鷲鼻、大きな顎がもつ進化的意味合い——激しい攻撃性とその習性を表すシンボル——は、家畜が初めて肉食動物を見てその危険な性質をすぐさま理解するのと同じ直観力で、それら穏やかな人種は見抜くのである。ヨーロッパ人にとって、のっぺりとした顔で、細くて、背の低い日本人は少年のようである。だから、横浜の商人の地元の従者の呼び名は、「ボーイ」である。日本人にとっては、はじめてみた赤毛で、赤ら顔で、酔っ払ったヨーロッパ人の船乗りは、鬼、それも海に住む鬼、猩々である。中国人は、いまだに西洋人のことを「鬼佬」と呼んでいる。日本にいる大きな体躯で、馬鹿力で、荒々しく歩く外国人は、その容貌によって、奇妙な印象を与えているのだ。外国人が通りを歩いていくのを見るや、子供たちは恐れで叫び声を上げる。そして、辺鄙な田舎の日本の子供は、いまだにヨーロッパ人やアメリカ人の顔を初めてみたときに泣き出すことがよくあるのである。(『知られざる日本の面影 II』、157-8)

　ハーンの見て取ったこのような西欧と日本(中国)の美的感覚の差異——多少、誇張や彼自身の思い入れはあるものの——は、日本では長い歴史にわたって日本固有の言説形成＝編成が維持され、その結果、独自の文化コード体系が形作られ、日本人の思考がそれによって規定されることから生じたのである。もちろん、外的な影響による文化変質が歴史を通して現れなかったというのではない。しかし幕末までは、外的な影響はフィルターにかけられ、その受容をコントロールできたのであった。

しかし、幕末にいたって「主権」は自明のものではなくなった。死守すべきものになったのである。外国の情報を独占していた幕府の老中阿部正弘等には欧米との軍事力の差は明らかであったし、明治の藩閥政治を行うことになる薩長攘夷派たちも、薩英戦争や英仏米蘭の下関砲撃を通して身をもって知ることになる。このように、欧米列強によって、日本が閉ざされた世界から無理やり世界の周縁に位置させられたとき、日本人の意識上でコペルニクス的大転換が起こったのであった。そして、この時点から、主権と文化の乖離が始まったのである。このような自明であると信じてきたものが自明でなくなる危機に際して、日本人はいやがうえにも国の形、つまり国家形態「国体」[7]について考えざるを得なくなったのだ。
　しかしながら、カレル・ヴァン・ウォルフレンがその著書『日本／権力構造の謎（The Enigma of Japanese Power）』でみじくも日本の国家形態を頂点の部分が欠けた円錐形をした「システム（the system）」と言い表したように[8]、欧米諸国のみならず、中国や他のアジア諸国とも異なって、日本においては、統一され、日本の文化空間の外でも理解可能な「国体」をアーティキュレイト（分節化）できる人物、国家理念や歴史認識を明確に言語化する人物が生まれなかったのである。決定や説明責任を行う主体が、政治家集団であったり、官僚集団であったり、マスコミであったり、利益団体であったりするが、外国人にとっては、彼らの説明には一貫性も整合性も感じられないという。確かに、この文化空間の外に向けてメッセージを発することの弱さは、日本という国の本質的性格をあらわしている。では、そのような国家形態が形成されたのは、何が作用し、何が作用しなかったためであろうか。
　それはこれまで述べてきたことから明白であろう。外国に向けて国家国民を代表し、説明責任を行うためには、自国を相対化し、分節・統合し、言語化しなければならない。しかし日本では、歴史的にそのような必要が生じなかった。日本以外で進行する言説形成＝編成の支配を受けたり、それらと交渉をして、自国を相対化し、分節・統合し、言語化することを回避することが可能であった結果、日本語という言語をそのような文化シス

第3章 「東洋」の知識化の歴史的考察（2）

テムに適合する装置として作り上げる必要がなかったのである。たとえば、中国大陸からの文化受容に際して、意思伝達の手段としての中国語を習得することなしに、あるいは、中国語を習得した人物をリエゾンとして使うことなしに、中国語を日本語に読み替えることによって摂取することが可能だったのである。もちろんその過程で、日本の文化システムに合わないものは排除される。つまり、日本の文化システムは孤立的生存に適し、国際的環境のなかでの生存には不向きなのであった。それゆえに、相対化した国家意識が極めて生まれにくい文化システムなのである。それに対して、文化システム内の集団間、個人間の分節化は複雑多岐に渡っている。通常個を区別する名前に加えて、個々人には社会的役割に言及する呼称が付与されている。それは「嫁」、「姑」といった呼び方だけではなく、「社長」や「女将」といった呼称によって、その個人の集団における位置関係を規定しているのである。そして日本の文化システムにおいては、個人をその個人名のみで言及することは、その個人の独立性を暗示するのではなく、独立した個として認知していないか、あるいは、集団からの排除を暗示するのである[9]。このように国家を相対化していない文化システムである日本では、その役割や責任はシステム内の関係における役割や責任であり、国家全体に対してや、外国に対してはまったくといっていいほど欠落している。したがって、ほとんどの代議士が支持基盤の利益を優先し、彼らに説明責任を果たし、他方、国民全体、ましてや外国などは、彼らの意識の圏外にある。そしてそれは、天皇統帥権下の日本軍の特性でもあったのである。

　そのような文化システムは、主権が自明のものであることを前提にしている。日本の文化システムが相対化されない、ましてや主権が日本人の手から奪われないことを前提にしているのである。しかしながら、幕末における開国は、日本の文化システムを防禦する文化装置を機能不全に陥れる危険性があった。人的交流や文化流入を完全に制御することができなくなったのである。さらに欧米列強から押し付けられた治外法権や、関税自主権の剥奪は、単に外国からの人的・文化的流入をコントロールできない

279

ばかりか、日本の劣位、周縁的立場を明示する烙印として、日本人の劣等意識の源泉となったのである。そこで政府は、一方では外国人居留地を維持して無制限の交流を禁じたのであるが、主権を回復するための欧化政策を優先せざるを得なかった。したがって、チェンバレンがいうように民衆の間に西欧熱があったのと同様に[10]、あるいはそれ以上に、明治初期においては、多くはトップ・ダウン式に、帯刀禁止令から鹿鳴館まで、西欧的基準が広められたのであった。脱亜入欧である。しかし、それが反動的日本人から反発を受けただけではなく、日本に来た外国人の目にも好ましいものとは映らなかった。

第2章3.1節で、キプリングが日本に最初に上陸した長崎の波止場で出会った、鍍金の菊の飾りの付いた略帽を被り、まったく似合っていないドイツ風の制服を着た若い日本人の税関職員に対して、「彼は雑種(ハイブリッド)——それらは、一部はフランス、一部はドイツ、そして一部はアメリカ——であり、文明への賛辞であった。警官から上の日本の官吏すべてはヨーロッパの服装をしているようだが、似合っているとはとてもいえない。」と描写していることに触れたが、もちろん彼は、ここで日本人の身体的特徴を笑っているのではなく、日本文化とは異質な西欧諸国の文化群を表層的で類型的な「西洋」としてとらえ、それを無邪気に模倣しようとする日本人の文化理解の浅薄さを笑っているのである。キプリングはその様な「ハイブリッド」性を一時的なものと予想していたようであるが、しかしながら、それは急激な欧化による通過的な、滑稽な猿真似にとどまるようなことはなかったのである。日本の伝統的な文化システムの崩壊を予期させるものであった。人類史上いまだかつて、個人を規制する地域的文化システムの装置を破壊し、「理想的な近代」、あるいは「ポストモダン」を実現した社会など存在していない。個人は、共同体から権利とともに役割と責任、そして生きる指針を与えられるのである。その共同体は、村落共同体の場合もあるだろうし、宗教共同体であるかもしれないし、封建社会かもしれないし、国民国家や共産主義社会であるかもしれない。近代日本の場合は、国民国家の枠組みを獲得したようにみえるが、実質的に

第3章 「東洋」の知識化の歴史的考察（2）

は依然集団主義を根本原理とする共同体であった。日本の文化システムにおいて、個人は、国家という大枠以上に集団のなかで強い規制を受ける。それが明治初期の楽天的な脱亜入欧政策を実施することによって、文化システムを防禦するための文化装置が弱体化することになったのである。

　従来、明治憲法や教育勅語の発令の時期を、藩閥政府と自由民権運動という対立項で考察することが行われてきた。しかしながら、急激な欧化政策による弱体化の危機に瀕した文化システムが、その防禦機能を働かせたと考えてみることはできないだろうか。たとえば、ハーンとチェンバレンの学校についての記述をみてみるとき、日本の文化システムの中心的文化装置である集団主義が機能しなくなっていることがわかる。それはイギリス人の目からみても、そのように映ったのであろう。たとえば、チェンバレンは次のように記述している。

> 典型的な日本人の学生については、教員を喜ばす若者――物静かで、敬意の念を持ち、過剰すぎるくらい熱心な――のタイプである。唯一の著しい欠点は、日本で目下の人間に共通する傾向であるが――自分で船の舵を操作しようとする傾向である。「先生、お願いがあるのですが、私はもうアメリカ史など読みたくはありません。気球をどのように作るのかについての本を読みたいのです。」日本のすべての教師は、その種の要望を何度も何度も聞かなければならなかったに違いない。あからさまな反抗――旧体制では聞いたこともなかっただろうが――は、19世紀も終わろうとする頃は非常に頻繁になり、教員の教授法や管理に不服があるという口実で有名校の生徒が授業をボイコットすることなく学期が終了することなどほとんどなかった。さらに、日本語で壮士と呼ばれる粗暴な若者の一群――青年扇動家で、あらゆる政治に口を挟み、担当大臣に自分たちの見解を押し付け存在感を示し、公に関心のある問題について自分たちと意見を異にする者たちを――棍棒とナイフで――待ち伏せして攻撃する――そのような若者の集団が出現したのであった。これらの不健康な兆候は、近代（ニュー）

日本の初期の段階に付随する他の現象と同様、今では何ら永続する悪い結果も残さずなくなったように思える。しかしながら、最新の調査を行った者たちは、<u>まったく奇妙で極端な考えに日本人の学生が魅かれていることに気づいているのも事実である</u>。（下線は、著者による。）
（『日本事物誌』、151-2）

　明治30年ごろの自由旺盛な学生に対するチェンバレンの記述には否定的な響きが感じられるが、ハーンのように日本の伝統的文化システムを支持していたということではなく、急激な新しい文化システムへの移行が社会に動揺を与えていると感じ取ったのである。その動揺は、「今では何ら永続する悪い結果も残さずなくなったように思える」とチェンバレンはいっているのは、実際は逆のことを考えているのであろう。引用の最後で、「最新の調査を行った者たちは、まったく奇妙で極端な考えに日本人の学生が魅かれていることに気づいているのも事実である」と報告している。はっきりとは書かれていないが、彼が何かを危惧していたことは確かである。果たしてチェンバレンはその後の日本をどのように予測していたのだろうか。
　江戸時代の幕藩体制は、まさに日本の集団主義原理の成熟した発現であった。江戸時代になって日本の主権、文化システムは揺るぎのないものとなっていた。したがって、強力な軍隊によって支えられた中央集権的国家を作る必要はなかったのである。日本人のほとんどすべてが何らかの集団に取り込まれて、規制されるとともに地位の保全を保証されていた。天皇はもちろん将軍すらその文化システムに取り込まれていて、権力の私物化はできなかったのである。しかしそれが、排除できない外圧によって主権・文化システムが自明でなくなったとき、幕藩体制を維持することが不可能となり、主権を防禦するために天皇制という文化装置が必要となったのである[11]。しかしながら、日本が実際に世界という社会に投げ出されてみると、明治の最初の20年くらいまでに、日本の伝統的な文化システムが弱体化してきたことは多くの日本人にとって明瞭になってきたので

あった。それは思想的に国粋主義を生むことになる一方、支配者のほうでも文化システムを防禦するために、天皇制という文化装置をより強力にすることを迫られたのである。その補強材が、教育勅語であり、明治憲法であった。しかしながら、その装置そのものは欧米、特にドイツの憲法の模倣であり、日本の文化システム全体を刷新するものではなかったのである。結局それは、従来の脱亜入欧政策のパターンを乗り越えたものではなく、伝統的文化システムを温存するための付け焼き刃的文化装置に過ぎなかった。したがって、世界はもちろん、国家にも、天皇自体にも責任を持たない暴走する「国体」が二つの言説的「反抗者」によって生み出されたのであった。それら二つの「反抗者」とは、「西欧近代の超克」と「アジア主義」である。

　徳川時代まで自明であった伝統的文化システムの中核に組み込まれた文化装置としての天皇制は、西欧を中心とする近代化言説形成＝編成の中では、「万世一系」も「皇祖高宗」も20世紀初頭の世界システムのなかでは当然のことながらまったく機能しなかったのであるが、日本の近代化言説形成＝編成に生まれたこれらの「反抗者」は、日本が生き残るために復活された天皇制を機能させる最終的手段として、太平洋（大東亜）戦争によって強引に日本の文化システムを世界に向かって投射しようとしたのであった。そうでなければ、「清水の舞台から飛び降りる」決意や「万死一生」の決意でもって帝国主義植民地戦争を遂行する近代国家などありえるだろうか。そのような必死の決意をもってする戦争とは、圧倒的に優位な侵略者に対して防衛を決断するときだけである。日本が防衛、あるいは危急存亡の秋だと信じ込んだとき──疑うことが許されなくなったとき──無謀な戦争へと押しやられていったのである。

3.1.4 「近代の超克」の逆行性──遅れた近代化の悲劇 [12]

　1942年の『文学界』に掲載された「近代の超克」座談会 [13]、そして、それに関する戦後に書かれた竹内好論文「近代の超克」 [14]、廣松渉著『＜近代の超克＞論』 [15]、子安宣邦著『「近代の超克」とは何か』 [16] を読み較べ

たとき、「近代の超克」論、及びその批評に共通するいくつかの「欠如」が感じ取れる。このいくつかの「欠如」こそ、明治維新以降、近代化する日本の日本語の言説が一貫して内包する「欠如」の反映であると考えられる。本節では、それらの「欠如」を「近代の超克」論とそれに関する批評を分析することで明らかにしたい。

「近代の超克」論とその批評を分析することでみえてくる「欠如」の1つは、西欧近代における認識世界の変容と拡大についての理解の欠如である。

座談会のメンバーのうち、下村寅太郎を除いて、西欧近代、及び、近代化による日本人の認識世界の変容（歪み）、あるいは拡大に言及している参加者はいない。ある者は「近代」の破綻を指摘してルネッサンス以前の中世を評価し、またある者は、「近代」を否定して日本の古典に回帰しようとし、あるいは、「東洋的無」の原理でもって「近代」を超克することを主張する者など、様々であるが、近代化の前提となった認識世界の変容、拡大についてはほとんど問題にされていないのである。

座談会のなかで、その発言内容が他から浮いているのが量子物理学者の菊池正士と哲学者の下村寅太郎である——その意味で、彼らの発言は当時の日本語の言説の中では異質であり、彼らは自分の発言に非常に気を使っているように思われる——が、特に下村は西欧における近代科学の発展史を略説して、中世からルネッサンスへの知的変化というのは、神の意志（摂理）が世界を動かしているという認識から、占星術や魔術の研究によって、万物変化が運命論的に決定されているのであり、その法則性を発見すれば人間の意志で自然を改造できるのだと、西欧の知識人の意識が転換していったと主張する。この下村の説明を筆者なりに敷衍して補足するなら、神の意志による決定論的な世界観から、万物にみられる法則の発見と、それを応用し人工物を創造できるという認識論の大転換が起こったのである。そしてルネッサンス以降、様々な万物の法則の発見、そしてその体系化は、人間の認識世界を塗り替え、拡大していったのであった。それは素粒子から銀河系を超えた宇宙へと空間世界が広がるとともに、古生物

第3章 「東洋」の知識化の歴史的考察（2）

学や考古学、地質学の研究から、生命の誕生やそれ以前の宇宙誕生へとさかのぼる時間軸に沿った広がりでもって、世界認識は変容・拡大を続けていった。その過程で、それまでに西欧世界に君臨してきた『聖書』の世界観は、「真理の体系」から「神話」へと後退を余儀なくされたのだ。もちろん、認識世界の広がりには個人差があり、現在でも『聖書』が唯一の真理の書であると信じる人々はいるであろう。しかしながら、ここで対象にしているのは、最新の知識を身につけた知識人である。

　知識が発見され言語化されると、その言語が使用される文化空間が存続する限り流通する。もちろん、知識は新たな知識にとって代わられることはあるし、不要になったものは忘却される。現代人は火打石から火をおこす術を忘れたが、マッチやライターがあるからそのような知識は不要なのである。しかし時には、権力者が社会的暴力装置を使って、検閲によって一部の知識を隠蔽したり、江戸時代の鎖国政策のように、外から流入する知識を遮断しようとする。ただしこの権力者による知識の検閲や、認識世界への介入も、長期間にわたってそれを維持することが出来ないのは、歴史が証明している。つまり、認識世界の変容・拡大は、非可逆的な特性を持つのである。

　日本は明治維新以降の近代化政策によって、単に科学技術のみを移入したのではなく、その前提となっている西欧における世界認識の変容と拡大を学習してきたはずであるのに、下村、及び菊池以外の出席者はそのことの認識が欠如しているとしか思われない。あるいは欠如しているとまでいえなくとも、軽視している。しかもそのことは、座談会の「近代の超克」論を批判する戦後の廣松や子安の著作においても、この「欠如」の指摘が十分になされているとはいえない。つまり、変容し拡大する認識世界への理解の欠如は、個々の日本人にみられる理解の欠如ではなく、日本語の言説に内包する「欠如」ではないだろうか。言い換えれば、日本語の認識領域においては、日本の文化空間の外に存在する「世界」を取り込む機能がカスタマイズされていないといえるのである。もちろん、断片的な知識、あるいはばらばらな知識の集積としては取り込まれている。しかしなが

ら、日本語の文化空間において、外的世界は、サイードのいう「現実性と存在性を付与する歴史、思想伝統、イマジャリー、そして語彙」(『オリエンタリズム』、5) をもつ「他者」として確立されていないのである。これは逆説的に聞こえるかもしれないが、ジャック・ラカン (Jacques-Marie-Émile Lacan) が幼児の認識の発展段階における「他者」の発見を説明するように、異文化世界の認識は「他者」の発見とその体系化——この主張によって、本書をポストコロニアル批評の始めた言説形成＝編成にとっての「反抗者」とみなされるかもしれないが——に他ならないのである。このような意味において、英語の言説が、大航海時代以降、非西欧地域や人々を「他者」として組み込んでいったのに対して、日本語の言説にとっては、外的世界というのは、埒外の、いわば実体を伴わない思い込みの世界でしかないのである。まさにヨーロッパ中世の認識世界と同レベルのままにとどまっているといえる。したがって、日本とそれ以外の地域や文化を「相対的」に捉えることが出来ないどころか、子安も指摘するように、「近代の超克」座談会の参加者の認識世界には、戦っている相手の中国などほとんど存在していないし、太平洋（大東亜）戦争の大義であるアジアの解放という掛け声にも関わらず、日本以外の「アジア」が全くみえていないのである。

　したがって当然のことながら、西欧近代における変容し拡大する認識世界の理解の欠如によってもたらされる2番目の、そして重要な「欠如」は、「近代の超克」座談会の出席者の発言に、世界認識における東アジア（東亜）のマッピングが欠如しているということである。

　それでは、そのような「欠如」、もしくは「失敗」をもたらした原因は何かを考察してみよう。

　まず「近代」についてだが、座談会でも、またそれについての批評においても、超克すべき「近代」とは、「西洋近代」のことであるという前提である。そして座談会では、その「西洋近代」は病んでいる、あるいはもともと欠陥があったという風に断罪する。西欧でもそれを超克する試みがあるくらいで、明治維新以降、「近代」をひたすら無反省に導入した日本

第3章　「東洋」の知識化の歴史的考察（2）

ではなおさら深刻な問題が起こっており、それを超克しなければならないというのが喫緊の課題になっているという。

　果たして「近代」は、「西洋近代」と等価なのであろうか。確かに最初に近代化したのが西欧であることは間違いない。しかしながら下村寅太郎も座談会で述べているように、西欧の近代化は、科学的認識方法が自然科学だけではなく、西欧社会の隅々に浸透することで、宗教や文芸や社会制度を変質させていったことにより起こってきたことである。たとえば、宗教改革は、キリスト教が内在的な力によって変貌したというよりは、近代的な認識が加わって起こりえたと考えるべきであろう。そういう意味で、近代とは伝統的な社会形態を、科学的認識方法により変質する過程であるといえる。つまり、「近代」とは、特定の社会状況ではなく、あらゆる文化社会にも起こりうるプロセスであると考えられる。したがって、西欧諸国の生活様式が、そのまま移植されたらその地域は「近代化」した――たとえば、米食をパン食に代える――というのではなく、西欧によって発見された科学的認識方法を身に付けた社会の構成員によって、あるいは近代化言説形成＝編成によって伝統的社会が変質していく過程が「近代化」なのである。そういう意味で、様々な文化伝統があるわけだから、当然、様々な「近代」は可能だと思われる。

　しかしながら日本は、その急激な近代化の過程で、科学的認識方法やそれによって生まれた技術だけではなく、伝統的な西欧の考え方、白人優位な人種観をもアーティキュレイト（分節化）せずに受容してしまったのである。そのため、福沢諭吉の文明・半開・野蛮のような社会の序列意識だけではなく[17]、日本人種改造論のような人種論を主張する者まで現れたのである。言い換えるならば、竹内に理論構築を失敗したといわれた「近代の超克」座談会の参加者たちは、日本の「近代」と、急激な近代化の過程で西欧の言説に取り込まれてしまった日本をアーティキュレイトできないまま西欧近代批判に終始しているために、西欧近代の優れた点がみえないだけではなく、西欧と日本の近代に内在する矛盾に対しても触れようとしない。

「近代の超克」座談会の参加者は、日本の近代化固有の問題と西欧の言説に覆われた非西欧諸国全体の問題を明確に理解するどころか、歪曲して感じ取っているところから、近代、自由主義、個人主義、共産主義、アメリカニズムなどを感情的に批判し、近代以前を賛美する。ただその過去の賛美にしても、「神」の復権を強く主張する参加者の吉満義彦と林房雄の「神」は明らかに違う神だし、「古典」を強く勧める場合でも、『文学会』同人の小林秀雄と京都学派の西谷啓治では違うように思われる。
　座談会の参加者は、司会の河上徹太郎がいうように当時の一流の知識人であるばかりではなく、昭和を代表するような知識人である。それでありながら、植民地戦争に思想的に協力したと断罪する廣松や子安ばかりではなく、「近代の超克」論に好意的な竹内すら、この座談会を評価していない。しかしながら筆者は、座談会の参加者が日本では一流であっても、世界的には三流であるといおうとは思わない。まさに彼らの言語、つまり欧米ばかりか、世界の中でも民族の交流のために使用された経験が極めて乏しい日本語のもつ狭隘性——明治維新から60年しかたっていない訳だから、無理からぬことではあるが——が原因であると考える。その狭隘性を打破しようとしたのが、「大東亜共栄圏」という言説形成＝編成を生み出す誘引ではなかったか。もっとも打破といっても、狭隘性自体を打破しようとしたというよりは、その狭隘性を認めない西欧中心の世界を打破しようとした、といったほうが正確かもしれないが。いずれにせよ、その試みは挫折し、狭隘性は、戦後も続いていく。
　「近代の超克」論の批評において、廣松と子安は、太平洋戦争勃発後にもてはやされた「近代の超克」を日本帝国主義のアジア植民地化の後付けの弁証と位置づけようとするのだが、しかしながら「近代の超克」座談会では、てんでばらばらに参加者が自分の専門から話をするだけで、日本帝国主義の植民地政策を隠蔽するような理論構築を引っ張りだせない。そのため、廣松と子安は、座談会の「欠席者」の著作から植民地獲得戦争のイデオロギーを導き出してくる——方向性は違うが、竹内も同様である。その「欠席者」とは、京都学派の高坂正顕、高山岩男、日本浪漫派の保田

與重郎、近衛文麿の「昭和研究会」のメンバーであった三木清らである。廣松は、辛抱強く彼らの議論に耳を傾け、出来るだけ客観的な分析を試みようとしているが、「真正の共産主義」というような表現を無造作に使うところからも明白に、全体としては、竹内の言い方でいえば「イデオロギイ批評」をしている。つまり、その議論が生まれてきた背景を浮かび上がらせるというよりは、正しいか間違っているかという方向に論をもっていこうとする。一方子安のほうも、「殺し・殺される文明から共に生きる文明への転換の意志として再生させること」（『「近代の超克」とは何か』、253）というように、ユートピアの状態を基準に、「近代の超克」論、そして、それが中国人の民族的独立の動きを隠蔽しようとしていると批評している。これは、戦後日本の「言説」における、太平洋（大東亜）戦争は全否定されるべきであり、「失敗」であるという発話規制に迎合した分析方法だといえないだろうか。一方戦前の「言説」についていえば、日中戦争（日華事変）、及び、太平洋（大東亜）戦争の戦時下において、右翼や軍国主義者の「言説」がアジアへの侵略戦争を正当化し、それに異を唱える左翼知識人は権力の暴力装置である警察や憲兵隊によって弾圧され、投獄され、言論を封殺されるという構図が描けるというのである。そのような言論を抑圧する暴力装置のもとで、三木清のような知識人は転向を余儀なくされ、日本帝国主義に協力し『新日本の思想原理』のような日本の植民地主義を偽装する理論構築を行ったというような解釈になる[18]。

　しかしながら、現実の世界はそのような単純な構図で理解できるのであろうか。太平洋（大東亜）戦争の敗戦の年である1945年以前の世界とは、イギリス植民地にあっては戦争協力を拒否したマハトマ・ガンディーらインド人指導者は投獄され、アメリカでは黒人差別が極めてひどい状態にあった時代である。軍事大国としての日本が、国際政治の場では表面上「名誉白人」というように扱われていても、世界を覆う西欧を中心とする言説形成＝編成の中での人種ヒエラルキーにおいては、日本人も白人の下に置かれていたことを、世界を知る日本人は実感していたのである。このような世界状況において、日本が米英に噛みつかない大人しい「ポチ」のまま

であったとしたら、ひょっとすると太平洋（大東亜）戦争を回避できたかもしれないが、アジアの植民地や人種的ヒエラルキーは残るという事実を廣松や子安らはどう考えるのであろうか。いずれ植民地地域は独立を許されたとしても、「東」の「西」への従属は、新たな形をとって維持されたであろう。では日本が噛みつくことによってそれらは改善されたのであろうか。改善されたというと、植民地獲得戦争を擁護するのかという非難が聞こえてきそうであるが、少なくとも世界の歴史の動きを速めたことは紛れもない事実である。

　河上徹太郎が座談会の冒頭で、「殊に十二月八日以来、吾々の感情といふものは、茲でピタツと一つの型の決まりみたいなものを見せて居る。」（『近代の超克』、172）というとき、これは子安がいうように日中戦争（日華事変）のもやもや、中国に対する植民地獲得戦争の後ろめたさが晴れたということだけではなく、欧米の言説の中での抑圧から解放された気持があることは間違いないであろう。たとえ「アジア＝日本」だけの解放であっても、である。

　本書では、「近代の超克」を再考するにあたって、言説形成＝編成という概念で分析を試みているが、1930年代の日本語の言説形成＝編成においては、英語言説のように近代を通してその認識領域の変容・拡大がいまだ十分に起こっておらず、従って日本語の言説における世界のマッピングは歪で、しかも西欧の言説の人種観に汚染されていることが分かった。したがって、超克すべき「近代」の認識も明確にアーティキュレイトされず、それに基づいた理論形成も現実から乖離をしていた。それどころか、認識領域を狭めるような逆行性があったのである。つまり、西欧を中心とする言説形成＝編成に対して変容を迫るような確信的な「反抗者」の登場とまではいえない。

　一方、「近代の超克」論の戦後の評価は、「近代の超克」論が生まれた背景として、世界を覆う西欧の言説形成＝編成の中で当時の日本人は発話規制を受けており、その大枠の言説形成＝編成と日本語の言説形成＝編成とが軋みあう不安定な状態の下に日本がおかれていたことを問題にせず、単

純に、植民地獲得戦争、帝国主義と帝国主義の戦いに猪突猛進していったという、アメリカの言説形成＝編成に取り込まれた戦後日本の言説に順応した解釈から越えることはない。

今日、「近代の超克」論を再考するにあたっては、欧米の支配的な言説の中で、日本にどのような選択肢があったか、日本の支配的言説がどのようなものに変化していったのか、そして、日本ばかりではなく、中国をはじめ、他のアジア諸国がどのように影響されたか、中国や、インドや、東南アジアの諸地域の人々が、どのように自分たちの「声」を獲得しようとしたのかを、総合的に考えていく必要があるだろう。

「近代の超克」論では、「アジア」が欠如していると上述したが、すでに第1章5節で三宅雪嶺や志賀重昂に触れて言及したように、もちろん日本にはアジアをマッピングしようという試みがあった。次節では、北一輝、大川周明、そして、満川亀太郎の著作から、彼らのアジア（＝日本）表象を再現することを試みる。

3.1.5　日本語による東アジアのマッピング——（大）アジア主義[19]

　而してイギリスが心ならずも、エヂプトに軍隊を駐め、エヂプトの内政に干渉するのは、エヂプト人は能く自ら救う力なく、従って国民の独立の祝福を享有せしむる前に、予めこれに自治的訓練を与えてやらねばならぬからだと主張し来った。英国政府自身の言を籍れば、イギリスは「エヂプトに於て、正義と自由と公安との主義が、鞏固なる基礎の上に確立せらるるまで」エヂプトを指導してやると云うのだ。—大川周明、(『復興亜細亜の諸問題』、228)

西欧は、大航海時代以来、とくに19世紀から20世紀初頭にかけて、イギリスを中心に帝国主義的拡張を行う過程で、単に軍事・政治・経済的支配のもとに被植民地やその周辺地域を支配下に置くだけではなく、言説レベルで、つまり、西欧語がそれらの地域を言語化することで覆っていったのである。つまり、ヨーロッパを中心とする世界のマッピングを行っていっ

たのだ。ただし、ここで留意すべきことは、ヨーロッパを中心とする「世界地図」を作成するということが、あるいは、非西欧圏を「他者」として世界地図を描くことが、その地図が不正確であるということにはつながらない。世界システムを構築するためには、「現実」との乖離が大きければ大きいほど、システムの破綻はたちどころに現れてくる。したがって、少なくとも英語の言説形成＝編成においては、絶えざる修正が施された結果、歴史家Ｊ・Ｒ・シーリーがいうところの「拡大するイングランド」が18世紀から20世紀にかけて継続しえたのである。そして「西洋中心」的色付けがされているという批判の大合唱があろうとも、科学的認識方法により地政学的・文化人類学的・生物学的に綿密に調査され、体系づけられて形成されたマッピングであり、それに基づいて構築される世界システムは、実際上極めて有効性をもつものと考えられ、現在でも留保つきながら非西欧地域にも受け入れられている。

　一方日本は、明治以降欧化主義者により、欧米を経由して入ってきた情報を日本語に翻訳する作業を続けながら、日本はアジアの中では例外的に西欧諸国に匹敵する進歩の潜在力を持つ国と指定して、西欧の世界のマッピングをほぼ模倣する形で日本語による世界のマッピングを行ってきた。それに対して、欧米のマッピングの輸入・改良ではないマッピングの試みも同時平行になされてきた。第１章５節で述べたように、1880年代に、三宅雪嶺が日本を中心としたアジアのマッピングを主張し、また実際に志賀重昂はその目的で「南洋」地域の探検旅行を行ったように、当然ながら日本人の研究者が日本の周辺地域の調査・研究を行っている。また、明治維新以前においても、中国語経由で豊饒な知識が日本に流れ込んできていたのである。そのような過去の情報の蓄積と周辺地域の調査・研究によって得られた情報から、日本を主体とする「アジア」のマッピングを行うとき、果たして西欧語の作り上げた世界地図と同じぐらい「正確な」地図を描いていったのであろうか。

　ただしここでいう「正確さ」というのは、普遍的な意味においての――万民にとっての――「正確さ」である必要は必ずしもない。西欧によるマッ

第3章 「東洋」の知識化の歴史的考察（2）

ピングにおいては、西欧を中心とする商業、軍事、外交、そして金融の世界システムを維持・運用するための戦略を練り上げるために必要な「正確さ」である。安全な航路、有効な資源、豊富な労働力、外部からの軍事的・政治的侵入の難易度、そして住民の従順度を正確に明示した地図である。もう一つは、西欧白人の人種的・文化的優位を保障する正確で権威あるマッピングを作り上げることである。その「正確さ」があったればこそ、西欧列強は帝国主義的世界展開が可能だったのだ。それでは、果たして同じような「正確さ」が、日本語によるアジアのマッピングにも担保されていたのであろうか。

　このようなアジアのマッピングを行った大正期から昭和初期にかけての地図製作者として、北一輝、大川周明、そして満川亀太郎を挙げることは可能であろう[20]。もっとも、この3人に対しては拒絶反応を起こす人もいるだろう。しかしながら、日本の言説形成＝編成の進む方向に与えた影響力の大きさから、取り上げる資格は十分にあると考える。

　「近代の超克」論に関する説明で繰り返し述べたが、明治以来、日本の多くの知識人の世界認識には、「アジア」が隠蔽・歪曲されていたのであった。しかしながら、（大）アジア主義者たちは、日本から見たアジア、植民地化されたアジアの独立ということについて、大正期から研究し、発言を続けてきた。確かに大川がいうように[21]、彼らの声は決して日本の論壇では大きくはなかったが、しかし確実に根を張っていったものと思われる。さもなければ、太平洋戦争の直前になって急にもてはやされるようになるというのは、戦争に利用されただけという理由だけではいささか不自然であろう。

　猶存社に所属していた北一輝、大川周明、そして満川亀太郎に共通するのは、日本を中心とする興亜思想であった。また、大川と満川に共通する点は、インドをはじめ欧米の植民地になっているアジア地域の独立を擁護する主張であった。その意味では、大川と満川が大アジア主義者であるのに対して、北はむしろ国粋主義者といっていいかもしれない。しかしながら、中国に滞在していた北を猶存社に呼び寄せた大川と満川は、北の中国

に対する認識に強い影響を受けている点などを考慮すると、同列に見ることも可能であると思われる。

　先ず、同時代のアジアについての彼ら3人の情報源であるが、中国に関しては、日本軍や日本企業が常駐するだけでなく、「大陸浪人」といわれる日本人たちが中国各地で政治的にコミットし、また上述したように、北一輝は中国で辛亥革命に深くかかわっており、中国情勢には極めて明るかった。それでは、彼らが中国に次いで最も関心があった英領インドについてはどうであろうか。インド哲学の一学究の徒であった大川周明が、大正元年ごろ「現在のインド及びインド人」に初めて出会ったときの事情が、『復興亜細亜の諸問題』の冒頭で述べられている。それは、彼が神田を散歩しているとき、ふと一軒の古本屋の店頭でみかけたサー・ヘンリー・コットン（Sir Henry Cotton）著『新インド（New India or India in Transition）』という1冊の本との出会いで始まった。コットンは、祖父も父親もインド高等文官（Indian Civil Service）の役人であり、彼自身も35年間勤めあげたイギリス人であった[22]。

　　この時に至るまで、予は現在のインドに就て、殆ど何事も知らなかった。インド思想の荘厳に景仰し、未だ見ぬ雪山の雄渾を思慕しつつ、婆羅門鍛錬の道場、仏陀降誕の聖地としてのみ、予は脳裏にインドを描いて居た。然るにコットンの著は、真摯飾らざる筆致を以て、偽る可からざる事実に拠り、深刻鮮明にインドの現実を予の眼前に提示した。この時初めて予は英国治下のインドの悲惨を見、インドに於ける英国の不義を見た。予は現実のインドに開眼して、わが脳裏のインドと、余りに天地懸隔せるに驚き、悲しみ、而して憤った。予はコットンの書を読み終えたる後、図書館の書庫を渉って、インドに関する著書を貪り読んだ。読み行くうちに、単りインドのみならず、茫々たるアジア大陸、処として白人の蹂躙に委せざるなく、民として彼等の奴隷たらざるなきを知了した。（『復興亜細亜の諸問題』、18）

第3章　「東洋」の知識化の歴史的考察（2）

　一方満川は、大正6年（1917年）8月の文章の中でインド問題の重要性に触れながら、インドに関する日本語の情報の少なさを嘆いている。

　　此の如き二個の連鎖に依りて日印間の關係は決して輕視す可らざるものあり、吾我國民は盆々印度の事情を研究調査して、一は友邦との盟約に副ふべく、一は貿易の増進に由りて日印兩者の親密を期せねばならぬに拘らず、我國に於て見るべき機關としては大隈侯爵を會長とせる唯一の日印協會あるのみ――而して其機關雜誌たる會報は會員外たる吾人が見たいと思つても、帝國圖書館にすら備付が無い有様である――書物としては十年前外務省にて編纂せし『印度事情』と最近出版せられし佐野甚之助氏の『印度及印度人』との二册を除いて一般事情を知ることが出來ない程の憐れなる状態である[23]。

　このような大川と満川の証言からわかるように、当時の「現在のインド」に就いての情報は、欧米の研究書か、アングロ・インディアンによる著書か、欧米の通信社が配信するニュース報道からのものがほとんどであった。この事情はインド以外の地域においても大差はなかっただろう。つまり、当時の日本人の世界認識は、英語を中心とする西欧語による情報によって構築されていたのであった。そして、日本人のアジア観が形成される際に、そのことは非常に深刻な影響を与えていたと思われる。しかしながら、それについては本節の最後で問題にすることにする。
　それでは次に、北、大川、そして満川が、中国、そして植民地アジアに対してどのような眼差しを向けていたのかを、彼らの著作を分析することで検証する。
　先ず北一輝の中国観をみてみよう。
　北一輝は、明治44年（1911年）10月に中国で辛亥革命が勃発するや、革命家・宋教仁の招きで11月に中国にわたり、上海駐在日本総領事からの3年間の国外退去命令が出されている期間を除き、昭和8年（1933年）まで中国に滞在した。帰国したのは、『支那革命外史』――最初、『支那革

命党乃革命之支那』というタイトルであった——を読んで感銘を受けた満川と大川によって猶存社に入ることを請われたためであった[24]。

　北は、彼の眼前で起こっている中国革命が、清朝を倒し、中央集権国家として再生することを期待した。そのことが、ゆくゆくは東アジアの復権につながると考えたのだが、しかしながら、中国人革命家の努力を称えながらも、北の理想の革命とはかけ離れた結果になったことに対して、『支那革命外史』(1921)において、孫文と袁世凱の2人を批判の標的にする。

　革命の勃発時にはアメリカに滞在していた孫文は、中国に帰国して、設立された国民党の初代理事長に就任するが、北は、孫文の中国革命に対する考え方を否定する。

　　孫君の支那とグッドノー[Frank Johnson Goodnow：中国政府の憲法に関するアメリカ人顧問]の米國とは全然建國の精神より別個のものなり。北米の建國は君國を捨つるも自由に背く能はずとなし、信仰の自由のために君國に容れられずして移住せる者の子孫。自由の郷は米人の國民的誇にして清教徒の血液は移住者の多きに從ひて濁れりとも自由は彼の歴史を一貫せる國民精神なり。支那は之に反して全く自由と正反對なる服從の道徳即ち親に服し君に從ふ忠孝を以て家を齊へ國を治め來れる者、被治的道念のみ著しく發達せる歴史の下に生活する國民なり。彼れの建國は一粒選の自由移住民にして此れの歴史は數千年間鞭打の奴隷なり。斯く建國の精神より異にし歴史的進行の方向を同ふせざる兩國民の上に、其の一の飜譯を以て他を包被せんとする孫君の空想は、敢て米人の論辯を待たずとも自覺せる革命黨の疾に知悉せる所なり[25]。

　北は、中国革命の手本としてアメリカ独立戦争を措定する孫文に対して、空論であると決め付ける。なぜなら、アメリカは宗教的に迫害された移民者の国家で、その建国の精神として「自由」が大前提になっており、そもそもの国の成り立ちが中国とは異質なのだという。それでは、中国は

どの国をモデルにすべきなのか。北によると、それは日本だという。

> 問題は別個に提起せらるべし。曰く、果して孫逸仙［孫文］の米國的理想に影響せられずとせば支那の革命は如何なる思想に原因するかと。不肖は少くとも此の一點に於ては十分の信念を以て答ふ。曰く支那の革命は太平洋の遙なる雲間より來らずして對岸の島國、實に我が日本の思想が其の十中の八九までの原因を爲せるなりと。隣國を革命黨の策源地と視革命の扇動者なりと猜するは固より當らずと雖も、日本は爾［なんじ］が與へたる思想に對して責任と榮譽とを感ずべし。
> 　不肖は此の重大なる事實が未だ殆ど日本其者に自覺されざるを視て、佛蘭西革命に與へたる英國の思想を對岸の島國自身が終に自覺せざりし歴史の反復に驚かざるを得ず。(『支那革命外史』、14)

かなり強引なパラレル関係の構築は北一輝の文章にはよくみられるのだが、ここでは、日本と中国の関係が、イギリスとフランスの関係に重ねあわされ、フランス革命にはイギリスの思想の影響があるように、中国革命には日本の影響があるという。その影響とは、清朝によって日本に派遣された中国人留学生を教育したことによって与えられたという。

> 日本が十年前の始めに於て隣國青年の教導を引受けしは固より革命の意味ならざりしにせよ、支那自らが自立獨行すべき一國家としての存立が日本の利益の爲めにも希望せられたるに基く。然らば彼等青年が國家の榮辱に敏感となり國權の得喪に活眼を開き得たるは日本の希望の滿たされたるものにして、亦實に亞細亞の盟主たらんとする教導者の誇に非ずや。(『支那革命外史』、28)

日本において「国家的覚醒統一要求の真精神」を学んだ中国人の革命は「厳然たる東洋的共和制」を目指すべきであるにもかかわらず、孫文はアメリカの制度を翻訳して取り入れようとしているという。北はそのような

孫文を強く否定し、「日本精神」を受け継いだ革命家を賞賛する。

　即ち日本的思想により國粹文學によりて已に國家的覺醒統一要求の眞精神なくんば、米國制の非國家的分立的飜譯は當時の孫君の光輝と群集心理によりて新共和國に禍因を播きしやも知るべからざりしなり。不肖は日本的思想の勝利を悅ぶ日本人たる立場よりも廣く東洋民族の誇に立ちて、覺醒せる東洋精神が斯くの如く恣に歐米の長短を取捨しつゝありしを視て滿腔の欣快を感じたる者なり。(『支那革命外史』、63)

北は、「日本的思想」によって東洋民族に「東洋精神」を覚醒させたと誇らしくいう。しかしながら、彼が中国革命のあるべき姿を描き出している箇所では、明治維新ではなくフランス革命のイメージを再三使っているのである。北の23歳のときの著書『国体論及び純正社会主義』では、日本という文脈で「日本的思想」を描いていたのかもしれないが、アジアという文脈において、果たして彼は何らかの具体的な思想を構築できていたのであろうか。少なくとも、『支那革命外史』ではみえてこない。

　次に、「単り［ひとり］インドのみならず、茫々たるアジア大陸、処として白人の蹂躙に委せざるなく、民として彼等の奴隷たらざるなきを知了」した大川周明が、いかに英領インドの歴史を描き出したかをみてみよう。

　まず、イギリスの従属民であるインド人が、イギリスから不当な人種差別を受けている状況を、大川は第1次世界大戦でヨーロッパ戦線に従軍したインド人の負傷兵の待遇を描くことで日本人読者に分からせようとする。

　彼等は重症を負うて痛苦に呻吟しても病院に収容されなかった。若し手当を加えても、再び戦場に立ち得ざるほどの重傷者は、悶えて死ぬが儘に放置された。ただ白人兵士を収容して、尚お余裕ありし時にの

み軽症者を収容し、傷癒ゆれば直ちに駆って再び戦場に立たせた。彼等は一切の残虐を忍び、艱難に堪えて、唯だ戦後に確立せらる可き正義を期待した。(『復興亜細亜の諸問題』、39-40)

　もっとも、そのような不当な扱いを受けてきたインド人にも国民的自覚は芽生えており、その早い現れが1857年の「インドの大反乱」であった。そのような国民的自覚に「希望と勇気」を鼓舞した重要な事件は、日露戦争での日本の勝利である。日本の勝利は、世界の被抑圧民に革命(独立)の契機を与えたと大川はいう。

　　この国民的自覚は言うまでもなく政治的方面に現われて、政治的改革乃至革命運動を促成した。即ち一八五七年には、インド志士が「独立の第一戦」と称する大叛乱の勃発を見、北インド全部を騒乱の渦中に投じた。一八八五年にはインド国民議会の組織を見た。而して前世紀の末葉、東アフリカの一角に国を成せるアビシニアが、能くイタリア軍を撃破してその不当なる侵略を斥け、次で現世紀の初頭新興日本が強露を撃破せることが、ヨーロッパ圧迫の下に呻吟する諸弱小国に、絶えて久しき希望と勇気を鼓舞し、世界に於ける隷属国民の血を佛然たらしめた。そはアジア復興の暁鐘として先ずトルコ革命を招徠し、次でペルシャ革命を生み、更にインド及びエジプトに於ける国民運動を激成した。インドの政治的運動が頓に緊張の度を加え、或は英国貨物を排斥する国産運動(スワデーシー)となり、或は英国政府の覇絆を脱せんとする自治運動(スワラージ)となり、更に極端に走りては、爆弾と短銃と匕首とを以てする政治的暗殺となって現われたのは、実に日露戦争以後のことに属する。嘗てツルベツコイ公爵、その著『強国としてのロシア』に於て、日露相戦うに至らしめたるものは英国外交並にその新聞紙なりとし、「英国の日本と結べるは、一面露国を疲弊せしむると同時に、他面日本の勢力を殺ぎ、以て極東に於けるイギリスの地位を確乎たらしむるに在った。而も英国は日本の勝利

> が、その他の方面に於て如何なる影響を世界政局に及ぼすかに就て、毫も想到する所なかった」と述べて居る。然り、日露戦争の結果、インドの家々の神壇に明治天皇の御真影が飾らるるに至ろうとは、イギリス政治家の夢想だもせざりしところ。(『復興亜細亜の諸問題』、82-3)

　上記の文章を書かせる大川の心の中の思いは、3つあるであろう。1つ目は、被抑圧民に対する同情と共感である。2つ目は、西欧列強に勝利した唯一のアジアの国家であることの矜持である。そして3つ目は、イギリスを「悪者」にしようとする思惑である。「悪」としてのイギリス・イギリス人表象を試みようとしているのである。イギリスが「極東に於けるイギリスの地位を確乎」とするために、日本とロシアを戦わせるように画策したと、ロシア人の口を借りて述べている。そのようなイギリスの悪巧みは、インド統治においても行われていて、インド人の国民的自覚が結集することを阻止するために、ヒンドゥー教徒とイスラム教徒の間にいわゆるコミュナル対立を引き起こす政策を実行する。

> 　さて日露戦争によって鼓舞せられたる、インド国民運動の中心は、英領インドに於て教育最も普及せるベンゴール［ベンガル］州であった。年少気鋭のベンゴール青年は、屡々集会を催して、熾んにインド独立を演説した。ここに於て時の総督カーゾン卿は、東部ベンゴールに回教徒多きを利用し、以てインド人の勢力を牽制せんとし、ベンゴール州を東西両部に分割せんと画策した。(『復興亜細亜の諸問題』、83)[26]

　また、独立を志向するインド人学生に対して、インド政府は「苛酷なる迫害を加え、将来国民運動に加わる者は、直ちにこれに放校を命じ、一切の教育を受くることを得ざらしむ可しとの命令」を発して押さえつけようとするが、却って、「国民大学運動」がおこって、インド人自らが教育に関与していく契機になったと大川はいう。この運動においては、以下のよ

第 3 章 「東洋」の知識化の歴史的考察 (2)

うなインド人のための教育が計画されたのであった。

　　ベンゴール州有志は、国民教育会議を開き、全然政府より独立せる大学を創設し、純乎たる国民主義の下に哲学・科学・文学乃至工芸に関する教育を施さんと計画し、盛んに州内を遊説して熱心なる賛成を得た。この計画に於て最も注意すべき一事は、従来インド諸学校に於て、最も重要なる学科なりし英語を第二語学となし、これに代うるにベンゴール人にはベンゴール語及び梵語を、回教徒にはウルドゥ語・ペルシャ語及びアラビア語を以て第一語学たらしめんとせることであった。吾等はこの事に於て、最も明瞭にインドに於ける国民的自覚の正しく且強気を見る。(『復興亜細亜の諸問題』、84-5)

　大川は、暗殺やテロという暴力手段を用いて独立を勝ち取ろうとするインド人の新たな動きを力説するのだが、一方、別の動きをもインドに関する章の最後に付け加えている。

　　インドはガンディに導かれて新しき時代に入るであろう。ガンディが徹底してインド的理想を掲げ而してインド的手段によって、その実現の歩を進めつつあることは、吾等に取りて深刻なる暗示を与える。今や世界最大の革命家は、まがう可くもなくレニン［レーニン］及びガンディである。而してこれらの両人ほど、特異なる対立をなせる性格は無い。予は更に他の機会に於てこれら両者の対比によって、露国及びインドに於ける革命の本質を闡明し、これによって来るべき世界革命の本質を揣摩したいと思う。革命行程のインドに関しては、今や唯だ主としてその外面的発展を叙して筆を擱く。(『復興亜細亜の諸問題』、113)

　次に、猶存社の中心人物である満川亀次郎であるが、彼は 1936 年に没しているために、二・二六事件の黒幕として銃殺された北一輝同様、太平

301

洋（大東亜）戦争直前から彼らの大アジア主義が「大東亜共栄圏」として日本の言説形成＝編成のコアになることを見ることはなかった。

満川の『奪はれたる亜細亜』(1921)は、彼が新聞記者出身ということもあり、論旨明快であるのだが、それだけ、北や大川の文章のもっている激しさや、強烈なアンビヴァレントさに欠ける。

内容的には、『奪はれたる亜細亜』は、北と大川のいっていることとほとんど重複している。たとえば、北一輝同様、中国革命の意義と必要性を説明するが、北ほどの強烈なコミットメントや、革命の理想を賤しめる者に対する怒り、中国革命に対する日本政府の無理解に対する憤りは感じられなく、日本人読者に教え諭すような調子である。

　　以上を論ずるも更に大なる一個の疑問は残るべし、曰く漢民族は果して強固なる新支那を建造すべき見込みありや、支那人は日本人の有するが如き忠君愛國の觀念なし、忠愛の觀念無き者奚ぞ其國家を興隆し得ん、今日まで日本人は随分南方革命黨を助けたり、然かも之に對しては忘恩排日を以て報ひられたり、支那人は畢竟利己的動物のみ、革命の大手術も之を救濟するに由なし、支那は行く可き所に行かざれば已まず、向ふ所は亡國に在るのみと、吾人は革命の大手術を以て支那を救濟するに足ることを確信する者なるが故に、更に適切に言へば、帝國は支那を助けて其革命を遂行徹底せしめざれば、支那の亡國は支那分割を招き、形勢を再び歐洲大戰前に逆轉し、否それ以上の危機に帝國を瀕せしめ、以て日露戰爭前に見るが如き裸體的國防の地位に置かしむるものなるを憂慮して已まざる者なるが故に、努めて此等の議論を承認せざらんと欲するのみならず又聊か支那の新善分子の爲めに一言の辯護を禁ずる能はざるものあり。世に若し南洋邊に彷徨する我娘子軍や横濱神戸邊に蝟集する通辨車夫の徒を一瞥して日本人は野蠻なり、劣等なり、故に日本は到底興國の資格無き者なりと叫ぶ者あらば何人か沸然として其速斷を鳴らさゞらんや。英國公使パークスは維新前に於ける我國民を目して其怯惰卑劣詐欺を罵り、此の如き國

第 3 章　「東洋」の知識化の歴史的考察（2）

民を有する日本は亡國あるのみと思へり。奚ぞ知らん此亡國民族が明治維新の大火力に會して叩き直さるゝや五十年ならずして今日の地歩を占むるに至らんとは、支那人と雖も同樣なり、何人も舊淸朝の遺物袁の殘黨を目して興國民族なりと做す者はあらずと雖も、彼等を以て支那人の全部を律し、支那人は到底亡國民族なりと斷ずることは餘りに輕卒に過ぐるものたるべし、況や一度は亡國民族なりと目せらるゝとも革命の鐵火は之を興國民族に叩き直し得べきものなるをや、支那は我皇室の如き國民尊崇の中心を有せず、即ち忠君とは何を指すやを解せざるも、忠君の念無きが故に愛國心無しとは斷ず可らず、日本流に忠君と愛國との合一を支那に强ゐんとすることは到底不能なるも、何れの國民と雖も其の國を愛せざる者無し。支那革命運動を構成しつゝある中心思潮が愛國的觀念なることは苟くも支那革命の意義に理解を有する日本人にして一點疑を存せざる所なり。（『奪はれたる亜細亜』、18-20）

イギリスの植民地政策に対する批判や、支配に対するインド人の反発への共感、またイギリスを「悪者」として表象する記述も、大川に似ているが、大川のようにはインド人に自己を投入させずに、距離を保っている。

英國政府が一八五七年大叛亂後印度人に教育を施さんとして創立したる官立大學は、主として法文科の如き形而上の學問を以てし、理工科の如き技藝に關する高等教育は却つて泰西の知識を印度人に移し、經濟上の利益を奪取せらるゝ懼ありとして之を敎へざりき。奚ぞ知らん此敎育方法は軈て英國百年の禍根を釀成し來らんとは。英國政府は夫の淸朝が南淸の子弟を國外に留學せしめたると同じく、官費を以て革命の卵を養成しつゝある滑稽事に想倒せざりしなり。カルカッタ、マドラス、ボンベイ等の大學に於て深遠なる哲學、政治學、文學等に醉ひたる印度學生は、その往昔自己の本國が燦然たる文明の光輝を四海に放ちたる壯觀を回想し、茲に憤然毅然として英國に反抗せんとする

303

の精神を發芽するに至り、而して此反抗的精神の全州に蔓延せらる、や土民亦漸く英國の政治に慊らずして一八八五年印度國民會議をボンベイ市に開催せり。(『奪はれたる亜細亜』、178)

満川の『奪はれたる亜細亜』は北や大川に比べて独創性に欠けるのだが、その論旨が明快であるだけに、中国革命に対する支持や、インド等の被抑圧民に対する共感、そして西欧列強の帝国主義に対する批判等に隠された「沈黙」——批判する対象と同じイデオロギーを帯びた——と同じ匂いをみつけ出すことは容易である。たとえば、満川は、第1次世界大戦終了後、イギリスが更に植民地を増やしたことに怒りを滲ませる。

陸上の元勲たる佛蘭西にして僅かにアルサス・ローレンの回復とカメルン及びトゴランドの獲得とシリアの委任統治權を得たるに過ぎず、我が日本に至つては猫額大の青島と叢爾たる南洋諸島を以てして、猶且つ世界の猜視を受けつゝあるに拘らず、英國が亞細亞及び阿弗利加に於て其の領土及び勢力を擴張せしことは素晴らしいものであつて、然かも世界の論壇が殆ど聲を潛めて之を默過しつゝあるは、何故であるか、吾人は其の眞意を解することが出來ない。(『奪はれたる亜細亜』、52)

この引用からは、「猫額大の青島と叢爾たる南洋諸島」しか取れなかったことを悔しがっているとしか読めないであろう。また別のところでは、イギリス人に比べて日本人は馴化性——たとえ熱帯地方でも、その環境に慣れて生活できる能力——に優れていると、誇らしげに語る。
このような文章に隠された「沈黙」は、北や大川にも見出される。

日本と同じき種族が日本と同じき思想に覺醒せられたるならば後年の事亦日本と同じかるべきこと何の疑を容るべけんや。不肖は敢て此の南京に於ける一實見を提げて支那悲觀論者の面前に立たんと欲す。

(『支那革命外史』、49)

　吾等は自由なる亜細亜を一個の家族に形成せねばならぬ。
　而も心が一なる時、體もまた一たるを得る。故に亜細亜を一個の家族に組織するためには、亜細亜の精神を統一せねばならぬ。日本の裡に、また亜細亜の裡に、統一の意識を喚起することによつて、亜細亜的自覺を把握せねばならぬ。而して此の精神的統一は印度と支那とを抱擁せる日本の『三國』魂によつて既に實現されて居る。そは亜細亜が發見し、繼承したる至極の眞理である。この眞理は、亞細亞をして眞固に偉大ならしめ、有力ならしむるものであり、来るべき東亜細亜協同體は、この統一的意識の上に築き上げられるべき『三國』である。又は『三國』魂の客観化である[27]。

　一つ目の「日本と同じき種族が日本と同じき思想に覺醒せられたるならば後年の事亦日本と同じかるべきこと」という北の考え方から、アジア解放において共闘を組むべき対等の国と、アジア解放のために中国を併合するという、二つの対中国政策を生むあいまい性がみて取れるであろう。一方、大川の『新亜細亜小論』からの一節であるが、この著書が昭和19年に出版された事情からか、インドと中国は日本によって「抱擁」される地域へと格下げされている。

　本節において、北一輝、大川周明、そして満川亀太郎の、革命による中国の統一と近代国家建設の擁護、および、アジアの植民地の独立に対する共感を検証した。彼らの主張にまったく真摯さが無かったというわけではないが、確かにそこには、太平洋（大東亜）戦争への道標というか、あるいは、利用されてしかるべき要素が随所に垣間見えるのである。

　もっとも、上記の3人に帝国主義的貪欲さがあったとは思えない。むしろ、過剰に膨張した劣等感の裏返しとしての誇りが、過度な日本の責務を感じさせたのであろう。また、大川が「現在のインド」に開眼したのは、インド行政官であったイギリス人の著書であるということが象徴的に示し

ているように、彼らのアジアについての知識、植民地の現状認識のほとんどが西欧の言説により注入されたものであり、西欧植民地イデオロギーや人種のマッピングに感染されたままであることは否定できない(28)。もっとも、彼らが中国人革命家やインド人亡命者等から直接アジアの声を聞いていないということではない。実際、彼らほどアジアの独立運動家と真摯に接触した日本人は少ないであろう。ここで問題にしたいのは、国を越えたマッピングをする手本として、西欧のモデル以外に触れた経験がなかったという事実である。したがって、アジアの一国としての日本を主体とした「正確」なアジアのマッピングを作るには、卓越した洞察力と想像力なくしては容易ではなかったであろうと思われる(29)。

しかしながら、たとえ大川らのアジアのマッピングに欠陥があったとしても、彼らに対して敗戦後に押し付けられた評価は、英米の言説編成のなかで過度に歪曲されたものであると思われる。少なくとも、日本人の中では、例外的にアジアに真摯な眼差しを向けていたことは確かである。

3.1.6　F機関とINA──大東亜共栄圏

1941年12月8日は、その後の世界情勢を考えるとき、日本軍による真珠湾攻撃の日とされるのは妥当であろう。しかしながら、それ以前の世界情勢との関係でいえば、その日はまさに日本軍によるマレー作戦が開始された日なのである。真珠湾攻撃によって始まった太平洋と東アジアにおける新たな情勢の展開に対して、マレー作戦によって、これまで優勢であった東南アジアからインドにかけての言説形成＝編成の衰微が始まった。そしてそれらに対応する戦争の呼び名は、前者は「太平洋戦争」であり、後者は「大東亜戦争」になるであろう(30)。もっとも12月8日に始まった戦争の呼び名として、日本が掲げた大義から「大東亜戦争」のほうがよりふさわしい呼称だと思われる。なぜなら、その大義とは、東アジアを解放し、「大東亜共栄圏」を築くことであったからである。つまり、アジアから欧米列強の植民地支配者を追い出し、日本をリーダーとする共存共栄の東アジア・コミュニティを作り上げることであった。

第3章 「東洋」の知識化の歴史的考察（2）

　「大東亜共栄圏」のもとになるヴィジョンは、すでに大正期から前述のアジア主義者たちによって唱えられていたのだが、昭和初期までに日本の言説形成＝編成において目にみえるような変革をもたらしたとはいい難く、1941年になって俄かに国家（軍部）によって取り上げられ、正当化され、日本語の言説編成に瞬く間に広がったのである。その際、アジア主義者の主張がどれほどそこに反映されたのか、あるいは、戦争遂行者がどのようにアジア主義を利用したのかが問題になってくるだろう。さらに、「大東亜共栄圏」の大義やヴィジョンが本当に日本国民に浸透したかどうかであるが、それについては後述するように極めて疑問である。そもそも国民に浸透していたのなら、果たして、敗戦の瞬間、少なくとも戦後の言説形成＝編成からその大義やヴィジョンが雲散霧消してしまっただろうか。
　一方、アジアの革命家たちの日本に対する解放支援の期待は、必ずしもアジア主義者の独りよがりだとは決め付けられない。それに関して、たとえば、F機関とインド国民軍（INA）をテーマにした著書を出版したインドラニ・ダッタ（Indrani Dutta）は、以下のように述べている。

　　20世紀になって、日本が重要な強国として登場してきたことは、この地域の政治力学に新たな、そして意味のある要因をもたらしたのである。西欧の植民地宗主国は、このことを自分たちの立場にとって政治的脅威とみなした。1905年の日露戦争における日本の勝利によってさらに状況は変化し、アジア人の西欧を見る目の全般的な変化をもたらした。しばしばそれに対して、西欧の強国の一つが新興アジアの強国に敗北したことは、アジア復興の始まりを画したといわれてきている。日本人は当初から西欧の強国に対して理解し、感情移入する姿勢を示した。アジア中にナショナリズムが沸き起こったとき、積極的に手本にし、助けとなるものを捜し求めるナショナリストたちは、殊に19世紀の後半から日本に眼を向けるようになった。インドのナショナリストたちもまた、発想の源として西欧の植民地支配に対

するアジアの抵抗を示すものとして日本に目を向けた[31]。

　もっともダッタは、「大東亜共栄圏」が日本の戦争目的に利用された面をみていないわけではなく、その点では、今日定説のようにいわれている解釈を踏襲している。彼の論考の特徴は、日本から、そしてイギリスからも距離を置いて分析している点にある。
　それでは、そもそも太平洋（大東亜）戦争とともに喧伝された「大東亜共栄圏」の大義やヴィジョンとはいかなるものであったのか。これまでに繰り返し述べているように、本書における「言説」の機能とは、人の価値観や世界観を規定し、したがって、思考をコントロールし、そこから類似した方向性をもつ思想、言論、そして行動を生み出すということである。そしてまた、そのようにして生まれた言動や、それを媒介する情報メディアによって、より多くの人々に影響を与え、瞬く間に社会にそのネットワークを広げていく、つまり言説形成＝編成が進行していくことである。このようにして拡大していく新しい言説形成＝編成が、太平洋（大東亜）戦争の開戦の前後で日本社会に急速に広まったのであった。したがって、その大義やヴィジョンを検証するためには、まさにその形成＝編成の渦の中で生み出された出版物を取り上げる必要がある。次に、開戦直後の1941年12月に書き上げられ、42年8月に出版された西村眞次著『大東亞共榮圏』の分析を試みる。
　この著書では、まず「序文」で日本の近代国家形成の歴史を振り返る。そして、三国干渉、ヴェルサイユ条約の不公正、中国での英米による反日扇動、アジアにおける英米の侵略主義、ABCD包囲網等を簡単な説明とともに列挙しながら、西欧諸国がいかにアジア、特に日本に対して横暴であったかを義憤をもって力説する。
　次に、「第一篇　序論」では、第1章で世界新秩序について述べた後、第2章で「大東亜共栄圏」の空間的広がりについて説明し、それらの地域が、人種的、歴史的にみて、日本と極めて近接していること、そして、その地域全体がいかに「大東亜共栄圏」として自然なコミュニティを形成で

第3章 「東洋」の知識化の歴史的考察（2）

きるかを論証しようとする。

　かうした風に、日本民族と大東亞共榮圏内の諸民族とは體質的關係が深く、頭蓋指數に於いても、身長に於いても、驚くべき近似の數字を示してゐるが、尚ほ容貌に於いてすらも甚だしく似たものがあつて、兩者の交聯を肯定せずには居られないのである。日本民族を構成する人種的要素から觀ると、前にもちよつと觸れた通り、大東亞共榮圏の諸國は、殆んど全部日本人にまで故郷である。日本人が圏内諸民族を親しく思ひ、圏内諸民族が日本人を懷かしく思ふのは、一種のノスタルジア的本能の作用であるかも知れない。果して然らば大東亞共榮圏は既に人種的下地が出來てゐるのであるから、今後は其上に經濟的・政治的・文化的上塗りをするだけで事が足りるわけである[32]。

この西村の主張の中で、西欧列強の植民地政策の大義との差別化を図るために提示された前提条件は、大東亜共栄圏内の諸民族との「近似」であり、それにより「一種のノスタルジア的本能の作用」を活性化させるのである。これは「白人の人種的優位性」と対置されたものであり、響きとしてはやさしく甘美であり、たとえその後に「白人の責務」ならぬ「日本人の責務」を想起させる「今後は其上に経済的・政治的・文化的上塗りをするだけ」という言葉を続けても、西欧列強と同じ穴の狢という意識を持たせないほど当時の日本人を陶酔させたと考えられる。

　また、人種的近似性だけではなく、朝鮮半島と中国に対しては歴史的に密接な文化的・経済的つながりがあるという。

　（二）歴史時代に入ると、日本と朝鮮、支那との關係は甚だ頻繁で、一々こゝに述べ立てるまでもない。日鮮間には屢〻抗争があつたにも拘はらず、其關係は全く不可分離的であつた。渤海國との外交史は今日の日滿關係を豫言したものである。
　遣隋使、遣唐使の發遣は、日本と支那とを文化的・經濟的に結合し

309

たが、それは先史時代から原始時代にかけて行はれた漢族の日本歸化に胚胎するものと考へなくてはならぬ。(『大東亞共榮圏』、65)

このような近しく、「全く不可分離的」な関係の「滿州國」、「蒙古」、「支那」、「印度支那」等の諸地域について、地形、人種的特長、民族の歴史・文化、そして何よりも天然資源について「第二篇　本論」で綿密に記述していく[33]。そして、俄かに始まった言説形成＝編成の下で、それらの諸地域を「日本」の歴史や文化空間の中に組み入れ、「大東亞共榮圏」として再構成していく。しかしながら、近しい人種が平和的に協調して文化・経済圏としての「大東亜共栄圏」を建設すべき地域の大半が、今や西欧列強により植民地化されたり、経済的搾取を蒙っているのである。そこにこそ日本人の果たすべき責務が生じると西村は主張する。さながら西欧人の「文明の使者」に対応する役割として、彼は、日本人には日本古来の理想を世界に広める使者になるべき使命があるのだという。それが、「八紘一宇の理念」であると説明する。

　　然るにアジヤの一角に於いて、在来の有無相通の手段が誤つてゐることに気づき、敢然それを修正すべく立ち上つたものがある。それは即ちわれわれ日本民族だ。われわれは英米がアジヤを植民地化したのを見て、アジヤ少くとも東亞を彼等の手から奪還して、そこにアジヤ人のアジヤ、東亞人の東亞を建設しようとした。けれども英米は飽くまでも舊秩序による世界の支配を続けようとして、われわれの前に深い塹壕を穿つた。しかし、われわれは其塹壕を飛び越えて前進する外はない。
　　日本は、肇國以来、養正、積慶、重暉の國である。飽くまでも此三大理想を追求して、先づ自ら體得し、次ぎにそれらを世界に擴充しようとする。それが即ちいはゆる「八紘一宇」で、四海を同胞とし、世界を一家とする考へで、所詮は共存共榮の理念に外ならぬものである。しかしながら、かうした大理想は容易に實現さるべくもないから、

第3章 「東洋」の知識化の歴史的考察（2）

　先づ地理的、人種的、文化的、経済的に緊密なる交聯を有する東亞の諸民族を結合して、そこに共存共榮の一協同體を作り、其平和と繁榮とを招來しようといふのが、われわれの建設しようとする大東亞共榮圏なのである。

　見よ、滿洲國、支那共和國、印度支那、泰國は既に日本と結合して、此共榮圏の建設に邁進してゐる。それの完成はもう間もないことと思はれる。（『大東亞共榮圏』、73-4）

　ここで注目すべきは、「養正、積慶、重暉」の「三大理想を追求して、先づ自ら體得し、次ぎにそれらを世界に擴充する」というところであろう。つまり、「大東亜共栄圏」は、西欧列強からアジアの同胞を解放し、自存自衛する友愛的な共同体というよりは、日本の文化共同体を生み出した原点となる『日本書紀』に書かれた天皇の言葉（三大理想）を、他の宗教原理を駆逐して世界に広めようというのが究極の目標なのである。このことはまさに神道の言説でもって「世界」を書き換えようとする試みであるが、西欧が、キリスト教言説や近代化言説で世界を書き換えてきたのとは決してパラレルにはならない。なぜなら、西欧の場合、その文化空間において進行したプロセスが、帝国主義的拡張として非西欧地域にまで拡大されたのに対して、日本では明治以降、むしろ西欧から触発された近代化言説形成＝編成が主流として起こってきたのであり、神道や国粋主義はむしろ脆弱な対抗言説でしかなく、昭和になって俄かに沸き起こってきたものに過ぎない。にもかかわらず、世界に拡充すると強弁するところに、正しい世界のマッピングが出来ていない日本人の世界観を示しているのであろう。もっとも、現在、この『大東亞共榮圏』で述べられている主張を、「今次戰爭が日本にとつて全く無意味な戰爭であつたことは、既にわれわれが充分了解してゐることである。」[34] という GHQ が戦後日本に浸透させた言説編成の下で、誇大妄想的として一笑に付すことや、あるいは、帝国主義的貪欲さを隠蔽するためのプロパガンダとして批判することはやさしい。しかしながら一方で、その前提としている「英米がアジヤを植民地

311

化」したというのは歴史的事実であり、日本が地政学的にアジアの一角に位置することもその通りである。そして、第2章2.3節で紹介した『オークフィールド——或いは東洋における友情』の主人公オークフィールドが真剣に白人の責務を信じたように、上述の日本人の使命を本気で信じ、それにしたがって行動したであろう日本人青年の存在を想像するとき、第2次世界大戦以降に生まれた日本人は、相反する方向性の「権力への意志」に引っ張られ、この西村の文章に対してアンビヴァレントな思いに駆られるであろう。

　次に、「大東亜共栄圏」や「八紘一宇の理念」を信じ、実践したであろう人物の一人として評価できる陸軍士官の藤原岩市の手記を検証することで、太平洋（大東亜）戦争の開戦とともに変容した日本語の言説形成＝編成の下で、その理念を文字通り体現しようとした日本の軍人がどのように思考・行動したかを再現してみよう。

　今日、インド国民軍（INA）は、スバス・チャンドラ・ボース（Subhas Chandra Bose）が創設したと一般に思われているが、実際には、日本の東南アジアでの思想戦を指揮するように特命を受けた藤原岩市少佐が、インド独立連盟（IIL）書記長のプリタム・シン（Pritam Singh）と作り上げたものであり、最初モハン・シン（Mohan Singh）が最高指揮官になる。しかしながら、日本に亡命していたラス・ビハリ・ボース（Rash Behari Bose）がIILの会長になりINAをその傘下に入れた後、大将に格上げされたが元々大尉であったモハン・シンは、ビハリ・ボースや日本側との軋轢の末、INAを追われ、その後、ドイツに亡命していたチャンドラ・ボースが最高指揮官として招聘されたのであった。

　F機関長であった藤原岩市は、東南アジアで情報戦を行う拠点となる組織名をF機関とした。このFとは、フジワラ、Freedom、Friendshipを意味するという[35]。彼の活動は、インド兵に日本軍への投降を呼びかけ、植民地住民には独立を支援することを訴えることであった[36]。彼の活動は、配下の部下やIILのインド人活動家だけではなく、現地の日本人の協力も得ている。その中にはハリマオとして日本でも知られている谷豊も含

第3章 「東洋」の知識化の歴史的考察（2）

まれていた。ハリマオは現地のマレー人の首領として、英領マレーで盗賊団を率いていたが、藤原に心酔し、日本軍に協力した。

　それでは、F機関を率い(37)、インドや東南アジアでの宣伝戦の中心人物であった藤原にとって、「大東亜共栄圏」の大義とヴィジョンはどのようなものであったのだろうか。マレー作戦が順調に進行するなか、1942年1月8日に藤原が大本営の尾関少佐に語った、IILやINAへの日本軍の拡充支援についての構想は8項目に渉っていて、その1番目は、以下のようなものであった。

一、　日本の主唱する共栄協和の大東亜新秩序建設の大理想は、印度三億五千万の国民の共感を得て初めて達成し得るものである。
　　　大東亜戦争は、結局日本と連合国との長期戦となる恐れがある。この戦争を速やかに終末に導く観点に立ってみる場合、まず英国の脱落を狙うべきだ。英国の脱落は印度の向背によって決定的影響を受けるであろう。マレイや比島や真珠湾の現戦況に酔っていては駄目だ。必ず近い将来に、印度を大東亜の陣営に結合する施策が要望される戦況が到来する。そのときが来てからでは遅い。しかも、日本の武力はビルマをもって既に限界を越えるであろう。日本の武力は絶対に印度に及び得ないし、仮に及び得ても印度の国民は、日本軍が印度内にある英国武力を対象として進撃する場合においても、強い反ぱつを示すであろう。それは日本に関する印度国民従来の心象と、長年にわたって支配されてきた印度国民の思考から起きる必然である。日本は日本軍の武力に頼らない方法で、印度を英国から切離して日本の主唱に同調協力せしむる施策を採択すべきである。これがためには一切の権謀術策を排して、自由と平等の関係に立って印度の完全独立を国を挙げて支援し、印度国民に大東亜新秩序建設に対する決起協力を促すべきである。いかなる面においても、日本は印度に対して一切の野心を持ってはならないし、その政治運動の内容に干渉したり、強制

313

　　　　したりすることは禁物である。(『F機関』、115-6)

このなかで、「まず英国の脱落を狙うべき」というのは、後述するように大本営参謀部の戦争終結までのシナリオと一致している。また、「日本の武力はビルマをもって既に限界を越えるであろう」というのは極めて的確な予想である。問題は、その後の「日本は日本軍の武力に頼らない方法で、印度を英国から切離して日本の主唱に同調協力せしむる施策を採択すべきである。これがためには一切の権謀術策を排して、自由と平等の関係に立って印度の完全独立を国を挙げて支援し、印度国民に大東亜新秩序建設に対する決起協力を促すべきである。」という藤原の主張であろう。実際のところ、彼の真意は、「自由と平等の関係に立って印度の完全独立を国を挙げて支援」と「印度国民に大東亜新秩序建設に対する決起協力を促すべき」のどちらに比重を置いているのであろうか。戦後の言説編成の下でこれらの言葉を分析するとき、後者のほうであることに疑いを持たせない力が働く。確かに、日本の戦力ではビルマ(ミャンマー)を占領するので限界だといっているのであるから、イギリス軍の西からの巻き返しを防ぐためには、英領インドでインド人の反乱が起こるというのは日本軍にとって好都合であるのはいうまでもない。実際、第3章2.2節で見るように、マレー半島、シンガポール、そしてビルマで惨敗したイギリス軍がインドで態勢を立て直し、日本軍のインパール(Imphal)作戦を粉砕した後、敗走する日本兵を追尾しそのまま大挙してビルマに押し返してきたことを考えると、東南アジアにおけるイギリス軍の息の根を止めるのはまさに藤原やF機関の「印度国民に大東亜新秩序建設に対する決起協力を促すべき」という計画にかかっていたように思える。しかしながら、藤原の頭の中にあるのはそのような計画だけであり、「自由と平等の関係に立って印度の完全独立を国を挙げて支援」するというのは全くの方便であったのであろうか。次に、藤原の7番目の項目をみてみよう。

　　七、　印度国民は勿論、IILやINAのメンバーは、日本がビルマや、比

島や、その他南方占領地域で、今後大東亜新秩序なるものをいかなる形で実践立証するかを見守っている。印度三億五千万民族の向背は一にこの点にかかっているともいえる。日本はビルマや、比島やその他の占領地域において、日本の提唱する新秩序の理念を実践実証しなければならぬ。(『F機関』、117)[38]

F機関の活動はもちろん日本軍の戦闘行為の一部であることは間違いないが、その活動に対して植民地解放の大義がどのように反映しているのかを公正に問い直すためには、戦後の言説編成の影響に抗う「権力への意志」をもちいて分析する必要があるだろう。そこで疑問として浮かび上がるのが、「日本の提唱する新秩序の理念を実践実証」するという藤原の言葉は、何をすることを意味しているのかということだ。その疑問に関して、藤原が再三にわたって日本軍の傲慢な態度や、日本兵の現地住民に対する略奪や暴行を非難しているのは、一つの答えかもしれない。

たとえば、マレー作戦を決行するに当たって、北からのマレー半島進撃のためにはタイ国の協力を取り付けることが必要不可欠であったが、タイ政府との交渉の重大な時期の12月5日ごろ、タイ国外務省の一課長を、たまたま国境付近で待機していた日本軍の近衛師団の一将校がスパイと即断し、言葉が通じないこともあり、課長が国境付近にいた事情やその身分も確認しないまま、散々打擲した挙句釈放したという話を聞いて、藤原は次のように憤る。

いづれにしても国際的教養に乏しい日本人が、長い封建制度の間に習性づけられ、単純に振舞うこの種の非常識の蛮行のために、朝鮮においても、台湾においても、支那においても、どれだけ住民に根深い反感と憎悪とを与えたことだろうか。識者や軍の上層部によって幾度も厳重なる訓示や訓戒が与えられていたにもかかわらず、いま大東亜共栄圏の建設を旗幟として開戦の火蓋を切ろうという矢先に、最も規律厳正であるべき近衛師団の、しかも将校にしてかくのごとき始末であ

る。私は私の仕事の前途に横たわるこの種の困難に対して暗然たる想いがした。(『F機関』、56)

　藤原は日本人の国際性のなさを嘆いているが、これはとりもなおさず、「大東亜共栄圏」の言説形成＝編成が、今だ日本の文化空間に浸透していないことの証左であろう。したがって藤原が危惧するように、「前途に横たわるこの種の困難」は随所にみられたのである。たとえば、投降してきたインド兵に対して、一少尉の指揮する10数名の日本軍飛行場部隊の兵士がトラックに乗ってやってきて、インド兵の時計や私物を巻き上げていったことに対して、藤原はインド兵に謝罪するとともに、善処することを約束する。また、マレー半島占領後の軍の住民に対する方針に憤って、次のように述べている。

　　当時、軍は原住民の政治、文化、経済上の諸団体を否認する頑迷短見な方針を採ろうとしていた。マレイの戦勝に酔ったのか、あるいは色々の団体名義で抗日運動を行ってきた支那人の非協力的態度に対する反作用か、そのいずれにしても大東亜諸民族の解放、新秩序の建設、共栄圏の確立等々八こう一宇の崇高な理想を掲げながら、このような無理解な軍政の方針をとる軍の真意は、全く諒解に苦しむところであった。このような背信が、満州において、支那において他民族の信頼を失ってきたではないか。(『F機関』、165)

　しかし何といっても、藤原に「遺恨！」と感じさせたのが、日本軍によるシンガポール華僑の虐殺であろう。彼はこの虐殺を、「国軍の歴史に拭うことの出来ない不祥事」と表現している。このような藤原の言動は、敗戦後1年余りシンガポールのチャンギー監獄に戦犯容疑で収監された経験も影響しているであろうが、彼の述べる戦争の大義が彼自身の行動指針の一部になっていたことを示すものと考えられる。なぜなら、もし彼自身の行動指針の一部になっていなかったのであれば、彼は沈黙のほうを選び、

回想録など書かなかったであろう。まして、英語になど翻訳させなかったと思われる[39]。

このように「大東亜共栄圏」の理念を身内の多くの日本兵が理解しないにもかかわらず、「空から、あるいは地上から撒布されたINAの投降勧告文や日本軍の宣伝文」及びF機関の活動を通してその理念がインド人に理解されていったことを、日本軍の追撃部隊に追尾してクワラルンプールに行軍する際に目撃した投降インド兵の様子と、彼に対するインド人の態度とを描写することによって、藤原は読者に伝えようとする。

　［投降インド兵は、］その他に、空から、あるいは地上から撒布されたINAの投降勧告文や日本軍の宣伝文を懐に暖めていた。この光景は満州、支那において一〇年来戦ってきた日本軍将兵が絶えて認めた事のない現象であったし、他の国の戦史にも珍しい光景である。追撃部隊の将兵は、この異様な光景に眼を見張って通過していたが、いつのほどか、日本軍部隊は自発的にこの投降印度兵を彼らの自動車に収容して、ランプールのF機関まで追送してくれるようになった。初めF機関の仕事に疑念をもっていた一部の日本軍部隊の指揮官や参謀も、段々認識を改めてくれるようになったし、F機関の名前と性格は原住民は勿論、日本軍将兵にも認識されるようになった。(『F機関』、121-2)

そして藤原はクアラルンプールに入るのだが、その都市の姿が見え始めたころ、彼は激しい悪寒と頭痛を感じる。すると、IILのゴパール・シンというインド人が、その直前に英国軍と入れ替わりに日本軍が突入した町の中から、懸命に駆けずり回ってインド人の医者を連れてきてくれたのである。藤原はその時のことを回顧して、「ゴ［パール・シン］氏を始め、IILメンバーの真剣な優しい心遣いと所作を忘れることができない」と記している。

日本の推し進める戦争に植民地住民を積極的に協力させるためのこのよ

うな配慮は、「ビルマや、比島や、その他南方占領地域で」日本軍の行動を「見守っている」住民たちに真摯な眼差しを向けていることの表れであろう。しかしながら、すでに引用した藤原の文章にある「自由と平等の関係に立って印度の完全独立を国を挙げて支援」をすることにより、大東亜新秩序なるものを実践立証するのでなければ、藤原が真に「大東亜共栄圏」の理念を「価値の源泉」のコアに据えているとはいえないであろう。この点に関して、藤原は彼の「脳中に策案しつつあった帝国の大印度施策を、総司令部と大本営に意見を具申し、その採択を要請すべきが来た」(『F機関』、137) と考えて、実行に移そうとする。彼は、IILのプリタム・シンやINAのモハン・シン大尉「に対する信義からも」、藤原は彼の構想を中央部に公式に採択決定してもらわなければならないと、硬く心に期するのであった。そして彼は構想を公式の書類に仕上げて、サイゴン総司令部の大槻中佐参謀に提出しにいく。たまたま視察のため総司令部を訪れていた「陸軍大臣東条英機大将の代理として陸軍省人事局長富永中将と、参謀総長代理として大本営作戦部長田中中将」に対して、藤原は彼の構想を説明し、好感触を得る。さらに2人の中将と大本営参謀と陸軍省幕僚の一行はINAを視察し、モハン・シン大尉と会談した。その際モハン・シン大尉は、インドは宗教対立、カースト制度という因習、そして各種族の反目などのために統一したインドとしての独立運動を推進することが困難であるのではないかという日本側からの質問に対して、以下のように通訳を介して語った。

「……私は祖国に対する愛情は、宗教や種族に対する愛執に超越すべきものであると信じます。またカスト制度は旧い因習の残さい［滓］ではありますが、既にこのような非人道的、非社会的矛盾は逐次是正されつつあります。その解消は外人が誇張するように決して困難とは考えません。むしろ印度を支配しつつある英国により誇張し、助長された嫌いがあります。私はこの信念に基いて、宗教や種族の相違などに捉われることなく、祖国解放の闘争を第一義としてINAを編成し

第3章　「東洋」の知識化の歴史的考察（2）

訓練致しておりますが、一旦愛国の熱誠に目覚めたわれわれ将兵の間には、一つのトラブルも起きていません。この事実が何より雄弁に私の信念を裏書きすると思います」（『F機関』、142）

　ここで、本書が分析の方法論としている反抗的な「権力への意志」を、モハン・シン大尉や藤原の言葉に向ける必要があるかもしれない。たとえば、第3章注38に挙げた『日本人に食べられて──名も無きインド人捕虜の回想録（*Eaten by the Japanese: The Memoir of an Unknown Indian Prisoner of War*）』は、インド人捕虜の視線から、日本軍やインド国民軍を痛烈な批判をこめて描いている。回想録の作者のインド兵であるジョン・バプティスト・クラスタは、陽気なシンガポールでの生活が、日本軍の侵攻によって一変し、前述のファラパークでイギリス軍のハント中佐（W. R. Hunt）によってインド人兵が日本軍に引き渡されたと書いている。その際、インド国民軍のモハン・シン大尉から2時間以上INAに入隊することを勧められるが、クラスタによると、6万5千のインド人捕虜のうち、入隊したのは2万5千人だけであったという。そして、入隊を拒否したインド人捕虜は、モハン・シン大尉が「考案（an idea）」した「分離キャンプ（Separation Camp）」という強制収容所で、虐待や拷問を受け、死に至る者もあったという[40]。その後、幾度かキャンプを移動させられた後、クラスタら非協力者たちは、シンガポールから船に乗せられて、延々と当ても無く連れ回されるのである。その際、インド人捕虜たちは、飢えと赤痢で生き地獄を味わったというのである。やがて彼らは、「拷問島（Torture Island）」に送り込まれる。クラスタは、1945年の日本の敗戦によって解放された後、戦争犯罪調査委員会の職員になり、日本軍の戦争犯罪に対する訴えを調査するのだが、その一つは、日本兵が2人のインド人の病人を注射で殺して埋葬した後、インド人に掘り起こして調理するように命じたという訴えであった。文字通り、「日本人に食べられ」たという話である。この回想録は、クラスタの息子であるリチャード・クラスタが、父親の回想録を編集して1998年に出版したものである。この本のなかで、日本が従軍慰安婦

や南京虐殺を認めないことに義憤を感じたことがこの本のタイトルを「日本人に食べられて」にしようと思ったきっかけである、とリチャード・クラスタは述べている。(『日本人に食べられて』、84) 繰り返しになるが、本書では個々の歴史資料を検討して事の真偽を検証するのが目的ではなく、さまざまな表象を生み出す言説形成を分析している。このクラスタによる日本軍やインド国民軍の表象は、現代世界の支配的言説形成＝編成のもとでは、主流だということは間違いないであろう。

　藤原のインド独立支援の構想に戻ると、彼は自分の構想が中央にすぐに受け入れられることを願ったが、しかしながら実際に実施されるのは、ミッドウェー海戦惨敗以降の日本の劣勢に対して日本軍の起死回生を夢見たインパール作戦においてであった。しかしながら、その作戦は決してインド独立の支援のための作戦といえるものではなかった。

　もっとも、破滅的なインパール作戦決行以前、F機関の活動はビルマやオランダ領インドネシアのスマトラへと広がっていた。特にスマトラでは、現地住民とオランダ側との抗争が激化するなか、F機関の宣伝工作によって現地住民の日本軍への協力を取り付けていく。その活動が、その後の日本軍のスマトラ侵攻に果たした役割は小さなものではなったと思われる。F機関は、1942年3月20日の山王会議の後解消し、岩畔大佐率いる岩畔機関が引き継ぐことになる。

　INAのほうは、1943年7月10日にチャンドラ・ボースを最高指揮官に迎えることによって、新たな展開を示す[41]。それに先立ち、6月16日に、ボースが招かれた日本帝国議会の82回臨時国会において、天皇臨席の中で、日本はインドの独立に対して全面的支援を行うと、東条により宣言された。そして、1943年10月21日に、自由インド臨時政府 (the Provisional Government of the Azad Hind) がボースの提唱で樹立される。そしてボースは自由インド臨時政府が日本と対等の関係であることを主張するとともに、日本が占領していたアンダマン・ニコバル諸島 (the Andaman and Nicobar Islands) を要求し、日本政府は承認した。

　ここに、イギリスに始まった近代化言説形成＝編成の渦の中に、一方は

第 3 章　「東洋」の知識化の歴史的考察（2）

植民地化によって取り込まれたインドと、他方はその影響下で近代化し、今やその文化空間を東アジアにおいて主体的地位にまで格上げしようと画策する日本と、そして、大英帝国を必死に守り抜こうとするイギリスが、インパールの地にあって死闘を繰り広げることになったのだ。しかしその関係は複雑であった。なぜなら、イギリス軍から離反して（寝返って）日本軍に協力するインド国民軍のインド兵と、それ以上の数のイギリス軍のインド兵が、解放や正義のために戦うことになったからだ。

　以下の、第 3 章 2 節、2.1 節、そして、2.2 節においては、日本軍のマレー作戦の開始から、インパール作戦での日本軍の大敗・敗走までを、日本語と英語の様々な資料を基に再現していく。

3.2　マレー作戦──「西」と「東」の逆転

　開戦の前年の秋に、真珠湾攻撃を指揮した連合艦隊司令長官の山本五十六が近衛文麿に日米開戦についての質問に答えて、「それは是非ヤレといわれれば初め半歳か一年の間は随分暴れて御覧に入れる。しかしながら二年、三年となれば全く確信が持てぬ」といったのは有名な話であるが[42]、そもそも日本の戦争指導者がアメリカと戦って勝てる可能性があると考えたのであろうか。大本営は、アメリカを打ち負かすだけの国力が日本にないことは認識していたといわれている。しかしながら、もちろん負けるために戦争を決断したのではない。彼らなりの「構想」があったのだ。それはアメリカに厭戦気分を蔓延させ、有利な条件での停戦に持ち込むことであった。それでは、その「厭戦気分」にアメリカ・アメリカ国民をさせるための戦略とは何であったのだろう。まず、開戦後の連合国側の重要拠点で敵を打ち破りそれらを確保し、日本側が長期戦に持ち込めることであり、もう一つは、イギリスの降伏であった。さらには、ドイツ軍の優勢である。イギリスを降伏に至らしめるための方策として、イギリスと、インドおよびオーストラリアとを経済上および戦略上切り離すということ、ビルマ（ミャンマー）をいち早く独立させることによって、インドの独立運動を激化させることである。それから、ドイツとイタリア軍が

ヨーロッパから中近東、スエズ、北アフリカに進攻するのに歩調を合わせて、日本軍が西アジアに進攻できるように作戦を開始することであった[43]。

このような見通しは、アメリカやイギリスの百戦錬磨の歴史を少しでも知っていれば、滑稽なほど甘い考えであるといわざるを得ない。これも、西欧の科学技術優勢に対して日本人の精神力の強靭さを謳いあげた国粋主義の言説の浸透による、日本の言説形成=編成における世界のマッピングの歪みが生み出した現実誤認であろう。いやむしろ、日本人の思考を俄かに支配した「大東亜共栄圏」をコアにもつ言説編成によって、戦争そのものが「聖戦」化し、打算的な現実主義という制御装置を機能不全にさせたのかもしれない。「聖戦」においては勝利というのは二義的なものであり、戦うこと自体が正義となるのだ。すくなくとも、開戦前の言説形成=編成下においては、現実主義者の口を封じ、甘い見通しを臆面もなく主張させる力が働いていたことは確かであろう。そしてそのような力は、アメリカの非妥協的な交渉戦術とも相まって、日米戦争回避の動きを封じ込めて開戦へと駆り立てたのであった。もっとも、1941年から42年にかけては、日本軍は破竹の勢いで英米を東南アジアと南太平洋から追い出したのである。

アメリカへの真珠湾攻撃とともに、イギリスに対して日本軍は、1941年12月8日にマレー半島に陸からの進軍と海上からの上陸によって、マレー作戦を開始した。海からのシンガポール攻撃を予想していたイギリス軍の裏を見事にかいたのだ。イギリスは、マレー半島の北からの攻撃は地形上可能性がないと判断し、シンガポールにジブラルタル要塞にも匹敵するような要塞を完成しており、日本海軍の攻撃に磐石であると信じていた。その要塞の大砲は南の海上に向けてしか撃てないようになっていた。この電撃作戦において、日本軍はマレー半島の随所で激戦を制し、敗走するイギリス軍を追走してマレー半島を南に縦断し、シンガポールに迫っていく。以下に、マレー半島・シンガポール進攻について当時の従軍記者の記事を編纂した『マレー作戦　大東亜戦史』から戦闘の模様を追っていく。

マレー半島の北から侵攻した日本軍は、優勢のうちにイギリス軍をシン

第3章 「東洋」の知識化の歴史的考察 (2)

ガポールへと後退させていくなか、従軍記者は後退するイギリス軍に容赦のない言葉を投げつける。

> 英軍の常套手段として皇軍猛攻の第一線に立つ者はいつも濠洲兵や印度兵だつた。だが大河の決するところ、狂瀾の激するところ、今やそんな生やさしい防禦手段は許されなくなつた。そこでたうとうシンガポール島要塞防備軍の「虎の子」ローヤル聯隊をジョホール戦線に出陣させ、クルアン、アエルヒタムの、所謂ジョホール線の陣地に配置するにいたつた[44]。

しかし、イギリス軍の必死の抗戦にもかかわらず、日本軍はシンガポールへと追い詰めていく。藤原の言葉を借りれば、「制海、制空権を失ったこの島の英軍は、全く孤立にも等しかった。」(『F機関』、149) という状態であった。シンガポールを目前にした従軍記者は、大英帝国の侵略に対する激しい非難の言葉を発する。

> シンガポールとジョホール・バハルを結ぶコースウエー橋 (陸橋) をつたつて前方一キロに浮ぶシンガポール島！この島こそ、暴虐英國が百二十年にわたつて東亞侵略の據點とした惡魔の島だ。貪婪の花咲いた島を指呼に望んで勇士たちはたゞ泣いてゐた。(『マレー作戦』、168-9)

「暴虐英国」、「惡魔の島」、「貪婪の花咲いた島」と、従軍記者はイギリス、及びシンガポールを呼ぶ。もちろん記者にこのように表現させた要因の一つとして、軍部の検閲という強制力があったであろう。しかしながら前述したように、「言わざるを得ない」、「言うべきである」という内的衝動を生じさせるのは言説のもっている特性であり、この場合も、記者は「検閲」といった外的規制よりも記者自身の内的衝動によってこれらの言葉を書き連ねていると考えられる。そして新聞報道は、今日その役割はインター

ネットの出現で移行しつつあるとしても、この内的衝動を社会全体に浸透（感染）させる最大の装置の一つであることは間違いない。このことは第1章7節及び第4章1節で詳述しているが、言葉の「意味」は、貨幣の「価値」をその貨幣が流通する社会が保証するように、その言語を使用する社会が保証するのである。したがって、社会そのものの在り方に疑義を感じないその構成員にとって、その社会が保証する言葉の「意味」に疑義を感じるなどということはあり得ないであろう。これも、支配的言説形成＝編成の重要な特性である。

　そもそも、1923年まで同盟関係にあったイギリスに対して、従軍記者の文章で表現されているほど日本人が宿怨を抱いていたとは思われない。北一輝や大川周明のようなアジア主義者は別として、イギリスに対する敵対心の高まりは太平洋（大東亜）戦争の直前のABCD包囲網によるところが大きいであろう。西村眞次が挙げているように、ヴェルサイユ条約でイギリスが利益を独占したことや、蔣介石への支援も影響していたかもしれない。もちろん、幕末以来の西欧諸国に対する劣等感が、日本社会に憎しみという感情構造を作り上げたことは間違いないであろう。ただ、「暴虐英國が百二十年にわたつて東亞侵略の據點とした惡魔の島」と記者にいわしめたものは、新たな支配的言説形成＝編成を始めた「大東亜共栄圏」によるのである。しかしながらこの記者の報道には、列強の植民地下にあった地域に対する大川周明のような深い知識や、F機関の藤原岩市のような植民地住民への共感が全く窺えず、欧米列強からの解放者・日本という単純な図式から生まれた内的衝動からの言葉にしか過ぎない。そしてこのような言葉によって、さらに単純なイデオロギーとしての「大東亜共栄圏」の思想が国民に伝播し、日本国民一人ひとりの言動を作り出すとともに規制したのである。

　話をマレー作戦に戻すと、日本軍は、1942年2月8日にシンガポール侵攻を開始した。同時に、日本軍はシンガポールへの激烈な空襲を行った。戦闘は熾烈を極め、「彼我の砲撃がいんいんとして天地を震撼し、シンガポールはとてもこの世のものとは思えないほど、せい絶な煉獄の形相を

呈していた。」(『F機関』、150) イギリス軍も必死の抗戦を行った。日本軍も相当消耗していったと、藤原は記している[45]。そして戦闘が始まって3日後の2月11日に、日本軍は降伏の勧告文をイギリス側に向けて飛行機から投下した。従軍記者は、以下に、降伏の勧告文を引用しながら、その過程を記している。

　ブキテマに飜る日章旗！思へばマレー征旅幾日、彼我勝敗の數はこゝに決した。十一日――我は武士道的立場から一時軍主力部隊の銳鋒を抑へて、守備の英軍に降伏を勸告した。
　勸告方法は空から降伏勸告文の投下であつた。この朝、大日本軍司令官山下奉文中將より英國軍司令官宛の投降勸告文を收めた通信筒二十一個を搭載、前線基地を飛たつた陸鷲西部隊前田中尉操縱の菅原中尉機は、午前八時四十分、シンガポール市の英東亞軍司令部上空を飛び、亂射する敵高射砲、高角砲の彈幕の中を決死的超低空飛行を敢行して、投降勸告文在中の通信筒を全部投下、悠々基地に歸つた。勸告文は和文、英文の二通だつた。

　大日本軍司令官は日本武士道精神に基き、こゝに在マレー英軍司令官に對し降伏を勸告するの光榮を有す。
　貴軍が、英國の傳統的精神に基き、孤立よくシンガポールを守備し、勇戰もつて英軍の名譽を高からしめつゝあるに對し余は衷心より敬意を表すものなり。
　しかれども戰局は既に決せられ、シンガポールの陷落は目睫の間に迫れり。故に今後の抵抗は徒らに在シンガポール非戰鬪員に直接危害を與へ且つ戰禍に苦しましむるに過ざるのみならず、この上さらに英軍の名譽を增すものとは考へられざるところなり。本職はもとより閣下が我が勸告に從ひ、今後の無意味なる抵抗を斷念し、速かに全戰線にわたり、この戰鬪を停止し、左記の如く軍使を派遣するの處置をとらるべきことを期待す。若しこれに反し依然として抵抗を繼續する

においては、軍は人道上忍びがたしと雖もやむを得ず、徹底的にシンガポールに向ひ攻撃を續行すべし。本勸告を終了するに方り閣下に對し敬意を表すものなり。

　　　　　　　　　　　　左記
一、軍使の前進路はブキテマ道路とす
二、軍使は大白旗および英國旗を揭揚し、若干の護衛兵をも同行することを得

昭和十七年二月十一日

　　　　　　　　　　　　　　大日本軍司令官　　山　下　奉　文
英國軍司令官閣下

　　　　　　　　　　　　　　　　　　（『マレー作戦』、229-32）

　しかしながら激しい戦闘はなお継続し、降伏勧告文投下から4日後の1942年2月15日、フォード自動車工場において山下奉文（ともゆき）中将とアーサー・アーネスト・パーシヴァル（Arthur Ernest Percival）中将が会談し、無条件降伏の調印文書に両者は署名した。それを伝える従軍記者の文書は、以下のとおりである。

　　大本營發表（二月十五日午後十時十分）馬來方面帝國陸軍部隊は、本十五日午後七時五十分、シンガポール島要塞の敵軍をして無條件降伏せしめたり

　　畏くも宣戦の大詔を拝して、こゝに七十日、強襲渡過上陸以來、死闘猛攻七日間、ついにシンガポールは陥落した！感激の日章旗は南の空一ぱいに燦として靡つたのである。想へば一八一九年二月、暴虐大英帝國が東亞搾取の據點として、ユニオンジャックを揭げてから百二十年、天人共に許すべからざるあくなき罪科を、自らの手で裁いたものは、皇軍膺懲の前に、無條件降伏であつた。（『マレー作戦』、

247-8）

　また、『F機関』では、勝利を知った兵士たちの反応が以下のように記されている。

　　先ほどまで、重砲の射撃を観測していたブキパンジャンの日本軍気球に、「敵軍降伏」の大文字が吊された。全線の将兵はこれを仰いで感きわまって相擁して泣いた。方々の山々から万雷のような万才のどよめきが戦場の夕闇を震撼し続けた。大英帝国が不落を豪語した大東亜経倫の牙城がついえたのだ。全く夢を見ているような気がする。誰も彼も緊張し切った心身の全神経が一度にまひするような自失、錯覚に陥った。そして興奮のうちに自分が奇しくも生きている歓喜を認識する。（『F機関』、156）

「東亞搾取の據點」にユニオンジャックが降ろされ、日章旗が掲げられたのは、「西」と「東」の関係が逆転した歴史的瞬間であったといえるだろう。そして、日本兵が「感きわまって相擁して泣」くほどの歴史的瞬間であったのだ。ここに、日本の宿願は成就したようにみえた。ただしそのことの歴史的評価としては、その当時の日本人が考えたように「東」が人種・文明において「西」を凌駕したというのではなく、この一時的な逆転の結果として、「東」の一国であった日本の戦争を「侵略戦争」として否定するために、「東」の植民地化そのものを「悪」とせざるを得なくなったということだ。西欧の植民地主義と日本の植民地主義を、日本の「残虐さ」を宣伝することによって差異化しようとしても、「残虐さ」を伴わない植民地政策などありえないので、欧米列強がそれ以降みずからの植民地を維持する根拠を失っていくのである。
　次節では、マレー作戦、および、マレー半島の日本による統治をマレーシア人とイギリス人の視点から検証してみる。

3.2.1　日本による英領の読み替え

　1942年2月15日にシンガポールのイギリス軍が無条件降伏をした後も、日本軍の破竹の勢いはとまらず、ビルマ（ミャンマー）南部からイギリス軍をインドへと敗走せしめた。これによりアメリカによるビルマ北部経由の中国・蒋介石政府への支援（援蒋活動）に滞りが生じた。また、敗走するイギリス兵に芽生えた日本兵に対する恐怖のイメージ——サルのような人間でありながら、死を恐れないモンスター的生き物——が彼らの戦意を喪失させ、その戦意喪失こそ、ビルマ奪回作戦の指揮をとったウィリアム・スリム（William Slim）将軍の最初に解決しなければならない課題となった。更に戦術上の反省点としては、日本のマレー侵攻の際には、イギリス軍は空軍力を軽視していた結果日本軍の激しい空爆にさらされた。また、兵站の改善も必要であり、飛行機が大いに活用されることになる。

　一方、マレー半島とシンガポールを制圧した日本軍は英領マレーを支配することになるのであるが、それは単にユニオンジャックを降ろし日章旗を掲げるといった儀式的なことだけではない。マレーシア、および、シンガポールの占領政策というのは、それまでのイギリスの支配体制を日本語によって書き換えるという作業なのである。日本はどのようにこの書き換え作業を行おうとしたのであろうか。西村の言う「八紘一宇」の理念の下で行われたのか、藤原の「大東亜共栄圏」の理想の下に被抑圧民であった現地住民の共感を重視した書き換えであったのか。はたまた、戦後の支配的歴史観で弾劾されているように、戦争継続のために必要な天然資源の確保を目的とした支配体制を築くための書き換えであったのであろうか。本書は、軍関係資料をもとにした歴史構築を目指しているのではなく、文化表象を研究することが目的であるので、マレー半島・シンガポールにおける日本支配を、当時の現地住民やイギリス人捕虜が如何に見、如何に表象したかを分析することで、日本による書き換え作業の基本原則を内側の視点から解明する。

　まず、マレー半島・シンガポールにおける日本軍の現地住民、及び捕虜に対する扱いは、人種によってかなり違っていたことは、占領期に関する

第3章 「東洋」の知識化の歴史的考察 (2)

多くの回想録で一致している。日本軍に協力を申し出た（従順であった）インド人やマレー人に対しては好意的であり、白人捕虜や華僑に対してはひどい扱いをする傾向があった[46]。ここでは、比較的好意的に扱われていたマレーシア人が、イギリスと日本の占領政策をどのようにみていたかを検証する。

　日本のマレー作戦が始まる以前から、T・J・ダナラジ（T. J. Danaraj）というマレーシア人は、イギリスの占領下にあったマレー半島で医師として働いており、日本軍の侵攻から占領政策、そして日本の敗戦によりイギリス軍が舞い戻ってくるまでの間、現地にあってマレー半島・シンガポールにおけるイギリス人と日本人の行動をつぶさに観察していた。ダナラジは病院勤務の医師であり、研究者でも、職業作家でもないが、彼が出版した回顧録は、感情に流されることなく冷徹な目での観察を基に書かれており、しかも、イギリスの「文明化」の言説にも、また日本の「アジアの解放」の言説にもほとんど影響されていないので、支配者として外部から乗り込んできたイギリスと日本についての重要な表象を提供していると考える。以下、詳細に彼の回顧録を読み解いていこう。

　以下の引用において、ダナラジはイギリスの支配下でのマレーシアの状況を説明する。

> 政府の役人は植民地政府官庁（the Colonial Civil Service）に属し、すべてイギリス人であり、地方公務員はすべてアジア人であった。給与の額はそれら二つのグループでかなりの開きがあり、イギリス人はアジア人の2倍貰っており、それ以外にも様々な特典が与えられていた。色々な手当てや、3年に一度、研修や帰国目的の休暇があり、その際、イギリス行きの1等船室の切符が与えられた。アジア人にはそのような特典はまったく与えられておらず、部署を任されることもないどころか、職業上同等の資格を持っていても「アシスタント」の地位に置かれるのである。政府の医療・衛生官と病院の管理者はすべてイギリス人医師であり、看護師や研究所アシスタントは訓練学校が不足して

いるためかなり不足していた。シンガポール・マレー半島には医学校が一つしかなく、1年に5人から8人の卒業生を送り出すだけであり、芸大は1校あったが、総合大学はなかった。看護師には2種類あり、監督の仕事をするイギリス人の婦長やシスターたちはロンドンで募集され、地元で訓練を受けたアジア人の看護師は、イギリス人用の病院では働けなかった。(『ある医師の回想録』、16-7)

　このように、日本軍のマレー作戦以前においては、マレー半島・シンガポールは白人優位の人種差別が構造化された社会であった。もっとも、マレー半島・シンガポール社会は政治的に安定しており、英語やイギリス文化は社会に浸透していた。現地語の学校はあったものの、アジア人住民の多くの親は子供を英語の公立学校やミッションスクールに入れた。なぜなら、政府がもっとも多くの仕事を提供しており、公務員になるためにはある程度以上の英語力が必要とされたからだ。政府は宗教には寛容であったが、支配者の宗教であるキリスト教は、インド人や華僑の社会で布教が行われ、改宗する者がいた。イギリス支配下のマレー半島・シンガポール社会は、平和であり、法と秩序が整い、「パックス・ブリタニカ」が行き渡っていた。イギリス人による独裁社会であったが、アジア人は自分たちの生活に関心が集中し、それほど政治的憎悪を支配者にぶつけることは無かった。イギリスがドイツと戦争を始めるときも、ダナラジたちは遠いヨーロッパの出来事であると考えていた。もっとも華僑にとっては、中国大陸での日中戦争は身近な出来事であり、積極的に資金や志願兵を中国に送っていたのである。
　そのような植民地状況は、1941年12月8日の月曜日に一変する。マレー半島のバターワース（Butterworth）にいたダナラジは、朝ラジオをつけると、シンガポールが空爆され、日本軍がマレー半島の海岸に上陸したニュースを聞き、衝撃を受ける。日本と米英との開戦によって、自分たちが第2次世界大戦の真中に置かれたことを知ったのである。
　ダナラジのいる周辺でも、日本軍の激しい空爆が始まる。空爆の前に、

第 3 章 「東洋」の知識化の歴史的考察（2）

日本軍の飛行機からビラが撒かれた。そのビラには、日本軍は「白い悪魔 (white devils)」と戦争をしているのであり、アジア人住民は避難せよという警告が書かれていた。それが 3 日続いた後、大編成の爆撃機がやってきて、ビラではなく、大量の爆弾を投下し、見物していた群衆のうち数百人が即死し、数千人が負傷を負った。多くの建物が破壊され、焼夷弾によって町が焼き払われた。人々は叫び声を上げて逃げまどうのであった。

　ダナラジは、マレー半島のペナンからイギリス人がアジア人を残してこっそり逃げ出したことに、アジア人住民から激しい非難が出たことを書いている。極東戦争評議会 (the Far Eastern War Council) で、イギリス人の約 300 名の婦女子を、口伝えでジョージタウン (Georgetown) の波止場に 12 月 13 日の午後 3 時までに集合させる指示がでたということである。インド人コミュニティのリーダーは、次のように言ったという。「自分たちはマレー半島を守るために戦って死ぬ用意があるが、それには、イギリス人もこの地のために進んで戦って死ぬことを確信させてほしい。ペナンでアジア系住民を見捨てたようにわれわれを見捨てないと確信をもてるようにしてほしい。もしシンガポールから避難する場合は、イギリス人だけでなく、平等に避難できるようにしてほしい。」(『ある医師の回想録』、40) しかしダナラジは、「イギリス人は自分たちの仲間だけの面倒をみて、アジア人がどうなるかなど一顧だにせず見捨てるであろうことは明々白々になった。」と書いている。このような避難の際のあからさまな人種差別が、「和解できない」ほどイギリス人と他のアジア人住民の溝を深めたという。

　日本軍の進攻とともに、マレー半島の住民のなかにもシンガポールへ逃げてゆく者がいる。その結果シンガポールの人口は 2 倍に膨れ上がり、一般住宅や、ホテルや、ホステル、そしてクラブに収容される。さらに、シンガポールから脱出しようとするイギリス人は、小さな船でも何でも乗り込もうとする。出港した 44 艘の船のうち 4 艘以外は日本軍に撃沈されたと、ダナラジは書いている。水死を免れた者も、日本軍につかまってスマトラの捕虜収容所に抑留されたという。

　2 月 15 日のイギリスの無条件降伏まで、シンガポールは激しい戦闘と

空爆のなか、水は不足し、死体が腐敗し始めるといった生き地獄のような様相を呈する。そのなかで、シンガポールの医学校の学生が爆弾の破片が当たって死に、他の医学生仲間が埋葬しようとしているところに、日本の爆撃機に見つかり、埋葬用の土穴に逃げ込んだ者以外の10名が殺されたことを記している。総合病院にいるダナラジは、その敷地を日本軍が通り抜けていくとき、初めて日本人と目が合う。

　半年は続くと思われたシンガポールでの戦闘も、チャーチル（Winston Leonard Spencer-Churchill）の「死守せよ」というパーシヴァルへの電報にもかかわらず、14日間で終わり、イギリスは降伏した。

　日本軍の侵攻とともに、マレー人民抗日軍（the Malayan Peoples Anti-Japanese Army）を中心に抗日ゲリラが結成され、日本人民間人や軍関係者の暗殺、爆破、待ち伏せ攻撃、そして密告者の殺害を行った。ゲリラは地元の華僑によって秘かに支援されていた。シンガポールにおいても、降伏前に華僑地域からの志願者でダルフォース部隊（the Dalforce Unit）が組織された。その多くが、コミュニストであった。その結果、華僑全体が日本軍の報復にあうことになる。

　ダナラジは、無条件降伏の2日前に起こった日本軍による一般市民の虐殺についても記している。病院に日本軍の部隊がやってきた。赤十字の腕章をつけたイギリス人中尉が白旗を持って、降伏を申し出たのだが、白旗は無視され、中尉は殺される。その後、日本兵は病院に入り、狂ったように病棟を走り回り、無差別に患者や医療スタッフを銃剣で突き、射殺した。手術を受けるために麻酔をかけられ手術台に寝ていた患者も殺された。生き残った400名の患者と医療スタッフは、スタッフ用のバンガローに閉じ込められ、一部は早朝に射殺されたということである。

　この虐殺は下士官たちの独断であろうと、ダナラジはいう。なぜなら、その後上官によって下士官たちは銃殺に処せられたからである。また、シンガポール陥落の翌日には、山下将軍が病院を訪れ、遺憾の意を述べた。そして、病院は重要なイギリス軍の軍事拠点の間にあり、病院への配慮がおろそかになったと釈明したという。ダナラジは、サーモン（Salmon）大

第 3 章 「東洋」の知識化の歴史的考察 (2)

尉という軍人のその時の思い出を引用している。「山下はわれわれに敬礼し、病床を回ってみんなに敬礼し、しきりに釈明した。……彼は果物の缶詰の入ったケースをいくつか持ってきていて、銃剣を使ってそれらの缶詰を開けると、自身で桃を少しずつ分けてまわっていた。」(『ある医師の回想録』、80) ダナラジは、虐殺は山下将軍に無断で行われただろうが、戦後マニラでの軍事法廷で有罪になったと淡々と記している。また、シンガポール占領後の病院に対する日本軍の態度は非常に慇懃であったと、付け加える。

このような日本兵による現地人の虐殺や軍の対応は、日本の「大東亜共栄圏」のイデオロギーが付け焼刃であり、日本兵全体に浸透しているわけではなく、したがって至る所で綻びが出ていたことを示す例であろう。

70 日間にわたる攻防は、ウィンストン・チャーチルが記すように「イギリスの戦史におけるもっとも惨憺たる、かつ最大の規模の降伏」で終わった。(『ある医師の回想録』、83) ダナラジたちが降伏の調印の日の晩にラジオでイギリスの BBC 放送を聞いていると、シンガポールは今だもちこたえており、強固で難攻不落であるというニュースが流れたという。

降伏の翌日のシンガポールの風景を、ダナラジは次のように描いている。

> 降伏の翌朝、治安を回復するために日本軍の憲兵隊が市に入ってきた。日本軍の主要部隊は、市の境界の外で待機していたが、いくつかの部隊やタンクは軍事力を誇示するために配置されていた。イギリスの行政機関の担当者は、市の機能を回復するまで引き続き役職にとどまっていることが要請され、イギリスから日本への統治の移行はスムーズに完了した。死体は回収され埋葬された。水道は修理され、衛生サーヴィスは復旧した。マーケットや店が再開し、食べ物を手に入れることに不自由しなくなった。日章旗が街のいたるところに掲げられた。インド人やマレー人のコミュニティとは違って、中国人たちは報復されるのではないかと戦々恐々だった。(『ある医師の回想録』、84)

ダナラジは、この支配者の交代を以下のように述べている。

　彼ら［日本人］の言語、文化、そして歴史についてのわれわれの知識はほとんど無く、シンガポールで会う日本人というのは、散髪屋か、写真屋か、店主に限られていて、そういう日本人はみな礼儀正しく上品であった。もっとも、マレー半島のトレンガヌで会った日本人は鉱山職員のマネジャーたちで、私の印象では、彼らは傲慢であった。今シンガポールにいる日本人は支配者であり、われわれは彼らの臣民になった。彼らが行った中国での残虐行為について書かれたものを読んでおり、われわれに対してどうするつもりかと思った。
　これまでの間、われわれはイギリス人たちと暮らしてきた。彼らのもつ力と威信は絶大で、彼らの広大な帝国に日が没することは無かった。しかしながら、今や没したのだ。イギリス人たちが人種的偏見を持っていたアジアの一国によって負かされたのだ。戦時におけるイギリス人の振る舞いには、うんざりした。恐怖や、危険や、生命・財産を失うことは人種に関係なくみんなに降りかかったのに、イギリス人は平和なときと同じようにわれわれに対して差別を示した。われわれは苦々しく思うような出来事を色々と覚えている。われわれは侵略軍と戦う訓練を受けてはいなかった。自分たちの国の戦争で主に戦っているのはイギリス人と日本人であり、われわれは傍観者にしかすぎず、参加できなかった。今や、イギリスの敗北の結果を見ないといけない。さりとて、日本人がわれわれに対して何をしてくれるのかを期待して待とうと思うほど、彼らに対して熱狂できない。アジア人ではあるけれども、程度の差はあるだろうが、今度の帝国主義が前のと違いがあるとは信じられなかった。日本人の振る舞いや彼らが従属人種をどのように扱うかを当然の事ながら知ることになるであろう。ただ、当面の問題は生き残るということだ。われわれのなかに親英的な感情、あるいは敗者に対する同情があるとしても、日本が勝った以上、注意深くその感情は隠されたのだ。

第 3 章 「東洋」の知識化の歴史的考察 (2)

　日本人は、シンガポールを南の明りを意味する「昭南島」に、Malaya を「マライ（Malai）、または、マレー（Maraiee）」に、ペナンを「とうじょう島（Tojoto）」[47]と名づけたのである。この時から、われわれの時計は東京時間に従うように調節されたのだ。われわれの占領時代が始まったのだ！（『ある医師の回想録』、90-1）

「日本人の振る舞いや彼らが従属人種をどのように扱うかを当然の事ながら知ることになるであろう。」とダナラジが問うているが、日本のマレー半島・シンガポール占領期のなかで、彼の心に強く影を落とし続けたのは「粛清（Sook Ching）」と呼ばれる華僑の虐殺である。ダナラジ自身は直接目撃していないのか、戦後に書かれた篠崎護の著書から引用して、まるで江戸時代の踏み絵のように、中国人に名前を書かせ、英語で書いたものは親英とみなされたり、刺青のあるものは秘密結社の一員とみなされたという。このシンガポールにおける華僑の虐殺については、F機関の藤原も次のように言及している。

　参謀は暗然たる面持ちで、同参謀等の反対意見がしりぞけられ、一部の激越な参謀の意見に左右されて、抗日華僑粛清の断が、戦火の余燼消えやらぬ環境の間にと、強行されているのだと嘆じた。私はこの結果が、日本軍の名誉のためにも、又現住民の良心把握、軍政の円滑な施行の上にも、決して良い結果をもたらさないことを強調した。特に私の印度人（兵）工作に、大きな影響があると指摘して速急に善処を願った。この粛清作戦は翌日一段落となった。しかし無辜の民との弁別も厳重に行わず、軍機裁判にも附せず、善悪混淆数珠つなぎにして、海岸で、ゴム林で、或はジャングルの中で執行された大量殺害は、非人道極まる虐殺と非難されても、抗弁の余地がない。たとえ、一部華僑の義勇軍参加、抗日協力の事実をもってしても。（『F機関』、168）

　藤原が案じたように、「現住民の良心把握」にはかなり影響があったよ

うで、ダナラジは反日的なものはすべて処分している。彼を含め多くの者が理由も分からず逮捕され、釈放された直後のことである。

　　われわれの逮捕の後日本人がさらに調査をしたり家宅捜査するか分からなかったので、所蔵していた反日的な書物を処分することを決めた。ネルーは日本人には人気が無かった。中国共産党について書いたエドガー・スノー（Edgar Snow）も同様であった。私はネルーの本を何冊かとエドガー・スノーの『中国の赤い星（Red Star over China）』をもっており、それらを処分するのが賢明であると考えた。その晩それらの書物を焼きながら、日本人に対する敵意がふつふつと沸きあがってきた。逮捕の影響による恐れで大事にしていた本を焼く羽目になった……。（『ある医師の回想録』、102）

　ダナラジは、あとから聞いた話として、彼のように釈放されなかった人々は拷問を受けて投獄されたり、殺されたと書いている。
　ダナラジは、回想録の111頁から、日本の統治について以下のような内容のことを記している。
　マレー半島・シンガポールの新しい支配体制とは、住民を日本の文化習慣や生活様式に従わせることであり、現地の文化習慣はほとんど問題にされなかった。住民を直接統治するのは文民の役人であったが、憲兵隊と連携しており、その憲兵隊の関心事は抗日を取り締まることであった。したがって、ラジオの規制や戦争の話を仲間同士ですることが制限され、また、抗日の活動の支援の取り締まりは厳しく行われた。
　占領の最初のころは、窃盗や略奪が横行したが、それらに関係した者を射殺したり、処刑して晒し首にしたので、急速に数が減っていった。また、人々は反日とみなされるのを恐れ、誤解されそうな絵や書物や旧い新聞を処分した。イギリス国王夫妻、蒋介石、そして、ジャワハルラール・ネルーの写真を燃やした。
　日本の支配とともに、日本化が進行し、大東亜共栄圏の思想の普及が行

第3章 「東洋」の知識化の歴史的考察（2）

われた。繰り返し、「アジアの解放」、「アジアのためのアジア」、「日本はアジアの光」といったスローガンが宣伝された。"Hakko Ichiu"［ママ］——ダナラジは、「一視同仁」とすべきところを「八紘一宇」と勘違いしている——が推奨されたが、日本人は自分たちの文化が卓越したものであり、日本精神は見習うべき手本として称揚した。学校では、天皇を敬う教育がなされ、日本語や日本の音楽が教えられた。日本語は英語に取って代わり、学校教育での第1言語になり、師範学校での主要教科になった。公文書はすべて日本語で書かれ、政府官庁で日本語教室が開かれた。一般の人々は、新聞で単語や言葉遣いを覚えた。標識や看板はカタカナが使われた。日本人は英語を根絶したかったが、現実的ではないので、個人同士の英語でのやり取りは認めた。日本語が上達すればいい就職ができ、そのことが若者にとっては日本語学習のインセンティヴになった。

> 彼らの言語の教育とともに、日本の習慣と文化が導入された。なじみの無いお辞儀が、なじんでいた「握手」に取って代わった。日本人の官吏には習慣として、歩哨には必ずお辞儀をしなければいけなかった。すべての事務所では、毎朝、お辞儀のセレモニーと日本の国歌（君が代）を歌って開けられることになっていた。毎朝、学校や民間の事務所では、始業の前にそれぞれの建物の前の空き地で朝礼をし、君が代を歌って、日本人の校長や所長にお辞儀をし、日の丸に敬礼し、天皇陛下に忠誠を誓った。（『ある医師の回想録』、117）

　日本の習慣や文化を住民に植え付ける手段としては、他に日本の音楽や映画が使われた。また、住民の中で選抜された者が親善使節として日本を訪れ、日本の科学技術や農林水産業を視察した。そのための学校も作られ、優秀な学生は日本で勉強することができた。
　日本の祝日には、日の丸を掲げて祝うことになっていた。もっとも、宗教については寛容であった。ムスリム、キリスト教徒、仏教徒、ヒンドゥー教徒を問わず、宗教活動には制限が無かった。

ただ日本の支配に従ったのは、反日とみなされる恐怖と日和見主義からであったという。反日とみなされると、拷問や監禁が待っていた。その恐怖心が、大東亜共栄圏の思想を受け入れさせたという。その大東亜共栄圏も、実情は植民地の日本人だけが裕福な暮らしをし、天然資源は日本のために使われるのである。ダナラジは言う。

> 　結局のところ、それ［大東亜共栄圏］は、極度の植民地主義と人種優位性の形態に過ぎなかった。イギリス人であろうと日本人であろうと、最終的な結果は同じであった。すなわち、二つのグループ、統治する側と統治される側、支配者と従属民であり、差別的な法と生活レベルであり、平等など無い。様式や程度の点でイギリスと日本のシステムは違っていても、基本的に共通する要素は植民地主義である。
> 　占領が始まって間もないころは、われわれの多くは「何が起こるか待つ」という態度をとった。同じアジア民族が他のアジア人を酷く扱わないだろうと期待した者も一部にいた。しかしながらこの期待は時がたつにしたがってなくなってしまう。貧困と飢え、病気と憲兵隊の暴力が待っていたからだ。(『ある医師の回想録』、123)

　このように、ダナラジにとって、日本による英領の書き換えは、イギリスの植民地政策の反復にしか過ぎなかった[48]。しかもかなり荒っぽい反復である。すでにイギリス支配のなかで近代化が進行しており、そこに土足で踏み込んできた解放者ならぬ新たな植民地主義者に対して、好感をもてないのも当然であろう。そのことは、日本が負けイギリス人が支配者として戻って来たときには、歓迎のムードを醸し出す。しかしながら、マレー半島・シンガポールの従属民は、以前の彼らではない。一つは、戦争当初、彼らの面前でイギリスが弱さを晒したことによって、もはや絶対的に優越した民族ではなくなっていた[49]。二つ目は、日本の統治時代、一部の現地住民は、行政職や専門職において、それまでに与えられたことの無い管理職のポストを経験していたことにより、独立のための訓練ができ

第 3 章　「東洋」の知識化の歴史的考察（2）

ていたことである。したがって、戦後の独立への「触媒作用としての影響（a catalyzing influence）」を日本の統治にある程度は認めている。その「触媒作用」を受けたダナラジは、イギリスがマレー半島・シンガポールに戻ってきて、日本の占領の痕跡を残らず破壊するところを冷ややかに見る。

　著書『シンガポール、チャンギ物語（The Story of Changi-Singapore）』において戦争の両面から、ネルソン（David Nelson）は次のように記している。「敵も味方も関係なくお国のために死んだ兵士を祀るブキッ・ティマ（Bukit Timah）の丘の上に立てた鳥居を、解放軍が破壊しないといけないと感じたのは残念なことである。」[50] シンガポール湖岸通りの遊歩道に、インド人コミュニティがインド－ビルマ国境で亡くなった INA の兵士を祀る戦没者記念碑を建てたが、これもまた爆破されて、平地にされた。日本軍統治下においては、エドワード 7 世医学校の大きな医学関係図書館は細心の注意を持って保存され、日本語の医学書や雑誌が追加されていた。これらの追加された書物も回収され燃やされた。焚書は、私が知っている日本人の振る舞いとは相容れないことである。個人的にも知っていることだが、日本人は、イポー（Ipoh）公立図書館、ラッフルズ（Raffles）図書館、そして医師のための図書館を、それらに対する破壊行為から守ったのであった。東条大将は、博物館の所蔵物、図書館の蔵書、そしてすべての自然科学の収集物は、地元住民の利益のためにそれらが収集された国で維持管理されるように、すべての司令部に命令を出した。つまり、地元で略奪にあわなければ、それらのものは日本に輸送されることは無いということである。徳川義親侯爵の管理下において、ラッフルズ博物館と植物園は後世のためによく管理されたのである。
　アジア人とイギリス軍統制下の兵士の態度ははっきりと異なっていた。(『ある医師の回想録』、151-2)

それでは、日本のマレー半島・シンガポール侵攻に対するイギリス人の

339

見方はどうであろうか。もちろん、極めて憎悪に満ちたものであることはいうまでもない。次節で取り上げる『包囲――コヒマの物語 (The Siege: A Story from Kohima)』は1956年に出版された小説であり、その時点ではなお、日本軍に対する激しい怒りとともに、非白人に対する人種的偏見や差別意識が色濃く残っている。しがしながら本節では、ある程度冷静にみられるようになった1981年に出版された『点呼 (Tenko)』(1981) という小説を取り上げることで、イギリス人の記憶に残る日本軍のシンガポール占領をみていこう。

『点呼』はオリジナルの小説として書かれたものではなく、イギリスBBC制作のテレビドラマがアンソニー・マスターズ (Anthony Masters) によって小説化された作品であるが[51]、日本軍のシンガポール侵攻、そしてその後の民間人――イギリス人女性とオランダ人女性――の捕虜生活の様子を、シンガポール在住のイギリス人の視点から描いたものである。『点呼』は、日本軍の捕虜収容所に収容された体験者の取材に基づいた作品であるが、1981年のテレビドラマということもあり、日本人に対する人種的偏見はかなり抑制されている。

『点呼』は、日本軍の侵攻の直前の、主要登場人物のイギリス人たちのシンガポールでの生活風景から始まる。

1942年の12月、シンガポールのイギリス人たちは、イギリスの植民地帝国の栄光のもとで、安逸な生活を送っていた。彼らは、イギリス軍の海上防衛の堅固さを信じさせられており、シンガポールが脅威にさらされていることを知らされてはいなかった。むしろイギリス本国で暮らす親族の心配をしているくらいであった。たとえば、主要登場人物のマリオン・ジェファーソン (Marion Jefferson) は、友人のヴィクトリア・アームストロング (Victoria Armstrong) と華僑マーケットのなかをぶらつきながら、イギリス本国に残してきた息子が疎開先の農場で非常にいやな思いをしていると、何度も手紙で書いてきたことをヴィクトリアに話す。マリオンは、息子をシンガポールに連れてくることを考えている。それに対して、ヴィクトリアは冗談交じりに、「[シンガポールにある学校は、] 良家の出であり

将来大英帝国を背負って立つイギリス紳士を育てる教育の場としてはあまり良いとはいえないわ。こっちの学校は、シャワーの設備が完備しているとはいえないし、早朝のランニングもない。こんなことはあなたも良くご存知でしょうけど、それらが無いところでは、有能な帝国の建設者は育たないわ。」(『点呼』、10) とマリオンに慰めるように言う。しかしながら、マリオンは単に息子に対して心配しているだけではなかった。ヨーロッパ戦線におけるイギリスの逼迫した状況に、彼女は居ても立っても居られなかったのだ。そしてマリオンは、呑気にシンガポールでショッピングやダンスに明け暮れる生活を終わらせて、すぐにも帰国したい気持ちをヴィクトリアに打ち明ける。ヴィクトリアの皮肉のこもった言葉を無視して、「何か仕事があるはずだわ──戦争に関わるような仕事がね。ここ[シンガポール]ではそんな仕事など間違いなくないわ。」(『点呼』、16)

　そのように、シンガポールの一般のイギリス人は彼らに差し迫った危機を全く知らされていなかった。一部の者は日本軍がマレー半島を南下する危険性を感じていたが、イギリス軍の多くの者も、日本軍がジャングルに覆われたマレー半島を南下して進攻することは不可能であると高をくくっていたのだ。もっとも、日本軍の南下の可能性は極めて低いと考えていたとしても、シンガポールの防備は北からの敵の侵攻に対しては盤石ではなく、当局は民間のイギリス人にはその情報をひた隠しにしていた。しかしながら、一人のラジオのキャスターがその情報を察知し、番組の中でそれを電波に流すのである。(もっとも、時すでに遅く、その後すぐに日本軍による空襲が始まる。)

　ジャーナリストで地元のラジオ局の日曜の午後の番組を担当しているバーナード・ウェブスター (Bernard Webster) は、視聴者に対する責任感から、当局の報道規制のなか、恋人の忠告をも振り切って予定された放送内容には無いことを話し出す。

　　「こんにちは。先日、日記を読み返していたら、ほぼ3年の間、毎
　　日曜日の午後にリスナーの皆様に私の声を聞いていただいてきたこと

がわかりました。こんなにも長きにわたって私のような者が担当していいのだろうかと思うと、居ても立っても居られず、その間私がお話したトピックスをいくつか調べてみました。それらは、モンスーンや、クリケット、ゴム産業、スズ鉱山、セーリングといったようなトピックでした。しかしながら、皆様、私がこれまでに一度も触れなかったトピックがあります。それは防衛問題です。そして皆様、私がこれまで一度も触れなかった理由は、[まともな]防衛についての議論が存在していないからです。たとえば、シンガポール島には、運用できる我方の飛行機は何機あるかご存知でしょうか。141機です。たとえば、参謀本部が敵の攻撃に対処するために必要と規定している必要最低限の飛行機は何機であるかご存知でしょうか。336機です。そして言われているように、日本の空軍が現在保有しているのは700機以上なのです。」

ラジオ局の調整室にいるプロデューサーは、読み上げ原稿にないことをしゃべり始めたウェブスターの放送を聴いて、パニックに陥る。

「イギリス政府は、極東最大の海軍基地を建設するのに2千万ポンドを費やしました。政府がわれわれのために作ろうとしなかったものは、シンガポールを敵の攻撃から守る防衛手段でした。我方の15インチ砲は、海に向けられています。なぜなら、シンガポール島への如何なる攻撃も海のほうからなされると、数年前に合意されたからです。しかしながら、敵が陸伝いに侵攻しようと決定したら、これらの大砲はその方向に正しく向けることが出来ないのです。」(『点呼』、39-40)

それからすぐに日本軍によるマレー半島侵攻が始まり、シンガポールも激しい空爆で多くの犠牲者を出す。そのため、マリオンら女性や子供を中心に民間人はP.&O.（ペニンシュラ アンド オリエンタル スチーム ナビゲー

第3章 「東洋」の知識化の歴史的考察（2）

ション カンパニー）の船でシンガポールを脱出しようとするが、マリオンは、乗船した船が出港して2日ほど立った夜間、衝撃音によって眠りからたたき起こされる。日本軍による魚雷攻撃であった。船は数発の魚雷によって撃沈し、マリオンは海に投げ出されたあと、あわやのところで救命ボートに引き上げられる。その後、30名から40名くらいの生存者たちの乗った救命ボートは島に漂着する。彼らのうちの一人は、オランダ領の島だろうと推測する。疲労困憊で動けないでいるところへ、トラックがやってくる。それには日本兵が乗っていた。そこで日本軍に捕まり、男と女子供に分けられ、それぞれが島の捕虜収容所に送られる。

　女性及び子供用の捕虜収容所に送られたイギリス人たちは、サディスティックなほど厳格な規則に縛られ、衛生状態が悪く、食料も十分でなく、また、医薬品も与えられない中で、過酷な捕虜生活を余儀なくされる。また、オランダ人捕虜たちとの確執もあった。

　捕虜収容所での日本人（征服者）とのコミュニケーションは、英語を流暢に話す捕虜収容所所長（指揮官）のヤマウチ、そして、ブロークンの英語を話すサトウ中尉と、捕虜のリーダー格のマリオンによって行われる。ヤマウチとサトウは、イギリス人にとっての2つのステレオタイプの日本人を体現していると思われる。そしてサトウは、首が太く身長が低いが、見るからに高圧的という、よりネガティブなステレオタイプに属する。彼は銃剣でなく、日本刀を携帯している。

　ところで、この作品の主要登場人物のマリオンに与えられた役回りは、いわば「調停役」なのである。彼女は、何かといえば日本兵を小馬鹿にして食ってかかろうとする捕虜仲間のイギリス人女性を制止したり、イギリス人捕虜とオランダ人捕虜の反目を抑えるだけではなく、ヤマウチに対して捕虜からの要求を伝え、一方、イギリス人女性にはヤマウチの本当の意図や心情を代弁しようとする。マリオン自身も自分の役回りを、「自分はここでは滑稽な外交官役をする羽目になるのだろうか？こんな地獄の穴のようなところで？」（『点呼』、74）と自嘲気味に考える。しかしながら、いくら「滑稽な外交官（some ludicrous kind of diplomat）」であろうが、この作

343

品のテーマの一つが、のっぴきならない状況で異文化間の対立を緩和できるかということであるので、マリオンは異文化間の調整をする「外交官」役から逃れることは出来ない。もっともマリオンは、最初から異文化間の「外交官」としての能力を持っていたのではない。ことに日本兵に対しては、「[サトウが突然捕虜の人数を数え損ねた兵士に平手打ちを食らわすのを見て、]彼女は、刺すような恐怖を感じながら、自分はこれっぽちも日本人がどんな人間であるか分かっていないだけではなく、これまでそんなことをわざわざ考えてみたことも無かった」ことに気がつくのである。

　そのようなマリオンにとってのヤマウチの第一印象は、外見上は非常に光沢を放つ日本刀（a very shiny sword）を携帯し、表情を一切顔に表さないのだが、教養があり潔癖な人間に思えた。また、何か病気を患っているようにも思えた。そのヤマウチの捕虜に対する英語での第一声は、「今やお前たちは、日本帝国陸軍の捕虜である。イギリスは、卓越せる日本軍によって征服されたのだ。お前たちはもはや傲慢な植民地支配者ではない。お前たちは、4等国の女達である……」（『点呼』、80）というものであった。また、その際マリオンが、捕虜が寝る小屋があまりにも狭いと訴えると、ヤマウチは、「イギリスは、苦力たちにはそんな状態でも寝させたであろう。今度は、お前たちが、苦力のように寝られるようにするんだ」と、怒ったように返答した。

　捕虜収容所には、オランダ人の捕虜も収容されているのだが、沈没する船から生き延びたマリオンらとは違って、身なりは良かった。宝石をつけている者までいる。オランダ人捕虜は、イギリス人捕虜に比べて、収容所の規則に表面上は従順に従っている。一方、イギリス人の方は、いろいろ要求したり、また、規則を破ったりする。決められた食料以外に、勝手に地元の住人から食べ物を購入して、しばらくの間食事を与えられない罰を全員が受けることになり、オランダ人のグループは自分たちもとばっちりを食ったことで、イギリス人捕虜をなじる。そのようにして、両グループの女性たちは険悪な関係になっていく。しかしながら、マリオンがヤマウチの許可を得て、古い小屋を取り壊し、彼らの病室を作る作業を共同で始

めると、彼らのうちに一体感が育っていく。

　何度かヤマウチと交渉するうちに、マリオンは、徐々に彼に対して信頼感を持つようになっていく。一人のイギリス人女性の息子が男性捕虜収容所に連れて行かれたことでサトウに反抗的な態度をとってしまい、それがもとで罰せられることになったとき、マリオンはヤマウチのもとに嘆願に行く。その際子供の話題になり、マリオンはヤマウチの18歳の息子が中国大陸で戦死したことを聞き、同情する。ヤマウチはお国のために戦死したのであるから光栄なことだというが、そのすぐ後に、反抗的態度を取った母親を不問に付すだけではなく、捕虜たちが親族に葉書を送ってもよいという。その申し出に対してマリオンは大喜びするが、小屋に戻ってシルヴィア (Sylvia) という捕虜の一人にこのことを話しても、マリオンのようにはヤマウチを同じ人の心をもった人間とは認めない。

　　「時々」と、数分後小屋に戻ったマリオンはシルヴィアに言った。「指揮官は実に人間味あふれるところがあるわ。」
　　一方シルヴィアは、収容所所長に人間らしさのカケラも見ようとはしなかった。「私はそんな葉書や罰の免除ごときで騙されないわ。あいつらは動物 [人間以下] よ——あいつらみんなそうよ。」
　　「でも、ヤマウチとサトウの間には大きな隔たりがあることは認めなきゃ。」
　　「トラとドブネズミの違いぐらいはね。」
　　「少なくともヤマウチは良心を持っていると思う」と、マリオンは言い訳がましく言った。
　　「よく聞いて——」と、シルヴィアは容赦なくたたみかけた。「もしあいつがそんな親切な奴なら、どうして病室で起こっていることに対して何もせずに見ていられるのよ。いいえ、違うわ——あいつは、目障りなことは何も見ようとしない、そうじゃない？近寄ろうともしない——ずっと不快なことには背を向けている。私たちが苦しんでるようなことよ——そして、次々に死んでいくことに対してもよ。」

マリオンは、怒りに震えたシルヴィアの腕をつかんで、「ねえ、いつもそうだけど、あなたは誤解しているのよ。ヤマウチは良心の呵責を感じることができることがわからない。そしてそれに［事態を打開するために］働きかけないといけない。いつまでも見てみぬ振りをし続けることはできないと思うでしょ。」
　シルヴィアは、疑わしそうにマリオンを見返した。（『点呼』、186-7）

　葉書に関しては、文面の一部として収容所の暮らしについて日本軍が用意した文章を書く条件であったので、一部のイギリス人女性は強い不満を感じるが、捕虜収容所が「喪失する前のエデンの園」とか、「立派な日本人の説明により、自分たちに東洋の神秘が明かされた」等の文言には、大笑いする。
　しかしながら、その後、収容所で一大事件が起こる。イギリス人捕虜の2人が収容所から逃亡したのだ。1人は、まだ14歳の少女であった。その逃亡のことを知ったマリオンは、日本軍が占拠している島の収容所から逃亡してジャングルに隠れるというのはあまりにも無謀であると考え、居ても立っても居られずヤマウチに伝えに行く。その結果、逃亡した直後に2人は捕らえられることになる。ところがマリオンの期待した通りにはならず、見せしめのために2人は屋外で灼熱の太陽の下、杭に縛られたままの状態に置かれ、その後一時懲罰小屋に閉じ込められる。マリオンは他のイギリス人から責められながら、何とかヤマウチに話を聞いてもらおうとする。そしてやっとヤマウチに話ができると、少女のほうを許してもらうことに成功する。マリオンはさらに一押しして、ヤマウチから、期日までに帽子を必要数完成させればもう1人も罰を免除するという約束を取り付ける。ただその条件は簡単なものではなかった。1週間で500個の帽子を仕上げなければならないのだ。
　マリオンたちは協力して必死に帽子を作り続けるのであるが、必要個数を期日までに作ることは絶望的状況にあった。しかしながら、一致団結して黙々と作業をする姿を見て、逃亡騒ぎやその後の菜園の土の取り合い

で関係が極度に悪化していたオランダ人捕虜たちも心を動かされ、協力する。また、ヤマウチも、疲労困憊になっても帽子を作り続ける彼女たちを見て、収容所の外の作業を免除して帽子作りに専念できるように便宜を図った。また、水も余分に与えた。そして期日が来て、帽子の数を数えると、506個の帽子を完成させていたのであった。そのとき、マリオンは一部の日本人の反応を見逃さなかった。「一瞬の間――ほんの一瞬の間――看守の何人かは微笑を浮かべ、一人の看守の目には、ほとんど喜びと呼べるような表情が浮かんだこと」に、マリオンは気づいたのだ。(『点呼』、234)

収容されて10ヶ月後、彼女たちは捕虜収容所所長のヤマウチから別の収容所に送られることを告げられ、彼らがそこに向かっていくところでこの話は終わる。

この小説は、1981年に出版されたものであり、当然のことながら第2次世界大戦後の言説形成＝編成の影響下にある。ユダヤ人収容所や原爆投下の惨状が世界に知れ渡り、ほとんどの被植民地地域が独立を果たしたポストコロニアル世界である。したがって、この作品は反植民地主義、反人種主義のイデオロギーの規制を受けていて、白人優位主義による歪曲や隠蔽はほとんどみられない。それがために、シンガポールを防衛することが正義であり、一方、シンガポールに侵攻する日本軍は悪であるというような、単純な図式はこの作品には存在しない。戦後すぐに書かれた小説であれば、当然その枠組みで物語が進行していったことは容易に想像できる。一方、前述のダナラジが失望と嫌悪感を示したイギリス人の人種に対する偏見に関して、シンガポール陥落当時のイギリス社会ではほとんど見られなかったイギリス人の眼差しの扱いによってそれらの偏見を批判的に前景化しようとしている。その一つは、イギリス人と中国人の混血 (Eurasian) 女性に向けられたイギリス人の眼差しである。

シンガポールが日本軍の空爆を受け、人々が船で脱出する際の出来事だった。大勢の白人の女性や子供たちは、P. & O. 運送会社のオフィスに詰めかけ、船のチケットを貰おうと並んでいた。3番目には、クリスティーナ (Christina) という混血女性が並んでいた。順番が来たときの彼女に対

する応対は以下のようであった。

　ついにクリスティーナの順番が来たとき、カウンター職員の男性は彼女のパスポートを調べてから、顔を上げて彼女を見た。それから、幾分侮蔑の色を浮かべて、「国籍は？」と言った。
「イギリス国籍です。」
「ねえ、どうして取ったの。」
　目つきと同様に、彼は見下すように言ったので、クリスティーナはすぐに顔を赤らめた。
「父親がイギリス人でした。」
「じゃ、父親の出生証明書を見せなさい。」
「でも、父はもう亡くなりました。」
「次」
「あなたは他の人には出生証明書を見せろなんていわなかった。」
「ヨーロッパ人には出生証明書は必要ない。どいてもらえますか。」
　クリスティーナの周りにはどんどん人が群がってきた。彼女は抗議を続けるか少しのあいだ迷っていたが、ちょっと肩をすくめると、そこから立ち去ろうとした。(『点呼』、58-9)

　その後、彼女はそこを管轄していたイギリス兵によってチケットを手にすることができた。そして乗船したのだが、船は日本軍により撃沈され、マリオンらと捕虜収容所に入れられることになる。そこでもまた、アジア人に向けられるイギリス人の眼差しが問題にされる。
　クリスティーナはヤマウチに呼ばれる。てっきり罰を受けるものと思っていたが、そうではなかった。ほっとするとともに気分が悪くなって、洗面所に行くと、そこにはローズ（Rose）という女性がいた。ローズはクリスティーナに矢継ぎ早に質問した。

「大丈夫？」

第3章 「東洋」の知識化の歴史的考察（2）

「どうだった？」
「何かできることある？何があったの？」
「オフィスで働かないかといわれたの。所長のオフィスよ。」
「ええ——それはよかったじゃない。何を心配しているの？」
　クリスティーナは肩をすくめた。「ほっとしたのよ。いやなことを考えたの——罰せられるんじゃないかって。でも、そうじゃなくって——」彼女は一旦黙ってから、早口でまくし立てた。「この収容所に入れられた際に書いた経歴のせいだと思う。いくつかのオフィスでの勤務経験があるって書いたの。それから、もちろん私が……混血だということも関係しているでしょうね。」
「私もそうじゃないかと思った。」
「私もあなたと同じようにヤマウチが怖いのよ——同じように理解できないのよ。」と、クリスティーナは怒って言った。
「ごめんね。白人でない人はみんな同じだと私が考えていると思ったのね。」
「そうじゃなかったわけ？」
　ローズはニヤッとして、「おそらく無意識にはね。」
「そうなのね——」
「ごめんなさい。」
「いいえ、謝らなくていいわ。」（『点呼』、220）

　ダナラジの非難したイギリス人のアジア人を見る眼差しをこのように意図的に前景化するのは、そのような眼差しを修正しようとするからである。さらに、憎むべき敵であった日本人に対しても、同様の修正の試みがなされているのだ。小説のなかで、マリオンのヤマウチに対する見方が変わった瞬間が描かれている。それは、イギリス人とオランダ人とも病人の数が増えたため、病室として使える収容所の敷地外の小屋を与えてもらえるようヤマウチに交渉した際、勤労以外では施設の外に出ることは許されなかったので認められなかったが、そのときヤマウチが「『ジェファーソ

ンさん、これは最高司令部の命令なのだ。残念ながら上官には逆らえないのです。』」というと、「マリオンはヤマウチを見返すと、不意に、彼女と収容所所長との間に、一瞬、本当に心の結びつきが生まれたことを感じた。彼は初めて自分に真実を語ったのであり、自分には馴染みの無いやり方で、彼は助けることができないことを悔やんでいるようだ。」(『点呼』、127-8)と彼女は思ったのである。そしてその直後、ヤマウチは妊娠しているイギリス人捕虜のことをマリオンに尋ねる。そして彼らは、日本の岩田帯のことを話題にした。

　このように『点呼』という小説においては、アジア人への眼差しの修正が試みられ、一方的に日本を断罪することは避けられている。つまり、イギリス人が有色人種へ向ける眼差しを修正することを通して、20世紀前半まで優勢であった言説の書き換えを行っているのである。しかしながら、それを逆に読むことによって、読者は戦争当時のイギリス人の「眼差し」やアジア人表象を推測することができるのである。

3.2.2　インパール作戦——インド人の第2の反乱

　1942年6月のミッドウェー海戦の敗北が大きな転換点となり、日本軍は劣勢にたたされていく。1942年8月からのガダルカナル島でのアメリカ軍との攻防も、甚大な損害をだした。山本五十六の予想した「二年、三年となれば全く確信が持てぬ」の段階に入ったのである。そもそも軍需物資の不足している日本が、実力を超えて戦線を拡大させたのであるから、占領地を維持することが非常に困難になっていくのは当然のことであっただろう。しかも、第2次世界大戦において最も重要な戦力であり、実際、日本の真珠湾攻撃やマレー作戦において大きな働きをした空軍力は回復不能なほど消耗していく。一方、被植民地の抑圧民が「大東亜共栄圏」のイデオロギーに共鳴したかといえば、それまでに何年もかけて宣伝工作をしていれば話は別であろうが、日本兵の中にも額面どおりに浸透していない俄か作りのイデオロギーなど、つい最近まで「名誉白人」気取りをしていた（あるいは、依然としている）日本人が急にそのようなイデオロギーを持

ち出しても、日本兵の振る舞いを身近に見ることで、多くのアジア人には共鳴どころか、たちまち不信感を募らせていったのだ。しかも、植民地住民の中には、白人の「文明化の使命」に共感しているアジア人も少なくないのである。先住民への宣伝、洗脳に関しては、欧米人のほうが一枚も、二枚も上手であり、長い歴史がある。しかも、世界中に「白人」優位の言説編成を確立しているのである。

しかしながら1943年になって、戦況が不利な状況にもかかわらず、あるいはそのためか——大本営は、起死回生のための華々しい戦果を立てようと焦っていた——ビルマからインドへの進軍を日本軍は決行する。開戦後、IILやINAは日本に対してインド解放戦争への協力を要請しており、また藤原岩市も軍上層部へ熱心に働きかけていたのであるが、実施されることはなかった[52]。それを日本側の都合で、つまり、西からのイギリス軍の攻勢を阻止するためと日本軍の起死回生のために、牟田口廉也中将は、懸念や反対意見を抑えてインパール作戦を強行するのだ。無謀な作戦といえた[53]。

もっとも作戦決行までの間にも、お茶を濁すような言動や催しを大本営は行っていた。たとえば、東条英機は、1942年に国会で何度かインドの解放についての声明を行った[54]。ラス・ビハリ・ボースを中心とする東アジア各地のインド解放組織の代表者との親善目的に東京会議が催され、藤原、IILのプリタム・シン、INAのモハン・シンも招聘され[55]、1943年には、自由インド臨時政府 (the Provisional Government of the Azad Hind) を承認するとともに、チャンドラ・ボースをオブザーバーとして、大東亜会議を開催した。

一方イギリス側は、すでに言及したウィリアム・スリム将軍によって、イギリス兵の日本兵に対する恐怖心を払拭し、反転攻勢にでる準備を着々と進めていた[56]。それに、インパール作戦を開始するころには、日本軍はかなりの戦闘機を失っていたのに対して、イギリス側は十分な軍用機を用意していた。

そしてインパール作戦で見逃してはいけないのは、インド国民軍の結

成時から——そしてチャンドラ・ボースも強く主張した——日本軍と INA は対等なパートナーとして英領インドのイギリス軍と戦うという問題である。果たしてインパール作戦において、「大東亜共栄圏」の大きな柱である「民族の解放」の理念が文字通り機能していたのであろうか。

　本節では、インパール作戦における激戦地の一つであり、勝敗を決した戦いであるコヒマ（Kohima）の戦いについて、日本人とイギリス人の視点から描かれた戦闘状況を分析することで、「インドの解放」と「インドの文明化」のそれぞれの表象に顕れる実態（虚実）を読み解いてみよう。

　日本側からは、インパール作戦に従軍した元日本軍将校の回想記からインパール作戦をどのように表象しているかを検証する[57]。この回想録は、「まえがき」によるとインパール作戦の 23 年後に書かれたものである。

　この回想録の著者である村田平次は、中国戦線で戦っていたのであるが、1942 年 5 月にインパール作戦に第三十一師団（烈兵団）の第一中隊長として参加するために上海を出航する。「まえがき」に、「いうまでもなく一人の中隊長に大局的な視野は無い。従ってここに綴ったものは、残念ながら局地的な狭隘さを止むなくし、またその為の錯誤をいくつか犯しているかも知れない。」（『インパール作戦』、2）とあるが、彼の回想録には戦後の思想の影響はあまりみられず、平均的な日本兵の戦争観が反映されていると思われる[58]。村田の信じるインパール作戦の大義とは、以下のようなものであった。

　　この事は、当時日本の唱えて来た大東亜共栄圏の理想と、その綾をなす被圧迫民族解放の旗幟によって、理念づけられたのであった。
　　インド解放を実行せぬ限り、その理想は単なる画餅に終る危険性もあり、また、それは対外的政治的に日本を苦境に立たせるものである。いわば日本の面子にかけて、印度の解放と独立を実現させたかった。また、印度を独立させてこそ、ビルマ進撃の意義も達する事が出来た。
　　（『インパール作戦』、10-11）

村田にとっては、印度の独立支援は「面子」の問題であった。したがってインド解放の意味について深く考えたとは思われないが、当時の言説編成が与える行動規範を忠実に守っている軍人であったと思われる。そのことは、たとえば、ビルマ人の描き方に表れていて、非常に親日的なポーニーという11、2歳の少年のことにかなりの紙数を費やしている。そして現在のポーニーに思いいたって、次のように感じる。「このポーニー少年は、コヒマ作戦はもとより終戦時まで斉藤軍曹と行動を共にし、立派な通訳とし、また私の隊のマスコットに等しい存在となり、武装解除後、彼を知る者全員に見送られ、懐かしい思い出を残して、故郷へ帰って行った。(中略) そうして、君は君の母国のために、いま何をなさねばならないか、よく知っていてくれる事と推察する。」(『インパール作戦』、22-3) もっとも、少年のたくましさをほめる文章の中には、「その逞しさは、大自然のふところに護られて生きた、野獣の持つ逞しさかも知れない。」(『インパール作戦』、48) という表現も散見される。

そして1944年3月15日、いよいよ村田中隊長一行はコヒマに向けて出発する[59]。しばしば上空をイギリス軍の飛行機が飛来して日本軍の動きを偵察するなか、チンドウィン (Chindwin) 川を渡り、アラカン山脈 (Arakan Mountains) の難所を進軍していくのだが、日本兵は20日分の食料を携行するだけであった。そして多くの牛を連れて行く。牛は運搬用と、食料がなくなったときのためである[60]。後は鹵獲 (ろかく)、つまり、敵の武器や物資を奪ってまかなう計画であった。マレー作戦のときと較べると、時代を逆行した作戦だ。しかしその作戦は、「被圧迫民族解放を一つの旗幟に、歴史の一頁に新しい文字を記入する」(『インパール作戦』、32) ものであった。

コヒマの手前にあるイギリスのゼサミという陣地で、村田は「英国の本質」を見たという出来事に遭遇する。日本軍はゼサミ陣地に攻撃を仕掛けるがなかなか落ちない。激闘が4日間続いた後、漸く占領する。そしてゼサミ陣地の有様を以下のように記している。

［刺し殺した］敵兵を引きずり上げて見たところ、何れもグルカ兵で、突入時まで全然退却せず、頑強に抵抗したのも道理、それらの悉くが足を鎖で縛られて居るではないか。
　銃座に鎖付きでは、命がけである。気違いのように射ちまくる筈だ。
　しかし、それにしても、何という残酷な事をするのだろう。かつて支那にある時、国富軍［中華民国国軍］は後方に督戦隊を置き、後退する兵を射殺したと聞くが、それよりもこのグルカ兵達はもっと哀れである。
　まさに、死の奴隷と呼ぶべきか。
　勿論、指揮官は白人であろう。その姿は、死骸一つも見当らない。いち早く退却したに相違ない。
　有色人種なるが故に、植民地民族なるが故に、このような惨めな死を迎えねばならないというグルカ兵。その事は、ひとりグルカ兵だけでない。英国のとった圧迫と搾取の長い歴史を物語ると共に、全アジア人の許しがたい屈辱ではないか。（『インパール作戦』、76-7）

　さらに、敵兵の死体の中に白人のものがない点に関して、一つの情景から以下のように考える。それは日本軍に1台の戦車を爆破され、負傷兵を日本軍の銃撃の中、決死の覚悟で救出しようとしている情景だ。

　私はそんな事を瞬間的に考えているうち、突然、ぎくっとしたような驚ろき方をした。
　「そういえば、遺棄した敵の死体は、全部グルカ兵と印度兵だ。私達は長い戦場生活で、英国兵の死体を見た事がない。これは一体どうした事であろう」
　矢張り彼等は有色人種に対する侮蔑と人種的偏見の所持者なのか？　アジア人種であり、文化の程度も、民族意識も低い、植民地民族なるが故に、奴隷に等しいものとして、常に第一線に追いやり、鎖で縛り、その死も顧みようとしないのか。

第3章　「東洋」の知識化の歴史的考察（2）

　　現に彼等の運んでいる負傷兵は、れっきとした英国兵である。
　　死者に対する人道的敬虔さなどある訳ではない。彼等の言う人道主
　義は単なる政略上の虚飾に過ぎないのだ。だからこそ、彼等は日本軍
　をわざわざ轢き潰したり出来るのだ。
　　私の考えが間違っていたかどうか、それは二十三年後の今も判らな
　い。しかし、私はその瞬間には、烈しい憤りに駆り立てられた。
　　彼等は飽迄もアジア人の敵だ。（『インパール作戦』、180-1）

このような一日本兵の証言は、戦後の言説編成のなかでは隠蔽されるのだが、前述のマレーシア人医師ダナラジとも通底するところがあるのは確かである。
　村田の属する烈兵団がコヒマに攻撃を仕掛けたのは、4月6日であった。コヒマ攻略の目的は、インパールへの北からの補給路を遮断することであった。
　初日、村田たちは、コヒマが難攻不落の要塞とはとても思えなく、すぐにでも占領できると考えたが、翌日から集中砲撃や飛行機の銃爆撃を受け、一進一退が続く。日本軍側は、そもそも武器弾薬の乏しいため「斬込み」攻撃を多用する。そのときの兵士の心理を、村田は次のように書いている。

　　やがて渡大隊長の合図と共に、斬込みが開始された。
　　突撃の喚声は、一瞬にして静寂を破り、敵の虚を衝いてとどろいた。
　　正面から、左方から、右方から、それぞれ三叉路に沿う主陣地
　四七三八高地めがけて、阿修羅の突入である。
　　狼狽した敵も、慌てて銃火を浴せかけて来た。守備反撃の有利な地
　形にある敵は、それだけに熾烈な火線の防禦網を張ったが、その間断
　ない銃火を巧みにくぐり、二十日鼠のように俊敏、台地にしがみつき、
　よじ登り、腹の底から沸き立つ喚声をあげて、日本軍は突撃して行く。
　　私の小隊は右に迂廻して突入。

355

　　　　全く、何物も忘れてしまう一瞬である。所謂武者振るいとでもいう
　　　　か、文字通りの火の玉となって、わっと突っ込んで行く。腹の底から
　　　　よじり上げる声は、ひとりでに自分を体当たりさせて行く。生とか死
　　　　とか、そんな感傷は何処にもない。唯、武者振り立って行くだけだ。
　　　　何回も何回も、喚声と共に、突っ込んで行くだけだ。(『インパール作
　　　　戦』、91)

　村田が表現する「唯、武者振り立って行くだけだ。何回も何回も、喚声と共に、突っ込んで行くだけだ。」という日本兵の心理は、イギリス兵には理解できない心情である。一つの民族のこのような極限的表現が、別の民族にとって、異様で、不気味で、滑稽に感じられることは往々にしてあることだ。それは人の行動が普遍的な行動規範からではなく、文化的に制御されていることの証左ではないだろうか。それこそが、まさに文化の力なのである。

　コヒマでの戦闘が始まって1ヶ月もたつと、イギリス軍側の兵力は増強され、定期的にダグラス機によって物資がパラシュートを使って投下されるのに対して、日本軍側はただただ消耗して行くばかりであった。日本軍は繰り返し肉弾戦を戦った後、ついに「対空火器もなく、対戦車火気もなく、弾薬も尽きた」状態になり、玉砕覚悟の総攻撃を実施することになる。しかしながら、師団長佐藤中将の決断により、第三十一師団(烈兵団)は6月1日コヒマを放棄する。そして、6月2日、チンドウィン川への退却命令が出された。「第十五軍司令官牟田口中将は、飽迄もコヒマを死守せよと烈兵団へ命令を与えていたが、断固として佐藤中将はこれに違背した」独断命令であった。(『インパール作戦』、165) そして第三十一師団は撤退し、その後7月になると、他の2つの師団も撤退する。

　イギリス軍の追撃を受けながらの日本軍の撤退は凄絶を極めた模様で、栄養失調や病気で次々と兵は死んでいく。病気による衰弱で歩けなくなった兵士に対しては、手榴弾で自決させたとある。村田は、「それに、日本軍の伝統的な欠陥ともいう、戦病患者に対する劣視意識がこんな時にも働

いた。戦傷患者と戦病患者の差別的な見方である。病気になるのは、本人の気合が足りないからだという、人間性を無視した考え方であり、これが、軍隊の見えない底流であった。」という。(『インパール作戦』、193-4)

　次に、このコヒマの戦いを、イギリス人の視点から見てみよう。

　イギリス側からは、アーサー・キャンベル（Arthur Campbell）の小説『包囲――コヒマの物語』を取り上げる[61]。この小説における「日本兵」の描き方は、1956年出版という時代背景もあり、かなり人種的偏見が感じられる[62]。

　『包囲――コヒマの物語』は今日ほとんど読まれることはないであろうし、また優れた作品とも言い難いが、異文化に対する理解と洞察力の乏しい作家の描き出す小説世界を、上述の元中隊長の回想録と併読することで、その日本語と英語の作り出す2つの閉塞的で単層な認識世界が対峙して存在しているようにみえてきて、かえってリアリティを感じさせる。実際に前線で戦っている兵隊が、敵の心情や世界観を理解しているとは考えにくいし、大多数の兵士はそのための知識や能力を持ち合わせていなかったであろう。もし後述する大岡昇平の『俘虜記』に登場する日本兵のような教養と洞察力を持っているとしたら、とても殺し合いなど出来ない。したがって、優れた想像力と洞察力のある作家の小説においては、確かに戦争の不条理を読者は感じることは出来るが、壮絶な戦闘で野獣のように戦っている兵士の心情はかえって見えにくくなると思われる。

　著者のキャンベルは、この小説の「序文」で、コヒマの戦いを次のように位置づける。

　　先の世界大戦でイギリス陸軍が巻き込まれた3度のすさまじい包囲のなかで、トブルク（Tobruk）の包囲戦は最もよく一般に知られている。しかしながら、紛れもないヒロイズムと、人員においても物資においても圧倒的に分が悪い中での勝利の例としては、コヒマの戦いに勝るものはない。包囲を打ち破ってからも長く続く戦争全体について、マウントバッテン（Mountbatten）卿は以下のように言っている。

「コヒマの戦いは、戦史においてもっとも偉大な戦いとして残るであろう。それは、実際上ビルマの攻防であった。」この戦いは、英国国防義勇軍（the British Territorial Army）の500名の兵士の素晴らしい勇気なくしては戦い抜けなかったであろう。（『包囲――コヒマの物語』、vii）

続けてキャンベルは、コヒマが包囲される経過を説明する。「4月5日までに日本軍はコヒマの3方を取り囲み、そのほとんどが行政的な仕事を行う『非戦闘員』に分類される約2千人のインド人の駐屯地に襲いかかった。」そこに、5日、3トン・トラックに分乗した救援部隊が駆けつける。そのトラックには、「英国国防義勇軍部隊であるローヤル・ウエストケント連隊の第4大隊の500人の民兵」が乗っており、「彼らを指揮する職業軍人は僅かであった。その職業軍人の中には、ジョン・ラヴァティ（John Laverty）がおり、彼は、絶大な勇気、非常に強い性格、そして屈することの無い頑固さをもった『非妥協的』なアイルランド人であった。」彼らは、唯一残されたルートを使って、激しい砲火を潜り抜けてコヒマに入った。そしてコヒマの町は完全に周囲を包囲されたのだ。「続く16日の間、内からも外からもほとんど援軍のないまま、1万2千から1万5千の十分に訓練され、熟練し、狂信的な勇気を備えた日本兵からなる敵の師団に対して、彼らは持ちこたえたのだ。」

この「序文」から分かるように、『包囲』は、英国国防義勇軍部隊の決死の攻防を、英雄談として語っている小説である。本節では、この小説から読み取れる、現地住民、日本人、そしてインド人に向けられたそれぞれの眼差しの特徴を検証する。

まず、アラカン山脈に住む山岳民族ナガ族（the Nagas）に対しては、以下のような説明がなされている。

彼らは山頂にあるいくつかの小さな村で生活していた。われわれが彼らの人食いと人身御供の習慣を根絶してからほんの20年しかたっ

ていなかった。われわれがそばを通り過ぎると、友好的な一部のナガ族は手を振り微笑んだが、眺めているだけの者もいた。彼らにとって、白人が作った奇妙なもの——道路——の上を誰が動こうとほとんど関心がなかった。そして、いずれにせよ白人は狂っていた。白人は彼らに長い湾曲したナイフで人を殺したり頭の皮をはぐなと言っていながら、白人自身は、砲弾や弾丸や銃剣で多くの人を殺すのだから。(『包囲』、44)

この箇所から読み取れるナガ族に対する眼差しから、「文明の使者」であるべき自らに向けられたシニシズムが感じられるかもしれない。そして、このシニカルな言葉を言わせているのが、厭戦気分からだと思えるだろう。もちろんこの小説から何度か厭戦気分が感じ取られるのだが、それ以上に、上記の引用箇所の「白人自身は、砲弾や弾丸や銃剣で多くの人を殺すのだから」というのは、文明の教師としての自覚から生まれてくる言葉である。なぜなら、日本兵に対しては、「砲弾や弾丸や銃剣で多くの人を殺す」様が全くといっていいほど抵抗なく語られるからである。イギリス人と日本人は、文明の教師と生徒の関係にはないのである。それどころか、同じ人間ではないのだ。

　この『包囲』における「日本兵」の表象の特徴は、差異化である。以下の例のように、日本人がイギリス人とは異質の習慣を持っていることが繰り返し指摘される。

一度ジャップが声を立てないことがあった。いつもは、大声を上げ、金切り声を上げ、突撃ラッパを鳴らすのが習慣であった。それは好都合な習慣だ、なぜなら、うるさい音を立てると、彼らがどこにいるかがわかったからだ。地獄のような暗黒で押し黙った敵に遭遇するのはこの上もなく恐ろしいことだ。(『包囲』、73)

ここには差異化しようとするだけではなく、冷ややかな眼差しがある。一

方で、一般のイギリス兵がもつ日本人のイメージを修正しようとする。イギリス兵にとって日本人とは、「……イギリス人が怒らした不可思議な神によって遣わされたモンスターで、連続して撃ち放つ弾丸にも耐えられる盾で護られているように見えたに違いない。イギリス兵には、それが、訓練と、大いなる勇気と、そして揺ぎ無い信念の生み出す盾であるとは全くといっていいほど理解できなかった。」(『包囲』、105)

この日本人のイメージの修正で留意すべきことは、「モンスター」のような負の要素を解消して、イギリス人と同じ人間に近づける試みでは決してなくて、日本兵の超越的な力に対する脱神話化を行うことによって、打ち倒すことができる存在へと引き下げようとしているのである。「訓練と、大いなる勇気と、そして揺ぎ無い信念」は、一見日本兵に対する肯定的な評価のように思えるが、この小説に登場するイギリス兵は、「絶大な勇気、非常に強い性格、そして屈することの無い頑固さをもった『非妥協的』なアイルランド人」に率いられている集団なのである。

そのような日本兵に向けられた眼差しから、日本人を同じ人間として見ないイギリス兵の残酷な殺害も平然と描かれる。たとえば、ハーマン (Harman) というイギリス兵が日本兵との白兵戦の際、パン焼き小屋に7個ある、人がひとり入れるくらいの大きなレンガの釜に日本兵が隠れていることに気づく。レンガの壁で護られていて銃では殺せないので、鉄の釜の蓋を取ってそこに手榴弾を放り込むのだ。

> ［釜に隠れている］ジャップたちは彼［ハーマン］が何をしようとしているのか分からないように思える、少なくとも、知っていたとしてもやめさせる手段が分からなかった。彼らは釜の中から動けなかった。というのは、もしちょっとでも顔を出したらハーマンが撃ったであろうから。ハーマンは、釜のなかにいる日本兵がすべて死んだか蓋をすべて開けてみた。5つの釜では死んでいたが、2つの釜では重傷を負いながらもまだ生きていた。ハーマンは彼らを釜から引きずり出すと、2人をそれぞれの腕で抱え、谷を渡って自分の部隊の配置場所

第 3 章　「東洋」の知識化の歴史的考察（2）

に戻っていった。仲間たちは彼が戻ってくるのを見ると、喜びの歓声を上げて迎えにいった。戦闘の興奮の後でその歓声はほとんどヒステリーに近かったので、ドナルドはそれをやめさせることなどできなかった。(『包囲』、82-3)

その直後の、服に火がついて悶え苦しむ日本兵の描写はこうだ。

　一方、バシャ [簡易壕] は今やすべて火の海であった。いくつかの壕では、まだジャップは生きていた。壕の中にはインド人もいて、彼らは連隊本部で日本軍につかまり、無理やり銃で応戦させられていたのだ。それらのインド人が先ず飛び出してきたが、ドナルドの部下たちは撃たなかった。ものすごく燃え盛ってやっとジャップも飛び出してきたので、待ち構えていた第12小隊と、そのとき別の方面から加わっていたボビーの部下たちが、一人ずつ撃ち殺した。それから、銃声はやんだが、まだ一人出てこないジャップがいた。最後の日本兵はあまりにも長く壕にいすぎて、軍服に火が燃え移ってしまい、飛び出しながら、苦しくて悶えながら、必死で服を引き剥がそうとした。地面の小さな水溜りに飛び込んだが、あまりにも浅くて、叫び声を上げなら泥の中にもぐりこもうとしていたので、マシューが一発お見舞いして楽にしてやった。(『包囲』、82-3)

別の戦闘の場面では、ショベルを持ったイギリス兵が、日本兵の頭にそれを振り下ろし、ショベルの刃が頭蓋骨にめり込んで抜けないさまが描写されている。このような「野蛮」な戦闘が、日本の「近代化」の手本であったイギリスと、非西欧圏で「近代化」のずば抜けて優れた優等生であった日本によって戦われているのであると考えるとき、痛烈な皮肉以上に、「近代化」の根底にあるものの一面がみえてくるのかもしれない。もっとも、そんななかでも犯すべからざるモラルがあるようで、もしそれを踏み越えた場合は、イギリス兵であっても小説は批判的な口調になる。

361

軍曹は、死んだジャップのところへ行くと、長靴のかかとで歯を蹴って、金歯をすべて抜き取りに回った。ジャップは金歯を好み、軍曹はその価値を知っていた。彼は金歯を抜き取ると、ポケットに納めた。周りの兵士たちは、それを見ても平気であった。戦いの恐怖が魂の奥を焦がしてしまい、人間的価値を消し去ってしまう。(『包囲』、172-3)

　次に、『包囲』において、日本軍・日本兵の特質を分析している箇所をみてみよう。捕虜にした2人の日本兵から、日本軍について聞き出そうとする場面である。

　[2人の捕虜のうち] もう一方は、伍長であった。彼もまた重症であったが、応急処置を施してから、片手には [日本語] 慣用表現帳を持ち、もう一方の手には地図を持って彼の隣に座った。4時間、そこにいた。彼は進んで話をし、彼の属する第三十一師団の第五十八連隊の兵力や位置について十分な情報を与えてくれた。その連隊は5000人の兵員で、全員がコヒマに配置され、本隊は南に位置した。長い行軍の末コヒマに着いたが、途中ほとんど戦闘はなかったという。
　そのときは、私の役に立とうという伍長の熱意に驚いたのだが、後になって、日本人捕虜はすべてそうであることが分かった。日本軍においては、捕虜になることは死と同義であった。[捕虜になったとわかると、その兵士のものであるとされる] 遺灰が家族の許に送り返され、彼の本国では死んだことにされるのだ。聞き取りが終わっても、その伍長を応急手当所に留まらせた。過重労働を強いられているにもかかわらず軍医が最善を尽くしたが、伍長は傷がもとで8日後に亡くなった。もっとも、私は知りたい事は聞き出せていた。(『包囲』、84)

　日本人捕虜の「役に立とうという熱意」に関しては、後述するルース・ベネディクトの『菊と刀 (*The Chrysanthemum and the Sword*)』でも言及されている。その理由に関するキャンベルやベネディクトの説は、説得力があ

ると考えられる。しかしながら、捕虜になった日本兵がいつまでも反米・反英の感情を持ち続けていられるかどうかは、「大東亜共栄圏」や「一視同仁」と同様、反米・反英のプロパガンダや教育がどれほど日本国民に浸透していたかを問う必要があると思う。「皇国史観」とは違って、いずれも、国民に教育されたのはたかだか数年のことではなかったか。もし「大東亜共栄圏」や「一視同仁」や反米・反英を、国民の多くが信じている振りをしていたのなら、あるいは、せざるを得なかったとしたなら、捕虜になった後や敗戦後に、それらのイデオロギーが雲散霧消しても不思議ではないだろう。

　もう一つ、日本軍についての的確な分析と思えるのは、コヒマにおける日本軍の状況を無視した愚かしい戦術を繰り返すことに対して、日本人は一旦下された命令はどんなに状況が変わろうとも変えようとしない「全くの偏狭さ（completely hidebound）」をもっていることを、皮肉混じりに指摘しているところだ。(『包囲』、111) キャンベルはこの「全くの偏狭さ」の代表格として第三十一師団長の佐藤中将を名指ししているが、前述したように、彼は牟田口中将に反抗して独断で退却命令を出し、師団長を解任されている。それはともかくとして、このキャンベルの指摘している組織の「全くの偏狭さ」は、戦後の日本社会のシステムに無傷のまま受け継がれていると思われる。

　次に、日本軍の宣伝活動に触れている箇所を分析してみよう。次の引用は、日本軍が敵側のインド人に呼びかける場面の描写である。

　　［夜の］静けさの中で、ジャップはもう一つの武器、つまり彼らの堡塁に設置した拡声器をこちらに向けてきた。彼らの堡塁とわれわれの陣地の間の谷を越え、大きな甲高い割れた声が聞こえてきた。ウルドゥー語で、"*Hindustan ke jawan!*"――「インドの兵士たちよ、日本軍はお前たちを包囲した。ライフルを持ってこちらに来なさい。」といっているのだ。そのあと、何人かのブレン軽機関銃の射手がその声の方向に掃射したが、その銃声のこだまが消えやらぬうちに、"*Maro,* bhai, maro."——「撃て、仲間よ、撃て」という返事があり、熱のこもったスピーチが続いた。その声は単調に同じ決まりきった言葉を何度も何度も繰り返している間、腹ばいのインド兵や、壕にいるインド兵は聞いていた。ジャップのことを知っている者はニヤニヤしていたし、恐れているものはあちらへ行きたかったようであるが、誰も出て行かなかった。(『包囲』、92)

キャンベルは、明らかに日本軍に協力しているインド人を隠蔽もしくは無化しようとする。その現れの一つは、上記の拡声器による日本軍からの呼びかけのしばらくした後に、イギリス人に向けられた同様の呼びかけである。「イギリス人の兵隊たちよ、お前たちは優れた兵隊である、勇敢な兵隊である。こちら側にきて日本の兄弟と一緒になろう。そうしたらお前たち全員ジェマダールにしてやる。」(『包囲』、99-100) という呼びかけに対して、イギリス兵は嘲笑するが、一部のイギリス兵は「ジェマダール(Jemadar)」という言葉がわからない。小説では、イギリス兵の一人が、別のイギリス兵にその言葉の意味を聞く。「ジェマダール」というウルドゥー語起源のその英語は、英インド軍の階級の一つで、小隊長にあたる。ここで留意しないといけないのは、日本人がイギリス人に向かって英語で呼びかけるときに「ジェマダール」という言葉を使うことは考えられない[63]。この小説の作者であるキャンベルは、コヒマの戦いに参加した兵士に当時の状況を聞いたと「序文」で書いている。もしこの拡声器の話がキャンベルの全くの創作ではなく、実際にそのような日本軍からの呼びかけが行われたとしたら、どういうことが考えられるのであろうか。インド兵にはウルドゥー語で呼びかけ、そしてイギリス兵には英語で呼びかけるとき、「ジェマダール」という表現を使っている。これは明らかに、INAからの情報か、INAの一人が拡声器で呼びかけているのではないか。それを、知ってか知らぬか、キャンベルは一切そのことに触れようとはしない。さらに別の箇所では、「彼ら[駐屯部隊の本部の将校たち]が[英国国防義勇軍のところに]やって来て、インド人の非戦闘員の安全について騒ぎ立てた。

第 3 章　「東洋」の知識化の歴史的考察 (2)

彼らの心配も無理からぬことだ。なぜならインド人たちは臆病な人間で、指導をどこに求めたらいいかわかっていなかった。」(『包囲』、100) キャンベルは、インド人は「指導 (leadership)」をどこで見つければよいかわからないというあいまいな表現を使っているのだが、「日本軍側につく」ということを当然暗示している。つまり、キャンベルと彼の読者のイギリス人にとって、たとえインド人が日本側についたとしても、それは彼らが「臆病な (frightened)」人間で、日本軍に脅されたら彼らの言うことを聞いてしまうと考えようとしている。決して自分の意志で、イギリスに反抗するつもりはないというのだ[64]。

　同じことは、ナガ族についても話題になる。その地区の植民地弁務官で、「一生をナガ族のために一身に捧げた、不屈で、一本木で、正直な」最良のタイプの植民地行政官であるポージィ氏 (Charles Pawsey：実在の人物) がやってきて、コヒマのイギリス軍の陣地の外のナガ族は日本軍の手に落ちたが、彼らが日本軍に協力しているかどうか不安だというと、一人のイギリス兵は「そんなことは、ありえない」はずだといった。(『包囲』、101)

　日本とイギリスの間の最大にして最後の攻防であり、一方は「インドの解放」、他方は、「侵略者からの防衛」を旗印に死闘を繰り広げたインパール作戦であるが、日本軍の惨敗で終わる。そしてその後、飢えとマラリアと赤痢で大勢の兵士が行き倒れになりながらの日本軍の敗走が続き、その後のビルマでの防衛も次々に突破されてしまう[65]。この無残な結果は、日本軍の兵站に対する準備が不十分であったことに加え、敵の飛行機の攻撃に晒され、極めて不利な状況で作戦が決行された結果であろう。それは南洋方面の兵站についても、広大な中国での戦争についてもいえることであるが、日本軍は、自らが拡大していく空間的広がりに対する認識が決定的に欠けていた。ここでいう空間的広がりというのは、単に物理的空間を意味するだけではなく、文化的空間を含めての空間の広がりに対する認識のことである。日本は、明治維新から太平洋（大東亜）戦争直前までの日本の言説形成＝編成の中で、日本を除くアジア諸地域を歪曲・隠蔽して構

365

築した世界認識という画用紙に、俄かに「大東亜共栄圏」の旗印の下、ほとんどが英語言説の粗雑な書き換えに過ぎなかったが、東アジアのマッピングを行い、その地図に基づいて日本文化の空間の拡張を軍事的に行おうとしたのであるが、現実には、東アジア、そして世界に対する日本人のマッピングの「不正確さ」を露呈する形になった。そしてこれは、単なる帝国主義国家としての経験不足によるものだけではなく、日本の文化空間の閉鎖性も影響していたと思われる。その閉鎖性にもかかわらず、そして、藤原のF機関のような宣伝活動にもかかわらず、日本のアジア（＝日本）中心の言説形成＝編成を広げる試みは、帝国主義諸国だけではなく被植民地地域からの激烈な反撃や反発を受け、無残な挫折を味わうことになったのだ。その点に関して、藤原岩市の自戒をこめた分析を紹介しておこう。

　　マレイでも、スマトラでも、ジャワでも、ビルマでも、日本軍の軍政施策は、開戦の詔書や、一月東条総理が議会で宣明した大義と隔たるところが多かった。それが、ひたすら、民族の自由と独立にあこがれて、神兵の到来とばかり、あらゆる犠牲も恐れず、日本軍を歓呼し、けっ起協力した原住民の失望、次いで反感を醸成する結果となった。作戦上の要求、急ぐ戦略物資の回収等々避け難い事情もあった。しかし、緒戦の大戦果、予期に数倍する原住民の歓呼と協力に驕って、原住民の民族的真情を軽視し、原住民を甘く見た嫌いも否定できない。もちろん、F機関、南機関（ビルマ工作機関）を初め、各方面の工作機関や宣撫機関が、工作の必要を焦るあまり、原住民の民族意識を利導し、彼等に性急な過望をいだかせたことも、この関係を助長したことを認めねばならぬけれども。

　　マレイの華僑粛清の悲劇、スマトラのアチエ民衆の反抗（増淵氏を初め、Fメンバーの必死の説得で大事に至らなかった）、或は戦争末期に起きたビルマ防衛軍の反乱等々、すべて禍因の多くがここに胚たいした。若し、日本が、占領当初から、東亜新秩序建設、大東亜共栄圏の確立の理念を実践し、原住民の自由と独立への悲願を叶え、戦争の大

義名分を明かにしていたならば、戦争の推移に大きな変化を見たのではあるまいか。(『F機関』、194)

この文章のすぐ後に、藤原が、自分たちと日本軍との関係を、英本国とアラビアのロレンス（T. E. Lawrence）になぞらえているのは興味深い。結局のところ、民族の解放の支援を日本に期待した人々を失望させ、もともと期待していなかった人々からは見捨てられ、英米のプロパガンダに影響を受けていた人々から嫌悪されたのである。

日本はポツダム宣言を受諾し、1945年8月15日には、日本の敗戦を伝える「玉音放送」があった。その翌年の1946年、シンガポールでイギリス軍のパーシヴァルに無条件降伏を調印させた山下奉文は絞首刑に処せられる。

こうして連合軍は勝利したのであるが、その一員であるイギリスは、再びインドから東南アジアまでの大植民地の宗主国へと復権したのであろうか。事実はそうとはならず、新たな歴史の流れにより、すぐにイギリスのその望みを挫かせるのである。では、大英帝国に侵入した日本を打ち破り、それに協力したINAを拘束した勝者イギリスが、なぜ勝利の2年後にインド植民地を手放すことになったのであろうか。その状況を端的に示す一例として、簡単にインド国民軍のその後について記そう。

インパール作戦の失敗により日本軍はインパールから撤退するようになったが、チャンドラ・ボースはINAだけでさらにインドを目指そうとした。しかしながら藤原らの説得で断念し、日本軍とともに撤退することになる。やがて日本の無条件降伏とともに、INAも連合軍に拘束される。チャンドラ・ボースは台湾近辺で、飛行機事故で死ぬのだが、イギリスはINAの兵士を「裏切り者」として軍事法廷にかけようとする。その軍事法廷は、INAが進攻の最終目的地であったデリーのレッド・フォートで開廷されることになった。そしてそこに、日本で病気療養中の藤原が証人として呼ばれる。

裁判で問題になった大きな争点は、INAが「裏切り者」であるかどうか

だ。イギリス側の目的は、彼らが侵略者である日本軍の手先としてインドの秩序安寧をかき乱した反逆者としてのイメージを植えつけることであった。一方、INA の弁護士ブラバハイ・デサイ (Bhulabhai Desai) は、シンガポールでインド人捕虜を日本軍に差し出したのはイギリスであることを証拠として、INA の無実を主張するとともに[66]、INA の兵士を祖国の解放のために戦おうとした愛国者のイメージに変えることで応戦した[67]。

　このデリー裁判とその裁判によって民衆の間にわきあがった民族意識については、インドラニ・ダッタも言及しており、以下に要約する。

　INA の兵士の軍事裁判は、1945 年 11 月 5 日にデリーのレッド・フォートで開廷した。INA の 3 人の将校は、イギリス王への宣戦、殺人、そして殺人教唆の罪に問われた。最高指揮官のクルード・ジョン・エアー・オーキンレック卿 (Sir Claude John Eyre Auchinleck) は、そのような罪状がインド民衆の世論をひるませると確信を持ち公開裁判を命じたのだが、裁判後、インド中の同情が INA に向けられたことを認めたという。またダッタは、弁護士のブラバハイ・デサイの活躍も大きかったという。INA は国際法の下で承認された政府の軍隊であり、INA への参加は愛国心によるものであり、支持する政府と民族解放のために戦うのは法によって認められた権利だと、デサイは主張した。この結果、インド臨時政府と INA の独立した地位が認知されただけではなく、INA の英雄的な戦いを人々が知ることとなった。支配者であるイギリス側は、裁判を撤回せざるを得なくなった。このようなイギリスの腰砕けには、インパール作戦の成功がインドでの大暴動につながっていただろうという戦時中の不安がその根底にあるとダッタはみる。

　INA の軍事裁判が引き起こしたインド民衆の民族主義により、INA の兵士たちは祖国を解放しようという思いで行動した「真の愛国者 (true patriots)」として受け入れられ、その広がりはさまざまな社会階層や政治グループに広がっていった。軍隊も例外ではなかった。そのときは、ヒンドゥー教徒とイスラム教徒のコミュナル対立すら鎮静化したほどであった。INA 軍事裁判が生み出したインド人の一体感については、ネルーも認

めている。「INA に関して、インド中のさまざまな階層やグループに顕在化した一体感や感情は、インドの歴史においてこれまで決してみられなかったものだ。」(『日本のインド侵攻 (1944) : 神話か、事実か？』、83-4)

またダッタは、INA がインド独立に果たした役割を次のように述べている。

　　インパール作戦は、日本軍とインド国民軍の撤退とともに、インド民族主義の大義にとって表面上は大失敗に終わった。しかし、INA の物語はこれで終わったのではなかった。INA 精神は、戦後に起こった重要な意味を持つことになるいくつかの出来事において復活した。イギリスをインドから追い出すという INA の目標は、勝利によってではなく、敗北によってこそ成就されたのだ。INA に関するニュースを報道管制するというイギリスの戦時下の政策は、後に自分たちへのしっぺ返しとなった。INA を［宣伝目的で］インド人民衆に対して利用したことが INA の軍事裁判で明らかになると、インド中の民衆の心にさざ波を起こした。インド人市民の民族主義的情熱にこれまでずっと比較的距離を置いていたインド軍でさえ、事情が明らかになるにつれ、いまや深刻な影響を受けるようになった。このことは、軍隊の力によってインド民衆を抑えてきたイギリス人の支配（ラジ）体制の安定を激しく揺さぶる結果になった。なかでも特筆すべき事実は、INA の兵士の多くが、イギリスに対して忠誠を誓ってきたシーク教徒の部隊の出身者であったことである。

　　イギリスが INA の兵士の多くを公開軍事裁判にかけることを決定したのは、戦時下のプロパガンダの延長であった。戦時中、政府は新聞やラジオ報道を統制することによって、INA がインパール作戦に参加したニュースをインド国民から遮断し、その作戦を日本によるインドの侵略戦争という色付けを行うことに成功した。INA のことを、「日本人に吹き込まれた第 5 部隊」であり傀儡軍隊と呼んだ。ボースに対して、「売国奴」や「裏切り者」というレッテルを貼った。この

ようなイギリスのプロパガンダの方向性は、コミュニストたちや国民会議派の一部によっても踏襲された。インド政府は、INAの軍事裁判を始めることによって、INAが侵略軍に協力した裏切り者であり操り人形であると位置づけることを望んだのであった。(『日本のインド侵攻（1944）：神話か、事実か？』、76-7)

さらに、ダッタは、INAのインド独立に果たした役割として、スミット・サルカール（Sumit Sarkar）の言葉を引用している。「……一層重要なことは、INA体験と1945年から46年の冬の時期に起こった英インド人部隊の不満の波とのおそらく間違いがない繋がりであろう。その不満の波は、1946年2月のボンベイ海軍の大ストライキで最高潮に達した。そしてその不満の高波こそ、早々に退散することにしたイギリスの決定の背後にあった、一つの最も決定的な理由であったことは間違いないであろう。」(『日本のインド侵攻（1944）：神話か、事実か？』、85)[68]

もっとも今日、主流の歴史でインドの独立が語られるとき、藤原やダッタが上記でいっているようにはチャンドラ・ボースやINAのことは語られていない。それは、ダッタがいうように、戦後の支配言説によって抑圧されているのであろう[69]。

太平洋（大東亜）戦争に勝利したイギリスは、アメリカが極東国際軍事裁判で日本にいわば「悪の枢軸」のレッテルを張ることに成功したのに対して、インド国民軍の敗残兵に対する軍事裁判では、インド民衆の世論の猛烈な反発を受け、断念することになる[70]。このことは、大英帝国を中心とする言説形成＝編成の覇権の末期を示すものであるが、歴史はそれほど単純ではない。19世紀世界の言説形成＝編成の終焉は、新たな世界的言説形成＝編成の登場の幕開けでもある。すなわち、世界システムの担い手として、アメリカを中心とする言説形成＝編成の始まりなのである。

3.3　日本の植民地主義言説形成＝編成の総括

天皇の「玉音放送」が「西欧近代の超克」と「大東亜共栄圏」の試みに

第3章 「東洋」の知識化の歴史的考察 (2)

終止符をうった後、ポツダム宣言の受諾、東京裁判やアメリカを主体とするGHQの支配下での、日本の戦前・戦中の断罪、そしてアメリカを中心とする近代化言説形成＝編成に取り込まれていくプロセスは、幕末から明治への流れを反復するもの——いや、それ以上に取り込まれていったといってもよいが——であったため、アメリカ側の不安にもかかわらずスムーズに進行していった。日本人を主体として日本語によって東アジアをマッピングしていこうとする「反抗者」としての言説形成＝編成は、それ以前の主流の言説編成との、突き詰めた思想的・認識論的抗争を経て始まったものではなかったので、敗戦によってたちまちにしてそれを断罪する「権力への意志」が猛烈な嵐のように起こり、「戦前」・「戦中」は、「戦後」の言説形成＝編成の中で否定的に書き換えられていったのである。多くの日本人は、「騙されていた」という感情構造の中に閉じこもってしまった。そして、「戦前」・「戦中」の評価を見直そうとする動きに対しては、「右翼」や「軍国主義者」というレッテルが貼られることによって、その動きが排除されるのである。

　本書の目的の一つは、この「戦前・戦中」についての戦後言説形成＝編成によって作られてきた表象を読み直すことであるが、本節では、その総括を行いたい。

　日本が日清戦争の勝利の結果、台湾を植民地化したのが1895年であり、朝鮮半島を併合したのが1910年であり、満州国を建国したのが1932年であった。そして、それらすべてを1945年の太平洋（大東亜）戦争の敗戦によって失ったのであるが、その期間は、各50年、35年、13年の長きにわたり、それぞれの地域は日本の統治下にあった。もちろん日本はそれらの地域を単に略奪しただけではなく、近代化言説形成＝編成に取り込むことによって近代化——いわば、西欧の近代化→日本の近代化→日本植民地の近代化といった関係になろうが——していったのである。例えば台湾では、日本国内の反対意見を押し切って、当時の国家予算からすれば法外なほどの多額の予算を投入して、インフラストラクチャーを整備し、国家制度においては、それ以前の中国式の法体系に対していわゆる近代的法体系

を持ち込み、憲法の適用外ではあったけれども、慣習法と、不完全ながらも日本の刑法・民法が適用されたのであった[71]。植民地地域においては、学校が徐々に整備され、終戦前には、台湾と朝鮮半島のほぼすべての住民の子弟が日本語教育を受けるようになっていた。太平洋（大東亜）戦争時には、さらに多くの地域で日本語教育が行われた。また、それらの植民地には多くの日本人が入植した。とくに旧満洲国には「五族協和、王道楽土」というスローガンのもと、多量の入植がなされたのであった。一方、植民地からは、強制的に、または自主的に、多くの移住者が日本にやってきたのである。したがって、太平洋（大東亜）戦争前は、小熊がいうように、日本は多民族国家であったのだ[72]。

　このように、台湾の植民地化から数えて50年の間に、日本の領土及び文化空間は拡大したのであるが、果たして、それに伴って、イギリスがそうであったように、たとえ統治する者と統治される者という関係性においても、異文化接触による文化の混淆が起こったのであろうか。そしてそれによって、日本人の認識空間の多層的広がりは増大したのであろうか。その副産物として、多くの文学作品が生み出されたのであろうか[73]。答えは、イギリスほどには日本語の文化空間の広がりや深化は起こらなかったと考える。その理由として、もちろん欧米の植民地政策に比べて日本のそれが比較的短期間であったことも挙げられるだろう。日本の近代化言説形成＝編成の中で、下位の言説形成同士の影響・反発・乖離によって生まれてくる「反抗者」、あるいは、植民地住民の日本語による「他者の声」が、大枠の言説形成＝編成を活性化させ、止揚的に大枠の言説編成自体を変容させるまでには至っていなかったといえる。さらに、日本の近代化のもつ特質によっても、言説編成の広がり・深化が抑制されたのである。この原因となるのが、繰り返しになるが、「不正確な」――むしろ歪な――アジアのマッピングである。日本の近代化とは、簡単にいえば、欧米の世界に入るために「西洋」を模倣し日本の文化空間におけるアジア性を隠蔽するという国家事業であった。しかし、その過程において、欧米の言説空間に飲み込まれることから日本の国家アイデンティティを喪失する危機が発

生したのであるが、それを日本の知識人は、どこにも存在しない「日本」を創作することによって乗り切ろうとしたのであった。したがって、同じ中国の文化圏としてその影響下で歴史的推移を経てきた地域を植民地化しても、日本人が理解した「西洋」を移植し、アジア性を隔離、あるいは隠蔽するといった、日本における場合と同じパターンを反復するだけであった。もちろん民族の主体性、言語、そして様々な風習を奪い取るということで、激しい民族間の対立はあっても、認識世界を変容させる文化混交を生じさせるような衝突はほとんど起こらなかったのである[74]。

　志賀重昂や三宅雪嶺、そして大川周明や竹内好のようなアジアに目を向けようとした一部の人々は別として[75]、このように、明治期から広まった脱亜入欧の風潮は、一般の人々に植民地地域の人々や文化への関心を呼び覚ますことはなかった。一方、「国粋主義」や「アジア主義」は、前述したように、「脱亜入欧」を反転させただけに終わり、東アジアの植民地地域の民族や文化と日本のそれとの同質性を強引に強調するだけであって、それらの地域の様々な歴史や文化を持つ人々の主体を代弁表象するものではなかった。つまり、同質性こそが「大東亜共栄圏」のレゾンデートルであって、「日本」を自己表象することがイコール「東アジア」の解放につながるという論理である。しかし実際には、日本人の「日本」表象を東アジアに強引に投影しようとしただけであった。もっともこれは、イギリス人が「血と肌の色はインド人でありながら、趣味や意見や道徳や知性においてはイギリス人」を作り出すのとは根本的に違っていた。イギリスにおいては、「理想的な文明人」のモデル化が言説レベルで確立していたのに対して、日本語の言説には「理想的なアジア（＝日本）人」は存在していなかったからである。これは単に天皇に忠節を誓う臣民を作るだけではだめなのである[76]。「野蛮人」と対置される概念でなければ、「啓蒙」という植民地政策は成立しない。植民地において、「西欧近代」の仲介役を行っていた日本が、独自の近代化を探り当てないで、「日本」発の近代化言説形成＝編成に東アジアを取り込もうとしたところに空中楼閣的性格があったといわざるを得ない。明治以降の知識人の思索は、そのほとんど

が欧米の言説空間に飲み込まれないように日本の特殊性を強調することであり、世界における日本文化の相対的・客観的な把握に成功したとはいえない[77]。そのことが、英語に匹敵するような日本語による異文化表象を生み出しえなかった原因にもなっていると思われる。

　日本語による異文化社会の表象は、日本文学に外国を舞台にした作品を生み出させるための基礎資料を提供する。もちろん、作家の天才的な観察力や表現力が、優れた作品を作り出す原動力になることは否定できないが、作家個人が文化コードや言語そのものを作り出すことは出来ないわけだから、社会が保有するデータを利用するのである。ラドヤード・キプリングがインドを舞台にした傑作小説を創作する以前に、英語によるインド表象はおよそ100年間の蓄積があった。もちろん日本文学史においても、すでにその多くは忘却されているが、植民地であった台湾、朝鮮半島、そして旧満州国を舞台にした小説は量産された。今日でもわずかながら、横光利一の『上海』のように読まれている作品はある。戦後に書かれた作品としては、三島由紀夫のタイを舞台にした『暁の寺』が有名であろう。次節においては、日本文学の中の認識の境界の特性を検証するために、同一作家の3作品の分析を試みる。もっともその試みは、植民地を舞台にした文学作品を発掘して、日本の近代化の過程における植民地主義イデオロギーと異文化接触を検証するのではなく、堅牢であると信じていた文化空間の突然の崩壊の危機に苦悩する日本兵を扱う戦争文学に焦点を当てて分析することである。太平洋戦争というアメリカとの全面戦争とその敗戦は、日本人に、近代化によって作り上げられた「日本」という国家アイデンティティと「日本人」という人間集団のアイデンティティに対する根源的な危機を経験させたのであった。そして次に取り上げる大岡昇平の戦争文学は、「平和国家日本」という言説に充満する、日本の政治的従属と文化的閉鎖性を隠蔽する戦後イデオロギーでは収まりきらないような、日本人の認識の極限における深刻な思索の産物であると考える。

3.3.1　日本文学における認識の境界[78]

　中国文化を日本独自に再構成した伝統的文化をもつ日本人は、明治維新において、西欧文化をいかに受容するかという問題に直面したのであった。そのときの受容の仕方如何によって日本の運命が大きく左右されたことは明白である。実際、明治初期のナイーヴな欧化政策によって、日本人のアイデンティティを本質的に変えるような危機的状況に陥ったのであった。そのような危機的状況にあって、日本は知識人を動員することによって、その文化空間を何とか維持しようと努めたのである。一方で、日本には恵まれた点もあった。日本の内外の環境によって、日本の領土への軍事的侵略も、統治機構や教育制度への外国の介入も受けることはなかった。しかしながら、これは例外的であったのだ。インド、ビルマ（ミャンマー）、チベット、そして中国に対する西欧列強の侵攻や攻撃や制裁は生易しいものではなかった。たとえば、第2章2.3節で取り上げた1857年「インドの大反乱」——これを「反乱」ではなく最初の全国的規模の民族革命とみるインド人もいる[79]——は、主にインド兵の信仰に関することに端を発したイギリスに対する怒りによって起こった反乱であったが、インドの地でインド人が主権を保持していれば、そもそもこのような「反乱」などありえないことであった。しかしながら支配者の言説編成においてこれは「反乱」とされ、過酷な制裁が科せられただけではなく、「インド・インド人」表象が大きく書き換えられることになった。実際、チャールズ・ディケンズ（Charles Dickens）やウィルキィ・コリンズ（Wilkie Collins）等の数多のイギリス本国の作家たちが国の内外にインド人の野蛮さと獰猛さをかまびすしく宣伝したのである[80]。

　インドにおけるような深刻な問題が前景化しなかった日本では、経済・軍事、そして文化面において列強に伍して世界の舞台に乗り出したのであるが、しかし、急速な日本の領土の拡大、そしてそれに伴って文化空間が拡大していくことに対して、欧米を中心とする言説形成＝編成は寛容であるわけではなかった。これは「ジャポニスム」という名前で、「日本」を受け入れたのとは全く異なった文化現象なのである。西欧の支配する領域

への1930年代の「日本」の侵入は、文化の核にある「価値の源泉」や「権力への意志」に深刻に関わってくる。その場合、強大な言説編成は、急速に勢力を増す言説形成に対して進んで交渉の場を持ち、文化の混淆を許容するなどということは決してない。18世紀までのヨーロッパで、『聖書』の支配する言説編成が、新興の近代科学を排除しようとしたように、いや、この「日本」——あるいは、日本の「国体」——という異質物に対して、さながら体内に入ろうとする病原菌を必死に包み込み侵入を阻もうとする白血球のように、徹底的に排除に向かったのであった。

　一方、日本の視点からみれば、昭和という時代に入ってからの日本人が直面した「西欧近代」という異文化との対決は、明治維新のそれとは根本的に異なっていた。そのころになると、天皇制は日本の社会において極めて堅固な基盤を築いていた、あるいは築いているようにみえたのであった。日本の理解した「西欧近代」とアジア性を隠蔽した「日本」との混淆である雑種としての国家が、いまや純粋で美しい「大日本帝国」として日本人の眼前に絶対的な存在感を持って立ち現れることを願望するようになったのであった。そして中国との泥沼の戦争に関して西欧列強と衝突したとき、日本人にとってその衝突はまさに「文明の衝突」に姿を豹変させ、アジアの解放という御旗を掲げた「大日本帝国」として自らを位置づけなければならなくなったのであった。少なくとも、敗戦の瞬間までは、太平洋（大東亜）戦争は「（西洋）近代の超克」のための戦争であった。しかしそのような戦前・戦中の「アジアの解放者」としての言説形成＝編成が敗戦によってもろくも解体したのは、GHQの日本人への洗脳政策によるところが大きかったにしろ、敗戦によって日本の文化空間が亀裂を生じ、その隙間から本来の表層的な雑種性を露呈したためである。

　このような歴史的背景、つまり、日本人の直面した物心両面の危機的状況における個人——特に知識人——の再生への模索を大岡昇平の『俘虜記』、『武蔵野夫人』及び『野火』は——端的にいってしまえば——テーマとしているのである。このような危機的状況におかれた人間がどのような心理の動きや行動を示すかが描かれている。

われわれが上記の3作に見出す一つの本質的で、重要な共通点は、それらの中心人物が同じタイプに属する人間であるということである。基本的に同じ人間であるといえるのだ。そして若干の差——年齢の差や経歴の差等——が加味されることで、3人の行動にヴァリエーションが生まれている。

3作品の中心人物とは、『俘虜記』の大岡一等兵、『武蔵野夫人』の復員者勉青年、そして『野火』の田村一等兵である。では彼らに共通の、そして本質的な性格とはどのようなものであろうか。われわれはそれを見いだすために、まず、大岡一等兵を分析することにする。なぜなら、『俘虜記』は記録文学であり、それゆえ3作の中で最も作為的でない作品——もちろん程度の問題であるが——であり、それだけ単純な作品構造であるがゆえに、彼に最も接近しやすいのである。

大岡一等兵は30代半ばであり、兵役につく前には棒給生活者であった。彼はいわゆる知識人である。知識人のグループに属する日本人である。したがって、彼は西欧文化に詳しい。現にこの『俘虜記』という1人称の作品において、大岡一等兵はフランス風の極めてち密な自己の心理分析を行い、彼自身のキャラクタリゼーションを整然と行っている。彼は精神分析的に自分の意識下の世界を暴いていくのである。

フィリピンのミンドロ島で仲間からはぐれて一人になった大岡一等兵は、自分が死ぬ運命にあることを自覚して、いまさら銃を使用して敵兵を殺すことの無意味さを思う。

> 私が今ここで一人の米兵を射つか射たないかは、僚友の運命にも私自身の運命にも何の改変も加えはしない。ただ私に射たれた米兵の運命を変えるだけである。私は生涯の最後の時を人間の血で汚したくないと思った[81]。

彼がそのように思った瞬間、前方の草むらから20歳くらいの丈の高い若い米兵が現れて、彼のほうに向かって歩み寄ってくる。大岡一等兵は無

意識に銃の安全装置を外したが、なおじっとしていると、不意に機銃の音がしたので、若い米兵は向きを変え、大岡一等兵の前から姿を消してしまう。

それを見て大岡一等兵は、「『さて俺はこれでどっかのアメリカの母親に感謝されてもいいわけだ』」と思わずつぶやいたのだった。彼は一瞬その米兵を撃たなかったのは自分のヒューマニティからだと思う。しかしすぐに、彼は自分のヒューマニティに懐疑的になる。

> 「自分が死ぬ」から導かれる道徳は「殺しても殺さなくてもいい」であり、必ずしも「殺さない」とはならない。(『俘虜記』、28)

そして次に彼が下した分析は、他人の死に伴う自分の死の連想という、むしろ動物的な死に対する嫌悪感が殺人を食い止めたのではないか、というものであった。

しかし、そこで彼は自分が無意識のうちに銃の安全装置をはずしていたことを思い出す。が、なおも彼はぼんやりとした記憶を呼び覚まそうとする。そして彼は、そのアメリカ兵の顔にみられる若々しい西欧人特有の美を見出し、彼がその美を愛したために撃つのを躊躇したのだろうと考える。

しかし、無意識に安全装置をはずしたことが大岡一等兵の頭から離れない。なぜ無意識だったのだろうか。彼はそのときの息詰まるような恐怖心を思い出す。ヒューマニティからであろうと、動物的反応からであろうと、また美への愛着からであろうと、大岡一等兵が米兵を撃ちたくないと思ったのは事実である。しかし、もし米兵がさらに彼のほうへ近づいたときに、果たして撃つ衝動を抑えられたかどうかについては、彼は全く確信が持てない。

米兵が偶然にも大岡一等兵の前から去ったのは、その米兵の幸運であったとともに、ひょっとすると彼にとっても幸運であったのかもしれない。なぜなら善良な知識人の下に隠されたもう一つの自己の姿をわが目にさら

第3章　「東洋」の知識化の歴史的考察（2）

したかもしれなかったからだ。もしそうなっていたら、大岡一等兵はそのあとの捕虜生活を暗澹たる気分で過ごしただろう。

　若い米兵を撃つことを躊躇した大岡一等兵という人物を、さらに別の角度から、つまり彼がこれまでに深く影響を受けたものを探ることで分析してみよう。

　彼はミッションスクールの中学生であった13歳の時に『聖書』の真理に打たれて神を信じたことがあった。もっともそのあと彼は、近代の文学エゴイズムに目覚めたことや、教会の大人たちの醜行を見ることもあって、神に対して懐疑的になっていく。しかし、彼は大人になっても神の痕跡が残っているのを感じる。

　　この時私を訪れた「神の声」「摂理」の観念は従って、すべて少年の私の頭に宿った（或いは教えられた）ままの素朴なものであり、事件の現実に照らしてあらゆる意味で支持し難いものであったが、少なくともそれまで容赦なく敵を射とうと思っていた私が、その時不意に「敵を射たない」という決意に襲われたことと、人生の入り口で神に惹かれた私の心の傾向の間に、何等かの関係があるのはあり得ないことではない。（『俘虜記』、93）

　大岡一等兵はまた西欧文学に対する造詣が深い。彼は、米兵を人間として認めるほどに西欧文学を理解している。だからその米兵を敵としてだけではなく、その背後に彼の母親の姿をみることができる。息子の戦死の知らせを受けて悲しむ母親の姿を想像できるのである。これは、火野葦平の『土と兵隊』のなかで、火野伍長が中国兵の殺される場面で同じような文化的知識に起因する同情を抱くことが一切ないのと対照的である。この差異は、大岡一等兵と日野伍長の人間性に帰するよりも、西欧文化の影響の下での、西欧人に対する日本人の眼差しと、中国人に対する眼差しとの差だといえる。「鬼畜米英」や「大東亜共栄圏」を叩き込まれているはずの日本兵のこの眼差しの違いは、まさにアイロニーである。一方、火野伍

長も殺されたり、捕虜になった中国人が日本人に似ていると感じるときには、複雑な気持ちになるのである[82]。

　大岡一等兵は、ミンダナオ島をさ迷った後、生きて終戦を迎え、その後拘束され、日本人の集団のなかで捕虜生活を送る。その中で、彼は他の日本人捕虜を客観的に観察をし、日本・日本人について思索する。

　彼は、日本に原爆が投下されたことを知ると、次のように考える。

　　私の最初の反応が一種の歓喜であったと書けば、人は私を非国民というかも知れない。しかしこれは事実であった。私はかねて現代理論物理学のファンであり、原子核内の諸現象に関する最近の研究に興味を持っていた。そしてコミュニストがその精妙な理論を、資本主義第三期的頽廃の反映と呼ぶのに気を悪くしていた。それが爆弾となって破裂してしまえば、彼等もいつまでもブルジョア的空想などといっているわけには行くまい。私はこれが火の発見以来、人類文化の画期的な進歩であると信じた。(『俘虜記』、306)

大岡一等兵は、科学的思考を身につけた知識人であるが、この科学的及び懐疑的な側面は、彼の宗教的・美的信条を常に脅かす存在である。それは彼をシニシズムにさせるのである。

　そしてそもそも彼は軍部や天皇制に対して否定的であっても、日本そして日本的なものを否定しているわけではない。確かに彼は、しばしば日本的なものに対して批判的である。しかし、彼はそれを拒絶してはいない。大岡一等兵は批判しながらも実際には日本人の俘虜の社会に溶け込んでいる。決して一切のコミュニケーションを拒絶して一人孤独のうちに俘虜生活を送ることはしない。むしろ俘虜社会にあってある程度の地位を保持し、機能しようとしているのである。

　われわれは、上記のように、大岡一等兵において一つの典型的な日本的知識人のモデルを見ることができる。彼は西欧文化に造詣が深く、西欧的美意識も持っている。そしてまたキリスト教の信仰体験がある。しかし、

第3章 「東洋」の知識化の歴史的考察（2）

それらはあくまでも後天的・教養的であり、さらにいえば擬似的であるとさえいえるかもしれない。少なくとも、それらは彼の人間存在に決定的な支配権をもつものではない。実際には、西欧文学を理解できる能力であり、上品な娯楽を享受する能力であり、西欧人とコミュニケーション（決して思想的に深みがあるとはいえない）のできる能力として作品に現れる。したがって、それらは日本社会において「知識人」としての地位を大岡一等兵に与える手段でしかない。またキリスト教の信仰も彼を獣的行為に走らせることを抑える力としてしか発現していない。根本的に西欧の神を信じているとは考えにくい。少なくとも西欧の科学主義に傾倒しているほどには傾倒しているようにはみえない。

　大岡一等兵の天皇制や日本精神に対する批判は、彼が自分の西欧的教養と真っ向から対決させ相対化する操作を怠っているところからして、非常に不徹底である。むしろ漠然と日本的信条を許容していて、そしてその上に西欧的教養を移植した精神構造を持っているといってよいだろう。それが証拠に、日本軍が崩壊するとたちまち精神的危機に陥った大岡一等兵は、やがて米軍につかまり俘虜となるのだが、当初は精神的に不安定で、日本に対して極めて批判的であるが、彼の体力が回復して行き、また日本人俘虜社会も安定し擬似日常性を帯びるにしたがって、彼自身も精神の安定を取り戻し、むしろ積極的に俘虜社会での地位や仲間関係をもとうとする。最初はあれほど日本兵と交わることに抵抗感を覚え、米兵の間にいることを望んだ彼である。その変化は彼の日本兵を描く姿勢に如実に現れていて、最初グロテスクな怪物のように日本兵を描いていたのが、いつの間にか、奇矯ではあっても憎めない人物群像へと変貌していく。

　このような大岡一等兵の心の動きを見ると、彼は、戦後日本の太平洋（大東亜）戦争に対する主流の解釈であるところの、戦争（軍部）が一時的に日本人を狂わせただけだと考えているというように判断せざるをえないであろう。そして作品後半での大岡一等兵の主眼は俘虜収容所における日本人の日本人らしさの観察であり、その的確な記述にあったといえるだろう。そしてその点が、この語り手大岡一等兵の独自性であるが、一方限界

であるともいえる。そこが、たとえばドストエフスキーの『死の家の記録』の主人公などと顕著に異なる点なのである。つまり、深刻な形而上学的な問題を避ける日本的知識人の特質が現れている。したがって、戦争のような非日常的極限状況から解放されると、再び日本人は容易に環境に順応し、日本人同士、よくいわれるところの日本的集団主義のもとで協調して生活し、個々人の内的で実存的な問題を避ける傾向があるのである。

　この限界は、大岡一等兵という兵士となった知識人の限界だけではなく、この作品のとった構造自体の持つ制約でもあろう。

　『俘虜記』のもつ作品構造についていえば、この作品は極めてクロノロジカル（時系列的）な直線的時間の流れに沿って描かれていく。すなわち、ミンドロ島において大岡一等兵の、ジャングルを一人さまよう→捕まる→病院→俘虜収容所→帰還までの約一年間が描かれている。この作品は作者の体験が素材になっている以上、実際の客観的因果関係に拘束されていることは明らかである。

　作品の初めの方こそ戦場における大岡一等兵の精神状況に焦点が当てられているが（本書では、作品の成立過程は度外視している）、半ばからは彼を取り巻く日本人俘虜の群像が客観的に描かれていく。描写方法も最初を除けば即物的であり、簡潔である。しかも図表まで挿入されている。

　したがって、この作品構造においては、形而上学的実験は制約される。そのような思弁的世界を描くためには、必然的に登場人物は選定されるが、この『俘虜記』のような語り手自身もいうように「俘虜名簿と競争する」ような網羅的な作品では、それが不可能であるからである。抽象的思考は極めて選別的な作業である。

　『俘虜記』は、いわば日本人らしい日本人群像を描くための作品であり、大岡一等兵は語り手として非常にふさわしい人物である。なぜなら彼は日本人を客観的に見られるくらいに異文化（西欧文化）に精通しているが、しかしながら、大岡一等兵自身近代化の中で日本が生み出してきた紛れもない「日本の知識人」であるからである。そして、人間や事物を極めて網羅的に、クロノロジカルに描いていく作品構造により、日本人らしい日本

第 3 章　「東洋」の知識化の歴史的考察（2）

人の群像を描くことが見事に成し遂げられた作品である。そして、それは戦後日本の歩みを示す縮図的作品でもある。そういう意味で、この『俘虜記』は日本人の博物誌として卓越した作品であるといえるのである。

　日本人の博物誌以上に『俘虜記』の注目すべき点は、大岡一等兵の中に近代化の中で日本が生み出してきた紛れもない「日本の知識人」が凝縮されていることであろう。彼は従順で勤勉な「西洋近代」の模範的な生徒として、心理分析においても、美学においても、科学においても、それらの成果を身につけている。一方、西欧の文化の中核にある「価値の源泉」や「権力への意志」については、その中核に近づこうとはしていない。そして、彼が伝統的に受けついだ「アジア性」、あるいは「日本主義」の近代化の努力については極めて怠惰である。「西洋近代」の外側と、「前近代のままのアジア性」の内面を持つことに対して、その矛盾を直視せず、突き詰めようとはしていないのである。漠然とした不安を感じるとしても、その実存の不安という扉をこじ開けようとはしないで、外の景色を見て気を紛らわそうとする。

　しかし、ここで注意しなければいけないのは、記録文学である『俘虜記』では、中心人物大岡一等兵＝作者大岡の等式が成立しているようにみえるが、上記に挙げた『武蔵野夫人』と『野火』を読めば、作者である大岡が実存の不安という扉をこじ開けようとしていることがわかる。読者は二つの極めて倫理的・哲学的問題について、大岡がさらに追及していってくれることを知るのである。その二つの倫理的・哲学的問題とは、一つは、日本社会が日本人に求める日本人らしさの本質を抉りだすことであり、いま一つは、敗戦の衝撃の中で明治以降作り上げてきた「日本」及び「日本精神」が瓦解した時、その精神的危機に対して集団主義に逃れることなく真っ向から直視するという深刻な形而上学的問題である。

　それらの問題についての考察は、前者が『武蔵野夫人』[83]であり、後者が『野火』で扱われている。

　『俘虜記』における大岡一等兵の若き、それゆえナイーヴな分身である復員兵勉青年は、日本に戻って来ても日本人らしさを回復することがで

きずにいた。それゆえ復学した大学にもほとんど出席せず、アプレゲールの女学生たちと不毛の性交渉をもつが、やがてそれに耐えられなくなる彼は、彼が生まれ育った武蔵野に戻ってくる。そのケヤキやカシの大木に囲まれた武蔵野には、日本人らしさの典型を示す4人の人物が配されている。

　一人は勉の従姉の道子である。彼女は士族の出であり、いわゆる伝統的倫理観の具現者である。愛してもいない夫秋山の形だけの妻に固執し、愛している勉を拒み続ける。そして社会によって定められた自分の枠組みを守るためには、常に自分を犠牲にしようとする。

　二人目は富子という女性である。人目を忍んでは男に媚を売るが、しかし彼女もやはりつまるところ妻の座に固執する集団的志向の強い日本女性である。

　フランス語教師の秋山は、日本的知識人の醜悪な要素を寄せ集めたような人物である。彼は不倫をエンゲルスの著作からの借り物の思想で弁護しようとする。彼は西欧の著名な学者の言葉自体を権威として振りかざし、自らの伝統的な「アジア性」と対決させようとはしない。このような、西欧からの借り物を無邪気にもてあそぶ日本人の知識人からは、深い思想が生まれてくるなど到底期待できないし、そもそも深く突き詰めるなどしないであろう。

　今一人大野という、これまたありふれた日本人が登場するが、彼については特に言及しない。

　ここでいう「日本人らしさ」とは、日本の社会が、その構成員たる個々の日本人に体系的な文化コードの網の中で思考を導き行動を制御することから生じせしめる現象である。もちろんその文化コードは日本の長い歴史の中で形成・変容を繰り返してきたのだが、特に明治以降、西欧中心の近代化言説形成＝編成の影響下で、それへの追従と劣等感と反発の下で、日本の近代化言説形成＝編成が「西」でもなく「東」でもない「日本人らしさ」を作り上げたのであった。しかし、太平洋（大東亜）戦争の敗戦によって文化コードを提供する社会そのものが危うい状況に陥った結果、この「日本人らしさ」はとらえどころのない浮遊物と化したのであった。

『武蔵野夫人』という作品は、太平洋戦争を体験したために「日本人らしさ」を喪失してしまった復員兵勉の、何とか「らしさ」というアイデンティティを回復しようという試行錯誤を描いた作品である。そこで彼が安定したアイデンティティを回復するためには、近代化の時代に形成された「日本人らしさ」アイデンティティではなく、伝統によって培われてきた「日本人らしさ」の方であり、それを体現する道子と結ばれる必要があった。道子と結ばれて初めて、彼の目的は達成されると考えたのであった。

これは富子では駄目なのである。勉にとって、西欧かぶれの秋山と同様富子もやはり雑種の日本人なのである。それにひきかえ、道子は洋装の似合わない「元禄時代的胴長」美人であり、伝統的な日本的倫理観に固執する古風な女性であった。いわば日本人の純粋種として映ったのである。勉は、流行の共産主義にではなく、そのような日本の美徳を具現する道子に激しく惹かれたのであった。

一方道子は、勉の中に二つの相反する性格を見る。一つは、昔から彼女がいとおしく思う勉の純情さであり、もう一つは、彼女に虫唾を走らせた、健二という強盗を働いた復員者の顔の表情に近いものであった。その道子が復員した勉に発見したものは、彼が戦場から持ち帰った日本的倫理観を乱す兆しであったと思われる。

では果たして、勉は道子と結ばれて再び安定した「日本人らしさ」というアイデンティティを回復できたかというと、それはできなかったのである。なぜなら道子自身が女性のあるべき枠組みから転落したと知った時、自殺してしまったからだ。日本人らしい日本人は努めて集団の一員であることを志向し、そこから除外されることを恐れる。もし除外されれば、しばしば死を選ぶのである。そこに道子によって象徴されている伝統的美質のもつ脆さをみることが出来るだろう。勉が純粋な日本人とみなし、彼の精神を安定させるよりどころとして求めた道子の具現する伝統的美質とは、日本社会が歴史的に培ってきた人と人との関係性のあり方であり、それ以上でもそれ以下でもなかったからである。したがって、個人の精神の救済とは無縁のものであった。

『野火』はさらに深刻な問題を提起している。社会の提供する文化コードが破綻した後の状況に焦点が当たっているからである。
　われわれは『野火』を単純な意味で反戦小説とみなすことはできない。なぜなら、まさにこの作品のはじめに、この作品の舞台となるフィリピンのレイテ島の日本軍は壊滅し、もはやレイテ島には日本の軍隊や軍律は存在しなくなり、ただばらばらの日本兵だけになってしまったことが知らされるのである。故に、兵士たちは自分の意志によって行動せざるを得なくなったのである。確かに、彼らをそのような危機的状況に追いやった責任は政府にあり、軍部にあっても、しかしそれらは今やレイテ島の兵たちにとって存在しないものなのである。存在しないものに責任を帰しても、無意味なことであった。
　『野火』の田村一等兵は同じように知識人であったが、不運にも『俘虜記』の大岡一等兵のように認識の境界を踏み越える前に米軍の俘虜になれなかった。それどころか、彼は罪のないフィリピン人の女性を殺害し、また故意ではないものの、人肉を食べてしまう。そのことによって、彼は、これまでの社会生活で培ってきた日本人（あるいは人間）観から逸脱してしまった自己を発見したのであった。「日本人（人間）」であり続けるためには絶対に認められない行為をしてしまった彼は、揺るぎないものであると信じてきた彼の認識世界、そして認識世界を支えている価値の源泉・価値体系が崩れていくのを知ったのであった。
　もっとも、国家の正統性を保証する組織が存在している限りにおいては、国家のために戦場で敵を殺したり敵国住民から食料を略奪することは防禦的行為であると擁護されるので、個々の兵隊は自分の良心に責任を押し付ける必要はない。しかし個々の兵隊を統制する軍隊組織が壊滅し、その権威が消滅し、それぞれの兵士が自己の行動を決定せざるを得ない時、兵士たちは（大岡一等兵が自分について分析をしたように）二種類の規範によって行動しだすのである。一つは、動物としての肉体の欲求にしたがうことであり、いま一つは、あくまでもなんらかの宗教・倫理に固執することである。前者の兵隊たちは、自己の生命を維持するためにはどのような

行動でもできたのである。なぜなら、彼らにとって最高の原理は自己の生命の維持であったからだ。自分が生き延びるということ以外は、すべて瑣末なことにすぎない。だから、たとえ彼らが人肉を食べたとしても彼らは自分を許すことができるのであった。そのような極限状況に追いやられたのだから仕方がないのである。しかし一方、より抽象的な倫理や宗教に固執する日本人、つまり「人間性」を保持したい日本人の場合は、悲惨であった。もし、極限状況に追いやられた場合、しばしば死ぬか狂気に向かうかの道しかなかったのだ。

『野火』の中で一人の瀕死の将校が登場する。彼はもともと純粋なる天皇主義者だったのだろうが、しかし彼ですらその心情は揺らいでいる。最初次のようなことを悲痛に口走る。

> 「天皇陛下様。大日本帝国様。なにとぞ、家へ帰らして下さいませ。飛行機様。迎えに来い。オートジャイロで着いてくれい……暗いぞ」
> 彼は声を低めた。「暗いな。まだ夜は明けないかな」[84]

しかし、死の直前に、「『帰りたい。帰らしてくれ。戦争をよしてくれ。俺は仏だ。南無阿弥陀仏。なんまいだぶ。合掌』」といい、やがて意識が鮮明になると、そばにいる田村一等兵に向かって、

> 「何だ、お前まだいたのかい。可哀そうに。俺が死んだら、ここを喰べてもいいよ」
> 彼はのろのろと痩せた左手を挙げ、右手でその上膊部を叩いた。(『野火』、224)

彼は最後に天皇崇拝や神仏への信仰を捨て、根源的な人間の生命の本質を悟ったのであろうか。彼は田村に強い印象を与えた。

田村一等兵は前2作の中心人物と同様、日本の倫理・宗教を盲目的に信じられない人間であり、かといって人間性を捨てることもできないのであ

る。その間隙を埋めるべくして現れるのがキリスト教であった。キリスト教によって、彼の犯した行為の罪悪性を認める代償として、やがて救済されることを願う。

　しかし問題は、彼のキリスト教がいかにも意識的であることだ。極めて人工的であるのが彼の独白の節々に窺われるのである。彼は何とか西欧の神を信じようとするが、それに抗するものが心の一隅に厳然と存在している。

　宗教の問題を考える時、生まれ育った環境のことを念頭に入れざるを得ない。意識的に無神論者である西欧人でも、非キリスト教徒から見れば、容易にキリスト教の残滓を感じ取ることが出来るのである。一方、意識的にいくら西欧の神を信じようとしても異教の地で生まれ育った者はなかなか意識下の領域までその神を連れてくるわけにはいかない。

　『野火』は作品の進展とともに自然主義的な世界から、ミスティフィケーションされた世界へと変貌して行く。これは明らかに田村一等兵の精神の変化を反映しているのであり、彼が心的世界へはいっていったことを示している。そして彼は最終的に神の救済を予感する。

　　　もし私が私の傲慢によって、罪に堕ちようとしたちょうどその時、あの不明の襲撃者によって、私の後頭部が打たれたのであるならば——
　　　もし神が私を愛したため、あらかじめその打撃を用意したもうたならば——
　　　もし打ったのが、あの夕陽の見える丘で、飢えた私に自分の肉を薦めた巨人であるならば——
　　　もし、彼がキリストの変身であるならば——
　　　もし彼が真に、私一人のために、この比島の山野まで遣わされたのであるならば——神に栄えあれ。(『野火』、248)

　しかしながら、われわれは彼が「もし」を繰り返すところに、彼の弱気

第3章 「東洋」の知識化の歴史的考察 (2)

をみるだろう。

　実際、上記のようなフィリピンでの経験を田村は精神病院にいて回想するのであるが、彼は、キリストによる救済の予兆を感じた自分を「狂人」として認識している。それはとりもなおさず、逆説ではあるが、「西欧の神」を感じた自分自身の「非理性」を極めて客観的にみている「理性」が存在していることを示している。日本の「狂気の歴史」には、芥川龍之介に代表されるこのような透徹した「理性」が自己に宿る「非理性」をナルシスト的に告白する傾向があるが、ミシェル・フーコーはそのような事例を彼の著書に記していない。もっとも、たとえば、神を信じ、神に感謝するロビンソン・クルーソーが自分を「狂人」であるなどと考えてもみないだろう。なぜなら、彼にとって神とは明白なる客観的存在であり、自分を取り巻く世界に厳然と存在するわけであるが、一方、田村の場合は、それは幻覚の一つでしかない。もしこの世にないものを存在していると思う人間が「狂人」であるならば、彼が自分を「狂人」であると意識するとき、そのことはとりもなおさず彼は神を否定することになる。無神論者であることを宣言しているのである。

　「神」は極めて文化的産物である。いや、文化の中核にある「価値の源泉」の一部であることは間違いない。したがって、その文化に全幅の信頼を置いていなければ、「神」を実在する存在として信じることは出来ない。明治以降の日本の知識人は、伝統的文化に対して劣等感を抱くことにより、彼ら自身の確固とした倫理や宗教を持てないのである。だからやむをえず、より文明化されているとみなす西欧の宗教を借りてくる。しかしそれはあくまでも借りものであって、実際、その神に対して日本の文化空間は実在を保証していないので、一部の例外をのぞいて、日本の知識人は西欧の神を心の底から信じることができない[85]。故に、「価値の源泉」になりえず、人間存在の基盤を保証してくれるものではない。もちろん普段の生活においては、日本人らしさを保持していればそれで事足りる。しかし、いったん非日常的状況に追いやられた時、日本人はよって立つべき不動の宗教も倫理体系も持ち合わせていない。だから、日本人は常に倫理

的に浮遊しているのである。したがって日本人は容易にニヒリズムに陥るが、しかしながらそれはキリスト教の偶像破壊に挑んだニーチェのような反逆的ニヒリズムではなくて、受動的ニヒリズムである。田村がそうであったように、世界を『野火』のようにとらえるのである。

　サンフランシスコ講和条約を経て今日にいたるまで、日本人は、「アメリカ的民主主義」という新たな言説形成＝編成に取り込まれ、日本の言説形成＝編成もその枠組みの中で進行してきた。そして、そのアメリカを中心とする言説編成の枠組みを「捕虜収容所の鉄条網」としてではなく「防禦壁」とみなすことにより、そこから飛び出さないように文化空間を保持してきた。一方、戦前・戦中の日本人の存在論的な問題は忘却し——ロバート・ヤングがいうように、文化には、「自己抹消（self-erasure）」する傾向がある[86]——「戦後の民主化した日本人」のマスクをかぶって比較的安定した状態を続けてきた。故に、「日本人らしく」生きていれば、心の安定は容易に得られる。外国のことに目をつむり、属する社会に自分の位置さえ確保できれば、心は安定しているのである。アメリカの覇権が続く限りは、『野火』的状況は回避できるだろう。

　大岡の『武蔵野夫人』と『野火』は、日本の伝統的倫理観が失墜し、しかしそれにとってかわるような倫理体系も宗教も存在しない状況で、しかも日本人らしさの保てない閉塞的な状況に追いやられた日本の知識人の苦悩が描かれたものである。つまり、日本の言説形成＝編成の機能不全が起こり、「価値（善悪）の源泉」が枯渇し、日本人に判断基準や行動指針を示す機能が停止した状態での、知識人の一種の放心状態である。もっとも、それらの２作は救済の道、つまり日本人の認識の限界を突破する道——文字通りの西欧近代の超克——を示してはくれていない。しかし、作者は日本人として例外的なほどの深い省察によって貴重な記録を作品化して、戦後の日本に残してくれたのであった。

　それでは、太平洋（大東亜）戦争は、イギリスとインドにどのようなインパクトを与えたのであろうか。次節では、この点について検討する。

3.4 大英帝国の終焉

　第2章1.1節で述べた「アングロ・インディアン」という呼称は今日では特別の場合を除き、「インド在住のイギリス人」という意味で使われることはない。しかしながら、インドが英領であった植民地時代においては、インド在住のイギリス人を指す言葉として「アングロ・インディアン」は使われていたのであった。そして19世紀の後半になると、在インドのイギリス人は、カナダやオーストラリアのアングロ・サクソン系の住民たちと共通する「自分たちの国」という意識を持っていたのであった。ただ決定的に違うのは、歴史家J・R・シーリーが『英国膨張史』でも記したように（『英国膨張史』、216）、先住民の存在の大きさである。実際、19世紀までの非白人の権利を代弁する国や世界的機関の存在しなかった時代において、先住民を殺戮したり僻地に追いやることによって、カナダやオーストラリアを「白人」の国と呼ぶことは可能であったのであろうが、さすがに長い歴史と、支配者よりも圧倒的に人口の勝るインドを「白人の国」と呼ぶことはできなかった。しかも、19世紀後半には、自らが本当の「主体者」と考える人々——インド人知識人——が英語でもって自らの「インド・インド人」を主張し始めたのである。

　1773年に就任し、インドの植民地支配の法律的・経済的基盤を最初に整えた初代インド総督のウォーレン・ヘイスティングズの時代から、インドの分離独立の1947年までの約1世紀半の間には、英領インドにおいて多くのアングロ・インディアン作家が輩出した。彼らの描く「インド」とは、まさに彼らの時代にアングロ・インディアンが認識するインドの姿を反映したものであった。ラドヤード・キプリングは、英領インドが最も安定していた1880年代を『キム』で描き出し、E・M・フォースターは、インド人の間でナショナリズムの意識が強くなってきた時代を『インドへの道』に反映させ、ジョージ・オーウェルは、帝国主義への怨嗟の気持ちをもちながらも現地の人々に対して疎外感をもつイギリス人を主人公にした『ビルマの日々』を書いたのである。そしてインドの終焉を目撃したポール・スコットは、分離独立前の第2次世界大戦中の英領インドの情勢を、

『ラジ 4 部作』に描いたのであった。

　第 1 章 7 節でも触れたが、『ラジ 4 部作』は、『王冠の宝石』、『サソリの日』、『沈黙の塔』、そして、『戦利品の分割』からなり、インド北部の架空の都市マヤポールで 1942 年に起こった 2 つの事件——英国国教会の宣教師で、現地で学校を開いている老女教師がインド人の暴徒に襲われた事件と、イギリス人の若い女性がインド人と思われる数名にレイプされた事件——を中心に、それらの事件の関係者や周辺の人々に広がる波紋を描くことによって、1942 年から 1947 年までの逼迫した歴史状況を描き出している。

　このように、『ラジ 4 部作』は地域的に限定された事件や人々を扱っているのであるが、しかしながら、作品を支配する雰囲気、登場人物の行動や思考に影響を及ぼしているのは、まさに英領インドの状況と、第 2 次世界大戦という緊迫した世界情勢であった。その間の歴史的状況を、『ラジ 4 部作』で発せられる「声」——つまり、イギリス人の視点——を中心に概説する。

3.5　英領インドの内と外の「反抗者」たち

　ほぼ 150 年続いた英領インドを根底から揺るがす事態が、第 2 次世界大戦と共にやってくる。1 つが、これまで啓蒙し、仲間として扱ってきたインド人の反抗的態度と裏切りであり、もう 1 つは、極東から西進してきた日本軍であった。

　第 2 次世界大戦においてインドのイギリス人を腹立たしく思わせたことは、インド人のナショナリストたちの戦争協力へのボイコットであった。その中心人物とみられたマハトマ・ガンディーは「悪玉」に仕立て上げられていた。一方、ヨーロッパ戦線ではナチス・ドイツの脅威に晒され、東南アジアのイギリス領であったマレー半島、シンガポール、そしてビルマ（ミャンマー）では、「黄色いチビの」日本人たちに散々な目にあわされてしまう。そして、日本軍はさらに西進し、英領インドに侵攻しようと企てており、1944 年にインパール作戦を決行するのであった。まさに、大

第3章 「東洋」の知識化の歴史的考察（2）

英帝国の危機的状況にあったのだ[87]。そのような状況において、イギリス人が「母となり父となり（Man-bap）」遇してきた大英帝国の臣民であるインド人が[88]、ガンディーたちのように戦争不協力の態度を表明したり、さらには、スバス・チャンドラ・ボースのようにヒットラーに支援を求め、日本に協力してインド国民軍を率いてインドに進軍するなどというのは、恩のあるイギリスに対する「裏切り」以外の何物でもなかった。

　1942年のインド国民会議の「クイット・インディア運動（Quit India campaign）」をきっかけに、統治者であるイギリス人は、ガンディーを含め、会議派の中心メンバーでインド人の政治家や運動家を大量に逮捕・拘束し、一方、インド・ムスリム連盟の権限を強化するといった強硬手段にでる。『ラジ4部作』の1作目『王冠の宝石』では、このインド人の指導者の逮捕をきっかけに起こった暴動のさなか、前述した2つの事件が描かれる。1つは、宣教師で老女教師が、周りの人々の制止にもかかわらず、車で村の様子をうかがいに行く途中、インド人の暴徒に襲われる。その際、彼女の身を案じて同行していたインド人の教師は、暴徒によって殴り殺され、負傷した彼女が呆然と雨のなか、その殺されたインド人教師を抱いているところを救出されるが、肉体的にも精神的にも衰弱した彼女は、その後自殺をしてしまう。

　一方、その直後に、イギリス帰りのインド人青年に好意を抱いていたイギリス人の若い女性が、複数のインド人にレイプされるという事件が起こった。警察はすぐさま容疑者を逮捕したのであるが、その捜査の指揮を執ったイギリス人の地区警察長官は、以前から被害者のイギリス人女性に好意を抱くとともに、インド人と付き合っていることに対して不快感をもっていた。この地区警察長官は事件を知った直後にこのインド人のところに行き、証拠を捏造までして逮捕してしまう。また、たまたま近くで酒を飲んでいたこのインド人と付き合いのあるインド人青年5人も共犯者として逮捕するのである。しかしながら、被害者のイギリス人女性が彼らの犯行でないと法廷で証言すると主張し、また逮捕した地区警察長官の行動にも不審な点があることから、当局は白人女性への強姦罪を不問に付し、

393

革命に関係したという名目（裁判にかける必要はなかった）[89]で6人のインド人たちを数年にわたって拘束することになる。その後、この被害者の女性は妊娠していることが分かるが、周りからの中絶の勧めも聞き入れないで出産し、彼女自身は亡くなる。

　このインド人青年は、名前をハリ・クマールといい、裕福な父親をもち、イギリスに移住し、イギリス人のように育つのであるが、突然父親が破産し、睡眠薬によって自殺したためにインドにいる親戚の許に引き取られるのである。彼はイギリスのパブリック・スクールまで進み、自己のアイデンティティをイギリス人のそれだと信じており、したがって、戻ってきた親の故郷のインド人のコミュニティにどうしても溶け込めない。さらにクマールを打ちのめすのが、インドに赴任していたパブリック・スクール時代の友人であったイギリス人から、非常に冷淡に、他のインド人に向けるのと同じ視線を向けられたことであった。彼はそのような状況に激しい不満を感じ、反抗的な態度をとっていく。ただ、一人のイギリス人女性、ダフネ・マナーズ（Daphne Manners）だけは彼に好意を寄せるのであった。ところが、クマールの眼前で彼女が数人のインド人に強姦されたとき、クマールは地区警察長官によってその主犯に仕立てあげられ、逮捕・投獄されてしまうのである。このクマールは人種的にインド人であっても、イギリス社会に育ち、イギリス人のアイデンティティをもつ人物造形がなされているのであるが、しかしそのようなアイデンティティを形成したとしても、インドの支配構造のなかにおかれれば、否応なしに「主体性」が奪われ、他者として扱われる。つまり、主体者であるかどうかはその人間性にかかわるのではなく、肌の色によって決定されるということを示している。イギリス人が、父や母のようにインド人を保護し、大英帝国の一員と扱っていると考え、それ故に戦争協力を拒んだり敵に寝返るインド人に対して「裏切り者」と感じるのだが、当のインド人の立場から、そしてそのもっとも「イギリス人化」したインド人ですら、所詮「他者」としてしか扱われないという痛烈な思いを抱かせていることが、クマールの存在によって顕在化される。

一方、クマールを不当に逮捕した地区警察長官のロナルド・メリックに関しては、1作目の『王冠の宝石』ではクマールの敵役として描かれているだけであるが、2作目以降、深みのある重要な登場人物として描かれていく。

　不当逮捕の後、地区警察長官のメリックは、そのことがもとでインド人から反感を買うだけではなく、疑わしい捜査をしたことで、イギリス人たちからも疎まれるのである。時代は、1919年のアムリットサルの無差別射撃をした時代よりもさらにインド・ナショナリズムが高揚している。彼はいたたまれなくなったのか、警察を退職し、軍隊に入るのであるが、そこで彼はテディー（Teddie）というイギリス人青年と親しくなる。そしてテディーの結婚式で花婿の付き添いを頼まれる。2人が車で結婚式に向かう途中、何者かに石を投げつけられ、同乗していたテディーに当たるのであるが、それがメリックに向けられたものであることが結婚式に参列していた人物から知れ渡るのである。挙式の後、2人はインパール作戦でインドに侵攻しようとしてきた日本軍と戦うためにインパールに赴くのであるが、ビルマで捕虜になったインド人で日本軍に協力している脱走兵を見つけ、あくまでもインド人を保護するイギリス人であろうと近づいたテディーは、待ち伏せをしていた敵から不意打ちを食らって戦死する。メリックは、テディーを助け出そうとした時に、彼も負傷をし、片腕を失うことになる。

　『ラジ4部作』では、1942年のイギリス軍のビルマからの敗走、そして1944年のインパール作戦により日本を撃破し、そのままビルマまで進攻し奪還する経緯が詳しく描かれていない。作者のポール・スコットは、士官としてインド人部隊に関わっていたのであるから、詳しい状況を知らなかったはずはない。そのことが極めて曖昧なかたちでしか描写されていないのは、おそらく戦闘の詳細な描写が作品の統一性を損なうと考えたためであろう。あるいは、作品に過激なインド人の「声」を入れたくなかったために、ぼやかしたのかもしれない。

　本書では、すでに第3章2.2節でマレー作戦以降の歴史的状況を再現す

る試みを行った。簡単に要約すると、イギリス軍は、ウィリアム・スリム将軍の下、イギリス兵の戦意を高めるとともに、飛行機を有効に利用し、兵站を周到に築き、日本軍を東へ東へと追い詰めていった。そして、日本軍の方はインパール作戦の失敗の後、地獄絵図のような状態の中を、ビルマへと敗走していった。

　一方、インド国民軍の方は、日本軍の敗戦とともにイギリス軍に拘束され、デリー軍事法廷に引き出されることになった。しかし、支配者のイギリスは、アメリカ主導の極東国際軍事裁判と違って、戦争責任をインド国民軍に押し付けることに失敗した。インドの世論が許さなかったのだ。おそらく、英領インドの言説形成＝編成の中の「反抗者」は、もはや抑圧・隠蔽できないほどに強靱なものになっていたのだろう。そしてその強靱な「反抗者」は、ガンディーやネルーらによって、インド人を中心とする言説形成＝編成を開始する起爆剤とされたのだ。そのとき、情勢を分析する能力に長けたイギリス人は、もはやインドから撤退する選択肢しか残されていないことに気づいたのだと思われる。

　『ラジ４部作』にもどると、この作品の世界では、インドを暴力的に解放させようという動きは具体的に描かれないで、インド国民会議の主要人物やイギリス人を中心に、幕引きの模様が描かれる。そのなかでも、メリックは、彼の親友のテディーの死後、彼の未亡人と結婚をし、インドの独立に向かって激変する情勢のなかで、混乱を抑えるためにイギリス人だけではなくインド人のために誠心誠意努力をするのだが、謎の死をとげる。

　メリックは低い階層出身の人物であり、そのため、クマールのような教養のあるインド人に対して好感をもてなかった。しかも恋敵ということで不当な捜査を行ったのであったが、友人のテディーが「母となり父となり」であろうとして死んだ姿を見ることによって、彼自身「母となり父となり」として、大英帝国最大の植民地の終焉で英雄的に死ぬ道を選んだのかもしれない。

　『ラジ４部作』は、イギリス人の目から見た英領インドの終焉を描いた作品であるが、単にコロニアル時代の挽歌というだけではなく、サルマン・

ラシュディの『真夜中の子供たち』とは違った意味で、ポストコロニアル時代との接合点となる作品である。

　しかし、繰り返しになるが、それは英領インドの終焉を「挽歌」に仕上げているともいえる。『ラジ４部作』は、インドの独立への流れのなかで、時代の転換を感じたイギリス人がさほどの抵抗もせず潔くインドから出ていったという「歴史」を共有しているのだ。しかしそれなら、何故わずか２、３年前に西進する日本軍とあれ程の必死の攻防戦を戦ったのであろうか。その点について、戦後の優勢な歴史——ポストコロニアルの西欧中心の歴史の読み直しにおいても同様であるが——は十分に説明しているだろうか。多くの犠牲を払ってまで東南アジアやインドの植民地を守ろうとしたのは、近い将来の植民地の独立のためという理由であったとは考えにくい。イギリス人の多くは、インドや他の植民地のイギリス支配はまだ続くと考えていたのであろう。あるいは、日本の東アジア支配を阻止するために戦ったのであろうか[90]。この点の検討なくしては、インドの植民地化の歴史を総括することにはならないであろう。

　先ず留意すべきは、イギリスのインド支配を通じて、その植民地化がイギリスの利益追求であったとしても、インドに近代化をもたらし、西欧近代の理念＝建前が浸透していったことは事実である。そして、日本の「大東亜共栄圏」もそうだが、理念と建前は、一方が他方の完全なる隠れ蓑とは断言できない。むしろコインの裏表の関係であることも多いのである。芥川龍之介の「羅生門」の「下人」の若者が自己の行動を正当化して初めて——「悪事」の毒消しを行うことによって——老婆の服をはぎ取るように、「文明化」、もしくは「大東亜共栄圏」などの理念を語ることによって、植民地化政策に邁進できるのである。しかも潜在的に強い疚しさを感じれば感じるほど、理念は声高に叫ばれる。その結果、ある程度は自らもその理念を信じるようになる。

　イギリスは、100年以上にもおよぶインドの植民地政策によって、遅れた地域を「文明化・近代化」するという理念をある程度は実際に行っていたのであるといえる。そしてその結果、「近代的な」インド人が生まれて

きた。そして、インド人の中に、近代国家のヴィジョンが生まれてきたのである。これは、植民地政策の「成果」といえる。ただこの「成果」としてのインド人のナショナリズムの自覚が、第2次世界大戦時に日本軍のインド侵攻に協力するという形で現れたことに対しては、支配者であるイギリス人にかなりの衝撃を与えたものと思われる。

　イギリスは、第1次世界大戦、そして第2次世界大戦で、自らの主権を守るために多くのインド兵を動員した。特に第2次世界大戦においては、軍国主義で、領土的野心から牙をむいたドイツと日本の「邪悪な」企てを阻止することが戦争の重要な大義となった。しかしながら、自らのインドを守る大義、つまりイギリス領を守る大義との本質的な矛盾が、インド人の独立の希望（暴力）を抑えることをこれ以上不可能にしたのであろう。さらに、チャーチル率いる保守党の選挙での敗北は、それに拍車をかけたと思われる。

　イギリスのインド統治の大義として掲げた理念によって、インド人にナショナリズムが芽生えたといっても、一方では、それを遅らせるように、ムスリムとヒンドゥーの対立を煽る政策をとったことも歴史家の認めるところであり、それがコミュナル対立を深刻化させ、後述するサルマン・ラシュディやクシュワント・シン（Khushwant Singh）の作品にみられるような、インドとパキスタンの分離独立前後から今日まで続くムスリムとヒンドゥー教徒の血みどろの争いにつながっているのかもしれない。

　このようにみてきたとき、イギリスによる植民地支配が、インドという「想像の共同体」の形成へ様々な意味で影響を与えたということを無視することはできないであろう。また一方では、インドに持ち込まれた近代化言説形成＝編成の最終楽章として、その同じ言説形成＝編成がイギリスの植民地支配を破綻に追い込んだものと考えられる。ポストコロニアルのインドは、植民地化された「インド」をも含めた様々な融合体であり、それを否定することは、「インド」という共同体の大きな部分を隠蔽することである。だからといって、イギリスによって与えられた「インド・インド人」を後生大事に守っていくということをいっているのではない。当然の

第3章　「東洋」の知識化の歴史的考察 (2)

ことながら、独立後のインド人の作業は、インドの主体者としてイギリスによる植民地時代に押しつけられた「インド・インド人」表象の修正・書き換えをおこなっていくことであり、また、実際にそれがなされてきているのである。

その「インド・インド人」表象の修正・書き換えにおいて重要な影響を与えたのは、19世紀から20世紀への世紀の転換点において、西欧の近代化言説形成＝編成に新たに生まれてきた「モダニズム」であろう。このモダニズムが、近代化に対する「反抗者」であるのか、近代化の延長線上にあるのかは別にして、20世紀において、人類の世界観を大きく変容させる新たな言説形成＝編成の流れであった。

ヨーロッパの近代化は、『聖書』が提供する神——そしてその神の創造物である人間——中心のコスモロジーから、自然観察から得られるコスモロジーへと大転換させた。それに対して、19世紀末から20世紀にかけて起こってきたモダニズムは、「確固たる世界」から「個々人の表象」の集合体へと世界観を相対化していったのである。まさにショーペンハウアーの「世界はわたしの表象である。」[91]という考えが、世界に浸透していったのだ。

「確固たる世界観」は、あるべき世界は一つであり、その世界を見る眼差しは一つであり、その世界には「真理」は一つであり、したがって価値観も一つであるという信念を人類に与える。一方、「個々人の表象」——あるいは、それぞれの文化が提供する表象——という世界観では、世界は人間（文化・社会）の数だけ存在し、その世界を見る眼差しも無数にあり、その世界には普遍的な「真理」は存在せず、したがって様々な価値観が併存する。そのような世界観の大転換が、19世紀末から20世紀にかけて、欧米の言説形成＝編成の中で芽生えていった。ただし、急激ではなく、徐々にである。その結果、「複数の文化」、「複数の文明」を共有する下地が、欧米の言説編成の中で形成されていくのである。そのことはまた、植民地政策の大義である「未開人を文明化」するという理念にも影響を与えるのである。すなわち、T・B・マコーリーの「血と肌の色はインド人であり

ながら、趣味や意見や道徳や知性においてはイギリス人」を作り出すことの根拠が薄れ、それぞれの社会にはそれぞれのモデルがあり、インド人にイギリスモデルを押し付けることの正当性に疑問符がつくようになるのである。もちろん、21世紀の今日でも、「普遍的な文明」、「普遍的な文化」を信奉している人々はいるだろうが、そのような「普遍性」が疑いようのない事実であると世界が無条件で認めることはなくなっていることが重要なのである。別の言い方をすれば、「複数の文明」、「複数の文化」観が許容される度合いが格段に高まったといえる。

ただここで留意しないといけないのは、ある社会・文化——その社会の言説形成＝編成——が「複数の文化・価値観」を許容するためには、そのような複数の文化・価値観が表象——コード化——される必要がある。第1章7節で述べたように、われわれ人間は、コード化されて初めてその存在が認識されるのである。しかしながら、本来、文化——言説編成——は、異質なるものを排除しようとする。さもなければ、「価値の源泉」の絶対的権威は否定されることになるからだ。日常の発話行為ではその排除が先鋭化され、新聞や雑誌においても、その排除の力は保持されている。言葉の構造が単純であればあるほど、その言葉をひとつの文化・価値観、一つの眼差し（視点）が支配するからである。逆にいうと、文章の構造が複雑になることによって、「複数の文化・価値観」が相互に抑制しあい、排除の力が弱められるのである。したがって、言語の構築物として最も複雑な形態をとりえる文学作品において、「他者」が排除・無化されずに留まることが可能なのである。そのようなことから、馴致された「他者」表象ではなく、異質なるものとしての「他者」表象の試みは、文学の最前線において様々な実験が繰り返され、様々な作品——その多くは、一般には極めて難解な作品であるのだが——が生み出されていったのである。

しかしながらこのような芸術上の試みは、決して芸術の領域内に限定されるということではない。近代科学が人々にそれ以前とは全く異なった世界観を提供し、そのことで社会の様々な相で変容が起こっていったように、モダニズムの文学運動によってもたらされた「複数の視点」は、異質

なる「他者」の存在を社会全般に認識させていくことにつながっていくのである。相対的に世界を見る訓練の場を提供するのだ。次章においては、複数の視点（眼差し）を文学作品に取り込む実験の代表的な試みを検証する。

註

（1）後述するように、当時の日本には、アメリカによる「援蔣（介石）」行為は、日中戦争を長引かせている要因と考える者もいた。
（2）第2章1.4節のラハマンの説明を参照。
（3）Allen J. Greenberger, *The British Image of India: A Study in the Literature of Imperialism 1880-1960* (London: Oxford University Press, 1969) を参照。
（4）横光利一、『旅愁　上』、（講談社、1998）、p.166。以下の『旅愁　上』からの引用は、この版の頁数を本文に記入。
（5）本書で「主権」という概念を使う場合、言語、宗教、価値体系、軍事力（その放棄をも含める）等の共同体の文化システム総体を、独立して管轄しうる状態をいう。
（6）たとえば、マイケル・ウエイナー編の『日本のマイノリティ』、あるいは、小熊英二、『単一民族神話の起源——＜日本人＞の自画像の系譜』、（新曜社、1995）を参照。
（7）「国体」は英語の "national polity" にあたるものであろうが、日本の歴史コンテクストにおいては、たとえば上杉慎吉が「何となれば帝国の国体を解して天皇主権者たりと為す所」というところの意味が付与されていることはいうまでもないことであろう。もっとも上杉に天皇機関説を批判された美濃部達吉は、天皇主権を当然のこととしながらも、「国家を以て一の団体であるとし、法律上の人格を有するものであるとし、この団体的人格者たる国家が最高統治権を保有するものである」という国家法人説を主張した。この考え方は美濃部によると憲法学者の中では主流であったようであるが、昭和10年（1935）に天皇機関説事件において美濃部が貴族院議員を辞任した後には、天皇機関説は反国体思想という烙印を押された。上杉・美濃部論争は、1912年雑誌『太陽』で行われたのであるが、上記の引用は、今井清一編、『近代日本思想体系　33　大正思想集I』、（筑摩書房、1977）による。
（8）Karel van Wolferen, *The Enigma of Japanese Power* (New York: Vintage Books, 1990) を参照。以下の『日本／権力構造の謎』からの引用は、この版の頁数を本文に記入。
（9）今日でも、「容疑者」や「被告」を個人名に付加することは、人権を考慮

して、排除をある程度緩和する機能があるからである。一方、最近のアメリカのテレビニュースにおいては、容疑者に"suspect"が付加されるのに対して、しばし被害者が個人名のみで呼ばれることから、日本とは逆の文化装置が働いていると思われる。

(10) 『日本事物誌』の"Fashionable Crazes"の項目を参照。

(11) そもそも天皇制というのは、政治的実権を失った段階で日本の文化システムの中核に組み入れられることによって、侵すべからざる存在になったのである。そのようなメカニズムにおいて天皇制を否定するものは、日本の文化システムから排除されることを意味する。いわば破門である。その意味で、天皇は国体とつながりえるのだ。したがって、国家法人説の一種である美濃部達吉の天皇機関説は当時の状況にあっても実態に適合していたものであろう。日本の文化システムの中心にあって、国家の永続性を保証する権能である天皇制は、まさに日本の中核的機関であったはずである。しかしながら、神権天皇主義者たちにより天皇機関説は排斥されることで、国家の法人的性格が日本人の意識から隠蔽されてしまった。つまり、天皇という文化装置は世界システムのなかで日本の主権を防禦するために強化された歴史的事実であることが隠蔽されてしまったのである。その結果、天皇制が一部の集団によって利用されることになったのだと思われる。

(12) 拙論「「近代の超克」の逆行性――遅れた近代の悲劇――」(『ポストコロニアル・フォーメーションズv』、言語文化研究科、2010)から一部抜粋している。

(13) 1942年、雑誌『文学界』の九月号、十月号で、「近代の超克」が特集され、座談会参加者の論文と座談会の記録が掲載された。本書では、それらの論文と座談会の記録を収録した『近代の超克』、(冨山房百科文庫、1979)によっている。以下の『近代の超克』からの引用は、この版の頁数を本文に記入する。

(14) この竹内論文は、『近代の超克』、(冨山房百科文庫、1979)に収録されている。

(15) 廣松渉、『<近代の超克>論』、(講談社、1989)。以下の『<近代の超克>論』からの引用は、この版の頁数を本文に記入する。

(16) 子安宣邦、『「近代の超克」とは何か』、(青土社、2008)。以下の『「近代の超克」とは何か』からの引用は、この版の頁数を本文に記入する。

(17) 本書第1章5節を参照。

(18) 廣松渉、『<近代の超克>論』、pp. 142-7を参照。

(19) 拙論「日本語による東アジアのマッピング――(大)アジア主義」(『ポストコロニアル・フォーメーションズVII』、言語文化研究科、2012)から一部抜粋している。

第3章 「東洋」の知識化の歴史的考察 (2)

(20) このようなマッピングを試みた著作は、竹内好も「この戦争の時期には、大アジア主義を名のる書物が非常にたくさん出た」というように、太平洋（大東亜）戦争の数年前から、多く出版された。竹内好編、『現代日本思想体系 9　アジア主義』の 15 頁を参照。
(21) インド哲学の研究者でもあった大川周明は、彼の『復興亜細亜の諸問題』昭和 14 年再版の巻頭「ことわり」で、以下のように記している。「本書が初めて印刷に附せられたのは、序文によって知らるる如く、実に大正十一年の初夏、指折り数うれば十有八年の昔である。そは予の自余の著述と同じく、極めて少数の熱烈なる同志を得ただけで、殆ど世の顧みるところとならなかった。然るに近来アジア問題が漸く世人の関心を惹くに及び、偶々この書を一読せる明治書房主人高村有一君の真摯純一なる魂が、本書に潜み流るる精神に共鳴して、切に本書の再版を要望し、その熱心は遂に予をして承諾を余儀なくするに至らしめた。」この大川の回顧文から分かるように、日本のアジアに対する関心の高まりは、太平洋戦争直前のことであった。（『復興亜細亜の諸問題』、15）
(22) Henry Cotton, *New India or India in Transition*（London: Kegan Paul, 1907, rpt., Bibliobazaar）, p. vii.
(23) 満川亀太郎、『奪はれたる亜細亜』、（広文堂書店、1921）、pp. 189-90。
(24) 松本健一、『北一輝論』、（講談社、1996）の年譜参照。
(25) 北一輝、『北一輝著作集 II　支那革命外史　国家改造案原理大綱　日本改造法案大綱』、（みすず書房、1959）、p. 7。以下の『支那革命外史』からの引用は、この版の頁数を本文に記入。
(26) アジアの植民地住民の多くが「日露戦争によって鼓舞」されたというのは、大川の思い込みというわけではない。たとえば、後述するマレーシア人医師の太平洋戦争の回顧録には、「東郷海軍大将の下での日本の勝利はアジア全体に鳴り響き、アジアの一国が初めてヨーロッパの強国を打ち負かしたことで大きな歓喜を引き起こした。」とある。T. J. Danaraj, *Memoirs of a Doctor: Japanese invasion of Malaya & Singapore*（Kuala Lumpur, Malaysia: T. J. Danaraj, 1990）, p.10. 以下の『ある医師の回想録——日本のマレー半島とシンガポールの侵攻（*Memoirs of a Doctor : Japanese invasion of Malaya & Singapore*）』からの引用は、この版の頁数を本文に記入。
(27) 大川周明、『新亜細亜小論』、（日本評論社、1944）、p. 12.
(28) 大正期に書かれた『復興亜細亜の諸問題』の 280-1 頁においても、イスラム教徒のことを大川は、「然るに回教土民は、一般に怠惰にして且宿命論者である。彼等はその富を自己の勤労に依頼せずして、これを神に祈願する。」と述べているところは、西欧帝国主義者の眼差しの反復でしかないだろう。

403

このことは、大川の「反抗」は、西欧帝国主義の枠組みを破るまでにはいたっていないことを示すものである。
(29) 竹内好が『日本とアジア』のなかで、「わずかに北一輝など少数の挫折した先例を除いてまだだれもいないようである」といったように、「日本を主体としてアジアの原理」を発見することは、戦後の日本人にとっても、真剣に取り組まなければならない問題であると思われる。『日本とアジア』、pp. 90-1 を参照。
(30) 第2次世界大戦後、「大東亜戦争」ではなく、「太平洋戦争」と呼ぶようになる最初の現れとしては、『太平洋戦争史――奉天事件より無條件降伏まで――』（高山書院、1946）においてであるといわれている。この本は、連合軍総司令部（GHQ）民間情報教育局の資料を中屋健弌が翻訳したものである。この翻訳書の3頁「譯者の言葉」の冒頭には、「今次戰爭が日本にとつて全く無意味な戰爭であつたことは、既にわれわれが充分了解してゐることである。しかし、この無意味なりし戰爭が何故に起つたか、そして又日本軍閥がわれわれの自由を如何に横暴に奪ひ去り、善意なる國民を欺瞞して來たか、についてこれを明確にすることは、その渦中に巻込まれてゐた日本人の立場を以てしては今のところ極めて困難である。この聯合軍總司令部の論述した太平洋戰史は、日本國民と日本軍閥の間に立つて冷靜な立場から第三者としてこの問題に明快な解決を與へてゐる。」とある。また、「譯者とはこの邦譯に際して、極めて原文に忠實ならんことを期し、譯文は總司令部民間情報教育局當局の嚴密なる校閱を仰いだ。」とある。
(31) Indrani Dutta, *The Japanese Invasion of India (1944): Myth or Reality?* (Delhi: Spectrum, 1999), p. 17. 以下の『日本のインド侵攻（1944）：神話か、事実か？ (*The Japanese Invasion of India (1944): Myth or Reality?*)』からの引用は、この版の頁数を本文に記入。
(32) 西村眞次、『大東亞共榮圏』、（博文館、1942）、pp. 61-2。以下の『大東亞共榮圏』からの引用は、この版の頁数を本文に記入。
(33) 「本論」の記述には、「悪しきオリエンタリスト」の眼差しが横溢している。たとえば、「一體、支那人は昔から民族的意識の比較的乏しい種族であるが、其代り個人的意識はなかなか旺盛で、轉んでも無償では起きぬといふ風がある。俊敏でもあり、聰明でもあるが、同時に狡猾でもあり、殘忍でもあつて、どうも油斷がならぬのである。」（『大東亞共榮圏』、148）というが、西村の主張では日本人と中国人は近い関係にあるのではなかったか。
(34) 本書、第3章注30を参照。
(35) 藤原岩市、『F機関　インド独立に賭けた大本営参謀の記録』、（振学出版、1985）、p. 1。この回想記は、藤原のこの版の序文2頁によると、「私は昭和

第3章 「東洋」の知識化の歴史的考察 (2)

二十二年六月、シンガポールの英獄から釈放帰国すると早々、F工作回想の執筆を初［ママ］め、翌年六月脱稿し、匡底に蔵い込んだ。」と記しており、彼の文章は今だ戦時中の言説形成の支配を受けていると考えられる。したがって、戦前・戦中の言説形成＝編成を分析するための資料として十分な価値があると考える。以下の『F機関』からの引用は、この版の頁数を本文に記入。ちなみに、彼の回想録は英訳されて、1983年に出版されている。

(36) インドラニ・ダッタは、マレー半島・シンガポールの占領を早めるのに、F機関やIILの宣伝活動が大きな役割を果たしたと述べている。ダッタはイギリス軍の秘密報告書がその二つの宣伝活動を「大変優れていた」と認めていたと記している。その報告書は さらに、「多くのインド兵は素晴らしく戦ったが、すぐに戦意を喪失し、簡単に投降したことは間違いない」とも記している。ダッタは、インド兵の多くが投降した理由として、日本がラジオや飛行機からのビラで、日本軍が戦っているのは白人であり、投降したアジア人に対しては危害を加えないことを保障すると伝え、実際に日本軍がその約束を守ったからだという。イギリス軍においては、最前線に立たされるのは常にアジア人兵であったという。(『日本のインド侵攻 (1944)：神話か、事実か？』、51-2)

(37) F機関の構成員について、藤原は、「部下として、僅かに五名の若い将校と一人の下士官を持っているに過ぎなかった。しかも、土持大尉のほかは、一般の専門学校を経て中野学校で一年乃至二年情報要員の特殊訓練を受けた将校であった。その他はマレイやスマトラに永住してきた邦人十四名、それもその大部は開戦の前後に臨時にF機関のメンバーとして加わった人々であった。更に私自身巻頭の章で自己紹介をしたように、経験の乏しい、若輩菲才のしろものであった。」と記している。(『F機関』、133)

(38) 藤原は、シンガポール陥落直後、旧競馬場ファラパーク (Ferrer Park) でほぼ5万人のインド兵に対して、同様の趣旨の演説を行っている。藤原によると、「偉大なるINA生誕の歴史的契機」となった演説であった。すなわち、「日本の戦争目的の一つは東亜民族の解放にあり」や、「日本は印度の独立達成を願望し、最大の同情を有し、その運動に対し誠意ある援助を供与する用意を有す。また日本は印度に対し一切の野心なきを宣誓す」という内容の演説である。(『F機関』、158-62) ちなみに、このとき捕虜になったインド兵の John Baptist Crasta が、*Eaten by the Japanese: The Memoir of an Unknown Indian Prisoner of War* (Bangalore, India: The Invisible Man Publishers & Co., 1998) という回想録で、ファラパークの演説を極めて嫌悪感をもって描いている。

(39) ダッタは、藤原を「理想主義者 (an idealist)」と呼ぶ。(『日本のインド侵攻 (1944)：神話か、事実か？』、37)

405

(40) ダッタによると、マレーシアのタイピン（Taiping）において、藤原に提出したモハン・シンの INA に関する要望「タイピン・レター（Taiping Letter）」のなかで、進んで志願したインド人捕虜のみを INA に入隊させることを藤原に約束させているということである。したがって、クラスタの記述とは矛盾する。（『日本のインド侵攻（1944）：神話か、事実か？』、53）また、藤原岩市は、モハン・シンについて、「かてて加えて、もともと英印軍将兵であった印度兵を焼き直して、革命軍に固成しようとするモ［ハン・シン］将軍の統率は、必然的に、厳格な施策とリードを必要とした。」（『F 機関』、206）と INA の統率には厳格であった旨のことは書いているが、協力を拒否したインド人捕虜の扱いについては触れていない。

(41) 『日本のインド侵攻（1944）：神話か、事実か？』の 59 頁を参照。

(42) 日本国際政治学会太平洋戦争原因研究部・編著　『太平洋戦争への道　開戦外交史　≪新装版≫　7　日米開戦』　朝日新聞社、1987 年（初版　1963 年）の 337 頁を参照。山本のこのような言葉が、太平洋戦争後においてもなお彼を軍人ヒーローとして位置づけさせている理由なのかもしれない。

(43) Kanji Akagi, "Leadership in Japan's Planning for War against Britain", in *British and Japanese Military Leadership in the Far Eastern War, 1941-1945*（London and New York: Frank Cass, 2004), pp. 54-5 を参照。

(44) 朝日新聞社編纂『マレー作戦　大東亜戦史』、（朝日新聞社、1942）、pp. 150-1。以下の『マレー作戦』からの引用は、この版の頁数を本文に記入。

(45) 『F 機関』の 157-8 頁によれば、降伏の後、イギリス軍から報告された捕虜の数は、白人とインド人がそれぞれ 5 万人近くであり、日本軍の兵力の数倍であった。

(46) 日本兵が捕虜を収容所に連れて行く際、インド人の下士官を自分たちのジープに乗せ、イギリス人将校を徒歩で行進させたので、インド人は自分たちが 4 等市民ではなく、1 等市民に遇せられた気になったという逸話を書いた文章を、ダッタは紹介している。（『日本のインド侵攻（1944）：神話か、事実か？』、38-41）

(47) ペナン（Penang）は、ピナン（彼南）のはずであるが、「とうじょう島（Tojoto）」については不明。

(48) マレー半島・シンガポールは独立を約束されていなかったとダナラジがいうように、インド、ビルマ、インドネシア、フィリピンと、それぞれ日本の対応が違っていて、ここにも、大東亜共栄圏の場当たり的特質が現れているといえよう。

(49) 同様なことは、シャナーワツ・カーン（Shahnawaz Khan）も『INA とネタジの思い出（*My Memories of I. N. A. & Its Netaj*）』に書いている。「マレー半島

第 3 章　「東洋」の知識化の歴史的考察 (2)

での敗走、それについての短い報告、そして、アジアの国民である日本人から命からがら逃げる白人の兵士を目の当たりにして、インド人の目にはイギリス人の威信はさらに弱まり、インド人の心から人種的劣等感の痕跡はすべて取り除かれた。」*Shahnawaz Khan, My Memories of I. N. A. & Its Netaji* (Delhi: Rajkamal Publications, 1946), pp. 5-6.

(50) ウィキペデイア（Wikipedia）によると、降伏直前に敵軍に破壊されるのは不名誉だと考えて、鳥居（昭南神社）を破壊したのは日本軍とある。

(51) Anthony Masters, *Tenko* (London: British Broadcasting Corporation, 1981). また、BBC のテレビドラマは、ポール・ウィーラー（Paul Wheeler）とジル・ヒム（Jill Hyem）、アン・ヴァレリー（Anne Valery）が脚本を担当した。以下の『点呼』からの引用は、この版の頁数を本文に記入。

(52) ダッタは、日本軍がインド侵攻に消極的であった理由の一つとして、インド国民会議の枢軸国に対する不支持声明を挙げている。（『日本のインド侵攻（1944）：神話か、事実か？』、34）

(53) 東条英機自身、大本営が認めたことを知ったとき、この作戦について空軍力の低下や兵站の問題を含む 5 つの懸念を持ったということである。Ryoichi Tobe, "Tojo Hideki as a War Leader", in *British and Japanese Military Leadership in the Far Eastern War, 1941-1945* (London and New York: Frank Cass, 2004), pp. 34-5 を参照。インパール作戦の評価については、日本よりイギリスにおいてのほうが深刻に受け止めているようである。このことは、日本側が日本とイギリスの物量の違いだけを見ているのに対して、イギリス側が英領インドの不安定な情勢を考慮してのことかもしれない。

(54) ダッタは、「単なるプロパガンダとしての声明」であると書いている。（『日本のインド侵攻（1944）：神話か、事実か？』、41）

(55) プリタム・シンは、東京に向かう飛行機が墜落したことにより亡くなっている。

(56) 日本軍がビルマへと快進撃を続け、1942 年 4 月の海軍によるインド洋セイロン島沖海戦のころは、インド防衛は極めて不十分であったようだ。ダッタは、［日本軍のインド侵攻が］間近に迫っていると思われていたとき、インドとセイロン（現スリランカ）において、全インドの防衛に使える部隊は、イギリス兵 1 部隊と、装備と訓練の不十分なインド兵 6 部隊だけであり、他には、北西フロンティアに駐留するかなり消耗した部隊とインド領内の治安部隊であった。」（『日本のインド侵攻（1944）：神話か、事実か？』、29）と記している。そのためイギリス側は、当初、日本軍のインド侵攻に対して非常に危機感を持っていた。

(57) 村田平次、『インパール作戦――烈兵団コヒマの死闘――』、（原書房、

407

1967)。以下の『インパール作戦』からの引用は、この版の頁数を本文に記入。
(58) そのことは、1949年に出版された『ルポルタージュ　イムパール——潰滅するビルマ方面軍の記録——』(高山俊朗著、雄鶏社、1949) と読み較べてみればよく分かる。『ルポルタージュ　イムパール』のほうは、最初から終わりまでこの作戦に対する批判で貫かれている。
(59) インパール作戦は、インパールの北のアッサム平地に進出する関門であるコヒマと、インパールを挟撃奇襲する作戦であった。(『F機関』、217)
(60) 村田によると、彼らが連れて行った牛205頭と馬36頭は、険しいアラカン山脈を行軍する間に転落したり衰弱死したりで、コヒマに到着した時点で、牛5頭と馬8頭になっていたという。(『インパール作戦』、69)
(61) Arthur Campbell, *The Siege: A Story from Kohima* (London: George Allen & Unwin Ltd., 1956). 以下の『包囲——コヒマの物語』からの引用は、この版の頁数を本文に記入。
(62) この小説では、「ジャップ (Jap)」が多用されるだけではなく、日本兵に対して「こいつら叫び声を上げる猿ども (these yeller monkeys)」というような表現もしばしば使われる。
(63) しいて言えば、イギリス兵をインド兵並みに扱ってやるという意図でこの表現が使われたのかもしれないが、日本兵の英語力を考えると、可能性は低いであろう。
(64) 日本に協力したインド人に対して、このように理解しようとする傾向は、後述するように、ポール・スコットの『ラジ4部作』にも影響している。
(65) 村田は、彼らが退却していく途中で、連合軍の飛行機からビラが撒かれ、その一つに、「軍閥野望の犠牲」という見出しで、「君達は何故このような姿にならねばならないのか。……」という書き出しのビラがあり、兵士たちは衝撃を受け、「牟田口の馬鹿野郎が……」という言葉を吐くようになる、と記している。このなかには、INAのインド人も含まれていたという。(『インパール作戦』、214) すでに、日本の戦前・戦中の言説形成＝編成のほころびが生まれてきている。
(66) 藤原は、「後日デリーの軍事法廷で、弁護側が最も引用し、活用したのはこのファラパーク・スピーチであった。すなわち、ハント中佐の指示により印度人将兵は英国王に対する忠誠の義務を解かれ、羊群の如く粗末に日本軍に引き渡されたと主張した。そして唯一残った祖国印度に対する忠誠にけっ起したのだ。日本軍の解放保障の宣言に基いてINA将兵は捕虜ではない。又日本軍に強制されて参加したのではないと主張した。」と記している。(『F機関』、162-3)
(67) ジャワハルラール・ネルーは、INAが「インド独立の戦いのシンボル」に

第3章 「東洋」の知識化の歴史的考察（2）

なったと宣言した。（『日本のインド侵攻（1944）：神話か、事実か？』、77）
(68) さらにダッタは、INAや日本に好意的な意見を紹介している。「インド国民運動に関する日本人の意図に対して大胆な評価が、T・R・サレーン（T. R. Sareen）によってなされた。彼は以下のように言う。『インド人と日本人の共闘は、共通の目標と利害に基いていた。（中略）サバス［チャンドラ・ボース］は、もし日本とINAがインパールを占領するや、インド人民がイギリスに対して反乱を起こすだろうと予想していた。おそらく、彼の想定はそれほど間違ってはいなかったであろう。しかしながら、INAが成功するか失敗するかは日本の作戦の出来にかかっており、インパール作戦の失敗は、イギリスにINAを黒色に塗りつぶす好機を与えたのだ――日本帝国主義の手先というように。』」（『日本のインド侵攻（1944）：神話か、事実か？』、15）
(69) 「INA裁判によって沸き起こった運動は、結果的にインドにおけるイギリス人の立場を弱めた。しかしながら、すでに言及したように、裁判当時のインドの歴史についての著作――特にイギリス人やアメリカ人の著作――には、戦時中のイギリスのプロパガンダ装置の影響が浸透している。」（『日本のインド侵攻（1944）：神話か、事実か？』、13）
(70) 後述するクシュワント・シン（Khushwant Singh）の『パキスタンへの列車（Train to Pakistan）』では、都会のインテリ青年であるイクバルは辺鄙な村のシーク教徒の長老に次のようにイギリスがインドを去った理由を説明する。「『彼ら［イギリス人］は去らざるをえなかったから去ったんです。戦争で戦うために訓練を受けた何十万という青年がわれわれのほうにいるんです。今回はインド兵は武器を持っていたんだ。インド人の水兵が反乱を起こしたことを聞いてませんか。兵隊たちも同じことをしたでしょうよ。イギリス人は怖ろしかったんだ。日本人が作り上げたインド国民軍に参加したインド人を誰一人銃殺にできなかった。なぜなら、［そんなことをしたら］インド全体がイギリス人に反乱を起こすと考えたからだ。』」もっとも、長老は、イギリス人はインド人よりましだと言い張る。Khushwant Singh, *Train to Pakistan* (Delhi: Ravi Dayal Publisher, 1988), pp. 61-2. 以下の『パキスタンへの列車』からの引用は、この版の頁数を本文に記入。
(71) Tay-sheng Wang, *Legal Reform in Taiwan under Japanese Colonial Rule. 1895-1945* (Seattle and London: University of Washington Press, 2000) を参照。
(72) 『単一民族神話の起源――＜日本人＞の自画像の系譜』を参照。
(73) 台湾、朝鮮半島、そして満州を舞台にした日本語の文学作品は少なくないが、英語におけるキプリング、コンラッド、そしてヘンリー・ライダー・ハガード（Henry Rider Haggard）といった数多のイギリス人作家が本国の英文学に与えたような影響をもたらしたかどうか甚だ疑問である。

409

(74) 現在の台湾において、戦前の日本の「修身」を評価する台湾人がいることを耳にするが、そのことはここで問題にしていることの反証にはならない。ここで問題にしているのは、認識世界の拡大、文化空間の多層化である。
(75) しかしながら、アジアに目を向けている人々といえども、戦前はもちろんのこと戦後においても、日本中心主義から抜け出せてはいないのである。1970年に刊行された三島由紀夫の小説『暁の寺』の主人公本多は、タイとインド体験から東洋の輪廻観に目覚めるが、畢竟、彼の輪廻転生は「日本」の中を循環しているにすぎない。
(76) もちろん、イギリス植民地においても、被植民地住民に対してヴィクトリア女王の肖像に敬意を払わせるといったようなことはなされていた。
(77) 世界を相対的にとらえようとした和辻哲郎の『風土』においても、彼の試みは、アジアを軽視するとともに、日本の特殊性――このことは、今日に至るまで根強く続くのであるが――を強調することによって日本の文化空間を他から隔絶しようとした。『和辻哲郎全集　第八巻』、(岩波書店、1962)、pp. 134-169 を参照。
(78) 拙論「日本文学における認識の境界」(『カルチュラル・スタディーズの理論と実践 II――ポストコロニアルとグローバリゼーション――』、言語文化研究科、2002) から一部抜粋している。
(79) チャンドラ・ボースもその一人であった。
(80) パトリック・ブラントリンガーの『闇の支配』、pp. 199-224 を参照。
(81) 大岡昇平、『俘虜記』、(新潮社、1967)、p. 26。以下の『俘虜記』からの引用は、この版の頁数を本文に記入。
(82) たとえば、『土と兵隊』の火野伍長は、降伏してトーチカから出てくる中国兵を見て、「どれもひ弱そうな若い兵隊だった。それは、しかし、歯がゆいことには、どれも日本人によく似ていた。」と記している。火野葦平、『土と兵隊・麦と兵隊』、(新潮社、1953、46 刷、2000)、p. 111。
(83) 大岡昇平、『武蔵野夫人』、『現代日本文学館　41　大岡昇平』、(文藝春秋、1967) を参照。
(84) 大岡昇平、『野火』、『現代日本文学館　41　大岡昇平』、(文藝春秋、1967)、p. 223。以下の『野火』からの引用は、この版の頁数を本文に記入。
(85) 芥川龍之介は、その典型例かもしれない。
(86) 『植民地願望』、p. 91 を参照。
(87) 本書、第 3 章 2.2 節を参照。
(88) 第 3 作目の『沈黙の塔』に出てくる言葉で、"Man-bap" は、支配するイギリス〔人〕とインド〔人〕の関係をウルドゥー(ヒンディー)語の母と父を表す言葉を使って言い表した表現である。

第 3 章 「東洋」の知識化の歴史的考察 (2)

(89) このような「強姦罪」から「反乱罪」への転換は、作品のストーリー展開としては付随的なものであるが、しかし支配者側のイギリス人が、植民地支配に不満を持つインド人に対していかに対応していたかがみえてくる。大川周明は『復興アジアの諸問題』の中で当該の法律に触れ、以下のように説明する。「ローラット法案は、曾て戦時非常法として発布せられ、インド政府が戦争終結と共に撤廃すべきを約せるインド国防条例を、叛乱条例の名の下に永久的のものとし、官憲に与うるに、苟くも英領インドに於て、安寧秩序を害する危険ありと認むる時は、その何人たるを問わず、また裁判を経ずして、直ちにこれを逮捕・監禁又は投獄するの権力を以てせるものである。」この法案に対するインド人の反応として、「ローラット法案が、インド人を憤激せしめたるは固よりそのところ。この年二月、該法案の帝国立法会議に上程せらるるや、心あるインド人は悉く起って反対運動を開始した。」と大川はいう。そして彼によると、このインド人の反対運動が 1919 年のアムリットサルの無差別射撃につながっていくというのである。(『復興アジアの諸問題』、103-6)

(90) 日本軍が優勢であったとき、アメリカは、イギリスのインドからの撤退を懸念していたという指摘がある。

(91) アルトゥール・ショーペンハウアー、『意志と表象としての世界　正編 (1)』、斎藤忍随・他訳、(白水社、1972)、p. 45。

第4章 揺らぐ語り

4.1 小説技巧における過剰・過小コード化

　第4章1節では、前章で指摘した「複数の文化・価値観」、複数の視点（眼差し）を作品に投影し、したがって複数の「声」を掬い上げようとする前衛的な文学作品について、それらの多層的構造を分析するための方法論を説明する。そのためには、記号論やナラトロジー、そしてそれ以外の文学・文化理論を援用し、言語の構築物である文学作品そのものの分析から始める。

　文学作品を記述するメタ言語の確立の試みは、ロシア・フォルマリストたちや、その後の構造主義者といわれる人々によって積極的に推し進められてきた。その試みの前提にあるものは、ファルマリストの一人であるロマーン・ヤコブソン（Roman Jakobson）によれば、文学の研究対象が「ある作品をして文学的な作品にしているところのもの」であるのに対して「これまでのところ文学史家たちは、ある人物を逮捕しようという目的のために、万一にそなえて、その住居にいるすべての人や物を、さらには、たまたま通りかかった通行人までも取り押さえようとする警官にたとえられてきた。」という認識であろう[1]。つまり、文学作品を分析する明確な方法論や分析のためのメタ言語の確立なくしては、作品それ自体の語法や形式の記述、作品成立時の背景の記述、かつて生存した生身の作者の記述、読後の作品の印象の記述、作品に影響を与えた他の作品の記述などを分離・抽出することが出来ず、その結果、それらを未分化のままの状態に放置せざるをえないという認識である。

　一方、アメリカに起こったニュークリティシズムが研究対象を作品に限

第4章　揺らぐ語り

定したことは画期的なことであった。つまり、近代科学が研究対象を他から分離することでその対象の属性を明らかにするように、文学作品をそれ以外の要素から切り離して、言語の構築物である作品自体を記述しようとする試みである。しかし、ロバート・スコールズ (Robert Scholes) が「改善された解釈の名において、読む行為は謎解きになり、文学のクラスはチャペルへと変えられた。そこでは聖職者のような教員（教員は解釈する作品の著者、タイトル、伝記的事実、そしてその作品が生まれてくる全般的な背景を知っているのだ）は作品からだけするには奇跡としかいえないような解釈をして生真面目な学生を驚かしたのだ」と皮肉るように[2]、文学作品が他の一切のものから独立してそれだけで意味にあふれた言語構築物であるという前提は、その言語自体が社会とつながっているものである以上、現実から乖離したものであろう。もっとも、作品内部で、作品を取り巻く言説形成＝編成にはない新たな構造・新たなコード化を生み出すことは可能である。しかしながら、作品が商品として社会に流通し、広い層に読まれるための前提条件は、その社会のコード体系を使うことであることは説明を要しないであろう。

確かに、ニュークリティシズムが主張するように、文学作品が純粋に言語の構築物であるとしても、作品が芸術作品として完成するためには、つまり、読む行為を通して読者の頭のなかに具象的イメージであれ、抽象的概念であれ、作品の「意味」が形成されるためには——そして、その「意味」こそが重要なのであるが——他の要因が介在しなければならない。

スチュアート・ホール (Stuart Hall) は、文化表象 (cultural representation) のメカニズムを、彼の編集した『リプレゼンテーション：文化表象と意味行為 (*Representation: Cultural Representations and Signifying Practices*)』の自身の担当箇所で、非常に明快に説明している。そのなかで、フェルディナンド・ソシュール (Ferdinand de Saussurre) の表象研究における画期的な役割を、次のように述べている。

　彼［ソシュール］は、「近代言語学の父」として知られている。われわ

れの目的にとって、彼の重要性は、言語学の緻密な研究にあるのではなく、表象行為に関する彼の概観にあるのであり、さらに、彼の言語モデルによって、広範囲に及ぶ多様な文化領域における表象の問題への<u>記号論的</u>アプローチが生み出されたことである[3]。

　言語による表象行為に関するソシュールの革新的な考えと同様に重要であると思われるのは、ロマーン・ヤコブソンのコミュニケーションモデルであろう。コミュニケーションの1つの形態である文学作品の「意味」の伝達には、ヤコブソンのモデル（図1と、図2の筆者の改訂モデルを参照）が示すように、必然的にコンテクストやコードのような要素を伴うのである[4]。

　図1で示されているように、ヤコブソンのモデルは、「意味」が送り手から受け手に伝達される行為には、6つの要因が働いていると規定している。たとえば、大学生（送り手＝Addresser）が、指導教員（受け手＝Addressee）の研究室で、教員に論文のことを相談しようとする（コンタクト＝Contact）。伝えたい内容を言葉にして（記号化＝encode）、それを音声化（メッセージ＝Message）して伝えようとする。もし、聞き手の教員がアメリカ人であれば、英語でメッセージ化する場合もある。その音声を聴覚で聞き取った教員は、その音声メッセージから、学生の伝えようとしたであろう「意味」を読み取る（解読＝decode）のである。

<pre>
                    Context
                    Message
        Addresser━━━━━━━━━━━━Addressee
                    Contact
                     Code
</pre>

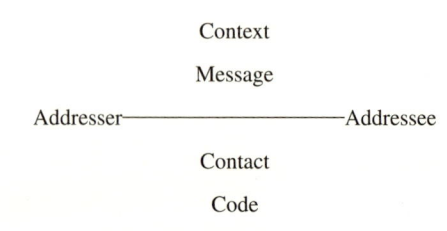

図1　ヤコブソンのコミュニケーションモデル

第4章　揺らぐ語り

```
               コンタクト（言説空間）
┌─────────────────────────────────────────────────────┐
│ 送り手──コンタクトⅠ──メッセージ（テクスト）──コンタクトⅡ──受け手 │
│     コードⅠ                                        コードⅡ   │
└─────────────────────────────────────────────────────┘
```

図2　ヤコブソンのコミュニケーションモデルの改訂モデルⅠ

　このようなヤコブソンの言語観は、ソシュールと共通する考え方である。
　送り手は、特定のコンテクスト（Context）において意図する「意味」を伝えられるようにコード（Code）とコンタクトを選択する。コンテクストは、言語域外（extralinguistic）の世界のことではなく、ヤコブソンのいうように、「言語または言語化されうるもの（either verbal or capable of being verbalized）」、つまり、メッセージ（Message）が意味を持つ場としての、「言説空間(the universe of discourse)」のことである。本書の概念規定でいえば、言説形成＝編成の場である。しかし、スコールズは、コンテクストに対して次のような別の解釈をしている。

　　たとえば、もし二人の人物がともに窓の外を見ていて、一人が、「雨が降っている」と言うなら、コンテクストは具象的で、現象的で、現存的である。しかしながら、もし二人が本を開き、「雨が降っている」という文字を読むなら、コンテクストはなお具象的で、潜在的に現象的であるが、それでも、現存していないので、その語句の意味は全く異なってくる。その意味はもはや直接に窓の外の雨に言及されることはあり得ない。雨は現存する現実において降っているのではなく、われわれが虚構と呼ぶように学んだ空間で降っているのである。（『記号論のたのしみ』、25）

スコールズは、コンテクストに「知覚されうる世界」を含めていて、現実に知覚されているかどうかがメッセージの意味に重大な影響を及ぼすという。しかし、彼は、言語による伝達行為と、事実と虚構の問題を混同して

415

いる。スコールズのいう「コンテクスト（the context）」は、実際には「語句の意味（the meaning of the phrase）」を変化させるのではなく、ヤコブソンのいうように「真理値（the truth values）」に関与するのである。つまり、言語メッセージが生み出す「意味」が、知覚情報——パターン認識による情報——によって保証されて「事実」と認定できるかどうかである。もちろん、コンテクストに知覚情報をも含めることは可能であろうし、その方が現実世界に近いであろう。しかしながら、知覚情報は言語情報と同時に存在するときであっても、あくまでも別の情報伝達であり、それをここで含めることは議論を複雑にし、言語伝達自体の分析を阻害する。それに、そもそも事実であるかどうかに関しては、常に知覚が重要視されているとはいえない。「文明の光をもたらす使命」や「大東亜共栄圏」が自明のものとして流通していた社会において、それらのスローガンを受容する一般の人々が「現場を見る」ことによって検証することなどなかった。むしろ、現場において、それらの言説との軋轢を経験した人々の中から「反抗者」が生み出されたのであった。

　記号（言語）と記号（言語）外の世界との関係については、ウンベルト・エーコ（Umberto Eco）が次のように述べている。

　　記号とは、何か別のものの意味上の代用として受け取ることができるあらゆるもののことである。この何か別のものは、必ずしも存在している必要はないし、記号がそれを表す瞬間に実際にどこかで存在している必要もない。このように、<u>記号論とは、原則として嘘をつくために使うことのできるすべてのものを研究する学問分野である</u>[5]。

つまり、記号である条件は、それによって嘘がつけるかどうかである。裏を返せば、嘘か事実かが記号だけで弁別されるのなら、あるいは事実に反することによって伝達される内容に変化が起こるのならば、詐欺という犯罪など成立しないであろう。すなわち、記号は、事実か否かに関係なく「意味」を伝える媒体なのであり、シニフィエ（意味されるもの）は実在性と

第 4 章　揺らぐ語り

は直接に関係のない心的表象である。一方、知覚していても、「筆舌に尽くしがたい」という表現があるように、それがコード化されていなければ言語で伝えることはできない。したがって、コンテクストがメッセージを限定するわけであり、コンテクストを越えてメッセージは存在しえない。この意味では、本書で使用している「言説形成＝編成」の場という概念とかなり意味が重なっているといえる。たとえば「西洋」と二項対立の関係にある「東洋」は、欧米の「言説形成＝編成の場≒コンテクスト」の中で意味が発生するのである。そして 19 世紀の帝国主義の時代になり、欧米の言説が世界を覆うことにより、その「東洋」表象は世界に流通するとともに、西欧人の意図する「意味」でそれが受け取られるようになったのである。

　次に、小説におけるコミュニケーションを考えてみよう。

　コンタクトはヤコブソンの定義によると「送り手と受け手との間の物理的伝達経路であり心理的つながり」ということであるが、小説作品においては、メッセージが読者に直接に向けられているのか、登場人物同士の対話を、読者が「盗み聞き」するのか、等の回路が考えられる。コードは、送り手によって抽象的、視覚的、聴覚的な「意味」をパロールとしてのメッセージに変換し、また受け手によってメッセージから「意味」に変換させるファクターであるが、本来それは双方の記憶に刷り込まれたコード体系によってなされるものであり、固定したものではない。したがって、コンテクストとコードとは、改訂モデル I では送り手側と受け手側で区別している。

　ところで、ヤコブソンは特に指摘していないが、広い意味での言語（記号）コードを構成している全体を、二つの種類のコードに分けることが出来るだろう。一つはいわゆる「言語コード」──通常、言語学がカバーする領域──であり、他方は「文化コード」──通常、文学・文化研究がカバーする領域──である。たとえば、「天皇は、日本人の 1 人に過ぎない」というとき、言語レベルでは差がなくても、1930 年代にこのことを発話するのと 2010 年に発話するのとでは全く違った意味が生じる。なぜなら、

1930年と2010年では、文化コード——あるいは「価値の源泉」——が全く変わったからである。通常、規範文法では、この文化コードについてはほとんど言及されない。日本語の規範文法の研究者は、日本人として発話して良いか悪いかの判断は、言語レベルの問題ではなく、「常識」の問題と考えているのであろうか。しかしながら、「常識・非常識」は事実から外れているかどうか——言語域外の事象との整合性があるかないか——で決定されるのではなく、二項対立的に概念化されている区別である。中世ヨーロッパでは、「太陽は地球の周りを回っている」というのが「常識」であったが、今日では「非常識」と分類されるように、現在「常識」とされている陳述が、50年後に「非常識」とされない保証は全くないのである。そのような「常識・非常識」の類別が、ある言葉の集合に対しては発話を推奨、または強要し、また別の言葉の集合に対しては発話を抑制、禁止、もしくは隠蔽するのであるから、文化コードは言語のもつ極めて重要な働きではないだろうか[6]。

　さらにもう一つ留意すべきことは、受け手は、ヴォルフガング・イーザー（Wolfgang Iser）がいうように、メッセージを解読できる訓練を受けていなければ「意味」を獲得することはできない[7]。そもそも、使用されている言語についての知識の全くない受け手にとっては、書かれてある文字は単なる模様であり、発話は雑音に過ぎない。したがって、小説の受け手は通常理想的な読者とされ、「想定される読者（Implied Reader）」は現実の不特定の読者とは異なってくるのである。裏を返せば、現実の不特定の読者は、様々な「意味」を作品から読み取る。したがって、シェークスピアの『ベニスの商人』を読むイギリス人とユダヤ人の読みが異なっていても当然であろう。

　メッセージはいうまでもなく作品それ自体であるが、受け手によって解読されなければ伝達が行われたことにはならない。

　さらに、他のコミュニケーションとは違い文学作品の場合は、送り手と受け手との時間的・空間的距離が——たとえば17世紀のイギリス文学を現代の日本人が読む場合のように——極めて大きいことから作品形成時の

コンテクストとコードが読書時に一部失われてしまっている場合が少なくない。また文学作品は、特に小説においては、上記のコンテクストの説明で触れたように、作者から読者への意思伝達という単純な図式では割り切れなく、たとえば、送り手が、全知の語り手であったり、信頼のできない語り手であったり、複数であったり、語り手以外の登場人物であったりする。つまり、文学作品のコミュニケーションは、重層的で複雑な現象である。その特性をヤコブソンのモデルに付加すると図3のようになるであろう。

コンテクスト I（言説空間 I）	コンテクスト II（言説空間 II）
送り手──コンテクスト I──メッセージ 　　　　コード I	メッセージ──コンテクスト II──送り手 　　　　　　　　　　　　　　　コード II

図3　ヤコブソンのコミュニケーションモデルの改訂モデル II

　このように、2人の人間が会話するという単純なコミュニケーションとは違って、小説の場合は、作家が自分の創造する物語を文字化し、本という形で市場に流通させ、読者がその本を読んでその物語世界を読み解くというプロセスであり、したがって、ヤコブソンのコミュニケーションモデルよりも一段と複雑になると思われる。

　図3の改訂モデル II で示したように、意味の送り手と受け手は、必ずしも同じコンテクストとコードでその意味を伝え、読み解くとは限らない。たとえば、日本の大学の英文学部の授業で、チャールズ・ディケンズを講読するとしよう。もちろん、学生たちの文化コードはディケンズのそれとはかけ離れているのであり、予備知識なしにディケンズの意図した物語世界を再生することはできない。授業では、学生のコード II を、できるだけディケンズのコード I に近づけることで、受講している学生がその作品を解読できるように訓練するのである。

　ただ、このような意味（表象）伝達のプロセスは、むしろ極めて単純化したものである。実際には、小説家は、特にモダニズム以降の作家は、創

造する小説世界を複数のコンテクスト／コードにより言語化し、テクストを構築していく。したがって、図4のように、改訂モデルⅢが想定されるであろう。

```
┌─────────────────────────────────────────────────────────┐
│  コンテクストⅠ（言説空間Ⅰ）      コンテクスⅡ（言説空間Ⅱ）    │
│  送り手──コンタクトⅠ──メッセージ  メッセージ──コンタクトⅡ──受け手│
│     コードⅠ                              コードⅡ         │
│  ┌───────────────────────────────────────────────────┐  │
│  │ コンテクストⅠ'（言説空間Ⅰ'） コンテクストⅡ'（言説空間Ⅱ'） │  │
│  │ 送り手'──コンタクトⅠ'──メッセージ  メッセージ──コンタクトⅡ'──受け手'│
│  │    コードⅠ'                          コードⅡ'        │  │
│  │  ┌─────────────────────────────────────────────┐  │  │
│  │  │ コンテクストⅠ"（言説空間Ⅰ"） コンテクストⅡ"（言説空間Ⅱ"）│  │  │
│  │  │ 送り手"──コンタクトⅠ"──メッセージ" メッセージ"──コンタクトⅡ"──受け手"│
│  │  │    コードⅠ"                       コードⅡ"       │  │  │
│  │  └─────────────────────────────────────────────┘  │  │
│  └───────────────────────────────────────────────────┘  │
└─────────────────────────────────────────────────────────┘
```

図4 ヤコブソンのコミュニケーションモデルの改訂モデルⅢ

　コンテクスト／コードのヴァリエーションは、小説世界がより複雑で、多層構造化されるにつれて増えてくるであろう。しかも、前衛的な小説作品で採用されているコードは、社会に流通する既成のコードだけではなく、微妙なニュアンスを伝えるために細密化されたコードと、異文化を表象するために小説家自身が作った仮のコードがある。ウンベルト・エーコの用語でいえば、前者は、「過剰コード化（overcoding）」であり、後者は、「過小コード化（undercoding）」である。(『記号論』、129-39) また、通常見過ごされていることをことさら強調して表現する場合は、前景化がおこる。さらに、それぞれのコンテクストを飛び越えて、作品同士が連関するのがインターテクスチュアリティ（Intertextuality）である。もちろん、読者は

第4章　揺らぐ語り

それに応じて読み解く必要があるので、多大な努力を強いられる。もし読者がすべてのコードに対応できない場合は、その分、解読できる範囲は狭まってしまう。

　これを、第5章2.1節で詳述するジョゼフ・コンラッドの『ロード・ジム』の9章のなかの、パトナ（Patna）号から救命ボートに飛び降りるジムの行動が語られる複雑な語りの構造、すなわち、冒険小説のヒーローのように活躍することを夢見ていたジムから聞いた話を、彼に青春の純粋さをみようとするマーロウ船長が食後の一時、数人の友に語って聞かせる物語を全知の語り手が読者に語る部分に当てはめると、図5のようになるだろう。

コンテクスト（言説空間）
（想定される作者……………………………………想定される読者）

```
┌─────────────────────────────────────────────┐
│         コンテクストI（言説空間I）              │
│ I  全知の語り手（writing）―テクスト（novel）―不特定の読者（reading） │
│    リアリズムのコード                    ？      │
│   ┌─────────────────────────────────────┐    │
│   │      コンテクストII（言説空間II）        │    │
│   │ II マーロウ（speaking）―マーロウとジムの語り（直・間接話法）―食事仲間 │
│   │    船員としての行動規範                │    │
│   │   ┌───────────────────────────────┐  │    │
│   │   │   コンテクストIII（言説空間III）    │  │    │
│   │   │      19世紀末の文化コード          │  │    │
│   │   │ III ジム（speaking）――ジムの語り（直接話法）――マーロウ（listening）│
│   │   │    冒険小説的           ロマンス的  │  │    │
│   │   └───────────────────────────────┘  │    │
│   └─────────────────────────────────────┘    │
└─────────────────────────────────────────────┘
```

図5

次に、ヤコブソンのモデルと、小説の語りの構造（ナラトロジー）との関係を考察してみよう。多くの研究者によって案出されたナラトロジーの用語のなかで、第2章2.8節で言及したが、語りの構造を「パーソン（Person）」・「パースペクティヴ（Perspective）・「モード（Mode）」の3種類のアスペクトから類別したF・K・シュタンツェルの3種類の「語りの場（Narrative Situation）」は、重層的な構造の文学作品を捉える最も有効な用語であると思われる。その3種類の「語りの場」とは、テクストの虚構的世界を眺望する全知の語り手から語られる小説「全知の語りの場（Authoial Narrative Situation）」、虚構的世界に存在する一人の登場人物によって語られる小説「1人称の語りの場（First-person Narrative Situation）」、3つ目は、最初の2つの中間的なものであり、むしろ語られるというよりは、登場人物の内面を覗き見るという形態になっているジェームズ・ジョイス（James Joyce）の『若き芸術家の肖像（A Portrait of the Artist as a Young Man）』のような小説「描出的語りの場（Figural-Narrative Situation）」の3つである[8]。これらの3種類の「語りの場」の典型的なものを、それぞれヤコブソンのモデルに読み替えると、図6・7・8のようになるであろう。

```
                虚構世界から外に向かって
         全知の語り手――メッセージ――同時代の読者全般
    （全知）            Written
                文化コード
```
図6 「全知の語りの場」

```
          虚構世界内（虚構世界から外に向かって）
  （想定される作者）               （想定される読者）
   1人称の語り手 ――個人的見解―― 虚構世界に想定される聞き手
               Spoken（Written）
            虚構世界のコード及び文化コード
```
図7 「1人称の語りの場」

虚構世界内及び虚構世界から外に向かって
1 登場人物及び　──自由間接話法──　1 登場人物及び
全知の語り手　　内言語及びWritten　想定される読者
　　　　　文化コード及び虚構世界のコード
図8　「描出的語りの場」

　図6は、いわゆる3人称小説で、「全知の語りの場」を語りの構造としてもち、伝統的な全知の語り手によって語られるという小説上のコンベンションに則って書かれる小説形態である。つまり、全知の語り手（≒作者）[9]が、虚構世界の外にいる同時代の読者に虚構世界の物語を語るという形態である。この形態においては、登場人物とアクションを評価する枠組がすでに作者と読者を取り巻く社会によって与えられている、つまり、同じ文化コードを共有していることを前提にし、読者がこの作品を楽しめるかどうかは、この価値基準を受け入れるかどうかにかかっている。

　一方、図7の「1人称の語りの場」は、1人称小説であり、読者は必ずしも限定されたスコープしかもっていない1人称の語り手の価値基準に同調しなくてもいい。1人称の語り手は、読者を設定して物語を伝えるのであるが、その想定された読者は、全知の語り手の場合のように同時代の読者一般の場合から、極めて限定された個々の読者の場合まである。そしてまた、この1人称の語り手の信頼度も、個々の作品によって様々である。「信頼できない語り手（Unreliable Narrator）」の場合は、読者は、テクスト全体から「想定される作者（Implied Author）」の声に耳をすます必要がある。そしてこの声は、語り手以外の他の登場人物の声や、場面の設定や登場人物の運命のなかに通奏低音として響いているのである。そして「想定される作者」と「1人称の語り手」の距離は、その語り手の信頼出来る度合いによって変わり、信頼の度合いが低ければその距離は大きくなる。

　しかし、そもそも上記の2種類の「語りの場」の違いは作品構造上の問題である。全知の語り手が神のようにすべてを知り得るというのは、あくまでも小説、つまり作品が作り出す虚構の世界の中だけであり、もちろ

ん、作品(作者)を取り巻く社会については限定的な知識しかもっていない。「全知の語りの場」は「神：世界＝全知の語り手：虚構世界」という等式を作品構造としているが、実際には全知の語り手も1人称の語り手も極めて限定された、あるイデオロギーに支配されたパースペクティヴしか持っていないことは共通している。少なくとも小説作品と社会の関係を考えるとき、このことは意識しなければならない。それを意識することで、「神：世界＝全知の語り手：虚構世界」という等式の読者に与える影響というのがわかってくるだろう。全知の語り手の視点が虚構的世界の外にあるという設定によって、とりもなおさず、全知の語り手の語りのコンテクストが外に向かって開かれ、それゆえ作品はその成立当時の社会の支配イデオロギー、あるいは、文化コードの激しい侵入（反発をも含めて）に晒されるということである。多くの小説作品の場合、社会の支配的なイデオロギーや文化コードが、それらの作品の登場人物を社会規範に沿うように操ることになる。そして一方、そのような作品を読む行為により、読者は登場人物の言動を行動規範として学習する。つまり、読者は、読書行為を通して模範的な社会の構成員になるように訓練されるのである。それに対して、1人称の語り手のパースペクティヴについていえば、視点が作品の虚構世界の内にあることによって引き起こされる結果は必ずしも小さくない。すなわち1人称の語り手は作品外の世界よりも作品内の秩序に強く拘束されるのである。それはとりもなおさず、小説の作者は社会の支配的なイデオロギーや文化コードとは別のコードを使って作品世界を作り上げることが出来る。だから、語りに反映されたイデオロギーと作品成立時の社会の支配イデオロギーとのずれの大きい『嵐が丘（*Wuthering Heights*）』のような作品を生み出すことが可能になるのである。

　「社会」の単純な反復でない——社会の支配的なイデオロギーと文化コードに従属していない——作品においては、コンテクストに対応するコード自体もまた重層的であり、しかも、創作過程でのコードと読書過程でのコードの関与の仕方も違ってくると思われる。それを図式化すると図9と図10になるであろう。

第4章　揺らぐ語り

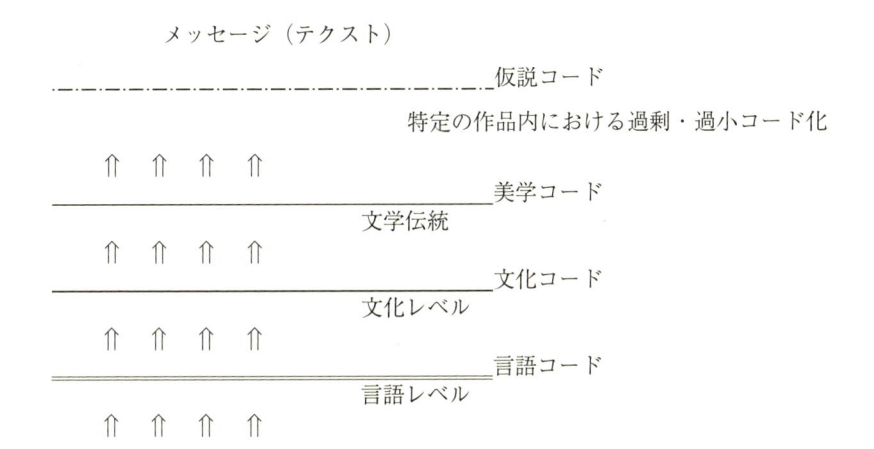

```
                メッセージ（テクスト）
_____仮説コード
                    特定の作品内における過剰・過小コード化
   ⇑  ⇑  ⇑  ⇑
_____美学コード
                    文学伝統
   ⇑  ⇑  ⇑  ⇑
_____文化コード
                    文化レベル
   ⇑  ⇑  ⇑  ⇑
_____言語コード
                    言語レベル
   ⇑  ⇑  ⇑  ⇑
```

図9　文学作品におけるコードの多重性、あるいは、多重コードによる作品のメッセージ化の過程

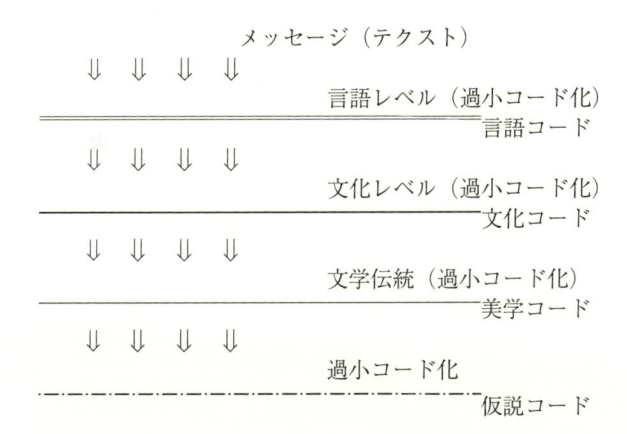

```
                メッセージ（テクスト）
   ⇓  ⇓  ⇓  ⇓
                    言語レベル（過小コード化）
_____言語コード
   ⇓  ⇓  ⇓  ⇓
                    文化レベル（過小コード化）
_____文化コード
   ⇓  ⇓  ⇓  ⇓
                    文学伝統（過小コード化）
_____美学コード
   ⇓  ⇓  ⇓  ⇓
                    過小コード化
_____仮説コード
```

図10　文学作品の読み、あるいは、読みによる意味の形成過程

　このコードの多重性のうち、既成のコードが使われている層について、ヤコブソンが精密に分析した政治スローガン「アイ・ライク・アイク (I like Ike.)」（『言語学と詩学についてのエッセー』、16-7）を例にとって説明しよう。「アイ・ライク・アイク」は、言語レベルにおいてはSVO（主語

425

＋動詞＋目的語）の文型であり、「（話者である）私は、アイクというものを好む」という「意味」が読み取れる。そしてこの「アイク」は、20世紀のアメリカ合衆国の文化コードによって、米国第34代大統領Ｄ・Ｄ・アイゼンハワー（D. D. Eisenhower）の愛称であることがわかる。したがって、「アメリカ市民である私は、アイゼンハワー大統領を支持する」という意味である。さらに、美学コードによって、「アイ・ライク・アイク」には幾つかの音韻的な工夫がなされていることに気付き、このスローガンの3つの語が音韻的に互いに響きあって、ある種の親しみの感情を引き出している。

　次に、筆舌に尽くしがたいもの、すなわちコード化されていないもの、また、既成のコードに反するものを表現する際に、小説家はいかなる手法をとるのであろうか。その場合には、創作過程において言語自体のコードや、その当時の文化コードや、確立された文学手法だけではなく、作家は、その作品内で上記の「過剰コード化（overcoding）」——つまり既成のコードの精密化——と「過小コード化（undercoding）」——つまりコードの存在していない場合に、暫定的規則を当てはめる——を利用して表現しようとする。たとえば、通常1つの芸術様式は時間の経過と共に洗練されていき、作品がより繊細で奥深いものを表現できるようになるが、これは過剰コード化によって起こる。一方、たとえば西欧人がアメリカ大陸に入植した時代に先住民を絵に描こうとするとき、従来の西洋画の伝統を利用しながら試行錯誤して先住民やその文化慣習を表現する場合、過小コード化が起こっているのである。その場合、過剰コード化・過小コード化によって暫定的に作家によって作られるコードを、上掲の図9と図10にみられるように、本書では「仮説コード」と呼ぶ。一方、読者の側でもそのような既成のコードを参照出来ない仮説コードの「読み（解読）」においては、やはり過小コード化がおこり、読者の考え出す仮説コードで意味を生み出そうとする。

　以下においては、上記の記号論的アプローチを、特に、コードの部分を中心に具体的作品（キプリングの初期の短編小説、ジョイスの『ダブリ

ン市民（*Dubliners*）』、コンラッドの『ナーシサス号の黒人（*The Nigger of the "Narcissus"*）』）からの引用に適用する。その際、「素直な読み」においては「支配的なコード」にかき消されてしまう「弱いコード」をも可能な限り抽出し、テクストを構成するそれらの複雑なコードの網目が生み出す「重層的な意味」とその構造の仕組みを分析していく。

4.2 転換期の作家──キプリング、ジョイス、コンラッド

　最初に、全知の語り手によって語られ、ロラン・バルト（Roland Barthes）のいう「読むだけですべての意味が分かる（readerly）」を志向する作品、すなわち、読者が「シニフィエ（the signifier）」の魔術や「ライティング（writing）」の喜びに近づく代わりに、僅かに作品を受け入れるか拒絶するかのどちらかの選択しか残されていないようなものを志向する作品の場合[10]、いかにその作品が当時の文化コードに拘束されるかをキプリングの短編集『高原平話集（*Plain Tales from the Hills*）』のなかの短編「リスペス（"Lispeth"）」を分析することによって説明する。

　「リスペス」は、ふとした運命の悪戯から、ヒマラヤの山岳民族の女の子がイギリス人宣教師夫婦の手で育てられ、美しく成長していくが、彼女が助けた旅行者のイギリス人青年に恋をして、その青年だけではなく宣教師夫人からも裏切られたために、「西洋」に愛想を尽かし先住民の部落に帰っていくという話である。もっとも、この青年と宣教師夫人の「裏切り」とは、決して彼らの悪意によるものではない。確かに、青年はリスペスの恋心に正直に答えなかったし、また宣教師夫人は、イギリス本国に戻った青年がいずれはリスペスと結婚をするために戻ってくると彼女に思わせていた。しかしながら、彼らの「嘘」は、むしろやさしさからついた嘘なのである。問題なのは、彼らがリスペスを「子ども扱い」したことであった。

　次に、この短編におけるリスペスの美に言及されている箇所を考察しよう。

　まず、リスペスの美しさに対する最初の描写箇所は、次のように語られる。

キリスト教がリスペスを磨き上げたのか、それとも、彼女自身の部族の神々が同じようにどんな環境であってもリスペスをすばらしい女性にしたかは、私にはわからないが、彼女は非常に愛らしく育ったということだ[11]。

　この短編作品全体は全知の語り手によって報道的な語り方で語られている。しかしこの引用の箇所では、全知の語り手は「全知」から1人称の語り手へと一時的な変貌を遂げている。もし「全知」のままであるのなら、リスペスに美しさを与えたのがキリスト教なのか、あるいは多神教のもとであっても同じように美しかったのかという問題への解答を未決定のまま放置するのは不自然であるが、この場合、1人称の語り手に降格することでそれを回避したのである。この回答保留という戦術はこの作品の「意味」にとって非常に示唆的である。なぜなら、後で詳しく分析することであるが、この全知の語りの性格から、この問いへの語り手自身の解答は、当時の支配的文化コード、つまり「未開人」の固定的なイメージや西欧人による啓発という見地からキリスト教の恩恵という答えが当然期待されるからである。この箇所をヤコブソンのモデルに当てはめると、図11のようになるであろう。

　　　　　　　小説世界から外に向かって
　　　　　全知の語り手——個人的見解——同時代の読者全般
　　　（一時的1人称）　　Written
　　　　　　　　動揺する文化コード
　　　　　　　　　　　図11

　さらに、より具体的にリスペスの美しさを描写する箇所では、以下のように語られる。

　　山岳地方の少女が愛らしく育ったら、どんな悪路でも50マイル歩い

て見に行くだけの価値がある。リスペスはギリシャ的な顔をしていた——非常に頻繁に絵画に描かれる顔のひとつであり、実際にはほとんど目にすることのない顔である。彼女は色白で、それも象牙の白さであり、彼女の種族としては、極めて背が高い。また、すばらしい目をしている。……　（『高原平話集』、2）

美の描写に関して、バルトは次のように述べている。

> それで、ディスクールは、それぞれの細部の完璧さを主張しているに過ぎず、「そのあとの部分」はあらゆる美の根拠となるコード——すなわち芸術——に任せるのである。別の言い方をすれば、美は引用という形以外でそのものを主張することはできない。たとえば、マリアニーナはサルタンの娘に似ているという言い方は、彼女［マリアニーナ］の美しさについていえる唯一の方法である。つまり、美のモデルから美だけではなく言葉も引き出しているのであり、先行するいかなるコードも奪われ、それだけが残されれば、美は沈黙してしまうだろう。（『S/Z』、33）

つまり、コード化されていない「言語域外」の美しさは、美しいとしてコード化されている他のものとの類似を主張する以外に、そのものの美を描写することはできない。したがって、全知の語り手が当時のイギリス人読者が読みえるように語るためには、非西欧人のリスペスの美しさの場合、「東洋」がほとんどコード化されていない、あるいは歪曲してコード化されている 19 世紀の英語言説編成にあっては、もちろん、西欧の文化伝統からその「コード」や「引用」を引き出さなければならない。

リスペスの美については、さらに次のような語りが続く。

> ……そして、もし伝道師団に感化を受けて<u>おぞましいプリント地の服</u>を着ることがなかったら、思いがけず丘陵の斜面で彼女に出会った

時、ローマ人の女神ダイアナが狩りに出掛けるところだと思ったであろう。(下線は筆者による。)(『高原平話集』、2)

　詩の語法では単なる文法的繋がり以上に語と語を関連づけるように、「おぞましい (abominable)」が、プリント地の服を現地人に着るように感化した伝導師団にも掛かっているとすれば、リスペスに重ねられたローマ神話のDianaのイメージと相まって、それらはキリスト教に帰依した彼女の不幸を暗示するものであろう。したがってこの箇所は全知の語り手の報道的な語りに文学的及び神話的コードでもって想定される作者の「意図」が投射されていると考えられる。以上のような分析を図式化すると図12のようになる。

　　　　　　　　小説世界から外に向かって
　　　　全知の語り手——作品の隠された意図？——想定される読者
　(想定される作者)　　　　Written
　　　　　　　　文学的・神話的コード
　　　　　　　　　　　図12

　次に、リスペスが信頼していたイギリス人青年と宣教師の妻に裏切られ、先住民の許に戻り、美を喪失する箇所では、以下のように語られる。

　　リスペスが自分の母親の神様に改宗すると言い放ったことのショックから牧師の妻が回復するころには、彼女の姿はなく、再び戻ることはなかった。
　　彼女は怒りにまかせて自分の不潔な山岳民族の許に、あたかも無駄にした時間をとり返すかのように戻っていった。そして少したって、樵と結婚したが、山岳地方では当たり前のこととして彼女を殴った。したがって彼女の美しさはすぐに消えてしまった。(『高原平話集』、8)

第4章　揺らぐ語り

　全知の語り手が使う次のような表現、「怒りにまかせて自分の不潔な山岳民族の許に」や、「あたかも」や、「山岳地方では当たり前のこととして」や、「彼女の美しさはすぐに消えてしまった」から、アジア人に対する蔑視や偏見を読み取れる一方、恐らく当時の一般読者はこの作品を以下のように読んだであろう。すなわち、リスペスは信じていたイギリス人に裏切られ、失望と怒りのため自分のみすぼらしくて不潔な山岳民族のもとに、あたかも寄り道していた時間をとり返すかのようにせっかちに戻っていった。しかし、実際は無駄にした時間を取り戻すことにはならない。というのも、彼女は、樵と結婚したが、山岳地方では当たり前のこととして彼女を虐待したからである。したがって彼女の美しさはすぐに消えていった。だから、もし宣教師の妻やイギリス人青年が純真なリスペスの心を傷つけないように配慮できる人々であったら、彼女は文明の光のもとで美しく生きられたであろうと。全知の語りから、作品発表当時のイギリス人読者はこのような「意味」を読み取ったであろう。しかしここで注意しなければいけないのは、全知の語り手の語りでは、あくまでも視覚的描写がなされているのに過ぎない。確かに山岳民族はイギリス人に較べれば「不潔（unclean）」であり、夫は妻を殴るかもしれない。そして、重労働をすることや粗末な食べ物を食べることによって、そうでない場合に比べて、老化は早いであろう。しかし、全知の語り手の語りでは、リスペスの夫が彼女を愛していなかったとはいっていないし（イギリス人青年は愛していなかった）、リスペス自身が幸福でなかったといっていない（イギリス人のもとでは彼女は対等な人間として扱われていなかった）。それらのことに関して、全知の語り手は完全に沈黙している。評価を明言していないのである。しかし、当時の英語の言説編成においては、リスペスが美しさとともに幸福をも喪失したと、テクストが語っているように読めるのである。

　この引用において「彼女の美しさはすぐに消えていった」と語られる時の「美しさ」は、あくまでも「西洋」の文化のなかで規定された美の反復であり、また、醜は、それからの逸脱にしか過ぎない。結婚も同様に、英語の言説編成においてコード化された結婚という概念なのである。した

がって、もしそのようなコードだけを適用するのなら、リスペスは確かに不幸になったといえるであろう。そしてその原因は、彼女が西欧文明の庇護から逃亡したためであると考えられる。しかしリスペスがその土地の基準において不幸な結婚をしたのか、また美を喪失したのかということに関しては、全知の語り手は一貫して曖昧なままである。

　ここで、この作品におけるキリスト教の「意味」を読み取る際、重要になってくるのが冒頭の詩である。

　　　ねえ、あなたは愛を追い出してしまった！どんな神様たちなのよ
　　　　　あなたがわたしにご機嫌をとらせようとさせるのは？
　　　一人で三人だったり、三人が一人だったりというのは？そんなのいやよ！
　　　　　　自分自身の神様たちの許へわたしは行く
　　　わたしにもっと安らぎを与えてくれるのはそれらの神様たちよ
　　　　あなたの冷たいキリストや、ややこしい三位一体なんかよりも。『改宗者』
　　　（『高原平話集』、1）

　このエピグラフは、リスペスが信じていたイギリス人に裏切られ、失望と怒りを感じた際の心の叫びであろう。したがって、この改宗者は、小説の主人公のリスペスと考えるのが自然である。そして読者は、最初にこのエピグラフを読んで唐突感を抱いたであろうが、短編を読み終わったとき、その詩の「意味」がわかったと感じる。しかしなぜ、本文の中でリスペスに直接発言させずに、彼女の心情を表す詩を冒頭に載せたのであろうか。ヤコブソンによると、詩は、メッセージ自体を志向する文学形式である。この文学形式が使われたのは、リスペスの心情を、山岳民族の間での怒りに任せた他愛無い発言にしたくはなかったためではないか。つまり、本来の送り手であるリスペスの「意思」に「想定される作者」が詩のコードを用いることによって、単に彼女の心情だけではなく、普遍的な意味を

第4章　揺らぐ語り

帯びた感覚イメージに作り直そうとしたのであろう。したがって、メッセージの完全な意味を解読するためには、受け手は文学的素養が必要になってくる。そしてコンテクストは小説世界（虚構世界）ではなく、文学伝統ということになる。以上のような分析を図式化すると図13のようになる。

小説世界外・文学伝統
非キリスト教徒——非日常言語（詩）——想定される読者
（想定される作者）　　　Written　　（＝文学愛好家の読者）
文学的コード

図13

　本文のエクリチュールから非常に逸脱しているこの詩のエピグラフは、単純に思える作品構造の統一性を阻害しているだけにしかみえないが、しかし、詩はメッセージを個別化し、反復可能な状態に——永続化——し、また送り手の匿名化にも寄与する。したがって、キリスト教の神と非キリスト教の神との対照——いくらこの作品が発表されたのが19世紀の後半といっても、キリスト教と山岳民族の神を相対化するのは挑発的であろう——を匿名の下に——作者に非難が及ばない——普遍的なものに昇華する試みであり、作品の意味に占める比重は大きいと思われる。実際、3行目の三位一体というキリスト教における重要な教理を妙に不合理に感じるのは、筆者がキリスト教徒でないからであろうか。
　以上のように、「リスペス」の全知の語り手は、作品創作当時のイギリスの文化コードによって「東洋」を語ることで発表当時の読者に広く受け入れられたと思うが、その結果、当時の支配的イデオロギーである「野蛮人に対する啓蒙主義」をわが身に引き受けることになった。しかし、必ずしもそれが作品の「意味」とは完全に一致しないことは、今みたとおりであるが、文化コードが「想定される作者」の声を聞き取れなくさせる程のノイズとなっている。もっとも、そのことによって「野蛮人に対する啓蒙主義」に対する言説的「反抗者」が「想定される作者」の声に存在してい

433

ると主張しているのではない。「反抗者」ではなく、「東」と「西」を相対的にとらえようとすることの始まりが「想定される作者」の声にあるというのだ。しかしながら、全知の語りによる「読むだけですべての意味が分かる」テクストは当時の文化コードに強く支配されており、ここで行ったようにテクストをばらばらに解剖しない限り、「相対化」の芽生えという微かな声はかき消されてしまうのだ。

　キプリングのこのような「相対化の芽生え」は、すでにみた『キム』においてさらに発展するのである。次に、既存の文学的手法を過剰コード化することによって作品に重層的な意味を与える小説手法を、ジョイスの作品を使って説明しよう。

　短編集『ダブリン市民』の短編の1つである「邂逅（"An Encounter"）」は、1人称の語り手の少年の目を通して描かれるありふれた少年たちの日常生活とそれからのささやかな逸脱の極めて写実的な描写のようにみえるが、インターテクスチュアリティによって、より深い「意味」を読者に読み取らせる。

　　夏休みはもう間近に迫っていたのであるが、一日くらいは学校生活の退屈さから逃げ出そうと決心した。レオ・ディロンとマホニーという名前の少年と一緒に、一日学校をサボることを計画した。僕たちはそれぞれ6ペンス貯めた。運河橋で午前10時に僕たちは落ち合うことになっていた。マホニーのお姉さんは彼の欠席の理由を書いてくれることになっており、レオ・ディロンは兄弟に自分が病気だといわせることにしていた。僕たちは埠頭道路に沿って船のところまで行き、それからフェリーで渡ってから、歩いてピジョン・ハウスを見に行くように計画した。レオ・ディロンはバトラー神父か学校の誰かに会うのを不安がったが、マホニーが機転を利かせて、バトラー神父がピジョン・ハウスでいったい何をしているんだい、と聞いた。僕たちはほっとした。それから、僕は計画の第1段階を終わらせようと、二人から6ペンスを徴収しながら、同時に自分のも二人に見せた。前夜に最後

第4章　揺らぐ語り

の準備をしながら、三人ともなんとなく興奮していた。僕たちは笑いながら握手をすると、マホニーはいった。
「明日な、兄弟。」[12]

　以上の引用の箇所からも分かるように、少年の語る彼らの計画には、冒険小説のコンベンションが投影されている。すなわち、少年たちは退屈な日常生活から脱出して（学校をさぼる）、危険を犯して（教師との遭遇）、航海し（フェリーボートに乗る）、目的地（the Pigeon House）に到達するという冒険小説の常套的パターンがみられる。またさらに、「夏休みはもう間近に迫っていたのである」はルカ伝21章のなかの「それらが芽を出すとき、汝はおのずから夏がもう間近に迫っていることを見て知る。ちょうどそれと同じように、これらのことが成就されることを見るとき、汝は神の王国がもう間近にあることを知る」が下敷になっているとドン・ギフォードは指摘しているし、「ピジョン・ハウス（the Pigeon House）」の「ピジョン（鳩）」からマタイ伝の3章のなかの「聖霊（the Holy Ghost）」の象徴としての「鳩（dove）」を思い起こさせるように[13]、『聖書』を連想させる語句を挿入することによって、『聖書』の枠組みが重ねられているのである。したがって、このように過剰コード化されたインターテクスチュアリティによって、このテクストの読みにおいては、リアリズム、冒険小説、そして『聖書』の文学伝統という重層的なコンテクストの3種類のコードが読者によって適用され、3重の意味が生まれてくる。それが、作品の後半で、変質者であり、魔法使いであり、異教の神である暗緑色の目の老人との出会いを通して、少年が一種の啓示（エピファニー）のような非日常的「意味」を冒険の最後に獲得すると読者が読み取れる構造を作り出しているのである。それを図式化すると図14のようになるであろう。

```
                    リアリズムの文学伝統
    ┌─────────────────────────────────────────────┐
    │              冒険小説の文学伝統                  │
    │  ┌ ─ ─ ─ ─ ─ ─ ─ ─ ─ ─ ─ ─ ─ ─ ─ ─ ─ ─ ─ ┐   │
    │                 聖書文学の伝統                 │
    │  ┌─────────────────────────────────────┐   │
    │  │ 少年、及び ──メッセージ（テクスト）── 想定される読者 │
    │  │ 想定される作者                              │   │
    │  │                                     │   │
    │  │           Written                   │   │
    │  │           Code I  （リアリズム）         │   │
    │  │           Code II （冒険小説）          │   │
    │  │           Code III（聖書）             │   │
    │  │                                     │   │
    │  └─────────────────────────────────────┘   │
    │  └ ─ ─ ─ ─ ─ ─ ─ ─ ─ ─ ─ ─ ─ ─ ─ ─ ─ ─ ─ ┘   │
    └─────────────────────────────────────────────┘
```

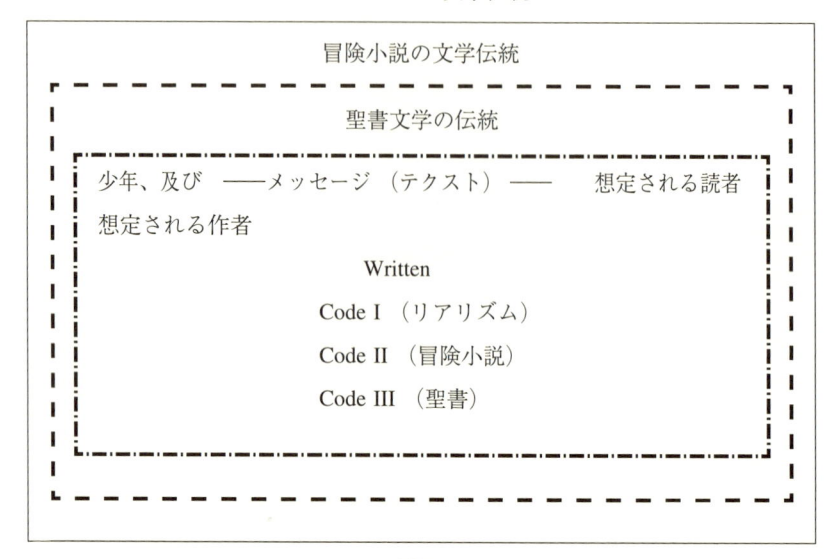

図14

　同じ『ダブリン市民』のなかの別の短編である「下宿屋 ("The Boarding House")」では、小市民的な3人の登場人物の思惑が全知の語り手によって語られる短編である。その際、ダブリン市の隅々を俯瞰するようなパースペクティヴをもった語りに、自由間接話法 (Free Indirect Discourse) によって登場人物のそれぞれの認識や価値観が重ね合わされ、文学以外のエクリチュールではみられない効果を生み出す。さらに、このテクストにおいては、自由間接話法が過剰コード化され、つまり、極めて洗練され、その効果が研ぎ澄まされるがゆえに、読者はあたかも登場人物の内面に入り込んだような錯覚を覚えるのである。次の引用は、娘のポリー (Polly) から下宿人の1人のドーラン (Doran) 氏との関係を告白された翌朝、ムーニー (Mooney) 夫人が何とか2人を結婚させようと策略を巡らせる場面の語りである。

　　物思いの中で聖ジョージ教会の鐘が鳴り止んだことに気づくや、

第4章　揺らぐ語り

　　ムーニー夫人は本能的にマントルピースの金メッキされた小さな時計
　に目をやった。11時17分であった。彼女がドーラン氏とそのことの
　決着をつけるのに十分な時間があったであろう。それからマーボロ通
　りに12時一寸前につくだろう。彼女（自分）のほうが勝つと彼女は
　確信していた。第一に、世論は全面的に彼女（自分）のほうに味方し
　ていた。彼女（自分）は侮辱された母親であった。彼女（自分）は、
　彼が信義を重んじる人であると思って同じ屋根の下で暮らすことを許
　したのであった。彼は34歳か35歳であり、若さを弁解には使えない。
　社会経験も豊富だから、世間知らずでは通らない。彼はまさにポリー
　の若さや未経験につけこんだのだ。それは間違いない。問題は、どん
　な償いをするかだ？　　（『ダブリン市民』、69-70）

全知の語り手の語りのうち、どれが自由間接話法かを見分けるのはたやす
くないが、たとえば、「彼は34歳か35歳であり」のように年齢についての不確かさから、これは全知の語り手ではなくムーニー夫人の心の声であることが分かる。そのようなことを考慮すると、この引用のうち、最初のセンテンス以外はほぼ全てが自由間接話法であるとみなすのが妥当であり、図式化すると図15のようになるであろう。

　　　　　　　　虚構世界内及び虚構世界から外に向かって
　　　　　全知の語り手及び――自由間接話法――想定される読者及び
　　　　ムーニー夫人　　　内言語及びWritten　　ムーニー夫人自身
　　　　　　　　　文化コード及び虚構世界のコード
　　　　　　　　　　　　　　図15

たとえば、「第一に、世論は全面的に彼女（自分）のほうに味方していた。彼女（自分）は侮辱された母親であった。」は、明らかにムーニー夫人の価値判断であって、全知の語り手のものではない。したがって、このテクストが全面的にムーニー夫人を支持していると読むのは誤読であろう。し

437

かし、自由間接話法の知識のない読者であれば、表面上、テクストには全知の語り手とムーニー夫人の間に距離を置く言葉——たとえば「……と考えた（she thought...）」——がないので、すべて全知の語り手の判断と読み取るかもしれない。一方、自由間接話法というコードで読み取れれば、全知の語り手の介在しない状態のムーニー夫人の意識が浮かび上がってくるのである。つまり、この短編小説は過剰コード化された自由間接話法を用いることで、神のような語り手によって構築された世界に個々の登場人物の断片的な知識や意識の世界——ダブリン市の全体像に個々の心象風景——を重ねることに成功している。

『ダブリン市民』の上記の2つの例から分かるように、小説における文学性（Literariness）は、言語コードと文化コードによって編まれたテクストを、さらに、過剰コード化されたインターテクスチュアリティや自由間接話法といった手法で、より重層的な意味を生み出す複雑な構造にすることによって生まれるのである。

最後に、コンベンションを解体して、新たなコンベンションを確立しようとする際、いわばバルトのいう「読者が積極的にテクスト構築に参加する（writerly）」テクストを志向する作品を生み出す場合、いかに過小コード化が働くかを、コンラッドの『ナーシサス号の黒人』を使って説明する。もっともこの作品は「ライタリー」を志向する典型的な作品ではなく、萌芽的な作品であり、それゆえ、「ライタリー」を考えるにはうってつけの作品である。

『ナーシサス号の黒人』は、商船ナーシサス号がボンベイからロンドンまで航海する物語である。航海では、大自然の脅威と壮大さのさなかにあって帆船ナーシサス号の船員が必死に仕事に専念するのであるが、たまたま乗り合わせた、病気を偽っているようで実際に重い肺結核で最後には死んでしまう黒人のジェイムズ・ウエイト（James Wait）と、アメリカ船から逃げてきた扇動家で怠慢なドンキン（Donkin）に翻弄され続ける。

従来、この作品の問題点とされているところは、シュタンツェルのいう「語りの場」、すなわち、人称、パースペクティヴ、そしてモードが一定し

第 4 章　揺らぐ語り

ていないということだ。もちろん、一つの作品のなかで、複数の語りの場が存在してもおかしくはないのだが、『ナーシサス号の黒人』の場合は、何の予告もなく人称、パースペクティヴ、そしてモードが不意に切り替わり、そのため、語りの一貫性が甚だしく阻害されているようにみえるのである。

　たとえば、船員たちがウエイトとドンキンの影響下にあるときは、極めてナイーヴな船員たちの集団的意識を表す「われわれ（we）」が語りかける。その際、「くだらない黒ん坊（vulgar nigger）」といった語句が使われるが、それらは当時の船員の日常語として語りに侵入するのである。その例：

> その日から彼［ドンキン］は冷淡になった。そしてジミーにお前は「黒ん坊のペテン師」だと言い、われわれに対して、くだらない黒ん坊に毎日だまされるとはうすのろな奴らだとほのめかすのであった。であるのに、ジミーはあいつが好きらしいのだ！
> 　シングルトン［根っからの船乗りである老船乗り］は、人の感情に動かされず生きていた。寡黙でクスっとも笑わず、われわれの中で息をしていた——そのことにおいてのみ、他の皆と似ていたのだ。われわれは、人に笑われないような人間でいようとしたが、それは非常に厄介なことであった。われわれは、情け深くありたいという思いと、物笑いになるのではないかという恐れで心が動揺した。良心の痛みから逃れたかったが、さりとて、感傷のとんまなカモにもされたくなかったのだ[14]。

　途中で1度、船が横転した際に船室に閉じ込められたウエイトを救出する5人の内の1人として、初めて語り手は具体的な人物の視点で語りかけるが、但し、1度も語り手自身の個人的な身体の状態や行為には直接に言及することはない。その例：

> われわれは救出作業に取り掛かった。重いものや、とがったものや、

439

扱いにくいものの忌まわしい山と絶望的な思いで格闘したのだ。
(『ナーシサス号の黒人』、41)

　自然の壮大さと厳格さを描くときは、伝統的な船乗りの行動規範を重視する全知の語り手によって俯瞰的に語られる。この語り手はまた、ドンキンやウエイトといった登場人物の心のなかにも入っていく。その例：

　　時を超越した海の蔑みに満ちた慈悲によって一時仕事を猶予された男たちに、海は当然のように特権として望みどおりの不安を十二分に与える。海の恩寵の曇りない英知によって、男たちは、込み入って苦味をもった海の生活について安穏と物思いにふけることを許されない。男たちは、厳しく労働を、日の出から日の入り、そして日の入りから日の出まで休みなく強いる永遠なる慈悲に対して、休むことなく自分たちの生き様の正当性を示さなければならない。そして、祝福を要求する賢人たちと、空虚な天の頑固な喧騒によって汚されたうんざりするような昼夜の連続は、果てしない苦痛と骨折りの沈黙と、名も知れぬ、忘れっぽいが、我慢強い男たちの物言わぬ恐怖と物言わぬ勇気によって、ついには贖われるのだ。(『ナーシサス号の黒人』、55)

　そして最後の数頁では、かつての仲間である船員たちを懐かしむ語り手が動作主として示され、読者に姿を現す。その例：

　　わたしが近づくと、灰色のショールを巻いて、埃っぽくふわふわした髪の赤ら顔でだらしない格好をした婦人が、チャーリーの首に抱きついた。(中略)その瞬間、彼のそばを通り過ぎると、おいおい泣きじゃくる婦人の汚い頭越しに、彼はわたしにおどけたような笑い顔で皮肉と勇気と深みのある一瞥を送ったので、わたしの人生に対する知識なんか、すべて取るに足らないようなものに思えた。(『ナーシサス号の黒人』、106)

第 4 章　揺らぐ語り

　このように、この作品は、伝統的で倫理的な全知の語りと、ナイーヴで当時の船員の考え方や価値観を反映した 1 人称の語りの間を揺れ動くように語られる小説であり、常に読者は、果たして 1 人称の語り手であるのか、全知の語り手であるのか、それとも集合的意識であるのか、悩まされることになる。

　この作品の視点の整合性の無さは、イアン・ワット（Ian Watt）が「……『ナーシサス号の黒人』は物語に過ぎない。だからコンラッドの役に十分立てば見かけの語り手からすべてを知ることの出来る紛れもないプーバー[コミック・オペラ『ミカド』の登場人物]に自由に変えても不思議なことではない。」というように[15]、話の途中で作者が自由に語り手を替えていったことの結果であるのだろうか。しかし、それならば、前作の 2 作品が極めて伝統的な 3 人称の語りで書かれているのはなぜか。

　この作品の「謎」とは、いかなる既成のコードを適用しても割り切れずに余ってしまうテクストの余剰のことである。そして、この余剰を作家の未熟さの結果として無視せずにあくまでも読み解こうとすれば、読みの過小コード化が起こる。その際、読者によってあらゆる手がかりが模索されるが、そのなかで 1 つの重要なヒントとして、「序文（Preface）」の「わたしが成し遂げようとしている仕事は、書き言葉の力によって、読者に聞かせ、感じさせる――何よりも見させることなのだ。」（『ナーシサス号の黒人』、x）というコンラッドの芸術宣言に行き当たるであろう。そして、その手がかりからなされるであろう 1 つの仮説的推論は次のようなものである。すなわち、従来の全知の語りでは、登場人物が操り人形のような印象を与える、つまり矮小化されている印象を与えるのであるが、そのような全知の語りの問題点を克服してまさに登場人物の心理を生き生きと読者に「見せる」ために、コンラッドは全く独自の方法を試みたのではないか。それは、『ロード・ジム』や『闇の奥』のように語りを過剰コード化することによって複雑化するのではなく、また、ジョイスのように自由間接話法を過剰コード化することによって登場人物の意識の流れを描くのでもなく、過小コード化によって、つまり、仮説コード――恐らくテーマにもっ

とも適した「場」の語りを選択するという規則——を考え出し、適用することで、この作品では全く新しい小説世界を描こうとしたのではないかと推測される。もっとも、この作品は、『ロード・ジム』への過渡的作品であったといえなくもない。確かに『ロード・ジム』は視点の面ではより完成されているが、しかし、入れ子式の語りのために、その結果、全知の語り手のもつ長所、つまり、俯瞰的視野が使えなくなった。それに対して、この作品の語りは、海のロマンを描くのにうってつけの語りを維持しながら、揺れ動く群集心理を描くために1人称の語りを挿入する。その本来相反する2種類の語りの間を揺れ動くことで、従来のコンベンションを逸脱しているが、この作品にあっては特別な効果が生み出されている。つまり、大海原に浮かぶ1艘の船に生きる船員群像の自然との和合と近代的自我の間を揺れ動く状態が生き生きと描かれているのである。

4.3　全知から個人の視点へ——ヴァージニア・ウルフ

　異文化表象を研究し、論じる際、主体／他者、支配／被支配、植民地主義、人種主義、ジェンダーの視点から論じられることが圧倒的に多いが、本書で前提にしているのは、異文化表象については、表象を行う主体の主観性やイデオロギーとともに、表象の媒体となる言語の異文化に対する許容度が重要であるということである。

　言語の異文化に対する許容度について、簡単に説明しよう。

　それぞれの地域に根づいた文化は、歴史的・偶発的要因によってこの世界に存在するものを、それぞれの社会の主体的基準によって取捨選択してコード化してきた。そして、重要度・認知度の高いものから、それに対して使用される言語表現の機能を優先的に発達させていったのである——今日風な言い方をすれば、言語にそれに適した機能をカスタマイズしていくのである。たとえば、日本文化において、「鳴く」虫は認知度が高い。したがって、スズムシ、マツムシ、ツクツクボウシ、ヒグラシといった虫に対する個別の呼び名だけではなく、様々な形容表現を文化内に蓄積させてきたのである。一方、イギリスでは「鳴く」虫に対する関心度が低く、したがっ

て、日本語に対応するだけの呼び名や表現が英語にはあまり存在しない。したがってどういうことが起こるかというと、「鳴く」虫に関する日本文化を英語で表象（翻訳）するためには、英語にそのための新たな機能を付与、いわば「カスタマイズ」しなければいけない。それは簡単なことではなく、日本文化に対する深い理解とともに、イギリス文化に別種の文化コードを導入する作業を行わなければならないのである。

　もし、異文化表象のために新たな文化コードを導入することなしに他の地域の文化を表象するとき、その地域の文化に対する導入側の主観的反応に関係なく、言語のレベルでその表象は歪んだものになり、したがって極めて「差別」的表象（表現）になってしまう傾向にある。黒人に対して、日本語で「顔が真っ黒」と言った場合、そのように表象した人間の相手に対する感情とは関係なく、聞き手は「差別」的な意味合いで解読するであろう。また、日本人にとって「牛肉」と「鯨肉」では、味覚の点での差異が重要であり、倫理的な意味合いはほとんど生じないが、今日欧米においては、倫理的な意味合いの差異が際立って強くなっていることは新聞等の報道で周知の事実である。

　このように、異文化表象を分析するためには、表象する主体がどのような感情構造、世界観、宗教観、イデオロギーを持っているかという考察も重要であるが、それ以前に、その主体が表象媒体として使用する言語の異文化への許容度（表象能力）を分析することが必要であろう。

　前節では、コミュニケーション、表象のプロセスを主に言語コミュニケーションの構造分析や文化記号論の理論を利用して考察をし、それをもとに、19世紀末から、ジョゼフ・コンラッドやラドヤード・キプリングの前モダニズム的作品、および、モダニズム作家のジョイスの小説で、いかに多層的なコード体系がテクスト構造に組み込まれていったかを分析した。第4章3節においては、ヴァージニア・ウルフ（Virginia Woolf）の『灯台へ（*To the Lighthouse*）』を使い、19世紀以前の小説──現代小説においても、同様のテクスト構造をもった作品は数多く生産されているが──における全知の語り手の統制下にある文化コードの構築するテクストから、

443

全知の語り手が作品の背後に後退し、複数の登場人物のモザイク状の内的世界の集合体として構成される作品を分析することで、統括され閉鎖的なテクストが、スポンジのような浸透性の高いテクストへと変化していった過程を検証する。また、そのテクストの通気性と異文化表象との関係にも言及する。

分析の方法論としては、第4章1節で説明した「ヤコブソンのコミュニケーションモデルの改訂モデルIII」を使って、モダニズム小説の代表的な手法である「内的独白」、「意識の流れ」を駆使したウルフの『灯台へ』を分析する。

まず、内的独白という行為について考えてみよう。

『灯台へ』では、スコットランドのスカイ島に別荘のあるラムゼイ (Ramsay) 一家10人（夫婦と子供8人）、および、彼らの友人たちの内的独白がモザイク状に、全知の語りのなかにはめ込まれた作品である。たとえば、末っ子の息子ジェームズ (James) は、家族みんなで次の日に島の灯台にボートに乗って行くことを楽しみにしているが、冷徹なまでに理性的な哲学者の父親のラムゼイは、怪しい雲行きから、明日の灯台行きを楽しみにする息子に冷や水を浴びせかける。ラムゼイにとっては、ままならない現実を受け入れることこそが、人間にとって必要なことであり、それを教え込むことが子供に対する父親の責務であると考えている。

> 彼は虚偽を言明することは出来なかった。一つの事実で、それは改竄されるものでは決してなかった。限りある命を持つ誰かがそれで喜び、もしくはその人の便宜に適うとしても、不愉快であっても言葉を曲げることは決して出来なかった。自分の血を引く子供であればなおさらであった。自分の子供なら、子供の頃から、人生は辛いものであることを知るべきであった。つまり、現実は妥協しないということを。人生とは、われわれのこの上ない希望が潰え、もろい帆船が暗黒へと沈む伝説の国に向かう旅路なのである（ここで、ラムゼイ氏は背を伸ばし彼の小さな目を細め、水平線を見たのであった）、とりわけ、勇気と真実

第4章　揺らぐ語り

と耐える力の必要な旅路であるのだ[16]。

　内的独白の場合は、メッセージの送り手と受け手は同一人物（自分）になる。この引用においては、括弧内の全知の語り手の読者への説明以外は、ラムゼイが彼自身に語っているのである。したがって、送り手と受け手のコンテクスト／コードは、当然のことながら完全に一致している。その場合、伝達しようとする意味（表象）は、断片的な文章であっても、補足説明がなくても、聞き手に完全に理解されるのである。そのことはとりもなおさず、第3者にとっては非常に解読しづらい文章になる。もっとも、使われるコードは、その大半が家族や、友人関係、学校や報道等で刷り込まれた、社会に流通する文化コードであり、他人にもある程度は解読可能であろう。しかしながら、長い年月の内的生活の間に、そのひと個人のコードが生まれている可能性は大いにあり得る。それまでの様々な個人的経験から、一般に流通する文化コードを修正し、自分の経験に近づけていこうとする。たとえば、毎朝電車で通勤する人は、経験から1両目が空いていることを知っているとする。そのことから、その人は、電車の1両目に対して新たな意味を付加する。これはすなわち、エーコの用語でいえば、過剰コード化にあたるであろう。他方、ほとんど経験をしたことがない事柄に対しては、たとえばアフリカに1度も行ったことのない人は、アフリカを表象する際に仮説コードで読み解く傾向がある。こちらは、過小コード化である。このように、内的独白では、それぞれの人の内的世界において、過剰コード化、過小コード化が起こり、本人でないと理解されないような内容が、送り手（自分）から受け手（自分）に伝達される。そして内的独白の手法は、このようなコミュニケーションを語りに投影させるのである。先の引用文のなかの「伝説の国（that fabled land）」のイメージは、ラムゼイの内的世界にしか存在しないのであり、したがって、彼の妻や子供たちと同様、読者にも理解しづらいのである。『灯台へ』では、そのような解読困難なメッセージが随所に登場してくる。

　先ほどの引用の直前には、父親に「明日は晴れない」といわれて、灯台

へのピクニックを楽しみにしていた末息子のジェームズの怒りが、イメージ表象として表されている。人の内的独白では、映像や音声イメージが伴うのである。

　　もし、手の届くところに斧だとか、火掻き棒とか、彼の父親の胸をえぐって殺せる何か武器がそのときその場にあったら、ジェームズはそれを掴んでいたことであろう。そのような極端な想いが、ラムゼイ氏が単にそばにいるだけで彼の子供たちの胸の中で沸き起こるのであった。今もそうなのだが、ナイフのように反り返り、その刃のように細く、皮肉っぽく歯を見せて笑うのは、息子を幻滅させ、そして妻、あらゆる点でラムゼイ氏よりも何万倍も良い（と、ジェームズは思ったのだが）妻に冷やかしの言葉を投げかける喜びだけではなく、自分自身の判断力の正確さに対する密かな自負心からであった。（『灯台へ』、12-3）

「もし、手の届くところに斧だとか、火掻き棒とか、彼の父親の胸をえぐって殺せる何か武器がそのときその場にあったら、ジェームズはそれを掴んでいたことであろう。」というのは、伝統的な全知の語り手がジェームズの心の中を読者に暴露するというよりも、自分自身に向けられた内的独白であるという前提であれば、20世紀の読者によって子供の「極端な想い」として許容されるであろう。もしフロイト（Sigmund Freud）以前に流通していた社会通念であれば、幼い息子が父親にそのように思う、そしてそれを言語化して読者に伝えるのは、かなりの抵抗があったであろう。これとは別の箇所では、ジェームズは灯台へのピクニックを、大航海時代の探検のイメージと重ね合わせている。これなどは、他愛無い子供の空想とも考えられるが、もちろんイギリスの海外進出の影響を受けていることは間違いない。つまり、前述したように、あくまでも内的独白は、流通する文化コードが前提となっている。

　次に、1人の登場人物の内的独白から、別の登場人物の内的独白に転換

第 4 章 揺らぐ語り

する箇所をみてみよう。多くは、全知の語り手が仲介者になるのであるが、以下の引用箇所では、『灯台へ』3 節から 4 節に移ったとたん、ラムゼイ夫人の内的世界からリリー・ブリスコウ（Lily Briscoe）の内的世界に切り替わる。

　しかし、芝生の縁に立って絵を描いている少女の姿が見えると、思い出された。ラムゼイ夫人は、リリーの絵のために可能な限り首を動かさずにいるように言われたことを。リリーの絵！ラムゼイ夫人は微笑んだ。彼女は中国人のような小さな目でしかめっ面をして、決して結婚しようとはしなかった。誰も彼女の絵を本気で取り合おうとはしなかった。でも、彼女は独立心のあるかわいい女の子だ。ラムゼイ夫人は彼女が好きだった。そう思うと約束を思い出し、ラムゼイ夫人は首を傾げた。

　　　　　4 節
　「勇ましく見事に乗っているだろう」と叫びながら、両手を振ってやってきて、実際危うく彼は彼女のイーゼルを引き倒すところであったが、幸いなことに、向きを急転させ、乗ったまま走り去ってしまった。バラクラヴァ高原で名誉の戦死をするつもりかしらと彼女は思った。そんなにも滑稽で同時に不安にさせる人なんて絶対にいない。しかしながら、彼がそんな調子で手を振って叫んでい続けてくれたほうが、彼女には安全だった。じっと立って自分の絵を見ようとはしなかったから。そしてそちらのほうがリリー・ブリスコウには耐えられなかったことであったのだ。絵のまとまりや、線や、色使い、ジェームズと窓辺で座っているラムゼイ夫人を見ているまさにその間でさえ、誰かが忍び寄ってきて突然自分の絵を見ていると気づくことがないように、彼女は常に周りの気配に神経を張り詰めていたのだ。(『灯台へ』、31-2)

447

3節の終わりでは、ラムゼイ夫人は、ジェームズと一緒にいる部屋の窓から庭を眺めている。庭には、キャンバスに向かって絵を描いているリリーがいる。そして、ラムゼイ夫人のリリーに対する内的表象が語りに嵌め込まれている。それが、節が変わると、リリーの内的世界に不意に介入し、すぐに去っていく人物が表象されている。

　場面の急な切り替えは、何も内的独白固有の手法ではない。昔からある手法だ。「内的独白」、あるいは「意識の流れ」の手法を用いた作品においては、伝統的な全知の語りの小説とは違って、「他者」として表象されていた人物が、急に「表象する主体」に変貌する。この表象する主体の切り替えは、モダニズム以降の作品でしばしば使われる手法である。ウィリアム・フォークナー（William Faulkner）の『アブサロム、アブサロム！（Absalom, Absalom!）』は、その代表的な作品であろう。では、「表象する主体」が切り替わることが、どのような意味を持つのであろうか。上の引用で、ラムゼイ夫人の表象のなかでのリリーは、「中国人のような小さな目でしかめっ面」をした娘であるが、リリー自身、自らを「中国人のような小さな目でしかめっ面」というようなパターン化した姿で自己表象などはしない。人は、たまに、自虐的にそのような自己表象をするが、本心ではない。パターン化した表象とは、「他者」を表象する時に往々にしておこる現象なのである。ただし、ラムゼイ夫人の場合、そのようなパターン化にとどまることはなく、常に複雑な表象化を試みる。たとえば、夫の若き友人のチャールズ・タンズリー（Charles Tansley）は、子供たちから「無神論者」と揶揄されて呼ばれているが、彼女はその人物に付与されたそのようなパターン化の呪縛から彼を解放しようと努力をする。

　『灯台へ』は、小説が当然持つとされるプロットが希薄だとか、小説作品というより「詩的世界」を形成している作品であると同時代の読者が述べているが[17]、まさにそれは、ウルフが時代の流れを読んで生み出した過剰コードを同時代人が共有できなかっただけであろう。

　簡単な分析しかしなかったが、『灯台へ』の内的独白の手法には、2つの特徴が読み取れる。1つは、過剰コード化と過小コード化を経ることに

第 4 章　揺らぐ語り

よって個人化した文化コードにより、登場人物の内的世界が並置されていること。2つ目は、その並置が、表象する主体の切り替えを明示させていることである。これにより、伝統的な「特権化された全知の語り」は希薄化され、相対的な主体の集合体としてのテクストが作り出されたのだ。見る側／見られる側、語る側／語られる側の、絶えざるスイッチが起こっているのである。

　本書においては、『灯台へ』の芸術的価値の評価というような、伝統的文学批評の1つとしてこの作品を考察したものではない。もしこれがそのような評論の1つだとしたら、極めて不十分な分析である。本書で行った『灯台へ』の分析の目的はそのような文学評論ではなく、近代における言説形成の変化が小説にいかに投影されているかという論考である。そういう意味で、『灯台へ』には、重要な特徴が2つあることを指摘した。

　1つは、個人化された複数のコードが織りなす内的世界の集合体としてのテクストであり、そこには、表象する主体の相対化がみられるということである。これは、もちろん『灯台へ』を芸術として優れた作品、実験的な作品にしている特徴の一部であるが、それはまた、20世紀の間に進行する新たなタイプの言説形成を先取りして投影させたものである。

　文化は、近代以降になって多文化になったのではなく、近代になって、世界には多種多様な文化が存在することが認知されるようになったのである。そして、モダニズムの時代になって、複数の文化コードに対する言語の許容度を高めることによってその多種多様な文化群を表象する試みがなされたのだ。

　2つ目は、伝統的な文化においては1つの絶対的な全知の存在が認知されていた。「社会を映す鏡である小説」は、その絶対的存在に対応する全知の語り手によって世界が語られたのである。そして、そこには表象する特権、見て・語る特権をもった存在——近代帝国主義の時代にあっては、「白人男性」——がいた。しかしながら、近代化のある段階を経た市民社会は、そのような存在に懐疑的になり、そして「社会を映す小説」のなかに、「視線を相対化して語る」作品が書かれるようになったのである。

449

結論として『灯台へ』という作品が、白人優位の世界を書き換えようとした小説だというのではない——男性優位を問題視する作品ともいえないであろう。そうではなく、この作品が、他の前モダニズム、モダニズムの作品とともに、複数のコード体系をテクスト内に許容する言語に英語を作り変えた貢献を論証しようとしたのである。

　次章では、19世紀末から20世紀にかけての前衛的なイギリス小説の先駆けとして、複数の文化コードに対する英語の許容度を高めようと様々な実験的手法を採用した2人の小説家の作品を、綿密なテクスト分析の手法を用いて検証する。

註

（1）ロマーン・ヤコブソン、「最新ロシア詩」、『ロシア・フォルマリズム論集——詩的言語の分析』、新谷敬三郎・磯谷孝編訳、現代思潮社、1971)、p. 76。

（2）Robert Scholes, *Semiotics and Interpretation* (New Haven: Yale University Press, 1982), p. 15. 以下の『記号論のたのしみ（*Semiotics and Interpretation*)』からの引用は、この版の頁数を本文に記入。

（3）Stuart Hall ed., *Representation: Cultural Representations and Signifying Practices* (London: SAGE Publications, 1997), pp. 30-1.

（4）Roman Jakobson, "Linguistics and Poetics", in *Essays on Language and Poetry*, ed. Keiichi Yamanaka (Tokyo: Tsurumi Shoten, 1981) を参照。以下の『言語学と詩学についてのエッセー（*Essays on Language and Poetry*)』からの引用は、この版の頁数を本文に記入。

（5）Umberto Eco, *A Theory of Semiotics* (Bloomington: Indiana University Press, 1979), p. 7. 以下の『記号論（*A Theory of Semiotics*)』からの引用は、この版の頁数を本文に記入。

（6）文化記号論における文化コードの解説については、池上嘉彦・山中桂一・唐須教光、『文化記号論への招待』、(有斐閣選書、1983) を参照。

（7）Wolfgang Iser, *The Implied Reader: Patterns of Communication in Prose Fiction from Banyan to Beckett* (Baltimore: Johns Hopkins University Press, 1974) を参照。以下の『想定される読者（*The Implied Reader*)』からの引用は、この版の頁数を本文に記入。

（8）F. K. Stanzel, *A Theory of Narrative translated by Charlotte Goedsche* (Cambridge: Cambridge University Press, 1984) を参照。また、ジェラール・ジュネッ

第 4 章　揺らぐ語り

ト（Gérard Genette）は「語りの場」を『ナラティヴ・ディスコース再訪 (*Narrative Discourse Revisted*) において、批判的に発展させている。Gérard Genette, *Narrative Discourse Revisted* translated by Jane E. Lewin (Ithaca: Cornell University Press, 1988), pp. 114-29.
(9)「全知の語りの場」の場合も、必ずしも完全に全知の語り手＝作者の図式が成り立つとはいえない。ただ、本書では全体のテーマから外れるので、文学手法にこれ以上は深入りをしない。
(10) Roland Barthes, *S/Z*, tranlated by Richard Miller (New York: Hill and Wang, 1974), p.4. 以下の『S/Z』からの引用は、この版の頁数を本文に記入。
(11) Rudyard Kipling, "Lispeth", *Plain Tales from the Hills* (New York: Charles Scribner's Sons, 1907), p. 2. 以下の『高原平話集』からの引用は、この版の頁数を本文に記入。
(12) James Joyce, *Dubliners* (Edinburgh: Jonathan Cape, 1914, rpt., 1952), p. 20. 以下の『ダブリン市民』からの引用は、この版の頁数を本文に記入。
(13) Don Gifford, *Joyce Annotated: Notes for Dubliners and A Portrait of the Artist as a Young Man* (Berkeley: University of California Press, 2nd revised edition, 1982), p. 37 を参照。
(14) Joseph Conrad, *The Nigger of the "Narcissus"* ed. Robert Kimbrough (New York: W. W. Norton & Compnay, Inc., 1979), p. 25. 以下の『ナーシサス号の黒人』からの引用は、この版の頁数を本文に記入。
(15) Ian Watt, "Conrad Criticism and *The Nigger of the "Narcissus"*, in *The Nigger of the "Narcissus"* ed. Robert Kimbrough (New York: W. W. Norton & Company, 1979), p. 241.
(16) Virginia Woolf, *To the Lighthouse* (London: The Hogarth Press, 1927), p. 13. 以下の『灯台へ』からの引用は、この版の頁数を本文に記入。
(17) Jane Goldman ed., *Virginia Woolf: To the Lighthouse/The Waves* (Icon Books, 1997), pp. 13-28 を参照。

第5章　多層化する小説構造

5.1　フォード・マドックス・フォード

　まず取り上げる小説家は、フォード・マドックス・フォード——1919年まではフォード・マドックス・ヘファー（Hueffer）であったが、ドイツ語の響きを避けるためにフォードに変名した——である。フォードは、コンラッドとの共作を別にして、植民地を舞台にした小説を書いたわけではない。しかしながら、複数の文化コードに対する英語の許容度を高めたという点において、以下に示すように重要な働きをした小説家である。

5.1.1　小説における印象主義 [1]

　『ミメーシス（*Mimesis*）』において、エーリッヒ・アウエルバッハ（Erich Auerbach）は、ホーマーの『オデュッセイア』の足の傷の場面と、『聖書』の「創世記」のイサクの犠牲の場面における描写方法を綿密に比較し、以下のように分析している。『オデュッセイア』では、オデュッセウスの家政婦のエゥリュクレイアによる足の傷の発見から、その由来へと遡って、実際に起こった事象はもちろん、登場人物の心理過程まで、「……すべてが目に見え明確になるように外在化し、空間と時間の関係性のなかに完全に固定し」、「……何1つ隠されたり、表現されないままであってはいけない」[2] というように時間的に前後しながらこと細かく緻密に描いてあるが、しかし、外在的・客観的「現在」が前景化されているのみで、その背後に時間的背景が存在するとはいえない。一方、『聖書』では、たとえば、アブラハムがイサクを生贄にする所を記述する箇所で、アブラハムの前に神が現れる時、神がどこから、どのように現れるのか、あるいは、ア

第 5 章　多層化する小説構造

ブラハムのいる場所、あるいは彼と神の位置関係などが一切描かれていないというように、ほとんど時間や空間の説明がなされていないと指摘する。このように、ホーマーの作品において写実主義的で常に「現在」という瞬間が志向される描写が用いられているのは、ホーマーの時代は、現世的な喜びがすべてであり、それを伝えることが重要であったのに対して、一方、「創世記」で時間と空間が軽視されているのは、中世の絵画に見られるように物理的な位置関係がほとんど意味をなさない世界観をもった集団にとって、神の不可思議性と、人間の魂に関心が置かれ、「『聖書』においては、ホーマーの作品よりはるかに真理を希求されるだけではなく、専制的ともいえるほど、他のすべての希求を排除する」(『ミメーシス』、14)ということから起因していると論じている。小林秀雄も、同じような視点から中世の絵が遠近法を用いなかったことを『近代絵画』で論じている[3]。一方近代小説についても、3 次元空間を表現するために遠近法を採用したルネッサンス以降の近代絵画と同じように、いわば遠近法的要素をもつ技法が取られ、時間的・空間的に整合性のある広がりをもつ堅固な世界が描かれているということは容易に推察できるであろう。つまり、このことから次のような仮説が成り立つ。作品に用いられている描写方法の選択が、当時の社会によって作者に与えられた世界観から切り離せないこと、したがって、描写方法を分析することによって、作者、さらに、作者の属する集団の世界観を知ることができるということである。

　イギリス文学史では必ずしも市民権を得ているとはいえないが、印象主義がモダニズムの初期に現れ、フォード・マドックス・フォードによるとイギリスでのその代表的な作家が、ヘンリー・ジェイムズ、ジョゼフ・コンラッド、そしてフォード自身であるという。第 5 章では上記の仮説を踏まえ、彼ら、特にコンラッドとフォードの産み出した印象主義的世界を考察することで、イギリス文学史における印象主義が 20 世紀の言説形成＝編成に及ぼした影響を検証する[4]。

　フランス絵画において、印象主義の運動がモダニズムの絵画運動の嚆矢になったことは、美術史で一般に論じられていることである。画家の目の

解放、すなわち、見ること自体が重要な問題になったのである[5]。印象派は、よくいわれるように、単に個人的で、主観的で、物に捕われない純粋な絵画を描いたのではなく、そうであると教えられたものからの脱出（反抗）を、強烈な個性と、アカデミック以外からの芸術様式、特に大衆芸術や、日本の浮世絵から、西洋絵画の伝統、つまり19世紀の近代化言説形成＝編成のなかで規制されてきた構図とはまったく違った構図の取り方や画題の選び方を学ぶことで成し遂げたのである。人は、もし18世紀までの西洋絵画の伝統のなかで成長したのであれば、強い太陽光線の下で、女性の顔が白く光っていたり、強い影で黒くなっている可能性を認めるほど寛容ではないし、それらを、芸術作品に描くことが正常だとはどうしても思えないのである。しかし、革命的ともいうべき印象主義運動と共に、それまでのアカデミックな伝統によって規定されていたモノの見方が、画家個人の所有物として要求され始めたのだ。そして、文学においてもイアン・ワットが次のように述べている。

> フランスでのように、［印象主義という］用語は、非常に急速に、一般に画家のものとされた特長をもつと考えられた文学の描写方法——細密に描かれた完成品で、熟慮された構図をもった作品というより、自然で素早く生き生きと描かれたスケッチというような作品——にまで拡大解釈された。文学においては、その用語は、長い間、絵画に比べると、ずっと、その場限りの説明のなかで用いられるのに留まっていた。スティーヴン・クレインが広く「印象派」と分類され、1898年に、コンラッドの最初の短編集『不安の物語』に対してある書評家が彼を「印象主義的写実主義者」と記したにもかかわらず、かなり最近になるまで印象主義が文学運動の1つであるとして論じられることはほとんどなかった[6]。

これは文学と絵画の芸術媒体の違いによるものであろうか。確かに、印象主義を描写方法の革命だとすれば、美術史と違って、主題に重きを置く伝

第 5 章　多層化する小説構造

統的な文学史では、あまり取り上げられなかったと考えられる。しかし、絵画において印象主義を産み出した西欧における世界観の変化――言説的「反抗者」の登場――が、同じく、文学作品における描写方法のうちに、明確な特長として現れていると考えるのは自然であろう。これまでに、コンラッドの作品に見られる印象主義的描写方法の重要な特長としていわれてきたものは、次の2点に要約できるであろう。1つは、「遅らされた認識作用（Delayed Decoding）」というものである。これはイアン・ワットが命名した用語で、彼の定義によると次のようになる。

　この物語手法に遅らされた認識作用と名付けることができるだろう。なぜなら、それは外界からメッセージを受け取るという、一時的に先行する心の動きと、そのメッセージから意味を汲み取るという、かなりゆっくりとした思考プロセスを合わせもつからである。この手法によって――この作品［「文明の前哨所」］では、まだ洗練された使い方をされているとはいえないが、――読者はカイエールと自然な感覚を共有し、彼が余りの恐怖のために、自分のしたことが認識できないということを「実感させられる」のである。（『19世紀のコンラッド』、175-6)[7]

われわれがあることを認識する際には、それに先立って何らかの知覚作用があるはずである。たとえば、赤く、丸い物体を見ることによって林檎を認識するのである。ただ、認識に先立つ知覚作用は、日常的な状況においてはほとんど意識されない。いわゆる、自動化されていて、認識結果だけが意識されるのが普通である。そして、小説における伝統的な描写方法では、やはり、知覚作用を綿密に描かないのが普通であろう。しかし、たとえば、非日常的な現象、大きな爆音などを耳にした時は、聴覚が前景化され、その原因となるものを認識する作用が起こる。このことが、コンラッドの描写では、1つの技巧として用いられていると、ワットはいうのである。

455

2つ目は、フォードが繰り返し言及している物語の物理的な時間順序の否定である。

全般的効果
　われわれは、小説の全般的効果が、人生が人に与える全般的効果と同じでなければいけないという点で一致した。小説はそれゆえ物語ではなく、報告でなければならない。人生はわれわれに、「1914年に私の隣人のスラック氏が温室を建て、コックス社の緑のペンキで塗装した。……」とは、いわないのである。もし貴方がそのことを思い出すなら、様々な無秩序なイメージで思い出すであろう。すなわち、いつかはわからないが、スラック氏が彼の庭に現れ、温室の壁をじっと見ている情景を思い出す。次に、貴方はそのことが何年に起こったのかを思い出そうと試みる。そして、それが1914年の8月であると絞り込む。なぜなら、リエージュ市の市債を購入するという先見の明をえて、人生で初めて1等のシーズン・チケットを買うことができた年であったからだ。それから、貴方は、スラック氏が当時ずっとほっそりしていたことを思い出す。なぜなら、彼がどこで安いブルゴーニュ産のワインを買えるかを見つける前であったからだ。彼はそれ以来並外れた量を飲むようになったのである。もっとも、貴方はウイスキーのほうが彼にはずっといいと思っているのだが。(『ジョゼフ・コンラッド』、192-3)

　人間の記憶の再生は、それが記憶される時の印象の強さや、記憶の連鎖に従って思い出されるのであって、物理的な時間の順序に従うのではないという。それゆえ、全知の語り手のような、非人間的語り手を設定した場合を除いて、1人称の語り手の場合は、その語る世界は、まさに印象主義の絵のような語り手の印象風景になるはずである。これが、コンラッドの代表作である『闇の奥』と『ロード・ジム』、フォードの代表作である『グッド・ソルジャー (*The Good Soldier*)』でどのようにいかされているかは、これまで様々な検証が試みられてきたのであるが、本節では、今まで作品と

して余り評価されてこなかった『後継者たち（The Inheritors）』に印象主義的な要素があるかどうか調べる。この作品は、コンラッドとフォードの共作の形をとっているが、実際は専らフォードの手によるものとされている[8]。したがって、コンラッド研究家からはあまり重要視されていないが、フォードによると同じ芸術的信念をもつ2人の小説家が出会い（1898年の9月の初旬頃）[9]、『後継者たち』（1901年）や『ロマンス（Romance）』（1903年）を共同執筆している間、彼らは、幾度となく小説手法について長い時間議論している。

　そしてそれは、コンラッドの作品の場合、すぐに彼のロマン主義的基盤に接ぎ木されるという形で取り入れられ、見事にモダニズム的作品に仕上げられたのだ。一方、フォードの作品の場合は、それが完成された形で世にでるのは、『グッド・ソルジャー』（1915年）を待たねばならない。そうではあるが、フォードはコンラッドより前衛志向が強く、ジョイス等の若い小説家を援助するという彼のその後の経歴からもわかるように、常に新しい芸術運動に強い関心を抱き続け、この時も彼らの野心的な芸術論をそのまま作品にしたとみることができる。つまり、この『後継者たち』は、彼らのモダニズム的側面を明確に示す作品と考えられ、これを分析することで、彼らの産み出した新しい要素を理解することになるのである。

　『後継者たち』を、H・G・ウェルズの作品のような空想小説と考える批評家がある。確かに、四次元派、あるいは、四次元の世界からやって来たと称するヒロインが登場して、超人的な力を発揮するからだ。

　この作品は、由緒ある家柄の出であるアーサー・グランガー（Arthur Granger）という売れない文学者の語る1人称小説である。彼は、世俗的なことを敬遠する芸術志向の小説家であったが、安定した収入と世間の注目を浴びるという誘惑に負けて、『時間（the Hour）』という新聞の記者になることを承諾し、外務大臣のチャーチル（Churchill）や、グリーンランド開発の一環としての鉄道建設事業を推進しようとするド・マーシュ（de Mersch）という著名人にインタビューし、彼らを称揚する記事を書く。ド・マーシュはイギリス国民から出資を募り、イギリス政府の支援獲得を画策

457

しており、チャーチルに接近する。芸術を愛し、保守的で19世紀の大英帝国の政治家の資質を備えたチャーチルは、ド・マーシュに対して好意は感じていないものの、「エスキモー」の生活を近代化するという彼のスローガンに、危うくなりつつある政治的立場上やむなく賛同し、イギリスがグリーンランド開発の援助をするように尽力する。そして、『時間』は——実はド・マーシュの始めた新聞であるが——その事業を世に広く宣伝するのである。

その頃、アーサー・グランガーの妹だと称する若く美しい女性がどこからともなく彼の前に現れる。そして、アーサーに、自分は「四次元派」の一人だといい、彼らは、19世紀的な旧人間から社会を引き継ぐのだという。アーサーは、彼女の考えを懐疑的に受け取りながらも、彼女の魅力に惹かれていく。また、彼以外の人々、さらにアーサーの伯母までが、彼女がアーサーの妹だと信じて、受け入れてしまう。彼女は、自分の美しさを武器に使って、グリーンランド鉄道事業に関係する様々な人々に取り入り、最後にはグリーンランドの悲惨な実情を見聞したカラン（Callan）という作家に暴露記事を書かせ、それをグランガーの『時間』に掲載させるのである。グランガーはその致命的な力を知りつつも、彼女が自分を愛してくれることを期待しつつそれが掲載されることを黙認する。その結果、ド・マーシュはもちろん、チャーチルや、その事業に多額の金を出資した人々も没落するのである。

このように、この小説作品は同じ時期に書かれたコンラッドの『闇の奥』と同じく、ヨーロッパ人による先住民の搾取というテーマを扱っている。

さて、この作品に見られる印象主義的要素であるが、まず、第1の要素、つまり「遅らされた認識作用」に関して、コンラッドの『闇の奥』では所々に非常に効果的に用いられているのに対して、『後継者たち』では、作品を通して頻繁に使われている。たとえば、彼の妹と称する女性が思いがけなく彼の前に現れる場面では、次のようになる。

　　　　高い鉄製の門がスーと観音開きに内側に開くと、自転車に乗った女

第5章　多層化する小説構造

性が、曲線を描くように、日のよく当たった通りに出てきた。彼女は、白く輝く壁の前を、非常に明るく、小さく、でもくっきりとして、滑るように進んで行くと、曲がるために身を傾け、滑りながら私の方に向かってやってきた。私の心は踊った。彼女の登場によって、全体が1つの構図をもった。あの眠たげな、照り輝く通り全体が1つの作品と化したのだ。輝く空も、赤い屋根も、蒼い影も、看板の赤と青も、私の足の周りを歩く鳩の青さも、郵便配達夫の馬車の明るい赤も、あるべき場所にぴったりと収まったのだ。彼女は滑るように私の方にやってきて、徐々に、全体の中心を大きく占めるようになった。彼女は降りると、私の傍に立った[10]。

　ここでは、自転車に乗って門から出てきた女性がグランガーの妹と称する女性だと特定される前に、彼女の人を惹きつける魅力が、説明されるのではなくグランガーと同時進行で読者も知覚するように描かれている。また他の箇所では、年よりも若々しく快活に振る舞うチャーチルが、彼女から「それ［私たちの邪魔をしている］だけではなく、後進に道を譲らなければなりませんわ」といわれて、グランガーの目には、

チャーチルの顔つきが突然変わった。彼はかなり年取ったように見えた。青ざめて、生気がなく、少し弱々しくさえ見えた。私は彼女が私に証明しようとしていることがわかった。そして、私にはそれゆえに、彼女が幾分いやになった。人が忘れようとしていることを思い出させることが無慈悲なほど残酷なことに思えたからだ。（『後継者たち』、66）

このように、グランガーと読者は、チャーチルがすでに過去の人であることが、四次元派と称する女性の言葉に対するチャーチルの一瞬の表情の変化を見ることで、強く印象づけられるのである。それに対して、コンラッドの『闇の奥』では、黒人を描くのに効果的に印象主義的描写方法がとら

れている。すなわち、フランス船に乗っているマーロウの眼前の沖合にフランス艦船が停泊していて、「そこには小屋1つないのに、その軍艦は茂みに向かって砲撃していた」、そして、マーロウの同乗者があそこには敵のキャンプがあるという。また、草の上に転がっているボイラーや腐食した機械の部品やたくさんの錆びたレールの置いてある風景を目にし、黒人たちの強制労働による無意味としかいえないような鉄道建設だと知り、そしてそのすぐ後に、近くの林のなかで、病気と飢えから瀕死の状態にある黒人たちを発見する。それからマーロウは、彼の近くにいた少年のように見える瀕死の黒人にビスケットをやるのだが、彼はその黒人の首の周りに巻かれていた1片の白いウーステッドを見て「なぜ？」と思うのである。(『闇の奥』、17-8) このように、他のヨーロッパ人とは例外的に黒人（先住民）に対して先入観をもっていないマーロウのこれら一連の不合理で悲惨な黒人たちの印象的風景を通して、読者はマーロウとともに、それまでのステレオタイプの黒人観が覆されていくのを実感するのである。

　『後継者たち』の印象的描写は、どちらかというとモネ（Claude Monet）のような印象主義の画家の考えをストレートに応用している。その結果、『闇の奥』では知覚作用の後にその原因を認識しようとする作用から、さらにより観念的なものへと遡っていくのに対し、『後継者たち』では、知覚作用からその原因の認識で終わっている。

　また、第2の印象主義的な要素に関しては、つまり、語り手の自然な記憶の再生による語りの手法という点では、『後継者たち』は『闇の奥』や『グッド・ソルジャー』とかなり違っている。『闇の奥』では、停泊中の船の上でマーロウが彼の友人に語って聞かせる形式をとり、『グッド・ソルジャー』も、話の何年か後に、不特定の読者に語る形式をとっているが、『後継者たち』では、思い出を人に語るというよりは、語り手である主人公が知覚するその過程が描かれる。したがって、まさに最初にタブラ・ラサ（白紙）の状態である彼が、目撃し、人の話を聞くことによって、グリーンランド鉄道開設事業の意味、それは「エスキモー」の為というよりは、営利や売名行為であり、また実際先住民がどのような悲惨な状態にあるかが、そして彼

の属し、信じていた世界が、新しい世代、新しい世界観をもった人々によって何故取って代わられるべきなのかがわかってくる。ただ、この手法は、終始読者をいらいらさせる。なぜなら、語り手グランガーが、起こりつつあること、起ころうとしていることにほとんど無知であるため、読者もまた、何が起こっているのかがかなり後までわからないのだ。殊に、ヒロインの素性に関しては、最初から最後まで謎のままなのである。そもそも、この作品は彼女の言葉「観念よ、ええ、観念に関して——」(『後継者たち』、3) で始まり、グランガーは彼女がアメリカ人なのかオーストラリア人なのかと推測を巡らすが、結局最後まで彼女の国籍や本名すらわからない。それでいて、この作品の話の展開は全体的に単調である。ほとんどの場合、読者は後になって、何だそんなことかと思うのである。それに対して、『闇の奥』では、後になっても読者にいい知れぬ不可解な印象を捨てさせない。これが作品に深みを与えている。あるいは、『グッド・ソルジャー』のように、回想が語り手ダウエル(Dowell)のものだけではなく、彼を取り巻く人々の回想も語りにモザイク状にはめこまれていて、全体として様々な利害をもった視点から語られるため、ダウエルの描き出す人物たちが様々な矛盾をはらんだ姿として読者に見えてくるのである。

　『グッド・ソルジャー』の出版の2年前に発表した論文のなかで、フォードは印象主義というものについて次のように述べている。

> しかし、ある一瞬の観察の記録にまったく別の一瞬の観察を含めることは、印象主義ではない。というのは、印象主義は、まったく瞬間的なことだからだ。
> 　私は誤解されたくないので付け加えるが、以前の観察の記憶が、その瞬間の印象にある色を加えることは大いにありえることだ……。〔中略〕しかしながら、印象主義の1つの作品が、2つ、あるいは3つ、あるいはあなたが望むだけの数の場所や人や感情が作家の情緒のうちにまったく同時に生起している感覚を与えることはまったく可能なのだ。つまり、詩人であれ、散文作家であれ、感受性の強い人が、ある

部屋にいる時、別の部屋にいる感覚をもつこと、あるいは、ある人に話しかけながら、別の人についての記憶や憧れにとても強く取りつかれ、上の空になったり、取り乱すことは大いにありえることなのだ。そしてさらに付け加えれば、私の知るかぎり、そのような多層的な感情を描く試みをストップするような規範など印象主義には存在しないのである[11]。

　1900 年頃に執筆された『後継者たち』の印象主義的手法は、フォード自身が「印象主義」でないと否定する傾向——ある一瞬の観察の記録にまったく別の一瞬の観察を含める——が強く出過ぎているのではないだろうか。そのあとに説明されている印象主義の本義——「印象主義の 1 つの作品が、2 つ、あるいは 3 つ、あるいはあなたが望むだけの数の場所や人や感情が作家の情緒のうちにまったく同時に生起している感覚を与えること」——、つまり、文学における印象主義の成熟した考えには、『後継者たち』の創作の段階ではまだ至っていないように思われる。

　われわれが印象派の絵をすばらしく感じるのは、単に一瞬を捉えたことのすばらしさではなく、まさにそこに色彩に対する洗練された経験があるからである。その経験を通して、無限の広がりを持つ世界に通じるのだ。決して、印象を写しただけではない。キャンバスによって切り取られた閉塞的な世界ではないのだ[12]。そして絵画の印象派のように、文学における印象主義も、瞬間の印象を書き留めるだけでは駄目なのである。その瞬間を捉える人間の心理に対する深い洞察がなければ、単なるスケッチになってしまう。そういう意味で、『闇の奥』や『グッド・ソルジャー』では、マーロウやダウエルの印象が単に語られているだけではなく、そこには彼らの深い心理が通奏低音として響いているといえる。彼ら語り手は、決して語るための道具ではなく、語られる世界を決定する重要な要因、いわば印象主義絵画のキャンバスに当たるのである。彼らの語る世界はそれ自体独立しているのではない。それを取り巻く語られない部分によって絶えず変化させられるのである。これが、たとえば 19 世紀における特異な作品、

第5章　多層化する小説構造

『嵐が丘』の語り手と比較しても明白であろう。なぜなら、ロックウッド（Lockwood）やネリー（Nelly）は、嵐が丘という異様な世界を語るあくまでも道具に過ぎないのだ。
　このように、印象主義の手法を取り入れて書かれたコンラッドとフォードの作品は、いわゆる客観的な基準が確立されている作品、つまりアウエルバッハがいうように、

　　ゲーテやケラー、ディケンズやメレデス、バルザックやゾラは、彼らの確実な知識から、彼らの作品の登場人物が何をし、その間何を感じたり思ったりするか、そして登場人物の行動や思考がどのように解釈されるかを読者に語るのだ。そういった作家たちは登場人物のすべてを知り尽くしているのである。（『ミメーシス』、535）

そのような、すべてが作者（全知の語り手）の下に統括されている作品とは違って、印象主義的作品では、刻々と変わる光を受けて変化するモネの積み藁の絵のように、語り手の心というキャンバスに描かれる、その時々の心理状態に影響された印象という絶え間なく揺れるヴィジョンが描かれるのである。すなわち、最初から認識されたものとして呈示されるのではなく、まず感じられる、それゆえ、『闇の奥』でいわれるような、「しばしば月光の分光によってあらわになるもやった月の暈の1つのような」茫漠たる世界が、マーロウやダウエルの語りに現出するのである。
　一方、『後継者たち』の場合、語り手グランガーの心に映る世界は、必ずしもそれを取り巻く無限の広がりを感じさせるような印象主義的世界とはいえない。特に、批評家も指摘するように、ヒロインが、平板にしか描かれていないのである。ただ、これは、語り手にそう見える、したがって、読者にそう見えるだけかも知れない。しかし、そうであっても、その背後に、『闇の奥』のクルツから窺われるような人間本来のもつ不可思議さを決して予見させないのである。
　ただ、このような欠点がこの作品に見られるにしても、また、コンラッ

ド研究家及びフォードの研究家ですら、この頃のフォードの評価は低いが、しかし彼と出会う1898年以前のコンラッドの作品においては、1897年に出版した『ナーシサス号の黒人』ではかなり実験的な手法を試みているものの、登場人物の性格がかなり固定されており、捉え所のない性格をもったジムやクルツを創造したのはフォードとの親しい交流があった時期のことなのである[13]。少なくとも、この『後継者たち』が斬新な手法を実験していることは間違いないし、この時期が彼ら2人の大きな転機であったことも間違いないであろう。そういう意味で、印象主義的特長が生かされている代表作に対して、『後継者たち』は、彼らの実験小説といえるだろう。あるいは、19世紀との決別の書といえるかもしれない。

5.1.2 複数の視点と価値

前述したように、フォードは彼の年長の親友であり合作で小説も書いたことのあるコンラッドに比べて遥かに論じられることが少なかった[14]。その1つの理由が、フォードの小説に対する考え方が、ウェイン・C・ブース（Wayne C. Booth）に「ドグマになるほど硬直した "froze into dogma"」と断じられるほど、非伝統的であったからであろう[15]。コンラッドが実験的であると共に伝統的要素、つまり、読者に語りかける（telling）部分を十分残していて、それゆえ彼の複雑に見える作品に比較的はっきりした枠組を与えているのに対して、フォードの代表作である『グッド・ソルジャー』は、彼の「コンラッドより頑なな」性格ゆえに[16]極端なまでに実験的で、そのため、観念的で伝達性に乏しい作品と感じられ、ロバート・グリーン（Robert Green）の指摘するように、フォルマリスト的観点でしか関心を持たれなかったのであろう[17]。しかしフォード自身の小説理論を徹底的に応用し、それ以前の小説のコンベンションを極力排除し、新時代の要請に応じた新しい世界観――特定の価値観、特定のイデオロギーだけに支配されることのない世界観――を言語化しようとしたことを理解すれば、フォードの『グッド・ソルジャー』での試みが、伝統的読みに拘束された閉塞的な空間から、より開かれた空間へ変容させようとする言説的「

反抗者」であることがわかるであろう。
　本節においては、『グッド・ソルジャー』の手法を解明し、その歴史的背景を探ってみたい。
　『グッド・ソルジャー』の主要人物は4人である。すなわち語り手ダウエルと彼の妻フローレンス（Florence）、エドワード・アシュバーナム（Edward Ashburnham）とその妻レオノラ（Leonora）である。大ざっぱな話の枠組は、ニューイングランドの旧家の血筋を引く相当の遺産を受け継いだアメリカ人のダウエルを、彼の妻のフローレンスが心臓が悪いという口実で欺き、別の男と関係をもち続け、次には優れた陸軍士官であり虐げられた者たちに同情的なハンプシャーの大地主であるエドワードと関係を持つ。またエドワードには貧乏なアイルランド人の娘として育った熱心なカソリック教徒で、夫と家に従順に尽くすレオノラという貞淑な妻がいる。エドワードの方は次々に相手を変え、そのため、大金を要求されたり、強請られたり、ギャンブルに手を出して多額の借金を作ったりして、妻に尻拭いをしてもらう。やがて屋敷に引き取ったナンシー・ラフォード（Nancy Rufford）という少女に目を付けるが、それで愛想をつかした妻が他の男に惚れるのを知ってか知らぬか、少女をインドの父親の許に無理やり返す。話は、最終的にエドワードに捨てられ夫に浮気がばれたことでフローレンスは自殺し、またエドワードはナンシーの自分に対する愛が冷めたと思ってペンナイフで喉を切って自殺し、ナンシーはそれを聞いて発狂し、一方レオノラはまともな男と再婚し子供を身ごもり、ダウエルは自分に何が起こったか良く分からないままハンプシャーの領地と発狂したナンシーを引き取ることになる。まさにこの話は、語り手ダウエルのいうようにメロドラマであり、悪人は滅び、善人は報われる。粗筋だけをみれば、これ程はっきりと登場人物に白黒をつけた小説はモダニストの作品としては例外的であろう。しかしこのメロドラマ性は語り手ダウエルの語りによって中和されるのである。
　この小説は語り手が他の登場人物と交わることによって見聞したこと、また彼らの話を人伝に聞き知ったことを語ることによって小説世界を形成

していく。いわば、『嵐が丘』や『ロード・ジム』や『グレート・ギャツビー（*The Great Gatsby*）』の系統に属する作品である。しかしこれらの作品と、『グッド・ソルジャー』を果たして同列に置けるのであろうか。

　『グッド・ソルジャー』は「これは私がこれまでに耳にしたなかでも最も悲しい話である。」というダウエルの言葉で始まり[18]、あたかも彼が人から聞いた話のような印象を与えるが、実際、上述のように彼自身深くこの「最も悲しい話」に関わっているのである。ではどうして「経験した（experienced）」でもなければ、「知っている（known）」でもなく、「耳にした（heard）」と語り手はいうのであろうか。これがエドワード・アシュバーナムの悲劇として語られているからであろうか。しかし、ダウエル自身惨めな夫の役を演じるわけであるから、彼自身の悲劇でもあるのだ。したがって、当然それが彼の語りに反映されてもいいはずであるが、彼がいうように彼を裏切ったローレンスには手厳しいところがあるものの[19]、必ずしも作品全体としてはそうではなく、ダウエルは一定の距離を置いて1つの悲しい話として語っている。だから『グッド・ソルジャー』の「序」においてマーク・ショーラー（Mark Schorer）が指摘するように、(『グッド・ソルジャー』、ix) 語り手ダウエルは極めて無感覚な人間であるようにみえる。この点がこの作品が不自然であるといわれるゆえんであろう。

　もちろん、1人称の語り手によって語られる場合でも、読者の記憶に強く残るほど登場人物の「存在感」を感じさせることは可能であるが、『グッド・ソルジャー』では、語り手を含めた登場人物のいずれも存在感がある人物とは感じられない。

　ところで、伝統的なコンテクストでの「存在感」のある人物造形――人間存在の言語化――とはいかになされるのであろうか。

　今日でも小説の重要な要素として、いかに登場人物をリアルに描くかを挙げる作家や批評家は多い。たとえば、ギルバー・フェルプス（Gilber Phelps）が啓蒙的な文学ガイドで、小説の6つの基本的条件の1つとして類型的でない人物を生き生きと描くことを挙げている[20]。この登場人物をリアルに描くという伝統的な考え方の前提となっているものは、もちろ

ん作家が人間を完全に把握出来るということである。自分以外の他者の身体的特徴から心象風景まで筒抜けで分かっているということを意味する。しかし、今日精神分析学の知識から、自分自身ですら不十分にしか把握していないのをわれわれは知っているし、まして実際に独立した1個の人間を完全に掌握して、その全ての行動・心理を確実性をもって描くことなど不可能であろう[21]。

　しかしながら、人間行動の確実性、あるいは、的確な人間の行動予測が、人間の心理の完全な理解によってのみ初めて成り立つというのではない。19世紀までの小説の描き出す人間社会が全く砂上に築かれた楼閣とばかりとはいえないであろう。ヴォルフガング・イーザーが指摘するように、(『想定される読者』、34) 今日的世界とは逆に、圧倒的多数の人間が特定の行動規範に従って行動する社会にあっては、宗教・慣習が提供する道徳原理から演繹することによって、人間の行動予測をすることは可能なのである。したがって、小説家はそのような方法を使うことによって、その社会で「自然」と思われる行動を登場人物にさせることが出来る。裏を返せば、文学は理想的な行動モデルを提供することによって、その当時のイデオロギーの一翼を担っているのである。宗教が絶対的な権威を持つ言説形成＝編成の時代はもちろんのこと、近代化言説形成＝編成が主流になっても、単一的な原理が文化のコアを独占していた。そのような言説形成＝編成のなかで作家が単一的な支配原理に従って小説を創作する限りにおいて、まさに描くことと価値判断との密接な繋がりが担保される。そして伝統的なコンテクストで登場人物が明確な「存在感」を感じさせるとき、実は、その人物造形は社会規範の忠実な言語化に過ぎないのである。

　一方、そのような人物造形を可能にする場としての社会の前提条件——ジョージ・オーウェルは的確に見抜いていたが——は、情報をいかに規制するかにかかっている。だから、ヴィクトリア朝時代の階層的で白人男性優位の一枚岩的なイデオロギーが長期間にわたって社会を支配することが可能だったのも、ヨーロッパ社会のサブカルチャーや非西欧の異文化についての情報・知識の未発達が労せずいわば*1984*的世界を作り出したから

であった。つまり、異質なるものに関する情報の絶対量が少なかったことが、重要な要因であった。

したがって、多くのヴィクトリア朝時代の作家がこの関係に疑問を抱かず、それを堅持した作品を生産してきたのだとしたら、この関係を解体することで新たな小説世界を生みだすことは可能ではないか。つまり、うまく語られることは、あるいはより自然に語られることは、語られる人物の輪郭を明確にするというよりは、むしろあいまいにすることであると考えられないであろうか。少なくともモダニズム以降の作家はそう考えたようである[22]。そういう意味でダウエルの語りが作り出していく世界は、一般の1人称の語り手が作り出すものと同じであるか疑問である。『嵐が丘』の語り手が「信頼できない (unreliable)」といってもブースのいうように「想定される作者」なるものが読者に1人称の語り手を飛び越えて真実を語ってくれるであろう。だが果たして『グッド・ソルジャー』の場合はそれがいえるのであろうか。

F・K・シュタンツェルが、「人称」・「パースペクティヴ」・「モード」の3種類のアスペクトから語りの構造を分析することで、語りが3種類の「場」に区分できるという説については第4章1節ですでに述べた。シュタンツェルは19世紀から20世紀にかけてのイギリス小説の語りの構造にみられる変化について、語りの構造の3つの分類のうちの「描出的語りの場 (Figural-Narrative Situation)」が20世紀における最も重要な形式であるという。なぜなら、20世紀というのは、認識のあいまいさが前景化された時代であり、他の2つの語りの構造のように明確な認識の境界を持つ形式よりも、その中間に位置する「描出的語りの場」の方が、そのあいまいさに適しているからである。つまり、外的世界を描く形式である「全知の語りの場」と内的世界を描く形式である「1人称の語りの場」に対して、すでに述べたように、「描出的語りの場」の語り手は無化された全知の語り手であり、そのパースペクティヴは登場人物の「内的パースペクティヴ (Internal Perspective)」であることから、内面世界と外面世界が別ちがたく融合していると考える20世紀的世界認識に最も合致するのである。

『グッド・ソルジャー』の場合、大胆な仮説を行えば、この作品は「描出的語りの場」の一つのヴァリエーションであると考えられる。ダウエルはいわば擬似全知の語り手であり、他の登場人物の言葉を直接話法で引用するのでなく彼自身の言葉で語り（登場人物の直接的な言葉はダウエルの語りの部分に比べて極めて少ない）、それでいて語り手の視点が作品全体を支配するのではなく、彼は多くの部分において自己を無化することによって、他の登場人物の「内的パースペクティヴ」を彼の語りのなかに反映させている。それゆえ批評家が指摘するダウエルのアパシーぶりは、まさに彼の全知の語り手への一時的変身の結果だといえる。しかしながら、この全知の語り手は19世紀的なそれではなく、依然として限られて不正確な情報しかもっていない「信頼できない語り手」のままの全知の語り手なのである。そのことはとりもなおさず、「作者」の神の位置からの転落を意味すると同時に、小説世界の外に無限に広がる不可知的世界の存在を感じさせることになるのだ。

　語り手ダウエルは冒頭で「私たちは、アシュバーナム夫妻とは7年間ナウハイムの町で［温泉療法の］シーズンが来るたびに非常に親しく付き合ってきた——非常に親しくというか、むしろ、よい手袋のように、ゆったりとして楽でありながらぴったりとくるような親しさであった。」（『グッド・ソルジャー』、5）といっておきながら、同じ段落のすぐ後で、「私の妻と私は、人を知るということでは大尉とアシュバーナム夫人についてこの上なくよく知っていたのだが、しかし別の言い方をすると、私たちは彼らについて全く何も知らなかったのだ。」（『グッド・ソルジャー』、5）という。この一見自己撞着を犯しているダウエルの言葉は、明らかにフォードの不可知論を反映したものである。それはフォード自身の世界観と合致しており、比喩や観念的な言葉ではない。小説を読み終わった後で、実際に大きな意味をもっていたことが読者に分かるのである。すなわち、アシュバーナム夫妻は人前でだけ英国紳士淑女としてふるまっていたのであるが、それをアメリカ人のダウエルは9年間、他の人々と同様額面通りに受け取っていたのであった。彼らを仲のいい上品な夫婦だと考えていて、夫婦の内情や、

彼らの気持ちなど全く知り得なかったのである。しかし、9年目のナンシーをめぐる夫婦の危機に居合わせたダウエルは、夫婦それぞれから、彼らのこと、フローレンスの事を打ち明けられる。それをきっかけとして、彼自身の直感的印象や他の人々から聞いていたことなどを思い出し、その結果、アシュバーナム夫妻のそれまでの額面通りのイメージが解体し、新たなるイメージが複層的に形成されていくのである。

　語り手ダウエルはまさにその新たなるイメージの複層的な形成の過程を語っていく。そのような複層的な形成の過程をみるために、エドワード・アシュバーナムがいかに読者の前にその印象を変貌させていくかを検証してみよう。ダウエルは最初に彼自身のエドワードの印象を紹介する。

　　彼［アシュバーナム］の顔は、これまでのところあの驚嘆すべきイギリス人の流儀で、一切の表情を表していなかった。その顔には喜びも絶望も、希望も恐れも、退屈も満足も表さなかった。（中略）それまでそのような完璧な表情に出会ったことがなかったし、今後も決してないであろう。（『グッド・ソルジャー』、27-8）

　それから別のところでは、レオノラの視点から、エドワードが列車のなかで若いメイドにキスをするというスキャンダルや、女性問題、ギャンブルによる多額の借金、領地の農民の小作料を気前良くまけてやる話や、色々な団体に対して大盤振る舞いに寄付をする話が辛辣に語られ、女にだらしのない、経済観念のないエドワード像を形成しようとする。

　またエドワード自身の視点から語られるとき、レオノラは良人に尽くす貞淑な妻である反面、極めて優しさの乏しい、実際的な妻であり、エドワードの優しさや美点を全く理解していないように思われてくる。その印象がレオノラ的視点の権威を貶めるのである。

　さらにナンシーの視点から語られるとき、年上の立派な男性を見る少女の目から、理想的な軍人であり、地主であり、夫であるエドワード像が生まれてくる。

第5章　多層化する小説構造

　ダウエルが比喩として使う「メヌエット（minuet）」のように、上記のような肯定的なエドワード像と否定的なエドワード像が拮抗しながら繰り返し繰り返し語られる。そして、やがて語り手のなかで1つのエドワード像が形成されるに従って、エドワードの内面描写もされるようになり、さらに同時に語り手ダウエル自身の価値観がそれに付加されていく。

　　悪党たち——というのも明らかにエドワードと少女は悪党であったからだ——には自殺と発狂という罰が下された。ヒロイン——完璧に正常で、道徳的で、少々嘘をつくヒロイン——は、完璧に正常で、道徳的で、少々嘘をつく夫の幸福な妻におさまった。彼女はすぐに完璧に正常で、道徳的で、少々嘘をつく息子か娘の母親になるであろう。ハッピーエンディング、何やかやとあったけれども結局はそのように落ち着くのである。（『グッド・ソルジャー』、273）

皮肉にも、善や悪といった言葉が単なるレッテルであることが読者に示された後になって、このように奥歯に物の挟まったような言い方ながらも、またもや語り手は社会のために価値評価をせざるを得ない。ここにこの作品の虚無的な世界観がみられる。つまり語る行為を行う限り、レッテルをいくら破壊しても、その瞬間に新たなるレッテルが貼られる。つまり、決して価値付け自体から切り離されることはないのだ。まさしく「価値の源泉」はわれわれの社会・文化のコアに位置していて、それに盲目的に従うにしても反抗するにしても、その影響下から逃れることは出来ない。ただ、『グッド・ソルジャー』でフォードが試みたことは、そのような価値付けからの逃避の虚しさを示すだけではなく、価値評価は視点が変われば全く変わってしまうということだ。プリズムが光を散乱させるように、価値は視点によって屈折させられ、様々な色を帯びることになる。だからエドワード像は人によっては、自分の財産を惜しげもなく与える慈善家であるし、心優しい人間であるし、優柔不断な人間であるし、女たらしであるし、経済観念のない男であるというふうに、決して収束することがないのである。

『グッド・ソルジャー』の特筆すべき点は、語り手ダウエルが、複数の視点から投影されたイメージを併置することによって固定的な一つのイメージに収束させない方法で、エドワード像を語ろうとしているところである。しかしこのことは、通常の意味で「語る」ということと全く反している。普通われわれは何かを伝えたいから語るのであって、伝えることができないことを示すために語るようなことをしない。もちろん、モダニストの作品においては、しばしば想定される作者の「意図」として作品を閉じないで終えることがあっても、1人称の語り手はやはり閉じようとするのが普通であろう。

　同じフォードの『ジョゼフ・コンラッド：個人的思い出』と比較してみると、ダウエルはこのコンラッドの伝記の語り手（フォード）と同じ手法で語っていることが分かる。つまり秩序だって物語るというよりは、ダウエルの心のなかに連想的に現れた記憶を順次語る形式なのである[23]。

　一般論として、小説世界やその登場人物は、作者の人間観察の蓄積から生まれてくる以上に、倫理的・宗教的教条から演繹的に引き出されてきたモデルであり、一種のミニチュア世界・閉ざされた世界であるといえるだろう。なぜなら、われわれは他人の「主体」を直接に意識できない以上、心の動きを完全にコントロールできる人物を複数造形することなど現実には不可能であるからである。それに対して、『グッド・ソルジャー』の語り手は、可能な限り倫理的・宗教的教条から演繹的に引き出すことを排し、作者の人間観察の蓄積のなかから生み出そうとする。つまり、エッセーの作者に近付こうとしているのである。彼の語る世界を、われわれを取り巻く茫漠とした現実の世界に近付けようとしている。そういう意味で、情報量が限られ、しかも個人の印象の域をでない知識しか持たない語り手ダウエルの語る小説世界は、われわれの現実の世界と通じるのである。われわれが知っていると思っているこの世界では、フォードのいうように、「真実とは相対的なものだ」に過ぎないのだ[24]。

　マーク・ショーラーが「『グッド・ソルジャー』は、ことによると、小説家のための小説であろうか？」（『グッド・ソルジャー』、xvii）と問うよう

第 5 章　多層化する小説構造

に、全体的に、この作品はメタ・フィクションの性格が強いと読者には感じられるであろう。それは、1 つに語り手ダウエルの繰り返す一連の小説論のためであろう[25]。ここにも、語り手ダウエルの全知の語り手への同化がみられる。しかし依然彼はアメリカ人ダウエルであることから、彼のいっていることは信頼できないのである。したがって、読者は彼の語りの背後に想定される作者の一貫した「意図」を読み取ることができない。そういう点で、クルツを伝えようとして伝えられないもどかしさを描いている『闇の奥』に近いが、この作品ではマーロウ船長の背後に想定される作者の存在が感じられるのに比べて、『グッド・ソルジャー』はさらにあいまいなのである。それはダウエルの語る世界は結局のところ彼の印象の集積であり、その彼と全知の語り手は同化するからである。

　このような信頼できない全知の語り手の生まれてきた要因は何であろうか。歴史的背景としては、近代化言説形成＝編成の進行するなか、ニーチェ等の哲学に顕在化したキリスト教的神の弱体化が、自然科学や社会科学を問わずあらゆる西欧の知的領域に及び、当然、伝統的小説形式にも深刻な影響を及ぼしたと思われる。たとえば、19 世紀までの全知の語り手は、神話や『聖書』から発展してきた形式であり、限定された認識力しかもたない人間に対して、普遍的真理を語る神ないし神の啓示を受けた予言者をモデルにしていることは自明であろう。そしてそのような神の弱体化とわれわれの世界が語られたものにしか過ぎないという意識は、断片的な知識しか持たない人間の不条理な存在を前景化したように、必然的に、伝統的小説形式である全知の語りの構造を弱体化し、作品を断片化していったと思われる[26]。そしてこの流れは、フランツ・カフカでさらに深刻化していく。

　たとえば、『グッド・ソルジャー』でのキリスト教の「全能の (omnipotent)」神や、善悪のニーチェ的否定の共時的現れの 1 つは、カソリックを熱心に信仰する薄幸の少女ナンシーが発狂した後、「全能」の神に対して何度もうわごとのようにラテン語で呼びかけるところを、ダウエルが寂しげに綴る部分であろう。

「全能の神を信ず。……全能の神を信ず。」（中略）それらは筋の通った言葉だと思う。彼女にとって、そのことは極めて道理にかなったことに違いない、もし彼女が全能の神の存在を信じるといえるなら。そう、そんなところさ。私はそんなことはどれもこれもうんざりだ。
（『グッド・ソルジャー』、254）

フレドリック・ジェイムソン（Fredric Jameson）がいうように、文学は他の芸術媒体とは違って、すでに素材としての言語自体に歴史的イデオロギーの反映がみられる[27]。すなわち、言説形成＝編成のなかでは、コード化されたあらゆる記号についていえることだが、言語芸術においても、当然の事ながら、素材である言語自体がすでに意味や価値を持っていて、その言語自体の意味や価値と、言語に付与された文学形式によって生み出される芸術的意味のダイナミックな緊張関係が文学には存在するのである。

このように価値評価においては不可避的に特定の視点が設定されるので、特定の価値評価、特定のイデオロギー形成を拒否するために、すなわち本来言語の特性である価値と視点の結合を攪乱するために、『グッド・ソルジャー』は猫の目のように視点を変え、しかもどの視点にも絶対的な権威を与えないようにした。その結果、この作品はまさに揺曳し多層化する20世紀的世界観に合致した小説空間を創り出したのである。

5.2　ジョゼフ・コンラッド

ジョゼフ・コンラッドは、ロシアとドイツの支配下で翻弄されていたポーランドに生まれ、英語を母語としない英語作家であり、エグザイル（故郷離脱者）であり、船乗りとして世界の多くの港を訪れたコスモポリタンであった。また、キプリングのように英語文学に「異質」なるものを持ち込んだ作家でもあった。その意味では、ポストコロニアル研究において、西欧社会のイデオロギーを代弁する「敵役」ではなく、ヒーローとして扱われて当然であるように思える。しかしながら、コンラッドがイギリス小説

を書くにあたって、彼の祖国「ポーランド」を積極的にテーマとして扱うことはなかった[28]。おそらく、彼の関心は一国の運命というよりは、変容する世界に向けられていたように思われる。そして、自分の立ち位置を弱者の代弁者とか強者のスポークスマンに置くよりは、「観察者」の位置に置いたのである。そのため、彼の作品の登場人物の描き方には常に「距離」という感覚が付きまとう。その点でコンラッドは、上述の『グッド・ソルジャー』の語り手ダウエルとどこか通底するところがある。いや、複数の視点から「世界」を浮かび上がらせるという点に関しては、コンラッド作品のほうがより深くより広いと思われる。それだけではなく、代表作である『ロード・ジム』や『闇の奥』の語り手であるイギリス人マーロウの語りと、作品全体に通奏低音として流れる基調とは「ズレ」が感じられ、それが作品世界にいいしれない不安と予兆を帯びさせているのだが、それは19世紀末から20世紀初頭における大英帝国の軋みとも呼応しているように思われる。以下の『ロード・ジム』や『闇の奥』の分析においては、その「ズレ」の正体を探ることに焦点を当てて分析を試みる。

5.2.1 『ロード・ジム』の語りの断層

「東洋」の視点から見るとき、『ロード・ジム』の主人公のジムは、アジア人を2度——1度目はメッカ巡礼のイスラム教徒を、2度目は架空の島のマレー系住民を——見捨てた男である。もちろん、英米のコンラッド研究者は、このような見方はしないのであるが、本節においては、「西」の視点と「東」の視点を融合して分析していく。

何よりもまず商船の船長であるチャーリー・マーロウ（Charlie Marlow）は、この小説では、東南アジアの周辺を放浪し悲劇的な死に至るジムの短い生涯の後半生を語る語り手である。『ロード・ジム』では、『闇の奥』と同様に、マーロウがジムについて知っていることを港湾に従事する比較的地位の高い数人の仲間に語るという設定になっている[29]。彼らは夕食後ゆったりと藤椅子に腰をかけて煙草を吸いながら、マーロウの話を聞いている。この語りの様式において重要なことは、マーロウが語り手を務める

最初の短編である「青春（"Youth"）」とは違い、『ロード・ジム』における彼の語り手としての機能は、作者の思い出や考えを腹話術師の人形のように語らせられているというような従属的な語り手ではないということである。『ロード・ジム』のマーロウは、全く独立した物語作者のように、物語を自由にアレンジしていくように思われる。実際、マーロウが語り手として登場する前に、上級船員によるパトナ号（the Patna）の遺棄事件の審問会の模様を全知の語り手が語るのだが、それとはかなり性格の違う話をこのマーロウは独自に作り上げてく[30]。

　もっとも、1つの小説作品が複数の語り手によって語られていても、このような複数の視点がモダニズム作品に慣れている読者を驚かすことはないであろう。そして、複数の視点が1つの整合性のある話に融合していなくても、そのような作品が現代の読者を当惑させるようなことはない。しかしながら、『ロード・ジム』に関していえば、鋭敏な批評家においてさえもその作品の多層性を消化しきれないところがあるのだ。というのは、全知の語り手を引き継いで物語るマーロウの語り自体においても、途中から明らかに質の異なった話として——あたかも全く独立した話を単に並べたように——語るからである。上記のように、マーロウは夕食後のくつろいだ時間に語り終えるのであるから、本来なら同じ視点・同じ価値観が支配しているはずであるが、実のところ、極めて写実的なパトナ号事件を扱った前半の話と、冒険小説を思わせるようなパトゥーサンを舞台にした後半の話を、『ロード・ジム』という枠組みに無理やり押し込めているとしか思われないのである。

　『ロード・ジム』が世に出て以来、マーロウの語りの構造のこの不一致はとりわけ議論されてきた[31]。物語の22章を読み終えた読者は、23章に読み進むと、全く別の作品になったかと訝るのである。23章以降は、その章までに構築された小説世界とは別の世界を描いているように思われる。この小説につけられた「著者の注釈（"Author's Note"）」のなかで、コンラッド自身この問題に言及して、書評家のなかにはこの作品は短編小説として始められたと主張する者もあるのだと書いている。このような『ロー

第 5 章　多層化する小説構造

ド・ジム』の物語の不連続性は、コンラッド作品の多くに見られる顕著な特質だと指摘する批評家も多い。それに対して、第 4 章 2 節で引用したワットの『ナーシサス号の黒人』の語りについての弁護――「コンラッドの役に十分立てば見かけの語り手からすべてを知ることの出来る紛れもないプーバーに自由に変えても不思議なことではない。」――は、『ロード・ジム』に対しても当てはまるかもしれない。しかしながら、ワットの寛容さをもってしても『ロード・ジム』のマーロウの語りの不連続性に関しては弁護しがたいところがある。なぜなら、後半の語りが前半に構築された小説世界の雰囲気を乱し、台無しにしていると思わせる点で、作品の価値に決定的に影響していると思われるのだ。後半部分は、前半の重苦しいまでのリアリティにはまったくそぐわない話になっている。すなわち、この不一致の問題の深刻さは、単に視点の移動によって引き起こされた不一致であるだけではなく、芸術的・美学的ギャップが存在すると考えてしまうところにある。

　『ロード・ジム』におけるマーロウの語りの不連続性を詳しく見るとき、まず気付くのが、5 章以降、全知の語り手がジムについて一言も触れていないということである。ジムについてのすべての情報が、マーロウの口からか、彼が書いたものに由来する。全知の語り手が途中で姿を消すのは作者に何らかの意図があってのことであり、初めにジムのことが全知の語り手によって語られるということも、何らかの深い意図があってのことだろうと読者には感じられるのである。F・R・リーヴィス（F. R. Leavis）の「明らかに薄っぺらになったようだ」（『偉大な伝統』、218）という批判はともあれ、そのような語りの不一致が、作者であるコンラッドではなく、おしゃべり好きの船長であるマーロウによって引き起こされたと考えるとき、そこに重要な意味があると考えたくなるであろう。すなわち、『ロード・ジム』という作品は、ある種の効果を意図してそのような断層を持つ物語構造を作り出すためにマーロウ船長を語り手にしているという風に考えられる。もしその想定が間違っていないのであれば、この断層を分析することによって、『ロード・ジム』の描き出そうとする世界に迫ることができる

477

であろう。

　マーロウの語りの機能や、物語の断層の意味を探るために、まず4章までの全知の語り手の部分の分析を試みる。なぜなら、他のマーロウの語る作品にも共通していえることであるが、作品の全知の語り手の部分は物語の大きな枠組みを形成しており、その構造を調べることによって、そこにはめ込まれたマーロウの語りの機能がおのずから理解されるからである。

　『ロード・ジム』の1章から4章まで、当然ながらジムの心のなかまで見通すことのできる全知の語り手は、とりわけジムの心理描写に重点を置いており、以下のように、話が進行するにしたがって読者にジムの心のあり様を明らかにしていく。

　牧師の息子であり、「敬虔で平穏な」家庭で育ったジムは、「娯楽小説を読んで過ごした後」、「すぐに、『商船の航海士になるべく訓練船』にやられた」。訓練船では「みんなから好かれ」そしてすべてが順調であった。しかしながら、全知の語り手は、次の引用文にあるように、ジムの性格に船乗りとして好ましくない点を垣間見せる。

　　　バベルの塔のようにがやがや騒がしく200人もの声が聞こえるなかで、ジムは下甲板にいて、われを忘れて、たちまち軽い読み物に描かれる海の男のような生き方を夢想し始めるのであった。沈没する船から人々を救ったり、ハリケーンのさなかにマストを切り離したり、命綱一本で荒波を泳いでいる自分の姿を思い浮かべるのであった。（中略）――常に、仕事への献身の手本のような人物であり、本のなかのヒーローのように何事にも動じない人物であった[32]。

　ジムの船乗りとしての経験のなさを考慮すれば、現実の世界を冒険小説の世界のように思い描く彼の空想（imagination）癖はそれほど問題にすべきではないように思えるが、しかしながら、コンラッドの海洋小説においては、厳しい海の生活を生き抜くために船乗りが空想癖をもつことを戒めている。それは、致命的な欠陥にもなりえるのである。実際、コンラッド

第 5 章　多層化する小説構造

の海洋小説に描かれるもっとも有能な船乗りとは、船をひたすら愛しつらい仕事にも黙々と耐える想像力の乏しい人間ということになる[33]。したがって、ジムが優れた船乗りになれるかどうかは、彼の空想癖を克服できるかどうかにかかっているのであるが、全知の語り手が紹介する 2 つのエピソードから、それは思いのほか難しいように思われる。その 2 つのエピソードにおいて、ジムの行動パターンや空想癖の性格が明示されるのだ。

　最初のエピソードは、ジムがまだ訓練船の生徒であったころ、激しい突風が吹き荒れるなか、停泊中のスクーナー船にコースター船が衝突して難破した時の話である。訓練船の生徒たちはコースター船の乗組員を救助するように召集されるが、ジムは激しい風と荒れる海を前にして気分が悪くなり、恐怖で立ちつくしたままであった。英雄的な行為を成し遂げる自分を夢見させる同じ想像力が、いまや直面している風と波の脅威を倍加させるため、ジムは立っていられないくらいの恐怖心に取りつかれるのである。訓練船の船長はジムを慮って、「そんな経験をして立派になっていくんだ」と助言した。しかしながらこの出来事のすぐ後には、「荒れ狂う風と海の脅威」は、彼にとってばかばかしいようなものに思えてきて、こんなことくらいで戦ったことを残念に思うようになる。この貴重な経験も、ジムにはほとんど教訓にならなかったようである。ジムはその経験の本当の意味を理解できるどころか、自分の空想力の不吉な力に気づくことなしに、「冒険への熱狂のうちに、そして空想力に盛りたてられた勇気を意識して、新たにわきおこる確信に恍惚」(『ロード・ジム』、7) を感じるのであった。

　ジムがパトナ号の 1 等航海士になる道を選ぶことになる状況を物語る第 2 のエピソードは、「倒れてきた帆柱で動けなくなった」出来事から始まる。残酷なほど激しい嵐のさなか、ジムは再び荒れ狂う風と海の脅威を味わうことになるのであった。おぞましい嵐が始まると脚を負傷してしまったので、ジムは「内心デッキに出なくてよかったと感じ」(『ロード・ジム』、8) たのであるが、にもかかわらず、いや、そのために却って、「何が何でもここから逃げ出したい」と思うほど船底でつらい思いに苦しめられたの

であった。それから、東洋のある港[34]に着いたとき、ジムは病院に入れられ、船が出港した後までそこで入院していた。その東洋の港で、ジムは船乗りを堕落させる者たちと接触することになる。彼らには2つのタイプがあった。訓練の行き届いた優れたイギリス商船に戻りたいのであれば、ジムはそういった連中との付き合いを避けなければいけない。これは、彼が真に優秀な船乗りかそうでないかを測る第2番目の試金石といってもいいだろう。

船乗りを堕落に引き込む者の1つ目のタイプは、冒険家というか、むしろ山師といった者たちで、「文明の最果ての、よく知られていない海で、計画と、夢と、危険と、怪しげな事業がひどく絡み合ったなかで暮らしているような」連中であったが、「その数はわずかで見かけることは稀であった」。2つ目のタイプはゴロゴロいて、ジムと同じような経験をもっている。

> ……何かの事故でここ［シンガポールの港］に放り出されたが、母国の船の航海士のままであった。［アジアの港で運航している船に較べて］母国の船での苦しい労働条件や、厳しい職務規範、荒れ狂う海の危険から、彼らはいまや本国の船で勤務することに恐怖を抱いていた。彼らは、東洋の空と海の限りない安らかさに慣れてしまっていたのだ。（中略）そして彼らのあらゆる言葉の端々から——行動や、外観や、人となりから——軟弱なところ、堕落したところ、すなわち、生きるのに安全なところでぶらぶらしていようという決意が見て取れるのであった。（『ロード・ジム』、9）

第2のタイプの人間と付き合うようになったとき、ジムは最初、そういった人間は「亡霊よりも実体がない」ように思えたのであるが、「結局のところ、危険な目にあうこともほとんどなく、大して苦労もしないでうまくやっている様子を見て、そういった連中のもとに魅かれていったのである。」つまり、ジムは船乗りとして堕落していったのだ。ついには、船も

規律もぼろぼろの、パトナ号という船の船員になることを決めたのであった。メッカに向かうパトナ号は、2等機関士の言葉を借りれば、「茶色の紙」のように全体が錆だらけであった。パトナ号の白人の船員は、「一種のニューサウスウェールズのドイツ移民野郎」の太っちょの船長と、酔っぱらいの1等機関士、「ロンドンのワッピング出の頭の弱い若造」の2等機関士、心臓病の3等機関士、そして1等航海士のジムの5人であった。ジムは、彼らの安逸の場所であるパトナ号に待ち構えている運命的な事件が起こるまさにその瞬間まで、「心は大らかな衝動に満たされ、自分自身の優秀さをうっとり考えていた」のであった。かくして、もともと自分の空想癖に強く支配されていたジムは、さながら病原菌に感染するように、堕落という病原菌に感染したのであった。このように、全知の語り手の語りを解読するとき、船乗りとして堕落したことが、近い将来ジムに破滅をもたらすだろうと予想させるのである。

　上記のジムの空想癖や船乗りとしての心構えに対する評価は、19世紀の大英帝国を底辺で支えたイギリス人の行動規範であり、コンラッド作品の通奏低音となっている船員の倫理規範——それはとりもなおさず、大英帝国の世界展開を正当化する原理——というコードで解読することによって生み出される評価である。しかしながら、コンラッドの海洋小説に行き渡るこのような船乗りの行動規範・倫理になじみのない読者が『ロード・ジム』を読むとき、ある研究者がいうように、明らかに全知の語り手はジムを突き放したように、そしてややシニカルに描いているように感じられるであろう[35]。その上、すでにみたように、全知の語り手は読者にジムの内面をあからさまに示すのである。そのような全知の語り手が作り出すジムの表象は、ジムの外見から受ける印象よりはかなり劣った船乗りのそれであるが、もちろん『ロード・ジム』が主人公をそのような人間であると突き放すだけの物語ではない。後述するように、『闇の奥』のクルツ表象と同様に、マーロウという語り手の機能によって、複雑で多層的な人物像として肉づけがなされていくのである。

　マーロウの語りによって紡ぎだされるジム表象は、『ロード・ジム』の

第4章までの全知の語り手のそれに比べて好意的というか、美化すらされている。確かにパトナ号事件でのジムの行動を語る部分では、ジムに対する強い批判の感情をみせながらも、一方では、マーロウはジムに同情を感じているに違いないと読者は思うのである。もっとも、マーロウはそれが彼の語りにはっきりと表れないようにしている。なぜなら、彼は婉曲的な表現でジムを表象しようとする傾向があるからである。このようなマーロウの語りの傾向は、パトナ号事件に関係する5章から9章にかけて特に前景化されている。そこでは、マーロウの語りに登場するジムの姿は極めてアンビギュアスであり、マーロウ自身も、彼にとってジムは「不可解(inscrutable)」であると感じられることを何度も吐露する。それとは打って変わって、22章以降は、そのようなアンビギュイティは希薄化していき、フレデリック・カール（Frederick Karl）が指摘するように[36]、ジムはマーロウの語りの世界に歴然とロマンチック・ヒーローとして姿を現してくるのである。こういうところから、『ロード・ジム』を通してジムの人物造形に断裂があるように感じさせるのだ。言い換えれば、船乗りとして失格の烙印を押された男が忽然とジャングルのヒーローとして再登場できるのかと、読者は疑念を感じる。しかしながら、この一見断裂と思われるジム表象も、全知の語り手とマーロウの語りを詳細に比較検証するのなら、思われるほど断裂していないことが分かるのである。

　全知の語り手によると、仕事をてきぱきこなす点で決して他に引けをとることのないジムが、パトナ号から逃げ出した（jump）のは、彼の過剰な空想癖であると説明される。最初、マーロウは船乗りとしては致命的なジムの空想癖に気づかなかった。しかしながら、ジムが「ああ、[ヒーローになれる]絶好のチャンスを逃してしまった！」と叫ぶのを聞いたとき、マーロウはジムが「自惚れ野郎（an imaginative beggar）」であることを発見したのであった。(『ロード・ジム』、51) その時までは、ジムのことを立派な船乗りのうちの一人、つまり仲間（one of us）と考えていたのだが、ジムが語るパトナ号事件の話のなかに船乗りとしての致命的な欠陥を彼がもっていることに気づき始めるのであった。パトナ号が遺棄船に衝突し

て初めて、ジムはパトナ号の隔壁の状態が、「鉄板から手のひら大の錆がぽろぽろと自然に落ちてくる」(『ロード・ジム』、52) ほど錆ついているのを発見したのであった。それから、パトナ号から救命ボートに飛び降りた (jump) のは紛れもなく彼自身の責任である。なぜなら、彼の自由意思によって飛び降りたからであった。もっともジム自身は、「(救命ボートから) 見上げるまで飛び降りたことがわからなかった」(『ロード・ジム』、68) というのであるが。自分と船長や1等機関士や2等機関士らとは同類でないとジムが必死に言い張ろうとも[37]、彼が彼らを憎むようになるのはパトナ号事件の後であって、その前ではない。このことは、船長たちをジムのカリカチュアした分身、もしくはパトナ号事件での彼の行動を映す鏡と意識せざるを得ない状況になったため、彼らのことが非常に忌わしくなったことを示している。結局のところ、マーロウのジムに対する評価は、全知の語り手のそれとほぼ一致することになる。彼は、ジムには空想癖があり、自惚れが強く、頑なであるということをはっきりと理解するようになると、ジムに対する態度が、支持者から保護者のそれへと変わっていくのである。マーロウにとって、今やジムは濡れ衣を晴らしてやる冤罪者ではなく、破滅から救ってやる要保護者になったのだ。

　そうしてスタインの取り計らいでジムはパトゥーサンで再起をかけるのであるが、ついにジムは、長い間心に抱いていた望みを達成するのであった。しかしながら、前半部分を読み終えた読者にとって、それは、いかにも不自然というか、いわば少年向けの冒険小説にみられる現実離れしたトリックがあるように思われるのである。船乗りとしての英雄的な行為を阻んだ過剰な空想癖を持つジムが、何ら試行錯誤の過程も経ずに、やすやすとジャングルにおけるカリスマ的な——典型的な大英帝国の冒険小説の——ヒーローとして読者の前に蘇ったからだ。

　すでに述べたように、大英帝国の根幹を支えた海運力を担う船乗りの行動倫理・規範——それはまた、優れた船乗りになるために守らなければならない行動倫理・規範であるが——にジムはほとんど関心を持たなかった。しかし、まさにその行動倫理・規範への忠誠心やそして忍耐力が、大

英帝国の一員が遭遇する苦難に打ち勝つ精神的バックボーンを提供してくれるのである。それは同時に、白人男性の世界支配を正当化し、非白人や女性よりも優れていることの根拠になる。一方ジムにとっては、冒険小説のヒーローの正義感（romantic conscience）だけが重要なのだ。彼にとっての究極の目的は、冒険小説に出てくるようなヒーローになることである[38]。それでは、ジャングルのヒーローとして、ジムはパトゥーサンの先住民社会に対して献身的であったのだろうか。マーロウの語りからは、ジムはパトゥーサンの平和を守ろうと献身的に努力したように思える。しかしながら、ジムとジェントルマン・ブラウン（Gentleman Brown）といわれる男——パトゥーサンへ闖入してきた白人一味の首領でジムの破滅の直接の原因になる男——との交渉から、グスタヴ・モルフ（Gustav Morf）も指摘するように[39]、先住民社会へのジムの献身はそれほど純粋ではないと疑わせるのである。ジムは、過去の船乗りとしてのしくじりが負い目となってジェントルマン・ブラウンとの交渉で譲歩したために、結果的に彼を信頼しているパトゥーサンの住民を裏切ることになった。つまり、彼がパトゥーサンまでやってきた理由をジェントルマン・ブラウンが察知したと感じると、ジムはうろたえて、住民に有利な決断ができなくなったのである。この決定的な出来事が起こるまでは、ジムは人々の英雄的で献身的なリーダーとして振舞っていたのであるが、今度もまた、彼に運命を任せている人々のためにヒーローとして行動することができなかったのである。この意味で、この交渉の場面は、さながら冒険小説での主人公と敵役との神経戦であり、『ロード・ジム』の後半部の最高の見せ場である。前半部のパトナ号が遺棄船に衝突した時と同じく、ジムの運命を決する状況での決断を要求されたのであった。ただ、前半部分では、パトナ号の錆ついた鉄板が水圧に耐えたという予想外の展開により——もしパトナ号が沈没していれば言い逃れが可能であった——船乗り失格の憂き目にあうのであるが、後半部では、そのような外的要因はほとんど影響せず、ジムの判断によってすべてが決する状況であった。それゆえ、ジェントルマン・ブラウンとの駆け引きは、パトナ号からのジャンプよりもジムの人間性をみ

第 5 章　多層化する小説構造

るのに重要である。そして、英雄的な船乗りになる好機を逸したのと同じように、ジムはパトゥーサンでのカリスマ的リーダーとしての地位を喪失したのであった。

　これまでジムの言動を詳細にみてきたように、今日的視点においても、ジムの性格に関しては、作品全体を通して一貫性をもって描かれていることが検証された。しかしながら、表層レベルにおいては、パトゥーサンでのジムは前半部で語られるジムとは違った人格をもつ別人に変化したように読めるのである。このことは、ジムを映し出すマーロウの語りの構造自体が、『ロード・ジム』のある時点から変質したのだと考えられる。この語りの構造の変質がどのようなものかを、次に検証する。

　すでに述べたように、マーロウは、『嵐が丘』のネリーのような便宜的な語り手ではない。彼には一貫した人物造形がなされている。それは物語作者のそれではなく、大英帝国を底辺で支えた船乗りとしての人格が付与されているのである。そして、マーロウは、同じ大英帝国の海運業に携わる仲間に彼の話を語っている。つまり、同じ海運業に携わる者の行動倫理・規範を身につけた男たちで、海のことをよく知っていて、おそらくパトナ号事件のことも知っていたであろう。もっとも、マーロウ以外には船乗りを職業としている者はいなかった。マーロウと彼の話を聞く仲間は、同じ功利主義的な価値観と世界観を共有しているのである。別の言い方をすれば、マーロウの紡ぎ出す語りに流れるドミナントなイデオロギーは、イギリスを世界的な帝国にまで拡張する支えとなったイデオロギーである。それゆえ、パトナ号事件を扱う前半部では、4章までの全知の語り手と同様、マーロウの語りはジムに対する厳しい調子を帯びることになる。もっとも、それと同時に同情も表れていることはすでに述べたとおりである。

　マーロウ以上にパトナ号事件に対して批判的というか、ショックを受けたのが、ビッグ・ブライアリー（Big Brierly）という根っからの船乗りであった。このブライアリー船長にとって、船員の守るべき行動規範・倫理というのは、さながら『聖書』のように絶対的権威をもっているのである。そしてそのような船乗りの行動規範を体現するブライアリー船長は、非常

に優秀な海の男であるとともに、それが彼を極めて誇り高い人間にしていた。彼は海難裁判所補佐人（nautical assessor）の1人として裁判に出席して、審問中に無関心というか厚顔な態度で証言をするジムの姿を見て、間違いなくひどくショックを受けたに違いない。ブライアリーには、彼の前に立っている男が恥ずかしさのあまり逃げ出すか、押し黙ってしまわないでいる理由がまったく理解できなかった。船乗りの行動規範の絶対的権威をかくも軽んずる人間に出会ったのは、彼の人生で初めてであったのだろう。作品ではその心情を吐露する発言は見当たらないが、ブライアリー船長が海に飛び込んで自らの命を絶ってしまうところから、尋常でない衝撃を彼に与えたことは間違いない。このブライアリー船長の自殺は、非常に重要な意味を持つ。なぜなら、船乗りの行動規範・倫理の体現者の自殺によって、マーロウの語りの世界に浸透する行動規範の絶対性に不安定要素が持ち込まれるからである。つまり、『ロード・ジム』の前半の支配原理がその自殺によって揺らぎ、一時的であっても否定されるような衝撃を受ける。そしておそらく、その行動規範に潜むイデオロギーや歴史的限界を露呈させるという意味で、ジムは「反抗者」の資格を獲得し、優れたリアリズムというのでは説明できないほどの緊張感をこの作品の前半部に醸成しているのである。

　優秀な船乗りであるブライアリー船長は直感的にジムの中に「反抗者」を感じ取ったのであろうが、一方マーロウは、あの『闇の奥』のクルツのような人物をも理解できるような深い洞察力を持っているとともに、彼自身アンビヴァレントな人物である。ジムの中の「反抗者」の意味を理解したいと思うと同時に、受け入れたい衝動にかられたのであろう。

　気高く堂々とした容貌からかき立てられたジムの第1印象により、マーロウはジムに同情したと聞き手に説明している[40]。そのようなマーロウのジムへの同情が、船乗りの行動規範に縛られる自分の心を説得して、彼自身でパトナ号事件の真相をジムから聞き出そうとする。ところが、おぼろげだった事件の全貌がはっきりと浮かび上がってくるにつれ、船乗りの行動規範によるジムの評価は益々下がらざるを得なくなったのであるが、

第5章　多層化する小説構造

それでもジムに対する同情の念を捨てきれないでいるマーロウは、その正当性を証明しなければならない衝動を強く感じるのである[41]。

　一方ジムが、大英帝国を支えるエリート（us）から追放された後、パトナ号事件の亡霊に直面できずに東南アジアの港から港へと逃げ回り、ついには西欧帝国主義の影響の及ぶ領域の最果てまで逃げていくのをみて、彼のジムへの関与を大英帝国の体制を維持する原理である行動規範から正当化できなくなったマーロウは、なんとかしてジムを再起させたいという彼の強い思いを正当化する新たな理由をみつける必要があったのであろう。それで、最後の望みをスタイン（Stein）という人物に託したと思われる。スタインは、『ロード・ジム』の前半部分で登場する人物たちとは異質な人間であった。

　このスタインという人物は、ベニタ・パリー（Benita Parry）がジムの人生の岐路に現れた「デウス・エクス・マキナ（the dues ex machina）」と呼んだ[42]、商人でありアマチュアの昆虫学者であるが、ここで問題になるのは、スタインが「デウス・エクス・マキナ」として登場しているのだとしても、彼がどのような人物として描かれているかである。別の言い方をすれば、スタインは、ジムの致命的な心の問題に対してどのような処方箋を書いたのであろうか。さらに重要なことは、ジムの運命を変えるだけではなく、スタインがマーロウの語りの性格をも変える一種のプリズムのような機能を果たすことである。

　スタインという人物について語るとき、マーロウは明らかに異なった二面性を持つ人物として描き出す。まず1つは、「われわれ［スタインとマーロウ］の話し合いは、治療に関する相談をしているかのようであり――スタインはいかにも学識豊かな人物であるという感じで、机を前にしてアームチェアに腰をかけていた」（『ロード・ジム』、129）と、スタインが生真面目な科学者のように描写される。彼はマーロウが相談に来た理由を聞くや否や、「彼は夢想家（romantic）だ」という診断を下し、さながら精神分析医のような助言をマーロウに与えるのである。スタインの提案した解決策は、彼の代理人としてジムをパトゥーサンに送ることであった。それは

一種のサイコドラマ（心理劇）であり、演出された状況で問題を追体験させることで、ジムの心理的しこりを取り除こうというのである。要するに、ヒーローになる機会を比較的やさしい状況でジムに与えて、彼に自信を回復させようというのだ。つまり、そこでは十分にヒーローになる機会があるとスタインは考えたのである[43]。

　２つ目は、スタインが故国を喪失したロマン主義者として描かれることである。「バイエルンで生まれ、22歳の時、1848年の革命運動に積極的に参加した」（『ロード・ジム』、124）スタインにとって、彼がよって立つ絶対的な原理はロマン主義的理想であった。彼の理想主義を志向する性格は、彼が非実際的なことに惹かれる傾向をみてもある程度うなずけることであった。スタインとマーロウは、ジムのリハビリについて話している間中、次の引用にあるように、「現実」から遊離していくのである。

> そこで［その部屋の中で］、2人の知恵を合わせて何か実際的なこと——おどけて甘いほどの好意的な微笑を浮かべながらスタインが繰り返す——邪なものに対する——大いなる邪なものに対する——実際的な治療法——を見つけ出すというよりか、腰をかけた2人の少年のように話し合っていた。かえって、われわれの相談は実際的ではなくなっていった。あたかもわれわれの議論では［生身の人間の］血肉に触れないでおこうとするように、あるいは、ジムがさまよえる霊魂か、名前などない苛まれる影に過ぎないかのように、彼の名前を口に出すことを避けたのだった。（『ロード・ジム』、131）

　ジムに関する話し合いを通して実際的であることを喪失していくマーロウは、スタインと心が一体化してくるのだが、マーロウがこのように話し相手と心が一致することはこの時まで一度も書かれていない。むしろ、どこか距離を置くところさえあるのだった。このように、ロマン主義的理想家のスタインの方がマーロウを感化して、「実際的」なことから彼を遠ざけていったのである。

第5章　多層化する小説構造

　一方スタインのほうは、マーロウの話から、ジムの症例にスタインと同じロマン主義的理想の色合いを嗅ぎ取って少なからずうれしくなり、彼を自分の後継者にしようと考えたのである[44]。もっともロマン主義的理想は、マーロウが遵奉する商船の船員の行動規範とは明らかに対照的なものである。船員の行動規範とは、物質的な世界の功利主義的システムのもとで働くための行動指針だからである。当然のことながら、そのような功利主義がロマン主義的な考え方を非効率の名の下に排除するのであるが、大英帝国を下支えしているのはそのような効率性への盲目的な信奉だけではなく、ある種のロマン主義が重要な役割を果たしている。少なくとも、イギリスの若者に危険を犯して大海原の航海や未開の地の探検を夢想させたのは、一般に流布していた冒険小説等の「ロマン主義」であろう。
　今日の視点からすれば、植民地主義とロマン主義がつながるかは疑問であるが、『闇の奥』で、マーロウがクルツの話を始める際に、仲間に向かって植民地主義をロマンティックに語るところがある。『ロード・ジム』のスタインとマーロウの話し合いの場面でも、植民地主義が理想化されていく。マーロウの説明によると、植民地政策の初期においては、植民者にとって重要なことは利益ではなく冒険であったというのだ。もっとも、その後の近代化が植民地主義を堕落させたことは認めている。スタイン／マーロウは、あるべき植民地主義を、命の危険を冒して西欧の文明（良俗）を世界中に広め、文明の埒外にある地域から野蛮と蒙昧を取り除くという使命に基づいてなされるべきであると信じている[45]。言い換えれば、非白人の啓蒙こそが、白人植民者が有色人種の住む地域を支配することの唯一の大義であるということだ。かくして、ジャック・ダラス（Jacques Darras）が述べるように[46]、ジムは「西洋から隔離されていたパトゥーサンに入り込むのである。その神秘的な島（一種の宝島）で、2人の老青年、スタイン／マーロウは、彼ら自身の色あせた夢への思いをジムによって復活させようとした」のであった。しかしながら、ジムがヒーローから失墜するや、結局のところそれも不発に終わるのである。
　ジムの症例に対するスタインの処方箋を理解できたとき、マーロウはジ

ムへの彼の同情とスタインの夢見る男への支持を重ね合わせようとしても不思議ではなかった。スタインからの強い後押しを受けて、マーロウは、職業倫理という縛りから解放されて、魅力的だが船乗りとしては失格の烙印を押されたジムに対して、後ろめたさを感じることなく同情することができたのである。そもそもパトゥーサンにおけるジムはもはや船乗りではなく、冒険小説のヒーローであるのだ。しかも、今や物質文明によって汚された植民地主義の理念をジムが復権するという、素晴らしい大義があるのだから、「ロマンティックな少年向きの冒険（the romantic schoolboy adventures）」と恥じる必要はなかった。つまり、世界システムになった大英帝国の経済体制を支える「効率」という行動規範による正当化ではなく、文明化されていない人々を保護し、啓蒙するという植民地化のレゾンデートルを正当化の根拠にしたのである。スタイン／マーロウは、植民地化の後ろめたさの払拭をジムに託したのだ。その意味で、ジムはこのときからマーロウの語りにおいて、船員仲間の1人（one of us）から、白人の責務を担う仲間の1人に変質したのであった。

　このようにして、ジムについてスタインと話し合った後のマーロウの語りは、それまでの船乗りの行動規範を支配的コードとする語りの構造から、冒険小説のコードの支配する語りへと変質していく。そして語り手は、マーロウから、スタイン／マーロウへと入れ替わるのである。そしてこの転換こそが、『ロード・ジム』の語りの断層を引き起こした原因なのだ。一方その転換により、あるいはジムの介在によって、パトゥーサンは「西洋」の欲望が投影される言説空間——「オリエント」——にされてしまう。ただし、最初の4章の全知の語りや、マーロウの前半の語り、さらに隠蔽されたはずのパトゥーサンの住民の「真の声」が、後半の「オリエント」化に介入することによって、西欧にとっての異文化社会パトゥーサンの無化や隠蔽が貫徹されず、スタイン／マーロウの語りに「ひずみ」が生まれ、そのため異文化世界が垣間見られる不完全な「オリエント」化になってしまっている。

　次節においては、作品から完全には隠蔽されず語りの隙間から垣間見え

る異質なる世界を中心に論じる。

5.2.2　言語空間の向こうに（beyond）――ジムとクルツ

　社会が閉じられていた――あるいは、閉じられているかのように考えられていた――時代においては、作家は小説世界を彼の属している文化空間という堅固な基盤の上に築き上げていくことが可能であった[47]。作家は、自身がよって立つ社会の判断基準及び行動規範の体系のなかで創作するのである。そこから生まれる小説とは、作家及び読者の属している伝統的言語・文化コードの具体的な実例であって、作家は素材をそのコードを用いてテクスト化し、読者は同じコードを用いてそのテクストを解読するのである。しかしながら、作家（読者）の属している社会の垣根を越える（beyond）場合、つまり異文化世界を舞台にした小説を描く場合には、そのような文化コードと小説作品の関係は複雑化する。

　本書において、すでに一群の小説――アングロ・インディアン小説――について、文化コードと小説作品の複雑な関係を詳細に論じた。一方イギリス小説には、ダニエル・デフォー（Daniel Defoe）の『ロビンソン・クルーソー』以来、海洋（冒険）小説というジャンルがある。それは、主人公はイギリス人であるが、舞台はイギリス以外の土地（植民地をも含めて）であるような小説をさす[48]。実際にインドで生活する（していた）イギリス人作家によって書かれたアングロ・インディアン小説では、作家を取り巻く濃厚なインド文化や人間社会からの強烈な影響が作品に介入してきたのに対して、一般の海洋（冒険）小説においては、小説家の空想力が創作の主要な原動力であり、その分、描かれる「異文化社会」には「西洋」が色濃く投影される。そのことを理解すれば、われわれは海洋（冒険）小説に極めて普遍的な問題を探り当てることができると思われる。それは単に領土の拡張の欲望が作品に反映されているということにとどまらず、非西欧地域にいかに「西洋」が投影されていくかという問題である。

　たとえば、『ロビンソン・クルーソー』において、イギリス社会の文化コードが極めて楽天的に強引に外国の地に重ね合わされ、気候・風土・伝統の

全く異なる地で、イギリス人がさながらイギリス社会で生活しているかのように描かれているように、18、19 世紀の海洋小説では、未開人に洋服を着せ、『聖書』の教えを諭すというイギリス人の理念や、地球上のいかなる地においても神によって加護されているというエリート意識がヴィジョン化されたのであった[49]。それに対して、19 世紀末から、イギリスの作家は徐々に異文化の存在を認めていき、英国主義が相対化された世界を作品化していったのであった。その分岐点にある小説家が、キプリングとコンラッドである。

前節で説明したように、コンラッドは単に作品の舞台をイギリス以外の土地（植民地をも含めて）にしたというだけではなく、画期的な手法の実験を行って、従来の海洋小説が排除してきた異文化世界——正確にいうと、異文化世界の影——を読者に垣間見せる。本節においては、異文化世界がコンラッドの作品においてはなぜ完全に排除されずテクスト化されたのか、そして、そのテクスト化はどのような性質のものであるのかを、『闇の奥』と『ロード・ジム』におけるマーロウ船長の語りを比較検討することで考察していきたい[50]。

ここに比較文化的アプローチによる興味深い調査結果がある。

W・ハドソン（W. Hudson）という学者が中・南部アフリカに住むバンツー族の人々に男がヤリで獲物を狙っている一連の絵を示した。槍の先には象とカモシカが並べて描かれていて、男はどちらを狙っているかという質問をすると、その答えは、学校で教育を受けたことがあるかないかでかなり違っていたのである。同じ質問を西欧諸国の成人にした場合は、答えがまったく同じになる[51]。では、いかに空間的な位置関係を認識するのであろうか。それは、三次元空間である日常場面での奥行きの知覚とは全く異なった学習によるのである。実は、示された絵に描かれている象はカモシカの半分以下の大きさで描かれており、また、絵を対角線に走っている道を示す線は消点に向かって収束していて、それらを参考にすると、1 つの共通した読みができる。

上に挙げた比較文化的調査の 1 例が示すことは、西洋画の技法である遠

第5章　多層化する小説構造

近法で空間の位置関係がコード化されている場合、見る者に遠近法の知識があればそれを解読でき、空間のイリュージョンが生じる。他方、遠近法の知識の全く無い者にとっては、それは二次元平面の紙に描かれた人と象とカモシカの絵にすぎない。このことは、社会一般にも敷衍できる。伝達者がある社会の文化コードを使って紡いだテクストは、同じ社会に属する人間に対しては自然な奥行きのあるイリュージョンを生じさせるが、そのコードに精通していない人間には平板で、奇異なものとしか映らない。

同様に小説家は彼の素材を言語・文化コードを用いて記号化し、読者はそれを同じコードを使って解読する。したがって、異なった言語・文化コードで支配された異文化を作品に導入すれば、その部分はそのコードを習得していない読者には解読不能になる。そのため読者の既知なコードで置き替え、修正ないし歪曲して記号化されるのである。その1つの例が非西欧社会に舞台を設定した小説における先住民の言葉の処理である。英語の小説においては、先住民はほとんどの場合、稚拙な英語を話すか、古風な英語を話すように描かれている[52]。

そのような伝統的な小説形式の異文化に対する閉鎖性に対して、コンラッドはモダニストの先駆けとなる斬新な語りの手法（印象主義的描写方法や意図的な二項対立概念の突き崩し）を用い、異質の文化コードの機能する世界の存在を読者に暗示したのである。その点が19世紀的な全知の語り手を用いたキプリングと違う点である。しかしながら、すでに詳しくみたように、キプリングは、コンラッドとは異なる方法で、伝統的な「東洋」表象に新たな光を投げかけた。

一方コンラッドは、特にマーロウ船長が語り手の機能を担う作品において、異文化世界を覗く穴をいくつか開けているのである。マーロウの語りの手法の斬新さは3つあり、それらは相互に影響し合って、結果として作品の文化的な閉塞性を弱め、一種の隙間を穿つのだといえる。

①　マーロウは語る行為を通して、ヤコブソンのいうところの言葉の指示機能（referential function）に対する信頼性を喪失させていく。なぜなら、すでに確立されている言葉と指示対象との関係を頻繁に覆すからであ

493

る[53]。

② マーロウは二項対立的認識に対して、強い懐疑心を感じている。ゆえに、意識的に二項対立を打ち崩したり、誇張したりする。

③ マーロウは聞き手のために異文化世界を解釈することをしばしば放棄する。したがって、その部分は語りのブランクとして放置される。

同時期に書かれた『闇の奥』と、『ロード・ジム』の後半部分のマーロウ船長の語りには、これら3つの特質が同じように看取できる。しかし、それらの2作品では、それぞれの特質に対する強調の置き方や適用方法にずれや違いがあり、その結果、それぞれ独立した意味が生み出される。

上述①のマーロウ船長が言葉の指示機能に対する信頼性を喪失して行く過程は、『闇の奥』においては前景化されている。すなわち、彼は最初、発話行為と現前の事実との直截な結び付きを確信していた。「彼ら[黒人]は叫び、歌った。彼らの体から汗が滴り落ちていた。彼らの顔はグロテスクな仮面のようであった——こんな感じだ。だけど骨もあり、筋肉もあり、激しい生命力に満ち、精悍な動き、まさに浜辺に打ち寄せる波と同様彼らは自然で真実であった。彼らがそこにいることになんら説明など要らない。彼らを見ていると大いにほっとするのだ。しばらくの間、当然至極の事実に満たされた世界にいまだ私が属していると感じていたのであった」(『闇の奥』、14)が、その感じは長く続かない。それは、すぐにフランスの軍艦が、アフリカ先住民の潜んでいそうにもない岸辺の茂みに不可解な砲撃を加えるのを目撃した時点から崩れ始める。それからクルツを救出しにアフリカの奥地に進むなかで彼の周りの白人たちが黒人を定義する言葉を聞くにつれ——「……彼は彼らを敵だと呼んだ!」(『闇の奥』、14)、「どんなに想像力をたくましくしてもこれらの黒人たちを敵とは呼ぶことは出来なかったのだが。犯罪者とも呼ばれた。」(『闇の奥』、16)、「反乱者だって!次には[黒人に対して]どんな定義を聞くことになるのだろう?敵がいたり、犯罪者がいたり、労働者がいたり——そして、こいつらは反乱者だ」(『闇の奥』、59)——マーロウは英語に対する不信感を募らせていく。もっともそれらの定義を口にする人物は同じではない——最後の定義はク

ルツの定義である——が、それらの黒人に対する定義は、マーロウの目にする黒人の印象と完全に食い違うばかりか、定義同士も食い違っている。すなわちマーロウの語りにおいて、「現前に存在する」指示対象に関係なく記号表現が生み出され、別の記号表現によって脱構築されることの反復が起こっているのである。そして、「黒人」以上に「言説的実在」であったクルツ——奥地に来るまでにマーロウの語りにおいて様々な「言説的クルツ」が形成されていた——を初めて見たとき、その衝撃の強さによって、マーロウにとって事実であることを保証する絶対的存在である海や空も認識不能な存在へと遠ざかっていく。「……しかしこれまで決して、決してなかったことだが、この大地、この川、このジャングル、まさにこのまばゆい空の天蓋が、私には絶望的で極めて暗黒に見えてきた、人間の思考には見通せなく、人間の弱さにきわめて無慈悲なように見えてきたのだ。本当なんだ。」(『闇の奥』、56)

　一方、その言語観は『ロード・ジム』のマーロウにとっては自明のこととなっている。彼が「……というのは、言葉というものも、われわれがそこにこもれば守ってくれる、光と秩序という概念に属するのだ。」(『ロード・ジム』、190)というのは、言語の指示機能の弱さを逆手に取り、言語が、混沌として深い闇に覆われた現実からの逃げ場としての人工的な光と秩序の記号の楽園を作りだすことで、われわれの精神に避難所を用意してくれるということだ。これはとりもなおさず、「文明の光」が照らし出すのは「遅れた非西欧社会の闇」ではなく、本当は西欧社会の「闇」なのだ。というよりは、光の幻惑によって、西欧の闇を見えなくするのである。それゆえ、『闇の奥』の最終段落で、アフリカ体験を語り終えたマーロウと聞き手たちには、テムズ川に係留されたネリー号から見える眼前の情景が以下のように変貌する。

　　沖は、層になって黒々とした雲によって遮られた。そして、地球の果ての隅々まで通じる静かな水路は、雲の立ちこめた下で陰鬱に流れていた——茫漠たる闇の奥へと通じているように思えたのだ。(『闇の

奥』、79)

　このような言語観は、必然的に嘘に対するマーロウの感じ方にも強く影響している。『闇の奥』の若いマーロウは最初嘘に対して激しい嫌悪感を抱いていた。「わかるだろう、私は嘘というものが憎いし、嫌だし、耐えられないのだ。それは私が誰よりも曲がったことが嫌いだというわけではなく、ただ私をギョッとさせるのだ。嘘のなかに死の穢れ、死の臭いを感じるのだ──それこそが、私が憎く嫌に感じるものだ──忘れたいものなのだ。」(『闇の奥』、27)しかし、彼自身、皮肉にも小説の最後の場面でクルツの婚約者に嘘をつかざるを得なくなる。
　『ロード・ジム』の後半部分においては、文化コードの違いで生じる不可避の嘘が重要な問題として登場する。記号表現と記号内容の結び付きが社会によって決められている以上、ある社会で妥当することも、別の社会では妥当するとは限らない。この文化コードの違いで生じる不可避的な嘘をパトゥーサンにおいてジムとマーロウはつくことになる。話し手が「事実」として発言した内容が、聞き手には「嘘」としか解釈できないのだ。効率性を金科玉条とする資本主義社会においてジムに下された無能というレッテルを現地人の彼の恋人は、「嘘」としてどうしても信じようとしないからだ。「『これとそっくりのことを彼もいった。……あなたたちは嘘つきよ！』」(『ロード・ジム』、194)
　このことから類推すれば、『闇の奥』の最後の場面で、クルツの婚約者に対してクルツが最後まで「文明の使者」であったことを肯定するマーロウのつく嘘は不可避的であったと思われる。なぜなら、彼がいうようにクルツの婚約者に事実をいうことは彼女の唯一の存在基盤を奪うことになるかも知れないが、しかし、たといったとしても「文明の光」に幻惑されているヨーロッパ人の１人である彼女が信じたとは思えない。むしろ、マーロウのことをジムの恋人がそうしたように嘘つきと決め付けるだろう。それは彼女が頑迷であるからでなく、それが発話される社会的コンテクストが問題なのである。

第5章 多層化する小説構造

すでに触れたように、『闇の奥』のマーロウは、彼自身の黒人に対する印象と周りの白人が下す定義との間にかなりの懸隔があることを発見して驚くのだが、これは英語が、指示機能に支配されているよりも遥かに強力に、西欧を常にその優越概念で捉えようとする二項対立的認識に支配されているからである。常に非西欧世界は、野蛮なもの、遅れたものであり、一方、白人は進歩を極めた神のような存在であるといった二項対立的世界観が、19世紀後半の英語の言説編成のドミナントな原理なのである。そして、必然的にそのような二項対立的世界観はマーロウの語りに侵入してきて、非西欧世界を排除・無化するか、その独立性／主体性を奪おうとする。その言説形成＝編成の影響力に対して、『闇の奥』と『ロード・ジム』の語り手マーロウは、相反する反応をみせる。すなわち、前者のマーロウは意識的に二項対立を打ち崩そうとするのに対して、後者ではむしろ二項対立を誇張する。その差はとりもなおさずマーロウの、クルツとジムに対する態度の違いである。さらに、異文化世界を解読していく姿勢も2作品では非常に隔たっている。後者のマーロウの語りは、異文化社会をジム（スタイン）／マーロウの空想で覆い尽くそうとしているのに対して、前者では、西欧社会の言語・文化コードで解読できない現象に直面した場合、無理に既存のコードで類推したり、こじつけたりせず、一時、解釈を放棄する。たとえば、次のような場合である。

> 彼［白人によって酷使され、瀕死の黒人］は、自分の首に白いウーステッドの布を巻きつけていた——何故なんだ？　（『闇の奥』、18）

つまり、『闇の奥』の語りでは、非西欧世界において西欧社会の言語・文化コードで解読できない現象に直面した場合、マーロウは既存のコードを応用した仮説コードで解釈（過小コード化）をすることを可能なかぎり抑制する。その結果、明確に記述出来ない、つまり、テクスト化できない部分は、疑問符や、あるいは「不可解な (inscrutable)」、「理解できない (incomprehensible)」、「想像もつかないほど (inconceivably)」等の語によって、

その存在だけを暗示するのである。つまり、非西欧世界を解釈保留のままブランクの形でテクストに埋めこむ。あるいは、西欧の言語記号では捉えられない非西欧世界を「闇（darkness）」――「光と秩序」という言葉の外壁が破れた西欧世界も「闇」で象徴される――や「原野（wilderness）」等で表象させる[54]。

　さらに、マーロウは印象主義的手法によって英語に内在する二項対立的認識傾向を抑制している。次に挙げる引用はいわゆる「ブラック・プリンセス（black princess）」を彼が最初に見たときの描写の一部であるが、彼女を描写するのに使われた160語のなかでわずか2語――「未開の部族の（barbarous）」、「異様な（bizarre）」――だけが二項対立的認識傾向の負の概念を単独に用いているのみで、それ以外は「野蛮人でありながら堂々としていた（savage and superb）」や「不吉さと威厳が（ominous and stately）」のように相殺的に二項対立的概念が並列されている。その結果、アチェベの「ひどく人種差別的」という断罪では割り切れないような[55]、深みのある黒人描写になっている。

　　　彼女［ブラック・プリンセス］は、ゆったりと歩みを整えて、縞模様と房飾りのある服をまとい、小さな金属音をたて微かな輝きを放つ未開の部族の装飾品をつけ、誇らかに大地を踏みしめて歩いていた。彼女は背筋をピーンと伸ばしていた。髪はヘルメットの形に結っていた。膝までの真鍮のすね当てをつけていた。真鍮の針金で編んだ肘までのガントレットをつけていた。黄褐色の頬には深紅の紅が塗られていた。首には数え切れないほどのガラス玉の首飾りをつけていた。異様なモノ、魔除け、魔術師からの贈り物が、体中にぶら下げてあって、一歩歩くごとにピカピカと揺れていた。彼女は、象牙数本に匹敵するような価値の装飾品を身に着けていたに違いない。彼女は野蛮人でありながら堂々としていた。荒々しい目つきながらも壮麗さがあった。彼女の制御した歩みには不吉さと威厳が感じられた。不意に悲しみに満ちた土地に訪れた静寂のなかで、広大な原野、豊饒で神秘に満ちた

生命の巨大な統一体が、あたかもそれ自体の陰鬱で情熱的な魂を見ているかのように、ブラック・プリンセスを憂いげに見つめているようであった。(下線は筆者による)(『闇の奥』、61-2)

一方、『ロード・ジム』の後半部分において、たとえば、「……大きなむき出しの脚で、間抜けて下品な顔のそのシャム人の女は、(中略)裸でちっちゃい異教の神のようにお腹を突き出した、醜い黄色人種の子供……」(『ロード・ジム』、210)や、ジムの現地人の恋人の描写、「彼女[ジュエル]の姿は雪で出来たように見えた……」(『ロード・ジム』、211)をみれば、マーロウはむしろ白人と黄色人種に対する二項対立的認識傾向を故意に強調している。それは『闇の奥』と較べるまでもなく、『ロード・ジム』の前半と後半の彼の語りのパターンを較べても歴然としている。

『闇の奥』と『ロード・ジム』の後半部分のマーロウの語りから、彼が非西欧世界に対して一方ならず関心をもっているような印象を受けるが、実際は非西欧世界に対する心理的距離感は極めて大きい。「……たとえスタインが彼[ジム]を5等星の星に送るように手配したとしても、[パトゥーサンと較べれば]その変化はたいしたものではなかったろう。」(『ロード・ジム』、133)しかも彼は西欧世界と非西欧世界との間に横たわる高い壁を強く意識している。「……比ゆ的に言えば、われわれはほとんどセレモニーもなしにジムを押し上げて壁の向こう側へ連れて行ったのだ。」(『ロード・ジム』、140)それにマーロウは故郷に対する絆を強く意識していて、人は生まれた社会から彼の存在基盤となる価値観や行動規範を学ぶものであると語る。「……そのように、人は、命とともに信仰を得た土地に根ざしているのだ。」(『ロード・ジム』、136)それゆえ、故郷から完全に切り離されれば、その人間は存在論的危機に落ち入る。『闇の奥』でも彼は同じ主旨のことを述べている。だから、マーロウが語るのは異文化世界の代弁者となるためでなく、あくまでも西欧文明の側からの検証である。ジムもまたパトゥーサンにおいて、彼のよって立つ存在基盤をそのマレー人の社会に見い出そうとはせず、あくまでも西洋的・キリスト教的精神基盤を保持

しようとする。その背景として、牧師の父親から西欧の最果てで生きるジムに何回となく送られる神の言葉を書き記した手紙に対して、マーロウは「美徳は全世界で一つであり、信仰、考えうる処世、人の死に方は、一つしかありえない。」(『ロード・ジム』、207) と語るが、異文化に対して極めて排他的である。

それゆえ、その点に関してマーロウは心情的に一体化したジムの代弁者となる。そして、言語の本質を熟知しているマーロウは、彼の語りからパトゥーサンの社会の異文化性を捨象し、形骸化し、フィクション化していく操作を行っていく。すでに言及したように二項対立的認識傾向を前景化し、パトゥーサンの社会のローカルで伝統的な文化コードを西欧のとくにイギリスの言語・文化コードで置き換え、テクスト化するという操作を行っていく。その操作の典型的な例が、パトゥーサンでのジムの恋人の変貌にみられる。「彼女[ジュエル]は、完全にジムの眼差しのなかだけで生きていたため、彼の外観の一部を身につけていた。彼女の腕の伸ばし方、首の傾げ方、視線の向け方、つまり、彼女の所作にジムを髣髴させる何かを身につけていたのだ。」(『ロード・ジム』、172) それは、ジムが実践しようとした植民地主義的行動パターン——ジムはそこでコーヒー・プランテーションを試みる気であった。」(『ロード・ジム』、195)——と呼応する、いわば精神上の植民地政策である。

そういう点においては、むしろクルツの方が植民地主義者的ではない。確かに、「野蛮な風習の排除のための国際協会」に寄稿した報告書で植民地主義の理想を標榜したあと、末尾にその方法は「野蛮人を皆殺しにせよ！（Exterminate all the brutes!)」であると書き込みをするわけであるが、これは植民地主義の理念そのものを脱構築したとも解せるのであって、書き手の真意をそのまま表しているとは必ずしも断定できない。実際、クルツは他の植民地主義者のように奪い、迫害するだけではなくて、自ら「原住民」の社会の流儀に染まっていったのであるから。

『ロード・ジム』において、しばしばパトゥーサンの社会をフィクション化していることをマーロウ自身告白することがある。たとえば「……

第5章　多層化する小説構造

——彼ら［パトゥーサンの先住民］についてはよくわかっている。彼らは魔法使いの杖で操られているかのように存在しているのだ。だが、彼らがその周りを取り巻いている人物——その人物は生きた人間であり、彼のことはよくわからない。彼はわれわれのうちの一人なのだ。どのような魔法使いの杖を用いても、私の眼前で彼を固定化することは出来ない。」（『ロード・ジム』、201）と彼がいうが、この魔法使いとはマーロウ自身である。つまり、マーロウは語りという魔法の杖を使ってパトゥーサンの住民の主体を隠蔽・無化し、フィクションの世界の住人（登場人物）へと変貌させることが出来るのだが、ジムだけはフィクション化することが出来ない。その原因を、彼は「われわれのうちの一人なのだ」と説明する。マーロウは、「われわれのうちの一人」の主体性を奪ってスタイン／マーロウのロマンティックな世界のヒーローにすることは出来ないのである。しかもジムに関しては、パトナ号事件にまつわる重層的な語りのなかで彼の複雑な心の襞までもがあらわにされているのであるから、後半部分の語りに前半部分の極めて写実的な語りが介入・干渉し、その平板なフィクション化の試みを妨害するのである。

　一方、後半部分のマーロウの語りはパトゥーサンの住民の主体性の隠蔽・無化に一旦は成功しているようにみえるが、マーロウの「彼らについてはよくわかっている」という自信にもかかわらず、パトゥーサンという異文化世界のコンテクストに置かれたジムは、不可避的にそこに存在する主体の集団から、ジム（スタイン）／マーロウとは異なったコードで読み取られていく。パトゥーサンの住民は独自にジムをフィクション化したり、彼ら自身の言語・文化コードでジムの意味を作り上げていくのだ。もっとも、そのようなコード化に対して敏感なマーロウではあるが、異文化社会の言説形成の影響を一切排除しようとしても、彼の語りに痕跡として残るのである。その痕跡（異物）との齟齬によって引き起こされる躊躇や不明な点が語りの一貫性を阻害し、さらにパトナ号事件を扱った前半部分の、そのようなフィクション化への介入・妨害と相まって、『ロード・ジム』の後半部分の語りが構築するパトゥーサンの社会に対する信頼を損ない、

懐疑の念を引き起こすのである。特に、ジムの没落のエピソードを語る『ロード・ジム』の36章以降は、ジムのパトゥーサンでの成功に懐疑的な聞き手であった一人にマーロウが手紙によって語る形式をとっており、ジム（スタイン）／マーロウのコード化を無条件に受け入れてくれない読者を相手に語らなければいけない。さらに、そのエピソードの情報源は——ジムがすでに死んでいるために——パトゥーサンの住民に頼らざるを得ず、ジム（スタイン）／マーロウの共犯関係を維持することが困難になっている。

　『ロード・ジム』のマーロウの語りにおいては、表面上は、ジムと、パトゥーサンのマレー人との信頼関係が築かれているように読めるが、その実、いみじくも36章以降のマーロウの語りの聞き手（読み手）が、「『あいつらに命をささげることは』（あいつらというのは、褐色や黄色や黒い肌をもつすべての人間を意味している）『自分の魂をけだものに売るようなものだ。』」（『ロード・ジム』、206）とジムと先住民の関係の建前／本音をこのように推察したように[56]、ジム（スタイン）／マーロウがパトゥーサンを消費しようとしているのに対して、逆にパトゥーサンの方がジムを利用しようとしているところもあり、水面下においては双方の利害関係が鋭く対立している。その利害対立が表面化するジェントルマン・ブラウン一味のパトゥーサン闖入の顛末について、前節でも問題にしたが、以下により詳しい分析を行う。

　西欧世界から逃げて来たジェントルマン・ブラウンが略奪目的でパトゥーサンに侵入して来たとき、族長の一人息子のデイン・ワリス（Dain Waris）がいち早く攻撃し、ブラウン一味を小高い丘に追い詰めたのだが、それからのことは、その時不在であったジムの帰りを待つことに部族の長たちは決定した。殊にすぐにでも自分の地位を子に継がせたいと思っているデイン・ワリスの父親ドラミン（Doramin）は、自分の息子を危険な目にあわせたくなかったのである。やがて、ジムは帰って来る。そして一対一でブラウンと交渉するのであるが、その結果はブラウンの要求を完全に飲むというものであった。すなわち、武器を取り挙げずに彼らを逃がして

第 5 章　多層化する小説構造

やるというのである。これは、ジムの方の数は遥かに多いが旧式のマスケット銃に対して、腕の立つ殺人集団にライフルを持たせたまま放つのであるから、イアン・ワットが弁護するよりは遥かに危険な決定であった[57]。交渉当時、状況はジムの側に遥かに利があったのだから、どうしてそのような条件を飲んだのであろうか。それに対して、グスタヴ・モルフは綿密な分析をしている。つまり、西欧世界から逃げてきたブラウンにジムは自分の分身を見、しかもそのことをブラウンはすぐに察してうまく立ち回ったというのである[58]。

　そのモルフの解釈はテクストの他の部分とも整合性をもっているように思われる。しかし、注意深くマーロウの語りに耳をすませていれば、2、3不審な点を発見するであろう。その1つはジムが彼の恋人に「君とデイン・ワリスがやりたかったことをやっていたら、あの惨めな奴ら［ブラウン一味］で今日まで生き残っているのは一人もいないだろう。」(『ロード・ジム』、240) と語ったが、どうして彼はデイン・ワリスと協力してブラウンを倒さなかったのだろうか。さらに、族長たちとブラウンに関しての会談の席で、彼らが無条件でブラウンを逃がしてやるという提案に難色を示すなら、「『それでは、』と、ジムは言った。『ねえ、あなたの息子のデイン・ワリスを呼び入れなさい、というのは、これに関して、私は指揮をとらないから。』」(『ロード・ジム』、239) とドラミンに宣言したのだが、どうしてジムはこの場でデイン・ワリスを名指ししたのであろうか。ここで思い出されるのが、ブラウンの見たジムの姿──「有色人種に取り巻かれ、この場所にしては近代的な建物の間でじっとしている、洋服を着て、ヘルメットをかぶった、全身白の男」(『ロード・ジム』、230) ──である。さらにマーロウの語るパトゥーサンでのジムとデイン・ワリスの評価──「彼［デイン・ワリス］が如何に愛され、信頼され、賞賛されようとも、所詮は彼らのうちの一人であった。それに対して、ジムはわれらのうちの一人なのだ。さらに、白人としての彼の頼もしさは打ち破られることはないのに対して、デイン・ワリスは斃されることがあるのだ。」(『ロード・ジム』、220) ──を見逃すことは出来ない。このジム自らも執着し、また実際に

503

パトゥーサンの人々から勝ち得た彼自身のイメージは、冒険小説でおなじみの植民地における典型的なイギリス人のイメージではないか。

ジムはブラウンに武器を引き渡させることが出来なかった。けれども、デイン・ワリスの戦術に全面的に従うことは、彼のパトゥーサンでの評価——神のような存在としての評価——を貶めることになる。したがって、デイン・ワリスとは違った、その上、彼に真似の出来ない——しかも一滴の血も流さないので、成功すれば絶大な歓迎を受ける——方法を取った。しかし、それは暴挙であった。

オーウェル等が冒険小説的浅薄さがあると指摘する『ロード・ジム』の後半部分は、単に西欧の文化コードでテクスト化され、異文化性を喪失したパトゥーサンの社会がマーロウによって語られているだけではない。その語りに一貫性の崩れた部分があり、それは語りの信頼性を揺るがし懐疑の念を抱かせ、テクストの再解釈の衝動を起こさせる。そして、より一層注意深くテクストを解読するようになると、最初は前半部に較べて遙かに見通しがいいと思えた後半部も、至る所にその様な一貫性の崩れた部分が発見できる。それは遠くの景色だと思っていたものが、書割か何かであると気付くのに似ている。そして、やがてマーロウの語りの一貫性の崩れた部分が2つの文化世界を仕切る壁の僅かな隙間であり、その隙間から厳しい利害対立の火中におかれたジムのもう1つの姿を垣間見られることがわかる。まさに20世紀を迎えた現実の世界において、西欧の言説形成＝編成の壁を破って、「オリエント」という覆いの隙間から自らの姿を現そうともがいている非西欧地域と、それを直視せざるを得なくなった西欧との関係に符合する。このような西欧の文化コードで読み取れば遊園地のパノラマのような「オリエント」を現出するマーロウの語りの内側にあるテクストと、彼の語りの外側にあり隠蔽されている非西欧の文化コードでシステム化されたテクスト——したがって、彼の語りの隙間から読者は覗き見するしかないテクスト——が並存している重層的構造を『ロード・ジム』の後半部は抱えているのである。

もちろんこのような作品が生まれたのは、変わりいく言説形成＝編成を

第5章　多層化する小説構造

作者コンラッドがいち早く察知していたからであろう。そこで本章の2節の終わりで問題提起した、作品から感じられる「ズレ」の正体であるが、19世紀の帝国主義を理念的——感情的——に支える2本柱、「ロマンス」と「効率性」のいずれもが、白人男性中心の価値観に基くものであって、19世紀末になるころには、その価値観を揺るがすさまざまな要因が出てきたことにより、その2本柱の正当性が揺らぎだしたことの作品への反映ではないだろうか。資本主義の矛盾、西欧諸国による自由の独占、平等からの「アジア人」の排除、異文化に対する理解の深まり等が、19世紀を通して猛烈に拡大してきた西欧近代化言説形成＝編成の勢いを、ようやく失速させ始め、「西」と「東」の両側でさまざまな「反抗者」を生み出していったのだ。いわば、西欧言説編成の書割の隙間から垣間見せる「アジア」——それは、一方では同じ人間社会としてのアジアと、もう一つは、日本に代表される脅威としての「アジア」——によって亀裂が徐々に広がり始めたのだ。そしてその亀裂が先んじて「ズレ」となって顕れたのが、『ロード・ジム』と『闇の奥』である。

註

（1）拙論「小説における印象主義——コンラッドとフォードの実験的人物描写——」（『シェイクスピア饗宴——英米文学の視座から——』、英宝社、1996）を一部書き直したものである。
（2）Erich Auerbach, *Mimesis—The Representation of Reality in Western Literature*, translated by Willard R. Trask (Princeton, New Jersey: Princeton University Press, 1953, second edition, 1968), p. 6. 以下の『ミメーシス』からの引用は、この版の頁数を本文に記入。
（3）小林秀雄、『小林秀雄全集　第十一巻』、（新潮社、1967）、p. 32。
（4）フォードは、『ジョゼフ・コンラッド：個人的思い出（*Joseph Conrad: A Personal Remembrance*）』で次のように回顧している。「われわれは、あまり抵抗なしに、自分たちに投げつけられた『印象主義』という烙印を受け入れた。当時、印象主義者たちは、まだよくない人々と考えられていた。無神論者で、赤いネクタイをつけては家長の胆を潰すような、共産主義者たちだと考えられていた。しかし、われわれは、その『印象主義者』というレッテルを受け入れた。なぜなら、人生は［先ほど例にあげた］スラック氏の温室

505

の建物のことがあなたに思い出される、まさにそのようにわれわれに見えてくるところから、人生は語らない、人生はわれわれの脳に印象を刻みつけるのだということをわれわれが認識したからだ。」Ford Madox Ford, *Joseph Conrad: A Personal Remembrance* (New York: Octagon Books, Inc., 1965), p. 194. 以下の『ジョゼフ・コンラッド：個人的思い出』からの引用は、この版の頁数を本文に記入。

（5）ジョン・ハウス（John House）は、『モネ：自然を芸術へ（*Monet: Nature into Art*)』で、「……印象派は、視点、つまり川の土手のどこに座るかを決める事で、自分独自の構図を決めたのであった。そして、この事は、モネが最大の関心を払ったことであった。自分自身の視点を選び、どの方向から対象を捉え、画家の前にある形態をいかにキャンバスによって切り取るかを決定することで、印象派の画家はそれまでの画家がアトリエで構図を決めたのとまったく同じくらいにきっちりと自分の構図を定めることができたのだ。」と述べている。John House, Monet: *Nature into Art* (New Haven and London: Yale University Press, 1986), p. 45.

（6）Ian Watt, *Conrad in the Nineteenth Century* (Berkeley and Los Angeles: University of California Press, 1981), p. 172. 以下の『19世紀のコンラッド（*Conrad in the Nineteenth Century*)』からの引用は、この版の頁数を本文に記入。

（7）このワットの分析に対して、ブルース・ジョンソン（Bruce Johnson）は、「コンラッドの印象主義とワットの『遅らされた認識作用』」のなかで、コンラッドの印象主義的側面をさらに深く考察している。Bruce Johnson, "Conrad's Impressionism and Watt's 'Delayed Decoding'", *Conrad Revisited*, ed. Ross C. Murfin (Alabama: The University of Alabama Press, 1985).

（8）たとえば、アーサー・ミズナー（Arthur Mizener）の『最も悲しい物語：フォード・マドックス・フォード伝（*The Saddest Story: A Biography of Ford Madox Ford*)』を参照。Arthur Mizener, *The Saddest Story: A Biography of Ford Madox Ford* (New York and Cleveland: The World Publishing Compnay, 1971), p. 51.

（9）『ジョゼフ・コンラッド：個人的思い出』の178-9頁で、フォードは次のように述べている。「あの、言葉による芸術領域が、まず何よりも読者に見させることだという［『ナーシサス号の黒人』の「序文」のなかの］宣言は、われわれが出会う前になされたものだ。われわれが非常に長期間にわたって一緒に仕事ができたのも、その同じ信念が筆者によってもそれ以前から、そして心底から確信されていたからだった。」

（10）Joseph Conrad and Ford Madox Ford, *The Inheritors* (1901, rpt. New York:

第 5 章　多層化する小説構造

　　　Carroll & Graf Publishers, inc., 1985), p. 61. 以下の『後継者たち』からの引用は、この版の頁数を本文に記入。
(11) Ford Madox Ford, *Critical Writings of Ford Madox Ford*, ed. Frank MacShane (Lincoln: University of Nebraska Press, 1964), pp. 40-1.
(12) その無限の広がりの感覚は、フランス印象派ではないが、17 世紀オランダのデルフトの画家、フェルメールの絵にも通じると思われる。
(13) 『19 世紀のコンラッド』の 257 頁で、ワットはこれとは逆のことをいっているが、しかし、彼が同著の 176-7 頁で、「それから、コンラッドが『闇の奥』を書き始める時までに、彼は、印象主義の画家の視覚を直截に描くという試みに相当する言語の試みとしての物語手法を発展させていた。」というのだが、どういう契機でコンラッドが印象主義的物語手法を発展させたかについては説明していない。
(14) ケネス・ヤング（Kenneth Young）は、『イギリス作家　6 巻（*British Writers vol. 6*)』の 319 頁で、「フォード・マドックス・フォードは遅れて文学遺産に仲間入りした作家の一人である。アメリカの詩人のロバート・ローウェル（Robert Lowell）はフォードについての詩で次のように問うた。『だが、大いなるつぶやき人間である巨匠よ、その理由を教えてくれないか／どうして、あなたの売れ残りの小説の在庫の売値が／あなたの痛風で膨れ上がった足に巻かれる包帯よりも安いのか』」と記している。Kenneth Young, *British Writers vol. 6*, Ian Scott-Kilvert（general editor）（New York: Charles Scribner's Sons, 1983).
(15) Wayne C. Booth, *The Rhetoric of Fiction* (Chicago: The University of Chicago Press, 1961), p. 25 を参照。
(16) 『ジョゼフ・コンラッド：個人的思い出』の 185 頁で、フォードはコンラッドが、「『君には、自分は常に同じだといってもいいだけの十分すぎるほどの権利がある。』」とフォードに言ったことを記している。
(17) Robert Green, *Ford Madox Ford: Prose and Politics* (Cambridge: Cambridge University Press, 1981) を参照。以下の『フォード・マドックス・フォード：散文と政治（*Ford Madox Ford: Prose and Politics*)』からの引用は、この版の頁数を本文に記入。
(18) Ford Madox Ford, *The Good Soldier* (New York: Vintage International, 1989), p. 5. 以下の『グッド・ソルジャー』からの引用は、この版の頁数を本文に記入。
(19) ダウエルは、「この後に続く話のなかでは、私は少々フローレンスに手厳しいかもしれない。」（『グッド・ソルジャー』、202）と想定される読者に断っている。
(20) Gilbert Phelps, *An Introduction to Fifty British Novels 1600-1900* (London and

Sydney: Pan Books, 1979), pp. 7-8.

(21) 語り手のダウエル自身、「しかし、どんな人物についてであろうと、どんな状況においてであろうと、その人はこのように振舞うと確信を持って言うなど誰も出来ない——誰も確信をもって出来なければ、誰某に「性格」を付与するなどというのは無意味なことである。」(『グッド・ソルジャー』、170)といっている。

(22) グリーンは、『フォード・マドックス・フォード：散文と政治』の71頁で、「フォードの主張によると、特定の支配的な理論が存在せず、ヴィクトリア朝の単一性が壊れた時代には、小説家に要求されているのは、新たな一連の教義を考え出すことではなく、『不可知論の深遠なる闇、渦巻く影の中に［投げかけられた］一条の光なのである。』」というフォードの言葉に言及している。

(23) このことに関して、ケネス・ヤングは、『イギリス作家 6巻』の320頁で興味深い伝記的事実を挙げている。「さらに、［フォードは人にいろいろな素振りをしてみせるのだが］その素振りの多くは、その素振りが人からどのように受け取られるかを試してみるためなのだ。たとえば、『グッド・ソルジャー』の兵士で地主のアシュバーナム大尉のように振舞って、そのようなタイプの人間に人はどのように反応するのかを観察するのだ。」というのがあり、様々な人の違った反応を通して人物を描いていくというフォードの人物造形法を示唆している。

(24) *Pound/Ford: The Story of a Literary Friendship* ed. Brita Lindberg-Seyersted (New York: A New Directions Book, 1982), p. x を参照。

(25) たとえば、ダウエルは「自分でも気づいているのだが、非常にとりとめもなくこの話を語ってきたので、どんな人でもこの一種の迷路のような話を通り抜ける道を見つけるのは難しいであろう。如何ともし難いのだ。［この話を語る状況として］私が固執する想定は、田舎のコテージにいて、押し黙った聞き手が、突風や遠くの潮騒の合間に、おもむくままに進行する話に聞き耳を立てているという状況だ。　（中略）　これは本当の話なんだと考えて自分を慰めるのだ。結局のところ、真実の話を語るには、人が口伝えに話しをするやり方がおそらく一番いいのだ。そうすれば最も真実らしくなるのだ。」という。(『グッド・ソルジャー』、201)

(26) グリーンの『フォード・マドックス・フォード：散文と政治』の96-7頁を参照。

(27) Fredric Jameson, *The Ideologies of Theory Essays 1971-1986 vol. 1: Situations of Theory* (London: Routledge, 1988), p. 14.

(28) もっとも、コンラッドの作品に「ポーランド」の痕跡がなかったという

わけではない。コンラッドの作品におけるポーランド語や文化の影響を調べた研究は少なくないが、そのなかで、アマール・アチェライオウ（Amar Acheraïou）は、「ポーランドのテーマを自分の作品の随所に混入させるのは、一つには、それがコンラッドのポーランド起源に対する忠誠として読むことが出来るだろう。他方、同じ美学的パターンは、大胆な破壊的ジェスチュアーとしても解釈できる。イギリスの文化的島国性や、コンラッドが溶け込もうとした英語のイディオムや文学伝統のヘゲモニーに対して動揺を与えることが意図されているのだ。」というように、英語小説に対するコンラッド作品の「ポーランド」の影響を指摘している。Amar Acheraïou, *Joseph Conrad and the Reader* (Palgrave Macmillan, 2009), p. 27.

(29) ただし、ジムの死につながる最後のエピソード、つまり、ジムがパトゥーサンのリーダーを失墜するエピソードは、このときの聞き手の一人に、2年以上後にマーロウが手紙で語るという形式をとっている。

(30) もちろんこのようなマーロウ解釈に関しては、反対の見解もある。たとえば、M・C・ブラッドブルック（M. C. Bradbrook）は、「マーロウの機能は、注釈することである。十全な人物造詣がなされていて操り人形のような登場人物ではないが、コンラッドと根本的な考えは同じであり、従って作者を代弁できるのだ。」という見解を述べている。M. C. Bradbrook, *Joseph Conrad: Jozef Teodor Konrad Nałęcz Korzeniowski, Poland's English genius* (New York: Russell, 1965), p. 21.

(31) 以下の著書を参照。F. R. Leavis, *The Great Tradition* (London: Chatto and Windus, 1948, rpt., Penguin Books, 1986), pp. 217-8; Gustav Morf, *The Polish Heritage of Joseph Conrad* (London: S. Low, Marston & Co., Ltd., 1930), pp. 149-66, extracted in *Lord Jim* ed. Thomas C. Moser, W. W. Norton & Company, 1968, pp. 363-73; Albert J. Guerard, *Conrad the Novelist* (Cambridge, Mass.: Harvard University Press, 1958), pp. 166-74. 以下の『偉大な伝統（*The Great Tradition*）』からの引用は、この版の頁数を本文に記入。

(32) Joseph Conrad, *Lord Jim* ed. Thomas C. Moser (New York: W. W. Norton & Compnay, 1968), p. 5. 以下の『ロード・ジム』からの引用は、この版の頁数を本文に記入。

(33) たとえば、『ナーシサス号の黒人』の意志堅固なアリストウン（Allistoun）船長や無口の老船乗りシングルトン（Singleton）によって体現されている気質である。後述するが、「優れた船乗り」に代表されるような、与えられた仕事に忍耐強く、またプロフェッショナルな高い技能で専念することは、単に職業倫理の問題だけではない。『闇の奥』でマーロウが力説するように、この大英帝国を支える男たちの仕事への忠誠が植民地主義を正当化する唯一

の理由であり、そのことはとりもなおさず、大英帝国のレゾンデートルなのである。したがって、ジムを冒険小説のレベルから引き上げることこそ、マーロウ自身の存在意義を担保することになるのである。

(34) 小説では島の名前は特定されていないが、シンガポールであると考えられる。『ロード・ジム』の 8 頁の注を参照。

(35) Eloise Knapp Hay, *"Lord Jim:* From Sketch to Novel*"* in *Lord Jim* ed. Thomas C. Moser（New York: W. W. Norton & Compnay, 1968）, pp. 418-37 を参照。もちろん「読者」のなかには、単なる同情心を超えた強い共感を持って読む読者も存在する。たとえば、本書、第 5 章注 28 で挙げたアマール・アチェライオウは、『コンラッドと読者（*Joseph Conrad and the Reader*）』のなかで、第 2 次世界大戦中、『ロード・ジム』はポーランド青年にとって「偶像的作品」になったと述べている。つまり、ドイツ人やロシア人の侵略者と戦うポーランド人に精神的力を与えたというのである。「ジムはわれらの一人であり、彼はポーランド人なのだ」と、ポーランドのコンラッド作品の編集者である人物は、『ロード・ジム』の「序」で書いていることを指摘する。このように、異なる文化・歴史背景をもつ読者の読みは、当然異なってくる。『コンラッドと読者』の 38-9 頁を参照。

(36) Frederick R. Karl, *A Reader's Guide to Joseph Conrad*（London: Thames and Hudson, 1960）, pp. 127-8 を参照。

(37) マーロウにこの点を納得してもらいたいというのが、ジムがマーロウにパトナ号事件を話す動機だと思われる。

(38) イギリスが世界展開をした近代的な帝国主義の世界から失墜した白人が、アジアの一部族のリーダー（王）になろうとするテーマは、キプリングも扱っている。（本書、第 2 章 2.6 節を参照）キプリングは明らかにその試みをアイロニカルに描いているのだが、『ロード・ジム』ではアイロニーではなく悲劇として捉えようとしていると思われる。

(39) 本書、第 5 章注 31 に挙げたモルフ著『ジョゼフ・コンラッドのポーランドの痕跡（*The Polish Heritage of Joseph Conrad*）』を参照。

(40) たとえば、マーロウは次のようにいう。「彼［ジム］は、その外見を見るだけで、信用して甲板を任せるような種類の人間だった——職業柄そのような比ゆを使うのだが。」（『ロード・ジム』、27）

(41) たとえば、ジムに対する同情を弁解するように、マーロウは次のようにいう。「『……私の弱点は、偶然的な出来事——外面的なこと——に対して一つ一つを違ったものとして識別できる目をもっていないということ、屑拾いの箱の屑布を選別する目、隣の男が着ているファインリネンを目利きする能力がないということなのだ。隣の男——そうだ、それなのだ。非常に多くの人

間と出会った』、一瞬悲しげな表情を浮かべてから、マーロウは続けた。『そんな多くの人間にも、ある種の——ある程度の——衝撃を感じて出会ったのだ、そう、たとえば、この男のように——いずれの場合でも、私が見ているのは正に人間としてなのだ。それはなんて困った民主的平等な見方なんだ……』」（『ロード・ジム』、58）

(42) Benita Parry, *Conrad and Imperialism: Ideological Boundaries and Visionary Frontiers*（London and Basingstoke: The Macmillan Press Ltd., 1983), p. 91.

(43) Jacques Darras, *Joseph Conrad and the West: Signs of Empire*, translated by Anne Luyat and Jacques Darras（London and Basingstoke: The Macmillan Press Ltd., 1982), p. 27 を参照。

(44) スタインという人物を創造したとき、コンラッドは彼の父アポロを含むポーランドの愛国的知識人と彼らの「ロマン主義」を意識していたのは明白であろう。もっとも、コンラッドは大英帝国というコンテクストのなかで修正されたポーランド的「ロマン主義」を思い描いていると考えられる。そのコンテクストにおいて、「実際的」でないというのが彼のポーランドの「ロマン主義」観に投影しているのだ。

(45) 第2章2.3節で扱ったW・D・アーノルドの『オークフィールド——或いは東洋における友情』（1853）において、オックスフォードの学生であったオークフィールドに、本国でのエリートの人生をなげうってインドに行かせたのは、まさにこの使命感であった。

(46) ジャック・ダラスの『ジョゼフ・コンラッドと西洋：帝国の徴表（*Conrad and the West: Signs of Empire*)』の25-6頁を参照。

(47) 本書第1章5節を参照。

(48) マーティン・グリーン（Martin Green）は、『冒険の夢、帝国における行動（*Dreams of Adventure, Deeds of Empire*)』においてイギリスの冒険小説の歴史を詳しく述べている。Martin Green, *Dreams of Adventure, Deeds of Empire*（London and Henley: Routledge & Kegan Paul, 1980).

(49) 既述のパトリック・ブラントリンガーの『闇の支配』は、イギリス文学に反映した帝国主義の影響を歴史を追って記述している。

(50) Alan Warren Friedman, "Conrad's Picaresque Narrator: Marlow's Journey from 'Youth' through Chance" in *Joseph Conrad: Theory and World Fiction* ed. Wolodymyr T. Zyla（Lubbock, Texas: Texas Tech University, 1974), pp. 17-39 で、マーロウが語り手である4作品を系統立てて論じている。

(51) 『図説・現代の心理学　1　パーソナリティ』、（南博監訳、星野命訳、講談社、1976)、pp. 35-6 を参照。

(52) ジョージ・オーウェルは、植民地主義を批判した『ビルマの日々』の23

頁で、「もしこいつがあまりにもうまく英語を話すようになったら首にしないといけない。私は英語を話す［現地人の］召使に我慢がならない。」と、白人優位主義者のイギリス人に言わせている。

(53) 別の言い方をすれば、コンラッドは言語（記号）におけるシニフィアン（記号表現）とシニフィエ（記号内容）とのソシュール的関係を直感的に理解していて、シニフィエは言語外の現実世界に存在するのではなく、あくまでも文化空間に存在する意味内容であることをマーロウに発見させようとしている、といえるのである。

(54) もちろん、普遍主義の立場からは、このようなコンラッドの描写方法そのものが人種差別的であると考えられるのかもしれないが、本書は文化相対主義の立場から、異文化を強引に理解しようとする態度よりも、理解不能のまま留保するほうの態度を尊重している。

(55) 本書、第1章注26を参照。

(56) ベニタ・パリーの『コンラッドと帝国主義：イデオロギーの境界とヴィジョンの境界地帯（*Conrad and Imperialism: Ideological Boundaries and Visionary Frontiers*）』の89頁を参照。

(57) イアン・ワットの『19世紀のコンラッド』の338-56頁を参照。

(58) モルフの『ジョゼフ・コンラッドのポーランドの痕跡』を参照。

第6章　新近代化言説形成＝編成の時代に

6.1　旧植民地言説の解体

　太平洋においてアメリカ軍の下で軍事行動を行う決定は、わがマレー領有地の未来に関して困難な政治的問題を提起する。米軍を主力とする攻撃により日本軍がマレーから撤退、もしくは和平を結ぶことになったら、勝利の後には、アメリカ政府は、東南アジア一帯のすべての領有地はアメリカ合衆国が決定的な力を行使することになる国際組織の下に置かれるという見通しを大いに強めるであろう。「われわれが勝利してそれらの地域を解放したのであり、それらの将来に支配的な影響力をもってその産出物、特に油田から、十分な利益を引き出すだろう」と、アメリカは確信するであろう。─ウィンストン・チャーチル[1]。

　1945年は、大きな歴史の転換点であった。イギリスは第2次世界大戦の戦勝国の一つであったが、大英帝国を維持するだけの国威を喪失し、2年後にインドから撤退する。そして、19世紀から20世紀初頭にかけて世界を取り込んだ近代化言説形成＝編成の中心の地位から陥落することになる。一方イギリスが去り、ほぼ150年に及ぶ植民地から分離独立したインドとパキスタン／（バングラデシュ）は、イギリスにより押し付けられた「インド・インド人」表象から脱却し、自らの自己表象へ書き換える困難な作業に着手することとなった。また、日本語の言説形成＝編成で東アジアを覆う野望を抱いた日本は、敗戦により挫折した後、さながら明治の鹿鳴館時代のように、イギリスに取って代わったアメリカを中心とする新近代化言説形成＝編成に身を任せ、周辺のアジア諸国に対する関心をすっか

り喪失してしまった。

　第6章においては、第2次世界大戦後の「インド・インド人」表象と「日本・日本人」表象の変化／無変化について、簡単に触れることになるが、まず、ラハマンに彼の視点からインドの分離独立までの流れを簡潔に語ってもらう。

6.1.1　英領インドの解体──独立までのインド（1900-1947）

　インド亜大陸の歴史において、20世紀は「政治的覚醒（1900-1920）」と「ガンディー革命（1920-47）」の時代と呼べるであろう。19世紀の終わりのころまでに、人々の政治的目覚めはイギリス支配に対する抵抗という形をとるようになっていた。自分たちから職や様々な便宜が奪われていることを自覚した中産階層の人々の幻滅感で、それは始まった。この幻滅は19世紀の最後の四半世紀から始まっていたのであるが、その時になってもまだ、中産階層はイギリス人の支配者から縁を切ることを考えていなかった。たとえば、ラム・モハン・ロイは、この国のインディゴ大農園主の活動を支持していたし、ドゥワルカナート・タゴール（Dwarkanath Tagore）は、イギリス人を裁く裁判官にインド人を任命することに異議を申し立てた。インディゴ大農場主を仮借なく酷評したディナバンドゥー・ミートラですら、ヴィクトリア女王の公明正大さに対する信頼を表明した。（『マドヒャビッタ・サマジェル・ビカッシュ』、135）その当時の中産階層は、しばしば統治者の政治を批判するものの、同時に忠誠心をもつといったように、イギリス支配に対してアンビヴァレントな見方をしていたようである。

　そうではあるが、高い失業率とともに不満は増大していった。また、1833年の憲章法と1858年のヴィクトリア女王の布告において宣言された就職の機会均等の公的保障にもかかわらず、行政職において差別が存在した。支配者側はそのようなインドの中産階層の人々の不満を過小評価する傾向があり、1890-1年の政府報告において、失業者層のことを「プロの扇動家」と記述し、インド総督ダファリン（Dufferin）にいたっては彼らを

第 6 章　新近代化言説形成＝編成の時代に

「バーブー政治家」と評した。(『マドヒャビッタ・サマジェル・ビカッシュ』、140)　さらに、インドにおけるイギリス帝国主義の明らかな一面であり、広く大衆に蔓延する貧困を引き起こした経済的搾取の植民地政策に対して、中産階層は次第に不満を抱くようになった。さらに、利益が絶え間なく流入し、帝国を永続化するために植民者が採用した暴力と拷問の冷酷な方針に対して、教育を受けた人々は激昂した。特に 1857 年のインドの大乱後、支配者は帝国主義の軍事的側面に益々依存し、恐怖や暴力や大量虐殺を起こすことに抑制がなくなってしまった。こういったすべての要因が相まって、イギリスの支配に対する激しい嫌悪感が醸成されていった。

　教育を受けたインド人の層は、イギリスのインド支配のうちにイデオロギー的パラドックスの存在することに気づき始めていた。そのパラドックスとは、イギリス人植民者たちは現地人を文明化するという目的を公然と宣言していたにもかかわらず、インド人はヨーロッパ人のレベルまで自らを高めることは出来ないと考える傾向があったという事実のうちに見出された[2]。この差別的な態度・見方は、統治、政治、司法、そして行政に繰り返し繰り返し顕在化した。刑事裁判において、たとえ殺人を犯した場合でも、イギリス人が刑罰を免れる実例は数多くあった。また、イギリス人によるインド人への侮辱や虐待も数多くあった。被植民者に対する差別的な態度・見方はイルバート法論争で一際顕在化した。その論争では、インド人裁判官のイギリス人に対する裁判権の問題が焦点になった。アングロ・インディアンのコミュニティの強い抗議のために、統治機構におけるインド人とヨーロッパ人の職員の間に平等をもたらそうと企図されたその法案を政府は引っ込めざるを得なかったのである[3]。

　上記に挙げたすべての理由のために、インドの人々は植民者に対して恐怖と敵意を募らせていった。したがって、中産階層の人々はインドの独立こそ彼らの権利を保障することになるであろうと考える傾向があった。1876 年のインド協会、1885 年のインド国民会議、そして、1906 年のムスリム・リーグの結成によって、政治意識に目覚めたヒンドゥーとムスリムの人々は、彼らの自由の要求を表現する機会を得たのである。外国による

515

支配に対する抵抗の気持ちは、20世紀になって、より対決的な方法をとるようになった。英語教育を受け、能力があり、信望が厚く、精神的に目覚め、そして何よりもリーダーとしての資質を持つ中産階層の下に、人々は共同戦線をはったのであった。

　インドの独立にとって極めて重要な役割を果たしたと考えられている20世紀のナショナリストの指導者たちが英語教育を受けていたことは、非常に注目に値する。彼らが民衆に受け入れられ、指導力を持つにいたったのは、イングランドで高等教育を受けていたことが一因であったのだ。このように、マハトマ・ガンディー、スバス・チャンドラ・ボース、ジャワハルラール・ネルー、そして、ムハメド・アリ・ジンナー（Muhammad Ali Jinnah）らはすべてイングランドで教育を受けていた。彼らは英語教育やイングランドとのつながりを通して独立の思想を形成していくとともに、イングランドのリベラルに対しては共感するところがあった。

　具体的な独立の欲求でインドのナショナリストたちを燃え立たせたのは、マハトマ・ガンディーによって鼓舞された、20世紀になって以降の反植民地運動であった。「ロンドンで訓練を受けた弁護士兼ヒンドゥー聖人——政治家」[4]である、マハトマ・ガンディーこと、モハンダス・カラムチャンド・ガンディーは、ヒンドゥースワラジ（自治）の教義を掲げ、消極的抵抗——非暴力的手段による抗議と非協力——によって外国の圧制に反対する方向へと民衆を導いた。ガンディーにとって、政治的独立はインド人民の国家的希求の一側面にしか過ぎなかった——より大きなヴィジョンにおいては、経済的自立、社会的平等、教育改革、不可触賤民やカースト的傲慢・偏見のような因習の撤廃、現地語や文学の整備が国家的希求に含まれた[5]。

　こうして、ガンディーの信念のまさにその特性によって、インドの反植民地主義運動は独特の形態をとり、たんに政治の場に限定されるだけではなく、インド社会のあらゆる側面に及んだ。1920年にインド国民会議の総裁（議長）に就任するや、ガンディーはこの民族主義運動をエリートのものから民衆を中心とする運動へと変質させ、全インド的性格を与えた

のであった。彼は1920年代の初めに不服従運動を開始し、投獄された。釈放後数年して、ガンディーはダーンディーに向けて行進を先導した。第1次世界大戦後、モンタギュー―チェルムズフォード改革（the Montagu-Chelmsford Reforms）に含まれる「法令の偽善性」がインドの政治意識の高い人々を激怒させた。こういう訳で、ガンディーは1942年に非暴力の「クイット・インディア」運動を開始した。ガンディーの運動と強烈な個性はインド社会を揺さぶり、インドの人々に自分たちの栄光ある過去を思い出させ、明るい未来のヴィジョンを思い描かせるとともに、「インドは多くの征服者に遭遇したが、自らに誠実であり続けることによって逆に彼らを征服したのだ」ということを思い出させた[6]。

　独立運動の指導者たちは中産階層の出身者であったが、独立に対して同質の展望を持っていたわけではなかった。ガンディーの方法は非暴力的であったのに対して、ガンディーの独立への貢献度としばしば同等に扱われて祝されるスバス・ボースは、イギリス人をインドから追い出すために暴力を選択した。実際、スバス・ボースよりも以前でさえ、インドの多くの指導者やグループがイギリス支配に対する暴力闘争の考えを掲げ、その考えは公衆の間に深く刻み込まれた。早くも1907年には、会議派の中にさえ、バール・ガンガーダル・ティラク（Bal Gangadhar Tilak）によって率いられた過激分子が存在した。急進主義と革命的活動はベンガルでは特に顕著であった。そこでは、イギリス支配に対する武装闘争を行うための多くのグループが結成され、消えてもまた結成を繰り返した。

　スバス・ボースとマハトマ・ガンディーの進む道が分かれたのは急進主義に対するそれぞれの見方が原因であった。第2次世界大戦中、ガンディーは非暴力のイデオロギーに基づいたイギリス支配への抵抗運動を継続したが、インド国民会議の総裁（議長）に2度就任したスバス・ボースは、戦時下の利を生かそうと考え、イギリスと戦うためにアザード・ヒンドゥー運動を組織した。彼は、日本、及び、IILの招きに応じてインド国民軍の最高司令官に就任した。INAは失敗に終わり降伏し、戦後軍事裁判を受けることになったのであるが[7]、スバス・ボースに率いられた軍事行動がイ

ンド独立を達成することに大きな役割を果たしたと広く信じられている。

　1947年にインドは独立を勝ち得たのだが、1つの国としてではなく、宗教によって分断された2つの国としてであった。19世紀の最後の四半世紀以来の情勢の展開から分離独立はほとんど不可避のことであった。多くのムスリム知識人は、将来のインドについて独立したムスリム国家の構想を固めていった。インド国民会議の創設後、ムスリムの指導者たちは党組織の中で自分たちがマイノリティであることを実感していたのだ。さらに1905年のベンガルの分割に対するヒンドゥー教徒の反応によって、ムスリムの指導者たちはヒンドゥー教徒の優勢な国家においてムスリムがどのような運命に遭遇するかについての懸念を一層深めた。1906年に全インド・ムスリム連盟が結成された直後から、連盟の指導者たちは、連合インドの中でムスリムがマジョリティの州では、より強い自治をもてるように繰り返し要求した。しかしながら、ムハメド・アリ・ジンナーの指導の下で、1940年までに独立したムスリム国家の要求は具体的な形をとっていった。ジンナーは、第2次世界大戦でのイギリスの戦争遂行に協力することでイギリスのムスリムに対する同情をうまく手にしたのであった。一方、独立の話し合いが進行する中、暴動やコミュナル紛争が続発した。当初インドの分割に反対していたインド国民会議も、ついに譲歩した。1947年、このようにして、インド亜大陸はインドとパキスタンという2つの独立した国家に分割された。

　私（ラマハン）の英領インドについての論考は、イギリスの植民地的優越から始まり、イギリスの伝統とインドのそれとの混淆についての考えに行き着く。相互に関連する幾つかの問題を考察することで、伝統が混淆していく過程を理解することができるであろう。第1に、イギリスはインド植民地の権力基盤を作り上げる際に武力を用いたが、植民地の恒久化のために軍事支配に頼ろうとはしなかった。イギリスは自己の優位性を主張する手段としてヘゲモニー的（支配者と被支配者を階層づける）イデオロギーを生み出したのだ。このような支配者の優越性を想定することによって、経済、教育、社会様式、そして文化に関してインドの状況を向上させると

いう理想より、植民地化が優先するという考えを宣伝しやすくした。

　同じ目的を念頭に置いて、植民者たちは英語教育を中産階層に提供した。これら教育を受けた層の人々は、予想されたとおり、英語教育に結びついた職業、権力、威信、そして社会的地位という特権により、大衆に対しての優越を獲得した。英語教育に接することにより、一方で中産階層の人々は、社会、宗教、行政、そして、政治改革をもたらすことに関心を抱いた。教育を受けた人々は植民地主義の帝国主義的側面を学んだ一方、彼らはまたそのリベラルな側面も学んだのであった。民主主義、自由、公平、そして、正義のリベラル的理想に触れて以来、自由に対する希求は彼らの著作や感情に表現となって現れることとなった。教育を受けた人々の最初のころの親英的なスタンスは、後には民族主義者のそれに変わっていったのだ。彼らは、世論に影響を与え、統治者に自分たちの要求を強く訴えるために、新聞を発行し、社会・政治組織を結成したのであった。

　インドの人々は、イギリス支配に対する長く根気強い運動の結果、ついに独立を獲得した。しかしながら、現在のインド、パキスタン、そしてバングラデシュの3国の文学と文化、及び、教育、行政、そして司法のあらゆるところに植民地時代の影響は明らかである。

6.2　サルマン・ラシュディ——「インド」の解体[8]

　第6章2節と3節では、前節のインド分離独立までの概説に続き、インド人作家の小説2作品を使って、分離独立にいたる歴史を再現する。

　ポストコロニアルの作品には、それ以前のコロニアル小説との断絶は存在するであろう。しかしながら、英語で書かれている小説に関しては、継続・発展の要素は非常に強いと言わざるを得ない。第2章2.6節でも触れたが、インド・パキスタンの分離独立前後の時代を、広大な歴史的・社会的なパースペクティヴから描いた作品に、サルマン・ラシュディの『真夜中の子供たち』があり、この作品は、それまでのイギリス小説の礎の上に築かれた記念碑的作品である。語り手であるサリーム・シナイ（Saleem Sinai）の祖父の名が、『インドへの道』のインド人の主人公のアジズと同

じ名で、しかも医師であったのは、単なる偶然ではないであろう。彼が、啓示を受けたかのように、ヨーロッパとイスラム教を捨てるところからこの作品は始まるのである。

　しかしこの作品を語るに当たっては、まず、作家自身の経歴に触れる必要があるだろう。それは『真夜中の子供たち』が作家個人の自伝であるからではなく、独立前後のインドそのものの「自伝」であるからだ。そしてラシュディはその時代が生み出した作家であった。

　サルマン・ラシュディは、1947年の6月19日インドのボンベイ（ムンバイの旧称）で生まれた。『真夜中の子供たち』の語り手であるサリーム・シナイが独立の日（8月15日）の零時きっかりに生まれたのに対して、ラシュディはその2カ月前に生まれたことになる。ボンベイという都市は、ヒンドゥー教の聖都ベナレス（パナラシの旧称）や、東インド会社の拠点であったカルカッタ（コルカタ）、そして、政治の中心地デリーとはまったく違った雰囲気をもつ場所である。ベナレスがインドの人びとの深遠で強烈な宗教心を充満させた古都であり、カルカッタが混沌さに溢れ、デリーがムガール帝国の時代から現代まで権力者の興亡の歴史の舞台であるのに対して、ボンベイはヨーロッパ人によって作られた、インドのなかではどこか異質な感じのする都市である。それは、気の遠くなるほど長い歴史を生き抜いてきたインドの「民衆」というものが比較的希薄であること、また、インド洋を臨む海沿いに立ち並んだヨーロッパ調の建物の町並みが醸しだしている雰囲気であろう。しかしそれだけではなく、『真夜中の子供たち』のシナイが力説するように、ヒンドゥー教の三億三千万の神々、イスラム教、そしてキリスト教が共存する比較的自由な都市空間でもあった。また、これも作品のなかで描かれているように、インド映画産業の中心地であり、欧米色の強い文化都市である。

　このような雰囲気のなかで、ラシュディはイスラム教徒の家庭に生まれた。両親は英語とウルドゥー語を話したということである。父は実業家であった。興味深いのは、ラシュディの生まれる82年前、大英帝国の威勢のいい時代のボンベイで、英語の世界に小説で「インド」のイメージを確

第 6 章　新近代化言説形成＝編成の時代に

立したノーベル賞作家、ラドヤード・キプリングも生まれていることである。このコロニアルとポストコロニアルの英語文学の両巨匠が同じボンベイで生まれたということは、歴史の皮肉というよりは、歴史の必然というべきかもしれない。本書第 2 章で詳述したように、キプリングがその代表作の『キム』において、政治的独立への動きを大英帝国の力が抑えつけていた現実の状況を無化し、永遠に変わらない調和した「インド」を英語の言説において構築したのに対して、ラシュディは、イギリス支配のもとでのその英語言説における想像の共同体である「インド」を解体することによって、実際のインドの姿、ひび割れ、バラバラになっていく「インド」の姿を描こうとしたのである。

　ラシュディの一家は、その後ボンベイからカラチに移住することになるが、彼はボンベイのミッションスクールに通った後、1961 年にイギリスの名門パブリック・スクールであるラグビー校に送られる。ラグビー校ではイギリス人の生徒から人種的に差別されたようである。ラグビー校を卒業後は、ケンブリッジ大学のキングス・カレッジに入学する。彼はそこで英文学ではなく歴史を学んだが、彼によると、そのため自由に英文学を読むことができて幸運であったということである。

　ラシュディは、卒業後小さな劇場に関わったり、広告のコピーライターとして働いたが、やがて処女作『グリマス (*Grimus*)』(1975) を出版し、そして第 2 作目に出版したのが『真夜中の子供たち』であった。

　『真夜中の子供たち』は、語り手サリーム・シナイの祖父母から、シナイの息子の誕生にいたる 4 世代にわたって、激しく変化するインド社会に生きた人びとを描いた小説である。作品の前半部では、1947 年 8 月 15 日の独立の瞬間、つまりシナイの誕生までのインドの歴史が描かれる。その瞬間に向けて、最初はゆっくりと、しかし独立・誕生の瞬間に近づくにつれて、物語の進行は激しくなっていく。そしてその瞬間を迎えたとき、インド人たちの歓喜にもかかわらず、これまでイギリス支配によって隠蔽されてきた実体のない「インド」の真相、つまりそれが、実際は人と宗教のバラバラな集合体であったことが露呈してくる。やがてインドとパキスタ

521

ンの分離、そして東西パキスタンの分裂へと物語は展開していく。その間、カシミールをめぐるインドとパキスタンとの戦争や、中国とインドとの戦争などにシナイの一家は巻き込まれ、一族にも多くの犠牲者がでる。

インド人の歴史家ニラド・C・チョードーリー（Nirad C. Chaudhuri）も認めているが[9]、イギリスの植民地支配の前に、今日われわれがいうような「国家」なるものはインドには存在していなかった。その状況は、ほとんどすべての旧植民地諸国にいえることであり、これはたとえば、第2次世界大戦の敗北により日本やドイツが連合軍に占領された場合とは大きく異なるところである。すでに近代国家という制度が整っていた国がある期間主権を剥奪されるのとは違って、インドの場合は、植民地政策からの解放と同時に近代国家の建設を行わなければならない。しかし現実には、領土全体におよぶインド人による統治機構がそれまで存在していなかったわけであるから、独立を勝ち得たといっても、急に近代国家「インド」が出現するわけはない。急ごしらえの掘立て小屋のような国家であってみれば、内乱状態に陥るのも必然的なことといわなければならない。また、欧米流の民主制度を取り入れたとしても、その土壌ができていないわけであるから、不正が生まれやすくなる。このような統治機構の脆弱さは、良くも悪くも独裁者を生むことになる。それが作品の最後の、インディラ・ガンディー（Indira Gandhi）首相の登場となる。ちなみに、この首相が「非常事態宣言」を発令した1975年6月25日に、シナイの息子アーダム・シナイが生まれる。

『真夜中の子供たち』は、伝統的な語りの手法で書かれた小説ではない。20世紀初頭にイギリスで生まれたモダニズム小説の手法や、南米で起こった魔術的リアリズムを髣髴させる手法で描かれている。また、18世紀のイギリス人作家ローレンス・スターン（Laurence Sterne）の『トリストラム・シャンディ（*The Life and Opinions of Tristram Shandy, Gentleman*）』や、ラシュディの好きなオーソン・ウェルズ（Orson Welles）監督による映画『市民ケーン（*Citizen Kane*）』の影響もあるだろう。

この作品は、すでに述べたように、語り手サリーム・シナイによって執

第6章　新近代化言説形成＝編成の時代に

筆されて（語られて）いる。そして、喧嘩をして一時いなくなってしまうこともあるが、パドマ（Padma）という女性が彼のそばにいて、その話の読者（聞き手）になっている。その2人の関係は、たとえばジョゼフ・コンラッドの『闇の奥』の語り手マーロウ船長が彼の話を仲間に語るという設定とはかなり違ったものになっている。『闇の奥』では、聞き手たちがマーロウ船長の語りに介入してくることはまったくない。聞き手の役目は、この話が特権的な語り手ではなく、彼らの仲間の一人から語られているという語りの設定を作り上げることである。一方、『真夜中の子供たち』の場合は、始終作者（語り手）と読者（聞き手）が小説に顔を出し、話の内容について話し合ったり、言い争いをしたりする。しかもパドマは、話が回りくどいとか、一休みしなさいなどと、頻繁に語りに介入してくる。しかしながら、彼女の素性については、物語の最後の最後まで明かされない。いや、明かす必要がないのである。なぜならシナイとパドマのやり取りは、彼ら以外の聞き手を想定していないからである。この部分はあくまでも密室内の男女の会話であったり、語り手の独白であるにすぎない。したがってこの小説は、作品形成の過程も描いているという意味で、メタ・フィクション的である。しかし、それは単に小説というテクストに対するメタ・フィクションであるだけではなく、「インド＝国家」というテクストに対するメタ・フィクションでもあるのだ。

　さらに『真夜中の子供たち』では、確立されたイメージを解体するという描き方が一貫して行われている。それは視覚、嗅覚、そして聴覚の面でなされている。たとえば、シナイの祖父のアーダム・アジズ（Aadam Aziz）は、将来妻になる若い女性を「シーツの穴」を通してしか見ることができない。したがって彼は、穴から見える部分からその全体像を想像力で構築するしかないのであるが、これはインドのイメージのメタファーと考えることができる。さらにシナイは、子供の頃両親から無理やり手術を受けさせられるまでは、極度の副鼻腔炎で嗅覚をもたなかったし、また父親に殴られたために片方の聴覚を失ってしまう。このように、シナイの語る世界は、いわゆる正常な世界とはかなり違うものになっている。それで

いて、その世界に何かが不足しているということは決してない。それはむしろ極めて豊饒なものになっている。たとえば、彼が副鼻腔炎であった期間には、テレパシーの能力が備わっていて、独立の瞬間の前後に生まれたインド全土の 581 人の「真夜中の子供たち」と心で交信することができ、彼は「真夜中の子供たち会議」を何度か開くのである。

『真夜中の子供たち』は既存の価値観も容赦なく解体しようとする。祖父のアーダムは、ハイデルベルク大学留学から帰国後、祈りの際に鼻をぶつけ、その瞬間にイスラム教を捨て去ってしまう。一方、語り手のサリーム・シナイは、出生のとき看護師によって別の赤ん坊と交換された子供であることが明らかにされる。つまり彼は、彼を育てた一家とは家系上まったく無縁な人間であり、親子の絆が空洞化されている。

『真夜中の子供たち』は、独立（真夜中の子供の誕生）以前を扱う部分では、それまでに確立された英語の言説形成＝編成における「インド」表象を解体し、その「穴あきシーツ」の奥にあるものを垣間見せようとする試みであり、独立後から非常事態宣言（第 2 世代の真夜中の子供の誕生）までを扱う後半部分では、インドの国家建設の欺瞞や挫折を描いたものである。その挫折には、第 1 世代の真夜中の子供たちの試みも含まれる。そして、サリーム・シナイが非常事態宣言のときに去勢されてしまうことで、第 1 の真夜中世代は断絶し、第 2 の真夜中世代のインド建設が始まるのである。しかし『真夜中の子供たち』は、そこで終わっている。したがって、インド人の心のつながり、そしてサリーム・シナイが何度となく繰り返す、「自分とは誰か」という疑問に対す最終的な解答は先送りされたままである。

6.3 『パキスタンへの列車』——「インド・インド人」の脱神話化

クシュワント・シン（Khushwant Singh）の『パキスタンへの列車（*Train to Pakistan*）』は、ラシュディの『真夜中の子供たち』に比べると小説手法上の実験はほとんど見られないものの、インド人自身による「インド・インド人」表象の構築の試み／失敗に関して同様に深刻なテーマを扱ってい

第6章　新近代化言説形成＝編成の時代に

る小説である。

　1947年のイギリスからの独立は、マハトマ・ガンディーの思惑通りにはいかず、インドと、ジンナー率いるパキスタンとの分離独立という形で達成された。しかも、「ヒンドゥー・インド」と「ムスリム・パキスタン」との分離独立は、平和裏には進行しなかったことは周知の事実である。1947年、インド・パキスタンは、混乱と、殺戮と、そして強姦の悲劇によって彩られてしまった。

　その悲劇は、宗教対立——支配者イギリスによって煽られたコミュナル対立——が大きな要因であったことは間違いないであろうが、ヒンドゥー、ムスリム、そしてシーク教徒が混在して生活していたインド社会にあって、突然その振り分けが起こったことから、一夜にして財産のほとんどを失ったり、逆に棚ぼた式に他人の財産を占有するという現実状況が、宗教上の教義以上に人をして暴力に駆り立てたのではないだろうか。実際、暴動の始まりは、前年の1946年に東西に分断されると報じられたカルカッタで起こった暴動であった。東カルカッタのヒンドゥー教徒は西へ、そして、西カルカッタのムスリムは東へ移住しなければならなかったのだ[10]。

　『パキスタンへの列車』の冒頭では、カルカッタで始まった暴動が「カルカッタから、暴動は北、東、そして西に広がった……」（『パキスタンへの列車』、9）と述べられる。そして、1947年の夏には1千万人の人々がこの争いに巻き込まれ、モンスーンの季節になるころには、ほぼ100万人の人間が殺されたのであった。北部インドでは、ある人々は武器を取り、ある人々は恐怖に戦き、またある人々は身を隠した。しかしながら、国境地域でも、辺境の地域にある小さな村々の中には平和な状態を保っていたところがあった。その1つの村であるマノ・マジラ（Mano Majra）がこの小説の舞台である。

　マノ・マジラは、約70家族の住む村で、他の村と同様、ヒンドゥー、ムスリム、そしてシーク教徒が混在——ヒンドゥーは1家族で、ムスリムとシークはほぼ同数——して生活している、特に変わったところのない村

525

であった。宗教的な境界はあいまいで、すべての村人たちは地元の神であるディオ（the deo）にこっそりお祈りに行ったりする。ほかの村と違った点といえば、この村には鉄道の駅があったのだ。急行列車は通過するのであるが、朝に1本、デリー発ラホール行きの列車と、夕方にラホール発デリー行きの列車がこの駅に停車する。村人にとっては、列車の到着が彼らに仕事を提供する。村の近くにはモンスーンの終わるころに氾濫をおこすサトレジ川（the Sutlej）が流れており、1マイルほど村から離れたところに鉄橋がある。

　いまだ「英領インド」のままの辺境の村マノ・マジラは、まさに『キム』の主人公の愛したインドであった。

> デリーからの午前10時30分の旅客列車が到着するまで、マノ・マジラの人々の生活は単調な日々の日課へと戻っていた。男たちは畑に出ている。女たちは一日の雑用に追われている。子供たちは川のそばで牛たちに草を食ませている。去勢牛たちは、罵声を浴びせられ、臀部を突き棒で突かれながら、ペルシャ水車の周りをぐるぐる回っていて、水車はキーキー、ギーギーと音を立てる。スズメはくちばしで藁をくわえながら、屋根の周りを飛び回っている。野良犬は長い土壁で日陰を探している。蝙蝠は喧しく騒ぐのをやめ、翼をたたんでぶら下がって寝ている。（『パキスタンへの列車』、13）

　このような平和な村にも、暴力の影が忍び寄る。まず、8月の夜のこと、他の村から武装した5人のダコイト（強盗団）が村にやってきて、ヒンドゥー教徒の金貸しのララ・ラム・ラル（Lala Ram Lal）の家に押し入った。強盗団は家にいた女たちにラルの居場所を聞いたのだが、外出中だと言い張るので、ラルの幼い息子に銃口を当てて脅すと、怯えた少年は父親が上にいると言った。そして、強盗団は屋根裏部屋の簡易ベッド（charpoy）の下に隠れていたラルを見つけ出し、金庫の鍵を渡すように迫った。しかし激しい暴行を受けても鍵を渡そうとしないラルを、業を煮やした強盗の一人

は槍で突いて殺害する。強盗団は、ラルの家から出てくると、村の青年で頑強で巨体のジュグート・シン（Juggut Singh）の敷地に、用意していたバングル（腕輪）の入った袋を投げ捨てて去っていった。強盗団の一人マリ（Malli）とジュグートは仲たがいをしていた。一方、ジュグートはこの時家にはいなかった。ジュグートの父親は殺人の罪で縛り首にされており、彼も執行猶予の身で夜間村の外へ出ることを禁止されていたが、彼の恋人である16歳のヌーラン（Nooran）と密会していたのだ。しかしながら、翌日の警察の調べで、ジュグートがラム・ラル殺しの犯人にされてしまう。強盗団が軒先にばら撒いていったバングルが証拠とされたのだ。

　この地域の治安を任せられているのは、治安判事で長官代理のフクム・チャンド（Hukum Chand）であった。彼は中流の下の階層出身であるという。チャンドは警察分署長とコミュナル対立のことを話すが、分署長はマノ・マジラではまだコミュナル対立による暴力事件は起こっていないという。フクムはさらに惨殺された難民の死体を満載した列車の話をする。ムスリムがそれをシーク教徒にやったら、シーク教徒も報復として同じことをやるというのだ。分署長は、自分たちヒンドゥー教徒は勇敢でそのようなことはやらないと断言する一方で、シーク教徒に対しては批判的であった。「[シーク教徒は男らしくはないが]、口では大きなことをいう。ここはパキスタンの国境ですが、全く何も無かったようにシークの村にムスリムが暮らしています。毎朝夕、イスラムの祈祷時刻告知係がマノ・マジラのような村のど真ん中で祈祷を呼びかけます。シーク教徒に、どうしてそんなことを許しているのかと聞いたら、ムスリムはわしらの兄弟だと答えますよ。きっと金をもらっているんでしょう。」（『パキスタンへの列車』、30）と、シーク教徒に対する不信感を滲ませる。彼は、もし死体を積んだ列車がマノ・マジラを通過することがあれば、シーク教徒が騒ぎ出すことを危惧していた。もっとも、現時点では、村人たちはインド全体の動きをほとんど知らないと分署長はいう。

　「……間違いなく、イギリス人たちが立ち去ったことや国がパキスタ

ンとインドに分割されたことすら、マノ・マジラの誰も知りません。一部の者はガンディーのことは知っていますが、誰もジンナーについては聞いたこともないのは確かです。」(『パキスタンへの列車』、33)

　金貸しのラム・ラルが惨殺された翌朝、わずか1時間遅れで到着した——1時間しか遅れないというのは、独立後では珍しかった——10時30分着の旅客列車から1人の華奢で小柄な青年が降りてきた。この列車からは、数人の警官も下車した。青年が駅長に宿泊所を尋ねると、マノ・マジラには宿泊所はないので、シーク教礼拝所で泊まるように勧められ、彼は「サンキュー、サー」といった。ここでサンキューというのはイギリスで教育を受けた者とみなされ、コミュニストか、大金持ちか、政府高官の息子が多かったので、警戒されたのであった。
　青年は、シーク教礼拝所に仕えるメート・シン (Meet Singh) の許可を得て、礼拝所で泊めてもらうことになった。彼はイクバル・シン (Iqbal Singh) と名乗り、ソーシャル・ワーカーとして、緊張の高まっている国境の村であるマノ・マジラで尽力するように党から派遣されたのだという。このイクバルという青年の特筆すべき点は、宗教に拘泥していない点である。いやむしろ、『キム』の主人公のように、場所によって、イスラム教徒、ヒンドゥー教徒、シーク教徒になりすますのである。

　　彼は、イクバル・モハメッドというように、ムスリムになりすますことができた。イクバル・チャンドというようにヒンドゥーにも、また、イクバル・シンというようにシーク教徒にもなりすますことができた。このイクバルという名前は、それら3つのコミュニティに共通して存在する数少ない名前の1つであった。シーク教徒の村では、たとえ髪の毛が刈られ髭を剃っていたとしても、イクバル・モハメッドやイクバル・チャンドよりも、イクバル・シンのほうがよりよい待遇を受けることは間違いなかったのだ。彼自身には宗教心というものがほとんどなかった。(『パキスタンへの列車』、48)

第 6 章　新近代化言説形成 = 編成の時代に

　はっきりとは描かれてはいないが、イクバルはいわゆる進歩的な政治団体に属しているようであった。しかしながら、イクバルの人物造形としては、イギリスで教育を受けたインテリである一方、極度の潔癖症と臆病な人物として描かれており、逮捕されるような過激な行動を避けていたために、リーダーとしては扱われていなかった。イクバルは、やがて騒乱がおさまって安全になったら活躍しようと考えている。そんな彼は、マノ・マジラに来た晩、留置場で安全に暮らしている夢を見る。その翌朝、彼は警察に逮捕される。

　同じころ、ラム・ラルの殺害後姿をくらましていたジュグート・シンは、朝早く自分の家に戻って寝ていたとき、ライフルで武装した 10 人の警官隊によって逮捕された。実のところ、ダコイトといえども同じ村の住人を殺すことはなかったので、警官はジュグートがラル殺しの真犯人だとは思っていなかったが、とにかく、ジュグートが禁じられていた夜間の村からの外出禁止を破ったことは逮捕の正当な理由になった。ジュグートとイクバルの 2 人は、ラム・ラル殺しの容疑で手錠をかけられ警察署に連行される。

　連行される途中、ジュグートはイクバルに、インドは独立して、デリーにマハトマ・ガンディーの政府が出来たのかと聞くと、「そうだ。イギリス人は去ったが、金持ちのインド人が取って代わったのだ。君や仲間の村人は独立で何を得たのだ。それまでよりもパンを多く食べられるようになったか、それとも多くの服をもてるようになったか？　君たちは、イギリス人が使っていたのと同じ手錠と足枷をつけられたままだ。われわれは団結して立ち上がらないといけない。この鎖以外に失うものはないのだ。」(『パキスタンへの列車』、76) と、今彼につけられている手錠の鎖をジュグートの顔まで持ち上げて力説する。しかしながら、ジュグートは少しも乗ってこないので、イクバルはそれ以上ジュグートに語ることをあきらめ、これから対決することになる治安判事のために言葉をとっておこうとする。きれいな英語で話せば、治安判事は狼狽恐縮するとイクバルは自信を持っていた。

先ず2人は、治安判事のフクム・チャンドのバンガローに連れてこられた。そこにいた警察分署長はラム・ラル殺しの犯人として逮捕されたのがジュグートとイクバルだと知って当惑し、無能な警官に対して怒りをぶちまける。夜間外出禁止を破ったジュグートはいいとしても、警官たちと同じ汽車でマノ・マジラにやってきたイクバルの逮捕には慌てるのであるが、機転の利く分署長は、イクバルを全裸にして取調べを行う。そして分署長は、イクバルの体から逮捕の口実を見つけ出す。それから分署長は、イクバルをソーシャル・ワーカーとしてマノ・マジラに遣わしたのが「インド人民党（People's Party of India）」であることを聞き出すと、不気味な微笑を浮かべながら、インド人民党はムスリム・リーグではないのかと確認する。イクバルはその真意を測りかねたが、強く否定した。

　分署長は、まだ話を続けたいイクバルを遮って取調べを終えると、追従の笑みを浮かべながら治安判事に報告する。

　「貧しきものの慈愛者［である閣下］、大丈夫です。奴は人民党によって派遣されたといっています。しかしながら、間違いなくムスリム・リーグの党員です。［人民党であろうとムスリム・リーグであろうと］ほとんど同じです。この国境の間際で厄介なことを企んでいるとしたら、遅かれ早かれ逮捕しなくてはいけなかったでしょう。後で何とでも罪状をつけられます。」
　「どうして奴がムスリム・リーグの党員だと分かるんだ？」
　分署長は自信ありげに笑みを浮かべた。「裸にしたんです。」
　フクム・チャンドは、グラスを揺すって底に溜まった白いカスを拡散させ、残りのセルツア（炭酸飲料）をゆっくり飲み干した。彼は物思いに耽りながら空になったタンブラーの中を見ていたが、次のように言葉を付け足した。
　「逮捕状に正しく記入するのだ。名前：モハメッド・イクバル、モハメッド何某の息子、あるいは名前不詳の父親だけでもよい。カースト：イスラム教徒、職業：ムスリム・リーグ職員。」（『パキスタンへ

の列車』、80-1）

　イクバルとジュグートは、大英帝国の痕跡が色濃く残る警察署に併設された留置場に入れられるが、2人の待遇にはかなりの隔たりがあった。
　彼らが留置場に入れられていた9月の初め、マノ・マジラに変化が起こった。列車の到着が狂い始めたのである。列車の到着が村人に「時間」を知らせていたので、村人の生活のリズムも狂いだした。シーク兵たちがやってきて、鉄橋の近くに土塁を築き、マシンガンを備え付けた。デリーからの列車では、駅で乗務員が交代した。もっとも、パキスタンからの列車は、そのような配慮はしなかった。
　そんなある朝、パキスタンからの列車がマノ・マジラ駅で停車した。一見しただけでは、この列車には問題がなさそうであった。ただ、「列車の屋根の上には誰も座っていなかった。車輪取り付け部分にへばりついている者もいなかった。昇降用のステップにバランスをとって立っている者もいなかった。だがどこか変であった。」（『パキスタンへの列車』、93）すると、列車の最後部から車掌が出てきて、駅長室に入っていった。それから、兵士が呼ばれるとともに、近くにいた村人は村に帰される。1時間後、警察分署長と治安判事までやってくる。
　ただならぬ気配に、村人たちは家の屋根に上って列車を見ようとするが、駅の建物や柵が邪魔になって列車の屋根しか見えない。そのうち、村人たちは警察によって家にある材木と灯油を持ってくるように命じられる。その理由は告げられなかったが、代金は支払われた。夜になって、駅のほうから炎が上がり、灯油や木の燃える匂いとともに、肉の焦げるつんとする匂いが漂ってくる。
　その間、分署長は、狡猾な拷問によってジュグートからラム・ラルの真犯人がかつて彼の仲間であったマリ一味であることを聞き出す。しかしながら、フクム・チャンドは、ジュグートやイクバルを拘留したまま、シーク教徒のマリたちを泳がせておくように一計を講じる。フクム・チャンドは、それが「差し迫った問題」であるマノ・マジラのムスリムたちを救う

531

ことになると考える。

　いつしか村人たちも、列車には死体が満載されており、警官や兵士が灯油で焼いたことを知ることになる。また分署長の計略——マノ・マジラで宗教対立を引き起こす一方、手紙を送ってパキスタン軍の司令官に出来るだけ早くマノ・マジラのムスリムを避難させるよう促す——により、警察は村人たちにラム・ラル殺しの犯人はヒンドゥー教徒のマリ一味ではなく、すでにパキスタンに逃亡したムスリムの一味の仕業であり、また、イクバルはムスリム・リーグの党員だと告げる。そのようにして猜疑心が村人たちの中に引き起こされることで、マノ・マジラはムスリムとシークに真っ二つに別れ、広場で公然と——ムスリムの女性がシーク教徒に、シークの女性がムスリムに——レイプされたり、虐殺された噂をそれぞれが語り合い、相手のグループに対する恐怖や憎悪を募らせていく。そのなかで、村のムスリムたちはパキスタンが自分たちの避難すべき場所であると思うようになっていく。シーク教徒の若者の一人は、「われわれの問題は、われわれが受け入れてやっているこれら豚どもをどうするかだ。あいつらは何代にもわたって食わせてやってきたのに、あいつらのやったことは何だ！われわれはあいつらを兄弟のように扱ってきたのだ。あいつらの方は蛇のような振る舞いだ。」(『パキスタンへの列車』、144) この過激な発言に対して一部の老人はたしなめようとするものの、一方で、パキスタンから逃げてきたシーク教徒が村に増えるにつれ、村のムスリムが憎悪の的になることを恐れる。かといって村という共同体を何よりも大事にする彼らは、さすがにムスリムの村人たちを追い出すことは気が引けて言い出せない。この村で、これまでシーク教徒とムスリムたちは兄弟のように暮らしてきたのである。しかし結局のところ、ムスリムたちは村から出て行くことになった。その中には、ムスリムの盲目の機織の一人娘ムーランも含まれている。彼女は、ジュグートの子供を身ごもっていた。

　時期は、あらゆるものを干乾びさせる乾季の後の夏のモンスーンである。最初は久々の雨に歓声を上げた住民も、2ヶ月も続く雨季に辟易する。ムスリムたちが難民の避難所に移動しようと準備をしているころ、本格的

に雨が降り出した。しかしながら、サトレジ川は村人の予想以上に水かさを増していく。おそらく山の雪解け水が加わっているのであろう。水かさはどんどん増していき、村人たちは氾濫の危険に怯える。

夜に村人の数人が恐ろしげにサトレジ川の様子を窺っているとき、ヘッドライトをつけていないパキスタンからの列車が汽笛も鳴らさずマノ・マジラ駅に到着する。それから夜が白み始めると、村人はサトレジ川の上流から多くの人間の死体が流れてくるのを目にする。それらは惨殺されたものであった。村人たちは、到着した列車の中にも、多くの死体があったことを知る。そのような中、恐怖と不安に駆られた村人たちは、それぞれの家にいることに耐えられずシーク教礼拝所に集まってきて夜を過ごしていると、一台のジープが村にやってくる。それには、カーキー色の軍服を着た10代の若者数名が乗っていた。都会から来た青年である。彼らは、シーク教徒の村人たちを挑発する。シーク教徒やヒンドゥー教徒が虐殺されても何もしないのかというのである。ムスリムがやったことを、2倍にして仕返しするべきだというのだ。暴力に走ることを反対する声もあったが、若者たちは村人をしきりに挑発したり、威嚇したりする。そして、仕返しをする計画とは、明日駅を通過するパキスタン行きの列車に乗っているムスリムたちを虐殺することであった。その列車には、マノ・マジラで暮らしていたムスリムたちも乗ることになっていたのであった。村人たちがこの計画に逡巡していると、マリ一味が参加を申し出る。マリ自身は、数日前に留置所でジュグートをからかおうとして却って頭を鉄格子にしこたま打ち付けられ悲鳴を上げたことに対して、その汚名を挽回する良い機会だと考えたのだ。それから、避難民たちの中で参加を申し出る者が出て、村人たちの中からも参加者が出る。結局のところ、50人以上が計画に加わることになった。

彼らの計画というのは、サトレジ川に架かっている鉄橋の最初の線路をはさんで向かい合う2本の支柱の間にロープを張って、通過する列車の屋根の上に乗っている4、5百人のムスリムを列車から払い落とそうというものであった。それ以外にも、銃や刀や槍を使って殺すのである。

533

マノ・マジラのランバダール（名主）は列車を襲う計画を警察に通報しに行く。しかしながら、フクム・チャンドは極めて消極的で、どのように対処すべきか考えることが出来ない。「まあ、やりたいように殺らせようじゃないか、ねえ、分署長」という。フクム・チャンドは、2回も列車いっぱいの死体を処理する羽目になり、気分的にかなり参っているようであった。「1週間で、見分けがつかないほど彼は老けてしまった。」（『パキスタンへの列車』、178）それに対して、分署長は淡々と状況を説明するが、その際、列車にはマノ・マジラのムスリム全員が乗り込むことを告げる。それを聞いたフクム・チャンドは、ジュグートの恋人のヌーランが乗ることを確認すると、一計を講じる。分署長に、ジュグートとイクバルをすぐに釈放するように命じる。

　ジュグートとイクバルが釈放されて警察署を出て行く際、分署長はジュグートにヌーランが他のムスリムたちとマノ・マジラから避難したこと、そして、村ではマリ一味が我が物顔でのさばっていることを告げると、ジュグートは激しい怒りでマリを罵倒する。そして、村までのトンガ（二輪馬車）のなかでは、ヌーランのことが非常に心配になった。まさに、フクム・チャンドの思惑通りであった。

　村に戻ったイクバルは、シーク教礼拝所のメート・シンからパキスタン行きの列車が襲撃されることを聞かされる。彼は襲撃を計画している者たちにやめるように説得するか悩むが、自分も殺されることになることを恐れる。英雄的な犠牲者として人から讃えられないのであれば、犬死としか思われないのだ。しかも自分の割礼が分かれば、惨殺された無数のムスリムの中の1個の死体としてしか扱われないと想像し、携帯していたウイスキーを相当飲んで酔っ払って、自己弁護のような思索を堂々巡りのようにしているうちに寝てしまう。

　一方、シーク教礼拝所にいる村人たちが眠りに落ちたころ、突然ジュグートがシーク教礼拝所にやってきて、メート・シンにグルの詞を唱えてくれるように頼む。それがすむと、イクバルに挨拶しようとしたが、彼が薬（ウィスキー）を飲んで熟睡していると聞くと、そのまま礼拝所を出て行った。

午後11時を少しまわったころ、微かな月明かりの中で、武器を持ったシーク教徒の襲撃団は列車の通過を待っている。鉄橋の一つ目の2本の支柱には、線路から約20フィートの高さのところに水平でロープがピーンと張られている。「列車の速度が速ければ、ナイフでキュウリを切るように多くの人々を真っ二つに切り裂くであろう。」(『パキスタンへの列車』、206) やがて、そこにパキスタン行きの列車がやってくる。

屋根に多くの乗客を乗せた列車が鉄橋に近づいてきたとき、一人の大男がロープの結わえられている支柱に登っていった。そして、男はロープをシーク教徒の携帯するカーパン（短刀）で切断しようとする。最初仲間の一人がロープの張りを確認しているのかと思っていた襲撃団だが、男が激しくナイフでロープを叩くのを見た襲撃団のリーダーはライフルをその男に向けて発砲する。それは男に当たったものの、ロープを切断することをやめず、ロープをずたずたにする。襲撃団は一斉射撃を行い、男は終に落下していったが、最後に残ったロープの撚り糸も男が噛み切っていたので、あわやのところでロープは中央で切れ、列車は無事に通過し、パキスタンに向かっていった。

この作品から読み取れる強烈なアイロニーは、ヒンドゥー及びシークと、ムスリムを分け隔てる差異（指標）が、人種、歴史、伝統、言語、文化から生み出されたというよりも、あるいは、純然たる宗教上の教義からでもなく、警官によってイクバルが下半身を晒されてムスリムかどうか確かめられたように、「割礼されている（circumcised）」かどうかだけだと思えるところである。長期間イギリスで教育を受けたイクバルが、「そんなこと［割礼］は問題ではない」と言い張っても、分署長が言う「愚者の楽園（a fool's paradise）」(『パキスタンへの列車』、90) においては無駄なのであった。別のところで、フクム・チャンドが売春もする芸娘に対して、「君はヒンドゥーでもムスリムでもない、ヒジュラー（男性女装者）がヒンドゥーでもムスリムでないのと同じように。」(『パキスタンへの列車』、122) という時、フクム・チャンドはヒジュラーを去勢男性と思っているので、作品のテーマを考えると極めてアイロニカルな響きがする。イクバルが釈放さ

れてマノ・マジラまでトンガで連れ戻される間、「いったい人の生死が、包皮が切り取られているかどうかにかかっている場所などインド以外であるだろうか。これは悲劇なのか、お笑い種なのか」(『パキスタンへの列車』、188) と心の中で嘆く。実際、このような「割礼」の有無が、今日まで続き、しかも核戦争にまで発展しかねないインドとパキスタンの反目の「始まり」だと考えざるを得ないとき、「インド人」表象、「パキスタン人」表象といった民族表象の危うさを思わざるを得ない。このことは他者表象についても、そして、自分たちが確固として持っていると信じる民族アイデンティティとしての自己表象についてもいえることであろう。つまり、英領時代に作られ固定した「インド・インド人」表象の脱構築を試みたというよりも、この『パキスタンへの列車』は、脱神話化――これほど深刻な物語を、ある種の陳腐化、滑稽化すること――によって、新たな「インド・インド人」表象の安易な神話化を阻止しようとしているように思える。別の言い方をすれば、インドの分離独立によって「インド・インド人」表象の連鎖的な分裂が始まったのではないだろうか。

6.4 植民地政策の残像

これまで、第2章と第3章ではコロニアル時代のイギリス人による「インド・インド人」の言語化の歴史を辿り、第6章ではポストコロニアルの作家ラシュディとシンの「インド・インド人」表象の書き換えを検証した。イギリス人作家の生み出した「インド・インド人」表象が帝国主義のイデオロギーを帯びたものであることは否定できないとしても、それは100年以上にわたる英領インドの歴史を通して、英語植民地言説形成=編成の進行のなかで進化・発展し、多様化したことは少ない例からでも明らかであろう。そしてその原動力になった重要な要因の1つが、アングリシストとオリエンタリストの弁証法的関係であったといえる。またラシュディやシン等、独立後のインド人作家の「インド・インド人」も、それまでのイギリス小説の伝統、そして英語の言説編成における「インド・インド人」表象がなければ決して書き得なかったことも否定できない。

しかしながら、イギリス人がインドを言語化したことが、無条件で近代的な「インド・インド人」表象を生み出すために役に立ったというのではない。民族アイデンティティ表象に基いた堅固な「想像の共同体」というものが誕生する重要な条件は、長い年月を経て濃密な言語空間が形成されているということであろう。たとえば、日本には、外国語からの借用も含めて、1500年に及ぶ文字の歴史があり、神話・歴史・文化が日本語で言語化され、日本の社会に充満している。そしてそれらを「日本人」といわれる人間が共有しているのである。しかしながら、インドにおいては、侵略者によって無理やり書き換えられた「インド・インド人」を100年以上ものあいだ押し付けられていたのであり、彼らにとっての独立とは、それをまた書き直す忍耐強い作業なのである[11]。しかもインドは、もともと多言語、多民族の社会であり、「インド」という堅固な「想像の共同体」に辿り着くのは、かなりの道のりを要するであろう。
　一方、そのような「想像の共同体」の言語空間の外に出れば、「インド・インド人」表象と「日本・日本人」表象は全く同じ扱いをされている。いや、19世紀以降の英語が圧倒的に優勢な世界の言説形成＝編成にあっては、インドが英語で発信する多くのインド人作家・ジャーナリストを輩出したのに対して、もっぱら英語翻訳によって日本人の「声」が紹介されている日本の実情を考えると、「日本・日本人」表象のほうがより不当な扱いを受けていると思われる。したがって、本書が問題にしてきた内と外の「日本・日本人」表象の懸隔に対する日本人のフラストレーションは、第2次世界大戦以降も続くことになる。
　次節では、戦後世界に流通する「日本・日本人」表象を検証する。

6.4.1　アメリカを中心とする新近代化言説形成＝編成

　イギリスから始まった近代化言説形成＝編成において、第2次世界大戦の終結とともに、イギリスがその中心の座から後退し、アメリカがその中心に躍り出ることになった。すでに植民地での直接統治は、第2次世界大戦以降の時代にそぐわなくなっていたのである。しかしながら、新旧の

言説形成＝編成の間には必ずしも完全な断絶があるわけではない。旧近代化言説形成＝編成の下で世界システムのための基礎作りがなされたのであり、新近代化言説形成＝編成は、その世界システムなくしては始まらなかったであろう。同時に、イギリスはアメリカと協力して、近代化言説形成＝編成の亜種を世界に広めようとするドイツや日本の野望を粉砕したのであった。殊に日本が掲げた大東亜共栄圏を未然に阻止したことは、その後のアメリカの世界支配にとっては非常に重要であったと思われる[12]。

では、イギリスを中心とする旧近代化言説形成＝編成と、アメリカを中心とする新近代化言説形成＝編成では、何が継続され、何が断絶したのであろうか。この問題は今日のわれわれにとって極めて重要な問いであると思われるが、筆者は現段階でこの問いに答えられるだけ研究を深めてはいない。したがって、この問題は今後の課題とし、本書においてはアメリカを中心とする言説形成＝編成の下で形成された「日本・日本人」表象についての簡単なスケッチのみでとどめることにする。

アメリカを中心とする英語の言説形成＝編成における「日本・日本人」表象を研究するにあたり、太平洋戦争中に行われた軍事面からの文化人類学的研究は重要な位置を占めるであろう。なぜなら、覇権を握ったアメリカが世界システムの中に日本を位置づけるにあたり、それらの研究によって作り出された「日本・日本人」表象を使ったことは十分に考えられるからである。そして、戦後の日本は、その位置にあって、あてがわれた「日本・日本人」表象を身につけて新たな始動を始めたのである。

この軍事面からの文化人類学的研究において、日本でも非常に有名なのは、ルース・ベネディクトの『菊と刀』である。この著作は、太平洋戦争末期に書かれたものであり、アメリカのプロパガンダを色濃く反映していることは、本文の至る所でみられる。つまり、アメリカ合衆国を、自由で民主主義的で個人主義の国家として捉え、日本をそれに相対するものとして位置づけている。それが極めてイデオロギー的で二項対立的であることは、アメリカの黒人に公民権が認められた——つまり、制度的にすべてのアメリカ人に自由で民主主義的で個人主義的な生存を保障する——のがこ

第 6 章　新近代化言説形成＝編成の時代に

の本の書かれた後であるという歴史的事実からも明白であろう。
　ベネディクトが『菊と刀』の最初で西欧人の視点から「日本人は、最高度に、好戦的であり且つ非好戦的であり、軍国主義的であり且つ審美的であり、横柄で且つ礼儀正しく、厳格で且つ適応力があり、従属的で且つ粗暴に扱われることを憎み、忠誠心があり且つ不実であり、勇敢で且つ臆病であり、保守的であり且つ新しいやり方を快く受け入れる。」というような全く一貫性の見られない日本人の性格や行動を問題にする[13]。このベネディクトの「日本人」の分析と、第 5 章 2.2 節で言及したコンラッドの『闇の奥』のブラック・プリンセスの描写「野蛮人でありながら堂々としていた。荒々しい目つきながらも壮麗さがあった。彼女の制御した歩みには不吉さと威厳が感じられた」という描写方法とが類似していることに気づくが、後者が漠然とした形容詞を並置することで何か底知れぬ不可思議さを醸し出しているのに対して、前者が具体的な形容詞を並置していることにより、不可思議さよりも日本人に対する不信感を感じさせる。
　『菊と刀』では、上記のような矛盾に満ちた日本人の性格のなかに、あるパターンを見いだそうと試みるのであるが、しかしその過程で、パトリック・ブラントリンガーが『闇の支配』において詳しく分析した西欧による自らの弱点や欲望のイスラム社会への転化、と同種の操作をベネディクトは日本に対して行っている。たとえば、

　　彼ら［日本］の戦争協力は、中国の日本への「愛」を、絶望して取り乱した中国女性が日本兵や日本の技師と恋に落ちることで幸せになるという形で表現しようとする一連の戦争映画を生み出し続けた。それはナチの占領を描く映画とはかなり違ったものであったが、いずれにしても同様に成功しなかった。自分たちから引き出したものを他の国からも引き出すことは出来なかったのだ。（『菊と刀』、96）

　このようなベネディクトの言葉を読むとき、同様の戦争プロパガンダを映像化したアメリカ映画を思い出す人は多いであろう。また、この自国民

を納得させたことを他国民にも納得させることが出来るという信念は、いまだにアメリカ人が保持しているものではないだろうか。
　ベネディクトは、日本の天皇制や国家神道、および、それらを他の国々に広めようとする試みを論じるが、その不合理性を指摘する際、彼女の論法そのものの根底にある西欧の作り上げた「オリエント」というカテゴリーとダウィニズムの人種や民族への適用の不合理さを認識していないので、世界的なパースペクティヴのなかで相対的に戦前・戦中の日本の行動を分析できていない。つまり、経済的、軍事的弱者に対する軍事・文化支配の衝動を、西欧の作り上げた「オリエント」という枠組みを超えて眺望することが出来ないために、そのような「オリエント」に無理やり放り込まれた日本の一連の行動を、「西洋」を日本流に反復したもの、あるいは、西欧の亜種として抽出できなかったのだ。もっとも戦後多くの日本人もこのベネディクトの「日本・日本人」表象（分析）を受け入れたのであった。それは、逸早くアメリカを中心とする近代化言説形成＝編成に飲み込まれようとする日本人の変わり身の早さを示すものであろう。そして、かつて「西洋人の目」でアジアに軽蔑の眼差しを向けたように、戦後の日本人の多くは、「アメリカ人の目」で「戦前・戦中」に嫌悪の眼差しを向けたのだが、本当に真摯に「戦前・戦中」の総括が出来たといえるのであろうか。太平洋（大東亜）戦争の時点において、アジアの多くの地域が西欧列強の植民地下に置かれ、アメリカの先住民や黒人を含め非白人が人種的に差別され搾取されていたのは、日本の戦争プロパガンダの「嘘」ではなかったのである。実際、この「戦前・戦中」の否定には、逆説的に断絶ではなく継続が潜んでいる。
　ただ、新近代化言説形成＝編成の枠組みからは、旧近代化言説形成＝編成ではみられなかった新たな言説形成が起こってきているのも確かだ。筆者は経済について詳しいことはわからないが、常識的なこととして、アメリカを中心とする新世界システムにおいては、大衆消費が推進されてきたことは確かだ。したがって、アメリカの影響下にある地域で中産階層の比率を量的に増大させることが新・近代化の重要な課題となる。その意味で、

第6章　新近代化言説形成＝編成の時代に

　戦後、日本が高度成長を遂げた時、西欧諸国の驚きは、旧近代化言説形成＝編成での「オリエント」の枠組みから生じたものといえようが、この点、ベネディクトが『菊と刀』の最後でいみじくも予想したように、戦後日本の経済的躍進は資本や人材を経済活動に集中できたことがその最大の原因であった。それに、「オリエント」の1つの民族が科学技術を産業にうまく活用できたのは何も神秘的なことではない。科学技術は、西欧諸国で発展したから西欧の文化と協力関係にあっただけで、日本で発展した場合は、日本文化と共闘関係を結ぶのである。むしろ第2次世界大戦後の経済発展で重要なことは、西欧諸国であろうと日本のような非西欧諸国であろうと、経済発展の推進力になるのが、伝統的文化のエリート層ではなくて、文化的に比較的無個性な層――つまり一般大衆――をターゲットとして大量に生産することであるのだ。大量生産するにもかかわらず品質の画一性を維持するのが日本製品の強みであり、その強みによって日本はアメリカを中心とする新世界システムにうまく迎合することが出来たのであった。

　一方、「オリエント」の枠組みをはめられた日本が、文化面でそれを克服することはほとんど望めなかった。この点に関して、日本の飛躍的な発展の原因を探ろうとするエズラ・ヴォーゲルの『ジャパン・アズ・ナンバーワン（*Japan as Number One*）』をみてみよう。この本は、やはり日本を文化的な「オリエント」の枠組みの中で考えようとしている。ヴォーゲルは日本を "one of them" と位置づけ、日本の経済的繁栄の原因を日本の特殊性に帰そうとしているのだ。したがって、日本が日本であるかぎり繁栄を続けるわけであるから、やがて日本は世界一になるという論理である。それでは、そのような日本の経済的飛躍から、経済的に下降線をたどるアメリカが何か学べるのであろうか。ヴォーゲルの日本分析からすると、日本を見習うことで再びアメリカが経済的に浮揚するためには、アメリカが「日本化」して「オリエント」にはいる道を選ぶことが最良の方法であるように思われる。しかしながら、ヴォーゲルは、アメリカが「日本」にならずして、「日本」を模倣することを模索する。そしてそれが可能であるという。

ちょうど、西欧の科学技術を日本が「西洋」にならずして模倣したようにである。ヴォーゲルによれば、「ゲイシャ・ハウスを輸入しなくても、重要な相手同士の信頼を生み出し、それを維持し、必要があれば重要な要件を最も好ましい状況のもとで交渉するために利用できる社交的な仕組みをアメリカ人は持っている。」というのだ[14]。彼の提案は、アメリカ人が「オリエント」化することの拒否反応から生まれていると思われるが、「ゲイシャ・ハウス」が高度成長期のはるか以前から日本に存在していることを知っている者にとっては、彼の文章はことさら日本の「オリエント」性を誇張しているとしかみえない。日本がうまく技術を産業に活用し発展したのは、まさに科学技術の持つ普遍的側面のためであろう。

　科学技術が最も早く発展したからといって、ヨーロッパの宗教や思想も同じく普遍的であるという考え方は、すでにみたように宗教や思想が二項対立的認識から生み出された世界観から構築されている以上、今日ではさほど説得力をもっているとは思われない。宗教や思想は多様なものであると考える人は多くなっているが、しかし依然として西洋の宗教・思想＝普遍性という考えは一部の人から強く支持されている。その傾向は、オランダ人のジャーナリストのカレル・ヴァン・ウォルフレン（Karel van Wolferen）の一見極めて鋭い分析にも影を落としている。日本を個人の存在しない「システム（the system）」が支配する集団として機能的に捉えようとする彼の『日本／権力構造の謎』で、たとえば、「世俗的な現実社会の規範や権力者の課す法令を超越した、独立した普遍的真理や不易の教条の概念は、当然日本にも入ってきたのだが、いかなる現存する世界観にもそれらは決して根付くことはなかった。」というとき（『日本／権力構造の謎』、9）、科学技術と違って「独立した普遍的真理や不易の教条の概念」——もちろん西洋のものであろうが——が日本に入ってきても根付かなかったとしたら、まさにその事が西欧の真理や教条というものが普遍でも不易でもない証左ではないだろうか。「普遍的で不易」なものはすべての民族に理解されて当然であるが、それでも「普遍的で不易」と主張するとすれば、暗に日本人の知能に欠陥があるといっているのに等しいことに

なるであろう。もっともこのような議論が日本でもてはやされるところが、日本人の「ユニーク」なところかもしれない。

これまでみてきたような日本研究の成果を踏まえて日本を描こうとしたのが、アメリカ人作家のマイケル・クライトンである。『ライジング・サン（*Rising Sun*）』は、舞台をロサンゼルスにとり、アメリカを脅かすまでに躍進した「バブル」絶頂期の日本企業を扱って、アメリカと日本を対立的な図式で描いている。この小説は、2人のアメリカ人の警官が、日本企業が所有する超高層ビルで起こった殺人事件を解決する話であるが、犯罪の謎を解くのと同時進行で、日本の躍進の謎が解明されていくという二重構造になっている。そして、2人のアメリカ人は、日本の事情に詳しいコナー（Conner）＝オリエンタリストが、スミス（Smith）＝西欧人の読者に日本人及び日本文化についての謎を解明していくという関係に設定されている。例えば、スミスが、彼と応対した日本人が、相手によって態度を豹変させたことに対して怒りをぶちまけると、コナーは次のように説明する。

> 「君が彼［日本人］に対して怒っていると知ったら非常に驚くだろう。君は彼のことを不道徳だと考える。彼は君を未熟者だととる。というのは、日本人にとって一貫した行動なんかあり得ないんだ。日本人は相手の社会的地位に合わせて別人になるんだ。日本人は自分の家のそれぞれの部屋で別人になるんだよ。」[15]

クライトン自身、小説の末尾に参考文献を挙げていて、彼はそれを十分に消化して「日本」なるものを作品化している。したがって、そこに再現されているものは、まさに、ヴォーゲルやウォルフレンの「日本」なのである。そして、そこには、コナーが「アメリカ人は、個人の人格には、ある瞬間から次の瞬間に一変してしまうようなことのないコアのようなものが存在すると信じているに過ぎないんだよ。そして日本人は、状況がすべてを支配すると信じているんだ。」（『ライジング・サン』、68）と一見相対的な見解を述べるのだが、コナーは、日本人と欧米人の最も安価に流通して

543

いる固定的なオリエンタリストの二項対立的図式でもって、異文化に無知なスミス（欧米大衆）に説明しているのにすぎないのだ。

　アメリカを中心とする近代化（あるいはポスト近代化）言説形成＝編成と、第2次世界大戦までのイギリスを中心とする近代化言説形成＝編成の最大の相違点は、大衆志向型であるか否かであるということだ。つまり、経済が大衆を購買層とする大量生産・大量消費に基盤を置き、軍事的には核兵器という大量殺傷を可能とする兵器でアメリカを中心とする世界システムを防衛しようとするとともに、情報の質と供給量が大衆化へと移行したのだ。したがって、表層的なイメージ（表象）が情報媒体を通して世界に氾濫し、大衆の消費意欲を掻きたて、敵対国やその権力者の否定的なイメージを国民に刷り込むだけではなく、ステレオタイプの異文化イメージを世界中に流通させる。一方皮肉なことながら、そのような近代化（ポスト近代化）言説形成＝編成のもとでは、19世紀に構築された堅固な白人男性優位の階層的人種・ジェンダーシステムも維持することが困難になり、反人種主義的で大衆民主主義の社会に移行せざるを得なくなってくるのである。

　本節におけるアメリカを中心とする新近代化（ポスト近代化）言説形成＝編成に関する考察は、体系的になされたものでも、バランスをもって吟味されたものでもない。また取り上げた著作に関しても、細部にわたる検討をしたわけではない。それぞれの著者が、鋭い分析を試みていることは認めなければいけない。しかし、本節で引用した事柄が彼らの著作に存在するまさにその事実によって、それらの根底では、欧米が日本を取り上げる際、「われわれ」である「西洋」に対して日本を"one of them"と捉えるオリエントの枠組みのなかで、歴史的・自然的要因や、国際環境のなかで日本が選択した行為が解釈され、その過程を通して「日本・日本人」表象が作り出されるシステムは維持され、したがって、欧米における日本は、宗教的・哲学的に理念や普遍性の欠如した国であり、政治的・社会的には個人主義・自由主義と対置される国である。それは他のアジアの国々とも異なるのである。ただこれは、あくまでも欧米の視点から見た「日本」の

姿であるのだが、情報の大衆化を巻き込んだ新たな世界的言説形成＝編成のなかでは、欧米の日本に関する「言説」が21世紀のポストコロニアル状況で、大衆レベルにおいて前にも増して世界を覆っていることは否定できない事実である。

　日本は、アメリカを中心とする近代化言説編成において課せられた「日本」表象に甘んじながらも、新世界システムの中で経済の面ではしたたかに生きてきた。そして1980年代には日本の歴史において最高の経済的繁栄を謳歌したのであるが、その成功の基礎となった安価な労働力や大量消費を維持することが難しくなった時点において、その繁栄も翳りをみせてきた。21世紀になり、GDPで中国に抜かれ、やがてはインドにも抜かれることになるであろう。しかしながら、ほころびをみせ始めたとはいえアメリカを中心とする近代化（ポスト近代化）言説形成＝編成が維持される限りは、ジリ貧とはいえ、しばらくは現状のまま日本は推移していくと思われる。

註

（1）インドラニ・ダッタの『日本のインド侵攻（1944）：神話か、事実か？』の81頁に載せられた、1944年2月29日の防衛委員会でのチャーチルのイギリスの優先順位の概略を記したメモの引用から。

（2）Elleke Boehmer, *Colonial & Postcolonial Literature* (Oxford and New York: Oxford University Press, 1995), p. 82.

（3）本書第2章25節を参照。

（4）Robert W. Stern, *Changing India* (Cambridge: CUP, 1993), p. 155.

（5）K. R Srinivasa Iyenegar, *Indian Writing in English.* revised and updated Edition (New Delhi: Sterling Publishers Private Limited, 1985. rpt., 2000), p. 258.

（6）Louis Fisher, *The Life of Mahatma Gandhi* (London: Jonathan Cape Ltd., 1951, republished, New Delhi: INDUS, 1992), p. 167.

（7）スバス・チャンドラ・ボースは、1945年8月18日に台湾の飛行場での事故で死亡したとされている。（伊勢注）

（8）拙論「サルマン・ラシュディの『真夜中の子供たち』」（『ポストコロニアル文学の現在』、晃洋書房、2004）を一部書き直したものである。

（9）チョードーリーの『インドのクライブ：政治的、及び、心理学的評論』を

参照。

(10) たとえば、ラジリュクシュミー・デビー（Rajlukshmee Debee）の『不可触民の少女（The Touch-me-not girl）』では、この状況が若い女性の目を通して描かれている。Rajlukshmee Debee, The Touch-me-not girl (Mumbai: Disha Books, 1997).

(11) もちろん日本について英語で書かれた著作は少なくないし、日本文学の英訳も多くなされた。しかしながら、英語による「インド・インド人」表象と、英語による「日本・日本人」表象との決定的な違いは、十分な密度の言語空間の中で表象が生み出されているかどうかである。日本に対する英語表象の密度はかなり低いので、英語小説において、感情を持ち、思考する主体者としての「日本人」を創造することは困難である。

(12) 本書、第3章注30でも言及したが、日本が敗戦まで使用していた「大東亜戦争」に代えて、「太平洋戦争」という呼び名を普及させたGHQの情報操作は、西欧の植民地に対する戦争という色合いを隠蔽するとともに、大英帝国の存在感をも薄める効果があったと思われる。

(13) Ruth Benedict, The Chrysanthemum and the Sword (Rutland and Tokyo: Charles E. Tuttle Compnay, 1954), p. 2. 以下の『菊と刀』からの引用は、この版の頁数を本文に記入。

(14) Ezra F. Vogel, Japan as Number One: Lessons for America (Rutland and Tokyo: Charles E. Tuttle Compnay, 1980), p. 238.

(15) Michael Crichton, Rising Sun (Arrow, 1992), p. 67. 以下の『ライジング・サン』からの引用は、この版の頁数を本文に記入。

第 7 章　結　論

　本書は、最重要概念として「言説形成＝編成」を用い、19世紀を中心に、18世紀から20世紀におけるイギリス、インド、そして、日本の歴史の再現を試みたものである。その際一番心がけたことは、歴史資料の解釈・評価への特定のイデオロギーや価値観の感染をできる限り阻止することであった。ただし、さまざまな利害関係やイデオロギーや価値観にまみれた個人としての研究者が、いわば神のような透明な目で歴史資料を眺めることは現実には不可能である。そこで、本書第1章5節「メタ言語、もしくは方法論」で述べたように、何らかの色合いに染まった解釈・評価が形成されれば、「権力への意志」の衝動によってその解釈・評価を脱構築するような新たな解釈・評価の形成を試みた。もちろん、一人の人間にあっては、湧き上がる「権力への意志」衝動もある特定の傾向をもつことは否めない。そこでできる限り幅広い歴史資料を使い、さまざまな「声」を掬い上げるとともに、バングラデシュ人のマムヌール・ラハマンに協力を依頼した。そのことによって、本書第5章1.2節で解説したフォード・マドックス・フォードの小説『グッド・ソルジャー』のダウエルの語りそのままに、複数の視点と価値が入れ替わり立ち替わり現れるような記述になったと思う。したがって、20世紀のモダニズム小説を読みなれていない読者を辟易させたかもしれない。さらに、文学史で大きく取り上げられる大作家と泡沫的な作家、大思想家と無名のジャーナリストを併置して論じたことも、読者――なかんずく文学研究者――を当惑させたであろう。しかしながら、本書で繰返し述べたように、何人といえども主要な言説形成＝編成の規制から逃れることはできない。そのことは、19世紀イギリスのス

547

チュアート・ミル、明治の福沢諭吉、英領インドのマハトマ・ガンディーの著作と人生を考えてみれば明瞭であろう。ただし、100年以上も高い評価が続いている文豪と泡沫作家が全く同じといっているのではない。同じ粘土という素材からでも、見る者に感動や衝撃を引き出す力に大きな差があり、その力が芸術的天才と凡庸とを区別している。本書では、支配的な言説形成＝編成を「素材」と考え、その「素材」からいかに加工を施して言説的「反抗者」を生み出すかどうかを問題にした。したがって、同じ「素材」を使うという点では大作家も泡沫作家も同じであるが、その「素材」から生まれてくるものには当然違いが生じることを検証した。もっともその言説的「反抗者」も、時代が変われば主流の言説形成＝編成の一部になる場合や、一方、主流の言説形成にのっかっていたものが「反抗者」として扱われる場合も往々にしてあることが分かった。

　上記のような方針をもとに、本書において、英語言説によるアジア表象の検証・読替作業を、インドと日本の視点から行った。そして、同様の力点を置いて、日本語言説による「世界」——そのなかでも「東アジア」——表象を検証・読替する作業も行った。もちろん、英語言説によるアジア表象の検証・読替については、これまでのポストコロニアル研究や文学において盛んに行われてきている。なぜなら、19世紀や20世紀の帝国主義の時代だけではなく、20世紀後半以降も、西欧中心の言説は世界を覆い、非西欧の人間はそれへの抵抗として自らに押し付けられた表象を書き換えることが必要であったからである。しかし、いまや世界情勢はかなり変化しつつある。その最たるものが中国とインドの台頭であり、それとともに、イスラム勢力の影響力の大きさである。したがって、非西欧地域は抵抗としての西欧言説の書き換えにのみ終始するのではなく、それぞれの地域や国家は、自らの社会の言説形成＝編成に対して責任をもつ必要が生まれてきたのだ。自分たちの社会の歪んだ言説形成＝編成を放置しておけば、世界における身勝手な振る舞い、隣国との軍事衝突、テロの横行を招くであろう。それに関しては、非西欧で独立を維持するだけではなく、逸早く近代化を達成した「日本モデル」の研究は非常に重要だと思わ

第7章 結 論

れる。これは何も筆者が日本人だからということではなく、日本の言説形成＝編成にみられるさまざまな「歪み」から非常に有益な教訓が得られると考えるからだ。

　英語による「アジア」表象、そして「日本モデル」の研究の方法として、本書では、3方向、すなわち、イギリス、インド、そして日本の視点から、そして且つ、多層的な分析を試みた。実際には、その試みは必ずしも完全なものにならなかったことは自覚している。1つには、本研究にはイギリス人が参加していないことが挙げられる。ただし、筆者も研究協力者であるラハマンも専門が英文学であり、しかも、英語言説は世界に充満しているので、「イギリス人の声」はいたるところから聞こえてくる。しかしそうはいうものの、本書においてはすべて非イギリス人の眼差しを通してみていることには変わりない。2つ目は、筆者がインドの言葉を理解できないということと、ラハマンも1年半日本で研究を行ったものの、彼の日本語力は発展途上である。このように、イギリス、インド、そして日本の3つの視点から多層的に研究するという理想からは程遠いと言わざるを得ないが、新しい試みを行ったという点では、十分に価値があると自負している。

　次に、上記のような研究により得られた成果を簡単にまとめてみたい。

　18世紀から20世紀にかけて、近代化言説形成＝編成、そして、新近代化言説形成＝編成が進行し、世界は大きく変容してきた。まず、西欧諸国において近代化言説形成＝編成が始まり、前近代化言説形成＝編成との熾烈な闘争の末、「近代化」の根底にある分析的（科学的）認識方法が西欧社会に浸透し、宗教、社会制度の改革を行っていった。そして、社会の文化空間の中核にある「価値の源泉」に強い影響を与え、世界認識や価値観を変容させていったのだ。その勢いは西欧圏だけにとどまらず、分析的認識によって強化された社会・教育制度、軍事、経済、外交力を行使して、近代化言説形成＝編成を西欧圏の外にも押し広げることになった。つまり、近代帝国主義の始まりである。西欧近代帝国主義は、「文明の使者」のスローガンの下、「自由」と「民主主義」を世界に広めていく。ただし、

その「自由」と「民主主義」は、白人優位と植民地主義イデオロギーの充満したものであった。

このような西欧近代化言説形成＝編成の渦に巻き込まれた非西欧圏は、ある地域では西欧人の植民者によって生活圏を乗っ取られ、あるいは、別の地域では植民地政策の下に置かれた。日本の場合は、西欧植民者に乗っ取られることも、また植民地統治されることもなかったが、西欧近代化言説形成＝編成の影響下で、「オリエント」のなかの１国の位置に置かれることになった。このような西欧近代化言説形成＝編成の異なる影響のもとでは、非西欧地域はさまざまな対応を示すことになる。

ムガール帝国の支配にあったインドは、実際は多言語・多文化社会の集合体であり近代国家という意味での「国家」は存在せず、フランスやイギリスの傭兵として戦うインド人も少なくないほどナショナリズムの意識が芽生えていなかった。したがって、少数のイギリス人によってインドを植民地支配することは可能であった。そのような状況の下、1857年の「インドの大反乱」のような抵抗は起こったものの、インドにイギリス流の社会制度・教育制度が持ち込まれることになった。そして、インド人のエリート層に限られたとはいえ、T・B・マコーリーの「血と肌の色はインド人でありながら、趣味や意見や道徳や知性においてはイギリス人」へと教育（洗脳）する政策は着々と進行していったのだ。しかしながら、そのような政策によって生まれてきたインドの中産階層の間に、イギリス人の教える「自由」と「民主主義」が内包する矛盾に気づく者が出始め、インド人の中にナショナリズム、つまりイギリスを主体とする言説形成＝編成に対する「反抗者」が生まれていったのであった。

一方日本では、西欧近代化言説形成＝編成の下で、西欧を模倣することで「オリエント」の位置から抜け出す（脱亜入欧）政策を推進し、日清・日露の２度の戦争を経て、一応は西欧列強の仲間入りを果たしたように思われた。しかし日本の軍事的地位に対して、西欧の人種のマッピングにおいては日本の位置がほとんど変わらないことに日本人はフラストレーションを蓄積していく。そのフラストレーションは、国粋主義とアジア主義を

第 7 章　結　論

生み出していった。それが長引く日中戦争と、米英の援蔣活動が触媒となって、国粋主義とアジア主義、そして、西欧に対する劣等感とが協同して、西欧近代化言説形成＝編成の「反抗者」を生み出し、それが俄かに日本の文化空間の支配的言説形成＝編成となり、対米・対英戦争である太平洋（大東亜）戦争へとつながっていった。そしてマレー作戦からインパール作戦までの流れにおいて、イギリス人、日本人、そして、インド人がそれぞれの「正義」のために死闘を繰り広げたのであった。その結果は、日本と、日本軍に従ったインド国民軍（INA）が敗北するのであるが、イギリス自体も大英帝国の終焉に直面することになった。結局のところ、唯一の勝者はアメリカであり、戦後はアメリカを中心とする新近代化言説形成＝編成が世界を覆い、イギリスと日本はそれに従順に従うことになる。

　本書では、このような世界の歴史の主要な動きに対して、近代化言説形成＝編成の「言説の質」そのものを変えようとする「反抗者」を、キプリング、コンラッド等イギリス人作家の著作の中に見出そうとした。本書で扱った作家たちが彼らの実験的な創作の試みのなかで、いかに「異質なるもの」を単一のイデオロギーの支配する言説の中に取り込もうとしたかを、綿密なテクスト分析を用いて検証した。手法は異なるが、彼らに共通するのは、本来は一つのコード体系に支配されているテクストに風穴を開け、異質なるコード体系を持ち込むことであった。もっとも、異質なるコードを持ち込まれたテクストは、一般の読者の読み（解読）を困難にさせるので、大量に出回る情報媒体に急激な変容をもたらすことはないのであるが、20 世紀以降徐々に浸透していると思われる。そしてその浸透こそが、「普通」の人々が異文化を許容できる下地を作るのだ。つまり、文化の多様性を尊重するためには、複数の視点から、多層的に世界を見る眼差しが必要なのである。そのことによって初めて、「文化的他者」に対して寛容になれるのだと思われる。

　今後の課題としては、本書の検証をより一層緻密にすることはもちろんであるが、本書で扱わなかった日本の旧植民地——台湾、朝鮮半島、満州——での言説形成がどのように進行したかということと、第 2 次世界大

戦後に東アジアを構成する国々でどのような言説形成＝編成が始まり、進行していったかの検証を行うことである。そのような検証を経ることで初めて、東アジアの今後についての予測が可能になると思われる。

あとがき

　本書は、平成19年度から平成24年度までの6年間に採択された——正確には、3年間を2度——日本学術振興会・科学研究費補助金・基盤研究（C）のもとで行った研究成果を著書として発表するものである。また、本書のもとになった博士論文『19・20世紀の英国小説におけるアジア表象の変遷——「東洋」の知識化の歴史的・理論的考察——』を大阪大学に提出し、平成22年に博士号を授与された。またこの間、バングラデシュのイスラム（イスラミック）大学教授ラハマンとの共同研究を実施し、その成果と博士論文を融合したのが本書『「反抗者」の肖像——イギリス、インド、日本の近代化言説形成＝編成——』である。もっとも、本書中の注で示したように、筆者のこれまでの研究論文を幾つか使ったのであるが、しかしながら、これまでの論文をつなぎ合わせたのではなく、この6年間に考察してきた新たなテーマの下に素材として再構成したのである。したがって、局所的にはかつての論文の姿を残しているところも多々あるが、全体としては全く色合いの違ったものになっている。

　本書の出版に当たっては、多くの方に有益なご指導や励ましをいただいた。特に恩師の玉井暲先生には、博士論文を書くように何度も発破をかけていただくとともに、さまざまなご助言をいただいた。先生からお尻を叩いていただかなければ、現時点でまだ構想以前の状態で私の頭の中に眠ったままであったと思われる。実のところ、博士論文を作成している間に本書の大きなテーマが閃いたのであり、その点でも非常に感謝の念に耐えない。また、博士論文に関して、大阪大学の服部典之先生、片渕悦久先生には貴重なご意見をいただき、ここで感謝を申し上げたい。

　橋本槇矩先生が会長をされている日本キプリング協会では、キプリングやインドについての有益な情報を得ることができた。また、木村茂雄先生を中心に7年にわたって続いているポストコロニアル研究会には、毎年の

研究報告書に私の生硬な思想をまとめた文章を発表する機会を与えていただいて感謝を申し上げたい。本書の第1章は、ほとんどその報告書掲載論文から生まれたものである。

　本書の出版を引き受けていただいた溪水社の木村逸司氏には、出版に至るまで大変お世話になり、お礼を申し上げたい。

　研究協力者のマムヌール・ラハマンとは、平成19年10月に文部科学省国費外国人留学生として大阪大学に在学していたときからの付き合いである。当時はバングラデシュのイスラム（イスラミック）大学の助教であったが、とんとん拍子で教授に昇進した。彼には、イスラム大学で私の講演会の設定をしてもらったことがある。ラハマンは、出版に当たり以下の文章を書いてよこした。

日本の読者へ

　インド亜大陸におけるイギリスの植民地政策について、日本の読者に語る機会が得られたことは大いなる喜びです。私の執筆箇所においては、イギリスの植民地政策がインド亜大陸の社会、文化、そして文学へ与えた衝撃についての評価を試みました。そこで私が見出したことは、[インド人からの] 反感や抵抗があったものの、イギリスの植民地政策はインド亜大陸にその足跡を残し、そしてその遺産は、独立後の今日でさえ感じ取れるということです。

　最後に、この本で私に執筆する機会を与えてくださった伊勢芳夫教授には感謝と友誼の気持ちを申し上げます。

マムヌール・ラハマン

　あとがきの最後に、私が今痛烈に感じていることを述べると、今や、非西欧圏の研究機関に所属する文化・文学の研究者にとって、西欧の研究の紹介、模倣、そして書き換えの時代は終わり、研究者自身の視点から主体的に研究する時代に入ったと考えられる。そのような研究へと方向転換しなければ、非西欧の文化・文学研究者は生き残れないだろう。

使用文献

（英語）

Acheraïou, Amar, *Joseph Conrad and the Reader*, Palgrave Macmillan, 2009.
Annan, Noel, "Kipling's Place in the History of Ideas", in *Kipling's Mind and Art* ed. Andrew Rutherford, London: Oliver & Boyd, 1964.
Arnold, David, and Hardiman, David, ed. *Subaltern Studies VIII*, New Delhi: Oxford University Press, 1994.
Arnold, William Delafield, *Oakfield; or, Fellowship in the East* vols. 1 *and* 2, London: Longman & Co., 1854.
Ashcroft, Bill, Griffiths, Gareth and Tiffin, Helen, (eds.), *The Post-colonial Studies Reader*, London and New York: Routledge, 1995.
Auerbach, Erich, *Mimesis—The Representation of Reality in Western Literature*, translated by Willard R. Trask, Princeton, New Jersey: Princeton University Press, 1953, second edition, 1968.
Barthes, Roland, *S/Z*, tranlated by Richard Miller, New York: Hill and Wang, 1974.
Benedict, Ruth, *The Chrysanthemum and the Sword*, Rutland and Tokyo: Charles E. Tuttle Compnay, 1954.
Boehmer, Elleke, *Colonial & Postcolonial Literature*, Oxford and New York: Oxford University Press, 1995.
Booth, Wayne C., *The Rhetoric of Fiction*, Chicago: The University of Chicago Press, 1961.
Bradbrook, M. C., *Joseph Conrad: Józef Teodor Konrad Nałęcz Korzeniowski, Poland's English genius*, New York: Russell, 1965.
Brantlinger, Patrick, *Rule of Darkness: British Literature and Imperialism, 1830-1914*, Ithaca and London: Cornell University Press, 1988.
Campbell, Arthur, *The Siege: A Story from Kohima*, London: George Allen & Unwin Ltd., 1956.
Candler, Edmund, *Siri Ram—Revolutionist*, in *A Raji Collection*, New Delhi: Oxford University Press, 2005.
Chamberlain, Basil Hall, *Things Japanese*, 1939 [6th edition], rpt., Tokyo: Meicho Fukyu Kai, 1985.
Chand, Tara, *History of Freedom Movement in India* Vol.2, New Delhi: Publication

Division, Ministry of Information and Broadcasting, Govt. of India, 1992.

Chandra, Bipan, *Essays on Colonialism*, New Delhi: Orient Longman, 1999.

Chandra, Sudhir, *The Oppressive Present: Literature and Social Consciousness in Colonial India*, New Delhi: Oxford University Press, 1992. rpt., Oxford India Paperbacks, 1994.

Chatterjee, Partha, *The Nation and Its Fragments: Colonial and Postcolonial Histories*, Princeton: Princeton University Press, 1993. rpt., *Partha Chatterjee Omnibus*, New Delhi: Oxford University Press, 1999.

Chaudhuri, Nirad C., "The Finest Story about India—in English", *Rudyard Kipling: the man, his work and his world* ed. John Gross, London: Weidenfeld & Nicolson, 1972.

Conrad, Joseph, *Heart of Darkness* (revised) ed. Robert Kimbrough, New York: W. W. Norton & Compnay, Inc., 1971.

_____, *Lord Jim* ed. Thomas C. Moser, New York: W. W. Norton & Compnay, 1968.

_____, *The Nigger of the "Narcissus"* ed. Robert Kimbrough, New York: W. W. Norton & Compnay, Inc., 1979.

Cornell, Louis L., *Kipling in India*, London: Macmillan, 1966.

Cotton, Henry, *New India or India in Transition*, London: Kegan Paul, 1907, rpt., Bibliobazaar.

Crasta, John Baptist, *Eaten by the Japanese: The Memoir of an Unknown Indian Prisoner of War*, Bangalore, India: The Invisible Man Publishers & Co., 1998.

Crichton, Michael, *Rising Sun*, Arrow, 1992.

Danaraj, T. J., *Memoirs of a Doctor: Japanese invasion of Malaya & Singapore*, Kuala Lumpur, Malaysia: T. J. Danaraj, 1990.

Darras, Jacques, *Joseph Conrad and the West: Signs of Empire*, translated by Anne Luyat and Jacques Darras, London and Basingstoke: The Macmillan Press Ltd., 1982.

Das, Sisir Kumar, *A History of Indian Literature*, Vol. VIII, New Delhi: Shahitya Akademi, 1991.

Dutta, Indrani, *The Japanese Invasion of India (1944): Myth or Reality?*, Delhi: Spectrum, 1999.

Eco, Umberto, *A Theory of Semiotics*, Bloomington: Indiana University Press, 1979.

Fanon, Frantz, *Black Skin, White Masks* translated by Charles Lam Markmann, London: Pluto Press, 1986.

_____, *The Wretched of the Earth*, translated by Constance Farrington. rpt., London: Penguin Books, 1990.

Feeley, Margaret Peller, "The *Kim* that Nobody Reads", in *Rudyard Kipling' Kim* ed. Harold Bloom, New York: Chelsea House Publishers, 1987.

Fisher, Louis, *The Life of Mahatma Gandhi*, London: Jonathan Cape Ltd., 1951, republished, New Delhi: INDUS, 1992.

Ford, Ford Madox and Conrad, Joseph, *The Inheritors*, [1901, rpt.] New York: Carroll & Graf Publishers, inc., 1985.

Ford, Ford Madox, *Critical Writings of Ford Madox Ford*, ed. Frank MacShane, Lincoln: University of Nebraska Press, 1964.

——————, *The Good Soldier*, New York: Vintage International, 1989.

——————, *Joseph Conrad: A Personal Remembrance*, New York: Octagon Books, Inc., 1965.

Forster, E. M., *A Passage to India*, Harmondsworth: Penguin Books, 1936, rpt., 1985.

Geertz, Clifford, *The Interpretation of Cultures*, Basic Books, A Member of the Perseus Books Group, 1973.

Gifford, Don, *Joyce Annotated: Notes for Dubliners and A Portrait of the Artist as a Young Man*, Berkeley: University of California Press, 2nd revised edition, 1982.

Gobineau, Arthur de, *The Inequality of Human Races* translated by Adrian Collins, New York: Howard Fertig, 1999.

Green, Robert, *Ford Madox Ford: Prose and Politics*, Cambridge: Cambridge University Press, 1981.

Green, Roger Lancelyn (ed.), *Kipling: The Critical Heritage*, London: Routledge & Kegan Paul, 1971.

Gross, John, *Rudyard Kipling: the man, his work and his world*, London: Weidenfeld & Nicolson, 1972.

Hall, Stuart (ed.), *Representation: Cultural Representations and Signifying Practices*, London: SAGE Publications, 1997.

Hearn, Lafcadio, *Japan: An Attempt at Interpretation*, Boston and New York: Houghton Mifflin Company, 1922.

——————, *Glimpses of Unfamiliar Japan, vol. I*, Boston and New York: Houghton Mifflin Company, 1922.

——————, *Glimpses of Unfamiliar Japan, vol. II*, Boston and New York: Houghton Mifflin Company, 1922.

——————, *Life and Letters, vol. III*, ed. Elizabeth Bisland, Boston and New York: Houghton Mifflin Company, 1922.

Henty, G. A., *With Clive in India*, Teddington: The Echo Library, 2006.

Hockley, William Browne, *Pandurang Hàrì, or, Memoirs of a Hindoo*, London: Henry S.

King & Co., 1877, rpt. by Nabu Press, 2010.

Hopkirk, Peter, *Quest for Kim: In Search of Kipling's Great Game*, London: John Murray, 1996.

House, John, *Monet: Nature into Art*, New Haven and London: Yale University Press, 1986.

Iser, Wolfgang, *The Implied Reader: Patterns of Communication in Prose Fiction from Banyan to Beckett*, Baltimore: Johns Hopkins University Press, 1974.

Iyenegar, K. R Srinivasa, *Indian Writing in English*, revised and updated edition, New Delhi: Sterling Publishers Private Limited, 1985. rpt., 2000.

Jakobson, Roman, "Linguistics and Poetics", in *Essays on Language and Poetry*, ed. Keiichi Yamanaka, Tokyo: Tsurumi Shoten, 1981.

Jing, Jung, *The Temple of Memories: History, Power and Morality in a Chinese Village*, Stanford, California: Stanford University Press, 1996.

Jordens, J. T. F., "Hindu Religious and Social Reform in British India," in *A Cultural History of India*, ed. A. L. Basham, New Delhi: Oxford University Press, 1975.

Joyce, James, *Dubliners*, Edinburgh: Jonathan Cape, 1914, rpt., 1952.

Khan, Shahnawaz, *My Memories of I. N. A. & Its Netaji*, Delhi: Rajkamal Publications, 1946.

Kinkead-Weaks, Mark, "Vision in Kipling's Novels", *Kipling's Mind and Art* ed. Andrew Rutherford, London: Oliver & Boyd, 1964.

Kipling, Rudyard, *From Sea to Sea*, Part 1, New York: Charles Scribner's Sons, 1906.

―――――, *Kim*, New York: Charles Scribner's Sons, 1905.

―――――, *Kipling's Japan: Collected Writings*, ed. Hugh Cortazzi and George Webb, London, and Atlantic Highlands, NJ: The Athlone Press, 1988.

―――――, "The Man Who Would Be King", in *The Phantom 'Rickshaw and Other Stories*, New York: Charles Scribners Sons, 1907.

―――――, *Plain Tales from the Hills*, New York: Charles Scribner's Sons, 1907.

―――――, *Something of Myself*, New York: Charles Scribner's Sons, 1937.

―――――, *Verses*, New York: Charles Scribner's Sons, 1907.

Knox, Robert, *The Races of Men: A Fragment*, London: Henry Renshaw, 1850.

Kripalani, Krishna, "Modern Literature" in *A Cultural History of India*, ed. A. L. Basham, New Delhi: Oxford University Press, 1975.

Krishna, Francine E., *Rudyard Kipling: His Apprenticeship*, Jaipur: Printwell Publishers, 1988.

Leavis, F. R., *The Great Tradition*, London: Chatto and Windus, 1948, rpt., Penguin Books, 1986.

使用文献

Lees, W. Nassau, *Indian Musalmáns*, London: Williams and Norgate, 1871.
Lodge, David, *After Bakhtin*, London: Routledge, 1990.
Loomba, Ania, *Colonialism/Postcolonialism*, London and New York: Routledge, 1998.
Macaulay, T. B., "Minute of the 2nd of February, 1835" in *Speeches by Lord Macaulay, with his Minute on Indian Education*, London: Oxford University Press, 1935.
Mahajan, V. D., *Modern Indian History: From 1707 to the Present Day*, New Delhi: S. Chand and Company Ltd., 1990.
Mahmood, Syed, *A History of English Education in India*, Delhi: Idarah-i Adabiyat-i Delli, 1895, rpt., 1981.
Majumder, R. C., *History of the Freedom Movement in India*, Vol. 1, Calcutta: Firma KLM Private Limited, 1988.
Masters, Anthony, *Tenko*, London: British Broadcasting Corporation, 1981.
McBratney, John, *Imperial Subjects, Imperial Space: Rudyard Kipling's Fiction of the Native-Born*, Columbus, The Ohio State University Press, 2002.
McClure, John A. *Kipling and Conrad: The Colonial Fiction*, Cambridge, Massachusetts: Harvard University Press, 1981.
Meyers, Jeffrey, *Fiction & the Colonial Experience*, Ipswich: Boydell Press, 1973.
Mill, John Stuart, *On Liberty*, London: Longmans, Green, and Co., 1921.
Morf, Gustav, *The Polish Heritage of Joseph Conrad*, London: S. Low, Marston & Co., Ltd., 1930.
Mukherjee, Meenakshi, *Realism and Reality: The Novel and Society in India*, New Delhi: Oxford India Paperbacks, 1994.
Narasimhaiah, C. D., *The Swan and the Eagle*, Shimla: Indian Institute of Advanced Study, 1969.
Nitobe, Inazo, *Bushido: The Soul of Japan*, Boston: Tuttle Publishing, 1969.
Okakura, Kakuzo, *The Ideals of the East, with Special Reference to the Art of Japan*, London: John Murray, 1903, rpt., Bibliobazaar.
Otis, Laura (ed.), *Literature and Science in the Nineteenth Century: An Anthology*, Oxford University Press, 2002.
Orwell, George, *Burmese Days*, London: Secker & Warburg, 1986.
Parry, Benita, *Conrad and Imperialism: Ideological Boundaries and Visionary Frontiers*, London and Basingstoke: The Macmillan Press Ltd., 1983.
──────, *Delusions and Discoveries: India in the British Imagination 1880-1930*, London: Verso, 1998.
Raychoudhary, S. C., *History of Modern India*, Delhi: Surjeet Publications, 1990.
Roy, Ranjit Kumar (ed.), *The Imperial Embrace: Society and Polity under the Raj,*

Calcutta: Engage Publishers, 1993.
Rushdie, Salman, *Midnight's Children*, New York: AVON BOOKS, 1982.
Rutherford, Andrew, *Kipling's Mind and Art*, Edinburgh: Oliver & Boyd, 1964.
Said, Edward W., "Introduction", in *Kim*, Penguin Books, 1989.
_____, *Culture and Imperialism*, New York: Vintage Books, 1994.
_____, *Orientalism*, New York: Vintage Books, 1979.
Sandison, Alan, "Kipling: the Artist and the Empire", in *Kipling's Mind and Art* ed. Andrew Rutherford, London: Oliver & Boyd, 1964.
_____, *The Wheel of Empire*, London: Macmillan, 1967.
Scholes, Robert, *Semiotics and Interpretation*, New Haven: Yale University Press, 1982.
Scott, Paul, *The Jewel of the Crown*, The University of Chicago Press, 1966.
_____, *The Day of the Scorpion*, The University of Chicago Press, 1968.
_____, *The Towers of Silence*, The University of Chicago Press, 1971.
_____, *A Division of the Spoils*, The University of Chicago Press, 1975.
Schorer, Mark, "An Interpretation" in *The Good Soldier*, New York: Vintage International, 1989.
Seeley, J. R., *The Expansion of England*, London: Macmillan & Co., 1883, rpt., 1921.
Sen, Sukumar, "Bengali Literature" in *A Comprehensive History of India*, Volume Eleven, eds. K. K. Datta and V. A. Narain, New Delhi : Peoples Publishing House, 1985.
Shahane, Vasant A., "*Kim*: The Process of Becoming", in *Rudyard Kipling' Kim* ed. Harold Bloom, New York: Chelsea House Publishers, 1987.
_____, *Rudyard Kipling: Activist and Artist*, Carbondale and Edwardsville: Southern Illinois University Press, 1973.
Singh, Bhupal, *A Survey of Anglo-Indian Fiction*, London: Oxford UP, 1934.
Singh, Khushwant, *Train to Pakistan*, Delhi: Ravi Dayal Publisher, 1988.
Sinha, Pradip, "Social Components of a Rurban Class," in *The Imperial Embrace: Society and Polity under the Raj*, ed. Ranjit Kumar Roy, Calcutta: Engage Publishers, 1993.
Spear, Percival, *The Oxford History of Modern India*. 2nd edtion, Delhi: Oxford University Press, 1978.
Stanzel, F. K., *A Theory of Narrative* translated by Charlotte Goedsche, Cambridge: Cambridge University Press, 1984.
Steel, Flora Annie, *On the Face of the Waters*, New York: The Macmillan Company, 1897.
Stern, Robert W., *Changing India*, Cambridge: CUP, 1993.

Stewart, David H., "Orality in Kipling's *Kim*, in *Rudyard Kipling' Kim* ed. Harold Bloom, New York: Chelsea House Publishers, 1987.
Stewart, J. I. M., *Rudyard Kipling*, London: Victor Gollancz Ltd., 1966.
Taylor, Philip Meadows, *Confessions of a Thug*, New Delhi: Rupa Co., 2007.
Trilling, Lionel, "Kipling", in *Kipling's Mind and Art* ed. Andrew Rutherford, London: Oliver & Boyd, 1964.
Trivedi, Harish, *Colonial Transactions: English Literature and India*, Calcutta: Papyrus, 1993.
Vogel, Ezra F., *Japan as Number One: Lessons for America*, Rutland and Tokyo: Charles E. Tuttle Compnay, 1980.
Watt, Ian, "Conrad Criticism and *The Nigger of the "Narcissus"* in *The Nigger of the "Narcissus"* ed. Robert Kimbrough, New York: W. W. Norton & Company, 1979.
──────, *Conrad in the Nineteenth Century*, Berkeley and Los Angeles: University of California Press, 1981.
──────, *Essays on Conrad*, Cambridge: Cambridge University Press, 2000.
Williams, Patrick, "*Kim* and Orientalism", in *Kipling Considered* ed. Phillip Mallett, Macmillan, 1989.
Williams, Raymond, *Keywords: A Vocabulary of Culture and Society*, New York: Oxford University Press, 1985.
Wilson, Edmund, "The Kipling that Nobody Read", in *Kipling's Mind and Art* ed. Andrew Rutherford, London: Oliver & Boyd, 1964.
Wolferen, Karel van, *The Enigma of Japanese Power*, New York: Vintage Books, 1990.
Woolf, Virginia, *To the Lighthouse*, London: The Hogarth Press, 1927.
Young , Kenneth, *British Writers vol. 6*, Ian Scott-Kilvert (general editor), New York: Charles Scribner's Sons, 1983.
Young, Robert J. C., *Colonial Desire: Hybridity in Theory, Culture and Race*, London and New York: Routledge, 1995.

(日本語)
朝日新聞社編纂、『マレー作戦　大東亜戦史』、朝日新聞社、1942。
伊勢芳夫、「アングリシストとオリエンタリストの系譜」、橋本槇矩・桑野佳明編著『キプリング　大英帝国の肖像』、彩流社、2005。
──────、「Kimにおける越境の意味」、『藤井治彦先生退官記念論文集』、英宝社、2000。
──────、「『キム』──「他者」の認識と主体の位置」、橋本槇矩・高橋和久編著『ラドヤード・キプリング──作品と批評』、松柏社、2003。

―――、「サルマン・ラシュディの『真夜中の子供たち』」、『ポストコロニアル文学の現在』、晃洋書房、2004。

―――、「小説における印象主義――コンラッドとフォードの実験的人物描写――」、『シェイクスピア饗宴――英米文学の視座から――』、英宝社、1996。

―――、「「反抗者」の肖像――表象のメカニズムの理論的スケッチ――」、『英語文学の越境』、英宝社、2010。

―――、「ポール・スコットの『ラジ４部作と英領インドの終焉』」、『英米文学の可能性――玉井暲教授退職記念論文集』、英宝社、2010。

大岡昇平、『野火』、『現代日本文学館 41 大岡昇平』、文藝春秋、1967。

―――、『俘虜記』、新潮社、1967。

―――、『武蔵野夫人』、『現代日本文学館 41 大岡昇平』、文藝春秋、1967。

大川周明、『新亜細亜小論』、日本評論社，1944。

―――、『復興亜細亜の諸問題』、中央公論社、1993。

河上徹太郎・竹内好等、『近代の超克――冨山房百科文庫23――』、冨山房、1979。

北一輝、『北一輝著作集Ⅱ 支那革命外史 国家改造案原理大綱 日本改造法案大綱』、みすず書房、1959。

子安宣邦、『「近代の超克」とは何か』、青土社、2008。

島崎藤村、『現代文学大系 8 島崎藤村集（一）』、筑摩書房、1963。

ショーペンハウアー、アルトゥール、『意志と表象としての世界 正編（1）』、斎藤忍随・他訳、白水社、1972。

第十四世ダライ・ラマ、『智慧の眼』、菅沼晃訳、けいせい出版、1988。

竹内好編著、『現代日本思想体系 9 アジア主義』、筑摩書房、1963。

中村元、『ゴータマ・ブッダ――釈尊の生涯――原始仏教 1/中村元選集第11巻』、春秋社、1969。

―――、『東洋人の思惟方法 4/中村元選集第4巻』、春秋社、1964。

中屋健弌訳、『太平洋戰爭史――奉天事件より無條件降伏まで――』、高山書院、1946。

西村眞次、『大東亞共榮圏』、博文館、1942。

早島鏡正他、『インド思想史』、東京大学出版会、1982。

火野葦平、『土と兵隊・麦と兵隊』、新潮社、1953、46刷、2000。

平川祐弘、『和魂洋才の系譜――内と外からの明治日本』、河出書房新社、1987。

廣松渉、『＜近代の超克＞論』、講談社、1989。

福沢諭吉、『文明論之概略』、岩波書店、1995。

藤原岩市、『F機関 インド独立に賭けた大本営参謀の記録』、振学出版、1985。

ブラック、J・R、『ヤング・ジャパン：横浜と江戸 1』、ねずまさし・小池晴子

訳、平凡社、1970。
松本三之介編、『近代日本思想体系　30――明治思想集　I』、筑摩書房、1976。
満川亀太郎、『奪はれたる亜細亜』、広文堂書店、1921。
三宅雪嶺、『日本の名著　37――陸羯南　三宅雪嶺』、中央公論社、1971。
村田平次、『インパール作戦――烈兵団コヒマの死闘――』、原書房、1967。
ヤコブソン、ロマーン、「最新ロシア詩」、『ロシア・フォルマリズム論集――詩的言語の分析』、新谷敬三郎・磯谷孝編訳、現代思潮社、1971。
横光利一、『旅愁　上』、講談社、1998。
渡辺照宏、『新釋尊傳』、大法輪閣、1966。

(ベンガル語)

Chaudhury, Dr. Darsan, *Unish Shataker Natyabisay* (*Themes in Nineteenth Century Drama*), Calcutta: Shaittaya Prakash, 1985.

Maudud, Abdul, *Madhyabitta Samajer Bikash: Sangskritir Roopantor*, Dhaka: Bangla Academy, 1987.

参考文献

(英語)

Akagi, Kanji, "Leadership in Japan's Planning for War against Britain", in *British and Japanese Military Leadership in the Far Eastern War, 1941-1945*, London and New York: Frank Cass, 2004.

Anderson, Benedict, *Imagined Communities*, London: Verso, 1983, revised edition, 1991.

Arnold, Matthew, *Culture and Anarchy*, New York: The Macmillan Company, 1907.

Bhabha, Homi K., *The Location of Culture*, London and New York: Routledge, 1994.

Beal, Samuel, *The Life of Hinen-tsiang（Hiuen-Tsiang）*, London: Trubner's Oriental Series, 1888.

─────, *Si-Yu-Ki*, London: Trubner's Oriental Series, 1884.

Carrington, Charles, *Rudyard Kipling: His Life and Work*, London: Macmillan, 1955.

Césaire, Aimé, *Discourse on Colonialism* translated by Joan Pinkham, New York: Monthly Review Press, 1972.

Chaudhuri, Nirad C., *Clive of India: A Political and Psychological Essay*, London: Barrie and Jenkins, 1975.

Cohn, Bernard S., *Colonialism and Its Forms of Knowledge*, Princeton: Princeton UP, 1996.

Dalrymple, Alexander, *Oriental Repertory vol. 2*, London: William Ballintine, 1808.

Debee, Rajlukshmee, *The Touch-me-not girl*, Mumbai: Disha Books, 1997.

French, Patrick, *Younghusband: The Last great Imperial Adventurer*, London: Harper Perennial, 2004.

Friedman, Alan Warren, "Conrad's Picaresque Narrator: Marlow's Journey from 'Youth' through *Chance*" in *Joseph Conrad: Theory and World Fiction* ed. Wolodymyr T. Zyla, Lubbock, Texas: Texas Tech University, 1974.

Genette, Gérard, *Narrative Discourse Revised* translated by Jane E. Lewin, Ithaca: Cornell University Press, 1988.

Giles, Herbert A., *A History of Chinese Literature*, London: William Heinemann, 1901.

Goldman, Jane (ed.), *Virginia Woolf: To the Lighthouse/The Waves*, Icon Books, 1997.

Green, Martin, *Dreams of Adventure, Deeds of Empire*, London and Henley: Routledge & Kegan Paul, 1980.

Greenberger, Allen J., *The British Image of India: A Study in the Literature of*

Imperialism 1880-1960, London: Oxford University Press, 1969.

Guerard, Albert J., *Conrad the Novelist*, Cambridge, Mass.: Harvard University Press, 1958.

Harvey, Robert, *Clive: The Life and Death of a British Emperor*, New York: Thomas Dunne Books, 2000.

Hay, Eloise Knapp, "*Lord Jim*: From Sketch to Novel" in *Joseph Conrad: Lord Jim*, ed. Thomas C. Moser, New York: W. W. Norton & Compnay, 1968.

Henderson, Lieut.-col. Henry Barkley, *A Statement Relative to the Sufferers by the Mutiny in India*, London: 1857.

Hopkins, R. Thurston, *Rudyard Kipling: A Literary Appreciation*, London: Simpkin, Marshall and Co., 1915.

Huntington, Samuel P., *The Clash of Civilizations and the Remaking of World Order*, London: Touchstone Books, 1998.

Jameson, Fredric, *The Ideologies of Theory Essays 1971-1986 vol. 1: Situations of Theory*, London: Routledge, 1988.

Johnson, Bruce, "Conrad's Impressionism and Watt's 'Delayed Decoding'", in *Conrad Revisited*, ed. Ross C. Murfin, Alabama: The University of Alabama Press, 1985.

Karl, Frederick R., *A Reader's Guide to Joseph Conrad*, London: Thames and Hudson, 1960.

Kipling, John Lockwood, *Beast and Man in India: A Popular Sketch of Indian Animals in their Relations with the People*, London: Macmillan and Co., 1891.

Lammers, D. N., "Taking Japan seriously", in *Asia in Western Fiction*, ed., Robin W. Winks and James R. Rush, Honolulu: University of Hawaii Press, 1991.

Lewis, Tom J., et al., *On Being Foreign: Culture Shock in Short Fiction*, Yarmouth, Maine: Intercultural Press, Inc., 1986.

Lindberg-Seyersted, Brita, *Pound/Ford: The Story of a Literary Friendship*, New York: A New Directions Book, 1982.

MacKenzie, John M., *Orientalism*, Manchester and New York: Manchester University Press, 1995.

Markham, Clements R. (ed.), *Narratives of the Mission of George Bogle to Tibet, and of the Journey of Thomas Manning to Lhasa*, London: Trübner and Co., 1876.

Mizener, Arthur, *The Saddest Story: A Biography of Ford Madox Ford*, New York and Cleveland: The World Publishing Compnay, 1971.

O'Keeffe, Dennis, *Edmund Burke*, London: Continuum, 2010.

Phelps, Gilbert, *An Introduction to Fifty British Novels 1600-1900*, London and Sydney: Pan Books, 1979.

Pyle, Kenneth B., *The New Generation in Meiji Japan*, Stanford, California: Stanford University Press, 1969.
Said, Edward W., *Covering Islam*, London: Vintage Books, 1997.
Sanderson, Edgar, *The British Empire in the Nineteenth Century*, London: Blackie & Son, Ltd., 1898.
Spencer, Herbert, *The Principles of Sociology Vol. 1*, New York and London: D. Appleton, 1921.
Tobe, Ryoichi, "Tojo Hideki as a War Leader", in *British and Japanese Military Leadership in the Far Eastern War, 1941-1945*, London and New York: Frank Cass, 2004.
Turner, Samuel, *An Account of an Embassy to the Court of the Teshoo Lama in Tibet* London: G. and W. Nicol, 1800.
Wang, Tay-sheng, *Legal Reform in Taiwan under Japanese Colonial Rule. 1895-1945*, Seattle and London: University of Washington Press, 2000.
Weiner, Michael (ed.), *Japan's Minorities*, London and New York: Routledge, 1997.
Wright, Scott, *Japan Encounted*, Lanham, Maryland: University Press of America, Inc., 1996.

（日本語）
池上嘉彦・山中桂一・唐須教光、『文化記号論への招待』、有斐閣選書、1983。
今井清一編、『近代日本思想体系　33　大正思想集 I』、筑摩書房、1977。
川崎信定訳、『チベットの死者の書』、筑摩書房、1989。
小熊英二、『単一民族神話の起源――＜日本人＞の自画像の系譜』、新曜社、1995。
小林秀雄、『小林秀雄全集　第十一巻』、新潮社、1967。
クラーク、グレゴリー、『ユニークな日本人』、講談社、1979。
高山俊朗、『ルポルタージュ　イムパール――潰滅するビルマ方面軍の記録――』、雄鶏社、1949。
徳富猪一郎（蘇峰）、『蘇峰自伝』、中央公論社、1935、rpt. 同志社社史資料室、1995。
日本国際政治学会太平洋戦争原因研究部・編著『太平洋戦争への道　開戦外交史　《新装版》　7　日米開戦』、朝日新聞社、1987（初版　1963）。
平川祐弘、『オリエンタルな夢』、筑摩書房、1996。
フーコー、ミシェル、『監獄の誕生』、田村俶訳、新潮社、1977。
＿＿＿＿＿＿＿＿、『狂気の歴史』、田村俶訳、新潮社、1975。
＿＿＿＿＿＿＿＿、『言葉と物』、渡辺一民・佐々木明訳、新潮社、1974。

＿＿＿＿、『知の考古学』、中村雄二郎訳、河出書房新社、(新装新版)、2006。
松本健一、『北一輝論』、講談社、1996。
南博監訳、星野命訳、『図説・現代の心理学　1　パーソナリティ』、講談社、1976。
和辻哲郎、『和辻哲郎全集　第八巻』、岩波書店、1962。

索　引

※ボールドは重要頁、頁数の後の［n］は、「注」を示す。

あ

アーノルド，W・D　137, 140, **141-3**, 257n, 511n
アーノルド，マシュー　124, 131, 141, 255n
アーリア・サマージ　114
アウエルバッハ，エーリッヒ　452, 453, 463
芥川龍之介　389, 397, 410n
アクバル　89, 270
アジア協会　101, 251n
アシュクロフト，ビル　106
アチェベ，チヌア　82n, 498
アチェライオウ，アマール　509n, 510n
アムハースト卿　111
アナン，ノエル　173
アリガール・カレッジ　108
アンダーソン，ベネディクト　45, 67
イーザー，ヴォルフガング　418, 467
イルバート法　148, 269, 515
インドの大反乱　88, 101, 136, **144-6**, 156, 157, 175, 176, 299, 375, 515, 550
ヴァイツ，テオドール　38
ヴィヴェカナンダ，スワミ　112
ヴィシュワナータン，ガウリ　103
ヴィディアサガール　119
ウィリアムズ，パトリック　160, 187, 188, **208-10**, 218, 261n
ウィリアムズ，レイモンド　64, **124-5**, 127
ウィルキンズ，チャールズ　103
ウィルソン，エドマンド　160, 165, **167-72**, 209, 219, 256n
ウィルソン，ホーレス・ヘイマン　116
ウィルバーフォース，ウィリアム　103
ウエイナー，マイケル　227, 401n
上杉慎吉　401n
ウェーバー，マックス　173
ウェルズ，オーソン　522
ウェルズ，H・G　167, 457
ヴォーゲル，エズラ・F　263n, **541-2**, 543
ウォルフレン，カレル・ヴァン　263n, 278, 542, 543
ウッド，チャールズ　106, 252n
ウルフ，ヴァージニア　**443-49**
エーコ，ウンベルト　147, 416, 420, 445
エリオット，T・S　167
慧立　154
エルフィンストーン，マウントスチュアート　104
袁世凱　296
嘔吐法　114
オーウェル，ジョージ　40, 138, 216, 267, 391, 467, 504, 511n
大岡昇平　357, 374, **376-90**

索引

大川周明　8, 55, 83n, 291, **293-306**, 324, 373, 403n, 411n
オーキンレック卿，クルード・ジョン・エアー　368
岡倉天心　84n, 261n
オキーフ，デニス　93
遅らされた認識作用　**455**, 458, 506n

か

カーライル，トマス　141
カール，フレデリック　482
カーン，シャナーワツ　406n
過小コード化　420, 425, **426**, 438, 441, 445, 448, 497
過剰コード化　420, 425, **426**, 434, 435, 436, 438, 441, 445, 448
価値の源泉　**19**, 21, 23, 30, 318, 376, 383, 386, 389, 390, 400, 418, 471, 549
カフカ，フランツ　473
下方浸透　105
河上徹太郎　288, 290
カーン卿，サイード・アーミッド　108
ガンディー，マハトマ　56, 112, 289, 301, 392, 393, 396, 514, 516, 517, 525, 528, 529, 548
ガンディー，インディラ　522
カンドラー，エドマンド　**76-7**, 202, 267
ギアツ，クリフォード　31, 37, 80n, 81n
菊池正士　284, 285
北一輝　8, 55, 291, **293-306**, 324, 404n
ギフォード，ドン　435
キプリング，ジョン・ロックウッド　153, 155, 156, 196, 258n

キプリング，ラドヤード　8, 42, 71, 87, 91, 125, 126, 134, 137, 140, 143, 144, **147-221**, 223, 227, **229-51**, 260n, 262n, 268, 270, 280, 374, 391, **427-34**, 443, 472, 492, 493, 510n, 521, 551
キャンベル，アーサー　**357-65**
キリパラーニー，クリシュナ　116
キンキッド＝ウィークス，マーク　160, 165
近代の超克　7, **283-91**, 293, 370, 376, 390, 402n
陸羯南　274
クラーク，グレゴリー　263n
クライトン，マイケル　263n, **543-4**
クライブ，ロバート　87, 89, 90, 91, 96, 137, 151
クラスタ，ジョン・バプティスト　319, 320, 405n, 406n
グラムシ，アントニオ　16, 58, 88, 106, 127
グラント，チャールズ　93, 103, 104
グリーンバーガー，アレン・J　272
グリーン，マーティン　511n
グリーン，ロバート　464
クリシュナ，フランシーヌ　150
グリフィス，W・E　50
グリフィス，ガレス　106
グレート・ゲーム　88, 151, 162, 200, 212, 251n, 257n
グロス，ジョン　148
ケアリー，ウィリアム　119
玄奘　154, 155, 203
権力への意志　22, **25**, 26, 27, 28, 29, 30, 31, 62, 127, 172, 188, 312, 315, 319, 371, 376, 383, 547
高坂正顕　288

569

高度な文明を持つ国による帝国主義（enlightened imperialism） 102
ゴーシュ，ギリシュ・チャンドラ 118
コーネル，ルイス 257n
コーンウォリス，チャールズ 100
『国民の友』 214
黒竜会 82n, 83n
コットン，サー・ヘンリー 294
近衛文麿 289, 321
コノリー中尉，アーサー 251n
小林秀雄 288, 453
ゴビノー，アルテュール・ド **27-30**, 62, 66
コペルニクス，ニコラウス 70, 130
子安宣邦 283, 288, 289, 290
コリンズ，ウィルキィ 375
コンラッド，ジョゼフ 9, 39, 75, 82n, 134, 184, 200, 223, 421, **438-42**, 443, 453, 455, 456, 457, 458, 459, 463, 464, **472**, **474-505**, 506n, 507n, 509n, 510n, 511n, 512n, 523, 539, 551

さ

サイード，エドワード・W 4, 5, 12, 13, 15, 21, 32, 42, 54, 57, 58, 65, 66, 79n, 85n, 86n, 106, 125, 128, 132, 139, 146, 148, 149, 151, 152, 153, 154, 155, 157, 160, 163, 164, 165, 169, 185, 224, 225, 227, 251n, 255n 258n, 260n, 261n, 286
『西遊記』 203, 204
サヴィル，ヴィクター 260n
サティー 90, 102, 109, 144, 145, 146
サトウ，アーネスト 249
サラスワティ，ダヤーナンド 114
サルカール，スミット 370
サルトル，ジャン＝ポール 60
サレーン，T・R 409n
サンディソン，アラン 154, 160, 174, 258n
シーリー，J・R 86n, 92, 131, 251n, 257n, 292, 391
ジェイムズ，ヘンリー 228, 453
ジェイムソン，フレドリック 474
シェークスピア，ウィリアム 50, 118, 121, 418
志賀重昂 54, 291, 292, 373
島崎藤村 61
下村寅太郎 284, 285, 287
『ジャータカ』 158, 204
社会ダウィニズム 39
シャハーン，ヴァサント・A 148, 160, 182, 183, 188, 261n
シュタンツェル，F・K 206, 207, 263n, **422**, 438, 468
ジュネット，ジェラール 450n
ジュリアン，スタニスラス 154, 196
ジョイス，ジェームズ 422, **434-8**, 441, 443
ショー，バーナード 167
ジョーデンズ，J・T・F 115
蒋介石 324, 328, 336
ショーペンハウアー，アルトゥール 399
ショーラー，マーク 466, 472
ジョーンズ卿，ウィリアム 103, 116, 251n
植民者・被植民者間の取引 110
初代エレンボロー伯爵 102
ジョンソン，ブルース 506n
シン，クシュワント 398, 409n, **524-**

570

36
ジン，ジュン 110
神智学協会 112, 114
ジンナー，ムハメド・アリ 516, 518, 525, 528
シンハ，プラディップ 108
シン，ブパール 134, 256n
シン，プリタム 312, 318, 351, 407n
シン，モハン 312, 318, 319, 351, 406n
スコールズ，ロバート 413, 415, 416
スコット，ポール **77-8**, 138, 161, **391-7**, 408n
スターン，ローレンス 522
スチュアート，J・I・M 171
スチュワート，デイヴィッド・H **180-2**
スティール，フローラ・アニー 137, **144-6**, 267
スペアー，パーシヴァル 99
スペンサー，ハーバート 39, 131, 255n
スリム，ウィリアム 328, 351, 396
政教杜 52, 54, 55
『聖書』 28, 29, 37, 50, 62, 63, 66, 70, 74, 97, 129, 130, 131, 285, 376, 379, 399, 435, 452, 453, 473, 485, 492
セゼール，エメ 152, 154, 155
ゼミンダール 100, 254n
セン，ケスヴ・チャンドラ 112
セン，スクマール 119
ソクラテス 113
ソシュール，フェルディナンド 413, 414, 415
ソナム・ギャムツォ 190
孫文 56, 296, 297, 298

た
ダーウィン，チャールズ 130
第10代ダルフージー伯爵 102, 103
第十四世ダライ・ラマ 188-9
大東亜共栄圏 56, 222, 288, 302, **306-17**, 318, 322, 324, 328, 333, 336, 338, 350, 352, 363, 366, 370, 373, 379, 397, 406n, 416, 538
タイラー，エドワード 125
高山岩男 288
竹内好 82n, 83n, 84n, 85n, 283, 287, 288, 289, 373, 403n, 404n
タゴール，デベーンドラナート 112
タゴール，ドゥワルカナート 514
タゴール，ラビーンドラナート 56, 112, 118, 270
ダッタ，インドラニ 307, 308, 368, 369, 370, 405n, 406n, 407n, 409n, 545n
ダッタ，アクシャイクマール 119
ダッタ，マイケル・モドゥースーダン 118, 120
ダナラジ，T・J **329-39**, 347, 349, 355, 403n
ダフ，アレキサンダー 103, 394, 514
ダファリン，インド総督 514
ダラス，ジャック 489, 511n
タリブ，ミルザ・アブー 107
単数の文化（Culture）19, 64, 123, **124**
チェンバレン，ジョゼフ 167
チェンバレン，バジル・ホール 8, 185, 224, 225, 226, 227, 237, 240, 250, 263n, 280, 281, 282
チェンバレン，ヒューストン・スチュワート 27
知の考古学 13, **14**, 18, 79

チャーチル、ウィンストン　332, 333, 398, 513, 545n
チャタジー、パルタ　116, 117
チャタジー、バンキム・チャンドラ　112, 116, 117, 119
チャンド、タラ　113
チャンドラ、スディール　110
チャンドラ、ビパン　99
中産階層　10, **98**, 99, 100, 101, 105, 107, 108, 109, 111, 112, 113, 114, 115, 120, 121, 151, 253n, 514, 515, 516, 517, 519, 540, 550
チョードーリー、トリプティ　103
チョードーリー、ニラド・C　256n, 257n, 522, 545n
ディケンズ、チャールズ　375, 419
ティフィン、ヘレン　106
テイラー、P・M　136
ティラク、バール・ガンガーダル　517
ディロツィオ、ヘンリー・ルイス・ヴィヴィアン　113, 116
デサイ、ブラバハイ　368
デビー、ラジリュクシュミー　546n
デフォー、ダニエル　491
デブ、ラダーカント　110
デュプレックス、ジョセフ-フランシス　89
テラング、カシナート・トリンバーク　114
デリー・カレッジ　107
同意による支配　106
東条英機　24, 320, 339, 351, 407n
徳富蘇峰　214, 263n, 274
ドストエフスキー、フョードル　382
トリヴィディ、ハーリシュ　110, 118

トリリング、ライオネル　173, 258n
トレヴェリアン卿、チャールズ　102, 104

な

中村元　189, 190, 195, 197
中村正直　47
夏目漱石　42, 275
ナラシムハイアー、C・D　112
ニーチェ、フリードリヒ　22, 25, 390, 473
西周　48
西谷啓治　288
西村眞次　**308-12**, 324, 328, 404
新渡戸稲造　8, 43, **49-52**, 53
『日本人』　52
ネオ・ヒンドゥー運動　109, 112
ネルー、ジャワハルラール　112, 336, 368, 396, 408n, 516
ノックス、ロバート　27, 29, 61, 62, 66, 70, 259n

は

ハーヴィ、ロバート　89
バーク、エドマンド　91, 92, 93, 96, 103
パーシヴァル、アーサー・アーネスト　326, 332, 367
バーバ、ホミー　15, 66
ハーバー司教　103, 252n
ハーン、ラフカディオ　8, 50, 51, 87, 184, 185, 221, 222, 227, 229, **237-51**, 263n, 276, 277, 281, 282
パイル、ケネス・B　214
ハドソン、W　492
『パドマバーティ』　120

バドロロック 98
バネルジャ, S・B 253n
バブール 89, 151
林房雄 288
パリー, ベニタ 258n, 487, 512n
バルト, ロラン 427, 429, 438
パル判事 11, 12
ハンティントン, サミュエル・P 56, 205
ビール, サミュエル 154, 155, 196, 203
ビシャー, ザビエル 59
火野葦平 379, 410n
平川祐弘 42, 83n, 265n
平田篤胤 41, 83n, 249
廣松渉 283, 288, 289, 290
ヒンドゥー・カレッジ 107, 113
ファノン, フランツ 60, 164
フィーリー, マーガレット・ペラ 201
フーコー, ミッシェル 13, 14, 15, 16, 18, 79, 79n, 86n, 125, 389
ブース, ウェイン・C 464, 468
フェルプス, ギルバー 466
フォークナー, ウィリアム 448
フォースター, E・M 137, **267-72**, 391
フォート・ウィリアム・カレッジ 119
フォード, フォード・マドックス 9, **452-74**, 505n, 506n, 507n, 508n, 547
福沢諭吉 8, **43-7**, 53, 83n, 213, 235, 287, 548
複数の文化 (cultures) 19, **64**, 123, **124**, 126, 133, 399, 400, 412
フクヤマ, フランシス 254n
藤原岩市 **312-20**, 323, 324, 325, 328,

335, 351, 366, 367, 370, 404n, 405n, 406n, 408n
ブッダ, ゴータマ 149, 153, 155, 158, 161, 183, 190, 195, 196, 197, 199, 203
プラターナ・サマージ 114
ブラック, J・R 226
プラッシーの戦い 87, 99
ブラッドブルック, M・C 509n
ブラフモ・サマージ 109, 111, 112, 116
プラマハームサ, ラマクリシュナ 112
ブラントリンガー, パトリック 175, 176, 177, 410n, 511n, 539
フロイト, ジークムント 446
文化的ヘゲモニー **16**, 58, 65, 80n, 88, 127
ヘイスティングズ, ウォーレン 87, 88, 91, **92**, 93, 96, 100, 203, 251n, 391
ヘイリーベリー・カレッジ 95, 252n
ヘーゲル, G・W・F 154
ベーコン, フランシス 112
ベナレス・サンスクリット・カレッジ 101
ベネディクト, ルース 263n, 362, **538-41**
ペリー提督, マシュー 213, 226, 235, 276
ペルスヴァル, コーサン・ド 65
ヘルダー, ヨハン・ゴットフリート 64, 124
ヘンティ, G・A 137
ベンティンク, ウィリアム 91, 94, 96, 102, 103, 104, 105, 251n
ボース, スバス・チャンドラ 312, 320, 351, 352, 367, 370, 393, 410n,

573

516, 517, 545n
ボース，ラス・ビハリ 312, 351
ホーマー 452, 453
ホール，スチュアート 413
ホックレイ，ウィリアム・ブラウン 135
ホップカーク，ピーター 183, 201-2
ホプキンズ，サーストン 202

ま

マクブラトニー，ジョン 82n, 263n
マクルーア，ジョン・A 171, 172, 198, 209, 218
マコーリー，T・B 8, 77, 88, 91, **94**, **95**, 96, 97, 102, 104, 105, 107, 118, 140, 177, 252n, 254n, 256n, 399, 550
「マザー・マチューリン」 149
マジュムダール，R・C 112
マスターズ，アンソニー **340-50**
マッケンジー，ジョン・M 263n
マドラサ・アリヤ 101
マムード，シード 95
ミートラ，ディナバンドゥー 118, 514
三木清 289
三島由紀夫 394, 410n
ミズナー，アーサー 506n
満川亀太郎 291, **293-306**
美濃部達吉 401n, 402n
三宅雪嶺 8, 43, 49, **52-5**, 274, 291, 292, 373
ミューラー，マックス 116
ミル，ジェームズ 102
ミル，ジョン・スチュアート 81n, 102, 130, 132, 548
民友社 214

牟田口廉也中将 351, 356, 363, 406n
村田平次 **352-7**, 408n
メイヤーズ，ジェフリー 148, 165, 256n, 258n
メトカフェ卿，チャールズ 102
本居宣長 41, 83n, 276
モネ，クロード 460, 463
モハメッド（ムハンマド） 65
森鷗外 275
モルフ，グスタヴ 484, 503, 510n, 512n

や

ヤコブソン，ロマーン 412, **414**, 415, 416, 417, 419, 422, 425, 428, 432, 493
保田與重郎 288
山路愛山 214
山下奉文 325, 326, 332, 333, 367
山本五十六 321, 350, 406n
ヤング，ロバート・J・C 37, 38, 91, 259n, 390
ヤング，ケネス 507n, 508n
ヤングハズバンド，フランシス 202, 262n
猶存社 293, 296, 301
横光利一 8, **273-4**, 374
吉満義彦 288

ら

ラーヒム，アブドゥール 107
ライト，スコット 263n
ラカン，ジャック 286,
ラザフォード，アンドルー 148
ラシュディ，サルマン 81n, 166, 396, 398, **519-24**, 536
ラナーデ，マハディヴ・ゴヴィンド 114

索　引

ラマーズ，D・N　228
リーヴィス，F・R　477
リーズ，W・ナッソゥ　95, 96
ルートフラー　107
ルーンバ，アーニャ　34
ルソー，ジャン＝ジャック　23
ルター，マーチン　112
ロイ，ディゼンドラ・ラル　118
ロイ，ラム・モハン　107, 110, 111, 112, 114, 116, 119, 514

ロッジ，デイヴィッド　206
『ロビンソン・クルーソー』　32, 231, 389, 491
ロレンス，T・E　367

わ

和辻哲郎　410n
ワット，イアン　82n, 441, 454, 455, 477, 503, 507n, 512n

【著者】

伊勢　芳夫（いせ　よしお）
1956 年 4 月生まれ。
大阪大学文学研究科博士後期課程単位取得退学。
大阪大学・博士（文学）。
現在　大阪大学言語文化研究科教授。
著書
　『ラドヤード・キプリング――作品と批評』（共著、松柏社、2003）
　『英語文学の越境』（共著、英宝社、2010）など
訳書
　『キプリング・インド傑作選』（共訳、鳳書房、2008）

マムヌール・ラハマン（Md. Mamunur Rahman）
1972 年 11 月生まれ。
2008 年 PhD 取得（イスラム大学）。
現在　イスラム大学（Islamic University、バングラデシュ）人文社会科学学部教授。
著書
　Postcoloniality in R. K. Narayan: A Study of his Novels（Friends Book Corner）（近日刊行予定）
訳書
　Successful Creativity in a Week（in Bengali）（Friends Book Corner, 2004）

「反抗者」の肖像
―― イギリス、インド、日本の近代化言説形成＝編成 ――

平成 25 年 3 月 1 日　発行

著　者　伊勢　芳夫
　　　　マムヌール・ラハマン
発行所　株式会社　溪水社
　　　　広島市中区小町 1-4（〒 730-0041）
　　　　電話 082-246-7909 ／ FAX 082-246-7876
　　　　e-mail: info@keisui.co.jp
　　　　URL: www.keisui.co.jp

ISBN978-4-86327-205-7　C3090

ⓒ 2013　Printed in Japan